知的財産法研究の輪

渋谷達紀教授追悼論文集

渋谷達紀教授追悼論文集編集委員会編

発明推進協会

渋谷 達紀 先生

謹んで

故　渋谷達紀先生の御霊前に捧げます。

執筆者一同

渋谷達紀教授が急逝されて、はや2年が経過した。同じ知的財産権法の分野を経済法をも含めて広く研究してきた者として、彼の御逝去は私達にとっても、否、日本の関係学会にとっても非常に惜しまれてならない。

渋谷達紀君の御逝去を悼む

I

　ここに5万分の1の山岳地図が在る。その登攀ルートの一つをトレースして頭に描く山容と、幾つかの登攀ルートをトレースした後に頭に描く山容とは自ずと異なってくる。後者の方が理解し易いのは当然であろう。更に、これを別の角度から山岳写真等で検討すれば、それらの山容の相違とその登攀の対策は各々異なって来る。知的財産権法学の研究の分野においても正にこの通りで、広義の工業所有権法、著作権法の他、種苗法、半導体集積回路の回路配置に関する法律等全てを理解することで、その各山容は一応明らかになるが、更にこれらの法律と大きく関連する独占禁止法や景表法、下請法、関税法等々の経済法の分野の理解を通じてこそ各山容は遭難しない程度に明確になってくる。
　渋谷達紀君は日本において正にこの山容を極めていた人の一人である。

II

　私が彼に初めて出会ったのは1965年4月、彼が大学院の修士課程に入学された時である。尤もそれ以前から、当時の東大法律相談所の顧問で、登山や旅行に時々誘って下さっていた刑法の藤木英雄教授からは、奥様の弟さんが入って来られることは既にお聞きしていた。その時の私の第一印象は大人しい都会人といった感じだった。しかし、私はその2年後文部省が全国で初めて認可した「工業所有権法」の講座を担当すべく恩師の石井照久教授と御一緒に成蹊大学へ赴任してしまった。その年の秋、博士論文の一部を私法学会で報告し、翌1968年秋、経済法学会で「技術導入の自由化と特許法」のテーマで報告して、やっと一段落の着いた頃、突然学習院大学の豊崎充衛教授から御連絡を受け、東大の法学部の学生のゼミを後期に担当することになったので、当時法学部の助手をされていた渋谷君と一緒に手伝ってくれないかという御依頼だった。確かこの時の学生の一人に中山信弘君が居た。
　しかし、私にとってはここで久し振りに渋谷君とゆっくり会えるのには特別の興味があった。それは私が、1966年に石井照久、有泉亨、金澤良雄先生の編集された経営法学全集7巻の「特許等管理」（ダイヤモンド社）の中で商標部分の執筆を依頼された時、初めて商標法分野に経営学を大幅に導入して執筆し

た事もあって、彼が当時研究執筆中の商標法の各規定する周知の概念に大いに関心があったからである。そこで彼の執筆中の論文を読ませていただいたのだが、判例の分析、整理の仕方が実にすばらしかった。これが後の動機となって、ジュリストで1983年以降執筆を依頼されてきた「無体財産権法判例の動き」の担当を、1995年以降彼にお願いすることになった。

　また、元来私は自然科学に興味があって、工業所有権法の研究に入った訳であり、中・高時代には胴乱を肩に山野を歩いていた事もあって、1976年に農林水産省で発足した植物新品種保護検討委員会に始まり、現在UPOVの国際的組織の前衛組織たるスイスNYONのASSINSELを訪問し、オランダ、フランス、イタリー等々の花卉生産圃場及び当時バイオテクノロジーを導入しつつあったアメリカ、西ドイツ（当時）等の大企業を訪れ、日本で種苗法を成立させ、1985年ジュネーブでのUPOVの国際会議でその内容を報告した。それ以後、農業資材審議会種苗部会の委員を1993年10月迄勤めてきた。しかし、これが生物（植物）に対する保護法でもあり、かつ特許庁の関係もあって当時は適当な後継適任者を捜せないでいた。そこで知的財産権法の研究に真剣、誠実かつ真摯に取組んでいる彼の学問的姿勢をみていて、実は彼に後任をお願いしたところ、彼は心良くこれを引受けて下さり、任期までこれを務めて下さった。

III

　知的財産権法を研究している者にとっては、同じ英語と米語でもその内容が全く異なる場合もあり、他方、第二次大戦中の植民地は独立後は宗主国の法制を採用している国も多いことから、英語、仏語も看過しえない研究対象である事は、既に当然に熟知していることと思う。私は、かかる事は西ドイツのマックスプランク研究所での留学生仲間を交えた研究会で十二分に体験してきた所である。ところで彼は、同研究所にはフンボルトの試験を受け、その財団給費生として、滞在していた事もあり、その語学力は抜群であった。従って、聞く所によると彼は大学院の院生に対して、かかる英、仏、独、米の原語も極めて厳しい指導していたように伺っている。しかし、後程、同研究所の所長バイヤー教授が日本に来られた時に漏らしていた話では、私の帰国後の留学生は殆ど研究会に出席しないと嘆いておられた。その為か研究所の所長がシュリッカー教授に交替された折には、日本工業所有権学会の理事長をされていた北川善太郎教授が留学生として推薦した研究者に対して、「アジアは日本だけではないの

で」と断られた事もあった。

　また、1989年頃日本では当時の通商産業省の肝煎りで日本のマックスプランク研究所を創立するとの大宣伝の下で、知的財産研究所が創られた。この頃お会いしたバイヤー教授は、「あれは御用学者の集まりの宣伝で、世界ではまだまだ通用しない。マックスプランクは国の機関とは全く独立の研究所で、その学者は政府と反対の見解も堂々と機関誌（GRUR）に載せている。これが国際的な学者の姿である。」と盛んに言われていた。これが原因で私は同研究所の方は一回出席しただけでお断りし、ずっと中立。言いたい事を未だに何でも発言している。そんなことで、ドイツからの帰国後も国際会議に行くと必ず数人の誰かに会い、お互い援護射撃をしたり、友人がその国の立法草案を創ったからチェックしてくれとか、中にはEUでの法律草案を書いてみたが手を入れてくれとかいうのも、当時のマックスプランク研究所の山仲間との間で続いていた。

　渋谷君に上記研究所への関与について後程聞いた所、「研究者の立場を無視している」と一言云われただけであったので、彼のその態度は推して知るべしと思われた。

IV

　彼と共同して一緒に日本で事業を興したのは発明推進協会での知的財産権法判例研究会であった。1981年当初は発明協会の「工業所有権法判例研究会」と称して発足した。

　当時学者志望で研究室に残る学生が少なく、これは中小国立大学にも及んでいた。従って、判例研究会の演習が在学中に無いので、判例の取扱いが不十分なものとなっていた。そこで、東大での我妻栄、星野英一教授を中心とする判例民事法研究会、鈴木竹雄、矢沢惇、竹内昭夫教授を中心とする商事判例研究会、それに石井照久、石川吉右衛門教授を中心とする労働判例研究会（後者は私のみ）等々の研究会の成果を学問として研究に生かして欲しいとの要請から、当初、これは私と同期の満田重昭君（当時不正競争防止法中心）及び渋谷君の三人で始めた事である。尤も満田君はその後足を痛めてしまい、結果的に渋谷君と二人して、その名称は以後「知的財産権法判例研究会」、その主催は2012年より発明推進協会と変更されてはきたが継続してきた。その方式は、判決の事実、当事者の主張（争点）、それに対する判示（傍論は除く）及びそれに対

渋谷達紀君の御逝去を悼む

する評釈（判決の位置づけ、賛否、争点に対する判示の評釈（裁判所の傍論部分は除くが簡単に扱う。要はここで言う判示事項とは必ずしも争点でない。）というものである。

　本追悼論文集は大学での彼の直接の教え子と本判例研究会出席者が中心となって、彼の恩顧に報いるべく作成したものである。本追悼論文の企画・編集その他については、特に弁護士・牧野利秋氏、久留米大学名誉教授・大家重夫氏、早稲田大学名誉教授・木棚照一氏、早稲田大学教授・高林龍氏、東海大学教授・角田政芳氏、早稲田大学准教授・大橋麻也氏、中央大学准教授・堀江亜以子氏の御協力に負う所が多い。また、出版に当っては本書を刊行することができたのは、ひとえに発明推進協会の小山和美氏、城水毅氏、高橋尚美氏の御骨折りによる所が大きい。ここにその事を記して関係者一同に感謝の意を表する次第である。

2016年3月25日
紋 谷 暢 男
成蹊大学名誉教授
法学博士

目 次

渋谷達紀君の御逝去を悼む……………………………………紋谷　暢男

◆◆◆ 第1章　知的財産法一般 ◆◆◆

口コミサイト上に掲載された店舗名称等の削除請求…………岡本　　岳　　3
物権法定主義と知的財産権………………………………………渡邉　　修　　17
職務上の発明と著作………………………………………………野一色　勲　　45
商品デザインの法的保護に関する研究序説……………………泉　　克幸　　65
応用美術の重複保護により生じる問題点の若干の考察
　　―職務創作意匠と職務著作の制度間調整―　………………平山　太郎　　77

◆◆◆ 第2章　特許法 ◆◆◆

大学発明は職務発明か……………………………………………帖佐　　隆　　91
プロダクト・バイ・プロセス・クレームの今後の展望
　　―最二判平27・6・5民集69巻4号700頁および904頁を契機として―
　　………………………………………………………………高林　　龍　　117
測定方法が争点となる数値限定発明の構成要件充足性についての一考察
　　―マルチトール含蜜結晶事件判決を中心として―　………加藤志麻子　　137
特許発明の技術的範囲と出願発明の要旨との関係
　　―特許発明の技術的範囲の減縮解釈をめぐる議論を手がかりとして―
　　………………………………………………………………小島喜一郎　　153

先使用権制度における知得経路の正当性要件について……… 麻生　　典　167
特許法102条1項をめぐる諸問題 ……………………………… 髙部眞規子　185
渋谷達紀名誉教授の「均等論」………………………………… 大瀬戸豪志　195
バイオ特許関連最高裁判決とその再生医療への影響に関する一考察
　……………………………………………………………………… 大西　達夫　205
後発医薬品と延長登録後の特許権の効力の及ぶ範囲
　　―米国判例法を参考として―………………………… 大野　聖二　223
特許法104条の3（いわゆるダブルトラック規定）に内在する諸問題
　……………………………………………………………… 長谷川芳樹　233
特許侵害訴訟当事者間における技術的範囲の確定・属否の一回的解決
　………………………………………………………………… 辰巳　直彦　253
特許権侵害に係る補償（indemnity）に関する一考察
　　―知財高判平成27年12月24日（平成27年（ネ）第10069号）の事案を参考に―
　……………………………………………………………… 紋谷　崇俊　267

◆◆◆ 第3章　商標法 ◆◆◆

拡大された商標、営業表示等の保護について………………… 松尾　和子　295
商標登録事由の判断基準時……………………………………… 塩月　秀平　317
商品の立体的形状と商標登録
　　―KitKatに関する2016年英国・2015年欧州両判決を題材に―…… 長塚　真琴　329
新・商標の類似に関する裁判例と最高裁判例
　　―最近の商標の類否裁判例と最高裁判例の再考―……… 工藤　莞司　345
商標の同一乃至同一性について………………………………… 安原　正義　361
外国法人の日本における商標の「使用」……………………… 西村　雅子　377
商標の本来的識別力と使用による識別力……………………… 大西　育子　395
登録後識別力を喪失した商標
　　―知財高判平成27年9月30日（ヨーロピアン事件）を題材に―… 足立　　勝　405
競業訴訟の実際（その一　回転寿司）………………………… 小野　昌延　419
「商標的使用」と用途表示 ……………………………………… 土肥　一史　441
「商標権の効力」の見直し ……………………………………… 川瀬　幹夫　455

渋谷達紀先生と商標法関係最高裁判決……………………… 末吉　　亙　467

◆◆◆ 第4章　不正競争防止法 ◆◆◆

営業秘密の概念要件及び保護要件と秘密管理性の関係…… 結城　哲彦　483
フランスの不正競争訴訟における損害について………… 大橋　麻也　499

◆◆◆ 第5章　著作権法 ◆◆◆

ノンフィクション作品の創作性について………………… 柳　誠一郎　515
実用品デザインの著作物性について
　　―知財高判平成27・4・14判時2267号91頁「TRIPP TRAPP事件控訴審」を
　　　契機として― ………………………………………… 角田　政芳　529
コンピュータ生成作品の著作権による保護とその保護のための課題
　　―オーストラリアにおける3つの判決からの示唆― ……… 内田　　剛　543
ドイツ著作権法における映画の著作物の保護
　　―著作者契約法を契機として― ……………………… 三浦　正広　561
フレームリンクと著作権………………………………… 江森史麻子　575
衛星リモートセンシング事業と国際法曹協会（IBA）のデジタル・
アイデンティティ原則
　　―衛星画像の著作権・データベース権と被写体のプライバシー―
　　……………………………………………………… 小塚荘一郎　587
EUにおける公衆への伝達権とリンク …………………… 茶園　成樹　599
引用についての判断基準
　　―特に引用の目的について― ………………………… 富岡　英次　621
障害者の情報へのアクセス保障と著作権
　　―日本の著作権制限規定におけるマラケシュ条約の位置づけ― … 佐藤　　豊　637
障がい者のアクセシビリティと著作権
　　―著作権法の権利制限規定の比較法的研究― ………… 得重　貴史　649
著作権事件に見る日本の宗教と宗教団体の動き………… 大家　重夫　661

目次

アメリカにおける連邦法と州法の交錯に関する一考察
　―カリフォルニア追及権法は生き残れるか―………………… 安藤　和宏　681
著作権等管理事業者の分別管理義務………………………………… 諏訪野　大　697
著作権侵害に対する法定損害賠償制度の韓米比較………… 張　　睿暎　709
漫画「ハイスコアガール」をめぐって…………………………… 小泉　直樹　723
著作権関連条約と国内法における用語の齟齬………………… 斉藤　博　735

◆◆◆ 第6章　パブリシティ権 ◆◆◆

パブリシティ権侵害と損害賠償………………………………… 堀江亜以子　747

◆◆◆ 第7章　随想 ◆◆◆

渋谷先生との思い出………………………………………………… 今村　哲也　769

あとがき……………………………………………………………………………… 773
渋谷達紀教授　御経歴……………………………………………………………… 775
渋谷達紀教授主要著作目録………………………………………………………… 777
執筆者紹介…………………………………………………………………………… 793

第1章　知的財産法一般

口コミサイト上に掲載された店舗名称等の削除請求

岡 本　　岳

１．はじめに

　インターネット上には様々な情報が掲載されており、誰でもどこからでも情報を掲載し、閲覧することができ、情報アクセスに極めて便利な環境が実現しているが、反面、著作権侵害、不競法違反、名誉毀損等、インターネットをめぐり様々な民事訴訟が提起されるようになった。これら著作権侵害等の事件については、これまでにも相当数の裁判例が蓄積し、研究が報告されてきているが、最近、インターネット上の口コミサイトの利用が拡大し[1]、これに伴い、必ずしも名誉棄損とはいえない情報の掲載についても、その削除を求める事案が見られるようになり、このような事案について、その法的な構成等を検討すべきであると考え、実際の裁判例に基づいて報告することとした。

２．裁判例
（１）大阪地平成27年２月23日（平成25年（ワ）第13183号）裁判所HP〔食べログ隠れ家バー事件〕[2]（以下「隠れ家バー事件」という）

　Xは、大阪市西区の繁華街ではない場所にBという名称の飲食店を経営している。Bでは、店先に一切看板を設置せず、入口には鉄扉があり、来店者は、インターホンを鳴らし、店員が開錠し、建物内に入ることができ、狭い階段を上がった２階の扉には「DO NOT DISTURB」の札が多数掲げられ、その扉を開けると30坪ほどの店舗があり、バーカウンター、座敷、ソファ席等が設けられている。このように、Bは、秘密性のある隠れ家としての演出がされている。Bには、「当店は会員制のプライベートラウンジにつき…口コミサイトへ

---

[1] 2016年２月２日付け日経新聞には、経済産業省などの調査によると、2014年の国内飲食店のネット予約市場は1764億円、電話なども含めた飲食予約全体の２％程度とみられるが、13年に比べ88％増加と急拡大したと報道されている。
[2] 事実関係は判決の認定による。

のご投稿はご遠慮くださいますようお願い申し上げます」と記載したプレートを掲示している。Bのホームページや店内の表示には、会員制との記載があるものの、実際は、会員制ではなく、顧客名簿もない。

　Yは、口コミグルメサイト「食べログ」を開設し、これを管理運営している。同サイトは、「ランキングと口コミで探せるグルメサイト」をキャッチフレーズとし、店舗で実際に食事をしたユーザーによる主観的な感想や評価（コメント）を写真等とともにインターネット上に公開することで、店舗選びの参考となる信頼できるレストランガイドとして活用されることを目的とするもので、日本全国の飲食店を無料でデータベース化し、店舗側からの情報だけでなく、店舗を利用した顧客の意見や感想を集め、共有していくものである。同サイトの特徴としては、①今までのグルメサイトに載っていなかった「インターネット上で広告宣伝をしない美味しいお店」も検索できるように、日本全国の店舗を無料掲載によってデータベース化しており、平成25年11月現在全国約69万件のレストラン情報を掲載していること、②同サイトに掲載されているお店には、全て、ユーザー会員から寄せられたお店の個人評価をもとに、そのユーザー会員の信頼度を加味した独自のロジックで算出された「5点満点の点数（格付け）」が付いていること、③同サイトに投稿された口コミ数は350万件と日本最大であり、ポジティブな内容だけでなく、ネガティブな内容も掲載しているなど実際に食事をした人のリアルな口コミが掲載されていることが挙げられる。口コミ投稿は、レビュアー会員登録をした者が行うことができる。口コミについては、ガイドラインを遵守しなければならず、レビュアー会員が口コミの投稿を行った時点で当該口コミの国内外における複製、公衆送信等著作権法上の権利をレビュアー会員が被告に対して無償で許諾したものとなるとされている。利用規約上、ガイドラインに反するもの、公序良俗に反するもの、その他、管理運営を妨げる等Yが不適切と判断したものについては、予告なく、当該口コミを削除する場合があり、削除対象に該当するか否かは、全てYが判断するとされている。同サイトの利用者情報としては、平成25年11月現在の月間総ページレビュー11億8312万PV、月間利用者数はパソコンが2548万人、スマートフォンが2448万人、フィーチャーフォンが168万人である。店舗掲載に関する方針について、「『店舗情報を一般公開しているお店を全て掲載』する方針で運営しております。ホームページ・ショップカード・雑誌・書籍・電話帳などで店舗情報を一般公開しているお店については、店舗様のご意向に関わらず、口コミ

が投稿される仕組みとなっておりますので、ご了承ください。万が一、店舗情報を完全非公開で営業されていて、かつ店舗情報非掲載をご依頼の場合は、ご連絡ください」としている。

　ユーザー会員は、平成24年11月１日、Ｂを新規登録し、店舗の名称、住所、電話番号、交通手段、営業時間、定休日等の基本情報を掲載し、同月２日、Ｂの口コミ及び写真を投稿した。この口コミは「プライベートラウンジ」という題名で「本日、２軒目は、こちらのお店、プライベートラウンジで隠れ家過ぎましたので悩みましたがホームページがありましたので、レビューさせていただきました」から始まるもので、店内写真や料理、飲み物等の写真とこれに対するコメントもあった。この掲載後、紹介者がない顧客がＢに入ってきて大騒ぎをしたり、くつろいでいる年配客に絡んで暴力事件に発展することもあった。

　Ｘは、Ｙに対し、平成25年９月、Ｂは秘密基地、隠れ家として来店者の遊び心をくすぐることを企図し、他の飲食店との差別化を図ったサービスを展開しているのに、同サイトに掲載されることにより、この営業戦略及びＢの価値・サービスが大きく損なわれるので、本件店舗情報を削除するよう求めた。Ｙは、Ｘに対し、同年10月、飲食店に係る情報の掲載に関し、一般に公開されている情報を利用することや飲食店に関する感想を述べることは表現の自由の範囲内で適法であること、Ｂに関する情報は、ホームページのほか、複数発信・公開されていることが確認できたので、Ｂの店舗情報を同サイト上に掲載する行為は適法であるとして、削除には応じられないと回答した。

　そこで、Ｘは、Ｙに対し、営業権及び情報コントロール権を違法に侵害されたとして、不法行為に基づく損害賠償を求めるとともに、人格権（営業権及び情報コントロール権）に基づく侵害行為の差止めとして、店舗情報等の削除を求め、本件訴訟を提起した。

　大阪地裁は、Ｘは、人格権（営業権若しくは業務遂行権又は情報コントロール権）に基づく差止めを請求しているが、これらが認められるためには、ＹにおいてＸから店舗情報等の削除を求める旨の申出があった場合にＹがこれに応じないことが違法と評価されることが必要となるところ、違法と評価されるかどうかは、被侵害利益の種類と侵害行為の態様との相関関係で決せられるべきものであり、本件で問題となる被侵害利益はＸの情報コントロール権又は営業権若しくは業務遂行権である。情報コントロール権は、その権利又は利益の内容及び外延が明らかではなく、これを不法行為や差止めを認めるために保護さ

れるべき権利又は利益として認めることは相当ではない、営業権又は業務遂行権について、Xは自らの業務遂行のため自己の情報に関し公開するかどうかについて選択する権利又は利益を有すると考えられるが、Yは、口コミにより収入を得ていること、Xの承諾なく情報を掲載していることが認められるが、本件店舗情報は公開されている情報であり、Yの行為が名誉棄損やプライバシー侵害に該当しない本件においては、Yに前記先行行為に基づく条理上の作為義務が発生すると認めることはできないから、Xの要求に応じなかったことが作為義務違反になることはなく、違法と評価することはできないとして、Xの請求をいずれも棄却した。[3]

（２）ア　札幌地平成26年９月４日（平成25年（ワ）第886号）判例秘書L06950375[4]（以下「丼店事件」という。）

　Xは、宅地建物取引業等を目的とする有限会社であり、札幌市内に「C丼D」という名称（本件名称）の飲食店（本件店舗）を経営している。

　Yは、口コミグルメサイト「食べログ」（その内容については前記（１）とほぼ同様であるが、数字は時点が異なることにより若干の相違がある）を開設し、これを管理運営している。同サイトでは、飲食店の側も店舗会員として登録すれば、自店舗の基本情報の登録や編集に加え、説明文や写真の掲載を行うなど、顧客を吸引するための情報を自ら発信することができる。

　XないしXの関係者は、平成24年１月16日、ユーザー会員として、同サイトに本件店舗の基本情報を登録し、以降、同サイトには本件店舗に係る情報（本件名称、所在地、電話番号、写真、口コミ等。以下「本件ページ」という。）が掲載されている。Xは、同年７月31日、同サイトに店舗会員として登録した。

　Xは、同年12月頃、Yに対し、ユーザー会員による本件店舗に関する投稿のうち、食べかけの料理の写真（本件写真）の削除を、次いで、「料理が出てくるまで40分くらい待たされ」た旨の口コミ（本件口コミ）の削除を求めた。これを受けて、Yは、本件写真を削除したが、本件口コミについては、削除に応じなかった。Xは、Yに対し、平成25年３月25日、本件ページの削除を求めたが、Yは、これに応じなかった。

---

[3] Xは、大阪高裁に控訴したが、その後和解が成立したようである。
[4] 事実関係は判決の認定による。

そこで、Xは、Yに対し、Yが本件ページに本件名称を掲載することは、①Xの著名な商品等表示を使用するもので不競法2条1項2号の不正競争に該当し、②又はXの人格権に由来する名称権等を侵害するとして、不競法3条1項に基づく差止請求又は名称権等に基づく妨害排除請求として本件ページの削除を求めるとともに、不競法4条又は民法709条に基づく損害賠償を求め、本件訴訟を提起した。

これに対し、Yは、本件名称を自他識別機能又は出所表示機能を果たす態様で使用していない、本件ページの削除はユーザー会員の表現の自由の過度な制約に当たり許されない、店舗会員の会員規約にはYは削除義務を負わず、一切の損害賠償義務を負わない旨の規定があるなどと主張した。

札幌地方裁判所は、上記①の主張については、本件名称は、札幌市及びその周辺地域で発行されている雑誌やフリーペーパー等に何回か掲載されたり、テレビ番組で紹介されたにとどまり、Xの営業地域及びその周辺のA丼専門店等飲食店の需要者の枠を超えて広く知られ、高い名声、信用、評価等を獲得しているものと認めるに足りる証拠はないから、著名表示に該当すると認めることはできない、Yによる本件ページへの本件名称の掲載は、Yの商品等の出所を表示したり、Yの商品等を識別したりする機能を有する態様で本件名称を使用しているということはできず、Yが自己の商品等表示としてXの商品等表示と同一又は類似のものを使用していると認めることはできないとして、不正競争該当性を否定し、上記②の主張については、法人は、その名称を他の法人等に冒用されない権利を有し、これを違法に侵害されたときは、侵害行為の差止めや損害賠償を求めることができると解すべきであるが、本件名称を用いて、Yが本件店舗を営業しているかのように装ったり、Xが本件サイトを運営管理しているかのように装ったりしているわけではなく、本件店舗や本件サイトの運営主体の特定や識別を困難にするものではないから、冒用には当たらない、Xは、法人であり、会社であって、広く一般人を対象にして飲食店営業を行っているのであるから、個人と同様の自己に関する情報をコントロールする権利を有するものではないとし、名称権等の侵害も理由がないとして、Xの請求をいずれも棄却した。

イ　札幌高平成27年6月23日（平成26年（ネ）第365号）判例秘書L07020244

上記アの控訴審である。Xは、削除請求を棄却した部分のみを不服として控

訴したため、損害賠償を求める部分は控訴審の審理の対象ではない。Xは、控訴審において、本件ページ中、本件名称、所在地及び電話番号に限定して削除を求める予備的請求を追加した。

なお、Xは、平成25年8月11日、本件名称をデザインした毛筆体で縦書きで3行に書し、右下に釜をデザインした図形を組み合わせた商標（X商標）について指定役務を第43類「日本料理を主とする飲食物の提供」とする商標登録を出願し、平成26年2月14日、商標登録された。また、同年7月、本件店舗の名称を「E」と改称した。

控訴審において、Xは、法人の場合、当該法人を象徴するものであれば、屋号や通称であっても、商号と同様に保護を与えるのが相当であり、本件店舗については、「C丼D」が本件店舗を象徴する屋号として用いられ、商号は一切現れていないのであるから、本件名称については、人格的利益に基づき、Xがこれを排他的に使用し、第三者に利用されない権利を有していると解すべきであると主張した。

札幌高裁は、不競法に基づく請求については、札幌地裁の判断を引用し、名称権に基づく請求については、①法人は、その名称を他の法人等に冒用されない権利（名称権）を有し、これを違法に侵害されたときは、侵害行為の差止めを求めることができると解すべきであるとした上で、本件名称は、X商標とほぼ同一の構成のものが看板や広告用チラシに使用されていたことが認められるが（その後の改称により現在においては本件店舗の名称ではない）、取引等の営業活動において控訴人自身の法人格を表示するものとして使用されていたことを認めるに足りる証拠はなく、控訴人の飲食物の提供という役務の出所を示す標章すなわち商標として使用されていたものであり、法人を象徴する名称として使用していたとは認められない、また、本件名称のような店舗の名称につき、商標法、不競法とは別に、法令等の根拠もなく特定の者に排他的な使用権を認めることは相当ではないとし、②仮に本件名称が名称権の保護の対象になるとしても、法人の名称の無断使用がその名称権を侵害する違法なものとなるか否かは、当該名称の使用目的及び態様、これによって名称権を有する者が被る損害、差止めを認めることにより相手方が被る不利益等を総合的に考察して判断すべきであると解される、Xの名誉や本件店舗の信用をいたずらに毀損する内容の口コミ投稿であるならともかく、社会的に相当性を有する口コミ投稿であるなら、これによって営業上の損失が生じたとしても、それは甘受すべき

ものというべきであるとし、本件ページに本件名称を掲載しているのは情報や口コミがどの店舗に関するものかを特定するためのものにすぎず、Yが本件名称を冒用しているわけではないこと、本件名称、所在地及び電話番号は、X自らが一般に公開していた情報であり、Xの同意しない形態で公開したとしても、それ自体によってXの何らかの利益を侵害するとは認めがたいこと、他方、Xの意に沿わないからという理由で本件ページを削除することは、口コミ投稿をするユーザーの表現の自由や飲食店の情報を知りたいと考える一般消費者の情報にアクセスする機会を害することになりかねないものであることなどの諸般の事情を総合考慮すると、Yによる本件ページへの本件名称の掲載が違法であると評価することはできないとして、Xの控訴を棄却し、控訴審で追加した予備的請求も棄却した。

3．検討
（1）人格権（営業権及び情報コントロール権）に基づく削除請求

隠れ家バー事件では、Xは、人格権（営業権及び情報コントロール権）に基づく侵害行為の差止請求として、店舗情報等の削除を請求している。

Xは、法人であるが、法人も人格権（姓名権・名誉権・精神的自由権など）をも享有しうると解されている。[5]

ところで、Xは、本件差止請求の根拠として、人格権を更に「営業権」及び「情報コントロール権」と特定しているが、判決の記載からすると、「営業権」については更に「営業権又は業務遂行権」と特定していることがうかがえる。

そこで、まず「営業権又は業務遂行権」に基づく差止請求について検討する。営業については、かつてそれが権利か否かが争われていたが、大学湯事件[6]において、その営業の利益の違法な侵害によって不法行為の成立することが認められた。しかし、他者の営業を妨害する行為が不法行為に該当するとしても、不法行為に対する救済は金銭賠償が原則であるから、不法行為に基づく差止請求は認められないとするのが判例[7]・通説である。これに対し、名誉権等の人格権を侵害された者は、加害者に対して、現に行われている侵害行為を排除し、又は将来生ずべき侵害を予防するため、侵害行為の差止めを求めることができ

---

[5] 我妻栄『新訂民法総則』（岩波書店、1965年）155頁
[6] 大判大正14年9月29日民集4巻670頁
[7] 最判昭和43年7月4日（昭和42年（オ）第1024号）裁判集民事91号567頁

ると解されているが[8]、営業権が同様に差止請求権の根拠となりうるかについては、見解が分かれている。下級審の裁判例ではこれを肯定するものが多く[9]、脚注[9]の東京地決平成21年9月10日は、法人は、平穏に営業活動を営む権利を有し、このような権利が違法に侵害され、又は侵害される相当の蓋然性がある場合には、同権利に基づき、加害者に対し、現に行われている侵害行為を排除し、又は将来生ずべき侵害を防止するため、侵害行為の差止めを求めることができるが、演説、シュプレヒコール、ビラ配りなど情報宣伝活動により営業活動に支障を来す場合には、憲法21条の保障する表現の自由との調整が問題となるとする。ここに営業権とは、「平穏に営業活動を営む権利」とされているところ、その性質、内容等は、必ずしも明らかではないが、営業権に基づく差止請求が認容された事案の多くは、虚偽文書の配布、街頭宣伝活動等によって営業の妨害がされたものであり、これらは法人の名誉権等に基づく差止めも可能であった事例であることが指摘されている。[10]

また、東京高決平成20年7月1日（平成20年（ラ）第181号）判例タイムズ1280号329頁は、法人が現に遂行し又は遂行すべき「業務」は、財産権及び業務に従事する者の人格権をも内容に含む総体としての保護法益（被侵害利益）ということができるとし、このような業務を遂行すべき権利「業務遂行権」に基づき、業務妨害行為の差止めを認めた。[11]

ただし、これら差止請求を認容した事案は、いずれも営業権を財産的利益というよりは、法人の名誉権等ないし従業員の人格権（円満に労働に従事する権利）の総体としての業務遂行権として捉えうるものである。他方、口コミサイトに店舗名称等の情報を掲載することは、それ自体では掲載された店舗の名誉権や従業員の人格権等を侵害するものではない[12]。したがって、前者の事案で

---

[8] 最大判昭和61年6月11日（昭和56年（オ）第609号）民集40巻4号872頁〔北方ジャーナル事件〕
[9] 東京地決平成21年9月10日（平成21年（モ）第53382号）判例タイムズ1314号292頁、東京地判平成25年2月6日（平成23年（ワ）第25999号）労働判例1073号65頁〔教育社労働組合事件〕
[10] 前掲脚注[9]東京地決平成21年9月10日のコメント、なお、須藤典明外2名『リーガル・プログレッシブ・シリーズ　民事保全　三訂版』（青林書院、2013年）175頁
[11] 上記東京高決のコメントによると、原審のさいたま地熊谷支決平成20年1月8日（平成19年（ヨ）第54号）は、営業利益の侵害は不法行為を構成し損害賠償の対象となることがあるとしても、差止請求の根拠となるものではなく、営業をなす権利は、財産的利益であって所有権又は人格権とは性格を異にするなどとして、営業妨害の差止めを求めることはできないとしていた。

差止請求が認められるとしても、後者の事案でも同様に差止請求が認められることにはならないと考えられる。

次に、情報コントロール権に基づく削除請求であるが、大阪高判平成18年11月30日（平成16年（ネ）第1089号）判時1962号11頁〔住基ネット事件〕は、自己の私的事柄に関する情報の取扱いについて自ら決定する利益（自己情報コントロール権）は、人格権の一内容であるプライバシーの権利として、憲法13条によって保障されていると解すべきであるとし、同意なく住基ネットにより本人確認情報を保管・利用等する行為は原則として原告らの憲法上の権利を侵害するとして、住民票コード削除請求を認容した。しかし、その上告審である最判平成20年3月6日（平成19年（オ）第403号、同年（受）第454号）民集62巻3号665頁は、「自己情報コントロール権」が憲法上保障された人権と認められるか否かについては正面から判断せず、住基ネットにより行政機関が住民の本人確認情報を収取、管理等する行為は、当該住民が同意していないとしても、憲法13条の保障する個人に関する情報をみだりに第三者に開示又は公表されない自由を侵害するものではなく、また、住基ネットにより本人確認情報が管理、利用等されることによって、自己のプライバシーに関わる情報の取扱いについて自己決定する権利ないし利益を違法に侵害されたとする主張には理由がないとして、原判決を破棄し、被上告人ら（原告ら）の控訴をいずれも棄却した。[13]

情報コントロール権についてはいまだ定説がない状況であるが[14]、少なくとも上記最高裁判決からすると、既に公開されている情報である店舗情報は、これを口コミサイトに掲載しても、「自己のプライバシーに関わる情報の取扱いについて自己決定する権利ないし利益」を侵害するということはできないものと考えられる。

---

[12] 丼店事件の事案も、ユーザー会員による待たされた旨の投稿が紛争のきっかけとなってはいるが、裁判における請求は、名誉権侵害に基づき当該投稿の削除を求めるものではなく、名称権等に基づく妨害排除請求として店舗名称等の情報の削除を求めるものである。

[13] 同判決は、自己のプライバシーに関わる秘匿性の高い情報の取扱いについて、一定の場合に何らかの方法でこれを「コントロール」する権利等を肯定する余地を完全に否定したものではないが、少なくとも、個人識別情報等の個人情報一般について、その管理、利用等に同意するか否かを自ら決定する権利（同意権）を広く肯定する見解は採用しなかったものと解説されている。増森珠美『最高裁判所判例解説民事編平成20年度』（法曹会、2011年）164頁

[14] 佃克彦『プライバシー権・肖像権の法律実務〔第2版〕』（弘文堂、2010年）14頁参照

(2) 不競法3条1項に基づく削除請求

　丼店事件において、Xは、Yが本件ページに本件名称を掲載することは、Xの著名な商品等表示を使用するもので不競法2条1項2号の不正競争に該当するとして、不競法3条1項に基づく差止めを請求している。札幌地裁は、本件名称は著名表示とは認められないとした上で、Yの行為は、不競法2条1項2号の「自己の商品等表示として」の使用に該当しないとした。[15]

　不競法2条1項2号に該当するには、冒用者が著名表示を「自己の商品等表示として」使用することが要件となる。[16] Yが本件ページに本件名称を掲載した行為は、レストランガイドとしての性格を有する本件サイトに飲食店情報を掲載するに当って、当該店舗を特定するために表示されているにすぎず、Yが本件店舗や本件名称の出所であることを示す態様で使用されているわけではなく、出所を識別する機能を果たしていないから、「自己の商品等表示として」の使用に該当しないと解される。

(3) 名称権に基づく削除請求

　丼店事件において、Xは、人格権に由来する名称権に基づく妨害排除請求として、本件ページの削除を求めている（控訴審において、予備的に、本件名称、所在地及び電話番号の削除を求めた）。

　自然人の氏名については、自己を他と区別するために用いるものであり、氏名にはその者の人格が表されており、自己の氏名を独占的排他的に利用する権利として「氏名権」が認められると解されている。[17] 最判昭和63年2月16日（昭和58年（オ）第1311号）民集42巻2号27頁〔NHK日本語読み事件〕は、「氏名は、社会的にみれば、個人を他人から識別し特定する機能を有するものであるが、同時に、その個人からみれば、人が個人として尊重される基礎であり、その個人の人格の象徴であって、人格権の一内容を構成するものというべきである」として、「氏名を他人に冒用されない権利・利益」（氏名専用権）とともに

---

[15] 控訴審において、Xは不競法3条1項に基づく差止請求について新たな主張をせず、同請求についての控訴審の判断も原判決を引用している。
[16] 田村善之『不正競争法概説〔第2版〕』（有斐閣、2003年）252頁
[17] 竹田稔『プライバシー侵害と民事責任』（判例時報社、1991年）190頁、斉藤博『人格権法の研究』（一粒社、1979年）236頁、大家重夫「氏名権について－判例による氏名、芸名、団体名称の保護－」久留米大学法学16・17合併号（1993年）99頁、川井健「氏名権の侵害」伊藤正己編『現代損害賠償法講座2』（日本評論社、1972年）223頁

「氏名を正確に呼称される利益」を認めた。また、最判平成24年2月2日（平成21年（受）第2056号）民集66巻2号89頁〔ピンク・レディー事件〕は、「人の氏名、肖像等（以下、併せて「肖像等」という。）は、個人の人格の象徴であるから、当該個人は、人格権に由来するものとして、これをみだりに利用されない権利を持つと解される。そして、肖像等は、商品の販売等を促進する顧客吸引力を有する場合があり、このような顧客吸引力を排他的に利用する権利（以下「パブリシティ権」という。）は、肖像等それ自体の商業的価値に基づくものであるから、上記の人格権に由来する権利の一内容を構成するものということができる」とし、人の氏名の顧客吸引力を排他的に利用する権利として「パブリシティ権」を肯定した。

　他方、法人の名称については、見解が分かれるようである。[18] 最判平成18年1月20日（平成17年（受）第575号）民集60巻1号137頁〔天理教豊文教会事件〕は、「宗教法人も人格的利益を有しており、その名称がその宗教法人を象徴するものとして保護されるべきことは、個人の氏名と同様であるから、宗教法人は、その名称を他の宗教法人等に冒用されない権利を有し、これを違法に侵害されたときは、加害者に対し、侵害行為の差止めを求めることができると解すべきである」とした。

　札幌地裁は、法人の名称ではない店舗の名称について個人の名称と同様の保護が与えられるかについては判断しなかったが、札幌高裁は、前記のとおり、店舗の名称につき排他的な使用権を認めることは相当でないとした。最判平成16年2月13日（平成13年（受）第866号、867号）民集58巻2号311頁〔ギャロップレーサー事件〕は、現行法上、物の名称の使用など、物の無体物としての面の利用に関しては、商標法、著作権法、不正競争防止法等の知的財産権関係の各法律が、一定の範囲の者に対し、一定の要件の下に排他的な使用権を付与し、その権利の保護を図っているが、その反面として、その使用権の付与が国民の経済活動や文化活動の自由を過度に制約することのないようにするため、各法律は、それぞれの知的財産権の発生原因、内容、範囲、消滅原因等を定め、その排他的な使用権の及ぶ範囲、限界を明確にしており、これら各法律の趣旨、目的にかんがみると、物の無体物としての面の利用の一態様である競走馬の名

---

[18] 森泉章「法人・集団の人格権」伊藤正己編「現代損害賠償法講座2」115頁は、法人も「団体の名称を専有する権利」を享有するとするが、竹田・前掲注[17]191頁は、個人の人格の象徴としての氏名権とは区別して考察すべきであるする。

称等の使用につき、法令等の根拠もなく競走馬の所有者に対し排他的な使用権を認めることは相当ではないとしており、この最高裁判決の立場からは、店舗の名称についても、商標法や不正競争防止法による保護とは別に、排他的な使用権を認めることはできないと解されよう。

また、仮に本件名称が法人の名称として名称権の保護の対象となるとしても、丼店事件において、Yは、本件名称を冒用しているのではなく、口コミ情報の対象となっている当該店舗を特定するために表示しているにすぎない。冒用には当たらない使用態様であっても、他人が法人の名称を無断で使用して当該法人の人格的利益を違法に侵害するものと認められるときは、法人の名称権に基づき、その侵害行為の差止めを求めることができると解され、このような場合の名称使用行為の違法性については、他人が当該名称を使用した目的、名称使用の態様、当該法人が被る損害及び差止めを認めることにより相手方が被る不利益等を全体的に考察して判断することになろう。[19]

丼店事件において、本件名称等の店舗情報は、既に公開されている情報であり、これをXの同意なく本件サイトに掲載しても、それ自体によってXの利益を侵害するとは認めがたいのに対し、当該情報を削除することは、口コミ投稿をしたユーザーの表現の自由や一般消費者の情報にアクセスする機会を害することになるから、これらを全体的に考察すると、Yによる本件名称等の使用を違法と評価することはできないというべきであろう。

4．おわりに

口コミサイト上に掲載された店舗名称等の削除請求をめぐる裁判例について紹介したが、いまだ事案の蓄積が少なく、それにもかかわらず論点が多岐にわたることから、筆者の能力では十分に整理することができなかった。今後の事案の蓄積に伴い、更に分析が進むことを期待して、甚だ不十分であるが拙稿を終わることとする。

先生の思い出

知的財産権法判例研究会の帰り道、渋谷先生と発明会館から虎ノ門駅までよくご一緒させていただきました。研究会の席ではいつも鋭い分析と厳格なコメ

---

[19] 東京高判平成8年7月24日（平成6年（ネ）第4848号）判時1597号129頁〔泉岳寺事件〕

　　　　　　　　　　　　　　　　　　　　　　　　岡　本　　岳

ントをされていた先生ですが、帰り道ではご執筆中の教科書のことなどを楽しそうにお話しされ、そのときの先生の優しい少年のような微笑みが忘れられません。

物権法定主義と知的財産権

渡邉　修

I　問題の所在
1．本稿の目的

民法の物権法の法理は、知的財産権にも適用されるのか。

こうした疑問は知的財産法の解釈においていたるところで生じる。たとえば知的財産権に取得時効（民法163条）の規定は適用されるのか[1]、冒認出願された特許権の取戻請求権を、民法の加工の規定（民法246条）で説明できるのか[2]等々。

穂積陳重博士は、法典調査会における物権法定主義の審議に際し、「物権」または「物権ニ均シキ効果ヲ持テ居ル権利」として、「著述者ノ権利」「技術者ノ権利」を挙げていた（法務大臣官房司法法制調査部監修『法典調査会　民法議事速記録一　第一回‒第二十六回』（商事法務研究会、1983年）573頁。）が、知的財産権の多くは、「準物権」と呼ばれることもある。また民法205条の準占有の規定は、特許権等を念頭に規定されたものだと説明される[3]。つまり物権編の立法にあたっては知的財産権も視野に置かれていたということもできるかもしれない。こうした背景に鑑みれば、物権法定主義を規定した民法175条も、知的財産権に適用されてよいようにも思われる。その是非を検討するのが本稿の課

---

[1] 最高裁平成9年7月17日判決（民集51巻6号2714頁）は、著作権の取得時効を一般論として認めている。
[2] 中山信弘『特許法 第二版』（弘文堂、2012年）332頁註5。
[3] 梅謙次郎『増補訂正 民法要義 巻之二 物権編（復刻版）』（有斐閣書房、1911年）99頁。「準占有が問題になるのは、実際上は、著作権・特許権等の無体財産権ぐらいなものであろう。」（鈴木禄弥『物権法講義 五訂版』（創文社、2007年）八九。）これに対して、中山信弘『工業所有権法 上』（弘文堂、2000年）29頁以下は、「占有という概念の成立を認めるということは、占有訴権、権利の推定、果実の取得、費用償還、取得時効の基礎として意味をもつということであるが」、工業所有権については、いずれの点についても占有を観念する必要は認められず、準占有についても、「民法の学説では、何をもって無体財産権の占有と考えているのかという点は不明である。」として、「無体財産権について準占有を認めなければならない理由はないと言わざるをえない。」と結論づけている。

題である[4]。

2．考察方法

「民法の物権編の規定は知的財産権にも適用される」とする明示の規定は存在しないため、ここでは「類推による欠缺補充は認めらるか」を検討することとなる。類推は、特殊から一般への帰納推論と一般から特殊への演繹推論を組み合わせた推論であり[5]、類推の可否を判断するためには、まず、制定法に表れている価値判断にとって重要な諸点を明かにし、続いてふたつの事案がこれらの諸点において同じであること、残った相違点が制定法の求めている価値判断を排除しない性質のものであることを確認していくことになる[6]。ここでは、まず物権法定主義が適用される物権の特質を抽出し、知的財産権がそれと共通の特質を有しているかを検討することになる。しかしながら、「類推」という

---

[4] この問題は、人格権の財産的要素あるいはいわゆるパブリシティ権問題を研究してきた私にとっては、院生時代からの関心事であったが、その後、民法学界から根本的な問題提起があった（成田博「物権との対比による著作権法への疑問」『著作権法と民法の現代的課題』（法学書院、平成15年3月）489-504頁）。成田教授は、研究生活の初期にフリーライダー論を研究され、著作権法に関する論稿も少なくない民法学者であるが、「『支分権』という概念は所有権に使われる概念であり（梅謙次郎・前掲（註3）書103頁参照）、著作権法上、支分権を観念する余地はない。」（488-492頁）とか「著作権法の教科書には、『著作権は内容的、時間的、場所的に分割して譲渡できる』と書いてあるが、いわゆる支分権以下の分割は物権（著作権）法定主義上の疑義があるうえ、たとえば時間的分割という概念は不明である。AがBに5年間に限った著作権譲渡を行ったが、3年目にBが著作権を放棄したら、著作権は公有に帰す。いったん公有になった著作権が5年目に復活してAに戻るのか。」（500頁、502頁註38）等々、多くの示唆に富む疑問の提起があった。しかし、断片的な回答は別にして、これまで正面からの回答は果たされて来なかった。

[5] 青井秀夫『法理学概説』（有斐閣、2007年）534頁、siehe statt vieler Arthur Kaufmann, Rechtsphilosophie, C.H.Beck, 1997, S.80.

[6] Karl Larenz, Methodenlehre der Rechtswissenschaft, 6. Aufl, Springer-Verlag, 1991,S.381-382.

[7] たとえば、類推は法的思考というよりは弁護士がクライアントの主張を展開し、裁判官が判決を書く際に用いるレトリックにすぎず、こうしたレトリックに頼ると事案の結果の決め手となる政策判断が曖昧にされてしまう（RICHARD A. POSNER, HOW JUDGES THINK,HARVARD UNIVERSITY PRESS paperback edition, 2010,186. その趣旨を暗示するものとして、LLOYD L. WEINREB, LEGAL REASON, THE USE OF ANALOGY IN LEGAL ARGUMENT, CAMBRIDGE UNIVERSITY PRESS,2005, 1.）など。三段階プロセス（①アブダクション（仮説形成）と呼ばれる、選択された例からルールへの推論、②かくして推測されたルールの省察的調整過程を経た承認または不承認、③その承認されたルールの事案への適用）という概念を使用して類推の合理化を試みるものとして、Brewer, *Exemplary Reasoning: Semantics, Pragmatics, and the Rational Force of Legal Argument by Analogy*, 109 HARV. L. REV. 923 (1996).

方法には、昔から疑義が提起されてきた[7]。

確かに、「同じものは同じように、異なるものは異なるように扱うべし」というのは、正義[8]あるいは平等原則[9]の要求するところであるから法感情にも合致し、事実、類推が法的推論の重要な位置を占めるものであることは疑いない。しかし、「類似する点がある」ということは、同時に「類似しない点も存在している」ということを意味する。前者を重視して類推を適用すべきか、後者を重視して反対推論を適用すべきか、論理的な意味における決め手は自明ではない。類推が妥当性を有するためには、共通の判断基準（tertium comparationis（比較の第三項））の選択が決定的に重要となる。この共通要素は、制定法に表れている価値判断の基準となる諸点が選ばれる[10]とはいうものの、何を共通要素としてピックアップするかによって、結論は全く異なってしまう。たとえば、Posnerは、A（威嚇行為（threatening gesture））がある場合にはB（被害者による正当防衛）が許されるというルールを、C（テロ攻撃の危機）がある場合にはD（テロの容疑者や共犯者を拷問すること）が許されると類推する例を挙げている。差し迫ったテロ攻撃と威嚇行為（threatening gesture）は被害者に差し迫った害悪の危険をもたらすという共通点を有しているという点に着目して、テロ容疑者の拷問についても、不法行為法上の正当防衛による違法性阻却を類推すべきであると大まじめに主張する者がいたというのである[11]。

結局のところ、法律学上の類推は、論理学の推論とは異なり、評価的思考のプロセスにほかならない。比較点も合理的な認識だけで機械的に決定されるわけではなく、決断（Dezision）、つまりは結果の妥当性を見越した価値判断により決定される[12]。したがって、「制定法に規定された構成要件のいかなる諸要素が制定法の価値判断にとって重要なのか、なぜそれらの諸要素が制定法の価値判断にとって重要なのかを認識するためには、制定法の規定の目的および

---

[8] Larenz,a.a.O.（Fn.6), S.381.
[9] Kaufmann, a.a.O（Fn.5), S.156.
[10] Larenz,a.a.O.（Fn.6), S.381.
[11] Posner, *supra* note 7,181.
[12] Kaufmann, a.a.O.（Fn.5), S.82,156. Esserも、類推は解釈論の外で裁判官の価値判断によって、結論の妥当性を見越して行われる決定であると強調している（Josef Esser, Grundsatz und Norm in der richterlichen Fortbildung des Privatrechts, 3., unveränderte Aufl., J.C.B.Mohr, 1974, S.231,252.）。

基本思想、すなわち立法理由（ratio legis）に立ち戻ることが必要となる。」[13]。青井秀夫教授も、同様の趣旨から、いつ類似性があり類推が適用されるのか、いつ類似性が認められず反対推論が適用されるのかは、形式論理では解決がつかないため、決め手は目的論になるとして、あるべき価値としての目的を考慮する「価値理念的類推」と個々の利益あるいは複合的利益葛藤を目的論的に調整する「利益状況的類推」の二元的側面から目的を考察すべき旨、説かれる[14]。したがって、以下では、こうした点に留意しつつ、考察して行きたい。

II　物権法定主義の適用が問題となりうる事例
1．議論の前提－民法の物権法定主義
（1）物権法定主義の趣旨

民法175条は、「物権は、この法律その他の法律に定めるもののほか、創設することができない。」と定め、当事者が新しい種類の物権を作ったり、物権の内容を勝手に変更したりすることは許されないものと解されている。これが物権法定主義であり、その根拠は、①自由な所有権の創設、②権利関係の単純明快な公示による、③取引の安全・迅速の実現である[15]。①は歴史的あるいは経済理論上の理由づけであり、重要なのは実質的理由づけである②③である。すなわち、債権と異なり排他性のある物権は、第三者に対しても主張しうる強力な権利であるから、購入した土地に訳の分からない権利が設定されていて購入目的が達成できないなどということになっては困る。そこで物権については、ここに物権があるということ、あるいは物権に変動が生じたということを、すべての人にはっきり公示する手段が必要になる。当事者が物権の種類・内容を

---

[13] Larenz, a.a.O. (Fn.6), S.382.Kaufmann, a.a.O. (Fn.5), S.156も比較点（Vergleichspunkt/tertium comparationis）の例として法の基本思想（ratio iuris）を挙げている。Eugen Ehrlich, Die juristische Logik, Neudruck der 2. Auflage, 1966, S.229は、類推による判断は、立法者の価値判断から着想を得てはいるが、それとは別個の裁判官自身の価値判断であると説く。

[14] 青井・前掲（註5）書536-537頁。「価値理念的類推」「利益状況的類推」という用語を青井教授が使用しているわけではないが、青井教授は「解釈」と「類推」を区別しており、別の箇所で「価値理念的解釈」「利益状況的解釈」という用語を使用されている（青井・前掲（註5）書458頁）。そこからの類推で本文のように記した次第である。

[15] 起草者は①③を立法趣旨として挙げていたとされるが、舟橋諄一＝徳本鎮編著『新版注釈民法（6）物権（1）§§175～179』（有斐閣、1997年）〔徳本鎮〕208頁、我妻榮『民法案内3物権上』（勁草書房、2006年）11-12頁は、①と②を、また鈴木・前掲（註3）書三三八は、①および③に加えて、一定の形式による公示に親しみうるもののみを物権とする趣旨を挙げている。

自由に決めてよいということにすると、これを公示することが煩雑となり、それを見た人もその内容を即座に理解できないことになる。そこで物権の種類および内容を当事者の自由にさせず、法律であらかじめ定めて権利関係を単純かつ明快なものとして、取引の安全・迅速を期するというのが、物権法定主義の制度趣旨である。

（2）物権法定主義の規範的な力－どこまで尊重すべき原則なのか
① 物権の種類・内容を決めるのは成文法のみとするのが本来の趣旨

しかし、民法を起草する際、各地の慣習を充分に調査するいとまもなく、強引に物権を整理してしまった結果、物権の種類が農業のための土地や流水の利用の必要性に充分応じきれない事態が生じた[16]。そこで、慣習による物権を創設することは可能か、が問題となった。

「慣習上物権ト認メタル権利ニシテ民法施行前ニ発生シタルモノト雖モ其施行ノ後ハ民法其他ノ法律ニ定ムルモノニ非サレハ物権タル効力ヲ有セス」と定める民法施行法35条の趣旨からは、物権の種類は成文法によってその内容をはっきり認めたものに限るというのが立法者の本来の意図であり[17]、「この法律その他の法律」に慣習法が含まれると解することは困難であった。

② 判例・学説による原則の緩和

しかし、判例は、地主が持つ土地所有権とは別個に小作人が地表のみに有する所有権である上土権は認めなかったが（大判大6年2月10日（民録13輯138頁））、理論構成は明確ではないものの、農業水利権、温泉湯口権、譲渡担保権などについて、物権性を認めてきた[18]。

今日の学説は、民法175条の「この法律その他の法律」に慣習上の物権が含

---

[16] 我妻・前掲（註15）書2-13頁。
[17] 我妻・前掲（註15）書14頁。穂積陳重博士によれば、民法176条（現175条）は、人の意思により絶対性を持つ物権を設けることは公益上許されないという趣旨から立法したものであり、その趣旨からすれば、慣習も、長い間、多くの人の意思で形成されたものであるから、慣習により物権が生ずることも認められないものと説明されていた（法務大臣官房司法法制調査部監修『法典調査会　民法議事速記録一　第一回－第二十六回』（商事法務研究会、1983年）572頁。）。
[18] 中尾英俊「物権法定主義」星野英一編集代表『民法講座2』（有斐閣、1984）1-14頁参照。たとえば、温泉専用権である湯口権について、大審院は、温泉湧出地（原泉地）より引湯使用する「一種ノ物権的権利」であり、原泉地の所有権と独立して処分されうるものであることは「地方慣習法」が認めていると判示している（大判昭15年9月18日（民集19巻1611頁）。ただし、権利変動を明認する公示手段が講じられたか否かが不明として破棄差戻。

まれるとするか否かはともかく、ほぼ異論なく、慣習法上の物権の効力を認めているとされる[19]。

理論構成の異同はともかく、物権法定主義の趣旨は、①自由な所有権を創設し、②権利関係の単純明快な公示による、③取引の安全・迅速を実現する点にあると解するならば、①'自由な所有権の確立を妨げるような封建的権利ではなく、②'適当な公示方法があり、③'慣習といえるまで固定した類型的権利であれば、これに物権的効力を認めても民法175条に反するとはいえない[20]。したがって、そのような性質の権利であれば、法の適用に関する通則法3条により慣習上の物権の権利として法的効力を認めることができる[21]。

このように、物権法定主義は、決して絶対的な法原理ではない。しかも、物権法定主義は、契約自由に支配される債権と対比される「物権」に適用される[22]が、そもそもその物権と債権の区別自体も絶対的なものではない。

(3) 債権と比較した場合の物権の特質と物権概念の相対性

河上正二教授は、物権として物所有権、債権として特定の人に対する金銭債権を念頭に、以下のものを物権の性質として挙げている。すなわち、①対物権、②絶対性、③排他性、④特定性、⑤優先性、⑥追及性、⑦譲渡性、⑧物権法定主義＋公示の要請、⑨強行性、⑩財産移転の目的・対象であること[23]、である。

---

[19]　舟橋＝徳本・前掲（註15）書［徳本鎮］211頁。中尾・前掲（註18）書11-12頁は、「民法175条および民法施行法35条は、民法207条に反するような前近代的権利関係を整理し、承認しない趣旨のものである」と解し、慣習上の物権を広く認める。ほかに、鈴木・前掲（註3）書三三九、石田穣『物権法』（信山社、2008年）31頁、河上正二『物権法講義』（日本評論社、2012年）4頁等。

[20]　鈴木・前掲（註3）書三三九参照。鈴木博士は、「物権と認める必要があるかどうかは、法政策的判断によって定まる」とされる。

[21]　「一般に法律の規定においては、立法者がそれによって実現しようとした基本的価値判断、すなわち立法趣旨が重要であり、立法趣旨は解釈者（裁判官）を拘束するが、規定の文言は必ずしも解釈者を拘束しないと解すべきである。なぜなら、規定の文言は、立法趣旨を実現する手段であるが、常に立法趣旨を過不足なく実現するために用いられているとは限らないからである。そこで、規定の文言が立法趣旨に適合しない場合には立法趣旨に適合するように規定の文言に一定の制限を附す解釈が行われるべきである。これは、ドイツの学者のいう目的論的制限teleologische Reduktion、あるいは私のいう立法趣旨不適合型欠缺であるが、民法175条はその好個の例というべきである」（石田穣・前掲書28頁。同『法解釈学の方法』（青林書林、1975年）22頁以下）。

[22]　「物権と債権との区別も物権法定主義の内容ないし根拠として理解されることになる」舟橋＝徳本・前掲（註15）書［徳本鎮］209頁。

[23]　河上・前掲（註19）書10-14頁。

こうした要素において共通する点があるがゆえに、知的財産権は「準物権」と呼ばれ、物権編の規定の類推が議論されるわけであるが、従来から指摘されてきたように[24]、これらの物権を特徴づける要素も絶対的なものではない。たとえば、対抗要件を備えていない物権は完全な排他性がなく（民法177条、178条）、また通説・判例は、不動産賃借権に妨害排除請求を認めているので、絶対性・排他性の有無を決定的な基準にはなしえない。さらに、不動産につき登記がなされている場合は例外であるが、一般先取特権には、絶対性も排他性もない。債務者の総財産のうえに成立するので、目的物は常に変わり、特定性の原則も満たさないし、一般先取特権の存在はまったく公示されない。一般先取特権が物権とされる唯一の理由は、債務名義なしに目的物の競売申立をなしうる点（民事執行法181条1項4号）にあるとされている[25]。

河上正二教授は、「物権・債権の違いは、演繹的に導かれるというよりも、財を効率的に利用するために、保有者にいかなる救済手段を付与するのが望ましいかという効果面から機能的・政策的価値判断によって定まる」[26]述べ、鈴木禄彌博士[27]と同様、物権とするか否かは政策の問題であるとする見解を示している。実際、何を物権とし、何を債権とするかは国によって異なっていることからも、こうした見方は首肯できよう。

2．物権法定主義の適用が問題となりうる事例
（1）第1類型 – 知的財産権の創設

知的財産権には、①いわゆる準物権としての知的財産権、②差止を伴わない対価請求権としての知的財産権、③不法行為の保護法益としての知的財産権、がある。③については、不法行為法の解釈の枠内で解決可能な問題であり、知的財産権であることからくる特段の考慮はさほど必要ではない[28]。②は、たとえば、期間経過商業用レコードのレコード製作者の著作隣接権が報酬請求権と

---

[24] 鈴木・前掲（註3）書三四九-三五〇、河上・前掲（註19）書14頁等参照。
[25] 鈴木・前掲（註3）書三五八。
[26] 河上・前掲（註19）書15頁。
[27] 鈴木・前掲（註3）書三三九。
[28] 「物のパブリシティ権」侵害について不法行為に基づく損害賠償請求を認めた名古屋地判平成12年1月19日（判タ1070,233）、名古屋高判平成13年3月8日（判タ1071,294）［ギャロップレーサー］、「版面権」侵害に基づく損害賠償請求を否定した東京地判平成21年2月27日（事件番号平成19年（ワ）第24160号）［高麗書林］等、参照。

化す(著作権法97条の3第1項-第3項))のがその例である。このような高度に技巧的な権利を判例が生み出せるのかは問題となりうるが、物権的な権利ではないので、物権法定主義との牴触問題は発生しない。したがって、問題は①である。果たして慣習により新しい知的財産権を創設することは可能なのか。

この点で、注目されるのが、物のパブリシティ権は認められるのかが問題となった最判平成16年2月13日(判時1863,25)[ギャロップレーサー]である。同判決は、「法令等の根拠もなく競走馬の所有者に対し排他的な使用権等を認めることは相当ではな」い、と判示して、物のパブリシティ権に不法行為の保護法益性を認めた1・2審判決を覆し、この権利に物権的効力は勿論のこと、不法行為としての保護も否定した。

この判決については2点指摘したい。

第1に、最高裁は、民法175条と物のパブリシティ権の関係を論じたわけではないという点である。物の無体物としての側面の利用に対する保護を実現するには、法律の根拠が必要だと述べているのみである。ここから知的財産権については、民法の物権法定主義とは別個の独立した法原則－成田博教授が「著作権法定主義」と呼ぶものに相当する、知的財産権法定主義－が妥当すべきだと考えているの否かは読み取れない。

第2に、「法令等」の意味が問題となる。ここに慣習が含まれると解すれば、多くの民法判例と同様、慣習により物のパブリシティ権に物権的効力が認められる余地を認めた判決と理解することもできる。しかし、民法は法律と命令を併せて意味するときは「法令」という用語を用い、命令を含まない場合には「法律」として使い分けているところ、物権のような国民全体の権利義務に影響する財産権を行政機関の命令によって創設することは不適切であるから、民法175条は「法律」という用語を使用している[29]そこでこの場合の「命令」とは何を意味しているのかが問題となる(いうまでもなく「法例」(明治31年法律10号)も法律である)。それ以上に問題なのが、「等」である。判タ1156,101は、「本判決は、そのいう「法令等」には慣習法も含まれると解されることを前提に、現時点において、競走馬の名称等が有する経済的価値の独占的利用を競走馬の所有者に承認する慣習や社会的慣習が存在するとまではいえないことを補足的に説示している。」と解説しており、慣習による保護可能性を否定していない。

---

[29] 舟橋＝徳本・前掲(註15)書[徳本鎮]210頁。

渡邉　修

保護の理論構成としてはドイツやフランスの最上級審判決のように、所有権を根拠とすることもありうるが、この部分が物のパブリシティ権創設の慣習による創設可能性を示唆しているのだとしたら、慣習で知的財産権を創設できるか否かは、民法とは異なる考慮が必要となるはずである。

(2) 第2類型 – 支分権の創設[30]
　著作権や特許権の支分権を正面から認めた例はないが、支分権創設を疑われた判決はある。

① 東京地裁昭和51年5月26日判決（判時815,27）［サザエさんバス車体］
　アイディアにすぎないのではないかといわれていたキャラクターに法的保護を認めたリーディング・ケースである本件において、原告は、コマの特定をすることなく複製権侵害の主張をしたのに対して、東京地裁は「著作権侵害」を認めた。この判決について、アイディアとしてのキャラクターを21条の複製権以下の支分権で保護することはできないため、判決は「著作権」という言い回しを使ったのだろうという見方がある。換言すれば、「著作権」のなかに「キャラクター権」という支分権を創設した判決と理解するわけである[31]。

　知的財産法は、高度にテクニカルな法制度である。知的財産権立法にあたっては、どのような種類の知的財産が保護されるべきか、その保護の形式 – 準物権的権利を設定すべきか、行為規制にするか、差止請求権を伴わない対価請求

---

[30] 「支分権demembrement」という言葉は著作権には観念できないというのが成田博教授の指摘である（成田・前掲（註4）論文488-492頁）。たしかに著作権一元論を採用し、「支分権」により親和的にみえるドイツでも「支分権」に相当する用語は見かけないように思われる。拙訳「2003年版　ドイツ著作権法（上）」『知財ぷりずむ』（経済産業調査会）2005年7月号（No.34 Vol.03）13-39頁で「支分権」と訳しているのは、日本の複製権等を意味するVerwertungsrechtで、理解しやすいようにという配慮からの意訳にすぎない。Eugen Ulmerは、①木の根＝著作財産権と著作者人格権、②木の幹＝（一元論の下の）著作権、③木の枝・梢（AstとZweig）＝複製権等、という視覚的な著作権の解説をしているが、視覚的イメージでは木の枝・梢と近いものの、「支分権」という用語自体は使っていない。またドイツでは、母権Mutterrechtと娘権Tochterrechtという表現がよく使われ、娘権が支分権に相当するが、娘権は娘権で熟した表現になっている。しかしながら、今日の日本では、「支分権」という用語は知的財産法の世界で完全に定着しており、ほかの用語で表現しようとすると、かえって意味が伝わりにくくなるので、以下は、「知的財産法にいうところの支分権」という意味で理解いただきたい。

権にとどめるべきか-をどうするか、どのような行為が規整されるべきか、保護期間は何年が妥当か等々の判断を行う必要が出てくる。その結果、「果たして慣習で高度にテクニカルな知的財産権を創設できるのか」という疑義が生ずるわけだが、既存の支分権に新たな支分権を付け加えるだけであれば、上記の判断はずっと容易になる。たとえば、著作権法21条以下に新たな支分権を付け加える場合、権利制限や保護期間の既存の条文をそのまま使うことができるので、テクニカルな権利の内容をすべて解釈によって構成していくことなどできるのかという第1類型の場合に生ずる疑問はだいぶ緩和されるからである。権利制限規定には「キャラクター権」は記載されていないので、著作権法32条のようなすべて支分権の制限規定はともかく、権利制限に困ることになるのではないかという疑問も生じよう。「例外規定は、類推によって拡張されてはならない」という法命題があるからである。しかし、「例外規定は何が何でも類推しえないというものではなく、例外の基本思想が通用する範囲であれば、類推によって拡張することも許される」[32]。実際、判例は、それほどこの法命題を厳密に解しているわけではない[33]。しかしながら、たとえ支分権であっても、慣習により創設することが許されるのかという疑問は残る。

② 最高裁平成7年4月4日決定（刑集49巻4号563頁／判時1527,152）［ミンキーモモ独占的ビデオ化権］

---

[31] 清水利亮裁判官は以下のように述べている。すなわち、「キャラクターの利用を「複製」（著一15参照）の概念でとらえることができるかは疑問である…。ところが、著作権侵害というためには、著作権法二一条から二八条までのいずれかの権利（いわゆる支分権）の侵害であるといえなければならないとすると、複製権侵害でとらえられるのではないかとの考えが出てくる…。しかし、著作権二一条から二八条までの権利は、「著作権に含まれる権利の種類」ではあっても、必ずしもこれに限るという趣旨に解すべき必然性はないのではないか…。本判決は、キャラクターの利用は「著作権」侵害であるというだけで、支分権のいずれの侵害かには触れていない。」（清水利亮「（三）漫画キャラクターの利用」秋吉稔弘研究会代表『著作権関係事件の研究』（判例時報社、1987年）358-359頁）。しかし、本件をキャラクター権を認めた判決と理解すると、釈明義務あるいは法的観点摘示義務の点で問題であろう。法律の解釈は裁判所の専権事項であり、裁判所の判断の基礎をなす訴訟資料は充分提出されていたにせよ、原告がコマの特定をせずに複製権侵害の主張をしてところ、被告は「複製はしていないし、キャラクターはアイディアだから保護されないはず」と思って安心しているところに、キャラクター権侵害が認められては、被告にとっては不意打ちになるからである。
[32] 青井・前掲（註5）書534頁。
[33] 要約引用を認めた東京地裁平成10年10月30日判決（判時1674,132）（確定）［血液型と性格］参照。

大阪高裁平成6年4月14日判決（刑集49巻4号598頁）
京都地裁平成4年3月25日判決（刑集49巻4号579頁）

　ビデオテープの販売、賃貸等を営む被告会社がアニメ映画の海賊版ビデオを情を知りながら販売したとして、著作権侵害の罪（119条1号）により起訴された事案。著作権侵害罪は親告罪であるが（123条1項）、告訴権者が著作権を保有していたかが争点となった。すなわち、本件において告訴をしたのは、本件映画著作物の著作権者（葦プロ）ではなく、ビデオ販売会社（バンダイ）であったことから、その告訴の有効性が問題となった。

　京都地裁は、映画著作物の著作権の一部であるビデオ化権を、「ビデオグラムの形態による複製権、頒布権及び上映権」と認定し、葦プロとバンダイの間で締結された、この著作権の一部であるビデオ化権の物権的な譲渡契約の有効性を認めて、ビデオ化権者であるバンダイは告訴権を有すると判示した。大阪高裁も地裁の結論を是認した。

　これに対して、最高裁は、バンダイは著作権の一部譲渡（61条1項）を受けたのではなく、独占的にビデオグラムの形態により複製・頒布・上映することを許諾されたいわゆる独占的ビデオ化権者（63条1項）であったと認定した。

　刑訴法230条は「犯罪により害を被った者」を告訴権者と規定しており、「犯罪により害を被った者」とは「当該犯罪により直接害を被った者」（直接被害者）をいうと解されている[34]。

　最高裁は、著作権者ではない、たんなる債権的権利としての独占的ビデオ化権を有する者も、刑訴法230条にいう「犯罪により害を被った者」として、告訴権を有する旨判示して、バンダイによる告訴を有効とした。

　この最高裁決定について、中谷雄二郎・最高裁調査官は、「著作権法では、出版権（七九条以下）や翻案権たる映画化権（二七条）は物権的権利と認められているが、下級審裁判例は、このような法定の物権的権利についても、その設定を認定することには慎重であり（東京高判昭和六一・二・二六〔太陽風交点〕判時一二〇一号一四〇頁等参照）、まして、法律に定めのない物権的権利の設定を認めた先例は見当たらない。」とコメントしている[35]。

---

[34] 安冨潔『刑事訴訟法 第2版』（三省堂、2013年）69頁。
[35] ジュリ1072（1995.7.15）,122-123。

③　東京地裁平成14年1月31日判決（判時1791,142）[中古ビデオソフト]

　ビデオソフト＝映画著作物の製造販売を行っている原告が、中古ビデオソフトを販売している被告に対して頒布権侵害を理由に差止・損害賠償を求めた事案である。最高裁平成14年4月25日第一小法廷判決（判時1785,3）[中古ソフト]とパラレルに、①ビデオソフトは映画の著作物である、②映画の著作物には、頒布権が認められる、③しかし、頒布権は消尽している、という論理を採用すると、著作権法26条の3が映画の著作物には貸与権を与えていないことから、中古ビデオレンタルは自由に行えることになる。ドイツでもこの点が問題となったことがある。すなわち、貸与権が明文化される以前のドイツでは、貸与権は解釈によって頒布権に含まれるとされていたが、こうした解釈を取った場合には頒布権と同様、貸与権も消尽するとの結論につながってしまうのではないかという懸念があった[36]。東京地裁は、いわば頒布権＝譲渡権＋貸与権と解し、譲渡権部分は消尽したが貸与権部分は残ると解して、この問題を切り抜けた。映画著作物には貸与権はないという明文があるがゆえに、貸与権を発生させるわけにはどうしてもいかなかったが、この頒布権の貸与権部分というのは、実質的にみれば貸与権にほかならない。つまりは、この判決は実質的には映画著作物に貸与権を発生させたとみることができる。そうでなくとも、「譲渡権部分のない頒布権」を作ったのであるから、次の第3類型の問題となりうる。

(3) 第3類型－支分権の分割
①　東京地裁平成6年10月17日判決（判時1520,130）[ポパイ]

　被告が抗弁として時効取得を主張する「複製権」がなんらかの制限を伴ったものであるのか否か必ずしも判然としないが、この判決は、「一部譲渡」の「一部」分割の基準を示している。すなわち、ポパイ漫画の複製権の時効取得の主張に対して、東京地裁は、たしかに著作権は一部譲渡が可能（61条1項）だが、①その一部がどのような意味での一部なのか（時期的一部か、地域的一部か、利用形態別の一部か、一個の著作物の全体か数量的一部か。）、②著作物の性質等を前提に、③一部の譲渡、移転の社会的必要性と、④一部の譲渡、移転を認めた場合の権利関係の不明確化、複雑化等の社会的な不利益を総合して、一部の譲渡、移転を許容できる範囲を判断すべきであると述べ、一部分割が許され

---

[36] Gerhard Schricker, Urheberrecht, Kommentar, 4. Aufl., 2010, §17 Rn.30 (Loewenheim).

るための一般的基準を示した。
　そして、連載漫画のどのコマの絵かも特定されていない図柄の複製権の時効取得を認めると、一個のストーリーの漫画の当該絵画以外の部分の著作権と当該絵画部分の著作権が別人に帰属したり、被告主張の絵画と類似するポパイ絵画の使用を望むものは誰に使用許諾を得ればよいのか分からなくなったりして、権利関係の複雑化、不明確化の社会的不利益が著しい、として、本件図柄の複製権の時効取得を否定した。

②　東京高裁平成15年8月7日判決（平成14年（ネ）第5907号）［快傑ライオン丸］
　東京地裁平成14年10月24日判決（平成12年（ワ）第22624号）
　本件契約が締結された昭和53年においては、著作権法23条1項は放送権と有線放送権を区別しており、また衛星放送はまだ始まっていなかったという状況の下で、譲渡された「放送権」に、有線放送権・衛星放送権が含まれていたかが問題となったケース。裁判所は、支払われた対価等を勘案して譲渡契約の解釈を行い、譲渡された本件作品の「放送権」には、有線放送及び衛星放送を行う権利は含まれていないと判示した。条文上は、「著作者は、その著作物を放送し、又は有線放送する権利を専有する」と規定されており、放送権と有線放送権とは明確に区別されていたが、「衛星放送権を除く放送権」のように支分権たる放送権の分割を認めたものと解することもできる。

　このほか、「地方番組販売権」の譲渡を認めている判例（東京地裁平成17年3月15日判決（判時1894,110）［キャロルDVD］）などもある。

Ⅲ　知的財産権にnumerus claususの適用はあるか
1．numerus claususの規範的拘束力
　ドイツでは、日本の物権法定主義に相当する概念はnumerus clausus と呼ばれている。（ローマ法には、厳密には「物権」という用語はなかったが、異論はあるものの、物権の数を限定する物権法定主義があったと解するのが一般である。これに対し、ゲルマン法では本来、ゲヴェーレのある権利が物権であるから（その名残がALR Ⅰ 2 § 135）、BGB以前にはnumerus clausus という考え方はなかった）日本と異なり、物権法定主義を定めた明文規定はないが、処分権のない所有権と

いうものを契約で設定することはできない趣旨の民法137条第1文（これにより処分権と利用権の永続的な分割が阻止され、処分所有権と利用所有権、あるいは上級所有権と下級所有権というような封建的な分離が排除される）などを手がかりに、numerus clausus原則が認められているものと広く解されている（疑義がないではないが）。この概念を説明する用語として類型強制Typenzwangと類型固定Typenfixierungという用語が用いられているが、類型強制、類型固定という用語が何を意味するのかについては、民法学者の間でも意見が一致していない。しかし、「いずれにしても、確立された見解によれば、物権は物について自由に処分できる諸権利が量的にも質的にも固定されている、ということによって特徴づけられている。法律行為の当事者が、物について任意の新しい権利を創造したり、既存の諸権利の内容を無制限に変えたりする可能性を持たないのである。」[37]とされているので、numerus clausus は日本の物権法定主義と同様に理解することができる。

このnumerus clausus が守られていない点でも日本と同じである。たとえばドイツでも譲渡担保が認められている。質権の設定には民法1205条1項により物の引渡しが必要となり、担保権設定者は質物を使用することはできなくなるが、民法930条の占有改定により譲渡担保を認めることで実務のニーズに応えている。譲渡担保を認めることで民法1205条に示されている公示の原則がすり抜けられ、占有のない質権が創造されたことになるが、これを否定する者はいない。いずれにしても、numerus clausus の規範的な拘束力は厳格なものとは考えられておらず、譲渡担保が承認されるようになってから、numerus clausus には標準的な物権のカタログを掲げておくだけの機能しかなく、強制力はないという指摘さえなされている[38]。換言すると、物権法定主義は、「非典型物権を契約により創設することのみに効力を認めない原則であり、慣習法により新たな類型を形成することは妨げられない」もの、と緩和して理解されている[39]。

---

[37] Volker Jänich, Geistiges Eigentum – eine Komplementärerscheinung zum Sacheigentum?, Mohr Siebeck, 2002, S.235.
[38] Jänich, a.a.O. (Fn.37), S.237.
[39] Ansgar Ohly, Gibt es einen Numerus clausus der Immaterialgüterrechte?, Perspektiven des Geistigen Eigentums und Wettbewerbsrechts, Festschrift für Gerhard Schricker zum 70. Geburtstag, C.H.Beck, 2005, S.106.

2．類型別の概観
（1）第1類型

　Ohlyは、無体財産権にnumerus clausus原則が適用される結果、新たな権利を創設することができないということは、「幽霊Gespenst」みたいものだ、という。誰もがそうだと確信しているが、いままで詳細に研究した人はほとんどいないからである。では、なぜ、ほとんどの法律家は慣習法による新しい無体財産権の創設はありえないと信じているのか。知的財産権は、権利者の利益と無体財産への自由なアクセスを求める公衆の利益とを立法者が厳格に衡量して創設される。制定法の保護要件と権利の制限規定とは、そうした利益衡量の表れである。著作権法の立法者は、そうした衡量の結果、限定されたいくつかの企業家の成果物を隣接権の保護対象とし、ひょっとしたら同じくらい重要な他の成果物は保護のないままにすることで我慢をした。たとえば、興行主の隣接権（著作権法81条〔実演家の実演が企業により催される場合には、実演家のほか、この企業の経営者も隣接権を有する。〕）は、「実演家」（著作権法73条）の実演の組織のみを保護するが、どんなに感嘆に値するものであっても「象」の芸が実演されるサーカスの催しはこのなかに入らないのである。判例が、著作権法、特許法、意匠法、標識法の枠外で、知的財産について権利を承認することができるとしたら、こうした立法者による微調整（Feinabstimmung）を無視することになってしまう[40]。

　これがドイツの法状況のようである。しかし、「知的財産の古典的諸権利から目を転じ、不競法上または人格権上保護された法的地位に視野を広げてみれば、疑問も生ずる。こうした法的地位を通説は、絶対性のある財産権としては承認していないが、実務は広範に絶対的財産権として扱っているのである」と述べて、Ohlyはこの状況へのチャレンジを試みる（後述）。

（2）第2類型

　特許法はともかく、著作権法は一元論を採用しているため、新しい支分権は母権たる著作権に帰属させることが理論的に容易になっている。条文上も、支分権の総則において「著作者は、その著作物を有形的に利用する排他的権利を有する。この権利は、とりわけ次に掲げるものを含む。」と規定しており、こ

---

[40] Ebenda,S.107.

の「とりわけ」という文言から新しい支分権の創造はnumerus claususに反しないとするのが通説である。

(3) 第3類型
① 著作権法
　日本の著作権法61条1項は、「著作権は、その全部又は一部を譲渡することができる。」と規定している。この一部について、日本の著作権法の教科書には、「著作権は内容的、場所的、時間的に分割して譲渡できる」と書かれていることに成田博教授は疑問を提示されている[41]。こうした教科書の記述は、ドイツの著作権法や特許法の影響があるのかもしれない。ドイツ著作権法31条1項は、排他的利用権は、「場所的、時間的又は内容的に制限を付して、許与することもできる」と規定しており、この点についてnumerus claususは適用されないものと解されている[42]。そのため、排他性ある利用権はかなり細かく分割されて許与（「許与」は制限物権の設定に相当する）されており、最上級審裁判所では、一定の販路に限った頒布権（BGH GRUR 1959,200 - Heiligenhof）も認められているし、文庫本とハードカバーとで複製権・頒布権を分割することも認められている（BGH GRUR 1992, 310 - Taschenbuchlizenz）。また経済取引の必要性がある限りは、ある舞台やある映画館のように場所を限定して上演権や上映権を許与することも可能とする指摘もある[43]ドイツでも以前は、支分権単位でしか譲渡は認められないという学説はあったが、今日では支分権の分割は可能であると解されている。この点についてはすでにいくつかの機会に紹介しているので、ここでは詳述しないが[44]、取引の安全を害さない限り、支分権の物権的分割可能性dingliche Aufspaltbarkeitを認めるのが判例・学説の立場である。取引を害するか否かの判断は、一方で著作者の利益、他方で取引の安全を顧慮し、事案ごとに決めることになるが、当該の分割された権利が「経済的・技術的に一体かつ独立した、充分明確に区別可能な利用方法」であると認定できるか否かが基準となる[45]。

---

[41] 成田・前掲（註4）論文499-500頁。
[42] Eugen Ulmer, Urheber- und Verlagsrecht, 3. Aufl., 1980, S. 362, Gerhard Schricker,a.a. O. (Fn.36), Vor §28 Rn.87（Schricker/Loewenheim）．
[43] Haimo Schack, Urheber- und Urhebervertragsrecht, 6. Aufl., 2013, Rn.605.
[44] 拙稿「譲渡目的論序説」東北法学第9号（1988年3月）37-93頁、「著作権契約の解釈準則」著作権研究32号（2005）55-75頁等参照。.

② 特許法
（ⅰ）一部譲渡
　ドイツ特許法15条1項は、特許権は制限を付して譲渡することができる旨、規定している。そして、その制限は、事案に即して、ひとつひとつの利用方法や保護領域の一部のみに限定できるものとされ、「特許権に含まれている諸権利の分割は－民法典上の諸権利〔制限物権〕の設定とは異なり－『制定法所定の類型になんら』拘束されない。」[46]。
（ⅱ）排他性あるライセンスに付す制限
　排他性のあるライセンス付与についても、特許権の制限的譲渡とパラレルに考えることができ（特許法15条2項）、排他性のあるライセンスは、場所的、時間的、量的ならびに（特許製品の具体的な仕様および方法の特許の一定の適用分野のような）実用上の観点から制限を付すことができる。しかも、生産権や使用権のような特許法上の諸権利とは異なり、排他的ライセンスの形成については、権利のカタログも条文上存在しないので、numerus clausus も当然妥当せず、取引の安全を害しない限りにおいて、自由にその内容を決めることができる[47]。

3．判例が新しい知的財産権を創造することは可能か
　以下、第1類型に絞って、学説を見ていく。ここで注意しておかなければならないことは、学説は、numerus clausus が適用されれば判例による知的財産権創造が認められず、適用されなければ創造が認められるという形で単純に分けることはできないということである。

（1）否定説－創造できない
① Kraßer[48]
（ⅰ）新たな知的財産保護には立法が必要
　無体物を使用しまたは無体物を侵害する一定の行為を、不法行為や不正競争として他者に禁じうる特別の地位が、営業秘密や不競法上の追加的な成果物に

---

[45]　Gerhard Schricker, a. a. O. (Fn.36), Vor §28 Rn.87 (Schricker/Loewenheim).
[46]　Rudolf Kraßer, Patentrecht, Ein Lehr- und Handbuch, 6. Auflage, C.H.Beck, 2009, S. 928.
[47]　Jänich, a. a. O. (Fn.37), S.240.
[48]　Kraßer, a. a. O. (Fn.46), S.12-13.

与えられることがある。これらの場合、保護客体およびその帰属は、その具体的内容に従い、判例や一般的な命令規定若くは禁止規定から導かれた行為規範から間接的に明らかになる。これらの行為規範のネットが非常に密になると、それらの行為規範を客体についての権利保護と理解し、無体財産権に適用されるいくつかの規範を準用したくなる。しかし、行為規範を煎じ詰めればある権利を保護しているものと理解することもできなくはないということを、現行法規ではもはや根拠づけることができない追加の行為規範の根拠として使うことは、合法的な法の継続形成の枠を踏み越えることになる。「行為規範の法源」として新しい排他権を創ることは、立法者の専権に属する。

ドイツの不競法は日本とは異なり、制限列挙ではない。したがって、法改正により新しい不正競争類型を付け加えるまでもなく、行為規制は可能である。実際、ドイツでは、創作性のないデータベースについて、著作権法改正により準物権たるsui generis権を加える以前から、不競法によりファクトデータ保護を認める判例が集積していた[49]。しかし、Kraßerは、いくら判例による行為規範による知財保護が集積しても、当該知財保護立法がない限りは、新しい排他権は創れないと強調している。

(ⅱ) 知的財産権と物所有権の類似点は「客体に対する権利」という点のみ

Kraßerは、さらに続けて、そもそも物権と知的財産権との間には、類推を正当化するための共通の判断基準（tertium comparationis（比較の第三項））の同一性が存在しない旨を示唆する。すなわち、

知的財産権は、人以外の客体を、もっぱらある権利主体に帰属させる限りにおいて、物所有権に類似する。この基本構造、すなわち－（債務者のような）他の権利主体を通して初めて媒介されるのではない－人を客体と直接に関係づけるという点においては、客体が物所有権では有体物で知的財産権では無体物であるにせよ、〔物所有権と知的財産権とでは〕一致するところがある。したがって、あわせて『客体に対する権利』といえる。ふたつあわせた概念として、物に対する権利dingliches Rechtという集合概念を使うのはあまり薦められな

---

[49] 拙稿「創作性のないデータベース保護－ドイツにおけるsui generis権を素材に」『SHIPプロジェクト・サイバー法研究会・法情報学研究会・第3回共同シンポジウム－サイバースペースの知的財産権／法情報データーベース講演要旨集』（2001年3月）29-36頁。

い。こうした概念は所有権およびそこから派生する物についての諸権利のためにあるものだからである。民法典は、所有権概念について、その前提となる物を「有体的客体」と定義づけているので、知的所有権 Geistiges Eigentum は民法典にいう所有権 Eigentum ではない。それゆえ、権利取引の領域で特別法上の規定が欠けているがゆえに民法典の助けを借りる場合には、権利に関する一般規定が適用されるのであって、物についての所有権や制限物権に関する規定が適用されるのではない。

こうして Kraßer は、権利取引の領域において、知的財産権への物権法の適用を否定する。

② Jänich[50]

Jänich は、そもそも「物権法における numerus clausus が意味するのは、『物には制定法に列挙された諸権利のみが存しうる』ということである。」と述べ、根拠は異なるものの、「制定法に列挙された諸権利のみが存しうる」という「numerus clausus の基本原則」は、知的財産法にも当てはまると主張する。すなわち、

numerus clausus の基本原則は、知的財産権については、この法領域の基本原則のひとつによって固定されている。すなわち、アイディアは原則的に自由であり、なんらの保護を享受しないということである。特許法の保護対象物である発見はアイディアではあるが、発明概念を満たすためには、さらなる要件が満たされなければならない。つまり、特許法も実用新案法も、アイディアそのものを保護しているのではなく、ただ完全に特定された技術的アイディアのみを保護しているのである。したがって、明確な制定法の命令に基づいてのみ行われるアイディア保護の基本原則を前提にすれば、知的財産権についても、諸権利の numerus clausus を認めることができる。無体財産については、明確に制定法により固定された権利類型によってのみ、保護が獲得されうる。知的財産の無体的客体については、閉じられた数の諸権利のみがあるのである。この numerus clausus は、アイディアの自由とともに、同時に、情報の自由をも保障している。

---

[50] Jänich, a. a. O.（Fn.37), S.237ff.

numerus clausus を解釈論上認めることは、物権法におけるよりも知的財産法におけるほうが容易である。保護が規範的に命じられている場合にのみ、保護が与えられる。すなわち、numerus clausus は、精神的創作の諸権利の制定法による規整に基づき、物権法よりも明白に発生するのである。無体財産法の厳格な numerus clausus は、歴史がもっともよく説明してくれる。無体財産の諸権利は、一定の利益団体の圧力に応じて、徐々に創られていったのであり、法的な真空状態のなかに創設された。保護が導入されなかった場合には、当該の無体の成果物は、特別法の保護がないままに置かれたのである。つまり、無体財産法上の numerus clausus は、立法者による計画に即した形成に基づいて成立したものではなく、利益団体の圧力に応じる形で成立したのである。

上述のように、Jänich は、アイディアは自由に利用されうべきであり、制定法の根拠なくして、この自由を制限することはできない、という前提に立って、知的財産権には numerus clausus が適用されると主張する。しかし、この場合の numerus clausus は物権法のそれとは、制度趣旨が異なる別物である。

さらに Jänich は、不競法が成果物保護を追加したとしても、不競法による追加の成果保護はなんらの絶対的な排他権を創設するものではないから、それにより numerus clausus が緩和されているということもできないと述べる。

(2) 肯定説 – 創造できる

Ohly[51]

(ⅰ) 判例は知的財産権の創造を認めている

上述のように、Ohly は、古典的な知的財産権を離れれば、判例が実質的に新しい知的財産権を創造しているように見える分野もあるとして、人格権の財産権上の側面、不競法上の模倣保護、スポーツ中継権を検討している。人格権について一言すれば、ドイツでは著作権一元論とのアナロジーで人格権といわゆる人格要素の営利利用権を一体のものとして構成して保護すべきだとする主張が有力に唱えられている。こうした学説からは、numerus clausus の軛をいかにして解くが大きな課題となる。実務はこうした学説を採用してはおらず、伝統的な人格権の枠内で氏名・肖像の営利利用の問題を解決しているが、民事

---

[51] Ohly, a. a. O. (Fn.39), S.108-121.

の最上級審裁判所は、マレーネ・ディートリッヒ判決において、人格権の財産的要素がディートリッヒの娘へ相続されることを認めた（BGHZ 143,214 - Marlene Dietrich）。Ohlyは、この判決を「制定法に規定されていない無体財産権の承認への大きな一歩」[52]と評価している。

（ⅱ）判例による知的財産権創造が許されるものか否かの評価基準

　こうして、Ohlyは、知的財産権の判例による創造はnumerus claususにより認められないという原則は理論上は広く承認されているが、上記3つの例にみるように実務上はnumerus claususは守られてないとして、判例によるこうした法の継続形成が許されるか否かを評価する基準を設定する。その手がかりとなるのが、物権法がnumerus claususを正当化している理由としての（a）法的安定性および（b）一般的な行動の自由の要請、である。

（a）法的安定性

　厳格に維持された類型強制は無体財産法においても法的安定性に役立つことは見誤ってはならない。「特別法がないところでは模倣の自由が支配しており、したがって承認されている権利だけ知っていればよい」として、取引が信頼できるからである。

　しかし、良かれ悪かれ、無体財産法における権利取引は物権法よりも法的安定性が少ないことを甘受しなければならない。第1に、物権法は公示の原則に支配されているが、無体財産法では占有や登記簿への登記に比しうる公示手段が欠けている。第2に、〔無体財産法では〕諸権利の存在ならびに保護領域の射程および制限は、しばしば訴訟において初めて最終的に明らかにされるが、物権法ではこうした問題は、物が有体的に区切られているがゆえに、比較的問題になることが少ない。

　こう述べたあと、Ohlyは、次のテーゼを提唱する。すなわち、「判例法上発展してきた無体財産権を否定するよりも、上述の法的地位を解釈論として真摯に理解することのほうが法的安定性には役に立つ」のだ、と。こうしたアプローチをとれば、超法規的に産まれた保護権の要件および制限を形成することが許されることとなり、それによって保護と自由の間の必要な衡量をオープンに行うことができるからである。

---

[52] Ebenda, S.109.

(b) 排他権 対 パブリック・ドメイン

　確かに、知的財産権は、権利者保護と自由利用とを立法者が厳密に衡量して定めるものである。しかし、立法が無体財産権を物権同様の閉じられたシステムとして完全に規整したと推定することは現実とは全く合わない。そうした場合に保護権を承認できるか否かは、現行の法状況を前提に、その法律に書かれていない行為は自由であると反対推論しても、事案に即した結果をもたらさない。判例によるあらゆる欠缺補充が同時に憲法上の疑念がある立法者の権限の簒奪となるわけではない。それどころか、無体財産法の領域においても、超法規的な法の継続形成は可能でなければならない。numerus clausus は、その形式的な硬直性のゆえに、こうした法の継続形成を事案に即した限界内に留めるには、不適切な方法論的な手段なのである。

　numerus clausus よりは、反対解釈 argumentum e contrario という方法論的道具のほうが、はるかに適切である。規範のなかで行われた規整が網羅的であることがはっきり分かる場合には、ある規範をその規範により規定されていないケースに拡張することは認められない。物権法では、類型強制は反対解釈で根拠づけられている部分もある。立法者は、ドイツ民法典第3編において物についてのすべての物権的な権利を網羅的に規整している。これに対して、無体財産法においては計画に反する規整の欠缺があることや意識的にオープンなままに置かれた規整領域があることは、否定できない。

　そこで、無体財産法の諸制定法が当該の利益衝突のために保護とパブリック・ドメインとの間の衡量をすでに行っている場合には、追加的な成果保護が考慮されることはない。とはいえ、無体財産法の体系のなかに計画に反する欠缺－とくに技術的または経済的な革新により生まれた－がある場合、または立法者が一定の生活領域についてなんらの規整を行わなかった場合には、裁判所は、立法者がいままで権利の対象としていなかったそのような無体の客体に対しても無体財産法上の保護を与えることがことができる。たとえ多くのケースにおいて法政策的にはそれが望ましいとしても、裁判所は立法者の対応措置を待つ必要はないのである。

　このように、Ohly は判例による知的財産権の創造を正面から認めたほうが、法的安定性に資するし、補充性の原則を厳守している限りは、「法律に書かれていない行為はすべて自由だ」とする numerus clausus よりも権利者保護と自

由利用の間の衡量もより細やかに行うことができるとしている。

　以上のように述べて、Ohlyは、「無体財産権にはnumerus claususはない。物権法の類型強制を正当化する理由は、知的財産法には適用できない。『制定法により規定された保護権の外には、なんらの無体財産権上の保護は存してはならない』というドグマは、－現在の支配的実務では見せかけの理由づけに使われているのだが－事案に則さない解決をもたらす。こうした解決は、許される保護補充の限界を曖昧にし、いかなる処分可能性（譲渡、ライセンス、完全な同意）が存するのかおよび侵害にいかなる効果を認めるのが適切かというような問題を隠蔽してしまうからである。より正確な結果をもたらすのは、追加する保護形式の厳密な補充性の原則と結びついた反対解釈argumentum e contrarioなのである。」と結論づけ、広範な法の継続形成の可能性を認める。しかし、他方、このように解することによって、野放図な知的財産権の創造に歯止めを掛けることもできるということも強調している。

Ⅳ　結論
1．原則－民法175条の物権法定主義は知的財産権には適用されない
　知的財産権も原則上、法律で厳密に定められるべきである。しかし、民法175条の立法趣旨として挙げられる①自由な所有権の確立、②公示方法の単純化による、③取引の安全・迅速の確保、のうち、知的財産権が制定法で規定されることが必要な理由は、辛うじて、③の点で－うっすらと－共通するのみであり、その根拠は民法175条の物権法定主義とは異なる。

（1）知的財産権保護を制定法で実現すべき根拠は自由な情報流通の原則
①　アイディアの自由利用
　上述のように、Jänichは、知的財産法を支配する「アイディアの自由利用」－特許法も裸の技術的アイディア自体を保護するわけではなく、様々な要件で特定されたアイディアのみを保護する－の原則から、知的財産権保護は制定法によるべき旨を主張する。
②　情報の自由（Freiheit der Information）
　Drueyは、情報公開等の文脈で情報へのアクセスの自由という意味で使われる情報自由（Informationsfreiheit/freedom of information）とは異なる、情報

の自由「Freiheit der Information」という概念が承認されるべきだとする観点から、「情報は原則的に『自由に流れていく』べきであり、法によりコントロールされるべきではない」として、無体財産権のnumerus clausus（いくつかの特別の無体財産類型のみが法的保護を享受する）には、この情報の自由の思想がどの現行法秩序におけるよりも明確に現れていると述べている（Jean Nicolas Druey, Information als Gegenstand des Rechts, Schulthess Polgraphischer Verlag, 1995, S.100f.）。

③ **情報経済学**

知的財産法の保護対象は情報という経済財である。経済財のうち、①すべての人が同時に等量消費でき（非競合性／non-rivalness）、②代価を支払わない人をその利用から排除することが難しい（非排除性／non-excludability／non-appropriability）という性質を有しているものを「公共財」という。情報が公共財的性質を持っているすれば、情報を市場で生産・配分することは不可能になる。多くの費用をかけて情報を創り出しても、情報の複製・伝達のコストが無視できるほど小さいため、生産者が情報を市場に出すや否や消費者はフリーライダーになろうとするので、生産者は投下資本を回収できず、その結果、過少な情報しか生産されなくなるからである。しかし、音楽情報や発明情報が市場で活発に生産されなくなっては困る。そこで、市場で大量に生産され流通に供してもらうことが必要なある種の情報については、情報を商品化する方法を考える必要が出てくる。そのためのテクニックが知的財産法なのである。すなわち、情報そのものの性質としては、フリーライダーを排除することはできないが、規範的な観点から、情報に人為的に排除可能性を付与してしまえば、つまり、著作物や発明は事実上はコピー利用されることを防げないが、法律上コピー利用を禁じてしまえば、ケーキや筆箱のような通常の有体物と同様に、商品として売買することができるようになる。このように、本来、公共財的な性質を有する情報に商品性を与え、適切な種類の情報を適量生産せしめることが、知的財産法の社会・経済的な機能である。逆に言えば、その政策判断がないところでは、情報利用は自由だということになる。

（2）知的財産権は判例が創造するにはテクニカルすぎる

ドイツ不競法は「模倣の自由の原則」を認めているといわれるが、情報は本来、そのものの性質としては、万人が自由に利用できうべきものである。知的財産法は、

その情報について、人為的・政策的な観点から、その一定のものを選び出して、一定の行為について、一定期間、自由な利用・使用を禁じることにより、情報を生産させ市場に提供せしめることを目的とした、高度にテクニカルな法制度である。その保護は精緻な政策判断を待ってはじめて実現されるべきものである。すなわち、どのような種類の知的財産が保護されるべきか、その保護の形式－準物権的権利を設定すべきか、行為規制にするか、差止請求権を伴わない対価請求権にとどめるべきか－をどうするか、どのような行為が規制されるべきか、保護期間は何年が妥当か[53]、保護と自由利用のバランスを那辺に設定すればもっともよく情報が生産されるようになるか等々。知的財産保護は国際的なハーモナイゼーションをも踏まえて実現される必要があることをも想起すれば、こうした知的財産保護が、裁判所の解釈によって実現されることは適当ではなく、制定法によるほかない。

　この問題は、①物権には物権法定主義が適用される、②知的財産権の大部分は物権と共通の特質を共有している、③ゆえに、物権的な知的財産権には、物権法定主義が（類推）適用される、というような形式論理で解決される問題ではない。
　そもそも物権法定主義自体が、それほどリジッドな原則ではない。物権法定主義が前提としている物権と債権の区別もそれほど截然となされているわけではない。通常実施権の当然対抗制度（特許法99条1項）も、その正当化理由は「制定法でそう定めた」という一点のみ求めうるものであって、たんなる債権に対し登録を要せずして第三者に対抗力を与えることは、物権－債権の峻別論からは説明がつかないことである。冒頭に記したように、物権編の規定が知的財産権に適用されるか否かは、結果の妥当性を見据えて、個別に判断すべき事柄なのである[54]。

---

[53] 知的財産権には保護期間があるところ、裁判所が言えるのは、「権利を相当期間保護せよ」ということのみであり、「保護期間は○○年である」という判決は書けない。田中英夫「裁判による法形成」『法形成過程』（東京大学出版会、1987年）29頁、玉井克哉「情報と財産権」ジュリ1043（1994.4.15），79参照。Larenz,a.a.O. (Fn.6), S. 426-427も同旨。すなわち、「制定法を踏み越える、裁判所による法の継続形成の限界は、次の点にある。すなわち、特別の法的検討を尽くしても、現行法秩序の枠内には回答が見いだせないところ、したがって、とりわけ、…立法者のみが行える詳細な規整が必要となるようなところ、にある。なぜなら立法者のみがそのために必要な諸々の情報を持ち、またそうした規整の創設のための権限を持っているからである。」
[54] 鈴木・前掲（註3）書三四〇「知的財産権も、種々の点で物権に類似している。これらの権利を物権と呼ぶべきかどうかは、物権に定義の仕方によってきまることで、とくに論争すべきことではない。…意味があるのは、これらの権利に物権法の規定や理論を具体的にどれだけ適用ないし準用すべきか、の問題である。」

2.3 類型について
(1) 第1類型 - 知的財産権の創設
① 準物権的知的財産権の創設

上述の理由により、知的財産権の保護は、物権法定主義とは異なる根拠により、法定されるべきである。例外として、Ohlyの議論が日本法の下で通用するか、精査が必要となる。

② 差止を伴わない対価請求権

これも「知的財産権」ではあるが、物権的性質の権利ではないので物権法定主義との牴触問題は生じない。しかし、このような権利も高度に技術的・政策的な権利であるがゆえに立法により対処すべきである。

なお、「権利」ではないが、不正競争防止法上の保護を判例が付け加えることは可能か。ドイツと異なり、日本の不競法は、立法当時の日本が遅れた工業国であったことに鑑み、企業活動を阻害しないように、2条1項において不正競争行為を厳格に制限列挙したものと解されており、制定法によらずに不正競争行為のカタログを追加したり、模倣保護を追加したりすることもできないと解する。

(2) 第2類型 - 支分権の創設

ドイツの最上級審裁判所は、貸与権立法前からこれを頒布権で保護していた（BGH GRUR 1987,37 - Videolizenzvertrag）。また、同様に著作権法15条が列挙していなかった、著作物を「公衆に利用可能にする権利」を著作者に認めた最上級審判決もある（BGHZ 156,1 - Paperboy）。

著作権の支分権を加える場合は、上述のように既存の権利制限規定や保護期間の規定を流用できるため、技術的な困難さは格段に減少する。しかし、一元論を採用し、15条の条文上も、同条列挙の権利が例示であることが明白なドイツと異なり、日本では支分権も立法によることが望ましい。

(3) 第3類型 - 支分権の分割

上述のように、著作権は支分権以下で譲渡されうることを示唆する判例があり、また特許の専用実施権なども、時間的、地域的、内容的にかなり細かく内容的に分割して設定できるようである[55]。しかし、支分権以下の著作権譲渡に

は「慎重に判断すべき」とする見解[56]のほか、成田博教授のように、著作権の支分権以下の譲渡は認められないとする見解[57]も唱えられている。

　民法的な理解からすれば、支分権以下の分割はありえないところであろう。しかし、Ohlyが述べていたように、「良かれ悪しかれ、無体財産法における権利取引は物権法よりも法的安定性が少ないことを甘受しなければならない」ものなのである。Ohlyも、そして成田教授[58]も指摘されているように、公示の制度は、物権の登記のようには機能としておらず（たとえば著作物の場合、内容を登録できるわけではなく、類似の著作物を排除できない）、半田正夫博士は、著作権の登録制度については、昔から廃止を主張しておられる[59]。取引の安全の観点から、民法学者には危険極まりないように映るかもしれないが、上述のように、知的財産法の保護対象である情報は、すべての人が同時に等量消費できるという非競合性（non-rivalness）という性質を有している。有体物を対象とする所有権と異なり、知的財産権は、そもそも権利の外郭が明確ではなく（とくに言葉で発明の技術的範囲を請求する（特許法70条1項）特許権）権利侵害の有無も明白ではないことも多いうえに、非競合性ゆえに権利侵害も発見しづらい。仮に権利侵害が確認されたとしても、ひとつの有体物や不動産をめぐって、「支配できるのはAとBのいずれかのみ」というシビアな問題となる物権の場合とは事情が異なることも、支分権単位での譲渡しか認められない、とする説が浸透しない理由ではあるまいか。

---

[55] 仙元隆一郎『特許法講義〔第四版〕』（悠々社、2003年）Rn.181によれば、二輪車にも四輪車にも使えるエンジンの発明につき、単車に限って、専用実施権を設定することもできる。
[56] 足立謙三「著作権の移転と登録」斉藤博＝牧野利秋編『裁判実務大系27 知的財産関係訴訟法』（青林書院、1997年）268-269頁。
[57] 成田・前掲（註4）論文502頁。
[58] 同上496頁。
[59] 半田正夫『著作権法概説　第14版』（法学書院、2009年）237頁。ただし、①著作権変動の契約の際に、当事者間で帰属する権利の種類、範囲、排他性の有無を明確にし、②公示方法については、複製物に取得した権利の内容を掲げて、排他権の取得表示には対抗力を持たせる、という2つの条件が整うことが必要。

職務上の発明と著作[1]

野一色　勲

　2014年春季日本工業所有権法学会が学習院大学で開かれた。懇親会に私も出席し終了時刻の少し前に中座し出口で渋谷先生と一緒になった。その場で拙論の抜刷「職務発明と特許を受ける権利―職務発明は企業の情報管理の客体の一部分であり特許を受ける権利は特許手続の為に発明者に与えられた手続上の権利である―」（AIPPI-JAPAN2014年 4 月号）をお渡しした。この標題をご覧になった渋谷先生は「私は職務発明の問題はボタンの掛け違いをしたと思います。」とおっしゃった。お互いに議論する時間なく別れた。それは同年 5 月31日日曜日宵のこと、その 2 年後に追悼論文集に寄稿する人生の巡り合わせは残念の一語に尽きる。
　ボタンの掛け違えが何処にあったか、その解明に勉めた拙論を献呈し追悼の誠を捧げる。

第 1　職務上の発明
1．雇用契約と頭脳労働の成果としての職務発明

　雇用関係とは、使用者が資金及び物のリスクを負担し従業者の労働に対して賃金その他の報酬を支払う、それに対して従業者は労働を提供し使用者の業務の成果を挙げる、という関係である。雇用契約を民法623条は「雇用は、当事者の一方が相手方に対して労働に従事することを約し、相手方がこれに対してその報酬を与えることを約することによって、その効力を生ずる。」と定める。改正前の旧仮名遣の同条[2]は、従業者が「相手方ニ対シテ労務ニ服スルコトヲ

---
[1] 本論文は Isao Noishiki "Who should own patentable inventions and copyrightable works created during employment ?" Ian S. Forrester QC LL.D. A Scot without Borders Liber Amicorum – Volume I, Concurrences出版, 2015年, 241頁-253頁. をもとにした。
[2] 改正前の623条（雇傭）「雇傭ハ当事者ノ一方カ相手方ニ対シテ労務ニ服スルコトヲ約シ相手方カ之ニ其報酬ヲ与フルコトヲ約スルニ因リテ其ノ効力ヲ生ス」。

約シ」である。「従事する」は「服スル」と同義である。従業者の約束とされる「使用者に対して労働に従事すること」の意味は、使用者の支配と管理の下で使用者の業務の為の労働に従事することである。この労働には肉体労働と頭脳労働がある。肉体労働にも頭脳労働が必要である。頭脳労働と雖も身体を伴うから、頭脳労働のみの労働は現実には在り得ないが、仮に有るとすれば、頭脳労働のみの労働も雇用契約の労働である。

　雇用契約の下で従業者の労働の成果は使用者に帰属する。雇用契約により肉体労働の成果が使用者に帰属し使用者により管理されることは現実を見れば明らかである。同様に、雇用契約による頭脳労働の成果も使用者に帰属し使用者により管理される。

　工場で製造された物品が管理されるが如くに頭脳労働の成果である情報も使用者により組織的に管理される。急速に進む経済活動の複雑化、産業技術の高度化、ソフト化、第三次産業の拡大、経済の国際化等により、各企業の従業者の頭脳労働の重要性は益々増大する。従業者は使用者の業務を分担し職務の遂行に当るのが通常である。企画や研究を担当する従業者には職務として創作的な成果が求められる。職務上の調査、研究、考案、立案等から生まれた情報は、創作的な成果である。肉体労働の成果が求められる販売や製造であっても従業者は職務上の工夫や改善に熱心である。如何なる労働にあっても創作的要素がある。創作には人間の自己実現の喜びがある。従業者の職務上の頭脳労働の成果は、肉体労働の成果と共に各種製品や顧客へのサービスに化体される。従業者が職務上得た情報は上司に報告され組織の中で管理される。又、頭脳労働の成果は、情報として使用者に管理され、研究、生産、販売、業務管理、在庫管理、品質管理等に反復的に利用され経済価値を生み出す。職務上の工夫や改善の成果を従業者のものとする考えは、当事者である従業者にも使用者にも無い。使用者は情報の必要な部分を秘匿し営業秘密として管理する。情報は、基本的には万人共有のものであるが、共有の状態に到る迄の間は秘密管理されることにより私有化された財産として保有される。

　頭脳労働の成果を生み出す要因となる従業者の体力、知力、注意力、創作力、知識等の個人的属性は従業者個人のものである。従業者は労働の体験の中で自己の能力のレベルアップに努めるであろうが、労働の成果を我が物とする発想はない。労働が肉体労働であろうと頭脳労働であろうと、従業者にとっては、待遇、とりわけ賃金と昇進が最大の関心事である。

発明は技術思想であり（特許法2条1項の定義）表白された発明は技術情報である。従業者の職務上の発明は、技術情報として上司に報告され使用者の組織の中で共有され管理される。自己の職務発明を従業者が個人的な管理の下に自由な処分を企図すれば、それは職場の倫理に背反するものであり従業者の自制心が働くであろう。自己の職務発明であっても、従業者個人の自由な処分は使用者の管理を排除する行為であり服務規律に違反する。雇用契約の下で、従業者が職務上の情報を個人的に独自に管理する余地はない。従業者が職務上取得した各種情報が使用者に帰属する雇用関係の中で、職務発明のみを従業者のものとする例外扱は、日々の業務の現実の事象から遊離し、企業の現実に合致せず、実定法上の根拠なく、雇用契約の法的効果を否定するものである。従業者の特許を受ける権利は、行政法上の特許処分の請求権であり職務発明を支配する効力は無い。このことは後で詳論する。

　秘密として管理されている職務発明について使用者の許諾なしに従業者が特許を出願する行為は、業務上の秘密の全国的公表であるから使用者の管理に対する背信行為である。35条4項の特許権の承継に対し相当の利益を受ける権利は、そのような背信行為を反映させて評価されなければならない。職務発明を従業者個人のものとしてしまっては組織がもたない。職務発明を従業者のものとする考えは、やがて職場の秩序を崩壊させ従業者の健全な倫理感を腐らせて行く。従業者が職務発明を従業者個人のものとして憚からない現象があるとすれば、職場の秩序が乱れ組織の管理ができていない会社の現象である。

　職務発明を従業者のものとする思想は、現行特許法35条の原型である大正10年特許法14条に認められる。大正10年特許法の制定には、衆議院議員の清瀬一郎（1884-1967）が特別委員として深く関わった。彼は自著『特許法原理』の中で「被用者ノ発明ハ被用者ニ属シ、使用者ニ属セス」と述べる[3]。職務発明は雇用契約の下で実現した従業者の頭脳労働の成果として使用者に帰属するにも拘わらず、何故、職務発明が被用者、即ち、従業者に帰属するのか、職務発明の従業者への帰属を認めるには、雇用契約に優越する法的効力が必要である。『特許法原理』はその根拠を示さない。又、仮に、職務発明が従業者に帰属するとしても、職務発明の使用者への移転についての言及が無い。特許を受ける権利の移転により職務発明が使用者へ自動的に移転すると考えたのであろう。

---

[3] 清瀬一郎『特許法原理』巌松堂書店1929年改訂再版105頁。

然し、そのような効力を特許を受ける権利に与える実定法の規定は無い。大正10年頃の雇用に於いても職務発明は発明の当初から使用者の管理下に置かれ使用者への帰属は当然とされていたであろう。「被用者ノ発明ハ被用者ニ属シ、使用者ニ属セス」は、雇用の現実を無視した観念であり法的根拠のない思想的主張であったと考えられる。この思想的主張は大正デモクラシーの現象であり従業者から使用者に対する補償金請求の論拠として必要であったと考えられる[4]。

　職務発明の報奨制度は職務発明を奨励するため企業が試行錯誤の中で実施して来た。技術導入に依存する方針の企業ならば職務発明の重要度は低い。技術の独自開発を目差す企業ならば職務発明への期待が高い。従業者に対する職務発明の奨励の方法及び内容は使用者の経営方針に委ねるべきである。

　発明は技術情報であり一つの事実である。特許を受ける権利は、国を名宛人とする特許処分請求権である。両者は、別個の存在であり別個の概念であり、決して同一物ではない。この両者を同視する考えが現在の35条の解釈に受継がれている。対価請求訴訟の判決文で裁判所は、「職務発明の対価」と「特許を受ける権利の対価」の両用語を同義の用語として使用する[5]。

　35条による承継に対して支払われるべき相当の対価の対象は、従業者の特許権又は特許を受ける権利である。特許を受ける権利と職務発明は別個の存在である。職務発明は既に使用者に帰属済みであり、「職務発明の対価」は既に賃金によって支払済みである。特許を受ける権利には、発明を支配する効力がない（参考。出願公開による補償金請求権について、野一色勲「特許出願公開による補償金請求権と独自発明の実施」関西大学法学研究所研究叢書第20冊『知的財産の法的保護Ⅱ』2000年1頁－30頁参照。）。従業者の特許を受ける権利は抜け殻同然であり、職務発明を支配し管理する使用者にこそ認められるべき権利であった。

　1990年第118国会にて営業秘密を保護するための不正競争防止法の改正法案が審議された。その国会の会では、政府委員から35条を根拠にして、職務発明

---

[4] 補償金の対象が特許を受ける権利であるにも拘わらず職務発明と混然一体化されることに気付いた産業界は、昭和34年改正に当り支払の一回限りを強硬主張した結果、「補償金」の用語は「対価」に変更された。事業者工業所有権協会『特許管理資料』1957年No.1、6頁参照。
[5] 例えば、2003年4月22日最高裁判決キヤノン事件の原審の東京高判の場合は判例時報1753号25頁、第一審の東京地判の場合は判例時報1690号152頁。

は従業者のものであると説かれ、更に類推により、従業者が自ら職務上の工夫や労力によって獲得した情報は当該従業者のものであると説かれた[6]。これは35条を誤解した説明であった。この誤解は現在も普及している。

第118国会で営業秘密保護の為の改正法が成立した。不正競争の一類型として次の定めがある。当時は1条3項4号、現在は現代仮名遣文の2条1項7号である。

改正前不正競争防止法1条3項4号

保有者ヨリ示サレタル営業秘密ヲ不正ノ競業其ノ他ノ不正ノ利益ヲ図ル行為ヲ為シ若ハ保有者ニ損害ヲ加フル目的ヲ以テ使用スル行為又ハ其ノ目的ヲ以テ開示スル行為

「保有者ヨリ示サレタル営業秘密」に限り4号の不正競争とされた。使用者は、従業者の考案試作した職務発明、或は販売従業者が職務上獲得した顧客情報などを営業秘密として管理する。当の従業者は自ら取得した営業秘密の内容を最もよく知悉しており、その重要性を最もよく知る立場であり、同一営業秘密に接する他の従業者の誰よりも守秘義務を明確に認識し、強い責任感を有する筈である[7]。ところが営業秘密を強固に守るべき当の従業者を除外してしまい「保有者ヨリ示サレタル営業秘密」に限定した立法は従業者の倫理感に逆行する。立法が従業者の遵法意識を腐敗させることを恐れる。現行法2条1項7号の不正競争の行為は、営業秘密を事業者から示された場合のみならず、営業秘密を職務上創作した従業者自身の不正使用と不正開示をも対象にすべきである。改正を待たずに、そのように現行の条文を解釈する説もある。実務における2条1項7号の解釈は、混乱を重ね続け混沌の状態にある[8]。実務家であり研究者である小野昌延と松村信夫は共著において2条1項7号の解釈が混乱する現状を俯瞰し、「諸説が対立し、学説・判例ともいまだ定説をみないことを指摘するにとどめる。」と述べる[9]。解釈に委ねたままの現状では混乱が続く。2条1

---

[6] 第118回国会平成2年6月21日参議院商工委員会会議録7号。
[7] 秘密管理性の認定が客観説から主観説（認識可能性）へ移行していることを説くものとして、田村善之「営業秘密の不正利用行為の規律に関する課題と展望」『知的財産法政策学研究』47号, Nov. 2015, 41頁 参照。
[8] 茶園成樹「営業秘密の民事上の保護」日本工業所有権法学会年俸第28号『営業秘密の保護』有斐閣2004年43頁参照。最近の文献として山根崇邦「不正競争防止法2条1項4号・7号の規律における時間軸と行為者の認識の構造」『特許研究』No.57, 2014/3, 43頁参照。
[9] 小野昌延・松村信夫『新・不正競争防止法概説』青林書院2011年331頁、335頁。

項7号の解釈論の混乱の原因は何か。それは、国会が企業の雇用契約下の情報管理の実態を無視し、且つ、特許法35条の職務発明を従業者のものとする誤れる解釈に依存したことに原因がある。職務発明が技術情報であり、職務上の情報として使用者による管理の対象である事実は普遍的である。解釈の混乱を解消するために、2条1項7号の「営業秘密を示された場合」という限定を廃止する改正を行うべきである。

35条は従業者の特許権や特許を受ける権利を使用者へ承継、或いは使用者が取得することを定めるものであり、職務発明の承継や取得は何ら定めていない。35条を根拠にして、職務発明を従業者のものとする考えは、従業者の特許を受ける権利に職務発明を吸着一体化する効力や職務発明を支配する効力を雇用契約の効力に優越する法律上の効果として認めるのでなければ成立しない。後に更に詳論する。

2．特許制度の目的

特許制度の目的を示す学説には歴史的な自然権説や所有権説、現代に通じる報酬説、公開代償説、発明奨励説、発明強制説等がある[10]。現在の特許制度には、秘匿された発明の公開の促進、発明の奨励、研究投資の促進等の複数の効果がある。これらの効果の中で特許制度によってのみ達成できる効果は、秘匿された発明の公開の促進である。

技術の進歩は、既存の科学知識の上に成り立つ。全ての最新の科学や技術が秘匿される社会を想定すれば、秘匿により社会全体の技術の進歩が停滞することは明らかである。文明の進歩には最先端の技術情報が重要であり最新技術の公開が必須である。

発明の奨励には、研究の為の資金助成、人的助成、或いは優良発明の表彰等の方法がある。発明の為の投資の促進には、特許制度の外に税制の優遇策、財政支援、特別優遇融資その他の方法がある。特許制度のみが達成し得る効果は、秘匿された発明の公開の促進である。凡そ制度の目的は制度を適正に運用する指針であるから、目的を明確にしておかなければならない。発明の奨励や投資の促進は、望ましい効果であるが特許制度が本来の目的とする効果から見れば副次的である。特許制度の本来の目的を説く学説は公開代償説である。その外

---

[10] 渋谷 達紀『特許法』発明推進協会2013年7頁。

の報酬説、発明奨励説、発明強制説等は、特許制度の副次的な効果に焦点を当てた学説である。

発明は、発明者の好奇心、探究心、閃き、試行錯誤を続ける忍耐力等の特別の属性と人間に共通の創作における自己実現の本能が大きな原動力である。

かつての文明開化の時代、町の発明家の発明が期待された時代には、発明者個人が特許権を得て市場独占の利益によりそれまでに要した生活費及び試作や改良の試行錯誤に費やした経費を回収し将来の生活資金を確保することにより発明家稼業を継続することができた。町の発明家は、発明の創作行為及び生活費負担と発明経費の負担を一身に引き受ける。そして優れた発明を世に送り出す。明治初期に画期的な性能を備えたガラ紡の発明で有名な臥雲辰致[11]は、発明に成功しながら生活が困窮した。彼の窮状が明治18年の専売特許条例の制定を促進したと言われる。特許法が想定した発明者は、このような町の発明家であった。

現在の日本国での特許出願件数の97％が法人からの出願である。現在の特許権の全ては職務発明に対して与えられていると言ってよい。会社、大学、研究所等の組織の中で発明が生まれている。その発明者は給料生活者である。職務発明の従業者は、研究と発明の為に使用者の設備と装置、それに補助者を使用し、発明に必要な材料や調査の経費の全てを使用者の負担とする。従業者である発明者は、発明の為のリスクを負担する必要が全く無い。町の発明家ならば、発明の為の全リスクを負担しなければならない。職務発明は、上司や同僚の期待と支援、それに所属組織の風土に支えられて生まれる。

町の発明家は全てのリスクを負担する立場にあるが故に、特許権による将来の市場独占の利益に賭ける期待は大きく、特許権への期待が大きな励みとなっ

---

[11] 臥雲辰致（1842-1900 がうん ときむね）長野県出身、明治10年（1877年）の内国博覧会出品の綿紡機は一度に100本の糸を紡ぐことができ、最高の栄誉である鳳紋賞牌が授与された。洋式に比べ小規模の簡単な構造で操作が簡便、本場の英国にもない独創的で効率のよい機構が用いられていた。稼働音にちなんで「ガラ紡」と呼ばれ各地で急速に普及し模造品が続出した。功績にも拘らず経済的苦境の中で更に改良を加えた綿紡機械を明治14年の第2回内国博覧会に出品し、糸口24口の見本品であったにも拘らず、製出される糸の量が多く且つ品質がよいので「今回第一の好発明」との好評を得た。その後も改良に没頭するものの資金を使い果たし、生活が苦しく、試織する綿が入手できず、やむなく自分の布団を裂いて古綿を抜き出して試作機を試した。参照文献：北野進『産業考古学シリーズ[4] 発明の文化遺産 臥雲辰致とガラ紡機和紡糸・和布の謎を探る』アグネ技術センター1994年；宮下一男『臥雲辰致　ガラ紡100年の足跡をたずねて』郷土出版社1993年；編集者日本歴史学会　著者村瀬正章『人物叢書　臥雲辰致』吉川弘文館1989年

て発明に没頭し創作力が掻き立てられる。この強い心理的インパクトは自分でリスクを抱えているから生まれる。職務発明の従業者に、町の発明家と同様のインパクトが生起するとは到底考えられない。発明が期待される従業者らの経済的な最大の関心は、一般の従業者と同様に賃金と昇進である。特許権を職務発明の従業者の創作へのインセンティブと考えるのは幻想である。

将来の特許権によって研究投資回収のリスクが軽減される。これは特許制度の副次的効果であるが、発明の為の研究投資を促進するインセンティブとして作用する。このインセンティブ効果は、職務発明の研究投資の全てを負担する使用者に対して作用する。

先願主義は、特許制度が発明者の保護を目的とせず発明の公開を目的にする制度であることを示す。先発明主義を採っていた米国が2013年から先願主義へ移行した。特許制度が発明者の保護を目的にするのなら、先発明主義である。先発明主義ではなく先願主義が各国で採用され世界に普及している。先願主義は、発明の公開を目的とする特許制度の論理的帰結である。発明の公開が特許制度の目的であり、発明者の保護は目的ではない。

特許法1条によれば、特許法の目的は発明を奨励し産業の発達に寄与することである。特許法が目的とする発明の奨励には多種多様な方法がある。産業の発達に寄与する方法には、発明の奨励も含めて、より一層に多種多様な方法がある。特許法は、目的達成の手段を「発明の保護及び利用を図ることにより」と定めることにより限定する。これ以外の全ての多種多様な手段は特許法の範囲の外である。

特許法の目的の達成の手段には「発明の保護」と「発明の利用を図ること」の二句が条文上併記される。普通文ならば両者は対等の関係として記述されているから両者を車の両輪[12]とする理解でよいが、ここでは特許制度の論理に即して解釈すべきである。特許制度の目的は秘匿された発明の公開の促進である。その為の手段は特許権の賦与である。「発明の保護」は出願を促進する手段である。その手段は特許権の賦与により実行される。「発明の利用を図ること」は、最新の技術情報が迅速に公開され技術水準の向上が図られることにより実行される。最新の技術情報があればこそ、新しい発明が生まれる。出願により秘匿

---

[12] 例えば、1条(平嶋竜太)中山信弘 小泉直樹編集『新・注解 特許法 上巻』青林書院 2011年4頁。

された発明の公開を促進し、最新の技術情報を迅速に公開することは、特許制度の本来の目的である。

　特許権の賦与は、特許制度の目的達成の為の手段であるから、特許権の内容や効力は目的に相応した妥当な内容と適切なレベルでなければならない[13]。発明の保護自体を目的にすれば発明の保護に際限がない。特許制度の目的である公開の促進には際限がある。保護が過少なら出願のインセンティブとして不足である。保護が過大なら特許権による反競争的な市場独占を特許制度で正当化することができない。「発明の保護」は、特許制度の目的により制約された手段である。「発明の利用」は特許制度の効用であり能う限りの利用が望まれる。

　この理解から「発明の保護」と「発明の利用を図ること」は対等の関係ではなく手段と効用である。両者を車の両輪に喩えることは不適切である。敢えて、車の両輪に喩えるならば、「発明の保護」の車輪は出来るだけ小さいことが望まれる。何故ならば、「発明の保護」は特許権の賦与により実行され、それは公衆の負担において実現するからである。それに対して「発明の利用を図ること」は公益に与するものとして、その車輪は大きければ大きい程よい。「発明の保護」と「発明の利用を図ること」は手段と効用の関係として特許制度の原理を示す。

　「発明の保護及び利用を図ることにより」とは、取も直さず「特許制度により」という意味である。我が特許法は、特許制度により発明を奨励し産業の発達に寄与せんとするのである。特許法の役割は、特許制度の実行にある。

3．特許を受ける権利の本質

　町の発明家は三つの姿を兼ね備える。一つは、発明の創作者の姿である。一つは、将来の特許権を期待して発明の経費や生活費を負担する投資家の姿である。一つは、発明を管理し秘匿する秘匿者の姿である。

　特許を受ける権利は、一体、町の発明家のどの姿を見て与えられたのか？創作者か、投資家か、秘匿者か？　正解は特許制度の目的が答える。それは「秘匿者」である。特許を受ける権利は、発明者が発明を管理し秘匿するという事実の故に発明者に与えられた。

　特許制度を発明の奨励、即ち創作の奨励の為の制度であると考える人が多い。

---

[13] 田村善之『知的財産法 第5版』「3．自由統御型知的財産法の視点」24頁参照。

出願の97%が職務発明である現実において、特許制度が職務発明の従業者の創作を奨励するとの論説が幻想であることを既に明らかにした。現代においては、発明者に与えられた特許を受ける権利は、発明者の創作に与えられたのではなく、発明者が発明を秘匿する事実に対して与えられたと考えるべきである。
　又、特許制度を発明の為の研究投資を奨励する制度と考える人も多い。もし、そう考えるなら、特許を受ける権利は、発明を目的にした研究への投資家に与えられなければならない[14]。
　特許制度は、先ず出願がなければ始動しない。出願の資格は特許制度の当初から存在した概念である。日本の特許制度の歴史は明治18年の専売特許条例に始まる。専売特許条例及び明治32年特許法における出願資格は、発明者又は発明の譲渡の事実があれば譲受人に認められた[15]。
　明治42年特許法から特許を受ける権利の語が使用された。実質的には従来の出願資格の呼称であり、新たな内容の権利の創設ではない。爾後、現在に至るまで特許を受ける権利の用語が踏襲される。特許を受ける権利は移転し得るものとされた。それは発明の存在とは別個の法概念である。発明の譲受人は、発明者から発明を譲り受け、譲渡人の発明者に守秘義務を課す外に、出願資格を得る為に特許を受ける権利を譲り受けなければならない。
　職務発明について明治42年法は使用者に特許を受ける権利を与えた。これは、使用者が雇用関係の下で職務発明を管理し秘匿する実態に適合した立法であった。明治42年法には、発明の譲受人が発明者との契約で特許を受ける権利を譲り受けて出願資格を得る契約方式と、発明を管理し秘匿する使用者に法律により出願資格が与えられる法律方式が併存した。これは特許を受ける権利の所在

---

[14] 永野周志「特許権制度の存在理由と職務発明制度―特許法35条批判（1）（2）（3）」『パテント』2004, Vol.57, No. 4～6参照。
[15] 明治18年（1885年）専売特許条例　第1条　有益ノ事物ヲ発明シテ之ヲ専売セント欲スル者ハ農商務卿ニ願出其特許ヲ受クヘシ（以下省略）
第4条　左ノ諸項に触ルルモノハ専売特許ヲ願出ルコトヲ得ス
一　他人ノ既ニ発明シタルモノ
但シ他人ヨリ譲受ケタルモノハ此限ニアラス
（二号以下省略）
明治32年（1899年）特許法　第1条　工業上ノ物品及方法ニ関シ最先ノ発明ヲ為シタル者若ハ其ノ承継人ハ此ノ法律ニ依リ特許ヲ受クルコトヲ得」（以下省略）
明治21年特許条例には発明の譲渡に関する定めがない。譲渡を認めない扱いは実状に合わなかったと考えられる。江夏弘『わが国における被用者発明制度の沿革とその法的解釈』第一法規1990年32頁参照。

の考え方に於いて一貫性に欠ける立法であった。

　出願資格を契約方式で認めるか、法律方式で認めるかは、立法政策上の選択肢である。特許制度に相応しい選択は、現代の特許制度の目的は秘匿された発明の公開の促進にあるから、発明の譲受人が発明を正当に管理し秘匿する事実が有れば、発明の譲受人に対して法律により特許を受ける権利を直接に与える法律方式を選択することである。

　大正10年法は、発明者の特許を受ける権利の呼称と移転可能性の性質を引き継いだ。職務発明について使用者は従業者の発明者から特許を受ける権利を承継するものとした。使用者も発明の譲受人と同様に、特許を受ける権利を移転により手に入れる契約方式が採用された。但し、勤務規則による移転は契約ではなく、一種の法律方式である。

　従業者の職務発明は、日々の職務上の技術情報として当初から使用者に帰属し使用者の管理下に置かれる。これは雇用契約の効果であり、発明の個別の譲渡契約は不要である。使用者は雇用関係の下で職務発明を管理し秘匿する。特許制度の目的とする発明の公開の促進の為には、職務発明を秘匿する使用者に出願資格を与える必要がある。そのために、大正10年法では14条3項により、現行法では35条4項により使用者の勤務規則の定めに従い使用者が特許を受ける権利を取得（又は承継、2015年改正以前の場合）する方法が法律で定められた。それは特許法が勤務規則の定めに与えた特別の効果である。本来なら勤務規則で定めても、そのような承継や取得の効力は生じない。立法論としては、勤務規則を介在させることなく出願資格が使用者に在ることを規定すべきであった。

　35条が勤務規則を用いる迂遠な方法を用いた理由を忖度すれば、発明者の創作に対して特許を受ける権利が与えられるという呪縛の存在であろう。特許制度の目的から考察すれば特許を受ける権利は発明者の創作行為に対してではなく、発明者が発明を管理し秘匿する事実に基づいて与えられたのである。

第2　職務上の著作

　著作権法の定義によれば、著作物は思想又は感情の創作的表現であり、著作者は著作物を創作する者である。著作権法は、創作的な表現を保護し表現された内容である思想又は感情を保護しない。

　社会的には、著作物は表現よりも内容が重要である。内容に基づいて表現が

作られるから内容が表現に先行する。その意味からも内容が重要である。又、著作者は著作物の内容に社会的な責任（以下、責任の語を社会的責任の意味で用いる。）を負う者である。その為に内容は自由な創作によって表現されなければならない。

　従業者が職務上作成する著作物や、所謂代筆や代作では、著作物の表現の創作者と内容に責任を負う者が別人である。社会の常識では、内容を創作し構想し内容に責任を負う者が著作者である。その表現を創作した者が別人であるならば、その別人は、内容の責任を負わない。表現の創作者であっても、内容に責任を負わない者は、社会的に著作者の名に価しない。

　従業者は職務上日々夥しい著作物を作成する。その著作物の著作者が使用者又は従業者の何れであるかを決するに当たり、著作物に表現された思想又は感情が使用者のものか、従業者個人のものか、という観点から考察する。著作権法では表現に焦点があてられるが、内容が表現に影響し表現を制約する。内容に責任を持つ者が表現についても決定権を持つことが望ましい。従って、内容、即ち、思想又は感情が使用者のものか従業者のものかの検討が重要である。

　著作権法15条は、従業者が作成した著作物であるにも拘らず、使用者の思想又は感情が表現された著作物について、使用者を著作者とする場合の要件を定める。15条の全要件が満たされた場合を「法人著作」と通称されるが「使用者著作」と称したい。15条の条文に「法人等」の略称があり、雇主の会社は法人であるということから生まれた通称「法人著作」であろう。「法人著作」の通称では、無意識裡に自然人の使用者が思考から消失するのでミスリーディングである。

　職務著作は、使用者著作と個人著作に分類される。
　15条の要件は、次の通りである。
　① 当該著作物の作成が使用者の発意に基づくこと
　② 使用者の業務に従事する者によること
　③ 職務上作成されること
　④ 使用者が自己の名義で公表するものであること
　⑤ 作成の時における契約、勤務規則その他に別段の定めがないこと

　使用者の下での従業者による著作物の作成の実態から、従業者が作成した著作物であっても当然に使用者を著作者とすべき実態を要件化したものが①から④である。実態の要件化であるあら、①から④までの要件は密接に関連し合う。

使用者の発意は、使用者の業務に従事する者に対し職務上作成される著作物に関して与えられるから十分にその効果を発揮する。使用者の発意に従って作成された著作物の内容は使用者の思想又は感情であるから、使用者は自己の名義で公表すべきである。

　実態に副って使用者を著作者とする①から④までの要件に対して、それを破ることを認める⑤の要件は現実的でない。著作者の存在は、著作物の創作の時点で定まる一つの事実である。①から④までの要件を満足して使用者が著作者とされる場合に、⑤の要件により著作者を従業者とすることは、15条の論理的な自己矛盾である。実態的に見て明らかに使用者著作が成立するにも拘わらず、勤務規則の定めで従業者を著作者とすることを許すならば、使用者が負うべき著作物の責任を使用者の一方的な定めで従業者へ転嫁することになる。それを許せば、著作物の責任の所在について誤解を与え人格の秩序を乱す。従って、⑤の要件により従業者を著作者とする場合は、①から④までの要件該当性が明らかに不明瞭であり、且つ、従業者が著作者たることを認める場合に限られるべきである。例えば、ワンマンカンパニーの場合に、社長（個人）が著作者かカンパニー（法人）が著作者か、不明瞭な場合には、著作権取引の不安定を来たすことが懸念される。その場合に、要件⑤により社長（個人）を著作者として確定できる。これに対して、①から④の全てへの該当が明瞭ならば、使用者が著作者であるという事実が確認されたのであるから、要件⑤による変更を許すべきではない[16]。

　使用者著作の成立を妥当とする根拠は、使用者が従業者の作成する著作物の内容、即ち、思想又は感情を使用者のものとして責任を負うべき実態にある。一方、従業者には、自己の思想又は感情ではなく、使用者の思想又は感情を内容とする著作物を作成するという認識が必要である。これを要件化したものが、①「使用者の発意」である。使用者の責任を明示する為に名義が表示される[17]。

---

[16] 著作権法の起草作業に参加したとされる加戸守行は、要件⑤は当事者の意思に従うためのものとする。加戸守行『著作権法逐条講義六訂新版』著作権情報センター2013年149頁。然し、勤務規則は従業者の意思とは無関係に使用者が制定するものである。又、遡ること「新著作権法セミナー」の座談会で野村義男（当時著作権制度審議会委員）は、⑤の要件を法の公秩序を契約で乱すものと指摘する。ジュリスト1971年1月15日号（No.470）100頁。

[17] 奥邨弘司「職務著作規定第4要件についての若干の考察〜使用者名はどのように表記されるべきか〜」『現代知的財産法 実務と課題 飯村敏明先生退官記念論文集』発明推進協会2015年1079頁参照。

要件①の使用者の発意の基本型は、使用者が、従業者に作成すべき著作物の内容、即ち、使用者の思想又は感情、及び表現の要領を指示することである。「発意」は、作成の最初の段階に為されるのが普通であろうが、それで終わる性質のものではない。使用者は著作物の内容に責任を負うのであるから、著作物の完成に至るまでの間従業者に対し使用者の修正権や拒絶権が有効に働かなければならない。著作物の完成後においても使用者は自由に修正できる。使用者の発意の効果は、使用者の修正権や拒絶権の存在を従業者が意識の中で受け入れて著作物を作成する実態に於いて認められる。

　著作物の作成が従業者の職務に属する場合には、使用者の指示が簡潔であり作成すべき著作物の内容が従業者に任された場合でも、更には使用者の指示が無くても使用者の発意に基づく修正権や拒否権の効力は変わりなく従業者に対して作用する。従業者は使用者の意図を先読みして著作物を作成するので従業者の創作性は発揮されるが自由な表現とは言えない。外見は従業者に任せっぱなしに見えるが、内実はそうではない。従業者は目的や内容に基づき使用者の意図を忖度して表現を作成する。そのような著作物は従業者の創作力が発揮された出来映えであっても、従業者の自由な個性の発揮は認められない。その様な従業者の個性の自由な発揮が許されていない著作物の著作者を従業者とすることは、従業者の自尊心が許さないであろう。

　使用者が内容に責任をもつ著作物を没個性的なものと個性的なものに分けて考察する。没個性的なものとして、例えば、営業報告書、有価証券報告書、リクルート用の会社説明書、ユーザに対する製品取扱説明書等がある。内容が個性的なものとして、例えば、使用者名の対外的挨拶文、従業者への訓示、講演等がある。

　個性的な著作物についての要件①の発意は、使用者が法人の場合と自然人の場合とで態様が異なる。法人である使用者は、自然人の使用者のように発意の個性的な内容を機動的に従業者に示すことができないであろう。その限りで、法人の使用者著作の成立は制約される。

　広告や図案は特別に表現が重要である。使用者は顧客から受注した広告や図案の制作を従業者に命ずる。従業者はスペッシャリストとして創作力を発揮するであろうが、顧客の要求や使用者の指示に制約されるので、自由な創作ではない。使用者には、広告や図案の売主として顧客に対する責任がある。外見が使用者、従業者及び顧客の共同著作に見える場合も、使用者に決定権があり潜在的には使用者の表現意図が優越するから共同著作ではなく使用者が著作者である。

使用者著作に対して、職務上の従業者の個人著作も多い。
　著作物の内容に対し使用者の支配を受けることなく従業者が内容の責任を負って著作物を職務上作成する場合は、個人著作である。従業者が自己の職務に関し作成する報告書がこの例である。例えば、担当業務の報告書、実験報告書、或いは甲対乙事件訴訟顛末報告書である。著作物の内容は職務に関するものであるが、従業者の思想又は感情が自由な創作で表現される。この場合の著作者は作成者である従業者である。従業者が業務に関し作成する提案書も同様である。例えば来客接遇改善提案書は、執筆した従業者が著作者である。
　この場合、使用者の従業者に対する「報告書を提出せよ」の指示は、要件①の使用者の発意に該当しない。要件①の使用者の発意とは、従業者の作成する著作物の表現に対するコントロールを働かせることである。使用者は従業者の作成する業務報告書や提案書の内容に責任を負う立場ではない。使用者が従業者の作成した業務報告書や実験報告書を修正、拒絶、或いは自作することもない。この場合には、使用者の発意は存在しない。従って、従業者は自からの思想又は感情を自由に表現しその内容に責任を負う。この場合は使用者著作は成立せず従業者の職務上の個人著作である。著作者の個人名に組織上の部署を示す肩書が付されるが、この場合の従業者の肩書は職務上の著作であることを示すのみで、個人著作であることを変ずるものではない。
　内容が重要であり表現は重要でないビジネスの対内連絡文書の殆どがこの類である。これらの著作物の内容は情報として使用者の関心の対象である。内容である情報は、業務上の情報として使用者に帰属し使用者が管理する。これらの表現は使用者の関心の対象ではない。使用者は、提出された報告書の内容を自由に業務に利用できる。セールスマンが上司及び同僚に見込み客についての報告をする。その内容である情報はセールスマンの販売活動の過程で得られたもので使用者に帰属すべき情報である。報告書の表現はセールスマンが作り出したものでありセールスマン個人の著作物である。
　これらの報告書等が業務上の複写その他の方法により利用される場合、通常の利用は雇用関係の常識で予想されるものであるから従業者の黙示の許諾があると考えられる。但し、従業者の著作者人格権に抵触する利用には同意が必要である[18]。
　通常予期されざる顧客への配布等の通常の業務の範囲を越える特別の利用には明示の許諾が必要である。状況によっては、著作権の一部の譲渡で妥当な解

決を図ることも必要である。

　従業者Aの職務上の個人著作が、その部下Bの手で作成される場合がある。例えばAの業務報告書の内容はAの思想又は感情でありAがその内容についての責任を負うが、表現はAの意図を体した部下Bの職務として作成される場合である。

　AからBに対する発意があり、AB間には指揮命令関係がありAはBの作成した表現を修正し又は拒絶できる関係にある。業務報告書の名義はAである。Aの思想又は感情を内容とするA名義の業務報告書が部下のBの表現技術を利用して作成されるという実態の本質に対しては、使用者著作の論理がその儘当てはまる。

　15条の「使用者」は、条文の文言によれば従業者との契約の当事者であり従業者を規律する勤務規則の制定権者である。このような使用者と従業者との相互関係は外形的なものであり、使用者著作の成立要件の実質を形成する為の一つの外的条件であると考えられる。誰が著作者であるかの認定は、使用者著作の成立要件の実質的な満足を以てなされるのであり、外的条件に関わるものではない。使用者著作の実質的な成立要件が維持されるのであれば、組織体の中の上司と部下の関係は15条の外的条件に該当すると考えてよい。即ち、上司を使用者として15条の適用が認められる。換言すれば、上司は雇用等の契約の当事者ではないが部下に指示する権限があるから15条の適用において使用者として扱うことができる。

　Aは部下のBの雇主ではないが、A名義の業務報告書を部下のBに作成させる関係においては、Aは15条の使用者であり、A名義の業務報告書を部下のBが作成することにおいて、使用者著作に必要な4要件①②③④が満たされている。従って、A名義の業務報告書の著作者は15条によりAである。

　Aが部下Bに指示して作成させた著作物の著作者がAである場合、Aの著作権によって著作物の作成にかけたBの職務上の役務のコストの一部がAに利得される。このようなAの利得があるとしてもAの個人著作が成立することに影響はない。この利得の問題は、Aが利得を得た場合に雇主への所定金額の納入義務を定める服務規律により解消されるべきである。

---

[18]　従業者が著作者の場合、従業者は著作者人格権の公表権を有するが、従業者の自由な公表は使用者の秘密管理に必要な服務規律により制約される。反対 新潟鐵工事件（刑事）東京高裁1985年12月4日判決 判例時報1190号143頁。

職務上の著作の話題から外れるが、代作[19]にも同一の思考が妥当するので言及しておきたい。代作とは、代作依頼者Dが筆の立つEに依頼しD名義の著作物を作成させることである。DにはD名義の著作物作成の意図があり、EはDの意図を体して著作物を作成し、DはEの著作物の作成に対して修正や拒絶できる関係である。DはD名義の代作著作物の著作者としての責任を負う。代作の作成のみに限定して観察すれば、Dは15条の使用者でありEはDの従業者である。代作の場合も使用者著作の論理構造が妥当し、使用者著作に必要な4要件①②③④が満足される。従って、代作著作物の著作者は15条によりDであり、代作者のEは著作者ではない。加戸守行は、世上に謂う代作は121条（著作者でない者の実名を著作者とする著作物を頒布する罪）の構成要件に該当するが違法性がないと説く[20]。この加戸説は、代作に15条を適用せずに代作者Eを著作者として扱う結果の結論である。しかし、代作には15条が適用されるべきであり、代作を121条の対象として論ずる余地はない。

著作権法は、著作物を創作した者を著作者とする。著作物を創作した者であっても、著作物の思想又は感情に責任を負わない者、或いは責任を負わせられない者を著作者とすることは好ましくない。著作物の創作は自由な創作でなければならない。

15条の論理を適用することにより、著作物の思想又は感情に責任を持つ者を著作者とし、自由な創作をしていない創作者は著作者から排除できる。著作権法を社会の常識に合致させるために、そうすべきである。

著作者の定義（2条1項2号）の解釈として、同一の結論を得る。著作物の思想又は感情なしに著作物は在り得ないのであるから、表現の創作者は、自らの思想又は感情を表現する者でなければならない。他人の思想又は感情を創作的に表現する者を著作者とすることは、そもそも著作者の定義が予定していない。

代作には、DがD名義の著作物作成をEに丸投げして完成させた場合、或いはEにより完成された著作物の著作者名をD名義にする同意をDが与えた場合も代作と称する場合がある。誰が著作者であるかは、同意で定まる性質の問題ではなく事実の問題である。Dは著作者の定義を満足させない。このようなD

---

[19] 代作の著作権法上の研究課題を俯瞰するために、大家重夫「代作とその周辺―偽りの著作者名の表示行為について」『久留米大学法学第59・60合併号』2008年10月1頁参照。
[20] 加戸守行『著作権法逐条講義 五訂新版』745頁。坂東久美子『著作権法注解特別刑法4経済編』青林書院1982年55頁も同じ見解を述べる。

の名義を付すことは世間の一般人が著作者に対して有する信頼を裏切る行為であり著作権法の秩序を逸脱するからDの同意は121条の違法性を阻却しない[21]。

コンピュータプログラムは、文字の著作物として著作物性が認められる[22]。文字（記号及び数字を含む）により表現された内容がコンピュータの作動と電気的に直結する。コンピュータプログラムは論理的なシステム設計とプログラム言語の論理に従って作成される。余分なコンマが一つあるだけでもコンピュータは動かない。伝統的な著作物の文書ならば、余分な一つのコンマが入っても内容は十分に理解できる。コンピュータプログラムが著作権法で保護される根拠は文字的表現にあるが、コンピュータプログラムは在来の文字の著作物とは異なる独特の文字著作物である。1985年の著作権法の改正でコンピュータプログラムの保護を明確にすると共に特則が新設された。コンピュータプログラムの使用者著作は15条2項による。付属するドキュメント類はコンピュータプログラムの定義に該当しないので15条1項に従う。

職務上従業者が作成するコンピュータプログラムは、その内容も表現も共に使用者の指示と監督の下に置かれる。作成されるべきコンピュータプログラムの目的は、使用者又は使用者の組織の職制により決められる。目的が決まれば、目的に相応しいシステムの構築、システムに最適のプログラム表現が為される。職務上作成されたコンピュータプログラムが目的に適合しない場合には、使用者の修正権や拒絶権が働く。コンピュータプログラムを従業者が職務上制作する場合には、コンピュータプログラムの目的と性質から要件①の「使用者の発意」が存在すると言える。

しばしば起こる事例として、職務上コンピュータプログラムの制作を担当した従業者が転職後に転職先で同一の目的のコンピュータプログラムを新たに作成した場合を考察する。転職先で作成する同一の目的のコンピュータプログラムは、前職で作成したものと殆ど同じになるであろう。コンピュータプログラ

---

[21] 佐々木惣一も、旧法40条（現行121条）事件判例批評において、同意を以て真の著作者とすることはできない、と論ず。京都法学会雑誌8巻10号（1913年10月）161頁。
[22] Agreement on TRIPs Art.10 1. Computer programs, whichever in source or object code, shall be protected as literary works under the Berne Convention (1971) 公定訳；コンピュータ・プログラム（ソース・コードのものであるかオブジェクト・コードのものであるかを問わない。）は、1971年のベルヌ条約に定める文学的著作物として保護される。筆者からの補足：「文学的著作物」は、「文字の著作物」と訳されるべきであった。ベルヌ条約の公定訳においても同じ。

ムは性質上創作の余地が極めて少ないと考えられるので、目的や機能の為の表現の類似が現れても、転職後に新たに作成されたものであれば、著作権の侵害を推定させるものではない。

　歴史的に、コンピュータプログラム業界の法的保護運動の最初の頃は、電気的なコピーを禁ずることを目指した。コンピュータプログラムの作成には多大な労力と資金を必要とするが、コピーは一瞬で出来てしまう（EU指令前文第２項）。当時の立法者にとって著作権法の下で無断複製を禁止することが手っ取り早く合意し易い方法であった。一旦、著作権による保護が決まるとコンピュータプログラムの著作権者は最大限に著作権を活用した。コンピュータプログラムの創作性のレベルが殆どゼロに近いというコンピュータプログラムの特性は立法に依って変わるものではない。

　この特性を示す最近の判例として、新高和ソフトウエア（株）対 日本テクノ・ラボ（株）事件[23]を紹介する。同判決によれば、委託者のコンピュータプログラムのヴァージョンアップ作業を受託者が行い、後日、受託者が委託者と競合する製品に組込み販売するべく殆ど同一の目的と機能を備え、且つ若干部分は文字面表現を同じくするコンピュータプログラムを制作したが、著作権侵害に当たらないとされた。その理由は、文字面表現の同一の部分は機能又はありふれた表現に由来するものであり、構造が類似する部分は機能又は論理に由来した類似であるからである。

　本件事案の受託者を従業者に置換え、判決理由に従って次のように述べることが出来る。

　転職者が転職先で、転職前の会社で作成したコンピュータプログラムと同一目的同一機能を備えたものを新規に作成した場合は、文字面表現の共通部分が現れても前の会社で作成したコンピュータプログラムの著作権を侵害しない。

　コンピュータプログラムの法的保護の歴史の最初は、電気的直接コピーの禁止が業界の目標であったことが想起される。解法は10条３項３号に定義され、保護されないことが明確に定められた。コンピュータプログラムは、解法の連続と積上げであり、どの部分も解法に従って表現されている。コンピュータプログラムの一部分ではなく全体を総合的に見て僅かの創作性を認めて保護が与えられていると言えよう。

---

[23] 知的財産高裁2014年３月12日判決 判例時報 2229号85頁。

職務上の発明と著作

第3　結論

　従業者の職務上の発明と著作は、職務上の創作という点で共通性がある。然し、特許制度の目的と著作権制度の目的は顕著に異なる。職務上の発明と著作を取り上げたので、両者の違いが明らかになった。発明と著作の両者にはそれぞれの特質があるので、職務との関係に於いても使用者との関係においても、両者に異なった扱いが必要である。両者を対比し、職務上の創作という共通点を過大評価して両者を同じに、或いは似た形態で処理してはならない。十分に実態を見て本質に基づいた保護が為されるべきである。

商品デザインの法的保護に関する研究序説

泉　　克　幸

1．はじめに

　消費者が商品を選択する際、最も重視するのは価格と品質であろう[1]。しかしながら、価格と品質に加え、消費者はデザインを理由に商品を選択することも多く、こうした場合には、そのような商品デザインは強い「顧客吸引力」を有していると評価できる[2]。このようなことから、商品デザインを新規に研究・開発し、これを適切に管理し、活用していくことは、企業にとって重要な経営戦略の1つと位置づけられている。商品デザインの研究・開発、管理および活用には時間や金銭等の多大なコストが必要である一方、その模倣（コピー）は技術的に容易で、しかも経済的に安価で行うことができる場合が多い。それゆえ、企業の商品デザインに対する事業活動を促進させるには、商品デザインを適切に保護することが必要である。

　商品デザインに関する事業活動の促進は当該企業の利益を増大させるだけではなく、魅力的なデザインの商品を手にする機会が増えるという意味で、消費者にとっても好ましい結果をもたらす。さらに、商品デザインは顧客吸引力という機能のみならず、製造・販売元、品質や原材料、内容量や価格といった当該商品の客観的な情報を消費者に伝達するという機能も有している。それゆえ、商品デザインの適切な保護は、商品デザインから正確で客観的な情報を受け取ることが可能となるという意味でも消費者の利益に適うものである。

---

[1] 市場経済を規律する最も基本的な法律である独占禁止法は「公正な競争」を阻害するおそれのある（「公正競争阻害性」と呼ばれる）行為を「不公正な取引方法」として規制しているが（独禁19条、2条9項）、「公正な競争」とは、良質廉価な商品または役務の提供を唯一の手段として、顧客を獲得しようとする「能率競争」を指すと理解されている（根岸哲＝舟田正之『独占禁止法概説〔第5版〕』（有斐閣、2015年）182頁）。ただし、商品デザインを通じた競争が必ずしも能率競争に含まれないと解釈できないわけではない。

[2] ここでいう商品のデザインには、自動車や衣服のように、商品そのものの形態や色彩はもちろんのこと、商品のパッケージや包装紙の形態や色彩なども含んでいる。以下、本稿では、「商品のデザイン」あるいは、「商品デザイン」を原則、こうした広い意味で用いる。

以上のことから、企業活動の促進、国民経済の発展、消費者利益の実現という点で、商品デザインの法的保護が重要な役割を果たすことが分かる。ところで、商品デザインを保護する代表的な知的財産法には意匠法、著作権法、不正競争防止法（以下、「不競法」ともいう）および商標法を挙げることができるが、これらの知的財産法の目的や保護範囲、保護の方法、用意されている制度などは異なっており、商品デザインを適切に保護するために、企業にとっては、そうした個々の法律の特性を理解することが重要となってくる。従来、個々の法律による商品デザインの保護について論じるものや、あるいは、「応用美術」のように、特定の領域について複数の知的財産法の関係（この場合は著作権法と意匠法）に焦点を当てた研究は存在するものの、上に指摘した知的財産法の関係を全体的に理解するという理論的研究は必ずしも多くなかったように思われる。本稿は、商品デザインを具体的素材として、意匠法、著作権法、不競法および商標法の関係を総合的・包括的に理解するという研究（以下、「本研究」という）の、「序説」という性格を有するものである。

　本研究で扱うべき具体的テーマとしては以下2～5のようなものを指摘することができる。

2．応用美術——著作権法と意匠法との重複適用の可否

　商品デザインが、物品の形状、模様もしくは色彩またはこれらの結合であって、視覚を通じて美感を起こさせるものに当たる場合には「意匠」（意匠2条1項）として、また、思想感情の創作的表現に当たる場合には「著作物」（著作2条1項1号）として、それぞれ意匠法または著作権法によって保護される[3]。「意匠」と「著作物」の両方の要件を充たす場合、このことを配慮する規定を意匠は何ら有していない[4]。著作権法の世界では、この意匠法と著作権法の重複適用という問題は、応用美術の解釈あるいはその範囲の問題として扱われている。学説は重複適用について肯定する立場と消極的な立場に分かれている。

---

[3]　スマートフォンやプリンタに用いられる画面デザインの重要性が高まったため、平成18年改正（平成19年4月1日施行）において意匠法2条2項が追加され、画像を含む意匠の範囲が拡大されている。本研究が対象とする商品デザインもほぼこれに含まれる。

[4]　この理由について田村善之『著作権法概説〔第2版〕』（有斐閣、2001年）32頁は、「意匠権の方が要件が厳格で存続期間の短い権利であるから、実体的に著作権制度の趣旨が害されるという影響はなく、また、出願、審査、登録を要せず発生する著作権の取得のインセンティヴが損なわれるという問題も発生しない」点を指摘する。

消極説は、保護期間の相異（重複適用を認めると存続期間を短く定めた意匠法の趣旨が没却されることになる）、人格権の有無、審査の有無、保護範囲を始めとする効果の違い（著作権には複製権や公衆送信権があるので、応用美術品を写真に撮ったりテレビで放送しただけで侵害になる可能性がある等）などから全面的かつ重大な抵触が生じ、慎重な態度が必要と説く[5]。他方、肯定説は、意匠と美術の著作物の要件の違いを踏まえるならば、意匠は外部から見て「美感を起こさせる」ことが求められるが、美術の著作物については著作者が「外に向かって」美を表現しようとしたことを吟味すればよく、鑑賞の対象となるか否かは無関係であるし、「もっぱら」美を表現しているとか実用目的がないかといったことも問われることはなく、こうした両者の違いを考えると重畳的保護も可能との理解を示す[6]。また、①著作権法と意匠法とは立法目的や保護対象が異なるので重複保護は理論的に矛盾しない、②意匠登録が成立するまでの間、著作権法により無断複製を排除できる、③デザインの改変に対し、意匠法にはない著作者人格権によって人格的利益の保護が可能となる、④重複適用により、デザインの実施に加えて、複製権の行使も可能となり、創作者はすべての点で保護を受けるという利点をもつ、といったことを理由に、重複適用を積極的に肯定することが考慮されるべきとの主張もなされている[7]。

　判例は重複適用に慎重な態度で臨むというのが従来の立場であった。たとえば、大量生産可能なプラスチック製仏壇彫刻の著作物性が争われた仏壇彫刻事件[8]では、応用美術について、意匠法と著作権法の関係について次のように述べ、「高度の美的表現を目的とするもののみ」著作物性を肯定するという限定的な理解を示している：「応用美術をどこまで著作権法の保護対象となすべきかは意匠法等工業所有権制度との関係で困難な問題が存すること周知のところであるが、著作権を意匠権と対比してみると、等しく視覚を通じた美感を対象とす

---

[5] 中山信弘『著作権法〔第2版〕』（有斐閣、2014年）166-167頁。このほか、一部の作品については重複保護の余地を認めつつも、基本的には意匠法と著作権法の棲み分けが好ましいという理解に立つものとして、高林龍『標準　著作権法〔第2版〕』（有斐閣、2013年）46-47頁。また、髙部眞規子『実務詳説　著作権訴訟』（金融財政事情研究会、2012年）113頁は、応用美術であって実用的機能を有するものは、実用的な機能を離れて見た場合に美的鑑賞の対象となり得るような美的創作性を備えている場合に限定して、著作権法上の保護対象と解すべき旨を説く。
[6] 斉藤博『著作権法概論』（勁草書房、2014年）43頁。
[7] 半田正夫『著作権法概説〔第16版〕』（法学書院、2015年）93-94頁。
[8] 神戸地姫路支判昭和54年7月9日無体裁集11巻2号371頁。

る作品であつても、著作権の対象とされると、何らの登録手続や登録料の納付を要せずして当然に著作権が成立し、かつ、著作者の死後50年間右権利の存続が認められるのに対し、意匠権にあつては、設定登録によつて初めて発生し、登録料の支払を要し、その存続期間も設定登録の日から15年間〔判決当時。現在は20年間（意匠21条1項）〕に限られており、両者の保護の程度は著しく相異していること…および、産業上利用を目的とする創作は総じて意匠法等工業所有権制度の保護対象としていること等を勘案すると、応用美術であつても、本来産業上の利用を目的として創作され、かつ、その内容および構成上図案またはデザイン等と同様に物品と一体化して評価され、そのものだけ独立して美的鑑賞の対象となしがたいものは、当然意匠法等により保護をはかるべく、著作権を付与さるべきではないが、これに対し、実用品に利用されていても、そこに表現された美的表象を美術的に鑑賞することに主目的があるものについては、純粋美術と同様に評価して、これに著作権を付与するのが相当であると解すべく、換言すれば、視覚を通じた美感の表象のうち、高度の美的表現を目的とするもののみ著作権法の保護の対象とされ、その余のものは意匠法…の保護の対象とされると解することが制度相互の調整および公平の原則にてらして相当であるというべく、したがつて、著作権法二条二項は、右の観点に立脚し、高度の美的表現を目的とする美術工芸品にも著作権が付与されるという当然のことを注意的に規定しているものと解される」[9]。最近の事例である、幼児用椅子のデザインの著作物性が争われたTRIPP TRAPP事件1審[10]においても、「著作権法と意匠法による保護の適切な調和」を考慮に入れた上で、当該椅子のデザインの著作物性が否定されていた。

　ところが、判例の上記のような基本的立場とは大きく異なる考え方が、TRIPP TRAPP事件の控訴審判決[11]で示されることとなった。すなわち、本控訴審判決は次のように述べ、意匠法と著作権法との重複適用について特に調整することは不要であるとの考え方を明らかにしている[12]：「著作権法と意匠法

---

[9]　このような立場をとる他の判決例として、東京地判昭和56年4月20日判時1007号91頁〔ティーシャツ事件〕、京都地判平成元年6月15日判時1327号123頁〔佐賀錦袋帯事件〕など。
[10]　東京地判平成26年4月17日（平成25年（ワ）第8040号）裁判所HP。
[11]　知財高判平成27年4月14日判時2267号91頁。
[12]　本控訴審の意義については、田村善之・判批・ビジネス法務15巻10号43頁、11号96頁（2015年）、金子俊哉・判批・パテント69巻4号（別冊14号）101頁（2016年）、本山雅弘・判批・速報判例解説（法セミ増刊）18号273頁（2016年）など参照。

とは、趣旨、目的を異にするものであり、いずれか一方のみが排他的又は優先的に適用され、他方の適用を不可能又は劣後とするという関係は、明文上認められず、そのように解し得る合理的根拠も見出し難い。加えて、著作権が、その創作時に発生して、何らの手続等を要しないのに対し、意匠権は、設定の登録により発生し、権利の取得にはより困難を伴うものではあるが、反面、意匠権は、他人が当該意匠に依拠することなく独自に同一又は類似の意匠を実施した場合であっても、その権利侵害を追及し得るという点において、著作権よりも強い保護を与えられているとみることができる。これらの点に鑑みると、一定範囲の物品に限定して両法の重複適用を認めることによって、意匠法の存在意義や意匠登録のインセンティブが一律に失われるといった弊害が生じることも、考え難い」。本控訴審判決は当該幼児用椅子と被疑侵害品との類似性を否定し、結論としては著作権侵害が認められていないが、特に、商品デザインの著作権法による保護について、今後、大きな影響を及ぼす可能性を有している。それゆえ、本研究には本控訴審に焦点を当て、意匠法と著作権法の棲み分け・調整の要不要の問題を意識した上で、次のような視点から、応用美術の範囲・解釈についての分析が必要であろうと思われる。

　現行著作権法の制定時、「著作権制度審議会答申」（1965年4月20日）において、著作権法と意匠法の調整措置を講ずることを提言する第一次案と、調整措置を講ぜずに将来の課題としていた同第二次案の両方が示された。応用美術の保護範囲についての明文が規定されなかったことから、第二次案が採用されたとするのが一般的理解であるが[13]、立法趣旨の解明には両案を改めて比較検討することが求められよう。また、意匠法の存在を理由に、応用美術の著作物性が肯定されるには通常より高度な創作性が必要であるとする「段階理論」についても、商品デザインとの関係で検討することが重要であろう[14]。さらに、本来的には意匠法で保護すべき商品デザインを含む実用品をどこまで著作権法で保護するのかという問題は世界各国で議論されており、我が国への示唆および国際的調和という点からも、諸外国における議論状況の把握も必要であると思

---

[13]　国立国会図書館調査立法考査局「著作権法改正の諸問題――著作権法案を中心として」（1970年4月）73頁など。応用美術に関する現行法の立法過程については、半田正夫＝松田政行編『著作権法コンメンタール1〔第2版〕』（勁草書房、2015年）343-345頁〔本山雅弘〕など参照。

[14]　段階理論についての詳細な先行研究として、上野達弘「応用美術の著作権保護――『段階理論』を越えて」パテント67巻4号（別冊11号）96頁（2014年）。

われる[15]。

3．立体商標

　平成8年商標法一部改正（平成8年法律第68号）によって立体商標制度が導入され、立体的形状または立体的形状と平面標章との結合が「商標」に該当することとなった（商標2条1項柱書）。本改正は商品や商品の包装さえも立体商標の対象とすることを内容としており（同2条4項）、それゆえ、商品デザインも、登録要件を充足すれば商標法で保護されることとなった。商標法は「企業の信用の保護」および「需要者の誤認混同の防止」を目的とする（1条）代表的な標識法であり、創作のインセンティブ付与のために有期限の独占的利用を創作者に認めるという創作法（意匠法や著作権法）とは基本原理が根本的に異なっている[16]。それゆえ、商標法による登録を一旦認めると、当該商標の絶対的な独占権が更新（19条2項）を繰り返すことで半永久的に存続し、保護対象となっている形状についてのデザインがいつまで経っても解放されないという弊害が生ずる[17]。本改正の理由の1つに、不競法も商品の形状を「商品表示」として明確に保護を認めている裁判例が多数存在することが挙げられているが[18]、不競法が標識機能を果たす商品表示を保護する場合には「周知性」（不競2条1項1号）または「著名性」（同条同項2号）が要件として求められており、一定の制約が存在する。他方で、こうした要件を必要としない商標法による保護については、商品デザインの独占が半永久的に存続することで、他の企業の事業活動が過度に妨げられるという危険性を孕んでいる[19]。

---

[15] 我が国を含め、米国、ドイツおよびフランスにおける議論状況の概要については、上野達弘＝奥邨弘司＝駒田泰士＝本山雅弘「〔講演録〕応用美術の法的保護」企業と法創造5巻3号37頁（2009年）参照。
[16] なお、商標権と意匠権・著作権との関係については商標法29条に調整規定があり、「登録商標の使用がその使用の態様によりその商標登録出願の日前の出願に係る…意匠権又はその商標登録出願の日前に生じた他人の著作権…と抵触するときは…抵触する部分についてその態様により登録商標の使用をすることができない」。また、意匠法26条1項ではこの規定に対応する規定があり、「意匠権のうち登録意匠に係る部分がその意匠登録出願の日前の出願に係る他人の…商標権若しくはその意匠登録出願の日前に生じた他人の著作権と抵触するときは、業としてその登録意匠の実施をすることができない」と定められている（登録意匠に類似する意匠についても同様（同2項））。
[17] 小野昌延＝三山峻司『新・商標法概説〔第2版〕』（青林書院、2013年）35頁など。
[18] 特許庁総務部総務課工業所有権制度改正審議室編『平成8年改正　工業所有権法の解説』（発明協会、1996年）159頁。

上記の危険性を回避するために平成8年改正では、商標登録を受けることができない商標の中に、指定商品の形状を普通に用いられる方法で表示する標章のみからなる商標を加えることとした（商標3条1項3号参照）。同号に関して商標審査基準は、「商標が、指定商品の形状（指定商品の包装の形状を含む）又は指定役務の提供の用に供する物の形状そのものの範囲を出ないと認識されるにすぎない場合は、その商品の『形状』又はその役務の『提供の用に供する物』を表示するものと判断する」[20]と定めている。そして、商標審査便覧では、これら商品や包装の形状そのものの範囲を出ないと認識されるに過ぎないか否かについては、次のような方針に基づき実施するとしている[21]：

（1）立体的形状が、商品等の機能又は美感に資する目的のために採用されたものと認められる場合は、特段の事情のない限り、商品等の形状そのものの範囲を出ないものと判断する。

（2）立体的形状が、通常の形状より変更され又は装飾が施される等により特徴を有していたとしても、需要者において、機能又は美感上の理由による形状の変更又は装飾等と予測し得る範囲のものであれば、その立体的形状は、商品等の機能又は美感に資する目的のために採用されたものと認められ、特段の事情のない限り、商品等の形状そのものの範囲を出ないものと判断する。

　また、商標法は、同法3条の規定にかかわらず、商品又は商品の包装が当然に備える特徴のうち、政令で定めるもののみからなる商標については商標登録を受けることができない旨規定しており（4条1項18号）、この「政令で定めるもの」には「立体的形状」が挙げられている（商標施令1条）。以上のように、立体商標については、3条1項3号や同条2項、さらには4条1項18号を通じて厳格な登録審査が予定されていたと評価できよう。

　ところが、マグライト事件知財高裁判決[22]以降、3条2項該当性を肯定し、商品又は商品の包装の商標登録を認める事例が増加してきている[23]。さらに、

---

[19]　もちろん、立体商標制度導入以前であっても、商品に付されたロゴマークが商標登録される場合には、当該ロゴマークを含む商品デザインが商標法によって保護されていたということができる。その意味では、商品デザインの独占という問題は平成8年改正以前にも存在していたといえよう。しかしながら、ロゴマークのようなものと商品またはその包装の形状とでは、機能面の制約から選択の余地が格段に異なるのであり、商品またはその包装の形状の独占という問題は、ロゴマークのそれと比較して非常に深刻なものと考えられる。

[20]　商標審査基準（改訂第12版）第15 4（1）。

[21]　商標審査便覧41.103.04「立体商標の識別力に関する審査の具体的な取扱いについて」。

[22]　知財高判平成19年6月27日判時1984号3頁。

立体商標に関する事例は判決も含め、これまで登録の場面でのものばかりであり、そのため、議論も登録に関するものが中心であったが[24]、最近になり、初の侵害事例であるエルメス立体商標事件[25]が登場した。商品デザインが商標登録されることで絶対的な独占権が半永久的に存続するという問題、あるいは公正な競争が阻害されるという問題は登録よりも侵害の場面でよりシビアに現れるのであり[26]、今後は同事件も検討対象に加えた上で、商品デザインの望ましい権利の効力の範囲を明らかにすることが必要になってこよう。その際、標識法である商標法と創作法である意匠および著作権法との間で、どのような調整が必要（あるいは不要）といったことも考慮することが求められる可能性もある。

4．規制の根拠——「混同」か「不正使用」か

商標権の保護範囲は指定商品等についての登録商標に類似する商標の使用にまで及ぶ（商標37条1項）。この類似の商標の判断について、たとえば小僧寿し事件上告審[27]が、「商標の類否は、同一又は類似の商品に使用された商標が外観、観念、称呼等によって取引者、需要者に与える印象、記憶、連想等を総合して全体的に考察すべきであり、かつ、その商品の取引の実情を明らかにし得る限り、その具体的な取引状況に基づいて判断すべきものである。右のとおり、商標の外観、観念又は称呼の類似は、その商標を使用した商品につき出所を誤認混同するおそれを推測させる一応の基準にすぎず、したがって、右三点

---

[23] 立体商標に関する特許庁および裁判所実務の傾向の変化については、知野明「登録要件・立体商標」牧野利秋ほか編『知的財産訴訟実務体系Ⅱ』（青林書院、2014年）181頁参照。
[24] このような状況について、足立泉「立体商標の現状と課題」紋谷暢男教授古稀記念『知的財産権法と競争法の現代的展開』（発明協会、2006年）527頁、555頁は、「立体的商標制度は、制度導入10年目を迎えて、『登録後の権利行使による具体的弊害の問題』が論ぜられるどころか、『商品等の立体的形状に係る商標』の登録が認められない、『平面的要素と立体的形状を結合した立体商標』の場合は登録をしても『立体的形状のみ部分』についての権利行使が認められない（一般的解釈論）、といった入口段階で停滞しているといっても過言ではない」と評していた。
[25] 東京地判平成26年5月21日（平成25年（ワ）第31446号）裁判所HP。
[26] 筆者はこの旨を、エルメス立体商標事件判批・速報判例解説（法セミ増刊）18号（2016年）265頁、266頁において指摘した。
[27] 最判平成9年3月11日民集51巻3号1055頁。本件は侵害事件であるが、登録の事例（現行法4条1項11号）で同旨を述べていた氷山事件上告審（最判昭和43年2月27日民集22巻2号399頁）を引用し、同様の理解が侵害の場面でも当てはまることを明らかにしたものである。商標の類似についての判断基準や関連判例については、小田真治「商標の類似」牧野利秋ほか編『知的財産訴訟実務体系Ⅱ』（青林書院、2014年）242頁参照。

のうち類似する点があるとしても、他の点において著しく相違するか、又は取引の実情等によって、何ら商品の出所を誤認混同するおそれが認められないものについては、これを類似商標と解することはできないというべきである」と述べるように、出所の混同のおそれの有無によって決しようというのが最高裁の立場である。この立場を前提とするならば、有名な商品デザインが商標登録され、第三者が指定商品に当該商品デザインまたはこれと類似する商品デザインを無断で使用したとしても、混同が生じない場合には[28]商標権侵害が成立することはなく、専ら不競法の問題として処理されることとなり、ここに商標法と不競法の役割分担がなされているとの理解が成り立つ[29]。

前記のエルメス立体商標事件における商標品は「バーキン」と称される高級バッグであるが、他方で被疑侵害品は、①ナイロン素材に本革表面柄をプリントしただまし絵的なデザインのバッグであり、こうした商品の特徴を販売サイトで説明していたこと、②商標品のほとんどが100万円を超える価格であるのに対し、被疑侵害品の販売価格は1万4,900〜2万800円であったこと、③婦人用バッグの購入者は一般に選択眼が厳しいこと等を考慮するならば、出所につき混同が生じる可能性は決して高くなく、両商品は類似しないとの評価もあり得たと考えることができる[30]。それゆえ、侵害を肯定した本判決に対しては、商標法の役割を超えているとの批判もなされている[31]。

もっとも、有名な商品デザインを競争企業が無断で使用しているものの、需

---

[28] 典型的な事例として「パロディ商品」があり得る。エルメス立体商標事件での被疑侵害品もパロディ商品と考えることができる

[29] 商標登録された商品デザインの無断使用について商標権侵害が成立するかどうかは、「商標的使用」も問題となり得る(なお、商標的使用は平成26年改正(平成26年法律第36号)により明文化され、「需要者が何人かの業務に係る商品又は役務であることを認識することができる態様により使用されていない商標」には商標権の効力が及ばないこととなった(商標26条1項6号))。すなわち、商標的使用の一類型に、他人の登録商標をデザインや装飾として使用する「意匠的使用」があるからである(SHIPS事件(東京地判平成26年11月14日(平成25年(ワ)第27442号他))を素材に、意匠的使用を論じるものとして、泉克幸・判批・L&T71号57頁(2016年))。他方で、意匠的使用の場合も含め、「商標の使用態様上の保護範囲の問題は…商標の類否判断の問題に解消されることになろう」との主張もなされている(渋谷達紀「登録商標権の保護範囲——豊崎説を中心として」豊崎光衛先生追悼論文集『無体財産法と商事法の諸問題』(有斐閣、1982年)373頁、392頁)。

[30] 泉・前掲注(26)267頁。ただし、本件は、被告の側が積極的に反論を試みていないという事案であることを考慮する必要がある。

[31] 大友信秀「非伝統的商標と著名商標の関係——エルメス・バーキン事件を契機に」特許研究61号35頁、40頁(2016年)。

要者の出所混同が生じない場合[32]、商標法による保護を一切否定し、不競法に委ねてよいのかは検討の余地が、あるように思われる。商標法には、企業の「信用」あるいは「ブランド」を他人による無断使用（＝不当なフリーライド）から保護することで、そうした信用やブランドの蓄積を促すという基本的役割があると考えられるからである[33]。

5．自由利用の範囲――機能という特性の考慮

　本研究は、商品デザインの意匠法、著作権法、不競法および商標法による保護を総合的・包括的に探究するというものである。保護範囲を適切に画定するということは、同時にその限界を明確にすることを意味する。保護の限界については、各法律の趣旨や特質を前提として、それぞれの法律に個別的に条文ないし制度が用意されているが、商品デザインとの関連では、機能等の特性を考慮して他人の使用が容認される規定が横断的に存在する。たとえば、商標法では既に述べた商標法3条1項3号、4条1項18号および26条1項に加え、商品や商品の包装が当然に備える特徴であって、立体的形状のみからなる商標については、商標権の効力が及ばない旨の規定がある（商標26条5号、商標施令1条）。また、意匠法では、物品の機能を確保するために不可欠な形状のみからなる意匠については、意匠登録を受けることはできない（意匠5条3号）[34]。さらに、不競法2条1項3号は商品の形態模倣行為を規制しているが、当該商品の機能を確保するために不可欠な形態は除外されている（同号括弧書き）[35]。

---

[32] このようなケースの1つとして前述したパロディ商品（商標）がある。
[33] これに対し、宮脇正晴「著名商標の保護」日本工業所有権法学会年報31号99頁（2007年）は、少なくとも著名商標の希釈化という問題については、商標法による保護の拡大という方向性に消極的な理解を示す。
[34] 意匠法には登録の場面においてのみこのような規定が置かれており、後述する商標法のように、侵害の場面で他人による無断実施の場合に効力が及ばない旨の規定を持ち合わせていない。このことにつき、渋谷達紀『知的財産法講義Ⅱ〔第2版〕』（有斐閣、2007年）575頁は次のように述べている：「判例の中には、機能的形状を要部として意匠の類否を判断すべきではない（東京高判昭和50・10・29判タ355号264頁〔保温着事件〕）、あるいは、機能的形状が共通するからといって、それだけで意匠権の侵害を肯定すべきではない（東京地判平成13・8・30判時1762号140頁〔ラック用カバー事件〕）、とするものがあり、この解釈は一般に受け入れられているといってよい。したがって、意匠権の効力の制限の問題は、規定を置かなくても、解釈によって対応することができる状態にある」（〔　〕内の事件名は筆者が追加）。また、無効の抗弁（意匠41条（特許法104条の3の準用））による解決もあり得る。
[35] これに関連する議論として、「技術的形態除外説」や「競争上似ざるを得ない形態」がある。詳しくは、田村善之『不正競争防止法概説〔第2版〕』（有斐閣、2003年）126頁以下等参照。

本研究では、商品デザインの保護という視点と同時に、自由利用という視点も、商品デザインによる適切な競争ということに鑑みれば重要であろうと思われる。その際、1つの手掛かりとなるのが、上で挙げた各法律が有している規定である。すなわち、これらの各規定を統一的あるいは整合的に理解することで、商品デザインを通じた競争の促進が期待できるからである[36]。

6．最後に

　商品デザインの法的保護は、主として意匠法、著作権法、不競法および商標法によってなされている。商品デザインの意義に鑑みれば、これら法律を横断的に検討し、全体として調和のとれた解釈と制度設計が必要だと思われる。本稿では、その際のポイントあるいは特に課題となることが予想されるテーマのいくつかについて概観した。本研究は商品デザインを直接の検討対象とするものではあるが、その検討の過程と結果において、各法律の立法趣旨や基本原理、その守備範囲、あるいは、たとえば、「同一・混同・類似」といったこれらの知的財産法に関する重要概念が明確になるという点で、理論的にも意義深いものである[37]。今後は本研究の目的の速やかな達成を目指して、各テーマの詳細な分析・検討に着手したいと考えている。

※本研究はJSPS科研費（基盤研究（C）、課題番号：16K03452）による研究成
　果の一部である。

---

[36] 意匠法5条3号の解説において、商標法や不競法など他の関連法規との関係について述べるものとして、満田重昭＝松尾和子編『注解　意匠法』（青林書院、2010年）196-197頁〔松尾〕。

[37] 「同一性」と「類似性」を手掛かりに、商標法、意匠法および不競法の特徴と保護範囲の明確化を試みるものとして、宮脇正晴「商標法、意匠法及び不正競争防止法における同一性と類似性」パテント69巻4号（別冊14号）15頁（2016年）がある。また、「混同」に関する判決例について、商標法、意匠法および不競法を横断的に検討するものとして、末吉亙「商標法、意匠法及び不競法における混同」パテント69巻4号（別冊14号）36頁（2016年）がある。

応用美術の重複保護により生じる問題点の若干の考察
—職務創作意匠と職務著作の制度間調整—

平　山　太　郎

1．はじめに

　応用美術に関し、現行著作権法は美術工芸品を美術の著作物として保護することを明らかにしているが（著2条2項、10条1項4号）、その他の応用美術を著作物として保護するか否かについては言及しておらず、意匠権と著作権との重複保護の適否につき、従来から学説判例の対立があり、説は帰一しない。

　ただ、一大論点ではあるものの少々古典化しており、著作権と意匠権とで完全に棲み分けをするのではなく、その範囲や判断基準は多種あれど、裁判例は概ね高度の創作性基準（段階理論）を用い、学説も博多人形やお菓子のおまけフィギュアなどのように量産品であっても鑑賞性があり実用目的を有しないものなど、一定の範囲につき意匠権と著作権による重複保護を認める流れで落ち着いていたように思われる。

　しかし、TRIPP TRAPP II 事件知財高裁判決[1]により、従来の創作性を基準とする段階理論は否定され、機能性があるイスのデザインについて、意匠権の存続期間満了後であっても、なお著作権で保護される余地があることが示唆された（ただし、判決では著作物性を認めるも、両者が似ていないことを理由に侵害を否定している）。

　応用美術の著作権と意匠権との交錯問題や前記判決の評釈については、数多の著作・論文があるため、そちらに譲り[2]、ここではその是非を論じるのではなく、特定のデザインについて著作権と意匠権とが同時に成立するとした場合について、想定される一場面について考察していきたい。

---

[1] 知財高判平成27年4月14日・判時2267号91頁（TRIPP TRAPP II 事件控訴審）。

2．職務著作と職務創作意匠
(1) 創作の主体

　応用美術については、かねてから、その創作性の判断基準として、実用目的か鑑賞目的かという、いかなる目的でデザインされたものかという点が重要視されてきた。そうすると、デザインをした者が芸術家であったのか工業デザイナーであったのかという創作主体が、判断の基準として付きまとうこととなる。

　事実、立法担当者は、「作者によって区分けをすることは正しい方法ではありませんが、実務処理としてそうせざるを得ない面が多いのではないか」、「画家が描いた以上は鑑賞美術を意図しており、図案家が描けば産業的利用を意図しているとのフィクションに立たざるを得ない」と述べており[3]、また裁判例でも、「例えば著名な画家によって製作されたもののように、高度の芸術性（すなわち、思想又は感情の高度に創作的な表現）を有し、純粋美術としての性質をも肯認するのが社会通念に沿うものであるときは、これを著作権法にいう美術の著作物に該当すると解することもできるであろう」[4]と述べられているところである。

　しかし、実際に高名な芸術家がまだ駆け出しの頃に糊口を凌ぐため産業デザインを請け負っていたり、工業デザイナーが芸術家に転身したりすることもあり、主体を判断基準としてしまうと、法的安定性の面からも問題があることは明らかである。[5]

---

[2] 著作権法の解説書にはまず間違いなく「応用美術」の項目があり、論文も枚挙に暇がないため代表的なもののみ示す。中山信弘『著作権法〔第2版〕』（有斐閣、2014年）163頁以下、高林龍『標準著作権法〔第2版〕』（有斐閣、2013年）41頁以下、上野達弘「応用美術の著作権保護」別冊パテント日本弁理士会中央知的財産研究所研究報告第36号（2014年）96頁、本山雅弘「応用美術問題の本質とその展開」高林龍・三村量一・竹中俊子編集代表『現代知的財産法講座1』（日本評論社、2012年）、満田重昭「デザインと美術の著作物」斉藤・牧野編『裁判実務大系知的財産関係訴訟法』（青林書院、1997年）83頁など。なお、渋谷先生は、著作権による二重保護には過剰となる難点があるとしながらも認める理由として、未登録意匠の保護による要請を挙げられている（渋谷達紀『知的財産法講義II　著作権法・意匠法〔第2版〕』（有斐閣、2007年）著作権法につき35頁、意匠法につき543頁、渋谷達紀『著作権法』（中央経済社、2013年）40-42頁）。登録され意匠権の存続期間も満了した意匠について著作権による保護を認めた裁判例の登場をどのように考えられたであろうか。

[3] 加戸守行『著作権法逐条講義〔6訂新版〕』（著作権情報センター、2013年）69頁。

[4] 東京高判平成3年12月17日・判時1418号120頁（木目化粧紙事件控訴審）

[5] これに加えて、知的財産権という物権的効力を有する経済財の成立要件に、誰が制作したのかという主観的な要素を持ち込むことは理論的に正しくないとの指摘もある（前掲注2・中山173頁）。

従って、誰がデザインしたかという創作主体を判断基準とすべきではないが、TRIPP TRAPP Ⅱ事件知財高裁判決では、「応用美術は、装身具等実用品自体であるもの、家具に施された彫刻等実用品と結合されたもの、染色図案等実用品の模様として利用されることを目的とするものなど様々であり（証拠番号略）、表現態様も多様であるから、応用美術に一律に適用すべきものとして、高い創作性の有無の判断基準を設定することは相当とはいえず、個別具体的に、作成者の個性が発揮されているか否かを検討すべきである」として、高度の創作性基準（段階理論）も放棄し、単に著作物の定義規定（著2条1項1号）にいう創作性を有するか否か、そしてその創作性も作成者の個性が発揮されているか否かで判断するとしており、いかなる目的でデザインしたかという観点すら、直接の判断基準とはされていない。

　そうすると、この判断基準を維持する限り、特定のデザインについて著作権と意匠権とが同時に成立するケースが、今後かなりの高確率で増加することは想像に難くない。

（2）創作者主義の修正としての職務著作制度

　創作主体やその意図、目的といった主観的要素を判断基準に取り込むことなく、個性が発揮されているか否かという客観的基準で純粋に判断するという基準は、一見すると法的安定性を有するようにも思える。

　しかし、著作権法は、創作者主義の例外として、職務著作制度を置く（著15条）。すなわち、著作物を創作した者が著作者（著2条1項2号）であるとの原則を建前とし、一定要件下で、著作者を実際の作成者ではなくその者が業務に従事する法人等となると規定するのである（著15条1項）。これにより、企業に雇われた工業デザイナーは手足に過ぎない作成者でしかなく、創作者としての地位はその雇用者である企業が有することとなり、被用者であるデザイナーは著作権法上何らの地位も権利も有しないこととなる。著作権法は、この創作者主義の建前を堅持すべく、15条の文言上、「法人等の業務に従事する者が職務上『作成』する」と規定して、著作者の定義である2条1項2号や存続期間の51条等で用いられている「創作」と区別し、著作物を「創作」する者ではないことを明示している。そして、著作者となった企業は、その著作物につき著作者人格権及び著作権を享有、すなわち原始的に取得する（著17条1項）。

　一方で、意匠法を含む産業財産権法では発明者主義・創作者主義が貫徹され

ており、職務発明・職務創作意匠が成立する場合であっても、発明・創作をした者が発明者・創作者であり（特35条、意15条3項）、その地位を有することができるのは自然人のみであって、法人が発明者・創作者の地位を有することはない。[6]

法人は、事前の定めをしない限り、職務発明・職務創作意匠が成立したときには法定の通常実施権を原始取得するのみである（特35条1項、意15条3項）。

従って、特定のデザインにつき著作権と意匠権とが同時に成立するケースにおいて、職務著作と職務創作意匠の要件を共に満たす場合には、たとえ実際にそのデザインをした者が同一人であっても、各法上の著作者と創作者の地位は異なる者となり、当該デザインに係る意匠権は被用者である工業デザイナーが取得できるものの、著作権は雇用者である企業が取得することとなり、原則として別々に帰属することとなる。[7]

（3）職務著作と職務創作意匠の要件の違い[8]

ここで、職務著作と職務創作意匠の成立する要件の違いについて確認する。たとえ、特定のデザインに同時に著作権と意匠権とが成立するとしても、職務著作が成立しなければ、著作権と意匠権とが同一人に帰属するからである。また、たとえ職務著作が成立しても、職務創作意匠が成立する場合においては、後述するように被用者との間に事前の定めがあれば、意匠権を取得するための意匠登録を受ける権利（意15条2項）は雇用者である企業が取得することとなるので（意15条3項で準用する特35条2項）、やはり同一人に帰属することとなる。

---

[6] 特許庁編『工業所有権法（産業財産権法）逐条解説〔第19版〕』（発明推進協会、2012年）113頁。これに対して、著作者における「者」には法人も含まれる（前掲注3・加戸25頁、上野達弘「著作者の認定」斎藤博＝牧野利秋編『新・裁判実務大系第22巻 著作権関係訴訟法』（青林書院、218-222頁）。

[7] このような職務著作の効果については、他国ではあまり類を見ない我が国著作権法の特徴であり、その是非についても大きな議論の種となっているが、これも前掲注2列挙の文献を始めとして著作権法の解説書にはほぼ必ず何らかの言及があるためそちらに譲る。職務著作制度に特化した代表的なものとしては、潮海久雄『職務著作制度の基礎理論』（東京大学出版会、2005年）。

[8] 裁判例も含めた詳細な検討については、高林龍「講演録 職務著作と職務発明」コピライト504号2頁、上野達弘「職務著作・職務発明における従業者等」企業と法創造（通巻2号）141頁を参照されたい。ここでは簡単な文言上の差異についての比較に留める。

①　使用者と従業者

　まず、雇用者側の表現は、著作権法15条1項では「法人等（法人その他使用者）」、意匠法が準用する特許法35条1項では「使用者等（使用者、法人、国又は地方公共団体）」となっており、被用者側の表現は、著作権法では「その法人等の業務に従事する者」、意匠法では「従業者等（従業者、法人の役員、国家公務員又は地方公務員）」となっている。

　職務著作では「業務に従事する者」として雇用関係がある者に限定されると解する説もあるが、昨今の雇用情勢を鑑みて、実質的に使用者の指揮監督下にあればよいと解する説[9]が有力であると思われる。そうすると、雇用のような従属的労務でない請負や委任による制作、また派遣社員による制作も場合によっては職務著作となり得ることとなる。

　一方で、職務創作意匠については、その準用する特許法35条が資金・資材等を提供する使用者と従業者との間の調整という面を持つことから、従来より指揮命令関係等を総合的に勘案する説が有力であり、派遣社員については被派遣先企業との間で職務創作意匠が成立する考えが多数である。また、職務創作意匠の場合は、「法人の役員」が含まれており委任も該当することは明らかとなっている。[10]

　そうすると、規定振りによる表現上の差異が直接的に要件の大きな違いとなるものでもないと考えられる。

　明確にして重要な相違点は、職務著作の場合は、法人には法人格を有しない社団等で代表者等の定めがあるものも含まれると明定されているのに対して（著2条6項）、職務創作意匠の場合は、これらの者は一定の手続が認められるに過ぎない点である（意68条2項で準用する特6条参照）。従って、デザイン研究会などと銘打った単なる人の集まりの場合には、職務著作は成立しても職務創作意匠は成立し得ないこととなる。

②　発意

　職務著作では、法人等の「発意」に基づいて作成することが要件となっているが、職務創作意匠にはそのような要件はない。ただし、この発意については

---

[9] 前掲注2・中山210頁。
[10] 高林龍『標準特許法〔第5版〕』（有斐閣、2014年）81頁。

具体的な指示命令に限るものではなく従業者が自発的に行い事後承諾を受けたようなケースでも間接的に使用者の発意を肯定し得ると柔軟に解されており[11]、特に大きな違いにはならないと考えられる。

③ 業務及び職務の範囲

職務著作においては、被用者をその法人等の「業務に従事する者」としているが、職務創作意匠のように「業務範囲」に属することを要件としているわけではない。しかし、職務創作意匠には職務範囲要件も別にあり、職務範囲に属するが業務範囲外であるというケースは想定し難いので、あまり重要な要件ではないと考えられている。[12]

そして、職務著作では「職務上作成するもの」であることが要件であり、職務創作意匠では、業務範囲に加えて「その発明をするに至った行為がその使用者等における従業者等の現在又は過去の職務に属する」ことが必要であるとされる。ここで大きく異なる点が、職務創作意匠には「過去の職務」も含まれているのに対して、職務創作意匠の場合は、明文として「過去の職務」は含まれていないことで、これは職務創作意匠においては資金・資材を提供する使用者との調整規定という制度趣旨から、過去の職務であっても発明完成時に従業者であるならその完成に使用者の貢献が認められるからであり（逆に、過去であっても退職後に完成させた創作には及ばないこととなる）、一方で、職務著作については現在の職務でないのであれば使用者に著作者の地位を与える必要性がないことによる。

従って、企業内での配置換えなどにより過去の部署で求められていたデザインを退職前に完成させたデザイナーは、そのデザインにつき職務創作意匠には該当するものの、職務著作には該当しないこととなり、事前の定めがあれば意匠登録を受ける権利は被用者である企業に帰属するものの、著作権は原始的にデザイナーに帰属することとなる。

④ 公表名義

職務著作の場合は、プログラムの著作物を除き、法人等が「自己の著作の名

---

[11] 前掲注3・加戸146頁。
[12] 前掲注10・高林81頁。

義の下に公表するもの」との要件が加重されている（著15条1項、同2項参照）。デザインは当然プログラムの著作物ではないため、この加重要件がかかってくることになり、企業に雇われた工業デザイナーがしたデザインにつき、その企業ではなくデザイナー名義で公表した場合には職務著作が成立しないこととなる[13]。一方で、職務創作意匠の成立には影響を与えないため、事前の定めがあれば企業が意匠登録を受ける権利を有するものの、著作権及び著作者人格権はデザイナーに帰属することとなる。

⑤ 別段の定め

最後に、使用者と従業者との間で別段の定めがされていた場合であるが、著作権法15条1項は「契約、勤務規則その他に別段の定めがない限り」とし、意匠法が準用する特許法35条2項では「契約、勤務規則その他の定め」と同様の表現となっている。ただし、その効果は異なり、職務著作の場合は作成時における定めがあれば成立せず従業者が著作者となるが、使用者を著作者とする定めはできないのに対し、職務創作意匠の場合はこの定めにより使用者に意匠登録を受ける権利が帰属することとなる。

すなわち、職務著作については作成時点で取決めがなければ成立するのに対し、職務創作意匠は取決めがなければ意匠登録を受ける権利は使用者に帰属しないため、企業が雇用しているデザイナーとの間で事前に何の取決めもしていなければ、職務上作成されたデザインに係る著作権及び著作者人格権は企業に、意匠登録を受ける権利はデザイナーに帰属することとなる。

もちろん、事後的に著作権も意匠登録を受ける権利も譲渡することは可能であるため（著61条1項、意15条2項で準用する特33条1項）、譲渡不能の著作者人格権（著59条）を除けば、契約により著作権と意匠権が最終的に別人に帰属する場面は多々登場することとなる。

（4）職務著作と職務創作意匠の効果と制度改正
① 平成27年改正における職務発明制度の見直し

前述の通り、職務著作が成立する場合は、職務創作意匠と異なり使用者が著

---

[13] 担当デザイナーとの表示が、新聞記事における署名のように単なる作成担当者としての内部分担表示とする考え方もあるかもしれないが、意匠登録を受ける権利が帰属する者となるので、単なる担当者とは判断されない可能性も十分にあると思われる。

作者となるため、原始的に使用者がその著作権及び著作者人格権を取得することとなる（著15条1項、17条1項）。一方で、職務創作意匠が成立しても、従業者が創作者であることに変わりなく、意匠登録を受ける権利は原始的に従業者が取得するのが原則である（意15条3項で準用する特35条1項）。[14]

ここで、職務創作意匠制度については、平成27年改正により権利帰属に関する規定が改正されているため、その点を確認しておく。

特に特許の場合に問題とされてきたことであるが、他社との共同開発などの場合は、特許を受ける権利が共有関係に立つことから、その持分の譲渡について他の共有者の同意が必要となり（特33条3項）、他社の従業者の同意を得ないと譲渡することができず、予め使用者に承継する契約を定めていても承継できないという問題が生じていた。途中からさらに共同開発者が追加参加してきたりすると、その契約はさらに複雑になり権利帰属関係が不安定化することが指摘されていた。[15]

また、出願が第三者対抗要件であるため（特34条1項）、発明者である従業者が使用者である企業に無断で二重譲渡してしまい、譲受人であるライバル企業に先に出願されてしまった場合には取得できないというリスクが存在していた。[16]

そこで、職務発明について、予め使用者に取得させる定めをしたときは、その特許を受ける権利は、当該特許を受ける権利の発生時（発明時）において使

---

[14] この差異の理由としては、創作者や権利者が登録で明らかとなる産業財産権と異なり、登録が権利発生の要件となっていない著作権の場合は、著作物を利用しようとする第三者にとってその権利者の探索が非常に困難であり、外部から見て創作者が分かり易い制度が良いという必要性の面と、発明や意匠と比較すると、法人等の名義で公表される著作物に関しては従業者側も著作権を原始的に使用者に帰属させる意思が存在することが多く、社会的評価を受ける主体は名義である使用者であるという実態があるとする許容性の面から説明される。しかし、それだけであれば契約で処理すればよいのであって、やはり著作者人格権を従業者側に残して行使されることを防ぐことに大きな意味があるとされる（前掲注2・中山204頁）。

[15] 特許庁総務部総務課制度審議室編『平成27年特許法等の一部改正　産業財産権法の解説』（発明推進協会、2016年）9頁。実際問題として、企業同士の共同開発の場合は互いに共同研究先の従業員の同意が必要な状態となるため事前に取決めをするのが通常であろうから、煩雑になるとは言えそれほど問題は生じないのではないかと考えられる。むしろ、職務発明が成立しない可能性もある大学等の個人研究者が一部に参加したりする共同プロジェクト等の場合に注意が必要であり、権利帰属の不安定要因を除きたかったのではないかと考えられる。そういう意味では、応用美術の職務創作意匠では個人デザイナーとの共同創作というケースは十分にあり得るだろう。

[16] 前掲注15・産業財産権法の解説10頁。

用者等に帰属するものとされた（新特35条3項）。

これにより、特許を受ける権利が共有の場合には持分の承継行為が不要となることから他の共有者の同意も不要であり、特許を受ける権利の発生時から使用者等に帰属することとなる。

また、従業者は発明時にすでに特許を受ける権利を有していないため、二重譲渡を生じることもなくなった。従業者から特許を受ける権利を承継したと主張しても従業者はその地位にないため、冒認出願として取り扱われることとなる（特49条7号、123条1項6号）。

そして、これは職務創作意匠の場合も同様の問題があるとして、従前からの特許法の準用規定はそのままとしており、上記の特許を受ける権利の帰属に関する規定については、意匠登録を受ける権利にも準用されることとなる。[17]

② 職務創作意匠に係る権利の帰属

平成27年改正により、職務創作意匠が成立した場合には、従業者に意匠登録を受ける権利を帰属させて、予約承継によって使用者に移転するという形ではなく、予めの定めにより意匠登録を受ける権利を、その権利発生時点で法定帰属させている（意15条3項で準用する特35条3項）。

このように、創作と同時に権利帰属先が変わるという法的効果は、著作権法における職務著作制度（著15条）ともまた異なるもので、むしろ映画の著作物の著作権の帰属（著29条）と同様である。

仮に職務著作と同様の規定とするのであれば、使用者が創作者となるため、対価請求権（意15条3項で準用する特35条4項）も発生しないこととなる。逆に言えば、改正後においても、従業者は事前の定めにより意匠登録を受ける権利は有しなくとも創作者としての地位は有しており、著作権法における氏名表示権（著19条1項）のように、創作者名を変えられるといった行為に対してはその地位に基づいて真の創作者の表示を求めることができるものと解される。[18]

なお、権利発生時に法定帰属する効果は、映画の著作物の著作権の帰属と同

---

[17] 前掲注15・産業財産権法の解説19頁。なお、出願が対抗要件とする特許法34条1項は特に改正されていないが、これは出願前においては特許を受ける権利の承継について適当な公示手段がないということが理由であり、職務発明以外の場合については改正後も出願が対抗要件となる。

じではあるものの、映画の場合は映画製作者との「映画への参加約束」が要件であり、意匠登録を受ける権利は前述の「取得の予約」が要件となる点で異なる。いずれも予めの約束が必要であるが、映画の場合は参加する以上ほぼ確実に著作権は映画製作者に帰属することとなるが[19]、職務創作意匠の場合は、予約がなければ通常通り従業者に意匠登録を受ける権利が帰属する。

3．職務創作意匠と職務著作の制度間調整規定とその解釈

　以上のように、理論上は、特定のデザインについて著作権と意匠権という複数の知的財産権が成立する可能性があり、さらに職務著作や職務創作意匠の制度により権利の帰属主体が異なり得るため、これらの権利調整規定が意味を持つこととなる。

　複数の知的財産権が交錯する典型例として、コンピュータ・プログラムについての特許権と著作権の問題がよく取り上げられるが[20]、応用美術についての意匠権と著作権の関係についての検討は保護の是非論に終始して重複保護されるとした場合の調整規定の解釈についての検討は寡聞にしてあまり見ない。これは、特許法72条には、特許権と著作権の抵触による調整規定がないのに対して、意匠法には意匠権と著作権の抵触について規定する26条が存在するからであろう。

　ただし、意匠法26条１項は、意匠権者は、その意匠権のうち登録意匠に係る部分が「その意匠登録出願の日前に生じた他人の著作権と抵触するときは、業

---

[18] 特許については、発明者名誉権（パリ条約４条の３）に基づいて直接請求できるとする学説及び裁判例が存在する（中山信弘『特許法〔第２版〕』（弘文堂、2012年）167頁、大阪地判平成14年５月23日判時1825号116頁「希土類の回収方法事件」）。同じ創作者を保護する意匠制度についても類推適用すべきと考えられる。ただし、この場合、本文既述の通り、この創作者としての表示が職務著作の成立要件である「公表名義」に影響を与えるのかが問題となるところである。

[19] 前掲注２・中山232頁では、参加約束が認められない非常に稀なケースとして、劇場用の演劇に参加する約束で美術家が創作した舞台装置等が結果的に映画に使われて、その全体的形成に寄与したというケースが挙げられている。また、参加約束の法的性質について、前掲注２・高林128頁参照。

[20] 主なものとして、渋谷達紀「知的財産保護の交錯・専属・欠如」日本工業所有権法学会年報30号（2006年）62頁、加藤浩一郎「プログラムにおける特許法と著作権法の抵触権利調整について」パテント（2004年）54頁、内田剛「プログラムの特許権と著作権による重複保護により生じる問題点―特に、職務上作成されたプログラムについて」産業財産権研究推進事業報告書（平成19年度）（知的財産研究所、2008年）、大瀬戸豪志「講演録　プログラムに関する著作権と特許権による保護の交錯」コピライト511号２頁など。

としてその登録意匠の実施をすることができない」と規定し、同2項は登録意匠に類似する意匠について同様の規定をするのみである。従って、この規定については、当たり前のことを確認しただけの規定であるとしてあまり重要視されていない。[21]

また、両法による重複保護の問題点を検討する文献についても、著作権が相対的権利とされることから基本的には盗用の場合に意匠法26条の抵触問題が生じるとして、異なる主体が各々創作したという偶然の一致の場合についての適用はないとして検討を進めている。[22]

しかし、意匠法26条1項を見ると、意匠登録出願日前に生じた「他人の著作権」と規定しているが、この「他人の著作権」が異なる主体によって創作されたものに限定して適用されるのか、同一主体であっても事後的に承継され現在異なる主体に帰属している場合にも適用があるのかは明らかではない。文言上「他人の」は「著作権」に掛かっているのであって「生じた」にも掛かるものと読むことはできず、創作時点において別人に帰属していたことが要件として課されているわけではないと解される。もし、そのような意味で規定するのであれば、「意匠登録出願前に他人に生じた著作権」といった表現になるのではなかろうか。

よって、たとえ創作時に同一人に帰属していたとしても、事後的に別人に帰属し抵触が問題となる時点で他人に帰属していれば適用されると解すべきこととなる。事後的に著作権又は意匠権を他人に承継する場合でも、意匠権はその出願日前に生じた他人に帰属している著作権と抵触関係に立つため、実施できなくなるのである。

事後承継においては、通常は意匠権と著作権のいずれかのみ承継するということはしないであろうが、前述の通り、応用美術に著作権が発生し得ると認識せずに意匠権のみ譲渡したり譲り受けたりしてしまうと、その著作権の存在に

---

[21] 前掲注2・中山167頁は、「これは意匠権という独占権を取得しても、他人の著作権を侵害してもよいということにはならないという当然のことを定めたものにすぎない。」とし、寒河江孝允＝峯唯夫＝金井重彦編著『意匠法コンメンタール〔第2版〕』（レクシスネクシスジャパン、2012年）440頁は、「著作権が発生する前に出願された意匠の創作において、著作物にアクセスすることは想定できず、結果、著作権侵害が生じる余地がないのである。理論的に考えると不要な要件であると思われる」と指摘している。
[22] 応用美術委員会「著作権研究所研究叢書9　著作権法と意匠法との交錯問題に関する研究」（社団法人著作権情報センター附属著作権研究所、2003年）102～105頁。

より実施ができなくなる。もちろん、この場合はその譲渡契約について錯誤や詐欺が問題となるであろうし、自身が著作権を有しているまま意匠権の譲渡をしているのであるから、当該意匠の実施につき黙示の許諾や著作権の濫用といった解釈で対応することも考えられる。

一方で、前述の通り、平成27年の職務創作意匠制度の改正により事後的にではなく創作時点で権利が法定帰属することとなったため（新特35条3項）、特定のデザインにつき実際の作成者は同一人であっても著作権と意匠権とは別人に帰属する様々なケースが登場し得ることとなる。

そうすると、著作権はその著作物の創作時に発生するので（著51条1項）、必ずその意匠登録出願の日前に生じることとなり、以下の2つのケースにおいて、意匠法26条の抵触規定の適用を受けることとなる。

① 使用者に著作権が帰属し、従業者に意匠権が帰属する場合

使用者と従業者の間で何らの取決めもしていなかった場合に成立し易いケースであるが、使用者側が意匠の実施を排斥する著作権の方を有しているため、排他権の面では問題になることは想定し難い。むしろ、職務創作意匠と職務著作が同時に成立する場合に限って言えば、職務創作意匠で問題とされていた二重譲渡があったとしても著作権によって相手の意匠権の行使を排除できることとなる。

ただし、自らの実施やその後のライセンスといった利用面から考えると、意匠権の譲渡交渉は不可欠であろう。なお、出願前に使用を開始していれば意匠の実施又はその準備としていわゆる先使用の抗弁は可能である（意29条）。

② 従業者に著作権が帰属し、使用者に意匠権が帰属する場合

このケースは注意が必要となる。従業者との事前の定めによって使用者が意匠権を取得したとしても、先に述べたように公表名義の要件を満たさないなどして職務著作が成立しないときには、従業者の著作権によって、その意匠の実施が妨げられる危険性があるからである。事後に著作権の譲渡を受けておくなど、別途対処が必要となる。

なお、プログラムについても特許権と著作権が交錯することから、意匠法26条と同様の規定を設けるべきとの指摘が見られるが、これも職務著作と職務発明が同時に成立した際には帰属主体が異なることから同様の問題が生じるため、この点についての配慮が必要となるのではないかと思われる。

第2章　特許法

大学発明は職務発明か

帖 佐　　隆

1．はじめに

　特許法の平成27年法改正により[1]、特許法35条に定められる職務発明制度が一部改正された。同改正により職務発明についての選択的な使用者帰属が定められるなど手直しが図られることとなった。

　しかしながら、同改正をもってしても、職務発明の定義は昭和34年法から変更がないままとなっている。周知のとおり、その定義は、従業者等がなした発明であって（第一要件）、その性質上当該使用者等の業務範囲に属し（第二要件）、かつ、その発明をするに至った行為がその使用者等における従業者等の現在又は過去の職務に属する発明（第三要件）である（特35条1項）。

　これに対し、比較的に古くからある問題として[2]、大学教員がなした発明（以下、本稿では「大学発明」という。）は、果たして職務発明であるのか、それとも自由発明（非職務発明）であるのか、の問題がある。近年は産学連携の重要性がいわれたり、技術移転の問題などもしばしば論じられたりしている。そして、大学では知財創出が使命であるといわれたり、大学で創作される発明を重視するなどとのことがいわれたりするなどし、また、大学教員による発明が脚光を浴びることもしばしばある。しかしながら、大学発明が、職務発明であるのか、または、自由発明であるのかについての肝心な（解釈の）問題は、大学発明に関する基本的な問題であるはずであるが、いまだ決着がついていないように思われる。

　よって、本稿は、この解釈問題について検討を加えたうえで、さらには立法論にも言及しようとするものである。

---

[1] 特許法等の一部を改正する法律（平成27年7月10日法律第55号）による改正。平成27年7月10日公布、平成28年4月1日施行。なお、本稿の条文番号は当該改正後のものとする。
[2] この問題については、「研究者の発明について」と題し、日本工業所有権法学会昭和55年度研究会のシンポジウム（午後）にて報告および質疑応答がなされている（日本工業所有権法学会年報第4号『研究者の発明保護の諸問題』225頁参照）。

2．関係省庁による政策の変遷

周知のとおり、大学発明に特化した法律はなく、この問題について法的な処理をするとすれば、特許法35条の規定によることとなる。これについて、関係省庁は以下の態度をとってきた。以下みていくこととする。

（1）昭和52年の学術審議会答申、及び、昭和53年の文部省通知

まずは、この問題について、昭和52年（1977年）6月の学術審議会答申がある[3]。同答申によれば、「職務発明規定の運用に関して大学教員を民間企業あるいは国公立の試験研究機関の研究者と全く同一に適用することにはおのずから限界がある」とし、結論として、「大学教員の通常の研究活動の持つ上述の種々の特性にかんがみ、そこから派生する発明に係る権利は、原則として、特別の場合を除き使用者等に帰属させないものとすることが妥当である」とし、大学発明は原則自由発明であるとして大学教員（従業者）帰属とする旨を述べている。そして、その例外である「特別な場合」として、「大学教員の研究活動の中には研究目標が明確に設定された特定の研究テーマにのっとり、かつ、特別の研究費、研究設備が投入されて実施される特別の研究…のうち明白に応用開発を目的とする研究…の結果としての発明」については職務発明とし、使用者帰属（大学帰属・機関帰属）とする旨を述べている。

これを受けて、昭和53年（1978年）3月の文部省による国立大学等に対する通知[4]は、①「応用開発を目的とする特定の研究課題の下に、当該発明に係る研究を行うためのものとして特別に国が措置した研究経費…を受けて行った研究の結果生じた発明」及び、②「応用開発を目的とする特定の研究課題の下に…国により特別の研究目的のため設置された特殊な大型研究設備（…汎用的なものは除く…）を使用して行った研究の結果生じた発明」については、国（使用者）が承継するとし、それ以外の特許を受ける権利は発明者（従業者）帰属とする旨を述べる。つまり、原則は発明者（従業者）帰属とするということである。

---

[3] 学術審議会答申「大学教員等の発明に係る特許等の取扱いについて」（昭和52年6月17日）学術審議会第16号（文部大臣諮問昭和51年2月5日文学術第90号、昭和51年諮問第1号）。
[4] 各国立学校長、各国立大学共同利用機関長あて文部省学術国際局長、文部省大臣官房会計課長通知「国立大学等の教官等の発明に係る特許等の取扱いについて」（昭和53年3月25日）文学助第117号。

したがって、この考え方により、前述①および②の一部の例外を除き、大学発明は自由発明であり、大学教員（従業者・発明者）本人に帰属する、と認識されることとなった。上記以降は、下記の解釈改正のときまで、この考え方がとられていたということになろう。

（2）平成14年の解釈改正について
　しかしながら、上記政策は、平成14年（2002年）に全面的に転換された。いうなれば解釈改正が行われたのである。科学技術・学術審議会の下部組織による報告書[5]は次のように述べる。「大学の教員についても以上（職務発明（筆者注））の原則が適用される。」「大学…は、相当な対価の支払を条件に、教員がなした職務発明に係る特許権等を大学…に承継させる旨の定めを置くことは可能である。」とし、大学発明は職務発明であるとの解釈論を述べている。同報告書は、「大学の『業務範囲』や大学教員の『職務』の性質に関する理解については、学術審議会答申の当時と基本的に変化はない」とし、当初から大学発明は職務発明であった旨を前提としている。だが、事実上、法改正を経ずして解釈改正を行ったと理解できよう。そして、同報告書は、「教員が大学で行った職務発明に係る特許権等のうち、大学が承継するものの範囲について見直しを行い、機関帰属を原則とすることが適切である」としている。そして、その理由としては、①「大学の第三の使命としての社会への貢献」、②「施設設備や研究経費等、活動の基底部分を公的資金によって支えられている教員の研究活動の成果について、国民（納税者）の理解が得られるよう配慮する必要」を挙げている。
　また、その他、同報告書は、「発明届出の徹底」を図り、特許法35条2項反対解釈による予約承継を行うべきことを念頭においた記述をしている。（平成27年法改正以降は特許法35条3項の予約帰属も含まれることとなろう。）
　これ以降、大学発明の取り扱いは、それ以前の状況から180度変更され、大学帰属（機関帰属）とされるようになった。とはいえ、それは、上述のとおり、解釈改正にすぎず、大学発明に対応した立法はなされておらず、相当の矛盾があるのではないかと思われる。

---

[5] 科学技術・学術審議会 技術・研究基盤部会 産学官連携推進委員会 知的財産ワーキング・グループ「知的財産ワーキング・グループ報告書」（平成14年11月1日）

だが、そうはいっても、上記の大学帰属とする解釈改正に対応して、多くの大学は知的財産本部等を設置し、産学官連携活動を活発に行うべき体制を作った。この点については、積極的な行政指導があるものと思量される。
　なお、経済産業省は、職務発明制度の平成16年法改正に係る審議会報告書[6]、あるいは、平成27年法改正に係る審議会報告書[7]のいずれも大学発明を職務発明としており、上記解釈改正を行った文部科学省の立場に追従しているところである。

3．解釈論の展開

　これに対し、解釈論はいかようであっただろうか。まず、裁判例において、大学発明が職務発明に該当するかどうかが争われたものは見当たらない[8]。しかし、学界では、かつては活発な議論があったようである[9]。しかし、上記の解釈改正以降は、あまりこの問題についての深い議論がないようにも思われる。ともあれ、各論者における解釈論の展開についてみてゆこう。

（1）自由発明説
　①渋谷説
　渋谷達紀教授は、「研究の自由を与えられている大学の教員の場合は、学問的研究を行い、成果をあげることが職務の1つといえるが、特許適格のある発明を創作するよう努めることが一般的に期待されているとはいえない。その発明は、職務提供者である大学の業務範囲に属するものともいえない。したがって、

---

[6] 産業構造審議会知的財産政策部会特許制度小委員会報告書「職務発明制度の在り方について」（平成15年12月）では、一貫して、企業内発明と大学における発明とを並列に扱い、大学発明が職務発明にあたる旨を述べている。

[7] 産業構造審議会知的財産分科会特許制度小委員会報告書「我が国のイノベーション促進及び国際的な制度調和のための知的財産制度の見直しに向けて」（平成27年1月）では、「職務発明の担い手は、いうまでもなく企業や大学等において職務として研究開発活動に従事し、発明を行う者である」とし（同6頁）、やはり大学発明は職務発明であるとの立場をとっている。

[8] ただし、大学における職務著作については、近年裁判例がある（知財高判平成22年8月4日裁判所ウェブサイト、原審＝東京地判平成22年2月18日裁判所ウェブサイト）〔北見工業大学事件〕。もっとも、職務著作については、「法人の発意」や「法人名義の公表」といった要件があるため、そこで、職務著作か否かは明確に定まるものも多く、あまり参考にならないともいえる。

[9] 日本工業所有権法学会年報・前掲注2参照。

大学の研究室で創作された発明は、通常は職務発明に当たらない」とする[10]。

　すなわち、渋谷教授は、職務発明の定義のうち、大学発明は、第二要件（「業務範囲」要件）および第三要件（「職務」要件）を充足しないとして、職務発明性を否定しているということになる。渋谷教授は、第三要件のみならず、第二要件をも否定することにより職務発明性を否定している点が特筆されるところであろう。

　②高林説

　高林龍教授は、「大学の教員は，通常は使用者から発明の完成を期待されず，発明の完成を義務としている者でもないから，たとえば工学部の教授が研究の成果として発明を完成しても，原則として職務発明には該当しない。ただし，この研究に際して給与以外に特別の研究費補助を受けている場合や，この研究のために大学の研究施設を使用した場合には職務発明に該当することがある」[11]とし、第三要件を否定し、職務発明性を否定している。高林教授からは第二要件への言及がないが、同教授は、職務発明問題の一般的解釈論として、職務である以上、業務範囲でないことは考えにくいとしており[12]、第二要件の存在自体をほぼ無意味と考えておられるであろうことによると思われる。

　③自由発明説の各論者

　上記2（1）のとおり、昭和52年頃以降は、原則個人帰属の政策がとられたが、染野義信博士からは、これに関する解説も発表されている[13]。

　上記解釈改正直後も、仙元隆一郎教授は、「大学教員の発明は、一般的に職務発明という考え方に親しまない自由発明である」と断じている[14]。

　加えて、石埜正穂弁理士は、自由発明であるとは明言していないが、技術移転の必要性を説きながらも、特許法35条の職務発明の枠組みを大学発明にそのままあてはめることに懐疑的である[15]。また職務発明であると解することがむしろ弊害となる面もある旨をいう。そのうえで同弁理士は任意譲渡による技術

---

[10] 渋谷達紀『特許法』（発明推進協会、2013年）311頁。
[11] 高林龍『標準 特許法』（有斐閣、第5版、2014年）82頁。
[12] 高林・前掲注11　81頁。
[13] 染野義信「学術研究に関する職務発明基準とその基本的性格　――文部省『基準』の審議過程を通じて――」日本工業所有権法学会年報4号『研究者の発明保護の諸問題』125頁。
[14] 仙元隆一郎『特許法講義』（悠々社、第4版、2003年）144頁。
[15] 石埜正穂「特許法第35条が大学教員の発明の円滑な活用に与える問題点について」パテント　Vol. 58　No. 8（2005年）44頁（44頁以下）。

移転を模索する意見であると解される。

(2) 職務発明説
①紋谷説
紋谷暢男教授[16]は、大学発明は職務発明であるとの説を展開して、大学帰属であるべき旨を強く説く。その理由として、（ⅰ）研究自体は研究者の職務であるといえ、これが職務に属するのであれば、そこから生まれる発明は職務発明であると解さざるをえないこと、（ⅱ）研究の自由は、発明の処分をも含むものではないこと、（ⅲ）研究業績へのプライオリティの確保は発明の公表で足りる反面、冒認規定や特許法69条1項があり、他人に特許権を取得されても研究の継続が可能であること、（ⅳ）特許権の排他性は業として実施する者でなければ不要であり、実施をしない研究者は研究費の増加や対価が研究意欲の増進につながること、（ⅴ）大学教員が積極的に特許出願を行うことは考えにくく、埋もらせる危険性があること、などを挙げる。そして大学帰属にすることの必要性を説き、教員に守秘義務を持たせることを求める。

②玉井説
次に玉井克哉教授は、「今日，学術研究がそれ自体として特別な研究だということは，大学教員の発明を一般企業と別異に取り扱うための理由づけとしては，薄弱である。一方で，企業の研究所などでも，特別な応用目的を持たない基礎研究が行われている。他方，研究によって知的財産を創出することは，社会に負託された大学の使命だとされる（知的財産基本法7条）。だとすれば，大学教員は，そのような組織の使命をまさに職務として分担していると見ることができる。研究成果にかかる知的財産権を研究機関に帰属させる方針が明示されているのも，そうした考えに基づくものである」とする[17]。

③その他論者
その他、大学帰属に解釈改正されて以降の論考は大学帰属を前提とするものが多いようである[18]。

---

[16] 紋谷暢男「大学教員の発明の法的処置について ―学術審議会の答申を中心として―」成蹊法学17号145頁。
[17] 玉井克哉「大学における職務発明制度」知財管理 Vol.53 No.3（2003年）443頁（449頁-450頁）。

（3）折衷説または両論併記

①横山説

横山久芳教授は、上記高林説を引用しながら「大学を純粋に教育・研究機関と捉えるならば、大学教員の発明を職務発明と解することは困難であろう」としつつ、「知的財産の創出・活用も大学の新たな使命であると考えるならば、大学教員の発明を職務発明と解する余地も生じるであろう。現在の実務は後者の立場に立つものといえる」と両論併記である[19]。

加えて、「例えば、大学教員には経済的利益よりも研究成果を学会等で公表して学問的評価を得ることを重視する者が少なくないと思われる。しかし、35条は従業者の研究成果の公表に関する利益を保護していないため、大学教員の発明が職務発明とされると、大学教員の研究成果の公表に支障が生じるおそれがある。したがって、大学教員の発明に関する利害調整を適切に行うためには、現在の職務発明制度とは別に、大学という組織の性格を考慮した特別な立法措置を講じることが望ましいといえよう」とする[20]。この点、横山教授は的確に問題点を突いているものと思われる。

②中山説

中山信弘教授は、この問題に相当の字数を割いているが、「今後の課題である」としている[21]。無論、立法論としては今後の課題であることは間違いないのであるが、現在進行形で事態は流れており、何らかの現行法での判断は必要であろう。

③その他折衷説など

また、井上由里子教授[22]も折衷説と解される。同教授は、「権利の帰属…は必ずしも決定的な問題ではない」とし、産学連携の必要性を説きつつも、帰属の問題についてはこれに拘束されず、さまざまな方策がある旨を説く。吉藤幸朔弁理士[23]も相応の記述をしているが、態度は明らかにしていないと解される。

---

[18] 例えば、景山光太郎「学生の発明と職務発明」パテント　Vol. 60 No. 9（2007年）45頁（47頁）、その他。
[19] 島並良＝上野達弘＝横山久芳『特許法入門』（有斐閣、2014年）（横山久芳執筆部分）73頁。
[20] 横山・前掲注19　73頁-74頁。
[21] 中山信弘『特許法』（弘文堂、2010年）58頁-60頁。
[22] 井上由里子「国立大学での発明の取扱い　―学術研究の特殊性と特許制度―」特許研究　No.20　1995年9月　28頁（37頁）。ただ、1995年の論考であることもあってか、やや個人帰属への意識が前面に出ている感じもある。

4．大学発明の性質と考慮すべき問題（企業における職務発明との対比の観点から）

さて、これから、大学発明が職務発明かどうかを考えていくわけであるが、これを考える上で、大学発明の性質をいわゆる企業における職務発明との対比の観点から以下にみていきたいと思う。

（1）インセンティブの相違

まずは、大学教員にとっては、研究発表を行い、研究者としてのプライオリティの確保をすることが一番のニーズである。そして、この研究発表によるプライオリティの確保こそが発明へのインセンティブとなり、またこの研究発表を適正に行えることが死活問題となる[24]。この点が企業内研究者との大きな違いであろう。

これに対し、特許制度が予定するインセンティブとは、独占権であり、ひいては独占がもたらす利益であるということになろう。すなわち経済的利益である。そして、特許法が定める職務発明制度の趣旨とは、使用者たる企業（事業者）に独占権によるインセンティブを与え、独占権を持つだけでは利益を上げられない従業者に直接的な金銭（対価）による利益を与え、経済的利益によるインセンティブを両者に的確に与えるべく、両者の役割に応じて役割分担させるものであるといえよう[25]。つまり特許法が与える経済的利益を両者の役割に適した形で分配するものであろう。

もっとも、大学教員にも経済的利益を欲する面はあろうし、企業内研究者にもプライオリティの確保を欲する面はあるのであろうが、主たるインセンティブには上記に示す相違がある。したがって、この点は大いに考慮されなければならない。

（2）学問の自由の問題

次に、大学発明に関連しては、学問の自由の問題もある（憲法23条）。この学問の自由は、学問研究の自由、研究発表の自由、教授の自由の三つが含まれ

---

[23] 吉藤幸朔『特許法概説』（有斐閣、第10版、1994年）171頁-173頁。
[24] 大学教員の評価や業績は、学会、論文発表その他の研究発表によって決まる。ゆえに、研究発表が自由に行えないということは非常に大きな問題となる。
[25] 労使両者の役割を説くものとして、吉藤・前掲注23 167頁。

ることが認められる[26]。この中の特に研究発表の自由は、職務発明の権利化等の問題と抵触することとなる。

　学問の自由の趣旨としては、国家からの学問研究への干渉防止ということになろう。真理探究が時の権力によって歪められないことへの要請であるといえる[27]。また、裏返せば「真理の探求の自立性を確保」するためともいえる[28]。

　他方、特許制度にあっては、特許の出願までは、研究発表ができないのが原則となる。もっともわが国では新規性喪失の例外規定（特許法30条）の適用は認められ、研究発表をしても6月以内に出願すれば救済はされうるものの[29]、これは特許権取得の確実性を100％保障するものではないため、万全を期すためには、特許出願までは研究発表できないことになる。そうなると、このことは研究発表の自由に対する阻害要因となっていることは理解されよう。

　加えて、大学発明が職務発明とされて、特許を受ける権利が研究者の意思とは関係なく所属機関へと帰属（移転）することが法的に強制されることになれば、その前提として研究者たる教員に届出義務が課されることが不可避となる。よって、彼は発明をしたことを当該機関に届け出なければならない。このことは、当該発明における最初の開示の相手が研究発表の場ではなく、所属機関における特許関係者になることを、そして、特許出願される特許庁（職員）となることを意味しよう。そうなると、その開示を（広義の）「発表」と捉えれば研究発表の自由に制約を加えていることになるのではなかろうか。

　そして、職務発明であるということになれば、その届出により大学が当該発明を認識し、発明完成とともに特許を受ける権利が、本人の意思のいかんにかかわらず他者である大学に帰属（移転）しているということになるので、大学が当該特許を受ける権利を支配していることとなり、自由に処分できないのは当然であるということになる。

　それに加えて、研究者にとっては、当該発明は自らがなしたにもかかわらず、守秘義務等が課されることとなるのである。権利主体はもはや他人である大学

---

[26]　芦部信喜（高橋和之補訂）『憲法』（岩波書店、第5版、2011年）164頁、長谷部恭男『憲法』（新世社、第5版、2011年）225頁、渋谷秀樹『憲法』（有斐閣、第2版、2013年）438頁以下, 441頁以下, 443頁以下。
[27]　芦部・前掲45 166頁、長谷部・前掲45 223頁。
[28]　長谷部・前掲45 223頁。
[29]　特許法30条2項、3項。

であり、他人の財産権となっているのに加え、出願前に新規性を失っては特許権として権利化ができないし、公知になれば営業秘密としての価値もなくなるからである。したがって、この義務に違反することができないとなると、やはりそれは研究発表の自由に影響するのである。

そうなれば、当該届出後も、当該機関やその機関と関わる関係者の意向を無視しては、研究発表ができない。よって、例えば、特許出願まで研究発表を禁じられればその間は発表できないことになる。これでは、その間は研究発表の自由がないということになる。

このように、大学発明の場合は、企業における職務発明と同様に考えることのできない問題が常にあるということがいえよう。よって、大学発明が職務発明とされ大学帰属になるとすると、研究発表の自由の問題が、影響として強く現れることになる[30]。

むろん程度問題もあり、影響が小さいではないかとの論もありえよう。しかしながら、やはり研究発表の自由への制限になっていることは否定できないし、研究者にとって深刻な問題へと発展することには充分ありうるのである。

（3）近年の問題等

加えて、近年は、当初あまり顕在化しなかった問題も出てきていると思われる。以下、この点をみてゆこう。

①発明秘匿の問題

近年、巷間言われていることは、発明の秘匿を推奨する論調である。もっとも、実施にあたり、その技術内容が公開されてしまう発明については特許権を取得するしかないわけであるが、そうでないものは秘匿を推奨する論調が強い。これを受けてか、営業秘密保護法制は年々強化されているのも周知のとおりである[31]。

この是非は措くとして、発明の財産的価値を維持したまま第三者に活用させようとすると、発明について秘匿を迫られる場合がある、ということがある。

---

[30] 加えて、後述するが、学問研究の自由にも関係し、これにも影響あると解される。
[31] 営業秘密保護法制は不正競争防止法平成2年法改正により民事的規定が組み入れられたが、その後平成15年法改正で刑事的規定が追加された。それ以後も、平成17年法改正、平成18年法改正、平成21年法改正、平成23年法改正、平成27年法改正によって、保護が強化されており、とりわけ刑事の保護の強化が顕著である。

この問題は従来から潜在的にあったわけであるが、近年特に強く言われるようになってきた。

そうであるならば、この発明秘匿の問題は、研究発表の自由と真っ向から対立することとなる。

つまり、大学教員による発明が、発明活用のための秘匿の必要性を理由に、研究発表を中止させられる、ということになると、これは大学教員にとっての死活問題である。研究におけるプライオリティこそが研究者の生命線だからである。

これに対し、大学発明については、現状の実務では、秘匿を前提とする利用方法は考えられていないのかもしれない。しかしながら、特許を受ける権利をなかば強制的に移転させられ、自らに特許を受ける権利がない状態となれば、移転先（大学あるいはその先）による秘匿の要請を拒むことはできなくなるように思われるのである。そして、これに違反すれば、何らかの制裁が科せられる可能性を否定できない。

よって、大学あるいは大学からの移転先が発明の秘匿をのぞめば、その発明についてはまったく研究発表の自由はないこととなる。この点は大学発明を考える上で考慮されなければならないことである。

②外国出願の問題

わが国特許法では、先に発表を行った発明であっても、新規性喪失の例外規定の適用を受ければ特許を受けられることは前述したとおりである[32]。これは我が国においては確かにそのとおりである。しかしながら、発明について外国出願をすべき要請が、高まっているということはないだろうか。まして原理的な大学発明ならばなおさらである。すなわち、経済のグローバル化に伴い、主要国では特許権を取得しておかなければ、対象発明の内容によっては財産的価値が維持できない場合があるということである。

これに対して、外国法制においては、新規性喪失の例外規定が適用できない、ということがおきうる。例えば、欧州特許条約（EPC）においては、学会発表や論文発表については、新規性喪失の例外を一切認めない[33]。そうなると、学会発表等をした後に特許出願をするならば、欧州特許権の取得は不可能であるということになる。

---

[32] 前掲注25参照。

そうなると、このような外国特許権の取得を視野に入れている場合、特許出願前の学会発表等は一切不可能である、ということになってしまう。企業における研究職の者にとっては、特許出願後に学会発表等をすることは常識であり、多くはそのように運用されているが、大学発明の場合は、これと同様の運用は必ずしも適切であるとはいえない。したがって、この点でも問題が生じるのである。

新規性喪失の例外規定を適用できないこととなれば、出願するまでは研究発表の自由はない。加えて、発表先について、学会等、自らが選択した発表先での発表よりも先に特許関係者や特許庁への開示を選ばなければならないということ自体、研究発表の自由を侵害しているともいえる。

無論、わが国における新規性喪失の例外規定に全面的に頼り、発明者たる研究者の意思としては適用できない国については特許化を断念することとしても、特許を受ける権利は大学にあるのであるから、その権利者たる大学が研究発表を認めなければ、研究発表をすることは不可能となり、研究発表の自由と抵触することとなる。

そのように考えていくと、新規性喪失の例外は国際的には適用できないことを前提として帰属の問題も考えていかなければならないと考えられるのである。

（4）研究発表の自由（学問の自由）との関係について

以上、大学発明が職務発明だとすると、上述した二つの問題などもあり、研究発表の自由を阻害する問題の程度が以前よりも大きくなっていることもまた理解されよう。

なお、本稿で掲げる問題は憲法の私人間適用の問題ではない。本来的な国家対大学研究者における適用の問題である。国家が特許法35条を規定し、これにより、大学帰属となる効果が生じ、その結果、研究発表の自由に影響するとしたら、それは国家による学問の自由への規制となるからである。

---

[33] EPC54条、55条。EPC55条が定める新規性喪失の例外事由は意に反する公知と所定の博覧会出展に関するもののみであり、学会発表や論文発表など研究発表については、例外事由には含まれておらず、新規性喪失に対する救済手段がない。

（5）大学発明の活用状況と収支

　仮に、大学発明を職務発明とし、大学に強制的に帰属させたところで、ほとんどの大学ではその収支は赤字となるのではないだろうか[34]。

　大学においては、特許権を所有しても、自己実施がないため、企業に実施権を許諾してライセンス料収入を得るか、企業に特許権を買い取ってもらうしか収益の方策がない点で、企業とは大きく異なる。そうなるとライセンス先あるいは譲受先のない特許権は、出願料、弁理士費用、審査手数料、特許料、等で赤字になることは必然である。

　このような発明は、大学から創出される発明の質が悪いのであろうか。必ずしもそうではない。企業の場合は、自己実施があるがゆえに、その自己実施事業に付加価値を与え、事業全体として企業に収益をもたらしているのである[35]。大学の場合そのような収益は考えられない。

　しかしながら、実施権の許諾を受ける企業や特許権を譲り受ける企業は必ずしも多くはないと考えられる。なぜならば自社開発よりもコスト面で高くなり、競争において不利になるからである。したがって、コスト高を考慮してもメリットがあるものしかライセンス契約等には至らないであろう。

　このようなことを考えると、大学が、結局、特許料収支のみで黒字になるということはそれなりに難しく、むしろ黒字となるほうがレアケースであり、結局、国による特許権の大学帰属政策による補助金等でなんとか維持しているのが実情ではないだろうか。

　政策的に大学に特許権を帰属させてみても、果たしてそれがうまく機能しているか、そして、本質的にそれが機能するのか。その点は再評価が必要であるように思われるのである。

---

[34] 新聞報道によれば、「独立行政法人や国立大学法人が保有する特許の収支状況を会計検査院が調べたところ、研究開発などで得た特許権の収入を出願料や維持費用が上回る法人が8割を超え、2013年度は全体で計約22億円の赤字だった」とする（日本経済新聞　2015年12月10日
http://www.nikkei.com/article/DGXLASDG10H6A_Q5A211C1CR8000/）。
[35] 企業の場合、自己実施による独占の利益が存在する。例えば、特許において他者を排除できればシェアは独り占めとなるわけであるから売上増となり、その分利益も増大する。また価格競争にさらされにくくなることから、利益率を高くすることも可能となり、ここでも、利益は増大する。このような利益は、企業においては事業体の利益の中に包含されることになり、このような利益形態こそが特許権の本来的なメリットであるともいえる。一方でこの種の利益を大学は得られないのである。

5．私見～筆者による解釈論

それでは、大学発明の職務発明性について、以下に筆者による解釈論を述べてゆこう。

（1）従業者性（第一要件）

まず、大学の教員の従業者性であるが、これは、一般企業同様に充足すると考えざるをえない。大学の教員は経営主体たる他人（国立大学法人、私立大学経営に係る学校法人）に雇用される者であり、やはり従業者となる。

もっとも、相違点としては、一般企業に比して、大学の教員は相応に発言権があるということである。学長等は選挙で選ばれることも多いし、学内の研究・教育に関する施策については、大学教員の自治により決定される。

しかしながら、仮に大学の勤務規則に反するならば、懲戒処分を受けるという立場にあるのだから、発明に関する取扱規則等が定められたならば、これに反することはできないであろう。この点では一般企業の従業者と同じである。また、研究及び教育については大学の自治があるが、対・経営主体との規律ということになると、教員にも自治はなく、従業者として経営の方向性に従わざるをえない。この点、企業における従業者と同様である。

したがって、特許法35条にいう第一要件は充足すると考えることが妥当であろう。

（2）業務範囲性（第二要件）

次に、「その性質上当該使用者等の業務範囲に属し」の要件（第二要件）であるが、古くは定款説を唱える見解があった[36]。しかしながら、定款説では、狭きに失するとして、「定款記載の目的には拘束されず，客観的に業務遂行と技術的な関連性のある範囲」との説が通説的見解となった[37]。定款説では狭きに失するからであろう。また、これに近い考え方として、「現実に予定されている業務」との説もある[38]。この説では、定款とは株主保護のため、会社の権

---

[36] 参考：吉藤幸朔『特許法概説』（有斐閣、第10版、1994年）（前掲注23文献）168頁以下。その他文献。
参考：中山信弘『発明者権の研究』（東京大学出版会、1987年）180頁以下。
[37] 豊崎光衛『工業所有権法』（有斐閣、新版、1975年）146頁及び148頁。盛岡一夫『知的財産法概説』（法学書院、第4版、2007年）。
[38] 中山・前掲注36

利能力を画したものであること、などが理由とされている。一方で、紋谷教授は、「業務範囲」とは「職務の総体的概念」であるとする[39]。これは解釈結果として前記二説に近くなるが、アプローチが異なることと、第二要件が完全に無意味になる点で前記二説と異なることとなる。

　企業などは常に新規事業などを模索しており、新規事業を立ち上げても定款に記載されるのは後のことであり、そのような新規事業も業務範囲に含めなければ妥当でない。また、新規事業に挑戦したが収益事業には至らなかった分野であっても、これも職務発明には加えるべきである。したがって、そのような見地からみれば、定款説は否定され、客観的関連説が支持されているのであろう。筆者もこの説を支持する。

　次の問題として、客観的関連説が通説的見解となるならば、第三要件である「職務」要件に該当すれば、すべて「業務範囲」要件に包含されるに近くなってしまう。そこで、前述の高林教授のように「業務範囲」要件はほぼ無意味との見解[40]につながるのであろう。

　だが、だからといって、「職務」に該当すればすべて「業務範囲」に包含される、との解釈には筆者は賛同することができない。筆者は、「業務範囲」要件には独立した意味があると考えるのである[41]。

　ここでいう「業務範囲」とは、「研究・開発」というようなカテゴリーの内容を示すのではなくて、当該発明を活用すべき事業の種類を指すと考えられる。そして、もはや支持できないとはいえ、当初、定款説が相応に支持されていたことに鑑みれば、この内容は、定款に記載されるであろう内容、例えば、「カメラの製造・販売」のような内容であるべきであろう。

　そうなれば、ここでいう「業務範囲」の「客観的に業務遂行と技術的な関連

---

[39] 紋谷暢男『特許法50講』（有斐閣双書、第4版、1997年）40頁。紋谷・前掲注16 161頁以下も同旨。
[40] 高林・前掲注12。また、紋谷・前掲注39も同様の結果となろう。
[41] 同旨　吉藤・前掲注36 169頁（注釈3）。吉藤弁理士は、「特別の場合」には、発明をするに至った行為が職務に属しても業務範囲に属しない場合はありうる旨をいう。その他、豊崎・前掲注37 146頁も限界（限定）がありうる旨をいう。
　また、中山・前掲注21 56頁では、「業務範囲」要件について「大学の教員の発明に関連して問題となる可能性はある」とはしている。
　これらと反対の見解として、紋谷・前掲注39 40頁では、「業務範囲」とは「職務の総体的概念」であり、結果、「業務範囲」要件には限定的な意義はない旨をいう。紋谷・前掲注16 161頁以下も同旨。

性のある範囲」とは、「定款に記載された目的の範囲」及び「仮にその発明に係る事業に成功すれば、定款に記載されるであろう目的の範囲」と捉えられるのではないか。

そのように考えるならば、大学には、特許法35条でいう「業務範囲」は存在しない、という結論になるのではないか。大学からどんなに成功した発明が創出されてもその発明を活用すべき事業が大学の活動目的とされ、定款に記載されることはないと考えられるからである。また、大学における大学教員は、とりわけ大学による「発明を活用すべき事業」のために発明を行っているわけではないという点からもこのことは肯定される。そうなると、渋谷説がいう「その発明は、職務提供者である大学の業務範囲に属するものともいえない」[42]ということになろう。渋谷説は正鵠を射ている。

また、吉藤弁理士が述べるように、「業務範囲」要件が現に法に存在している以上、「職務」を充足しても第二要件を充足しないとして職務発明性を否定すべき場合があるように思われる[43]。この思想としては、職務発明としての分野があまりにも広くなれば、従業者への権利制約があまりにも大きく、「職務」の範囲が不当に広い場合に、何らかの限定を加えるべきためにこの「業務範囲」要件が存在するということであろう[44]。そうなると、まさに、この大学発明は「業務範囲」要件による限定が発動されるべき場合ではあるまいか[45]。

なお、大学が「特許ライセンス業」を行っているとする説が出てくるかもしれない。しかしながら、通常の「特許ライセンス業」ではやはり当該企業が積極投資をして注力する分野が出てくるはずであり、それが「業務範囲」ということになろう。一方、投資をしていない分野まで従業者から特許を承継してライセンス業を行うのであれば、それは「業務範囲」でないとして、上記の積極的限定により、職務発明性が否定されよう。

そして、「業務範囲」が存在する一般の「特許ライセンス業」は、大学発明、すなわち、教員側がテーマを自ら設定し、その研究から出てきたものを社会貢献の意味でライセンスを行っている場合とは明らかに異なる。したがって大学

---

[42] 渋谷・前掲注10　311頁。
[43] 吉藤・前掲注41。豊崎・前掲注41。
[44] 吉藤・前掲注41。
[45] 中山・前掲注41は、これを肯定まではしてはいないが、前掲注42にいう渋谷説による主張、そして本稿のような主張により、問題となる場合があるというのであろう。

の場合の発明行為は「業務範囲」とはいえないであろう。また、それを「業務範囲」とするのでは範囲が不当に広くなるわけであるから、大学発明は、まさに「業務範囲」による限定が加えられる場面ではなかろうか。

　以上の観点からすれば、「業務範囲」の面からみて、現行特許法の解釈論としては、やはり、大学発明は自由発明であると解さざるを得ない。

（3）職務性（第三要件）

　続いて「職務」性であるが、「職務」にあたるためには、発明をなすことを命ぜられた場合、あるいは、具体的な課題として与えられている場合が職務発明に係る「職務」であることはいうまでもない。しかし、裁判例によれば、「発明の完成を直接の目的とするものに限らず、結果からみて発明の過程となりこれを完成するに至つた思索的活動が使用者との関係で被用者らの義務とされる行為の中に予定され期待されている場合をも謂う」[46]（傍点筆者）という。この裁判例の流れが、前掲の渋谷説、高林説にあらわれているのだと解される[47]。

　そのように考えると、まず、大学の教員は、機関としての大学から、発明をなすことを命ぜられてもいないし、具体的な課題として与えられてもいない。加えて、渋谷教授、高林教授が述べるとおり、大学の教員は研究をすることを職務とはしているが、使用者（大学）から発明をすることを予定も期待もされていないのは明らかであろう。

　この点、前述のとおり、「知的財産の創出・活用も大学の新たな使命」であるとの指摘がある（前掲3．（3）①および注19参照）。これは確かに正しいかもしれない。また、政策法ではあるが、知的財産の創出をすることが社会に負託された大学の使命とする知的財産基本法7条の考え方に沿えとの指摘もあるかもしれない[48]。

---

[46] 「石灰窒素の製造炉」事件の地裁判決の説示である。同事件は最高裁まで争われて確定したが、一貫して原告敗訴であり、地裁判決の趣旨は最高裁判決まで維持されたと解される。
　（地裁判決）東京地判昭和38年7月30日民集22巻13号2979頁、（高裁判決）東京高判昭和42年2月28日民集22巻13号2992頁、（最高裁判決）最二判昭和43年12月13日民集22巻13号2972頁。
　加えて、その後、この予定・期待説をとる下級審裁判例が続き、この説が事実上通説となっているといえよう。その後の裁判例としては、神戸地決平成元年12月12日無体集21巻3号1002頁〔油圧式倒伏ゲート事件〕、東京地判平成3年11月25日判時1434号98頁〔排煙脱硫装置事件〕、大阪地判平成6年4月28日判時1542号115頁〔象印マホービン事件〕、東京地判平成14年9月10日裁判所ウェブサイト〔ニッカ電測事件〕がある。

[47] 渋谷・前掲注10、および、高林・前掲注11参照。

しかしながら、渋谷教授、高林教授が指摘するとおり、使用者たる大学（機関）は、大学教員が発明をすることなどまったく予定も期待もしていないのである。たしかに大学教員が発明をすることは、一般国民は予定し期待しているのかもしれない。また大学の使命という面もあるであろう。しかしながら、それは国民対大学教員の問題であり、大学（機関）対大学教員の問題ではない[49]。一方で、この点について、上記裁判例等はあえて「使用者との関係で…予定され期待され」と述べているのである[50]。これは使用者と従業者との権利調整であることからの説示でもあろう。よって、裁判例（通説的解釈論）によれば職務発明ではないことになる。

加えて、大学教員は、新しい発明について、論文発表さえ行えば、それも知的な新情報の提供なのであるから、とりわけ特許権または営業秘密としなくても上記使命は果たしているのではないだろうか。加えて、知的財産の活用であるがパブリックドメインとして活用させても社会貢献になるのではないか。よって、この点からは職務発明としなければならないいわれがない。

以上のように考えると、大学（機関）は大学教員が発明をすることを予定も期待もしていないため第三要件の「職務」性も満たさないということになる。

なお、2000年代以降、大学には知的財産部門（技術移転の部門・ライセンス部門）ができた。このことを指して、大学は大学教員が発明をすることを予定し期待しているとの論が出てくるかもしれない。しかしながら、大学（機関）自らが事業に活用すべく予定し期待しているのではなく、それは各大学（機関）が、大学教員から結果的に出てきた発明を大学の責務としてライセンス等を統一的に行っているにすぎないのではあるまいか。したがって、これはいわゆる「ライセンス業」とはいえず、結局、大学（機関）そのものは発明をすることを予定も期待もしていないように思われる。

なお、紋谷教授は、大学の物的設備・人的設備が利用されていることを理由に、発明の完成が予定・期待されていないとするのは疑問である旨をいうが[51]、これも「使用者との関係で」は発明の完成が予定・期待はされていないという

---

[48] 知的財産基本法7条をいうのは、玉井・前掲注17 449頁。
[49] この点については、石埜・前掲注15 44頁は、機関帰属化についてのボタンの掛け違いを指摘する文脈ながら、同様のことを指摘している。
[50] 前掲注46の裁判例。すべて同様の説示である。
[51] 紋谷・前掲注16 163-164頁。

ことで反論できるのではないだろうか。使用者は当該発明を自らの事業に活用するわけではなく、自らの事業に活用する目的で物的設備・人的設備を提供しているわけでもない。よって、使用者たる大学（機関）が発明の完成を予定し期待しているわけではないからである[52]。

以上の観点からすれば、「使用者との関係で」の予定性も期待性もないのであるから、大学発明は「職務」要件も充足せず、大学発明は職務発明ではないと解さざるをえない。

（4）小括

以上の観点からすれば、第二要件と第三要件を充足しないので、大学発明は職務発明ではなく、自由発明であるという結論になる。しかしながら、第一要件は充足し、従業者性は充足するため、特許法35条2項本文に該当することとなる。したがって、予約承継は無効であり、加えて、届出義務、守秘義務、譲渡等についての優先協議義務、処分の制限の義務、その他の義務を要求する職務発明規定は無効であると解される[53]。

---

[52] その意味では、裁判例・通説の「使用者との関係で…予定され期待され」とは「使用者が自らの事業に活用する目的で予定し期待し」の意味であるといえるであろう。

[53] この点、筆者はかねてから主張している。帖佐隆「特許法35条と非職務発明について」パテント Vol.51 No.5 (1998年) 49頁-59頁 (55頁以下)。帖佐隆『職務発明制度の法律研究』(成文堂、2007年) 152頁以下。

　なお、中山教授 (*) は、自由発明について、届出義務、譲渡等についての優先協議義務を課すことまでは禁止されないという。また、高林教授 (**) も"業務発明"の届出義務について同旨である。しかしながら、その見解には賛同できない。この意見については、特許を受ける権利が財産権であることへの意識が欠如しているように思われる。当該財産権を所有しているのは従業者であり、使用者は、その財産権の成立に寄与しておらず、権利主張する余地がないというのが特許法35条2項の趣旨であろう。にもかかわらず、労使関係を理由に他人である従業者の財産権に深く介入できるとする結果は不当ではあるまいか。卑近な例であるが、有体物でいえば、従業者が所有する不動産について、使用者に届出義務、守秘義務、そして譲渡等についての優先協議義務を強制するが如きであり、不当であろう。

　また、大学の場合はとりわけ、研究発表の自由ひいては学問の自由が求められる。したがって、使用者がこれらの義務を課すことを認める法があるとすれば、国家による学問の自由への侵害となろう。よって、大学発明においては、殊更にこのことが求められると解されるのである。

　したがって、特許法35条2項を類推解釈し、自由発明については、届出義務、守秘義務、譲渡についての優先協議義務を課すことまで禁止されると考えるべきである。
(*) 中山・前掲注21　55頁。
(**) 高林・前掲注12 84頁。

(5) 現行法下で自由発明であるべき他の理由

　以上、特許法35条1項が定める職務発明の定義に即した解釈論を述べた。これに対して、現行法下で自由発明であるべき他の理由について述べたい。

　まず、職務発明であるのならば、使用者たる大学は使用者帰属規定または予約承継規定を整備するであろう。これには当然、使用者への届出義務、そして、使用者以外への守秘義務が付随することとなろう。そうでなければ、大学が安定的に承継できないし、また、大学が承継した特許を受ける権利に係る発明が新規性を失うからである。

　これを前提とすると、容易に理解できることであるが、上記横山教授も指摘するとおり、研究発表の自由に対する制限が生じるのである。少なくとも特許出願するまでは、発表できないということになろう。これは出願を急げば若干は緩和されるが、やはり研究発表の自由への制限となっていることは間違いない。

　これに対し、新規性喪失の例外規定を利用しても、仮に大学の勤務規則その他で特許出願までの研究発表が禁じられればそれを遵守しなければ懲戒処分になるわけで、これでは研究発表の自由の制限になっていることは間違いなかろう。

　また、上述のとおり、外国出願たとえば欧州特許出願においては、学会発表に新規性喪失の例外適用がないので、特許出願前には学会発表をしないということを厳守しなければならない。ということは欧州特許出願を重視しなければならない分野においてはやはり研究発表の自由は制限されよう。

　加えて、予約承継した発明に係る特許を受ける権利を大学側が秘匿すると決定した場合はどうなるのであろうか。つまり、特許権は取得せず、ノウハウとして営業秘密としての保護を選択する場合である。この場合はもっと深刻である。この場合は、その発明について半永久的に研究発表の自由は失われてしまうこととなろう。仮に、大学側ができるだけ発明者の意向に沿おうとしても技術移転先の企業等がそのような希望をもったときに、大学側はこれを無視はできないことがあるだろうし、大学側が秘匿希望をもった場合には、もはや発表はできない。この場合に、当該発明者たる大学教員は勤務規則による守秘義務に違反して発表することは可能だろうが、このような場合に彼は何ら処分等なく許されることができるのだろうか。

　以上のように、大学発明を職務発明とし、予約承継により、大学教員本人の

譲渡の意思のいかんを問わず、使用者（大学）に移転してしまう法制では、研究発表の自由が制限されてしまうことは避けられない。

結局、自由な研究発表のためには原始的に特許を受ける権利を自ら有しており、なおかつ、外部からの干渉に対して自由であることを保障しなければならないのではないか。大学発明を職務発明として使用者原始帰属あるいは予約承継することが認められれば研究発表の自由は蹂躙されることとなってしまうからである。

上述したが、職務発明説を採る前掲・玉井教授は、大学発明を一般企業と分ける根拠はない旨を述べているが[54]、大学教員には学問の自由が不可欠であるという点で分ける根拠は存在するのではないだろうか。理工系の大学の教員は人文社会系の大学教員とは異なり学問の自由が制限されてもよい、ということはあるまい。

以上の観点からすれば、少なくとも現行法制下においては、大学発明は自由発明と解さなければならないこととなる。いうなれば、大学発明を職務発明と考えると憲法に定められる学問の自由（研究発表の自由）の問題が出てくることになり、やはり、自由発明とするしかない、ということになるのである。

加えて、大学が自己実施を行えず、ライセンス料等の収入しかないこと、加えて、いわゆる「ライセンス業」を行うような体制をとることも難しいことに鑑み、赤字体質からの脱却も難しいという事情も併せ考えれば、やはり自由発明であると考えるほかないように思われるところである。

6．私見～立法論について

以上、現行法下での解釈論として、大学発明は自由発明であると述べた。

それでは、立法論まで含めるとどうなるであろうか。以下考えていきたい。

（1）インセンティブ、学問の自由、労使両者の役割と特許を受ける権利の帰属について

上記、紋谷説は、大学発明を大学帰属とし、また特許法35条4項の利益請求権（対価請求権）により、権利によるインセンティブと金銭によるインセンティブを分け、両者の役割分担を行うことにより産業の発達につながるのだと説い

---

[54] 玉井・前掲注17 449頁。

ておられるものと理解される[55]。この趣旨じたいは、筆者は充分に理解するところである。

しかしながら、大学においては、インセンティブの第一がプライオリティの確保であり、職務発明であるとして大学帰属にすると、このプライオリティの確保に弊害をもたらす点で相容れないこととなる。よって、大学帰属はまずここで問題があると思われる。

加えて、上述のとおり、大学帰属にすると学問の自由（研究発表の自由）に影響する。もっとも、多くの場合は、研究発表の自由への侵害といっても数か月であったり、または、周囲との調整により解決することができたりする場合も多い。しかし、そうだからといってこの問題を犠牲にすることはできないようにおもわれる。また、対比の点で考えるならば、人文社会系の大学教員にはそのような制限はないわけである。仮に対価請求権があったとしても、理工系の大学教員だけにそのような制限があることの正当性は根拠づけられないのではないだろうか。

結局、特許を受ける権利の本人帰属なくして研究発表の自由はありえないのではなかろうか。この点、大学教員本人の帰属にしなければ、どのような立法をしても弊害が出るように思われる。

さらにいえば、大学帰属による学問の自由の問題は、研究発表の自由の形でみてとれるが、結局、学問研究の自由にも影響するのではあるまいか。特許を受ける権利がどこにライセンスされ、または、どこに譲渡され、または、公知にしてパブリックドメインとするかは、その後の当該発明に係る分野での研究のその後の展開に影響すると考えられるからである。したがって、どのような形で発表するかだけでなく、特許を受ける権利をどのように処分するかについても学問の自由の一部と考えるべきではなかろうか[56]。

よって、研究発表の自由および学問研究の自由のためには原始的に特許を受ける権利を大学教員自らに帰属させ、なおかつ、外部からの干渉に対して自由であることを保障しなければならないのではないか。そして、発明の公表のみならず、特許を受ける権利の処分についても教員本人に自己決定権を認めるべきである。

---

[55] 紋谷・前掲注16 145頁以下。特に179頁。
[56] 反対意見　紋谷・前掲注16 159頁。

以上のように考えるならば、大学教員の発明は、大学教員自身の個人帰属とし、届出義務、守秘義務、そして譲渡等についての優先協議義務を課すことや、処分の制限を強制すること等は一切無効（禁止）とするような立法がのぞましいと筆者は考えるところである。そして、大学という組織と企業という組織の相違により、制度を同一にしてもうまくいかないように思われるのである。

（2）技術移転のあり方について

　そうなると、個人帰属であると発明が埋もれるなどの懸念や、技術移転機関に帰属させないことによる弊害などがいわれるかもしれない。

　しかしながら、この点については、制度としては任意移転で足り[57]、技術移転機関への任意的な譲渡を奨励するアナウンスをすることで対処できるのではないかと筆者は考えるのである。これによって紋谷教授が説かれる方向性も実現できるのではないかと思われる。大学教員にとっても、資金獲得のために、発明について特許権を譲渡するか、実施権を許諾することにより金銭を得ることの重要性は理解できるであろう。また、明細書を書く手間なども考えると、技術移転機関に譲渡する有利さもまた理解できると思われるのである[58]。

　別の分野の問題であるが、例えば音楽著作権は集中管理機関の利用率が高い。これはとりたてて強制的に承継させているわけでなく、任意譲渡である。にもかかわらず利用率が高いのは、そちらを利用する有利さを利用者が理解しているからであろう。権利者である地位をなくしても、他人が手数料を受け取っても、信託するほうが有利だからである。よって、大学発明についても利便性を向上させ、理解が広まれば技術移転機関の利用率は上がるのではないだろうか。

　知的財産の活用については、前掲の井上教授が指摘するように帰属をどちらかに強制する必要はないし[59]、また、強制的に移転させることへの弊害もあるのは上記のとおりである。したがって、大学教員自らに自律的にその活用の方策を判断させることが適切なのではないだろうか。例えば、大学帰属を主張する立場からは大学教員は発明の活用へ向けた対応を行わないとの前提に立つ意見もあるが[60]、年月を経て、近年では、大学の教員もまた適切な活用への判断

---

[57] 同旨　石埜・前掲注15 46頁。
[58] 石埜・前掲注15 46頁は、任意移転でも教員がメリットを享受できる以上、自由発明としても大学の技術移転スキームは空洞化しない旨を説く。
[59] 井上・前掲注22 37頁。

ができるようになっていると思われるのである。結局、大学教員に上記諸点をしっかりと周知していけば足りることなのではないだろうか。

（3）個人帰属と収益
また、個人帰属とした場合、これによる利益のただ取り批判もあり、これも大学帰属政策の採用につながっているのかもしれない。しかし、これは、個人帰属としたまま、当該特許権で収益を上げたような大学教員がいる場合、収益の一部を施設使用料等として徴収するという方策をとれば足り[61]、それで解決できるのではないだろうか。

加えて、現在の大学知的財産部は赤字を多く出し、補助金投入なども相当あると考えられる。この点、職務発明による予約承継制度を採用するかぎり、構造的に赤字が発生しやすくなると思われるのである。そのような点からもやはり個人帰属をベースにするのがのぞましいと思われるのである。

（4）立法論に対する結論
大学発明における制度構築は、企業における職務発明についてのそれとは、やはり同様にはいかないように思われるのである。大学という組織と企業という組織の相違により、制度を同一にしてもうまくいかないように思われるのである。

よって、以上のことからすると、やはり大学発明は個人帰属とし、届出義務等を禁止すべきである。プライオリティの確保というインセンティブと学問の自由の問題からである。これに対し、技術移転機関への任意譲渡の奨励を行い対応すべきである。また、個人帰属のまま大学教員が特許権を活用して収益を上げた場合、一定率の施設使用料を大学が徴収する、といったシステムが妥当であるように筆者は考えるところである。

7．おわりに
以上、述べたとおり、大学発明は発明者（研究者）本人帰属とするよう考えていくのがのぞましく、また、活用についての問題は任意譲渡で考えていくべ

---

[60] 紋谷・前掲注16　166頁。
[61] 同旨　井上・前掲注22 41頁

帖　佐　　隆

きであると考える。

　渋谷達紀先生は、職務発明の分野においても積極的に発言をなされておられた。大学発明の問題についても今回ご教示賜わりたいところであるが、それがかなわぬことが本当に残念である。
　つつしんで渋谷達紀先生のご冥福をお祈り申し上げます。

> プロダクト・バイ・プロセス・クレームの今後の展望
> ―最二判平27・6・5民集69巻4号700頁および904頁を契機として―
>
> 高 林　　龍

第1　はじめに

　プロダクト・バイ・プロセス・クレーム（以下「PBP」クレームという。）の技術的範囲と発明の要旨の認定に関する知財高大判平24・1・27判時2144号51頁（プラバスタチンナトリウム事件、以下「平24知財高大判」という。）に関して、私は牧野利秋先生傘寿記念論文集「知的財産権　法理と提言」（青林書院、2013年）登載の拙稿（同書302頁以下）（以下「2013高林論考」という。）を発表しているが、平27・6・5に最2判（民集69巻4号700頁）が平24知財高大判の上告審判決として、PBPクレームにおける特許発明の技術的範囲の認定と明確性要件に関して、また同日最2判（民集69巻4号904頁）がPBPクレームにおける発明の要旨認定に関して、判断（以下、便宜上、両事件を纏めて[1]「平27最2判」という。）を示した。PBPクレームを真正と不真正に区分し、真正PBPクレームは技術的範囲も発明の要旨もその認定は物同一説で、一方で不真正PBPクレームでの認定は製法限定説で解釈すべきと判示して大いに注目された知財高裁の判決を、最高裁が3年の審理期間を経て破棄し、平24知財高大判が不真正PBPと分類したクレームは明確性要件（特許36条6項2号）違反であるとして、その存在を一切否定する判断を示したため、PBPクレームの出願人や既登録されている権利者らの間では、混乱といってもよい状況が生じている。

　私は2013高林論考で、平24知財高大判のいう不真正PBPクレームは出願審

---

[1] 両事件は同一の権利者が同一の特許権に基づいて、各別の相手方に差止等を請求した事案であり、平24知財高大判は特許発明の技術的範囲の認定が審理判断され、他方は無効審判の場面での発明の要旨の認定が審理判断されたものであるが、後者は平24知財高大判が無効審判の場面での発明の要旨に認定に関して示した判断をそのまま採用したものであった。したがって、最高裁での上告審は各別の事件となっているが、裁判官も共通し、法廷意見、補足意見、意見ともに共通の理解、論理を採用しているから、本稿において各別に論ずべき事項はないといえる。

査段階においては明確性要件違反として拒絶すべきものとしたが、権利が登録された後においては平24知財高大判の説示に従い、無効審判における発明の要旨の認定も侵害訴訟における特許発明の技術的範囲もクレームされた製法に限定して解釈することで、既登録されている多くのPBPクレームの権利者らの間で生ずるだろう混乱を回避しようと考えた。その結果は出願審査段階と権利登録後の無効審判とで発明の要旨を別異に認定することになり、論理に難点があることは避けられないが、不真正PBPクレームの出願を抑制することによって、その存在を次第に解消していくための妥協の産物と把握していた。しかし平27最2判は、その難点を大胆に解消したものといえる。その結果が、既登録の多くの（不真正な）PBPクレームの権利者らの間に、本来は回避すべき混乱を強いていることなるのか、不真正PBPクレームは出願審査段階においては明確性要件違反として拒絶すべきであると主張した学者の責任として、本稿で検証を試みることにした。

第2　平24知財高大判前の実務[2]
1．出願審査段階

特許庁の審査実務では、物を構造や物性等で直接的に特定することが不可能、困難または不適切な場合にPBPクレームを認め、その場合には物同一説で審査するとされていた。したがって、物同一説を厳格に守ったうえで審査が適正に行われるのであれば、クレームで特定された物が出願前に存在しており、製法にのみ新規性や進歩性が認められるPBP（以下「製法等価型PBP」という。）クレームは、「審査漏れ[3]」の場合にしか登録されなかったはずである。

しかし、化合物や微生物等の発明の場合に、クレームで物を構造や物性等で特定したうえでその製法も併せて記載しておりかつその物が新規である場合のPBP（以下「率先限定型PBP」という。）クレームは、審査漏れというわけではなく、登録が認められただろう[4]。また、装置や構造物等の発明の場合に特に顕著であるが[5]、クレームに製法的なたとえば「A上にBを形成し、B上に

---

[2] 本章の記述中、既に2013高林論考で検討した部分についてはそちらをも併せて参照のこと。
[3] 2012年日本弁理士会中央知的財産研究所第10回公開フォーラムプロダクト・バイ・プロセス・クレームを巡る諸問題」別冊パテント9号（以下「2012年公開フォーラム報告」という。）173頁吉田広志発表における使用用語
[4] 2013高林論考306頁

Cを形成した半導体」[6]などといった記載がされている場合においても、製法記載は構造を説明するためのものであるのか、あるいは経時的な方法としての記載なのか明確とはいえないが、このようにＡＢＣが形成された半導体が公知でなくかつ進歩性等の他の要件も充足しているならば、登録が認められたのではないかと思われる[7]（以下、このようなPBPクレームを「構造説明型PBP」クレームという。）。

率先限定型も構造説明型も、物を構造や物性等で特定しているといえるからそもそもPBPクレームに分類されるべきか否かも問題ではあるが、従来はこれも審査基準にいうところの物の構造や物性等による特定が不適切な場合に該当するものと扱われていたのであろう[8]。このようなPBPクレームの増加は、平6（1994）年特許法改正によって特許請求の範囲の記載がそれまで構成に欠くことのできない事項に制限されていたのが緩和され、機能や作用等を書き込むことが許容されることになったことに起因している。しかし、特許請求の範囲の記載要件が緩和されたことは、特許請求の範囲に記載された発明の機能や作用等は特許発明の技術的範囲を構成する要素として考慮しなくてもよいことを意味しているのではない。特許請求の範囲の記載が一字一句たりとも疎かにできないことは、法改正の前後を通じて一貫した原則である[9]。したがって、権利の登録後において、クレームに記載された製法以外の製法で製造された同一物に対してもこれが技術的範囲に属するとされるPBPクレーム、すなわち出願審査段階でも登録後でも物同一説で解釈されるべきPBPクレームは、右原則の例外として、物を構造や物性等で特定することが不可能だったり困難で

---

[5] 吉田広志「プロダクト・バイ・プロセス・クレーム知財高裁大合議判決」判時2160号164頁（以下「吉田判批」という。）には化学物質や装置を対象としたPBPクレームの具体的類型が紹介されており、参考になる。なお、平27最2判の解説として、吉田広志・平成27年重要判例解説（ジュリスト臨時増刊）263頁がある。

[6] 佐竹勝一「プロダクト・バイ・プロセス・クレームの技術的範囲の解釈基準について」AIPPI 60巻12号26頁で用いられている例

[7] 「プロダクト・バイ・プロセス・クレーム最高裁判決に関する座談会」（以下「AIPPI座談会」という）AIPPI 60巻10号8頁「理論的には、物として新しいのか、製造方法に特徴があるのか、発明を2分することができますが、現実に審査をしていますと、一体どちらの発明かグレーゾーンのものがあります。グレーゾーンにあることは必ずしも拒絶の理由にはなりません」（松田一弘発言）など参照。

[8] 平27最2判の千葉勝美裁判官の補足意見は、「単に発明の構成を理解しやすくするために製法を記載することまで」を不適切な場合として認める特許庁の審査実務は、PBPクレームの概念を認めた趣旨と齟齬しかねない、と批判している。

[9] 高林龍「特許法の要件事実論からの分析」曹時59巻11号21頁

あった場合に限って認められる特殊な概念[10]であるはずのものである。しかし、特許庁で登録が認められていたPBPクレームには、右の意味で例外的概念としての要件を充足するもののほかに、審査漏れの結果による製法等価型PBPや、率先限定型PBPあるいは構造説明型PBPクレームが混在していたことが、平24知財高大判や平27最2判で取り上げられることになる難問が生ずる原因となっていた。

2．権利成立後の無効判断

　PBPクレームは、権利成立後の無効審判における発明の要旨認定の場面でも出願審査段階と同様に扱うとされており、このような審判実務は審決取消訴訟の場面でもほぼ一貫して是認されていた[11]。したがって、登録されているPBPクレームが審査漏れの結果による製法等価型PBPであったならば、物としての新規性がなく無効になるはずであるが、率先限定型PBPか構造や物性等での物の特定が「不適切」な場合として登録が認められる構造説明型PBPであったならば、率先限定型PBPクレームは物としての新規性が認められるし、構造説明型PBPクレームもクレームに記載された構造物としては新規性がないとはいえないから、その点で無効になることはない。権利成立後の無効審判においてPBPクレームの多くが無効とされるという状況が生じていたとはいい難かった[12]のは、登録されているPBPクレームの多くが物を構造や物性等で特定することが不可能または困難であるといった特殊な場合すなわち構造特定困難物質を対象とするものとして登録を認められたPBPクレームであったからでは必ずしもなく、率先限定型PBPや構造説明型PBPクレームであったからではないかと思われる。

---

[10] 平24知財高大判にいう真正PBPクレーム（物を構造や特性等で特定することが不可能又は困難な場合）や平27最2判が存在を認めるPBPクレーム（物を構造や特性等で特定することが不可能又は非実際的な場合）は、この例外的概念としての要件を充足するものと位置付けられる。設楽隆一「プロダクト・バイ・プロセス・クレームの要旨認定とクレーム解釈についての考察」（以下、「2013設楽論考」という。）牧野利秋先生傘寿記念論文集「知的財産権　法理と提言」（青林書院、2013年）300頁も参照。なお、このような例外的概念を認めるべきか否かも含めて、詳細は後に検討する。
[11] 吉田判批170頁、2013設楽論考284頁等参照
[12] 2012年公開フォーラム報告188頁（南条雅裕発言）等参照

3．侵害訴訟の場面

　権利成立後の侵害訴訟におけるPBPクレームの場合の特許発明の技術的範囲も物同一説で解釈される、というのが通説であり判例であるといわれていた。しかし、実際には異なる方法で作られた物はほぼ100％非侵害とされていた[13]。その理由は、物としては新規性がないのに審査漏れの結果登録が認められてしまった製法等価型PBPクレームの場合はもちろんのこと、率先限定型PBPクレームの場合においても、クレーム中に製法限定があるにもかかわらず権利成立後にこれを無視して物同一説で解釈することは困難であるため、他の要件を充足しないとして請求を棄却したり、あるいは明細書の記載や出願経過を参酌するなどして請求を棄却するとの工夫がされており、構造説明型PBPクレームの場合も、方法的記載は構造を説明するためのものであるから、異なる方法で製造された構造物に対する権利行使は認め難く、同様に平24知財高大判の原審東京地判平22・3・31 LEX/DB25352672のように製法に限定した解釈をして請求を棄却するとの工夫がされていたからではないかと思われる[14]。

　このように、侵害訴訟に登場した多くのPBPクレームは、真の意味での

---

[13] 吉田判批168頁によると、異なる製法による物に対する侵害を認めたのは知財高判平21・3・11判時2049号50頁（印鑑基材事件）が唯一とのことである。

[14] 構造説明型PBPクレームであるにも係わらず、クレーム中の方法的記載を無視して、異なる方法により製造された構造物でも特許発明の技術的範囲に含まれるとの判断を示した東京高判平14・9・26判時1806号135頁（止め具事件控訴審、ただし、他の要件を充足していないので請求は棄却すべきものとした。）がある。これを批判する論考として2013高林論考303頁、井関涼子「プロダクト・バイ・プロセス・クレームの取扱い」Law&Technology70号6頁等。なお、同事件の原審東京地判平14・1・28判時1784号133頁は製法限定説を採用して請求を棄却していた。また、平27最2判の千葉勝美裁判官の補足意見が物同一説に立つ最高裁判例として指摘している最3判平10・11・10LEX/DB28041622（衿腰に切替えのある衿事件）は、構造説明型PBPクレームに分類することができると思われる権利に係る侵害訴訟の事案につき、製法限定説を採用して請求を棄却した原審判断に対して、「物の発明における特許請求の範囲に当該物の形状を特定するための作図法が記載されている場合には、右作図法により得られる形状と同一の形状を具備することが特許発明の技術的範囲に属するための要件となるのであり、右作図法に基づいて製造されていることが要件となるものではない。」としたうえで、本件については被上告人の製造販売する製品が右作図法により得られる形状を有することにつき主張立証がないとして、特許権侵害を否定した原審の判断は結論において是認することができる、としたものである。この最3判は、クレーム中の製法記載を無視した解釈を採用した前掲東京高判平14・9・26（止め具事件控訴審）とは異なり、あくまで製法は形状を特定するために記載されていると把握するものであるから、右最3判の「右作図法に基づいて製造されていることが要件となるものではない。」との判示部分のみを抽出して、これをPBPクレームについて物同一説に立つ判例と分類することには違和感がある。いずれにせよ同事案も、工夫をしたうえで異なる方法により製造された製品について請求を棄却した一事例ということができる。

PBP（製法以外で構造を特定することができない構造特定困難物質を対象とするPBP）クレームではなく[15]、構造説明型や製法等価型あるいは率先限定型PBPクレームであって、前提として物同一説的な判示がされているとしても、平24知財高大判の原審判決を含めて、製法限定的な解釈を採用するなどして、異なる製法で製造された物に対する権利行使は結果として抑制されていた。

第3 平24知財高大判の判断
1．真正PBPクレーム

平24知財高大判は、物を構造や特性等で特定することが不可能または困難な場合のPBPクレームを真正PBPクレームとし、真正PBPクレームについては審査においても実務どおり物同一説により、また権利成立後の無効審判や侵害訴訟の場面でも物同一説で解釈すべきとした。製法でしか物が特定されていない場合に物としての発明内容の開示が十分に行われているといえるのかには疑問があり[16]、米国連邦控訴裁判所は物を構造や物性等で特定することが困難であるとの事情があったとしても、それを理由として製法限定のない特許としてPBPクレームの成立を認め、その効力を認めることは連邦特許法に反して特許の保護を拡大するものであると断じている[17]。とはいえ、バイオテクノロジー技術をもって生成した組織細胞等のように、出願時の科学技術の進展度合いにより、あるいは出願人の経済的なあるいは時間的な分析能力不足により、出願時においてその物の構造や物性を明らかにすることができない物があることも否定はできず、そのような場面で物同一説で一貫して解釈されるPBPクレームの存在を認めるべきとの要望[18]も強い。しかし、私は、このような構造特定困難物質に対するPBPクレームは、結局当該方法で製造したという属性を離

---

[15] 侵害訴訟に真の意味でのPBP（製法以外で構造を特定することができない構造特定困難物質を対象とするPBP）クレームが登場した稀有の例として、東京高判平9・7・17判例時報1628号101頁（インターフェロン事件）がある（2013設楽論考283頁参照）。同判決は、物同一説を採用したうえで、クレームに記載された方法とは異なる方法で製造された被告製品は、物として同一とはいえず、また均等侵害も認められないから請求は棄却されるべきであるとした。

[16] 前田健「特許法における明細書による開示の役割」（2012年、商事法務）384頁等

[17] 2013髙林論考314頁

[18] AIPPI座談会6頁（松田一弘）は、このようなPBPクレームを製法限定でしか保護しないとするCAFCの裁判官は現実の発明についての認識が不足していると述べている。同じく松田一弘「iPS細胞の基本発明と特許」AIPPI60巻11号18頁も参照。

れて物性の異同を見出すことはできないから、物同一説によって解釈するのか、均等論の適用に検討を加えたうえで製法限定説によって解釈するのかは、言葉の相違でしかなく、物同一説で一貫して解釈されるPBPクレームの存在を認めることが、発展途上にある科学技術分野等における発明の保護を強めることに必ずしもつながるものではないと、今でも考えている[19]。

2．不真正PBPクレーム

　平24知財高大判は一方で、物を構造や特性等で特定することが不可能または困難ではない場合のPBPクレームを不真正PBPクレームとし、不真正PBPクレームについては権利成立後の無効判断においても侵害訴訟の場面でも製法限定説で解釈すべきとした。平24知財高大判は出願審査段階における発明の要旨の認定については直接判断を示していないが、同様に不真正PBPクレームについては製法限定説に拠るべきことを前提としているものと思われる[20]。

　権利成立後の無効判断や侵害訴訟の場面で不真正PBPクレームを製法限定説で解釈すべきとした判断は、前述のとおりの従前からの判例実務の工夫に沿うものと評価することができる。しかしながら、出願審査段階においても製法限定説を採用すると、従前は審査漏れの結果登録されてしまっていた製法等価型PBPクレームも、審査漏れではなく、正当に登録されてしまい、権利登録後においても無効にならず、製法限定説に従って権利行使もできることになる。しかし、権利成立後の無効判断においても侵害訴訟の場面でも物同一説で解釈される真正PBPクレームの存在を認めたうえで、同時に製法限定説で解釈される不真正PBPクレームの登録も認めたのでは、出願段階においては製法限定説に立って登録が認められた不真正PBPクレームであるにも係わらず、登録後には物同一説に立って真正PBPクレームであるとした権利主張をする者の出現も想定されるなど、混乱が生ずる危険がある[21]。このような混乱を避ける意味で私は、出願審査段階においては不真正PBPクレームは明確性要件（特許36条6項2号）違反として拒絶すべきであるとした[22]。

---

[19] 詳細は2013高林論考318頁参照。なお、2013高林論考と同一の方向性を示すものとして2013設楽論考295頁参照。反対：前掲井関涼子Law&Technology70号8頁。また、逆に、権利成立後において製法限定説による解釈で一貫すべきとの立場を採用するものとして、2012年公開フォーラム報告177頁（飯塚卓也発表）がある。
[20] 2013高林論考305頁

製法等価型PBPクレームは従来の物同一説に立って運用されている出願審査実務においても拒絶されるべきものであったし、これを明確性要件違反としても、出願人は、最後の拒絶理由通知を受けた場合であっても特許請求の範囲の減縮（特許17条の2第5項2号）として製法クレームに補正することができるから、出願人にこれまで以上の不利益が及ぶことはない。

　率先限定型PBPクレームの場合は、従来の物同一説に立って運用されている出願審査実務では、物の構造や物性等による特定が不適切な場合として登録が認められていたのであろうことは前述のとおりであり、また権利登録後の侵害訴訟においては製法限定的な解釈が判例実務の工夫として採用されていたことも前述した。しかし、率先限定型PBPクレームは、製法クレームとして出願することで出願人の意図と何ら過不足のない権利が取得できるにも係わらず、製法を記載したうえで物を構造や特性等でも特定するPBPクレームとして出願したものであり、一方で登録後には物同一説に立って（真正）PBPクレームであるとして権利主張する者の出現が想定されることでは製法等価型PBPクレームと異ならない。したがって、率先限定型PBPクレームも出願審査段階で明確性要件違反としたとしても、出願人は、最後の拒絶理由通知を受けた場合であっても特許請求の範囲の減縮（特許17条の2第5項2号）として製法クレームに補正することで所期の目的を達成することができるから、出願人に不利益が及ぶことはない[23]。ただし、率先限定型PBPクレームは物として新規性を有していることを前提としているが、出願審査段階でクレーム中の製法記載を削除して新規な物のクレームとして補正することは、最後の拒絶理由通知後であるならば、特許請求の範囲を拡張するものとして許容されないことになる。しかし、これは出願人自らが出願当初において製法限定をしたうえで出願をした結果であるから、いわば自業自得であって、その不利益は出願人において甘受するほかないといえよう。

---

[21] 南条雅裕「プロダクト・バイ・プロセス・クレーム大合議判決の判断枠組みの、審査における要旨認定への適合性についての一検討」別冊パテント9号143頁は、不真正PBPクレームであることを前提にした出願審査がされた結果、真正か不真正か吟味されることなく登録が認められ、その後に初めて真正PBPクレームであるとの主張をする者が出現する余地があるから、これを回避するために、構造又は物性での物の特定が不可能又は困難であるか困難でないかが不明な出願は明確性要件違反としていったん拒絶理由を通知し、出願人に意見書を出させることなどにより、真正か不真正かが出願経過から明らかになるような状態を作り出しておくことを提案している。

[22] 2013高林論考312頁

高 林 　 龍

　構造説明型PBPクレームの場合も、従来の物同一説に立って運用されている出願審査実務では、物の構造や物性等による特定が不適切な場合として登録が認められていたのであろうことは前述のとおりであり、また権利登録後の侵害訴訟においては製法限定的な解釈が判例実務の工夫として採用されていたことも前述した。しかし、構造説明型PBPクレームであっても、クレームで製法的に記述された構造であるからこそ新規性が認められて登録されたにも係わらず、一方で登録後には物同一説に立って真正PBPクレームであるとして、異なる製法で記述される構造物に対しても権利主張する者の出現が想定されることでは製法等価型PBPクレームと異ならない。したがって、構造説明型PBPクレームも出願審査段階で明確性要件違反としたとしても、出願人は、最後の拒絶理由通知を受けた場合であっても特許請求の範囲の減縮（特許17条の2第5項2号）もしくは明瞭でない記載の釈明（同項4号）として、対象が主として化学物質等である場合には製法クレームに、対象が主として装置や構造物等である場合には構造クレームに補正することで所期の目的を達成することができるから、出願人に不利益が及ぶことはないと思われる。

　また、特に構造説明型PBPクレームの場合にいえることであるが、製法等価型PBPや率先限定型PBPクレームの場合も含めて、明確性要件違反との拒絶理由を免れて、いずれも審査漏れの結果としてではあるが登録に至ったとしても、権利登録後の無効判断や侵害訴訟の場面では平24知財高大判に従って製法限定説で解釈するならば、既登録されている多くのPBPクレームの権利者らの間で生ずるだろう混乱を回避することができるし、そのような解釈を採用することによって不真正PBPクレームの出願を抑制してその存在を次第に解消していくことができる、と私が考えていたことは前述のとおりである。

---

[23] 2013高林論考307頁で指摘したように、率先限定型PBPクレームは、新規物であるにも係わらず率先して用途を限定したクレーム、たとえば「糖尿病治療薬用物質a」と共通する点がある。しかし、物質aが新規物質であるのに率先して用途限定をして出願した場合に、用途限定のある物質aとして登録を認めずに、物質aの使用方法としてのみ登録を認めることは、産業上の利用可能性（特許29条1項）の問題が生ずるだけでなく、方法発明として方法の実施に対してしか権利行使ができないことから、出願人の意図に沿って発明を充分に保護することができない。この点は、単純方法の発明と物を生産する方法の発明との違いから導かれる結論である。なお、物質aが公知物質であり、これが新たに糖尿病治療薬として有効であることを見出した場合には、「物質aからなる糖尿病治療薬」（第二医薬用途発明）として権利を取得する手段が認められている。これも同様の理由から導かれる結論であって、製法クレームが存在するPBPクレームの場合とは問題状況を異にしている。

第3 平27最2判の判断とその影響
1．PBPクレーム

　平27最2判は、出願審査の場面でも権利登録後の無効判断や侵害訴訟の場面でもPBPクレームは物同一説で解釈すべきとしたが、存在の許容されるPBPクレームは、物を構造や特性等で特定することが不可能又は非実際的な場合に限られるとした。平27最2判にいう「非実際的」な場合とは平24知財高大判の真正PBPクレームにいう「困難」な場合とその許容性に差異があるのかについては議論があるが、千葉勝美裁判官の補足意見によるならば、「およそ実際的でない」とは、「出願時に当業者において、どちらかといえば技術的な観点というよりも、およそ特定する作業をすることが採算的に実際的でない時間や費用が掛かり、そのような特定作業をすることが、技術の急速な進展と国際規模での競争の激しい特許取得の場合においては余りにも酷であるとされる場合」などを想定したものであり[24]、平24知財高大判が用いている技術的な「困難性」により親和的な用語よりもその許容範囲は広い用語のように思われる。いずれにせよ、平24知財高大判も平27最2判も、特許庁の審査や審判の実務が「不適切」な場合にもPBPクレームを許容し、その結果、率先限定型PBPや構造説明型PBPクレームの存在を許容してきた実務と異なる[25]立場を採用したものであることは明らかである[26]。

　平27最2判が不可能非実際的PBPクレーム以外には一切PBPクレームを排斥し、一方で平24知財高大判は製法限定説に立つ不真正PBPクレームの存在を認めた点に違いはあるが、（出願審査段階でも）権利登録後の無効判断や侵

---

[24] 担当裁判所調査官（菊池絵理）も同旨を述べている（「プラバスタチンナトリウム事件最高裁判決」年報知的財産法2015-2016（2015年、日本評論社）7頁）。
[25] 注8の千葉裁判官の補足意見を参照
[26] なお付言するに、ドイツでは完全もしくは正確な構造の解明が出願時に妨げられているか、実務上、経済的な有用性に比べて負担し難い費用を必要とするときはPBPクレームの登録を認めるとの平27最2判と類似する原則が採用されており（川田篤「第2問題提起」パテント60巻2号97頁）、その場合、発明の要旨は物同一説で解釈される。また、登録の認められるPBPクレームには、方法のみにより物が特定される「純粋型」と、物による特定と方法による特定が混在する「混合型」があり、平27最2判よりもPBPクレームの許容範囲が広いようであるが、「混合型」といえども、あくまで構造による特定が不可能あるいは非経済的な場合に登録が認められるものであって、平24知財高大判にいう不真正PBPクレームとは異なる概念であること、さらにドイツでは侵害訴訟においては登録された特許権の有効性は判断対象とならないし、また出願審査経過も原則として考慮されないので、いわゆる禁反言を理由とする権利行使制限も行われないこと（以上、川田篤前掲97頁参照）に、注意が必要である。

害訴訟の場面でも物同一説で判断されるPBPクレームの存在を認めた点では両判断は共通している。このような特殊なPBPクレームの存在を認めることは、いわばひとつの制度選択ということができるが、これを認めたとしても、出願審査段階や登録後の無効判断や侵害訴訟の場面において構造特定困難物質との物の同一説を判断することが困難であることは前述したし、2013高林論考で既に論じたところでもある。また、物を構造や特性等で特定することが「不可能非実際的」あるいは「不可能困難」な場合、すなわち構造特定困難物質が特許出願や特許権の行使などで登場する場面とは、ノーベル賞を受賞したiPS細胞であるとか、バイオテクノロジー等の先端技術に係わる極めて特殊な場面に限られるであろう[27]。結局、最大の問題は、このような特殊な場面以外においてPBPクレームの存在を許容するか否かにかかっていたといってよい。

2．明確性要件

　平27最2判は製法で物を特定したPBPクレームが明確性要件（特許36条6項2号）を充足する場合を前述の「不可能非実際的」な場合に限定した。

　平27最2判が指摘する不可能非実際的でない場合のPBPクレームが明確性要件違反となるとする理由は、①当該製造方法が当該物のどのような構造若しくは特性を表しているのか、②物の発明であっても特許発明の技術的範囲を当該製造方法により製造された物に限定しているのかが、不明であり、特許請求の範囲等の記載を読む者において、当該発明の内容を明確に理解することができず、第三者の予測可能性を奪うからであると判示している。理由の①は特に構造説明型PBPクレームに妥当し、②は特に製法等価型PBPと率先限定型PBPクレームに妥当するといえよう。一方で、不可能非実際的な場合に製法により物を特定することは第三者の利益を不当に害するものではないので、明確性要件を充足すると判示している。

---

[27] 平27最2判の山本庸幸裁判官の意見は、PBPクレームの存在を厳格に「不可能非実際的」な場合に限定する法廷意見に反対している。しかし、山本意見も生命科学の分野での新規性のある細胞などの場合に製法でクレームを書く方が分かりやすいことなどを指摘しているように、製法等価型のように物として新規性のない場合のPBPクレームを許容するものではなく、あくまで物として新規であるがこれを構造や特性等で特定することが困難である場合を念頭に置いたうえで、法廷意見より融通性をもって、すなわちこれまでの出願審査実務で採用されてきた「不適切」な場合も包含したPBPクレームを認めるべきであるとするものであって、出願審査の場面でも権利登録後の無効審判や侵害訴訟の場面でも物同一説で解釈されるPBPクレームの存在を認めるべきとする点では法廷意見と異ならない。

いわば平27最2判は、先端技術分野において必要性がありまたこれを許容することが第三者の利益を不当に害することがないといった特殊な場面に限って、出願審査の場面でも権利登録後の無効判断や侵害訴訟の場面でも物同一説で解釈されるPBPクレームの存在を許容するために、権利登録後において同じように物同一説で権利主張がされたならば第三者の予測可能性を奪うことになりかねない製法記載を包含する物のクレームを、明確性要件を用いて排斥したものということができる。このような場面で明確性要件を用いることに対しては賛否が分かれるところである[28]。しかし、最高裁が知財高裁の大合議判決を破棄したうえで確固たる判断を示した以上、今後はこの判断を前提としたうえでの理論や実務のあり方こそが検討されるべきであろう。

3．補正や訂正の可否

製法で物を特定することが「不可能非実際的」でない場合のPBPクレームは明確性要件を充足しないとした平27最2判の帰結は法廷意見では示されていないが、千葉勝美裁判官の補足意見が述べるように、製法等価型PBPも率先限定型PBPも構造説明型PBPも含めてすべて明確性要件違反として拒絶すべきことになる。

本判決を受けて早速平成27（2015）年9月16日には特許庁の審査基準および審査ハンドブックが改訂され[29]、物の発明について特許に係る特許請求の範囲にその物の製造方法が記載されている場合をPBPクレームと広く捉えたうえで、出願人において「不可能非実際的」である旨が主張立証された場合に限り

---

[28] もちろん2013高林論考は賛成の立場であり、他にも簡潔性要件（特許36条6項3号）と同様の趣旨も読み込んで賛成するものとして前田健「プロダクト・バイ・プロセス・クレームの有効性と訂正の可否」AIPPI60巻8号9頁、クレームの公示機能との関係で賛成するものとしてAIPPI座談会12頁（城山康文発言）などがある。また、田村善之「プロダクト・バイ・プロセス・クレームの許容性に関する最高裁判決について」West Law判例コラム54号 http://www.westlawjapan.com/pdf/column_law/20150907.pdf 7頁も明確性要件によるスクリーニングの有用性を指摘している。しかし、判決中でも山本庸幸裁判官の意見がこの点の法廷意見に反対しているほか、井関涼子前掲Law &Technology70号9頁（「条文から導くことのできない政策を達成する必要があるのであれば、やはり立法を待つべきである」とする。）や、AIPPI座談会12頁（中山一郎発言「（明確性要件はこれまでは発明の要保護性は考慮せずに）、第三者にとって不明確であるか否か、あるいは特許庁が審査する上で構成要件を担保しているかという観点で考えられていた」）など、反対説の方がむしろ多数といえる。

[29] 平27最2判後のPBPクレームの出願審査実務などに関しては、注6記載の佐竹勝一AIPPI60巻12号18頁以下、平井佑希・西脇怜史「実務家からみたPBPクレーム最高裁判決」Law & Technology 70号19頁等を参照。

明確性要件を充足するものと扱うとされた。したがって、出願人において「不可能非実際的」であることを主張立証できない場合であれば、PBPクレームを特許請求の範囲の減縮（特許17条の2第5項2号）または明瞭でない記載の釈明（同項4号）として物を生産する方法のクレームに補正[30]するか、状態を示すことにより構造又は特性を特定しているにすぎない構造クレームに補正[31]しなければ、拒絶されることになる。ただし、拒絶理由通知後の出願人の対応によっては、クレーム中に製法記載があるとしても、前記のような補正をするまでもなくこれが状態を示すことにより構造又は特性を特定しているにすぎないものと認められる場合もあろうから、そのような場合にはPBPクレームではなく構造クレームとして審査が進められることになるだろう[32]。

また、「不可能非実際的」でない場合であるにもかかわらず登録に至ったPBPクレームは、新審査基準によるならばいわば審査漏れの結果登録に至ったクレームであるから、千葉勝美裁判官の補足意見に示された平27最2判の判

---

[30] 前述のように製法等価型や率先限定型PBPクレームの場合は物を生産する方法のクレームに補正することになるだろう。

[31] 前述のように従来は構造説明型PBPクレームにおける製法記載は構造を説明するためのものであるか、経時的な方法としての記載なのかを必ずしも明確にしないまま、構造や物性等で物を特定することが「不適切」な場合のPBPクレームとして審査されて登録される例が多かったと思われるが、新審査基準によるならば、主として対象が化学物質等である構造説明型PBPクレームの場合には物を生産する方法のクレームに補正し、また主として対象が装置や構造物等である構造説明型PBPクレームの場合には、これがあくまで構造や特性を示す構造クレームであることを明確にするように求めるものである。

一方で、平27最2判における山本庸幸裁判官の意見は、方法で記述した方が理解しやすい場合にはこれを無理やり構造クレームに補正させるのは時間や費用の無駄であるとしており、同様の指摘をする論説も多い。山本意見は、緩やかな基準でPBPクレームの登録を認めたとしても、侵害訴訟の場面では出願経過禁反言や意識的除外の法理などによりその技術的範囲を製法に限定して解釈をすることで、妥当な解決が導かれるとしていることからも、結局はこれまでの実務と同様に構造説明型PBPクレームの登録を認めて、出願審査段階でも登録後においても物同一説で解釈される真の意味でのPBPクレームと、登録後においては製法限定説で解釈されるPBPクレームとの並存を認めるものということができ、注26記載の混合型PBPクレームの登録を認めるドイツとも異なる、現状肯定説ということができる。

[32] 設楽隆一「記載要件－実施可能要件とサポート要件との関係、併せてプロダクト・バイ・プロセス・クレームについて」パテント69巻2号109頁は、クレームを形式的に見ると、経時的であることから製法記載があるといえても、明細書の記載や技術常識を加えて判断すれば、当該製造方法による物の構造や特性等が一義的に明らかな場合には、平27最2判にいうPBPクレームにそもそも該当せず、補正するまでもなく、構造クレームと解される場合もあるとしている。また特許庁も平成28（2016）年1月27日に「プロダクト・バイ・プロセス・クレームに該当しない例の追加」を公表して、単に状態を示すことにより構造又は特性を特定しているにすぎず、PBPクレームではなく構造クレームと解される場合を明確化している。

旨によるならば、権利登録後の無効審判の場面においても明確性要件に違反し無効となるべきものとされ、これを避けるためには権利者において、訂正審判を請求しあるいは無効審判手続中での訂正請求として、PBPクレームを特許請求の範囲の減縮（特許126条1項1号）または明瞭でない記載の釈明（同項3号）として、物を生産する方法のクレームに訂正するか、状態を示すことにより構造又は特性を特定しているにすぎない構造クレームに訂正するほかないことになる[33]。出願審査段階における補正とは異なり[34]、権利登録後の訂正には特許126条6項の特許請求の範囲の実質的拡張変更禁止の原則が働くから、従来の審判実務では、物の発明から物を生産する方法の発明への訂正は、特許請求の範囲の減縮としてであっても許容されないとの運用が採用されてきたようであるが、この点は千葉勝美裁判官の補足意見が述べるように、今後はこれを許容する方向で検討すべきであろう[35, 36]。

平27最2判は2013高林論考の立場とは異なり、出願審査の段階ばかりでなく権利成立後の無効審判の場面でも、「不可能非実際的」でないPBPクレームを明確性要件違反として無効とすべきとした。私見は、平24知財高大判との射程をも考えて、いったん権利が成立した以上は、製法限定説で解釈される不真正PBPクレームとしての存続を許容しようとしたものであるが、いわば妥協の

---

[33] ただし、クレーム中に製法記載があるとしても、これが前述のとおり状態を示すことにより構造又は特性を特定しているにすぎないものと認められる場合もあろうから、そのような場合には訂正等の手続を経ることなくPBPクレームではなく構造クレームとして審判手続が進められることになるだろう

[34] 補正の場合は、拒絶理由通知後も、それが最初の拒絶理由通知であれば当初明細書の記載の範囲内であれば特許請求の範囲を拡張する補正も許される。

[35] 平27最2判の担当裁判所調査官（菊池絵理）は注24記載の解説で、かかる訂正は少なくともPBPクレームについては認めるのが相当であると述べ、注28記載の田村善之West Law判例コラム54号8頁も柔軟に訂正を認めるという取扱いを迅速に確立することが望まれるとしている。なお、特許請求の範囲の実質的拡張変更禁止原則が規定されていない出願審査段階における補正においてさへも、知財高判平19・9・20LEX/DB28132110（ホログラフィック・グレーティング事件）のように、物の発明から方法の発明への補正が特許請求の範囲を変更するものであって許容されないとした例もあるが、製法記載のあるPBPクレームを明細書に記載された製法にクレームを補正あるいは訂正することに限るならば、これは特許請求の範囲の減縮であって、特許請求の範囲すなわち権利の及ぶ範囲を拡張するものでも実質的に変更するものでもないことは明らかである。

[36] 特許請求の範囲の実質的拡張変更禁止の原則に触れることを避けるために、物を生産する方法のクレームへの訂正ではなく、製法限定を明示したクレームへの訂正を提言するものとして、南条雅裕「PBPクレーム最高裁判決と今後の実務上の課題」ジュリスト1485号30頁、AIPPI座談会（奥山尚一発言）18頁など

産物というべき見解であった。新審査基準が平27最2判の判旨に沿った出願審査実務を採用し、今後、「不可能非実際的」でない場合のPBPクレームを明確性要件違反として拒絶理由を通知したうえで、出願人の対応によっては登録拒絶するとの実務が定着するのであれば、その結果「審査漏れ」として登録されるPBPクレームは限られることになるし、「審査漏れ」の結果登録されてしまったPBPクレームは、その後に当該クレームを前述のように物を生産する方法クレームや構造クレームに訂正する途が用意されている限りにおいては、これが無効とされるのもやむを得ないというべきであろう。

4．侵害訴訟における権利行使阻止の抗弁

平27最2判は、製法で物を特定することが「不可能非実際的」でない場合のPBPクレームは、権利登録後の侵害訴訟においても明確性要件違反として権利行使阻止の抗弁（特許104条の3）事由になるとは述べていない。しかしながら、「不可能非実際的」な場合のPBPクレームについては、出願発明の要旨の認定と侵害訴訟における特許発明の技術的範囲の認定の両場面で物同一説で解釈すべきであるとしており、千葉勝美裁判官の補足意見はさらに、特許法104条の3の創設以降において両場面におけるPBPクレームの解釈、処理の基本的枠組みを統一的に捉えるのがわが国の特許法制上当然であるとまで述べていることからも、製法で物を特定することが「不可能非実際的」でない場合のPBPクレームは、権利登録後の侵害訴訟においても明確性要件違反として権利行使阻止の抗弁（特許104条の3）事由になるとする立場を含意しているものと思われる。

確かに特許法104条の3は「無効審判で無効にされるべきものと認められるとき」としており、無効事由と権利行使阻止の抗弁事由を同様に捉える立場が多数説であり判例であることは承知している。しかし[37]、対当事者間での紛争を既判力の範囲において規律する民事訴訟の原則からは、このような対被告との関係といった側面のない無効事由を俎上に載せる制度は極めて異質であり、解釈によってでも主張できる無効事由を限定すべきであると考える。たとえば、特許発明に公知技術が包含されていようとも、被告製品はこの公知技術とは係

---

[37] 以下の記述は高林龍「特許侵害訴訟に係る要件事実－文言侵害と均等侵害－」法科大学院要件事実教育研究所報第14号「知的財産法の要件事実」（日本評論社、2016年）102頁以下からの抜粋である。

わりなく、まさに特許発明が新規性を有するコアたる部分を実施している場合であれば、このような場面での権利行使阻止の抗弁は主張自体失当とすべきである[38]。多数説は、このような場合でも権利行使阻止の抗弁と認め、原告において当該公知技術を除外する訂正審判請求や訂正請求が認められた暁には被告製品は訂正後の特許権を侵害することになるとする主張を再抗弁として認めることによる解決を志向する[39]が、このような経路を辿ることは迂遠であるばかりか、平成23（2011）年特許法改正により、無効審判係属中はたとえ審決取消訴訟が係属中であろうとも権利者は訂正審判請求をすることはできない（特許126条2項）とされたことなど、訂正審判請求や訂正請求に加えられた手続的・時期的制限によって、侵害訴訟の審理途中においては、本来は認められて然るべき訂正が認められない場面の増加が想定される結果、まさに特許発明のコアともいうべき新規性を有する部分を実施している被告への差止請求も損害賠償請求も棄却されてしまう場面が想定されるが、この結果は不当であろう。また、平成23（2011）年特許法改正では侵害訴訟で請求認容判決がされて判決確定後に、当該特許無効審決がされて確定した場合であっても、請求認容確定判決に対して無効審決の確定を再審の訴えで主張できないとされた（特許104条の4第1号）から、より一層、侵害訴訟において被告とは係わらない無効事由をもって権利行使阻止の抗弁を認めずに請求を認容するとの判断をしやすくなったということができよう。

以上の考えをPBPクレームの場合に当て嵌めるならば、「不可能非実際的」でなく審査漏れによって登録されたPBPクレームであったとしても、被告対象物件が特許発明の構成要件として記載されている方法と同一の方法を用いている場合、すなわち特許請求の範囲に記載されたA、B、C、Dの構成要件のうちのBが製法的記載であるとして、被告もBと解釈できるB'の方法を用いている場合であれば、権利者としては評価根拠事実として特許請求の範囲の記載どおりに主張をし、被告においては評価障碍事実としてB＝B'との評価を覆すべき事実を主張するほかないとになるし、自らがB＝B'と評価できる方法を用いている以上は、PBPクレームとして明確性要件違反であるから無効となるとの主張は、物を生産する方法のクレームや状態を示すことにより構造又

---

[38] 髙林龍「権利行使阻止の抗弁の要件事実」日本弁理士会中央知的財産研究所編『クレーム解釈をめぐる諸問題』（商事法務、2010年）1頁参照
[39] 知財高判平21・8・25判例時報2059号124頁（半導体ウェハー切削方法事件）など

は特性を特定しているにすぎない構造クレームへの訂正審判請求や訂正請求が認められるか否かに係わらず、権利行使阻止の抗弁としては失当と解することになる[40]。逆に被告がB方法とは異なるZ方法を用いている場合であるならば、権利者としては文言侵害の主張として構成すること自体不可能であり、均等侵害の主張しかできないことになるが、この場合においては、均等侵害の成否を判断するまでもなく被告からの明確性要件違反を理由とする権利行使阻止の抗弁が容易に認められることになる[41]。結局、「不可能非実際的」でない場合のPBPクレームの権利行使は、同じ製法を用いた技術に対しては可能としてよいことになる[42,43]。ただし、新審査基準による出願審査が定着することによって、侵害訴訟でこのような権利が行使される場面は今後減少して行くものと予想される。

第5 おわりに

現在登録されている多くのPBPクレームは物を構造や特性等で特定することが「不可能非実際的」な場合のPBPクレームではなく、平24知財高大判のいう不真正PBPクレームであるため、同知財高大判はその存在を正面から認め、出願審査段階でも権利登録後の無効審判や侵害訴訟でも扱いを全く異にする真正PBPクレームと不真正PBPクレームの並存を許容した。それが知的財産専門控訴裁判所のそれも大合議判決であったために、学界にも実務界にも大

---

[40] なお、物を構造や物性等で特定することが「不可能非実際的」な場合のPBPクレームの特許発明の技術的範囲の認定においては物同一説が採用されるから、権利者が「不可能非実際的」な場合のPBPクレームであることを請求原因で主張しこれが認められ、かつ被告対象物が特許発明の構成要件にいう物と同一であることが認定できる場合であるならば、異なる方法で製造している旨の被告の主張は無意味となる。ただし、構造特定困難物質との物としての同一性の主張立証が困難であることは前述のとおりである。

[41] この場合に、権利行使阻止の抗弁に対して権利者が訂正の再抗弁を主張することはあり得ない。仮に物を生産する方法のクレームへの訂正か、状態を示すことにより構造又は特性を特定しているにすぎない構造クレームへの訂正が認められたとしても、被告対象物は訂正後の発明の技術的範囲に包含されないことになってしまうからである。

[42] 2013高林論考302頁。同論考では「不可能困難」でない場合のPBPクレームは出願段階では明確性要件違反を理由として拒絶すべきであるが、権利が登録された後においては製法限定説に立って特許発明の技術的範囲を認定すべきであるとしたものであって、結果として、侵害訴訟の場面においては本文における帰結と異ならないことになる。

[43] 特許庁での無効審判とは別に、侵害訴訟においてもPBPクレームの明確性要件違反を権利行使阻止の抗弁として主張させることに対する違和感を表明するものとしてAIPIP座談会23頁(上野剛史発言)等がある。

きな影響を及ぼしたが、特許庁の出願審査実務は、審査基準等の改訂に至らず、これまでどおりの物同一説に立った運用を継続したため、判例の射程との間に溝が生じていた。その間隙を埋めようとしたのが、主として製法等価型PBPクレームを視野に置いて、これが審査漏れではなく登録されてしまうことを阻止しながらも、結果として登録されてしまったならば製法限定説に従って解釈することによってその存続は認めようとする2013高林論考の趣旨であった。平27最2判は、このようなこれまでの特許庁における出願審査と無効審判における実務や平24知財高大判が示した立場とは全く異なり[44]、いわば「不可能非実際的」な場合のPBPクレームの存在を認める代償として、それ以外の場合における製法記載のあるクレームの全面的排除を図ったものということができる。平24知財高大判の場合とは異なり、特許庁もいち早く審査基準を改訂して、出願実務も大きく変更されたことからも、最高裁判決としての重みは極めて大きい。知的財産専門控訴裁判所とその上級審との間の見解の相違がこれほど明確に現れた例は過去になく、近時の米国の連邦巡回控訴裁判所と連邦最高裁判所との見解の相違を彷彿とさせる。

　冒頭に述べたように、平27最2判はPBPクレームの出願人や既登録されている権利者らの間に混乱といってもよい状況を生ぜしめたといえることは確かである。しかし、従来の審査実務やあるいは平24知財高大判の判示によるならば、製法記載のあるクレームが、審査段階において、拒絶理由通知に対する出願人の対応等を経ることなく、製法等価型PBPか率先限定型PBPあるいは構造説明型PBPクレームかが出願審査書類上も明確でないままに登録が認められ[45]、一方で権利登録後の侵害訴訟ではPBPクレームであるとして物同一説に基づき権利主張することが許されるような観を呈していた状況は、平27最2判によって是正され、製法等価型PBPや率先限定型PBPクレームは物を生産する方法のクレームに補正しない限り登録が認められないし、構造説明型PBPクレームも出願段階において明確性要件による篩をかけることにより、物を生産する方法のクレームに補正するか、あるいは補正することによりまたは補正するまでもなく、製法的な記載があるもののこれが状態を示すことにより構造

---

[44] 飯村敏明「プロダクト・バイ・プロセス・クレーム最高裁判決とアミカスキュリエ」特許研究60号2頁参照
[45] 注28記載の田村善之West Law判例コラム54号6頁での使用用語である「一発査定」される場合である。

又は特性を特定しているにすぎない構造クレームと認められるものであるか、が出願手続上も対第三者との関係でも明確にされることになったといえ、その効能は大きいものと評価することができる。

　平27最2判の理論的機序を私なりに検討した本稿が、これからの出願審査実務や登録後の無効審判や侵害訴訟における対応に、何がしかの役に立つことができたならば幸甚である。

［付記］本稿の作成に際しては、北海道大学の田村善之教授、同吉田広志教授、川田篤弁護士からご示唆をいただいた。記して感謝申し上げる。

測定方法が争点となる数値限定発明の構成要件充足性についての一考察
－マルチトール含蜜結晶事件判決を中心として－

加　藤　志麻子

1．はじめに

　特許発明の技術的範囲は、特許請求の範囲の記載に基づいて定めなければならず（特許法70条1項）、その際には、願書に添付した明細書の記載及び図面を考慮して、特許請求の範囲に記載された用語の意義を解釈する（特許法70条2項）。数値限定発明においても、その技術的範囲の解釈の基本とするところは同じである。すなわち、発明にある物性についての数値限定が含まれている場合、その数値範囲そのものには絶対的な意味がないため、その物性の技術的意味、さらにはその測定方法、測定条件[1]を探っていくことが、通常の文言解釈と同様の意味を持つことになる。

　数値限定発明にかかる特許権侵害訴訟において問題となるケースは、数値限定の基礎となる物性等の測定方法や測定条件が明細書中において明確に特定されていない場合である。明細書にこのような瑕疵がある場合には、被告としては、現行法においては特許法104条の3の抗弁として争うことも可能であるが、無効の抗弁を主張するか否かは当事者に委ねられるし、原告としては、いずれにしても、構成要件の充足性を主張するから、裁判所としては、数値限定に係る構成の充足性について判断を下さなければならないことが多い。数値限定の基礎となる物性等の測定方法や測定条件が明細書中において明確に特定されていない場合、当事者は、出願時の技術常識に基づき、当該物性等技術的意義や当業者の技術常識に照らして、測定方法や測定条件の解釈を争い、ひいては、当該数値限定された構成の属否を争うことになる。出願時の技術常識に基づい

---

[1] 測定条件も、測定方法の一部であるが、本稿では、便宜上、測定のやり方の概要を「測定方法」といい、その具体的条件を「測定条件」と呼ぶことにする。

ても測定方法や測定条件が１つに特定できない場合の数値限定の属否の判断基準としては、後述するマルチトール含蜜結晶事件判決[2]で示された基準（以下、「マルチトール含蜜結晶基準」という）が比較的良く知られており、近年の裁判例においても、同様の基準を用いて、構成要件の充足性の判断がされた事案がいくつか見られる。

本稿では、マルチトール含蜜結晶事件判決以前に、数値限定の基礎となる測定方法や条件について争われた裁判例を概観するとともに、マルチトール含蜜結晶基準及び当該基準が用いられた近年の裁判例について検討する。

２．マルチトール含蜜結晶事件判決以前の裁判例

マルチトール含蜜結晶事件以前にも、数値限定の基礎となる物性等の測定方法や条件が明細書中において明確に特定されていない場合の当該測定方法の解釈や、数値限定の要件の属否を巡って争われた事件がいくつかあるが、測定方法や条件を決定するための基準についての裁判所の考え方は様々であった。以下、いくつかの裁判例を挙げる。

（１）東京地判昭和54年11月16日（昭和47年（ワ）第4205号）〔モノビニル芳香族重合体組成物事件・地裁〕

この事件において、裁判所は、本件特許請求の範囲の「ビニル含有量が10％以下」におけるポリブタジエンのビニル定量分析法というのは、「本件特許出願時において当業技術者が容易に実施することのできる普通に用いる方法」と解すべきであるとした。その上で、裁判所は、本件特許出願当時のポリブタジエンのビニルの定量分析法は、認定事実から「赤外法」であると判断し（別途知られていた「NMR法」では、クレームの要件とされているポリブタジェンのシス含有量を測定することが不可能であったことから、本件出願時の定量方法ではないとされた）、これに用いる吸光係数の求め方としては、「吸光係数決定法」と、文献に記載されている吸光係数を借用する「吸光係数借用法」があったことが明らかであったとした。そして、これらの吸光係数の求め方のうち、当業技術者が容易に実施することができるのはいずれの方法であるかを考察す

---

[2] 東京地判平成15年６月17日（平成14年（ワ）第4251号）、東京高判平成16年２月10日（平成15年（ネ）第3746号

ると、「吸光係数決定法」の場合には、標準物質として利用するポリブタジエンを入手することが困難であり、かつ、吸光係数の算出には複雑な思考と手順を履まなければならないから、ビニルの含有量の測定についての学術上の専門家ではない当業技術者にとって、容易に実施する方法とはいえないと判断した。他方、「吸光係数借用法」については、既に文献中で公表されている吸光係数を借用する方法であるから、当業技術者にとって容易に実施できる方法であるとの判断がされた。

　この事件における裁判所の考え方の根底にあるのは、「ビニル含有量が10％以下というのは、ある特定の、ポリブタジエンのビニルの定量分析法に基づく数値と解してはじめて成立つ」ということであり、この考え方に基づいて、解釈により測定方法を１つに決定しなければならないという立場を採っているようである。本判決において興味深いのは、明細書に明示的な記載がない測定方法、測定条件について、複数の測定方法、条件が存在する場合においては、「当業者が容易に実施することができるのはいずれの方法であるか」を基準として、いずれの測定方法、条件が、本件発明における測定方法、条件に該当するかを判断しているところである。つまり、この基準では、当業者にとって「容易」か否かが判断基準に含まれているため、測定方法、条件を採用することが当業者によって負担になる場合には、そのことをもって、本件発明における測定方法、測定条件から除外されることになる。しかも、本判決では、本件発明の技術分野における当業者は、測定方法の当業者ではないとも述べており、この点も興味深い。

（２）東京高判昭和59年７月17日（昭和54年（ネ）第2813号）〔モノビニル芳香族重合体組成物事件・高裁〕

　上記（１）の事件の控訴審事件である。この事件においては、NMR法については、「本件出願前にNMRを用いて特定の有機化合物の微細構造の分析を行うことは知られていたものと認められるがポリブタジエンのビニル含有量を測定するのにNMRが使用されていたことを認めるに足る証拠は未だになされていない」との理由で、本件出願前に行われていたポリブタジエンのビニル含有量の測定方法ではないとされ、「赤外法」が、当該測定方法であるとされた。しかし、「吸光係数借用法」に関しては、地裁の判断とは異なり、誤差が多く、しかも実験者が自分で吸光係数を求めないで他人の吸光係数を借用することは

誤りであるとする考え方も少なくなかったとの認定がされた。そして、裁判所は、本件発明に関しては、特許請求の範囲は発明の詳細には、「ビニル含有量が10％以下」の要件の測定方法について記載がなく、しかも、出願当時に当該測定方法は客観的に確定できなかったことからすると、当該「10％」という割合は決定できず、その点において、実施が不可能であったといわざるを得ないとして、「本件特許権に基づいて他人にその権利を侵害することの差止め及び侵害を理由とする損害賠償の請求をすることはできない」と判断した。

本判決においては、測定方法に関しては、「何人がこれを計ってもその結果が同一になるというような計測の基準及びその基準に従って計測する方法が一定していなければ」、客観性が保障されないとの考えが示されているため、原審と同様に測定方法、条件は１つに定められる必要があるとの立場では共通しているようである。しかし、地裁の事実認定とは異なり、赤外法の吸光係数の決定条件については、出願時における条件を確定することができなかったため、裁判所は、本件発明の物性の数値限定について「実施することが不可能」であるとし、権利行使ができないとした。つまり、本判決では、実施ができないような特許権を取得した責任は、特許権者が負うべきとの考え方が示されているものと思われる。

（３）大阪地判平成12年6月8日（平成10年（ワ）第4498号）〔ゴルフクラブ事件〕

本事案の発明は、ゴルフクラブヘッドに係るものであり、クラブヘッドの「メカニカルインピーダンス」が「周波数領域600Hz～1600Hzにおいて、一次の極小値を有する」ことが発明の構成として記載されていた。明細書においては、この、「メカニカルインピーダンス」が、$Z＝F／V$で求められること、また、そのＦの求め方について、「加振機12の加速度Ａ１から加振力Ｆ１が求められ、周波数領域で演算してメカニカルインピーダンスＺが$Z＝F１／V２$によって求められる。」との記載があった。明細書には、加速度Ａ１から加振力Ｆ１をどのように求めるかについての記載はなかったが、原告は、$F１＝mA１$の式を用いて、加振力Ｆ１を求めることは、当業者であれば容易に理解できると主張した。他方、加速度Ａ１から加振力Ｆ１を求め、メカニカルインピーダンスを求めることは、当業者の技術常識ではなく、むしろ、インピーダンスヘッドを用いて加振機の加振力Ｆと加速度Ａを測定し、加速度Ａから積分により速度

Vを求めてZ＝F／Vを計算することが技術常識であった。

　裁判所は、明細書中に明確に記載されていない限り、加速度A1から加振力F1を求めるに当たって、F1＝mA1の式を用いることは当業者が容易に理解することは認められないとし、本件明細書におけるメカニカルインピーダンスの測定方法に関する記載は、当業者が容易に理解できる内容を記載したものとはいえず、明細書には、本件発明固有の「メカニカルインピーダンス」の意義が示されていないとした。そして、当該意義が明細書において明らかにされていない以上、その意義は、一般的意義と同じものとして解するほかなく、その測定方法も、インピーダンスヘッドを用いた一般の測定方法が適用されると解するほかはないとした。その上で、原告の提出した証拠は、原告主張に係る方法によって測定したものであるから、メカニカルインピーダンスの一次の極小値を示す周波数を認定するための根拠とすることはできないとし、被告製品は、上記構成を充足しないとした。

　本事案において興味深いのは、加振機12の加速度A1から加振力F1を求める点については明細書に記載がされていたが、加速度A1から加振力F1をどのように求めるかについての記載がなく、また、原告の主張した測定方法にも根拠がなかったため、明細書に明示的な記載のある「A1からF1を求める」点までもがメカニカルインピーダンスの測定方法を特定するための記載にならないとされ、インピーダンスヘッドを用いた一般の測定方法、すなわち、加振機の加振力Fと加速度Aを測定し、加速度Aから積分により速度Vを求めてZ＝F／Vを計算することが本件発明の測定方法であるとされているところである。裁判所が、本件明細書におけるメカニカルインピーダンスの測定方法に関する記載は、当業者が容易に理解できる内容を記載したものとはいえないとの判示をしていることからすると、おそらく、「A1からF1を求める」こと自体、技術的に合理的に理解できないため、このような判断になったのではないかと思われる。

（4）東京地判平成13年3月27日（平成11年（ワ）第17601号）〔感熱転写シート事件〕

　本件における考案は、感熱転写シートに係るものであり、当該感熱転写シートを構成するベースフィルムのマット層における「平均マット深度」が「0.15〜2μ」であるとの限定がされていた。しかし、明細書中には、「平均マット

深度」の測定方法は記載されておらず、また、「平均マット深度」という学術用語や一般的な技術用語は存在しなかった。

原告は、「平均マット深度」は、旧JIS規格による中心線平均粗さ方法によるものであると主張した。他方、被告は、旧JIS規格には、測定方法として、中心線平均粗さ方法以外に最大高さ方法、十点平均粗さ方法があり、「深度」という表現からすると、十点平均粗さ方法が、「平均マット深度」の測定方法であると解しても、明細書の記載には矛盾しないと主張した。

裁判所は、十点平均粗さ方法が、本件特許出願当時、表面全体の粗さの程度の表示方法として旧JIS規格において作用されていたものであることからすると、本件発明の平均マット深度の測定方法から除外するということはできず、他方で、本件発明の「平均マット深度が0.15～2μ」が、旧JIS規格の中心線平均粗さ方法による表示であるともいえないから、被告製品の中心平均粗さ方法による表面粗さが「0.15～2μ」の範囲内であるとしても、被告製品が本件発明の技術的範囲に属するということはできないと判断した。

本事案も、明細書や出願時の技術常識からは、原告（特許権者）及び被告の測定方法のいずれについても、本件発明の測定方法に該当することを否定できず、測定方法を1つに特定することができなかった事案であるが、裁判所は、このような場合には、特許権者が主張する測定方法で測定して被告製品がその数値範囲に該当したとしても、被告製品が本件発明の技術的範囲に属するということはできないと述べている。つまり、裁判所は、本事案においても、上記モノビニル芳香族重合体組成物事件と同様に、測定方法を1つに特定することができない責任を、特許権者に負わせている。しかし、モノビニル芳香族重合体組成物事件とは異なり、権利行使ができないとまでは明言しておらず、単に構成要件の充足性を否定するに留まっている。

3．マルチトール含蜜結晶事件
（1）地裁判決の内容（東京地判平成15年6月17日（平成14年（ワ）第4251号）

この事案においては、マルチトール含蜜結晶にかかる発明において、「粉砕、分級後の50メッシュ以上20メッシュ以下の含蜜結晶粉末の見掛け比重が0.650～0.750」という構成要件Bの充足性が、争点の1つとなった。明細書の発明の詳細な説明には、「なお、比重の測定は、従来より知られた方法で行うこと

ができる。」とのみ記載がされており、見掛け比重の定義や具体的測定方法は全く記載されていなかった。

　裁判所は、まず、見掛け比重には、ゆるみ見掛け比重と固め見掛け比重の２種類があり、一般に粉体の見掛け比重を論じる場合は、ゆるみ見掛け比重をいうものであることが、当業者に当然のこととして知られていると認定した。しかし、粉末マルチトールの見掛け比重の測定方法としてのJIS規格は存在せず、他方、粉体の見掛け比重を測定するJIS規格には種々の方法が存在しており、かつ、パウダーテスター法もまた、粉末マルチトールの見掛け比重の測定方法として「従来より知られた方法」の一つであったことからすると、原告が採用していたとするJIS K 6721が、本件発明における測定方法であるとはいえず、当業者がパウダーテスター法ではなく、JIS K 6721の方法を用いることが明らかであるとは認められないとした。そして、裁判所は、「数値限定された特許請求の範囲について『従来より知られた方法』により測定すべき場合において、従来より知られた方法が複数あって、通常いずれの方法を用いるかが当業者に明らかとはいえず、しかも測定方法によって数値に有意の差が生じるときには、数値限定の意味がなくなる結果となりかねず、このような明細書の記載は、十分なものとはいえない。このような場合に、対象製品の構成要件充足性との関係では、通常いずれの方法を用いるかが当業者に明らかとはいえないにもかかわらず、特許権者において特定の測定方法によるべきことを明細書中に明らかにしなかった以上、従来より知られたいずれの方法によって測定しても、特許請求の範囲の記載の数値を充足する場合でない限り、特許権侵害にはならないというべきである。」と述べた。また、その理由として、「当業者にとって従来より知られた方法の一つで測定した結果、構成要件を充足しなかったにもかかわらず、別の方法で測定すれば構成要件を充足するとして特許権を侵害するとすれば、当業者に不測の事態を生じさせることになるからである。」と述べた。

　そして、本件においては、従来より知られた粉末マルチトールの見掛け比重の測定方法であるJIS K 6721とパウダーテスター法のいずれによっても、見掛け比重の数値を充足する必要があるところ、被告製品は、パウダーテスター法によれば、この範囲にはないから、構成要件Bを充足しないと判断した。

(2) 高裁判決の内容（東京高判平成16年2月10日（平成15年（ネ）第3746号）

　控訴人（原審原告）は、上記の争点に関し、JIS K 6721は日本において唯一マルチトール含蜜結晶を工業的に生産し、商業的に販売していた控訴人が用いていた測定方法であるから、当業者は、「従来より知られた方法」とはJIS K 6721であると理解すると主張した。また、控訴人は、同じ特許に係る特許異議の決定において、本件明細書に具体的な記載がないとしても、当業者は、本件発明における「見掛け比重」が、「ゆるみ見掛け比重」を意味すると理解し、かつ、JIS K 6721法によって測定されたものであると理解する旨の判断がされたことを主張した。

　しかし、裁判所は、JIS K 6721法のみならず、パウダーテスター法も「従来より知られた方法」であるとの地裁の認定に誤りはないとした。また、異議の決定についても、必ずしも、パウダーテスター法が用いられることを否定してJIS K 6721法が唯一の測定法であると認めた趣旨ではないとした。そして、裁判所は、控訴人がJIS K 6721法を用いてきたとしても、控訴人は、特許明細書においてその方法を開示することなく、あえて「従来より知られた方法」との包括的な記載をして特許を取得した以上、広い概念で規定したことによる利益と共にその不利益も控訴人において負担すべきであるとし、「従来より知られたいずれの方法によって測定しても、特許請求の範囲の記載の数値を充足する場合でない限り、特許権侵害にはならないというべきである」との原判決の判断は是認しうるとした。

(3) マルチトール含蜜結晶事件判決についての考察

　本件における地裁、高裁の両判決の判断は、明細書の開示については特許権者に責任があるところ、明細書の瑕疵により生じる不利益は、特許権者が負うべきであるという根本的な考え方において、共通している。しかし、地裁判決においては、測定方法の特定に関して、「いずれの方法を用いるかが当業者に明らかとはいえないにもかかわらず、特許権者において特定の測定方法によるべきことを明細書中に明らかにしなかった」という点に焦点を当てているのに対し、高裁判決は、特許権者が「あえて『従来より知られた方法』との包括的な記載をして特許を取得した」という点に焦点を当てている。後者では、特許権者が誠実に権利を取得すべきとの観点から、特許権者が明細書の瑕疵によ

り生じる不利益を負うべきとしているようにも見えるが、「包括的な記載」自体、明確性に問題がある記載ということになるから、地裁と高裁は、数値限定発明におけるクレーム解釈として位置づけられる測定方法に関して、明確な記載を特許権者に求めていることに変わりはないということもできよう。

また、両判決では、共通して、「従来より知られたいずれの方法によって測定しても、特許請求の範囲の記載の数値を充足する場合でない限り、特許権侵害にはならない」としているが、この帰結については、疑問を感じるところである。高裁判決が述べるとおり、広い概念で規定したことによる利益と共にその不利益も控訴人において負担すべきとして、特許権者により高い立証責任を課すというのは、明細書における開示責任とのバランスという観点から首肯しうる。しかし、両判決は、裏を返せば、従来より知られたいずれの方法によっても、特許請求の範囲の記載の数値を充足する場合には、侵害を認めてもよいとしているようにも理解できるところ、測定方法が全く明細書に記載されていない極めて不明確な特許発明について、なぜ、構成要件の充足性を認め、ひいては、特許侵害を認める場合があってよいのかという理由については判然としない。実際、A法という測定方法とB法という測定方法が全く異なる原理に基づくものであり、得られる数値に何ら相関がない場合には、特許請求の範囲に規定された数値範囲が広く、かつ、被告製品が有する物性によっては、偶発的に、A法により測定してもB法により測定しても、本件発明の範囲に含まれるということがないわけではない。本件のように、測定方法が全く明細書に記載されていない、極めて不明確な事例であれば、その責任の取り方としては、むしろ、感熱転写シート事件のように、構成要件を充足するとはいえないとするか、モノビニル芳香族重合体組成物事件の高裁判決のように、権利行使をすることができないとするのが、適切であるのではないかと思われる。なぜなら、測定方法が全く明細書に記載されていない場合であれば、特許が明確性要件違反に基づき無効とされる（あるいは、特許法104条の3の抗弁が十分に成り立つ）蓋然性が高いから、権利行使をすることができないという結論しても問題はないと思われるからである。

このような疑問は残るものの、実際には、従来から知られた複数の方法で測定した場合においても、被告製品が、発明に規定された数値範囲に含まれることを立証するのは難しいであろうから、測定方法が全く明細書に記載されていない極めて不明確な特許発明に係る判断基準としては、マルチトール含蜜結晶

事件基準は適切であると思われる。

4．マルチトール含蜜結晶事件判決以降の事件
（1）大阪地判平成19年12月11日（平成18年（ワ）第11880号、平成18年（ワ）第11881号、平成18年（ワ）第11882号）、知財高判平成21年3月18日（平成20年（ネ）第10013号）〔赤外線放射体事件〕

この事件においては、異なる製品を製造、販売する3被告に対して、原告が被告製品の製造、販売等の差止を求めた事案である。発明は、赤外線放射体に係るものであり、その構成要件として、セラミック赤外線線放射材料の粉末と、モナザイト粉末の平均粒子径が共に10μm以下であることが規定されていた。しかし、明細書中には、当該平均粒子径の測定方法について記載がなかった。

被告は、構成要件の充足性との関係では、平均粒子径の測定方法に係る主張をしなかったが、特許法104条3の抗弁として、明細書中に平均粒子径の定義及び説明が記載されていないから明確性要件の違反があると主張した。

裁判所は、粒子径は、粒径測定方法と密接に関係しており、測定方法が決まれば代表径が決まるという関係にあるが、本件明細書には、その定義や測定方法に関する記載はないから、「10μm以下の平均粒子径としてなる混合物」との記載が、具体的にどのような平均粒子径を有する粒子からなる混合物を指すかが不明であるから、特許法36条6項2号の明確性要件を満たしていないというべきであるとした。

控訴審において、控訴人（原審原告）は、「10μm以下の平均粒子径」の表現は、測定装置あるいは測定方法まで特定する必要性はなく、どのような測定装置を使用しても平均粒子径が10μm以下であるかが確認できればよいという意味である」と主張し、また、測定方法としては、本件出願時においては「レーザ回折・散乱法」に基づく粒子の測定装置が主流となっており、これが一般化していたと主張した。しかし、知財高裁は、本件発明における「10μm以下の平均粒子径」は、具体的な技術的意義を有する発明特定事項であるから、当業者がその文言の意義を理解できる必要があると述べ、また、本件出願時において当業者は、レーザ回折・散乱法以外の様々な方法による測定装置によってセラミックスの粒子径を測定していたと認定して、原告の主張を退けた。

（2）東京地判平成25年3月15日（平成23年（ワ）第6868号）〔シリカ質フィラー及びその製法事件〕

　この事件における発明の対象はシリカ質フィラーであり、構成要件Dの「粒径30μm未満の粒子の真円度が0.73～0.90」の充足性が争点となった。明細書には、当該真円度の測定方法について、走査型電子顕微鏡及び画像解析装置を測定するとの記載がされており、測定に用いる具体的装置、及び、顕微鏡写真から真円度を求めるための測定方法や算出式についても記載がされていた。他方、シリカ粒子においては、製造における溶融過程において蒸発した一部のシリカが冷却時に酸素と結合して、ヒューム粒子が発生し、これが、シリカ母粒子の表面に付着することが技術常識として知られていた。

　この事件において、被告は、別の請求項に係る発明の要件となっている「平均粒径」に関して、明細書中に「平均粒径は、試料0.3gを水に分散させ、それをレーザー回析式粒度分布測定装置（シーラスグラニュロメーター「モデル715」）で測定した。」との記載があることに基づいて、「本件発明における平均粒径（粒度分布）の測定には、『湿式処理』（試料に液体を加えて分散させる前処理）をした試料が用いられている」と主張し（注：「湿式処理をした試料」という用語や説明は明細書中に記載されていない）、本件発明では、湿式処理をした試料で平均粒径（粒度分布）を測定しているから、真円度も、湿式処理をした試料を対象として測定されなければならないと主張した。また、被告は、構成要件Bにおける「粒子」は、湿式処理によりヒューム粒子が除去されたシリカ母粒子前提とし「粒径が30μm以上の粒子を30～90重量％含有」とするところ、構成要件Dにおける「粒子」を、ヒューム粒子が表面に付着したシリカ母粒子とすると、同じ「30μm以上（未満）」という表現を用いながら、前者と後者とでは別の粒子群を意味することとなって不合理であると主張した。被告による湿式試料を前提とした測定によれば、被告製品の真円度は、構成要件Dを充足しなかった。

　これに対し、原告は、シリカ粒子の真円度については、ヒューム粒子が付着したままの状態で測定するのが、出願時における技術常識であるから、本件発明の真円度を測定するに当たっては、シリカ母粒子の表面に付着したヒューム粒子を除去しない状態の試料（以下「乾式の試料」という。）を用いる必要があると主張した。そして、乾式の試料を用いた原告の測定方法によれば、被告製品の真円度は、構成要件Dを充足していた。

裁判所は、構成要件Dの真円度を測定するにあたり、乾式の試料、湿式の試料のいずれを前提とした測定をすることが妥当であるかについての判断を行った。裁判所は、明細書の記載及び技術常識に基づいて、本件発明の真円度を測定するに当たっては、乾式の試料又は湿式処理をした試料のいずれを用いても差し支えないと判断した上で、どちらの測定対象とするかによって真円度の数値に有意の差が生じる場合、当業者がいずれか一方の試料を測定対象として測定した結果、構成要件所定の真円度の数値範囲外であったにもかかわらず、他方の試料を測定対象とすれば上記数値範囲内にあるとして構成要件を充足し、特許権侵害を構成するとすれば、当業者に不測の不利益を負担させる事態となるが、このような事態は、特許権者において、特定の測定対象試料を用いるべきことを特許請求の範囲又は明細書において明らかにしなかったことにより招来したものである以上、上記不利益を当業者に負担させることは妥当でないというべきであるとして、乾式の試料及湿式処理をした試料のいずれを用いて測定しても、本件発明の構成要件Dが規定する粒径30μm未満の粒子の真円度の数値範囲を充足する場合でない限り、構成要件Dの充足を認めるべきではないと判断した。

（3）東京地判平成26年12月4日（平成24年（ワ）第6547号）〔ティッシュペーパー事件〕

この事件における本件発明2は、ティッシュペーパーに係るものである。その構成要件yには、「静摩擦係数が0.50〜0.65」であるとの要件が含まれており、かつ、特許請求の範囲において、その測定方法及び測定条件が（A）〜（D）の手順で特定されていた。当該（A）〜（D）の手順による測定方法は、概略、1プライにはがしたティッシュペーパーをアクリル板に貼り付け、その上に、100gの分銅に2プライのままのティッシュペーパーを巻き付けたもの乗せて、アクリル板を傾け、おもりが滑り落ちる角度を測定するというものである。また、明細書中には、当該静摩擦係数の測定方法は、JIS P 8147（1998）に準じた方法で行うことについても記載がされていた。

原告と被告の実験条件は、静摩擦係数の算出において、原告は分銅が滑り落ちる角度の平均を算出し、その平均角度から得たタンジェント値を求めているのに対し、被告はタンジェント値を求めてからこれを平均しているという違いがあったが、それ以外においてはほぼ同じであった。にもかかわらず、原告の

実験によれば、被告製品の静摩擦係数が本件発明の範囲になるものの、被告の実験によれば、被告製品の静摩擦係数は、本件発明の範囲外であった。

　裁判所は、「原告と被告は、それぞれにおいて、被告製品について、構成要件ｙの（Ａ）ないし（Ｄ）の手順により、『JIS P 8147』に準じて静摩擦係数を測定したにもかかわらず、原告における測定は、静摩擦係数が構成要件ｙの規定する数値範囲内にあり、被告における測定は、静摩擦係数が構成要件ｙの規定する数値範囲外にあるということになる。…これらの相違は、構成要件ｙの（Ａ）ないし（Ｄ）の手順により、『JIS P 8147』に準じて静摩擦係数を測定しても、その際の紙片のアクリル板への張付け、分銅への巻付けの方法や被告製品のどの部分を試料として選択するかの試料選択等の定量不能な条件が相違することによるものと考えられるが、このような場合、被告製品が構成要件ｙを充足するというためには、構成要件ｙの（Ａ）ないし（Ｄ）の手順により、『JIS P 8147』に準じて静摩擦係数を測定する限り、その結果が、具体的な条件のいかんにかかわらず、構成要件ｙの規定する数値範囲内になければならないと解するのが相当である。」と述べ、被告製品は、構成要件ｙを充足しないとした。

5．検討－近年の裁判例におけるマルチトール含蜜結晶基準のあてはめに関する私見－

　まず、赤外線放射体事件においては、平均粒子径の数値限定により発明が特定されているにもかかわらず、その定義及び測定方法が明細書中に記載されていない点については、もっぱら明確性要件の瑕疵として争われた。そして、結果として特許法36条6項2号の明確性要件を満たしていないから、特許権者は権利行使できないとされた。この事案においては、平均粒子径の定義、測定方法が明細書中に全く記載されておらず、また、平均粒子径に種々のものが存在し、技術常識から１つに特定できないことはよく知られているところであるところ、明細書の内容に見合った結果であったということできよう。

　これに対し、シリカ質フィラー及びその製法事件とティッシュペーパー事件では、結果として、マルチトール含蜜結晶事件判決と同様の判断により、構成要件が非充足とされた。しかし、これらの事件においては、数値限定された物性の測定方法に関する明細書の記載のレベルが、マルチトール含蜜結晶事件におけるそれとは、大分異なる。数値限定された発明の物性について測定方法が

測定方法が争点となる数値限定発明の構成要件充足性についての一考察

不明確であることは、特許請求の範囲の記載不備（特許法36条6項2号）に該当するところ、特許発明の技術的範囲が特許請求の範囲の記載に基づいて定められること（特許法70条1項）からすれば、特許法36条6項2号の不備に該当する程度に、測定方法や測定条件が不明確であるならば、そのことをもって、構成要件の充足性が否定されても致し方ないと思われる。しかし、そうでないならば、明細書の記載不備の責めを負うとの理由で、構成要件を非充足とするのは、法理として適当ではないのではないかと思われる。

すなわち、ティッシュペーパー事件では、静摩擦係数の測定方法及び測定条件については、特許請求の範囲に記載がされており、明細書中では、その方法がさらにJIS P 8147（1998）に準じるとの記載がされていた。記載要件の観点からすれば、測定方法の記載は十分に明確であると言えそうなレベルである。しかし、本件においては、原告、被告共に、当該測定方法の記載に従った実験を行ったにもかかわらず、原告の測定によれば、被告製品の静摩擦係数が本件発明の範囲内となり、被告の測定によれば範囲外となったため、裁判所は「被告製品が構成要件yを充足するというためには、構成要件yの（A）ないし（D）の手順により、「JISP 8147」に準じて摩擦係数を測定する限り、その結果が、具体的な条件のいかんにかかわらず、構成要件yの規定する数値範囲内になければならない」と判断した。裁判所が認定したとおり、原告、被告共に、当該測定方法の記載に従った実験を行ったにもかかわらず、得られる数値が異なるというのであれば、本件については、最後は立証責任の問題として、構成要件の充足性を認めないとするのはやむを得ないといえるが、これを一般化して、上述のとおり、充足性を認めるためには、「その結果が、具体的な条件のいかんにかかわらず、構成要件yの規定する数値範囲内になければならない」とするのは、特許権者に対して酷ではないだろうか（単なる判示の表現の問題かもしれないが）。裁判所は、原告、被告の測定結果が異なったことについて「これらの相違は、構成要件yの（A）ないし（D）の手順により、『JIS P 8147』に準じて静摩擦係数を測定しても、その際の紙片のアクリル板への張付け、分銅への巻付けの方法や被告製品のどの部分を試料として選択するかの試料選択等の定量不能な条件が相違することによるものと考えられるが」と述べているため、裁判所は、静摩擦係数の測定方法に関する明細書の記載が、不十分であったとの立場に立っているのかもしれないが、特許権者は、細かい測定条件をどこまで明細書に記載する責任があるのだろうか。出願するにあたって、JIS等

に表れていないあらゆる細かい測定条件を全て記載すべきとなれば、明細書が必要以上に長くなる可能性もあるし、また、細かい測定条件は、クレームの範囲に含まれる対象物の種類によって変える必要がある場合もあるから、これらについても種々想定し、記載しなければならないとすれば、出願までに要する時間が長期化してしまう懸念もある。特許請求の範囲及び明細書の記載要件として、当業者が明細書の記載から、測定方法の記載が明確に理解できると認識する（つまり、36条の瑕疵がない）程度の明細書を前提とする事案において、「具体的な条件のいかんにかかわらず」、特許請求の範囲に記載された数値範囲内になければ、充足性を認めないとするのは、明細書の記載要件以上の責任を特許権者に求めているように解され、バランスを欠くように思われる。

　シリカ質フィラー事件においても、争点となった、「粒子の真円度」を求めるために用いられる具体的装置、及び、真円度を求めるための測定方法や算出式についても記載がされており、これを読んだ当業者が測定方法を理解しうる程度には明確に記載がされているように思われる。この事件の判決においても、裁判所は、特許権者において、特定の測定対象試料を用いるべきことを特許請求の範囲又は明細書において明らかにしなかったことにより招来したものである以上、上記不利益を当業者に負担させることは妥当でないとし、特許権者にその責めを負うべきとしているが、この事件に関しては、「特定の測定対象試料を用いるべきことを特許請求の範囲又は明細書において明らかにする」必要があったのかが、個人的には疑問である。すなわち、もともと、問題となった、「粒子の真円度」に関しては、顕微鏡写真から真円度を求めるとされているから、何も前提条件が記載されていなければ、そのまま（つまり、本件の言い方で言えば「乾式」で）測定すると当業者であれば理解するであろう。他方、引き合いに出された「平均粒径」関しても、「試料を湿式にする」という記載はされておらず、「レーザー回折式粒度分布測定装置」による測定において、試料を水に分散させるという、測定条件が記載されていただけであるから（つまり、「レーザー回折式粒度分布測定装置」による分析をする際の、前提条件が記載されているだけである[3]）、この記載から、「シリカ粒子からシリカヒュームを除去して測定する」と理解するというのも飛躍があるように思われる。結局の

---

[3] ちなみに、レーザー回折式粒度分布測定は、試料を水で分散する測定条件を採用することがほとんどである。

ところ、本件では、シリカ粒子にはヒュームが必ず付着しているという特殊事情があったため、被告が設定した「試料が湿式か乾式か」という土俵に載って当事者が争い、結果としては、この試料の解釈について、真偽不明となったため、原告が敗訴したともいえるから、結論としてはやむを得ないといえよう。しかし、明細書には、真円度の具体的装置、及び、真円度を求めるための測定方法や算出式の記載は記載されていたのであるから、明細書の記載不備の責めを負う形で構成要件を充足しないとした点には違和感を覚える[4]。

7．おわりに

近年、特に化学分野の発明において、何等かの数値限定を含む発明は珍しくなく、数値限定を含む構成要件の属否をめぐる侵害訴訟も益々増えるであろう。そして、被疑侵害者であれば、自己の製品が特許発明の技術的範囲に含まれないとの結論を得るべく、数値限定の定義や、測定方法、測定条件について争うであろう。数値限定を含む構成要件の充足性は、技術的に非常に細かい点に立ち入らなければ判断ができない難しい争点であり、判断する裁判所の苦労も忍ばれるところではある。しかし、明細書の記載の程度を勘案することなく機械的にマルチトール含蜜結晶基準を当てはめてしまうと、特許権者が正当な権利行使の機会を失うことにもなりかねない。ティッシュペーパー事件のような、明細書の記載が十分と思われる事案については、構成要件の充足性の判断は、判断最後は立証責任の問題になるかもしれないが、個別判断としての判断を示すほうが、近年のプロパテントの方向性とも調和するものと思われる。

---

[4] 山口健司「裁判例から読み解く、数値限定クレームに対して複数の測定方法があり得る場合の帰趨」知財管理Vol.64 No.7（2014）986頁では、本判決は、マルチトール含蜜結晶事件の判決の提示した判断手法が、例外的・事例的なものではなく、一般的な妥当性ないし通用力を有していることを示したものとして評価してよいとされている。

特許発明の技術的範囲と出願発明の要旨との関係
—特許発明の技術的範囲の減縮解釈をめぐる議論を手がかりとして—

小 島 喜一郎

1．はじめに

　我が国の特許法は、その基軸となる特許権を、特許発明の実施に係る独占・排他的権利としている（特許法68条）。同法は産業の発達への寄与を目的としていることから（特許法1条）、特許権の排他的効力により一般の第三者が不測の損害を被ることのないよう、特許権をめぐる法的安定性を確保することが不可欠となる。そして、発明が無体物であり、社会的事実から特定することが少なからず困難なものであることに着目すると、特許発明（特許発明の技術的範囲）を明確に確定できる法的環境を整備する必要性が認識される。

　この要請を受けて、特許法は、特許出願の際、特許権者（出願人）の責任において、特許を受けようとする発明（特許発明）の構成の全てを「特許請求の範囲」に記載させ（特許法36条5項）、特許権の付与後に、特許公報を通じてこれを公示することとしている（特許法66条3項4号）。その上で、同法は、特許発明の技術的範囲を「特許請求の範囲」にもとづいて確定すべき旨を確認する規定を設けている（特許法70条1項）[*1]。

　しかし、このような制度の下では、特許権の効力を及ぼすことを許容すべきではない技術が「特許請求の範囲」に含まれている場合に、妥当性を欠く特許発明の技術的範囲が導かれる虞があることから、いかなる対応を採るべきかが検討課題となる。とりわけ、特許権侵害訴訟を担当する裁判所が採るべき対応については強い関心が寄せられてきたところ、裁判実務においては、特許発明の技術的範囲を「特許請求の範囲」の記載から離れて確定する所謂「特許発明の技術的範囲の減縮解釈」による対応が図られてきた[*2]。

　ところが、近年、「特許発明の技術的範囲の減縮解釈」の前提となる制度に

[*1]　吉藤幸朔（熊谷健一補訂）『特許法概説〔第13版〕』（有斐閣・平成12年＝初版・昭和34年）279頁。

変更が加えられたことから、この必要性と妥当性をを否定する見解が示されるようになっている。

そこで、本稿では、これ等の見解を手がかりとして「特許発明の技術的範囲の減縮解釈」の現在的意義を探りつつ、特許発明の技術的範囲の確定のあり方を考察していくこととする。

2．特許発明の技術的範囲の減縮解釈の導入

特許法は、特許発明の技術的範囲の明確化を図り、特許権をめぐる法的安定性を確保する必要性から、特許権者の責任において、特許発明の構成の全てを「特許請求の範囲」に記載させ（特許法36条5項）、さらに、これを前提として、特許発明の技術的範囲を「特許請求の範囲」にもとづいて確定すべき旨を規定している（特許法70条1項）[3]。これ等の規定の趣旨は、特許権侵害訴訟をはじめとする特許発明の技術的範囲を確定する場面において遵守されており、そこでは、「特許請求の範囲」の記載を特許発明の構成要件として分説し、これ等の構成要件を充足している場合、特許発明の技術的範囲に属すると判断する、所謂「構成要件説」が採用されている[4]。

もっとも、特許法は、産業の発達を目的として掲げており（特許法1条）、その観点から、特許要件（特許法29条）を設定する等、特許権の対象となり得る発明を制限している。ここで、「特許請求の範囲」が限られた時間の中で特許権者（出願人）により作成される書面であることに着目すると、特許権の効力を及ぼすべきではないと特許法上位置付けられている技術が「特許請求の範囲」に記載されてしまう可能性があることは否定できない。その結果、構成要件説の下では、それ等の技術が特許発明の技術的範囲に含まれることを避け得

---

[2] 特許発明の技術的範囲を「特許請求の範囲」の記載から離れて導き出すことを「特許発明の技術的範囲の解釈」と呼ぶことがあり（辰巳直彦「特許侵害訴訟における特許発明の技術的範囲と裁判所の権限―特許発明の技術的範囲の拡大と減縮―」日本工業所有権法学会年報（平成5年）17号17頁・19頁参照）、本稿もこれに従う。
[3] これ等の特許法規定の趣旨に関する筆者の分析については、拙稿「特許発明の技術的範囲と『特許請求の範囲』との関係についての分析と検討」東京都立大学法学会雑誌45巻1号（平成16年）221頁参照。
[4] 現在に至るまで、特許権侵害訴訟において構成要件説が採用されている事実は、牧野利秋「特許発明の技術的範囲の確定についての基本的考え方」牧野利秋編『裁判実務大系9・工業所有権訴訟法』（青林書院・昭和60年）91頁・102頁や清永利亮他『工業所有権関係民事事件の処理に関する諸問題』（平成6年）26頁及び164頁〔清永利亮〕をはじめとする、特許権侵害訴訟に携わる実務家が執筆した数多くの論稿で確認できる。

ないという問題を生じる。

　そこで、特許法は、特許出願と端緒とする特許権付与手続において特許審査を行わせ、特許庁に特許権付与の適法性（特許権の有効性）を確認させることにより、問題の発生自体を予防することとしている（特許法49条）。しかし、特許審査にも事実上の物的・時間的制約が存在していることを念頭に置くと、全ての問題の発生を予防することは少なからず困難であろうことは想像に難くない。そこで、特許法は、特許権付与後に問題が顕在化した場合に備え、特許異議（特許法113条）ならびに特許無効審判（特許法123条）という、特許権の有効性を事後的に審理・判断する手続を設け、問題を解消する途を用意している[*5]。

　ところが、特許法はこれ等の手続を特許庁の職務とする（特許法113条、131条）と共に、その専権に係る事項としている（特許法178条6項）。そのため、特許権侵害訴訟を担当する裁判所は、特許権の有効性を審理・判断する権限を有しておらず、特許権の有効性に係る判断を基礎として判決を示すことを許容されていないと理解されてきた[*6]。この理解の下では、特許権の効力を及ぼすべきではないと特許法上位置付けられている技術が「特許請求の範囲」に記載されている事実が特許権侵害訴訟において判明した場合、当該訴訟を担当する裁判所は訴訟当事者による上記の手続の利用を待つ必要が生じ[*7]、手続が利用されない限り、特許権の効力を及ぼすべきではない技術に対する特許権の行使を許容するという、妥当性を欠く結論を示さなければならなくなるとの問題が残されることとなった[*8]。

　この残された問題に対して、最高裁は、特許権の効力を及ぼすべきではない技術が特許発明の技術的範囲に含まれないよう、「特許請求の範囲」にもとづ

[*5]　訂正審判（特許法126条）等も同趣旨の手続と考えられる。
[*6]　大判明治37年9月15日刑録10輯1679頁、大判大正6年4月23日民録23輯654頁
[*7]　特許法は、特許無効審判等が利用された場合、特許権侵害訴訟の手続を中止できる旨を設け（特許法168条2項）、裁判所が採るべき対応を規定する。
[*8]　前（*7）で述べたように、特許法は特許権侵害訴訟の手続を中止できる旨を設けてはいるものの（特許法168条2項）、同規定の活用は実際上困難であることが、特許権侵害訴訟の実務に携わる者の立場から指摘されている（大場正成「特許侵害訴訟における均等の問題」原増司判事退官記念『工業所有権の基本的課題（上）』（有斐閣・昭和46年）383頁・404頁、同・「特許の無効と侵害」知的財産研究所『知的財産の潮流』（信山社・平成7年）84頁・90頁、松本司「ダブルトラック制の改正論について」片山英二先生還暦記念『知的財産法の新しい流れ』（青林書院・平成22年）519頁・520頁参照）。

いて定まる技術的範囲より狭く特許発明の技術的範囲を導き出す、所謂「特許発明の技術的範囲の減縮解釈」(以下「減縮解釈」とする。)を導入する姿勢を示した[*9]。そして、裁判所は、従前、この「減縮解釈」を通じて、特許法上妥当性ある結論を導き出してきた[*10]。

しかし、その後、最高裁は「減縮解釈」の前提とされていた理解を改める旨を判示した[*11]。同判決は、特許権侵害訴訟を担当する裁判所が特許権の無効事由の存否を審理・判断できること、および、無効事由(特許法123条1項)の存在が明らかな場合、当該特許権にもとづく請求は権利濫用として許容されないとの一般論を述べた上で、具体的判断としても、無効事由の存在が明らかであることを理由に特許権の行使を許容しない旨を判示した。

さらに、これを受けてなされた特許法一部改正(平成16年法律120号)において、特許無効審判により無効にされるべき特許権の行使を許容しない旨を定める規定(特許法104条の3)を設け、所謂「特許無効の抗弁」を導入した。これにより、特許権侵害訴訟を担当する裁判所が特許権の有効性に係る判断を基礎として判決を示す権限を有することを特許法上明示した[*12]。

このような「特許無効の抗弁」の導入という特許権侵害訴訟をめぐる環境の変化を受けて、「減縮解釈」を否定する見解が示されている。これ等の見解は、「減縮解釈」の役割を「特許無効の抗弁」で代替できることを理由に、「減縮解釈」の必要性を疑問視する。そこで、次に、この点を見ていくこととする。

3．「特許無効の抗弁」による代替可能性

特許権の効力を及ぼすことを許容すべきではない技術が「特許請求の範囲」に含まれている場合の問題への対応として、従前、「減縮解釈」が利用されてきた。しかし、「特許無効の抗弁」の導入を契機として、「減縮解釈」を否定する見解が示されている。それ等の見解は「特許無効の抗弁」による代替可能性を理由として「減縮解釈」の必要性を否定する[*13]。

[*9] 最判昭和37年12月7日民集16巻12号2321頁、最判昭和39年8月4日民集18巻7号1319頁。
[*10] 前(*9)に掲げた判例は旧特許法(大正10年法律96号)の適用を受ける事件に対してではあるものの、最判昭和49年6月28日金融商事420号2頁は現行特許法(昭和34年法律121号)の下においてもその姿勢を踏襲することを確認する。
[*11] 最判平成12年4月11日民集54巻4号1368頁。
[*12] 近藤昌昭＝齋藤友嘉『知的財産関係二法・労働審判法』54頁(商事法務・平成16年)は、本改正が最判・前掲(*11)を受けてなされていることを明らかにする。

既述したように、特許権侵害訴訟を担当する裁判所が特許権の有効性に係る判断を基礎として判決を示すことは許容されないとの理解を前提に、特許権の効力を及ぼすべきではないと特許法上位置付けられている技術が「特許請求の範囲」に記載されている事実が特許権侵害訴訟において判明し、特許権の有効性に疑義が生じた際、当該訴訟を担当する裁判所が採るべき対応として「減縮解釈」が導入された。しかし、「特許無効の抗弁」が導入され、「減縮解釈」の前提とされた理解が改められたことで、「減縮解釈」の役割を「特許無効の抗弁」に代替することが可能となった。「減縮解釈」を否定する見解はこれを根拠としている。とりわけ、「特許無効の抗弁」が、「減縮解釈」と比較して、幅広い問題に対応できる点で優れていることに着目すると[*14]、「減縮解釈」の必要性は失われたと解されなくはない[*15]。

しかし、「特許無効の抗弁」の主張を受けてなされる裁判所の判断は特許権の有効性を対象としており、特許法上の効果（特許法125条）と結び付けられ易いと予想され一方で、特許法上の効果自体は特許権侵害訴訟と別個独立した手続の特許無効審判（特許法123条）により発生することから、両者の判断に齟齬が生じた場合に、特許権侵害訴訟判決の正統性が疑われる可能性がある[*16]。また、このような可能性があるにもかかわらず、齟齬が生じ、特許権侵害訴訟判決の前提となる事実が否定された場合の法的手当が設けられていない[*17]。そのため、特許権侵害訴訟の当事者が齟齬により生じる不利益を全て負担することとなる[*18]。

さらに、特許権侵害訴訟と特許無効審判とが並立することも少なくないこと

[*13] 例えば、大渕哲也「クレーム解釈と特許無効に関する一考察」日本弁理士会中央知的財産研究所『クレーム解釈論』（判例タイムズ社・平成17年）2頁・15頁、市川正己「特許発明の技術的範囲の確定について」牧野利秋他編『知的財産法の理論と実務第1巻』（新日本法規・平成19年）93頁・102頁（注1）、設樂隆一「特許発明の技術的範囲の解釈と公知技術について」牧野利秋他編・前掲書118頁・122頁、高部眞規子「クレーム解釈の将来」片山英二先生還暦記念『知的財産法の新しい流れ』（青林書院・平成22年）355頁・361頁、愛知靖之「クレーム解釈と侵害」専門訴訟講座『特許訴訟（上）』（民事法研究会・平成24年）234頁・247頁、塩月修平「技術的範囲（2）」牧野利秋＝飯村敏明他編『知的財産訴訟実務大系Ⅰ』（青林書院・平成26年）297頁・302頁等がある。
[*14] 大渕・前掲（*13）24頁。
[*15] この点に関する筆者の分析として、拙稿「特許発明の技術的範囲の減縮解釈」の現在的意義」専修ネットワーク＆インフォメーション8号（平成17年）33頁・38頁参照
[*16] 判断の齟齬が顕在化した事例として、例えば、知財高判平成20年7月14日判例時報2059号137頁がある。

を考慮すると、「特許無効の抗弁」の主張を受けてなされる裁判所の判断には極めて強い法的安定性が要求されることに気が付く[19]。したがって、特許権侵害訴訟を担当する裁判所は、特許権の有効性に関する判断を基礎として判決を示すことに、自ずと慎重にならざるを得ないと解される[20]。

もとより、特許権侵害訴訟で示される特許発明の技術的範囲に関する裁判所の判断も同一の特許権に係る異なる訴訟で齟齬が生じる可能性がある。しかし、特許権侵害訴訟の性質上、特許発明の技術的範囲に関する審理の焦点は、特許発明の技術的範囲それ自体ではなく、被疑侵害品等が特許発明の技術的範囲に属するか否かに合わせられており[21]、特許発明の技術的範囲に関する判断はその前提判断として求められるに止まる[22]。したがって、判断の齟齬が判決の結論の妥当性を損なうことはなく、この点において「特許無効の抗弁」の主張を受けてなされる裁判所の判断と異なる。

これ等に着目すると、訂正審判（特許法126条）等を請求する余地があり、

---

[17] 判断の齟齬が顕在化した場合の法的手当として、「特許無効の抗弁」の成否が争点となった訴訟において特許権が有効であることを前提に判決がなされた後、特許無効審判において特許権が無効となった場合、再審（民訴法338条1項8号）が可能とされていたものの（前[*16]参照）、平成23年特許法一部改正により排除された。この点に関する筆者の分析につき、拙稿「特許権侵害をめぐる訴訟と審判の交錯」日本工業所有権法学会年報35号57頁・62頁以下参照。

[18] 特許権の有効性について、特許権侵害訴訟と特許無効審判とに判断の齟齬が生じることの不利益は、訴訟当事者に帰すべき責任として捉えることも可能でなくはないものの、齟齬に対する法的手当がないことにより、特許権侵害訴訟判決ならびに特許制度に対する信頼が揺らぐことは否定できない。

[19] 「特許無効の抗弁」に関する判断において訂正の余地をどの程度考慮すべきかという問題のみを見ても、議論が収束していないことが窺われる。この点に関する近年の分析として、前田健・重判平成26年（平成27年）274頁、三村淳一・判時2274号＝判評683号（平成28年）168頁がある。

[20] 最判・前掲[*11]が、無効事由の存在が「明らか」であることを特許権の行使を許容しない要件として掲げたことは、特許無効の審決がなされることが確実視される場合にのみ特許権の行使を制限しようとする姿勢を示したものと理解できる（髙部眞規子・法曹時報54巻5号（平成14年）1513頁・1526頁参照）。

[21] 高林龍「特許法の要件事実論からの分析」法曹時報59巻11号（平成19年）3573頁・3589頁、3598頁は、このような理解を明らかにする。また、牧野・前掲[*4]102頁は、「特許請求の範囲」と被疑侵害品等との対比の結果として特許発明の技術的範囲が確定されると述べており、同様の理解にあると見受けられる。さらに、「減縮解釈」を否定する論者の中にも、このような意識にあることを窺わせるものがある（塩月修平「技術的範囲（１）」牧野＝飯村他編・前掲[*13]282頁・283頁ならびに294頁参照）。

[22] 特許権侵害訴訟の性質上、被疑侵害品等が特許発明の技術的範囲に含まれるか否かを証拠にもとづいて判断することができれば、仮に、特許発明の技術的範囲自体を確定できなくとも、訴訟に影響はない。清永・前掲[*4]164頁はこの趣旨と解される。

特許無効審判において特許権が無効とされるとは必ずしも断定できない場合や、「減縮解釈」が主張される典型例である、被疑侵害品等が特許権の効力を及ぼすべきではないと特許法上位置付けられている技術であることが判明した場合は、「特許無効の抗弁」による対応と比較して「減縮解釈」による対応が優れている。少なくとも、「特許無効の抗弁」をめぐる審理が特許権に関する事実のみに関心が寄せられることになるのに対し、「減縮解釈」をめぐる審理は被疑侵害品等に関する事実にも目を向けることとなる。それ故に、個別具体的事情に応じた判断が求められる特許権侵害訴訟に馴染み易く、また、事案を多角的視点から分析することとなり、妥当性ある解決への道筋を広げることを期待させる。

　もっとも、個別具体的事情に応じた判断を可能にするという「減縮解釈」の性質上、特許発明の技術的範囲の法的安定性を欠如させると共に、特許発明の技術的範囲と出願発明の要旨との不一致を招くとの懸念を生じさせる。「減縮解釈」を否定する見解はこれ等を弊害として位置付け、「減縮解釈」の妥当性も疑問視する[23]。そこで、以下では、これ等の点を概観しつつ、「減縮解釈」の妥当性を検証していくこととする。

4．特許発明の技術的範囲の法的安定性欠如

　「減縮解釈」を否定する見解は、「特許無効の抗弁」の導入を理由に「減縮解釈」の必要性を疑問視するのみならず、その妥当性も疑問視する。それ等の見解が根拠として挙げる「減縮解釈」の弊害の第1が、特許発明の技術的範囲の法的安定性の欠如である。

　前述のように、特許法は、特許発明の技術的範囲の明確化を図るため、特許権者（出願人）の責任において、特許発明の構成の全てを「特許請求の範囲」に記載させ（特許法36条5項）、「特許請求の範囲」にもとづいて特許発明の技術的範囲を確定すべき旨を確認し（特許法70条1項）、「特許請求の範囲」を特許公報に掲載すること（特許法66条3項4号）を通じて特許発明の技術的範囲を公示している[24]。これに対し、「減縮解釈」では「特許請求の範囲」から離

---

[23] 「減縮解釈」を否定する見解はさまざまな根拠を挙げるものの、概ね、本文で述べた2つの弊害を根拠としていると見ることができる。
[24] 「特許請求の範囲」を特許公報に掲載する趣旨については、特許庁編『工業所有権法（産業財産権法）逐条解説〔第19版〕』（発明推進協会・平成24年＝初版・昭和34年）219頁参照。

れて特許発明の技術的範囲を導き出すことから、前記特許法規定の下で「減縮解釈」を許容することは、特許発明の技術的範囲に関する予見可能性を低下させ、これ等の規定の趣旨を損なうとの批判を生じる余地がある[*25]。

もとより、特許権付与の時点で、特許権の効力を及ぼすべきではないと位置付けられる技術と「特許請求の範囲」とを確定できることに着目すると、減縮解釈を通じて導き出される特許発明の技術的範囲を画一的に定めることは可能であるから、特許発明の技術的範囲の法的安定性は確保されていると言うことはできる。

しかし、「減縮解釈」が特許権侵害訴訟でなされる以上、その判断の基礎となる資料は訴訟当事者に依存する。被疑侵害品等が特許権の効力を及ぼすべきではないと特許法上位置付けられている技術であるとの状況下で「減縮解釈」が主張される傾向が強いことに鑑みると、「減縮解釈」を通じて導き出される特許発明の技術的範囲が被疑侵害品等に応じて異なる蓋然性が高くなることは否定できない[*26]。とりわけ、「特許請求の範囲」にもとづいて定まる技術的範囲全体が特許権の効力を及ぼすべきではないと位置付けられる場合、事案に応じて特許発明の技術的範囲が異なることは避け難い[*27]。

これ等の点に着目すると、「減縮解釈」を否定する見解に対して一定の理解を示すことができる。

もっとも、「減縮解釈」は、特許権に関わる実務一般で利用されるものではなく、特許権侵害訴訟においてのみ利用される。また、「減縮解釈」を通じて導き出される特許発明の技術的範囲は判決理由中の判断であるに止まり、既判力をもって確定される事柄でもなく（民訴法114条1項）、その他法的効力を生じさせるものでもない。それ故に、「減縮解釈」を利用することで特許発明の技術的範囲が事案に応じて異なることにより不都合は生じないと言うことができる[*28]。したがって、特許発明の技術的範囲の法的安定性の欠如は必ずしも「減

[*25] 愛知靖之「発明の要旨認定と技術的範囲画定におけるクレーム解釈の手法」中山信弘先生古稀記念『はばたき』（弘文堂・平成27年）271頁・284頁。また、「減縮解釈」を通じて目指される解決の妥当性は、「減縮解釈」を否定する論者も肯定することから（例えば、大渕・前掲（*13）18頁、愛知・前掲（*13）246頁参照）、「減縮解釈」に法的根拠がないとの批判（大渕・前掲（*13）14頁）も、「減縮解釈」が特許発明の技術的範囲に関する特許法規定（特許法36条5項、70条1項）に即していないことを批判するものと理解できる。
[*26] この点を指摘するものとして、例えば、大渕・前掲（*13）25頁がある。
[*27] 大渕・前掲（*13）26頁。
[*28] 拙稿・前掲（*15）38頁。

縮解釈」を否定する根拠とはなり得ない。

　もとより、特許発明の技術的範囲には、特許権侵害訴訟だけでなく、特許権に関わる通常の企業活動においても強い関心が寄せられている。したがって、公的機関である裁判所により確定された特許発明の技術的範囲が企業に少なくない影響を与えると予想されることから、判決理由中の判断ではあるものの、特許権侵害訴訟において確定される特許発明の技術的範囲が画一的であることが望ましいことは否定できない[29]。

　しかし、訴訟の主たる機能は、当事者間の法律上の争訟（裁判所法3条）を法的に妥当性ある解決へと導くところにある[30]。このことは特許権侵害訴訟にも当て嵌まる。したがって、特許権侵害訴訟で確定される特許発明の技術的範囲が個別具体的事情に左右されることなく画一的であるべきとの要請があるとは言え、特許権侵害訴訟では、特許権の効力を及ぼすべきではないと特許法上位置付けられている技術に対する特許権の行使を許容しないという、妥当性ある解決を導くことが優先される。とりわけ、「減縮解釈」を通じて目指される解決の妥当性は特許法に裏付けられており[31]、特許権侵害の成否を判断する枠組としてはむしろ一貫性を高めることに寄与する。この点に着目すると、「減縮解釈」を利用することにより事案に応じて特許発明の技術的範囲が異なるとの結果を招来することは特許権侵害訴訟における裁判所の判断という性質上やむを得ない事柄として甘受すべきと考える[32]。

---

[29] 拙稿・前掲（*15）38頁。なお、「特許無効の抗弁」に関する判断も「減縮解釈」に関する判断と同様に法的安定性を要求することは異ならず、この要請に応えるには、所謂「自由技術の抗弁」のように被疑侵害品等の性質自体を根拠とする途を許容することが望ましいことを併せて指摘した。

[30] 法解釈が妥当性ある解決を志向するものであることはかねてから指摘されており（例えば、我妻栄『民法総則』（岩波書店・昭和5年）28頁参照）、特に論を待たないと思われる。また、民事訴訟の機能としてこの点を意識的に指摘するものに、梅本吉彦『民事訴訟法〔第4版〕』（信山社・平成21年＝初版・平成14年）3頁、7頁がある。

[31] この点は「減縮解釈」を否定する論者も認める（前（*25）参照）。また、大渕哲也「統一的クレーム解釈論」牧野利秋先生傘寿記念『知的財産権 法理と提言』（青林書院・平成24年）206頁・208頁は「減縮解釈」が結論先行的な判断していると批判し、その姿勢を、著作権法に関する判決である、最判昭和63年3月15日民集42巻3号1999頁と同視する。しかし、同判決の結論が著作権法の規定に裏付けられているかに関して議論の余地が少なくないことに照らすと、「減縮解釈」の趣旨を看過していると見受けられる。

[32] 竹田稔「発明の要旨認定とクレームの記載」小野昌延先生喜寿記念『知的財産法最高裁判例評釈体系Ⅰ』（青林書院・平成21年）446頁・454頁、吉原省三「クレーム以外の訂正によるクレームの減縮」小野喜寿・前掲書456頁・463頁。

特許権侵害訴訟の実務に目を向けると、この方向性で審理が進められていることが窺われ、そのことを「減縮解釈」を否定する見解も肯定的に受け入れている場合も少なくない。例えば、「減縮解釈」と同様、特許発明の技術的範囲を「特許請求の範囲」より狭く導き出す手法として、所謂「出願経過禁反言」が提唱されているところ[*33]、「減縮解釈」を否定する見解はこれを許容する方向にあるように見受けられる[*34]。また、「減縮解釈」を否定する見解は、特許権の効力を及ぼすべきではないと特許法上位置付けられている技術として自由技術（特許法29条）を念頭に置いた主張を展開する[*35]。しかし、特許権の効力を及ぼすべきではないと特許法上位置付けられている技術としては、自由技術の他、明細書の「発明の詳細な説明」に記載されていない技術（特許法36条6項1号）もあるところ、これ等については「減縮解釈」による対応をむしろ積極的に肯定する姿勢を示している[*36]。

5．特許発明の技術的範囲と出願発明の要旨との不一致

「減縮解釈」を否定する見解が根拠とする弊害の第2は、特許発明の技術的範囲と出願発明の要旨との不一致である。

特許法は、特許権付与に先立ち、特許審査を行うこととし（特許法49条）、その中で、出願発明を特許権の対象とすることの適法性（特許権の有効性）を確認させる[*37]。この特許権付与の枠組からは、特許審査において出願発明として位置付けられたものを、特許権付与後に特許発明として位置付けることが素直である。そして、特許審査実務では出願発明の要旨を「特許請求の範囲」の記載のみにもとづいて認定していることから[*38]、特許発明の技術的範囲も、出願発明の要旨認定と同様、「特許請求の範囲」のみにもとづいて確定すべきとの結論が導かれる[*39]。

[*33] もっとも、「出願経過禁反言」は、所謂「自由技術の抗弁」と同様に、被疑侵害品等の性質を根拠とする主張と捉えることも可能であり、特許発明の技術的範囲の問題として位置付けるべきかについては議論の余地があると考える。なお、「出願経過禁反言」を分析した近年の論稿として、西井志織「保護範囲画定の局面における出願経過の位置付け」日本工業所有権法学会年報37号29頁がある。
[*34] 大渕・前掲（*31）222頁、愛知・前掲（*13）242頁等がある。
[*35] 前掲（*13）に掲げた各論稿は自由技術（特許法29条）を念頭に置き、「減縮解釈」を否定する。
[*36] 大渕・前掲（*34）229頁、愛知・前掲（*13）244頁等を参照。
[*38] 最判平成3年3月8日民集45巻3号123頁。

しかし、「減縮解釈」は特許発明の技術的範囲を「特許請求の範囲」の記載から離れて確定するものであり、「特許請求の範囲」にもとづいて定まる技術的範囲より狭く特許発明の技術的範囲を導き出すものであるから、出願発明と特許発明とを異なるものとして把握することになる。そのため、上記の結論と整合性を欠くこととなる。「減縮解釈」を否定する見解はこの点を根拠にしているものと見られる[40]。

　さらに、「減縮解釈」を否定する見解は、この不整合によりもたらされる不利益を指摘する。一つは、特許審査の性質に照らすと、出願発明を特許権の対象とすることの適法性（特許権の有効性）を示す努力を特許権者（出願人）に要求することになるところ、「減縮解釈」を通じて特許発明の技術的範囲が出願発明の要旨よりも狭く導き出されることは、特許権者の立場から見ると、その努力に見合った特許権行使の機会が得られないという不利益を被らせると述べる[41]。もう一つは、現在導入されている「特許無効の抗弁」は特許権の有効性の判断を求める主張であり、その審理においては、出願発明の要旨認定に即して「特許請求の範囲」を解釈することとなるため、「減縮解釈」を許容することは、同一の訴訟手続において、審理内容に応じた「特許請求の範囲」の解釈基準の変更が求められることとなり、特許権侵害訴訟を混乱させると懸念する[42]。

　これ等の指摘のみに着目すると、「減縮解釈」を導入することは「特許請求の範囲」にもとづいて特許発明の技術的範囲を確定するという特許法の枠組を損なうとして、「減縮解釈」を否定することに妥当性があるように見えなくもない。しかし、「減縮解釈」の趣旨に鑑みると、これ等の見解の妥当性に疑問を覚える。

　特許法は、特許出願時に出願発明の構成の全てを「特許請求の範囲」に記載させ（特許法36条5項）、特許審査において出願発明を特許権の対象とするこ

---

[39]　後述のように、構成要件説はこの理解に根ざしたものと言える。
[40]　「減縮解釈」を否定する代表的論稿と見られる大渕・前掲（*34）219頁は、出願発明の要旨認定の場面と特許発明の技術的範囲の確定の場面とで「特許請求の範囲」の解釈が異なることが「解釈の本質からして背理」と述べる。他方で、近藤恵嗣「技術的範囲と発明の要旨認定」小野先生喜寿・前掲（*32）483頁・489頁のように、特許権侵害訴訟という一つの手続の中で、出願発明の要旨認定のと特許発明の技術的範囲の確定とを行う必要が生じたことから、両者を「使い分けることができない」と述べるに止まるものもある。
[41]　大渕・前掲（*34）222頁。
[42]　設樂・前掲（*13）122頁。

との適法性(特許権の有効性)を確認させ(特許法49条)、特許権付与後に「特許請求の範囲」にもとづいて特許発明の技術的範囲を確定すべきことを規定する(特許法70条1項)。これ等の規定から、「減縮解釈」を否定する見解の指摘を待つまでもなく、特許法が特許発明の技術的範囲と出願発明の要旨との一致を前提としていることは明らかである。したがって、特許発明の技術的範囲も、出願発明の要旨認定と同様、「特許請求の範囲」のみにもとづいて確定すべきとの理解は特許法に即した素直な結論であり、実際に、この理解は既に特許実務に広く浸透している。

具体的に見ると、特許発明の技術的範囲の属否の判断において構成要件説を基調とすることは特許発明の技術的範囲に関する規定(特許法36条5項、70条1項)を遵守したものである[*43]。また、特許審査において出願発明の要旨を「特許請求の範囲」の記載のみにもとづいて認定することは、「特許請求の範囲」記載の構成を有する発明を特許権の対象とすることの適法性(特許権の有効性)を確認するものであるから、構成要件説の下で特許発明の技術的範囲の属否の判断する基盤を形成し、その妥当性を保障するものと言える[*44]。

しかし、前述のように、特許権の効力を及ぼすべきではないと特許法上位置付けられている技術が「特許請求の範囲」に記載されている事実が特許権侵害訴訟において判明した場合に、当該訴訟を担当する裁判所が妥当性ある結論を導くべく「減縮解釈」は導入された。このことは、特許審査が諸般の事情で充分機能せず、特許発明の技術的範囲を出願発明の要旨と一致するものとして捉えることの妥当性が保障されていると言えず、上記の理解を前提とすることができない場合に、特許権侵害訴訟を担当する裁判所が採るべき対応として「減縮解釈」が導入されていることを意味する。それ故に、特許発明の技術的範囲と出願発明の要旨との不一致が生じることを根拠に「減縮解釈」を否定することは、「減縮解釈」の趣旨を看過するものと言わざるを得ない。

もとより、前述のように、「減縮解釈」を否定する見解は、「減縮解釈」により生じる特許発明の技術的範囲と出願発明の要旨との不一致が、特許権者に不利益を被らせると懸念する[*45]。しかし、この特許権者の不利益は、特許権の効力を及ぼすべきではないと特許法上位置付けられている技術が自己の特許権

[*43] 前(*4)参照
[*44] 最判・前掲(*38)はこの理解を前提とすると考える。
[*45] 前(*40)参照

に係る特許発明の技術的範囲に含まれないというものである。したがって、この不利益は特許法上予定されており[*46]、その発生を予防する、もしくは、救済の対象とする必要はない。

また、既に述べたように、「特許無効の抗弁」が導入された現在、「減縮解釈」を許容することは特許権侵害訴訟における「特許請求の範囲」の解釈基準に混乱をもたらすとの懸念も示されている[*47]。しかし、「特許無効の抗弁」も「減縮解釈」もいずれも訴訟という裁判所の訴訟指揮の下にある手続で利用されることから[*48]、このような懸念が顕在化するかについて疑義なしとしない。また、少なくとも、訴訟当事者に対し、主張・立証内容を明確に意識した訴訟活動を展開することを促すことを意味するため、迅速に妥当性ある事案の解決を図るという訴訟に対する要請に応えることに繋がると考える。

6．結びに代えて─特許発明の技術的範囲と出願の要旨との関係─

特許権侵害訴訟において「減縮解釈」が採用されてきた中で、「特許無効の抗弁」の導入を受け、「減縮解釈」を否定する見解が示されるようになった。本稿では、これ等の見解を手がかりに「特許発明の技術的範囲の減縮解釈」の現在的意義を検討した。そして、「特許無効の抗弁」の限界に照らすと、現在も「減縮解釈」固有の役割が存在すること、また、「減縮解釈」の趣旨および機能に照らすと、「減縮解釈」の弊害とされる、特許発明の技術的範囲の法的安定性の欠如、ならびに、特許発明の技術的範囲と出願発明の要旨との不一致とは、受け入れるべき事柄であることを確認した。したがって、特許権侵害訴訟において特許法上妥当性ある結論を追求する限り、今後も「減縮解釈」を採用することが望ましいと言える[*49]。

さらに、「減縮解釈」と同様、特許発明の技術的範囲を「特許請求の範囲」より狭く導き出す手法として「出願経過禁反言」等が提唱され[*50]、これとは

[*46] 例えば、特許無効審判が請求されている場合、特許権者は訂正請求（特許法134条の2）等で対応する必要に迫られる。
[*47] 前（*42）参照。
[*48] 裁判所による訴訟指揮の詳細については、梅本・前掲（*30）428頁参照。
[*49] 森義之「特許発明の技術的範囲の確定」牧野利秋＝飯村敏明編『知的財産関係訴訟法』（青林書院・平成13年）158頁・166頁、高林龍「統合的クレーム解釈論の構築」中山信弘先生還暦記念『知的財産法の理論と現代的課題』（弘文堂・平成17年）175頁・181頁。
[*50] 前（*33）参照。

反対に、「特許請求の範囲」より広く導き出す手法として、所謂「均等論」が許容されている[*51]。このことは、特許発明の実質的価値に応じた保護を図るため、特許発明の技術的範囲を「特許請求の範囲」の記載から離れて確定する要請があり、出願発明の要旨認定と特許発明の技術的範囲の確定とを意識的に区別する必要性を認識させる。具体的には、出願発明の要旨認定においては、現在の特許実務においてなされているように、「特許請求の範囲」が特許発明の実質的価値の範囲内に止まることを確認すると共に、特許発明の技術的範囲に関する特許法規定（特許法36条5項、70条）の趣旨が遵守される法的基盤を形成するという視点から「特許請求の範囲」を解釈すべきこととなる[*52]。これに対し、特許発明の技術的範囲の確定においては、特許発明の技術的範囲に関する特許法規定（特許法36条5項、70条）の趣旨を遵守することに限界があるとの事実を真摯に受け止め、特許発明の実質的価値に応じた特許発明の技術的範囲を導き出すという視点から「特許請求の範囲」を解釈すべきこととなる[*53]。そして、このような視点を持つことが、産業の発達という特許法の理念と整合性のある「特許請求の範囲」の解釈に繋がるものと考える[*54]。

※本研究は2015年度東京経済大学共同研究助成費（研究番号D15-01）を受けた研究成果の一部である。

[*51] 最判平成10年2月24日民集52巻1号113頁。
[*52] 最判・前掲（*38）はこの姿勢にあることを明らかにする。
[*53] このような姿勢の重要性は拙稿・前掲（*17）72頁においても指摘した。
[*54] 牧野利秋「クレーム解釈覚書」高林龍＝三村量一他編『知的財産法学の歴史的鳥瞰』（日本評論社・平成24年）51頁・65頁。

先使用権制度における知得経路の正当性要件について

麻生 典

1．はじめに

　我が国特許法79条は「特許出願に係る発明の内容を知らないで自らその発明をし、又は特許出願に係る発明の内容を知らないでその発明をした者から知得して」と規定し、先使用権の発生要件として、実施している発明の知得の経路を問題としている。

　大正10年法[1]下では「善意ニ」と規定されていたことから、様々な解釈が提示されることとなり[2]、「既に事業設備をもって実施中の者が第三者の出願前に第三者の出願を知った場合又、前に発明をした者が第三者の出願を知ってから事業設備を作って発明を実施した場合はどうなるかはっきりしない」として[3]、現行法への改正に至っている[4]。

　かかる改正の経緯から、現行法の規定は単に知得の正不正判断のメルクマールとして創作者を基準としているのであって、善意と評価される典型的な場合を一般的に規定したにすぎないと解釈されている[5]。それゆえ、知得の経路が同一であっても、一般に冒認出願の場合には先使用権の発生が認められている[6]。

　しかし、改正により善意要件の明確化を図ったにもかかわらず、現行法の解釈論において知得経路の正当性要件を善意の一例に過ぎないと解するのであれば、結局その明確性が確保されたとは言い難い。実際、知得経路が同一であっ

---

[1] 本稿で現行法とは昭和34年法律第121号を言い、明治42年法とは明治42年法律第23号を言い、大正10年法とは大正10年法律第96号を言う。
[2] 松尾和子「判批」判タ244号（1970年）93頁。
[3] 荒玉義人文庫九（工業所有制度改正に関する措置事項の一三四）。
[4] 特許庁編『工業所有権制度改正審議会答申説明書』（発明協会、1957年）29頁。
[5] 内田他『特許法セミナー（2）』（有斐閣、1970年）806頁以下、松尾・前掲注（2）93頁、飯田秀郷「先使用権（1）－発生要件事実」牧野利秋編『裁判実務大系9 工業所有権法』（青林書院、1985年）310頁、吉藤幸朔著（熊谷健一補訂）『特許法概説〔第13版〕』（有斐閣、1998年）579頁。

て冒認でない場合、例えば特許を受ける権利を他人に譲渡した発明者に先使用権の発生が認められるか等については、見解が割れている[7]。

そこで、本稿は、我が国の先使用権の発生要件の一つである知得経路の正当性要件について考察しようとするものである。

2．裁判例
（1）大正10年法下の裁判例

善悪要件について明治42年法下の裁判例は見当たらず、学説でも議論されていないことから、大正10年法下の「善意」の検討から始める。

大正10年法下では、条文上「特許出願ノ際現ニ善意ニ」と規定されていたことから、その「善意」が何を意味するのかが検討されてきた。

ア　「善意トハ出願権利者ノ権利ヲ害スルコトヲ知ラサルヲ謂ヒ」

この見解は大判昭和9年11月15日大審院裁判例集8巻民事269頁で示されたものである。「出願権利者ノ権利」が何を意図しているかは不明確であるが、判決文中では同時に「考案ヲ公知公用ノモノト信シ」としており、その利用が権利侵害となることを知らないとしている点で、「不正の意思なく」を意味するものと捉えられている[8]。

また、この見解に属するものとして、「他人カ既ニ實用新案ノ登録ヲ出願シタル考案ヲ其ノ他人ノ許諾ヲ得スシテ實施スル者ノ如キハ其ノ考案其ノモノニ付善意ノ實施者トシテ實施權ヲ有セサルハ勿論」と述べるものや[9]、「登録を受ける権利を害する意思をも」つ場合には善意にはあたらないと述べるもの[10]が

---

[6]　中山信弘「判批」ジュリ447号（1970年）139頁、豊崎光衛『工業所有権法〔新版増補〕』（有斐閣、1980年）256頁、盛岡一夫「先使用権の要件と範囲」東洋法学第30巻第1・2合併号（1987年）208頁、同「先使用権とノウ・ハウ」染野古稀記念『工業所有権－中心課題の解明』（勁草書房、1989年）178頁、吉藤・前掲注（5）579頁、仙元隆一郎『特許法講義〔第4版〕』（悠々社、2003年）210頁。当該立法に疑問を提示しつつ、松本重敏「先願主義と先使用権」原退官記念『工業所有権の基本的課題』（有斐閣、1971年）483頁、中山信弘編『注解特許法（上巻）〔第3版〕』（青林書院、2000年）846頁以下［松本＝美勢］、中山信弘＝小泉直樹編『新・注解特許法（上巻）』（青林書院、2011年）1250頁［森崎＝岡田］、土肥一史『知的財産法入門〔第14版〕』（中央経済社、2013年）208頁、中山信弘『特許法〔第3版〕』（弘文堂、2016年）537頁。条文を限定的に捉えるものとして、村井麻衣子「判批」知的財産法政策学研究13号（2006年）234頁。

[7]　肯定説として中山・前掲注（6）ジュリ139頁。吉藤・前掲注（5）580頁。否定説として田村善之『知的財産法〔第5版〕』（有斐閣、2010年）288頁。

[8]　平田慶吉「工業所有権法における先使用権について」民商法雑誌11巻2号（1930年）205頁。

[9]　大判昭和13年7月8日大民集17巻1379頁。

ある。
イ 「先願アル事實ヲ知ラスシテ」
　この見解は大判昭和13年2月4日大民集17巻1号37頁で示されたものであり、他人への害意を問題とせず、先願の存在の知不知を問題としている。
ウ「意匠の考案が自己に帰属するものと信じ、したがつて、それが他人に帰属することを知らないで」
　この見解は最判昭和44年10月17日民集23巻10号1777頁「地球儀型トランジスターラジオ受信機事件」[11]で示されたものであり、原審で示された見解が是認されたものである[12]。本説は意匠の考案自体に着目し、その帰属の知不知を問題としている。

（2）現行法下の裁判例

　現行法は、「特許出願に係る発明の内容を知らないで自らその発明をし、又は特許出願に係る発明の内容を知らないでその発明をした者から知得して」と規定している。そのため、知得経路が異なる場合に先使用権が発生することは明らかであるが、知得経路が同一の場合に先使用権の発生が認められるのかは不明瞭であり問題となる。
ア　札幌高判昭和42年12月26日下民集18巻11・12号1187頁
　本事案は、人を介して特許発明の内容を知り実施していた者に先使用権の発生を認めた事例である。ここでは、知得経路が同一の場合に先使用権の発生を肯定しているが、どのような解釈の下にそのような結論に至ったのかは何ら示されていない。
イ　大阪地判昭和52年3月11日無体裁集9巻1号222頁
　本事案は、冒認者に特許権が付与されていた場合において、真の発明者から発明の内容を知り実施していた者に先使用権の発生を認めた事例である。ここでも、知得経路が同一の場合に先使用権の発生を肯定しているが、条文の文言から外れる点についての解釈は示されていない[13]。

---

[10]　東京地判昭和36年12月23日下民12巻12号3176頁。
[11]　最高裁判決の解説として奥村長生「判解」最高裁判所判例解説民事篇昭和44年度（1972年）655頁。
[12]　東京高判昭和41年9月29日民集23巻10号1796頁。そこでは「他人に帰属することを知らないで」とされる。

（3）小括

このように、現行法下の裁判例では、知的経路の正当性について知得経路が同一の場合に条文の文言から外れることについての検討はなされていない。一方、大正10年法下の裁判例では、各事案の事情に鑑みつつ、善意要件について様々な見解が示されていたと評価されよう。

3．学説
（1）大正10年法下の学説

学説では、善意要件について種々の見解が存在していた。

ア　出願の事実を知らないこと[14]

本見解は、前掲大判昭和13年2月4日（2.（1）イ）と同じ観点に立つものである。この見解については、事業設備等を有した後に、偶然他人の出願の事実を知った場合にも先使用権の発生が否定されることへの批判があった[15]。また、出願の事実を知らなければ、第三者の創作や出願人の創作を不正に知得した場合であっても先使用権の発生が肯定されることへの批判もあった[16]。

イ　出願者の創作が存在することを知らないこと[17]

当時の学説の通説的見解は、善意とは「出願者の創作が存在することを知らないこと」が必要であるとするものである[18]。これについても、偶然他人の出願に係る創作の存在を知った場合に先使用権の発生が否定されることへの批判があった[19]。また、共同発明者の一方が無断で出願した場合、出願権を他人に

---

[13] 東京地判平成13年1月30日（平11(ワ)9226号）も同様の事案において冒認された者に先使用権の発生を肯定するが、知得経路の正当性要件が問題となるとは述べていない。
[14] 藤江政太郎『改正特許法要論』（巖松堂書店、1922年）99頁。
[15] 豊崎・前掲注（6）256頁、中山信弘「判批」法学協会雑誌87巻11号・12号（1970年）1093頁。古くは平田・前掲注（8）204頁以下、竹内賀久治『特許法』（巖松堂書店、1938年）408頁。
[16] 松尾・前掲注（2）93頁。
[17] 三宅發士郎『特許法講義』（帝国発明協会、1926年）146頁、清瀬一郎『特許法原理〔改訂再版〕』（巖松堂、1929年）143頁以下、吉原隆次『特許法詳論』（有斐閣、1927年）151頁、田中清明『特許実用新案意匠商標法論』（巖翠堂書店、1935年）85頁、夢優美『條解工業所有権法』（博文社、1952年）133頁、森林稔「先使用権制度の存在理由」石黒・馬瀬還暦記念『工業所有権法の諸問題』（法律文化社、1972年）169頁。渡辺宗太郎『工業所有権法要説』（有斐閣、1963年）75頁もこの見解に属するであろう。
[18] 松尾・前掲注（2）93頁。
[19] 平田・前掲注（8）203頁以下、安達祥三『現代法學全集第32巻 特許法』（日本評論社、1930年）396頁、豊崎・前掲注（6）256頁、中山・前掲注（15）1093頁。

譲渡した者が自らも実施を継続していた場合[20]、冒認の場合等に、先使用権の発生が否定されることへの批判もあった[21]。さらに、発明者の同意を得て実施していた場合にも先使用権の発生が排斥されることへの批判があった[22]。
ウ　不正の意思のないこと[23]
　本見解は、事案に応じて不正の意思の有無を判断するものである。
エ　創作が自己に帰属するものと信じ、他人に帰属することを知らないこと[24]
　本見解は、前掲最判昭和44年10月17日（2．（1）ウ）と同じ観点に立つものである。
オ　善良なる風俗に反せざるの意[25]
　本見解によると、発明者が試験等を意図して他人に発明を示し、その他人が試験等を拒否しながらその発明を自ら実施した場合等には先使用権の発生が否定され[26]、出願人から正当に発明を教示された場合には先使用権の発生が肯定される[27]。

（2）現行法下の学説

　現行法の規定は、条文の文言上、実施している発明の知得の経路を問題としているが、その改正の経緯から、学説においては単に知得の正不正の判断のメルクマールとして創作者を基準としたにすぎず、善意といえる典型的な場合を一般的に規定したにすぎないと評価されている[28]。特に冒認の場合を念頭において、先使用権の発生を二重発明の場合に限定するような制限的解釈は適当でないというのが多数説の立場である[29]。

　なお、出願権を譲渡した発明者や出願人から発明の内容を知らされて実施し

---

[20]　渋谷達紀「判批」経済法13号（1970年）28頁。
[21]　中山・前掲注（15）1093頁。
[22]　星子末雄『特許発明論』（大同書院、1935年）397頁。
[23]　平田・前掲注（8）204頁、永田菊四郎『工業所有権論』（富山房、1950年）496頁、紋谷暢男「判批」ジュリ323号（1965年）126頁、仙元隆一郎「判批」民商63巻6号（1971年）141頁。
[24]　井藁正一『特許法概論』（巌松堂書店、1928年）175頁、竹内・前掲注（15）287、408頁、播磨良承「判批」企業法研究180号（1970年）39頁。渋谷・前掲注（20）28頁もここに属するといえよう。
[25]　星子・前掲注（22）397頁。
[26]　星子・前掲注（22）397頁以下。
[27]　星子・前掲注（22）402頁。
[28]　松尾・前掲注（2）93頁。
[29]　注（6）の文献参照。

ていた先使用者に関しては、契約で処理すべきであって、先使用権をむやみに発生させる必要はないとする見解も存在する[30]。

（3）小括

このように、大正10年法下の学説では種々の見解が乱立しており[31]、当時の通説的見解であった３．（１）イ説への批判を回避するために３．（１）ウ説や３．（１）エ説が提唱されるようになり、その後混沌とした状況を改善するために現行法の規定に改正されたのである[32]。

しかし、現行法の多数説のように現行法の知得経路の正当性要件を善意の一例と解釈するのであれば、結局、改正の目的は達成されておらず、依然として不明確性の問題が残ることとなる。

４．二重発明の要求

我が国の先使用権制度は、条文の文言からすると、複数の者が独立して同一内容の発明をした場合、すなわち、二重発明の場合を想定して規定しているかのようである。ドイツでも議論が錯綜していた点であるが、この二重発明の要件と知得経路の正当性の要件とは別個のものとして議論されるべきである[33]。

例えば、違法な手段で発明を知得した場合であっても、独立して同一内容の発明を完成させた第三者から知得したのであれば、我が国特許法79条の「特許出願に係る発明の内容を知らないでその発明をした者から知得して」という要件を文言上は満たすと解釈することもできる。二重発明に限定したとしても、違法な手段による発明の知得という場面が考えられるのである。

ドイツでは、先使用権の発生要件として二重発明が絶対的に要求されていたわけではなく[34]、むしろ現在では、条文上（ドイツ特許法12条１項第４文）二重発明の必要性は否定されている。また、フランスでも、いわゆる人的先占有

---

[30] 飯田・前掲注（5）311頁、田村・前掲注（7）288頁。反対説として仙元・前掲注（23）140頁。
[31] ３．（１）アとイ説、３．（１）ウとエ説を一括りにする見解として中山・前掲注（20）1093頁。３．（１）ウエオ説まで一括りにするものとして平田・前掲注（8）204頁。
[32] 松尾・前掲注（2）93頁。
[33] 拙稿「ドイツにおける先使用権制度の主体的範囲」パテント66巻４号（2013年）66頁。
[34] 拙稿「先使用権の発生主体－発明者権との関係－」法学政治学論究77号（2008年）161頁以下。

権の発生要件として二重発明は要求されていない[35]。一方、我が国の学説では、現行法の条文構造から先使用権の発生要件として二重発明が要求されているとする見解もあったが[36]、二重発明の必要性を否定している見解が多いようである[37]。

やはり、我が国の先使用権の発生要件として二重発明が絶対的に要求されると解釈することは困難であろう。先使用権制度の趣旨を「正当な先使用者によって創出された産業的占有状態の保護」であると考えるならば[38]、先使用権の発生は二重発明の場合に限定されるものではない。また、現行法の文言上、あたかも二重発明であることが要求されているかのようにも読めるが、あくまで大正10年法下で不明確であった「善意」要件を明確化しようとした結果採用された文言にすぎず、二重発明の場合を意図して規定したものではないと考えるべきであろう。

なお、当事者間の契約が介在する同一系統の発明の場合については、先使用権の問題ではなく契約解釈の問題と捉え、先使用権の発生を否定する学説があるが[39]、そのような契約解釈の問題は、知得経路の正当性の解釈において反映すれば足り、所定の要件を満たせば当然に発生する法定通常実施権の発生を一律に否定するのは適切ではないと思われる。

5．知得経路の正当性の意味

現行法への改正の際に先使用権の発生要件を大正10年法より厳格にしようとした意図は見受けられない[40]。また、先使用権制度の趣旨を「正当な先使用者によって創出された産業的占有状態の保護」と捉えるのであれば、発明の知得

---

[35] 拙稿『先使用権の主体的範囲-フランス法と日本法との比較-』特許庁委託平成21年度産業財産権研究推進事業（平成21～23年度）(2011年) 6頁以下。
[36] 長沢幸男「第一九 先使用権 (Q40)」『特許・実用新案の法律相談』（青林書院、2002年）260頁、中平健「その余の抗弁-先使用」高部眞規子編『特許訴訟の実務』（商事法務、2012年）171頁。
[37] 注（6）の文献参照。
[38] 拙稿「先使用権制度の趣旨」慶應法学29号（2014年）267頁。
[39] 土井輝夫「判批」『特許判例百選〔第1版〕』165頁（有斐閣、1966年）、飯田・前掲注（5）311頁、竹田和彦『特許の知識〔第8版〕』469頁（ダイヤモンド社、2006年）401頁、田村善之＝増井和夫『特許判例ガイド〔第3版〕』231頁［田村］（有斐閣、2005年）（ただし、第4版（2012年）239頁では当該部分の記述は削除されている）、飯村敏明＝設楽隆一編『知的財産関係訴訟法』（青林書院、2008年）163頁［東崎］、田村・前掲注（7）288頁、中山＝小泉編・前掲注（6）1250頁［森崎＝岡田］。

経路が同一であろうと異なるものであろうと、その趣旨の達成とは何ら関係ない。それゆえ、同一系統の発明に基づくものであっても先使用権は発生するものと考えるべきであり、現行法の文言に拘泥されるべきではなかろう[41]。また、各事例において適切な判断を行うためには解釈論にある程度の柔軟性を持たせる必要があり[42]、知得経路の正当性とは「不正の意思がないこと」と解釈することが適切であると考えられる[43]。

では、その「不正の意思がないこと」とはどのような意味内容を有しているのか。

6．正当性要件の絶対性

発明の知得過程に違法・不正な行為が認められる場合、不正の意思があるものとして先使用権の発生は否定されるのか。

ドイツでは、学説・判例ともに変遷が見られ、現在では発明占有獲得の際の誠実性が絶対的に要求されるという解釈に至っている[44]。また、フランスでは、発明者である特許権者に対して違法行為を働いた場合も、特許発明の発明者とは別に、独立して同一内容の発明を完成させた者に対して違法行為を働いた場合も、善意要件を満たさないとされている[45]。

ここで便宜上、直接的冒認と間接的冒認とに分けて我が国での正当性要件の絶対性について検討する。

（１）　直接的冒認

直接的冒認とは、先使用者が、後の特許権者となる特許発明の発明者又は独

---

[40] 荒玉義人文庫六（工業所有権制度改正審議会特許部会議事要録（第一読会））、荒玉義人文庫九（工業所有権制度改正審議会特許部会議事要録（第三読会））、荒玉義人文庫十一（工業所有権制度改正審議会特許部会議事要録（第四読会））。また、中山・前掲注（6）ジュリ139頁、同・前掲注（6）『特許法』538頁、豊崎・前掲注（6）256頁。

[41] 別系統の発明であることを本則としながらも冒認の場合と共同発明の場合には別段の考慮をするとするものとして森林稔「特許法における先使用権の成立要件」企業法研究第175輯（1969年）14頁、同「我が国の特許法における先使用権制度の沿革」小野古稀『知的財産法の系譜』（青林書院、2002年）165頁。

[42] 内田他編・前掲注（5）806頁以下の議論（特に原判事の発言参照）。

[43] 平田・前掲注（8）204頁、永田・前掲注（23）496頁、紋谷・前掲注（23）125頁、仙元・前掲注（23）141頁。

[44] 拙稿・前掲注（33）66頁以下。

[45] 拙稿・前掲注（35）11頁以下。

立して同一内容の発明をした第三者に対し、違法・不正と評価される行為（契約違反的行為も含む）を行って、発明を直接的に知得した場合を言う。

我が国では、後に特許権者となる者に対し違法行為を働いて発明を知得した場合に先使用権の発生が否定されることには争いはない[46]。しかしながら、後に特許権者となる者以外の第三者に対して違法行為を働いた場合については、どのように判断されるのかは議論の対象となっていた。

この点、大正10年法下においては、特許発明とは別個に同一の発明をした第三者に対して違法行為を働いて発明を知得したとしても先使用権の発生は否定されないという見解が広く主張されていた。

例えば、清瀬博士は善意を「他人發明アルヲ知ラスシテノ意味」（傍点は原著者による）とすることから、「先用者ノ使用スル考案カ出願者以外ノ他ノ系統ノ發明ヲ竊用シタリヤ否ヤノ如キハ茲ニ謂フ善意タルト否トニ關係ナシ」とする[47]。こうした見解は、「特許権者以外の第三者との關係に於ける先使用権取得要件に關する占有の瑕疵なるものは考へられ得ないから」と理由づけられる[48]。これらの説は、先使用権について占有概念を基礎に置き、第三者の権利に対する侵害は問題とはならないとしている。これらはその当時のドイツで主張されていた見解に大きく影響を受けたものである[49]。

このような見解は現行法への改正の際においても意識されており、それは大貝委員の「出願人に関係のないものから発明を盗んでも不正という問題はおきまい。そこに盗むという問題は生じない」という発言にも示されている[50]。

しかし、現行法下においては、特許発明と同一の発明を独自にした第三者から不正に発明を知得した者については先使用権の発生を否定する説が有力である[51]。例えば、清瀬博士のような見解に対しては、「あまりに占有理論に密着した考えであり、事業実施についての社会的利益を保護する建前からは、窃用

---

[46] 森林・前掲注（41）14頁、豊崎・前掲注（6）256頁、織田李明＝石川義雄『新特許法詳解』（日本発明新聞社、1972年）292頁、大渕哲也他編『特許訴訟・上巻』（民事法研究会、2012年）714頁［美勢］、渋谷達紀『特許法』（発明推進協会、2013年）599頁。
[47] 清瀬・前掲注（17）144頁。現行法下でも、例えば尊優美『新工業所有権法解説』（帝国地方行政会、1960年）89頁。
[48] 角田好太郎「特許発明の先使用に依る實施權に就て」特許と商標8巻12号（1939年）7頁。
[49] 特に清瀬博士にはコーラーの影響が大きい（清瀬・前掲注（17）141頁以下）。
[50] 第八五回特許部会議事要録4頁（荒玉義人文庫九（工業所有権制度改正に関する措置事項の一三四））。
[51] 紋谷・前掲注（23）126頁、松尾・前掲注（2）93頁。

した考案の実施者まで保護するとすることはできない」とする批判がある[52]。

結局、この知得の際の正当性をどのように考えるかは、先使用権制度の趣旨をどのように考えるかにかかっている。もちろん、発明の実施が産業の発達に資するという考えを徹底すれば、知得経路の正当性要件はそもそも必要ないということになろう[53]。しかし、先使用権制度の趣旨を「正当な先使用者によって創出された産業的占有状態の保護」とする立場からは、知得経路の正当性が要求されるのは当然である。そもそも不正な行為に先使用権制度が加担する理由はない。また、先使用権は発明に関する権利の譲渡すら必要とせず、発明の知得のみで足りるため、知得経路の正当性の絶対性を要求しないのであれば先使用権が乱立することにもなりかねない。そのような不正な行為を先使用権制度が許容するならば、特許権取得への意欲も削ぐこととなり、ひいては特許法の目的である産業の発達に資さない可能性があろう[54]。それゆえ、発明知得の際の正当性は絶対的に要求されると解すべきである。

（２） 間接的冒認

間接的冒認とは、特許発明の内容を間接的に知得した場合において、その知得過程で違法行為の介在があったときを言う。不正の手段により発明を取得した者から発明の内容を知得した場合、先使用権の発生は否定されるのかという問題である。

ドイツでは、その知得をした者が不正な行為の存在を知っていた又は重過失により知らなかった場合には誠実性要件を満たさないとされている[55]。また、フランスでは、不正な行為の存在を知っている場合には善意要件を満たさないと判断されているようである[56]。我が国でも、間接的冒認の場合にも知得経路の正当性要件の絶対性が要求され、不正な行為の存在について善意無重過失でなければ不正の意思ありと解すべきであろう[57]。

---

[52] 仙元・前掲注（23）139頁。
[53] 角田・前掲注（48）7頁。
[54] 不正競争防止法２条１項４号においても、営業秘密の不正取得行為は禁止される。
[55] RG, Urt.v.29 oktober 1930, Bl.1930, 300, BGH, Urt.v.30 Juni 1964 GRUR 1964, 673, Fritz LINDENMAIER/WEISS, Das Patentgesetz, 6.Aufl., Köln 1973, S.297.
[56] Louis ANDRE, Traité des brevets d'invention et de la contrefaçon industrielle, t.2, 1899, n°1637, p.296, Cass. Fr., 26 octobre 1885, D.P., 1886, 1, 147.
[57] 不正競争防止法２条１項５号においても、不正取得行為が介在した営業秘密の取得は善意無重過失でなければ不正競争行為に該当するとされている。

7．発明の知得の際の正当性

では、具体的に知得経路が正当である、すなわち、「不正の意思がない」と言えるのはどのような場合か。

（1）冒認出願[58]

冒認出願について特許された場合、真の発明者は先使用権の発生を否定されるのか。我が国の条文上「特許出願に係る発明を知らないで」という要件を満たさないことから、真の発明者であっても先使用権を主張し得ないとも考えられる[59]。

しかし、このような場合には先使用権の発生を認めるのが我が国の通説である[60]。その理由は、善意の一例として知得経路が異なる場合を規定しているに過ぎず、たとえ知得経路が同一であっても知得経路が正当であれば足りるということに集約される[61]。

この点、ドイツやフランスでも知得経路の同一性は問題とされておらず、冒認出願の場合であっても問題なく真の発明者に先使用権の発生が認められている[62]。

やはり我が国の解釈としても、条文の文言に拘泥することなく、冒認出願が特許された場合の真の発明者については、知得経路が同一であっても発明の知得自体は正当であることから「不正の意思はなく」先使用権の発生を認めるべきであろう。

---

[58] 平成23年改正により取戻請求権（79条の2）が規定されたことから先使用権を主張する場面が減ぜられるとしても（高林龍『標準特許法〔第5版〕』200頁（有斐閣、2014年）、島並良＝上野達弘＝横山久芳『特許法入門』（有斐閣、2014年）342頁［上野］）、先使用権の要件としての検討は必要である。

[59] 紋谷暢男「判批」ジュリ449号（1970年）136頁。

[60] 中山・前掲注（6）ジュリ139頁、豊崎・前掲注（6）256頁、盛岡・前掲注（6）208頁、同・前掲注（6）178頁、吉藤・前掲注（5）579頁、仙元・前掲注（6）210頁、中山＝小泉・前掲注（6）1250頁［森崎＝岡田］、茶園成樹編『特許法』（有斐閣、2013年）260頁［茶園］。反対説は104条の3創設により先使用権の問題とする必要がないとする（飯村＝設楽編・前掲注（39）164頁、一場康宏「先使用権について」牧野他編『知的財産法の理論と実務1』（新日本法規、2007年）229頁。

[61] 松尾・前掲注（2）93頁。

[62] 拙稿・前掲注（33）66頁以下、同・前掲注（35）11頁以下。

(2) 特許を受ける権利の譲渡

　発明者が第三者に特許を受ける権利を譲渡した場合において、その譲受人がその発明について特許権を取得したときは、その発明者は先使用権の発生を否定されるのか。

　ドイツではかかる場合の先使用権の発生について検討されている[63]。当事者の意思解釈からして発明の売買契約の際に特に先使用権が排除されていない場合には、発明を売却した発明者はその購入者である後の特許権者に対して先使用権を主張できるという見解が一部にあるものの[64]、そのような場合は先使用権を主張できないとする説が有力である[65]。

　一方、我が国では条文の文言どおりに解釈して先使用権の発生を否定する説や[66]、契約解釈の問題として処理すべきとする説がある[67]。後者は、ドイツで述べられる、発明の売買契約で先使用権が排除されていない場合には、発明者は先使用権を主張することができるとする見解[68]と同一のものであろう。

　特許を受ける権利を第三者に譲渡した発明者については、条文上「特許出願に係る発明を知らないで」とは言えないが、このような場合も発明の知得自体は正当であり「不正の意思はない」ことから、我が国の解釈としては、条文の文言に拘泥することなく先使用権の発生を認めるべきであろう[69]。

(3) 事実上の実施許諾

　発明者がその発明について特許出願をする前に第三者に実施許諾をしていた場合、すなわち事実上の実施許諾契約[70]がなされていた場合、その被許諾者は先使用権の発生を否定されるのか。

　事実上の実施許諾者たる発明者が特許権を取得したときについては、かつて

---

[63] 拙稿・前掲注（33）64頁。
[64] Julius L.SELIGSOHN, Geheimnis und Erfindungsbesitz, Berlin und Leipzig, 1921, S.83.
[65] Heinlich ROBOLSKI, Das Patentgesetz, 3.Aufl., Berlin 1908, S.44, Arnold SELIGSHON, Patentgesetz und gesetz, betreffend den Schutz von Gebrauchsmustern, 7 aufl., Berlin 1932, S.180, RG,Urt.v.9.November 1882, Gareis'sche Sammlung Bd. Ⅳ, S.120.
[66] 知得経路からして先使用権は認められないとするものとして紋谷・前掲注（59）136頁。
[67] 田村＝増井・前掲注（39）233頁［田村］。田村・前掲注（7）288頁、中山＝小泉編・前掲注（6）1250頁［森崎＝岡田］、茶園・前掲注（60）260頁［茶園］。
[68] J.L.SELIGSHON, *supra* note 64, S.83.
[69] 中山・前掲注（6）『特許法』491頁、中山編・前掲注（6）846頁［松本＝美勢］も同旨。
[70] 特許法規定のライセンスではなく、当事者間の合意に基づく私法上のライセンスである。

のドイツではその被許諾者は先使用権を主張できるという見解が存在していた[71]。なお、フランスではこのような問題は論じられていない。

我が国では、事実上の実施許諾を受けた者については条文上「特許出願に係る発明を知らないで」とは言えないことから、先使用権の発生が否定されている[72]。しかし、このような場合も発明の知得自体は正当であり「不正の意志はない」ことから、我が国の解釈としても、条文の文言に拘泥することなく被許諾者に先使用権の発生を認めるべきであろう。

なお、このような者に無償の法定通常実施権である先使用権を認めると、有償の実施許諾契約締結へのインセンティブが失われ、発明の有効的活用が図れなくなるという批判も存在しよう。しかし、発明の有効的活用を図りたければまず特許出願を行い、その上で実施許諾契約を模索すればよく、平成20年特許法改正における仮通常実施権の創設も特許出願を前提として発明の活用を促すものである。それでもなお弊害があるというのであれば、後述するドイツ法のような規定（12条1項第4文）、すなわち、実施許諾者による留保規定を設けることを考慮すべきであろう。

一方、事実上の実施許諾契約とは無関係の第三者が同一発明について特許権を取得したときについては、ドイツではその被許諾者に先使用権が発生することに争いはなく[73]、また、その許諾者にも先使用権が発生するという説と[74]、発生しないという説が対立していた[75]。我が国では、被許諾者についても許諾者についても「特許出願に係る発明を知らないで」という要件を文言上も満たすことから他の要件を具備すれば先使用権の発生は認められるであろう。

---

[71] J.L.SELIGSHON, *supra* note 64, S.83
[72] 萼・前掲注（47）89頁、紋谷・前掲注（59）136頁、森林・前掲注（41）14頁。
[73] O.ZELLER, Wer ist Vorbenutzer nach §5 Abs.Pat.Ges., GRUR, 1924, S.200, A.SELIGSHON, *supra* note 65, S.181, Carl=Gerd BUNGARD, Das vorbenutzungsrecht in §5 Abs.1 des Patentgesetzes, Diss. Köln 1934, S.54, Georg BENKARD, Patentgesetz, Gebrauchsmustergesetz, 10., neubearbeitete Aufl., München 2006, §12 Rn.6, S.464 [Rüdiger ROGGE].
[74] M.STARCK, Patentrechtliche Streit- und Zweifelsfragen, GRUR 1919, S.88.
[75] 発生を否定する立場として、G.BENKARD, *supra* note 73, §12 Rn.6, S.464ではA.STARCK, Mitt., 30,112が引用されている。当該文献入手を依頼したが該当文献なしとの返答をうけている。

(4) 製造委託

　発明者がその発明について特許出願をする前に発明に係る製品の製造等を外部に委託した場合、その受託者は先使用権の発生を否定されるのか。

　この点、ドイツでは契約関係において取得された占有については誠実性の問題とされるようであり[76]、フランスでも特許権者が特許出願前において他人に特許発明に係る製品の製造を行わせていた場合には、その製造者は善意要件を満たさず先占有権を有しないとした裁判例がある[77]。

　我が国の解釈としては、このような場合においても発明の知得自体は正当であり「不正の意思はない」ことから、条文の文言に拘泥することなく受託者に先使用権の発生を認めるべきであろう[78]。ただし、製造委託をした発明者が特許権を取得したときについては、受託者に先使用権を発生させるべきではないと考えるのであれば、後述するドイツ法のような規定（12条1項第4文）、すなわち、権利者による留保規定を設けることを考慮すべきであろう。

　なお、ドイツでは、製品の製造を依頼された者が自らその製品に関する発明をした場合を想定して委任／請負契約の問題が論じられており、委任／請負契約の対象物たる生産行為について発注者からいかなる決定的指示も受けておらず、受注者自らその発明をしたのであれば、その受注者は先使用権を主張できるという見解が存在していた[79]。我が国の解釈としても、受注者が自ら発明をなしたのであれば発明の知得自体は正当であり「不正の意思はない」ことから、このような場合に発明者たる受注者に先使用権の発生を認めるべきであろう。

(5) 委託研究開発

　研究開発委託契約に基づいて発明を知得した場合はどのように取り扱われる

---

[76] 拙稿・前掲注（33）66頁以下。
[77] TGI Paris, 15 janvier 1992, PIBD 1992, n520, Ⅲ, 219.
[78] ただし、このような製造委託契約に基づいて発明を知得した者は、ライセンス許諾の場合とは異なり独自の実施の事業として製品の製造を行うことが少なく、事業である実施の要件を満たさない場合も多いと考えられ、実質的にこの知得の際の正当性が問題となる場面は少ない様に思われる。
[79] BURLAGE, Werkvertag und Erfindungserwerb, M.u.W. 1917, S.40, Richard NEUMANN, Zur Frage des Vorbenutzungsrechtes des Auftraggebers, GRUR, 1920, S.32f., Heinz-Richard SATTLER, Das Vorbenutzungsrecht §5 Abs. 1 des Patentgesetzes, Diss. Köln 1936, S.44. Philipp ALLFELD, Kommentar zu den Reichsgesetzen über das Gewerbliche Urheberrecht, München 1904, S.109もここに属しよう。．

のか。

　ドイツではこの問題について議論されていないようであるが、フランスではその委託者が先占有権を有するという見解が存在する[80]。その場合に、受託者も先占有権を取得することができるのかは明らかでない。

　このような場合、研究開発の成果に係る発明の特許を受ける権利を委託者に譲渡する旨が契約で定められていたとしても、受託者は自ら発明をしていることから、その発明の知得自体は正当であり「不正の意思はない」といえる。したがって、我が国の解釈としては、研究開発契約の受託者に先使用権の発生を認めるべきであろう。

（6）共同発明

　特許を受ける権利について共同発明者の一人が自己の持分の全部を他の共同発明者に譲渡したときについては、上記（2）の特許を受ける権利の譲渡の場合と同じ取り扱いとなり、また、一部の共同発明者が他の共同発明者に無断で特許出願をしたときについては、上記（1）の冒認出願の場合と同じ取り扱いとなろう。

（7）公知発明の実施

　公知発明であったにもかかわらず特許権が付与されてしまった場合はどのように取り扱われるのか。

　ドイツ及びフランスではこの点は議論されていない。我が国の解釈としては、公知発明の実施をしていた者については条文上「特許出願に係る発明を知らないで」とは言えないが、このような場合も発明の知得自体は正当であり「不正の意志はない」ことから先使用権の発生を認めるべきであろう[81]。

（8）その他

　例えば、発明者から発明の内容を聞いた者が先使用権を取得する場合はあるのか。

---

[80] Gérard-Gabriel LAMOUREUX, La possession personnelle antérieure, Thèse de Doctorat ; Université Panthéon-Assas（Paris 2）, 1986, p.53
[81] 中山・前掲注（6）ジュリ139頁、中山編・前掲注（6）846頁［松本＝美勢］、中山＝小泉編・前掲注（6）1250頁［森崎＝岡田］。反対説として茶園・前掲注（60）260頁［茶園］。

ドイツ及びフランスではこの点は議論の対象とはなっていないようである。我が国では、契約解釈の問題とする見解があり[82]、また、大正10年法下の善意要件は満たすとした上で、現行法では条文解釈から先使用権の発生が否定されるとする見解も存在する[83]。このような場合、我が国の解釈としては上記（2）、（3）、（4）の場合と同様に考えるべきであろう。

（9）小括

以上のように、窃盗、詐欺、強迫等の不正な手段による発明の知得行為や、後の特許権者に対する不正な行為が存在しない場合には不正の意思がないものとして、その発明の知得に正当性があると考えるべきである。

8．権利者による留保規定

ところで、例えば製造委託契約の範囲内で受託者が発明を実施しているときは、先に述べた様に知得経路の正当性を有することから先使用権の発生要件を満たすことになる。しかし、特許権の取得を望む発明者が特許出願前にその発明に係る製品の製造を外部に委託する場合には先使用権の発生を望まないことが多いであろう。とはいえ、特許出願を考える者が先使用権の発生を回避したいがゆえに、そのような機会が奪われるのは産業の発達という法目的からは好ましくない。それゆえ、我が国の先使用権の発生要件の一つである知得の経路について条文の文言に拘泥することなく「不正の意思がないこと」と解釈するならば、特許出願を考える者に対しては先使用権の発生を留保できる方策を講じることを検討することが好ましい。

ここで、ドイツ特許法では12条1項第4文において、出願人である発明者から特許出願前に発明の開示があり、かつ、自己の権利についての留保があった場合には、その後6ヶ月以内の実施に基づいてはその開示を受けた者は先使用権を主張できない旨規定されている。知得経路が同一の場合にも先使用権の発生を認める代わりに、権利者による留保があった場合には先使用権を発生させない方策が講じられているのである。これは、先使用権を発生させずに後の出願人（1936年法制定当時は主に発明者が想定されている）等にできる限り利益

---

[82] 田村＝増井・前掲注（39）233頁［田村］。
[83] 仙元・前掲注（23）140頁。

を留保する機会を与えるものと説明される[84]。この6ヶ月という期間の限定は、新規性喪失の例外規定（ドイツ特許法3条5項）に対応させたものである。

　仮に我が国でもこのドイツ法と同様の規定を採用するならば、自己の権利を留保することにより、留保を伴う開示後一定期間は発明を他人に知得させたとしても先使用権は発生しないこととなる。このような規定を設けると、特許出願前であっても発明の活用を図ることが容易となり、発明の利用を通じて産業の発達に資することができる。さらに、新規性喪失の例外規定との関係で我が国でも6ヶ月という期間の制限が要求されることとなるであろうから、未だ特許出願をしていない者に対し早期の特許出願を促すことにもなる。これにより特許法の目的とする発明の公開を通じた発明の利用をも図ることができる。その反面、先使用者にとっては先使用権が発生しないという不利益が生じる可能性があるが、特許出願を考える者が自己の権利を留保するためにはその意思表示が必要であることから、先使用者には自身のためにその発明の実施である事業を行うか否か選択の余地がある。したがって、先使用者にとって不測の不利益が生じることはなく、留保を伴う開示後6ヶ月の間の産業的占有状態が保護されないとしても、法目的である産業の発達に大きな支障はない。

　それゆえ、このような規定を我が国で導入することは奨励されよう。

9．おわりに

　我が国の先使用権の発生要件の一つである知得の経路の問題については、条文の文言に拘泥されることなく「不正の意思がないこと」と解し、その不正の意思の不存在は絶対的に要求されると解すべきである。しかし、現行法下では妥当な結論を導くために無理な文言解釈が行われていることから、知得経路の正当性要件についてはその文言において立法的解決が望まれるし、さらにはドイツ法12条1項4文に倣った手当の創設も望まれよう。

---

[84] Begründung zu den Gesetzen über den gewerblichen Rechtsschutz vom 5. mai 1936, Bl. 1936, S.105, Hans MÖLLER, Kommentar zum Patentgesetz, Berlin 1936, S.11, Gustav WILKE, Gewerblicher Rechtsschutz, Berlin 1936, S.27f., Rudolf BUSSE, Die Patentgesetz vom 5. Mai 1936 und Gebrauchsmustergesetz vom 5. Mai 1936 Patentgesetz, Berlin 1937, S.157.

特許法102条1項をめぐる諸問題

髙 部 眞規子

1．はじめに

　特許権又は専用実施権を侵害した者に対しその侵害により自己が受けた損害の賠償を請求する場合における損害賠償について、特許法102条1項は、平成10年法律第51号による改正により新設された規定である。

　同項創設前は、侵害行為と権利者の販売数量の減少との間に相当強い関連性が推認される場合に限って、侵害品の販売数量に対応した数量についての逸失利益が認められていたが、そうでない場合は、請求が認められず、オールオアナッシングとなっていた。そこで、侵害者の営業努力や代替品の存在等、権利者において侵害品の販売数量と同数の販売をすることが困難であった事情が訴訟において明らかになった場合でも、それらの事情を考慮した上で現実的な損害額が算定できるルールとして、特許法102条1項が新設されたものである。

　同項の本文の規定は、特許権はその技術を独占的に実施する権利であり、その技術を使った製品は特許権者しか販売できないから、特許権者の実施能力の限度では侵害者の譲渡数量と権利者の喪失した販売数量が一致するはずであることを前提にしている。そこで、「特許権又は専用実施権を侵害した者がその侵害の行為を組成した物を譲渡した物の数量」に、「特許権者又は専用実施権者がその侵害の行為がなければ販売することができた物の単位数量当たりの利益の額」を乗じて得た額を、「特許権者又は専用実施権者の実施の能力に応じた額を超えない限度」において、特許権者又は専用実施権者が受けた損害の額とすることができるとするものである。ただし書の規定は、「譲渡数量の全部又は一部に相当する数量を特許権者又は専用実施権者が販売することができないとする事情があるとき」は、権利者において侵害品の販売数量と同数の販売をすることが困難であった事情により、侵害者の譲渡数量と権利者の喪失した販売数量が一致しない事情が存在する場合があるところから、侵害者がその事情を立証することにより、「当該事情に相当する数量に応じた額を控除する」

ものである。

　本稿では、特許法102条1項について、その適用範囲やただし書の適用等を中心に、訴訟上問題となる点を考察したい。

2．特許法102条1項の適用範囲について
(1) 規定の趣旨
　前記のように、特許法102条1項は、民法709条に基づき販売数量減少による逸失利益の損害賠償を求める際の損害額の算定方法について定めた規定であり、同項本文において、侵害者が譲渡した数量に特許権者等がその侵害行為がなければ販売することができた物の単位数量当たりの利益額を乗じた額を、特許権者等の実施能力の限度で損害額と推定し、同項ただし書において、譲渡数量の全部又は一部に相当する数量を特許権者等が販売することができないとする事情を侵害者が立証したときは、当該事情に相当する数量に応じた額を控除するものと規定して、侵害行為と相当因果関係のある販売減少数量の立証責任の転換を図ることにより、従前オールオアナッシング的な認定にならざるを得なかったことから、より柔軟な販売減少数量の認定を目的とする規定である[1]。

(2) 適用場面（行為類型）
　ア　特許法102条1項には、「その者がその侵害の行為を組成した物を譲渡したときは」と規定されている。譲渡の典型は、有償での販売であるが、無償譲渡も含む[2]。立法担当者も、逸失利益請求の代表的事例として「譲渡」と規定したものと解説し、貸渡しも含むとされている[3]。

　イ　もっとも、貸与については、1項の類推適用を類型的に否定する見解[4]もみられるし、権利者と侵害者の行為態様が譲渡と貸与のように異なる場合には、対価等の取引条件や対象とする顧客が異なり、双方の数量に対応関係があるか疑問がある場合があるとする見解[5]もあった。

---

[1] 特許庁総務部総務課工業所有権制度改正審議室編「平成10年改正工業所有権法の解説」
[2] 所有権の移転であるが、それ以外でも実質的にそれと同視できるような場合も含まれ、請負であっても対価を得て製造・納入するものは「譲渡」に当たる（中山信弘「特許法〔第2版〕」315頁）。
[3] 特許庁・前注1、19頁
[4] 田村善之「知的財産権と損害賠償」〔新版〕316頁、三村量一「損害（1）―特許法102条1項」新裁判実務大系（4）288頁

ウ 「譲渡」以外の実施行為（特許法2条3項）についても、当該行為が特許権者の販売機会を喪失させたと評価できる場合には、特許法102条1項を適用することができると解される。

知財高判平成27・11・19最高裁HP（平成25年（ネ）第10051号）〔オフセット輪転機版胴事件〕は、オフセット輪転機の版胴に関し、版胴の表面粗さを$6.0\mu m \leq Rmax \leq 100\mu m$に調整することによって、版と版胴間の摩擦係数を増加させ、これにより版ずれトラブルを防止するという輪転機に使う版胴の表面粗さを数値限定した特許発明について、侵害者が既存の版胴にヘアライン加工を施して特許請求の範囲に属する表面粗さを調整した行為について、1項の適用の可否が問題になった。

判決は、「製品について加工や部材の交換をする行為であっても、当該製品の属性、特許発明の内容、加工及び部材の交換の態様のほか、取引の実情等も総合考慮して、その行為によって特許製品を新たに作り出すものと認められるときは、特許製品の「生産」（特許法2条3項1号）として、侵害行為に当たると解するのが相当である。…被控訴人が、被告製品に対して施工した版胴表面のヘアライン加工は、金属（版胴）の表面を一定方向に研磨することで連続的な髪の毛のように細かい線の傷をつける加工であり、表面粗さRmaxが加工前は$6.0\mu m$よりも小さい値であったのを、加工後は約$10\mu m$に調整するものであるから、上記加工は、版胴の表面粗さを$6.0\mu m \leq Rmax \leq 100\mu m$に調整した本件発明に係る版胴を新たに作り出す行為であると認められる。したがって、被控訴人の被告製品に係る行為は、特許法2条3項1号の「生産」に当たるというべきである。」とした上、「被控訴人は、顧客から被告製品に対するヘアライン加工を有償で受注し、ヘアライン加工の施工により本件発明の版胴を新たに作り出し、これを顧客に納入していることにより、控訴人の販売機会を喪失させたことになるから、被告製品についても、特許法102条1項を適用することができる」と判示し、加工が「生産」に当たるとした上、1項の適用を肯定した。

このような加工の場合でも、その数量分特許権者の販売の機会が喪失したものとみて、1項の適用が肯定されたものと解される。上記判決において、販売と加工の違い、それに伴う顧客の負担の大小、代替技術の存在等については、

---

5 古城春実「損害1―特許法102条1項に基づく請求について」理論と実務（2）243頁

1項ただし書の事情として参酌されている。

3．特許法102条1項の要件事実
（1） 主張立証責任

　特許法102条1項本文によれば、「（a）特許権又は専用実施権を侵害した者…がその侵害の行為を組成した物を譲渡したとき…譲渡した物の数量」に「（b）特許権者又は専用実施権者がその侵害の行為がなければ販売することができた物の単位数量当たりの利益の額」を乗じた額を、「（c）特許権者又は専用実施権者の実施の能力に応じた額を超えない限度」において、特許権者又は専用実施権者が受けた損害の額とすることができる。同項ただし書によれば、「（d）譲渡数量の全部又は一部に相当する数量を特許権者又は専用実施権者が販売することができないとする事情に相当する数量」に応じた額を控除するものとされている。

　すなわち、損害の計算式は、
　　「（a − d）× b」（≦ c）
となる。上記a b cの事実は、特許権者側が主張立証すべきであり、上記dの事実は、被告側が主張立証すべきである。

（2）「侵害行為がなければ販売することができた物」の「単位数量当たりの利益額」について

　ア　特許権者等が「侵害行為がなければ販売することができた物」とは、侵害行為によってその販売数量に影響を受ける特許権者等の製品、すなわち、侵害品と市場において競合関係に立つ特許権者等の製品であれば足りると解すべきである。特許権者の製品が侵害品と競合可能性を有する物であれば足り、同一のものであることを要しないとするのが多数説・裁判例の立場である[6]。なお、特許法102条1項が市場における補完関係が成り立つことを前提にする規定であるとする考え方に基づき、権利者の販売する製品も特許発明の実施品でなければならないとする見解もある[7]。

---

[6] 古城・前注5、中山・前注2、364頁、知財高判平成27・11・19最高裁HP（平成25年（ネ）第10051号）〔オフセット輪転機版胴事件〕、知財高判平成26・3・27最高裁HP（平成25年（ネ）第10026号）〔粉粒体事件〕。
[7] 三村・前注4

イ 「単位数量当たりの利益額」は、特許権者等の製品の販売価格から製造原価及び製品の販売数量に応じて増加する変動経費を控除した1個当たりの額（限界利益の額）であり、その主張立証責任は、特許権者等の実施能力を含め特許権者側にあるものと解すべきである。

限界利益の考え方は、売上げの増加に応じて増加する変動経費のみを売上げから控除し、固定費は控除しない。侵害行為がなかったとしたら権利者が得たであろう利益として、権利者の経費のうちどのようなものを減じるのかが問題となる。ここで変動経費、固定費といっても、これが会計学上の概念と一致するわけではないため、具体的にどのような費用を変動経費に含めるかの範囲は必ずしも一律に決まるわけではない。

（3）特許権者又は専用実施権者の実施の能力

「特許権者又は専用実施権者の実施の能力」とは、侵害品の数量に対応する製品を権利者において供給することができる能力をいう。生産能力については、権利者が現に侵害品の販売数量に対応する数量を供給し得る生産設備を有する場合に限らず、下請や委託生産等の態様による供給能力を有する場合が含まれる。

特許法102条1項は、譲渡数量に特許権者等の製品の単位数量当たりの利益額を乗じた額を、特許権者等の実施能力の限度で損害額と推定するものであるが、特許権者等の実施能力は、侵害行為の行われた期間に現実に存在していなくても、侵害行為の行われた期間又はこれに近接する時期において、侵害行為がなければ生じたであろう製品の追加需要に対応して供給し得る潜在的能力が認められれば足りると解すべきである[8]。

（4）販売することができないとする事情

ア 特許法102条1項ただし書の規定する譲渡数量の全部又は一部に相当する数量を特許権者等が「販売することができないとする事情」については、侵害者が立証責任を負い、かかる事情の存在が立証されたときに、当該事情に相当する数量に応じた額を控除するものである。

---

[8] 知財高判平成27・11・19最高裁HP（平成25年（ネ）第10051号）〔オフセット輪転機版胴事件〕

イ 「特許権者又は専用実施権者が販売することができないとする事情」としては、天災等により必要不可欠な部品の供給が止まりその事情が特許権の存続期間内に解消しない場合、侵害行為後に特許発明の実施が法的に禁止されるか制限される場合、侵害行為後に新たに画期的な新技術が開発され、特許発明が陳腐化して市場における販売に限界が生じた場合等の限定的な場合に限られ、侵害者の営業努力や代替品の存在はこれに該当しないとする見解[9]もある。
ウ しかし、立法担当者は、「販売することができないとする事情」とは侵害者の営業努力や代替品の存在等をいうものと説明し、多数説もその立場をとっている。裁判例では、「販売することができないとする事情」は、侵害行為と特許権者等の製品の販売減少との相当因果関係を阻害する事情を対象とし、例えば、①市場における競合品の存在[10]、②侵害者の営業努力(ブランド力、宣伝広告)[11]、③侵害品の性能(機能、デザイン等特許発明以外の特徴)[12]、④市場の非同一性(価格、販売形態)[13]などの事情がこれに該当するものとされ、特に制限があるわけではない。
これらの事情の立証責任が被告側にあることがポイントである[14]。

4．適正な損害額の算定と寄与率について
(1) 寄与率の概念
特許法102条1項の適用を問題にしている裁判例には、寄与率、寄与度とい

---

[9] 三村・前注4
[10] 東京高判平成11・6・15判時1697号96頁〔スミターマル事件〕、東京地判平成12・6・23最高裁HP(平成8年(ワ)第17460号)〔血液採取器事件〕、知財高判平成18・9・25最高裁HP(平成17年(ネ)第10047号)〔椅子式マッサージ機事件〕
[11] 知財高判平成27・11・19最高裁HP(平成25年(ネ)第10051号)〔オフセット輪転機版胴事件〕は、顧客がメーカー4社の中から購入する輪転機の選定を進めた結果、被告の海外実績や、顧客の要望に対する技術陣の真摯な対応に期待が持てたとして、被告製品が登載された被告製の輪転機を選定したことを挙げている。
[12] 知財高判平成27・11・19最高裁HP(平成25年(ネ)第10051号)〔オフセット輪転機版胴事件〕は、版胴は、輪転機の印刷部を構成する多数の部品の一つであり、被告輪転機にあえて原告製品を導入することについては時間と費用がかかることを挙げている。
[13] 侵害品が廉価であること(大阪地判平成17・2・10判時1909号78頁〔病理組織検査標本作成用トレー事件〕)、販売業態の差異(東京高判平成12・4・27最高裁HP(平成11年(ネ)第4056号、平成12年(ネ)第397号)〔悪路脱出具事件〕)、実施形態が加工で価格に大きな差があるという市場の非同一性(知財高判平成27・11・19最高裁HP(平成25年(ネ)第10051号)〔オフセット輪転機版胴事件〕)等が考慮されている。
[14] 設楽隆一「関西知財高裁10周年記念シンポジウムの基調講演等」知財ぷりずむ2016年1月号11頁

う明文にない要件を判示しているものがあり、寄与率が損害賠償額を低額化させている理由であるといわれることがある。

ここで論じられている「寄与」は、特許権が権利者製品の製造販売等による全利益に対してどの程度貢献しているかを導き出すために使われていると思われるが、裁判例の事実関係は、事件ごとに異なるし、また学説でも、論者ごとに議論の対象に幅があり、特許発明の実施が製品の部品だけである場合の寄与率を論じるものもあれば、それに加えて製品の売上げに対する貢献度について寄与率を論じるものもある。

そこで、同項においてこのような寄与率の概念が必要か、いかなる法的位置付けになるかを検討してみたい。

(2) 製品の一部分のみが特許権を侵害する部分である場合

製品の一部分のみが特許権を侵害する部分であるという事情を、①「特許権等がその侵害の行為がなければ販売することができた物の単位数量当たりの利益の額」の問題として考慮する見解（本文説）と、②「譲渡数量の全部又は一部に相当する数量を特許権者等が販売することができないとする事情」の問題として考慮する見解（ただし書説）、③民法709条所定の因果関係一般の問題として考慮する見解（民法709条説）がある[15]。

まず、損害の算定においては、特許法102条の条文の要件の解釈に帰着すべきであり、この条文とは別に民法709条をもって寄与率という概念を使用する必要はない[16]。

次に、ただし書説は、製品の一部分であることによる寄与の問題も、特許発明の実施が製品全体の売上げに結びついているか否かという因果関係の問題としてとらえるものと解される。商標のように当該ブランドが売上げに貢献したという場合にはただし書の事情に結びつけやすいが、特許発明において製品の一部分が売上げに貢献するという事態は多くはないように思われる。ただし書は、「販売することができないとする事情に相当する数量に応じた額を控除す

---

[15] 本文説として、三村・前注4、小池豊「特許法102条の解釈に関する実務の方向」知財年報2007、277頁。ただし書説として、田村善之「知的財産権と損害賠償〔新版〕」313頁、尾崎英男「特許法102条1項」日本弁理士会中央知的財産研究所研究報告書24号40頁。民法709条説として、新・注解特許法1597頁〔飯田圭〕

[16] 設楽・前注14

る」旨規定し、「販売することができないとする事情」に相当するのは「数量」と考えられることに照らすと、条文に即したものとは言い難いように思われる。米国では、部品特許でも例外的に製品全体の販売を誘因する強さがある場合に限り、製品全体が1項本文にいう「侵害の行為がなければ販売することができた物」に当たるとする「エンタイアマーケットバリュールール」という概念があるが、最近では米国でもこれを安易に認めるべきではないとされているという[17]。

そして、部品特許の場合や、製品の一部分が部品として別途独立して販売されている場合には、部品の代金額に譲渡数量を乗じて損害を算定することと同様に考えると、製品の一部分が侵害である場合も、限界利益について権利者製品における侵害に係る当該一部分に相当する部分の金額を算出して、これに譲渡数量を乗じるのが、より1項の条文に則した考え方ではなかろうか。

以上によれば、製品の一部分のみが特許権を侵害する部分であるという場合には、損害を

「（a－d）×b'」（ただし、b'は製品の価格における当該部分に相当する価格）

と算定することになる。

（3）他の特許発明の実施の場合（複数の権利侵害の場合）

特許発明が実施された場合において、当該特許以外の特許発明も同時に実施されている場合、問題となっている特許権侵害による賠償額算定に当たり、他の特許発明の貢献度を考慮すべきか否かについても、上記と同様、①本文説、②ただし書説、③民法709条説が考えられる[18]。

この（3）のケースは、侵害品の販売に当たって本件発明以外の発明が貢献している程度を、「販売することができないとする事情」として考慮するのが条文にも則するし、また、侵害品のデザイン（意匠権）やブランド（商標権）をただし書の事情として考慮することとも整合するように思われる。

---

[17] 設楽・前注14
[18] 特許法102条3項については、知財高判平成26・5・16判タ1402号166頁〔アップルサムソン事件〕において529個の標準必須特許があったとして、全体のロイヤルティを当該個数で除している。

（4）寄与率概念の要否

　以上の検討によれば、寄与率という用語を使用するときには、特許法102条1項でいえば、1項本文の要件の解釈なのか、ただし書の要件の解釈なのか、同条項のどの要件を判断したのかは明確にすべきである[19]。それにより、いずれの当事者に主張立証責任を負わせるかという問題をストレートに解決できる。そして、製品の一部分について特許発明が実施されている場合（前記（2）のケース）を除き、さまざまな事情について、ただし書の「販売することができないとする事情」に織り込むことが可能であり、あえて寄与率という概念を使用する必要は乏しいと考えられる。

5．特許法102条3項との併用について
（1）併用肯定説

　特許法102条1項により販売することができないとする事情とされた部分への同条3項の適用を肯定する見解がある。

　肯定説に立つ見解は、侵害者の販売により権利者製品の販売が減少したという因果関係が全く認められない事案で3項の賠償が認められるのであれば、因果関係が一部認められた事例においても、認められなかった部分に3項の賠償が否定されるいわれはないとする[20]。

（2）否定説

　しかし、特許法102条1項は、特許権者に生じた現実の損害を金銭的に評価し、その不利益を補てんして、特許権侵害という不法行為がなかったときの状態に回復させるため、その本文及びただし書の双方によって特許権者に生じた逸失利益の額の算定方法を定めているのであるから、同項により算定された損害額は、特許権者に生じた逸失利益の全てを評価し尽くした結果であるというべきである。他方、同条3項は、侵害者による特許発明の実施に対し受けるべき金銭の額に相当する額の金銭（実施料相当額）を特許権者らが受けた損害の額としてその賠償を請求できるとするものであって、特許権侵害という不法行為により特許権者が被った損害の立証の便宜を図るための規定である。同条1項は、

---

[19] 設楽・前注14
[20] 田村善之「損害賠償に関する特許法等の改正について」知財管理49巻3号329頁、東京地判平成12・6・23最高裁HP（平成8年ワ第17460号）〔血液採取器事件〕

被告の実施行為がなかったとした場合に、原告が得られたであろう逸失利益であり、同条3項は、被告の実施行為が違法なものであった場合に、原告が得られたであろう実施料相当額であり、同一の被告の行為について両立するものではない。このように、同条1項が特許権者に生じた逸失利益の全てを評価し尽くしており、これにより特許権者の被った不利益を補てんして、不法行為がなかったときの状態に回復させているものと解される。そうすると、特許権者は、同条1項により算定される逸失利益を請求する場合、これと並行して、同条3項により請求し得る損害を観念する余地がなく、同項に基づき算定される額を請求することはできないというべきであろう[21]。

6．終わりに

　特許権侵害訴訟では、侵害論については参考となる最高裁判例の蓄積もあり、精緻に迅速な判断がされているのに対し、損害論については、最高裁の判例もなく、民法の議論とも相まって、実務における定説といったものが必ずしも確立されているとはいえない。しかも、損害論に入る事案には和解によって終局する事案も少なくない上、公刊されている裁判例も閲覧制限との関係で、全ての認定事実が公開されているわけではない。

　当事者が、裁判所と共通の認識を持って主張立証を尽くしていくことが肝要であり、本稿がその一助となれば幸いである。

---

[21] 小池豊「知的財産権侵害による損害賠償額算定の視点」秋吉喜寿300頁、知財高判平成23・12・22判時2152号69頁〔飛灰事件〕。他に、否定例として、知財高判平成18・9・25最高裁HP（平成17年（ネ）第10047号）〔椅子式マッサージ機事件〕

渋谷達紀名誉教授の「均等論」

大瀬戸　豪　志

はじめに

　本稿は、渋谷達紀東京都立大学名誉教授の『特許法』（発明協会、2013年）における「均等論」(等価理論)[1]について、近時一般にとりあげられている論点に沿って、主に筆者の立場と比較しながら、その見解を検討するものである。

　本稿において近時の均等論の主たる論点としてとりあげるのは、①均等論の意義、特に特許発明の技術的範囲（保護範囲）と均等論との関係、均等論適用の積極的要件としての②非本質的部分の相違（第1要件）の内容、③置換可能性（第2要件）と非本質的部分の相違（第1要件）との関係、及び④置換容易性（第3要件）の判断基準時に関する問題である。渋谷名誉教授の上記『特許法』では、これらの積極的要件のほか、均等論適用の消極的要件としての「非公知性」及び「意識的除外技術でないこと」についても言及されているが、これらの検討は別の機会に譲る。

1．均等論の意義、特に特許発明の技術的範囲（保護範囲）と均等論との関係

　渋谷名誉教授は、均等論とは、「特許発明と実質的に同一の技術を均等技術と呼び、均等技術の権限なき実施を権利侵害とする解釈である。」（特許434－上記の渋谷名誉教授の『特許法』からの引用の場合は、このように表示する。数字は頁を示す。）という。ここでいわれている「均等技術」とは、「目的が特許発明のそれと同一で、作用効果も特許発明のそれと実質的に変わらず、構成の置換が当業者にとって容易なもの」である（特許435〜436）。渋谷名誉教授によるこの「均等技術」の定義は、最判平成10・2・24民集52巻1号113頁（ボー

---

[1] 正確には「等価理論」というべきものであるが（拙稿「等価理論の基礎」知的財産研究所10周年記念論文集『21世紀における知的財産の展望』（雄松堂出版、2006年）103頁参照）、本稿では特に断らない限り「均等論」という。

ルスプライン事件、以下「平成10年最判」という。）が均等論の積極的要件（第1要件ないし第3要件）として示した均等論の適用対象となる技術の定義と軌を一にする。同判決によるその定義は、「特許請求の範囲に記載された構成中に対象製品等と異なる部分が存する場合であっても、(1) 右部分が特許発明の本質的部分ではなく、(2) 右部分を対象製品等におけるものと置き換えても、特許発明の目的を達することができ、同一の作用効果を奏するものであって、(3) 右のように置き換えることに、当該発明の属する技術の分野における通常の知識を有する者（以下「当業者」という。）が、対象製品等の製造等の時点において容易に想到することができたものであ［る］…ときは、右対象製品等は、特許請求の範囲に記載された構成と均等なものとして、特許発明の技術的範囲に属するものと解するのが相当である。」というものである。

　この点に関し、渋谷名誉教授は、「特許発明との均等を理由に肯定される権利侵害を均等侵害という。特許発明の技術的範囲に属することを理由に肯定される権利侵害は、これと対照させて文言侵害と呼ばれることがある。判例の中には、均等技術も特許発明の技術的範囲に属する技術であるかのように述べるものがあるが（最判平成10・2・24民集52巻1号113頁）、実質的に属するという意味の表現である。」（特許434〜435）という。この文章中、「実質的に属するという意味の表現である。」という表現の意味がいささか理解困難であるが、上記のような均等技術は、「特許発明の技術的範囲に属することがなく、これに対して創作も及んでいないが、そのような技術にも、目的が特許発明のそれと同一で、作用効果も特許発明のそれと実質的に変わらず、構成の置換が当業者にとって容易なものがある。構成の置換可能性と置換容易性のある技術である。そのような技術を権限なく実施すれば、均等侵害となる。」（特許435〜436。下線は引用者。）というところからすれば、渋谷名誉教授の均等論における均等技術は、特許発明の技術的範囲に属するものではないということになるであろう。「技術的範囲への属否は、特許発明と相手方技術との同一性の有無を判断することにほかならない。」（特許405〜406。傍点は引用者。）のに対し、上述のように「特許発明と実質的に同一の技術を均等技術と呼」ぶという言い方からしても、均等技術は技術的範囲外のものと考えているように思われる。

　しかし、渋谷名誉教授は、均等論に関する上記の見解を示す前に、「均等論とは、特許請求の範囲の文理解釈および実質解釈によっては覆うことのできない異なる構成要件の技術にまで、ある要件の下に、特許発明の技術的範囲を及

ぽすことが許されるか、という問題である」[2]（下線は引用者）と述べている。このように渋谷名誉教授は、均等論と技術的範囲との関係では曖昧さを残す。この点については、均等論というものは特許発明の技術的範囲（保護範囲）を拡張するものではなくそれを確認する理論であるという筆者の立場からすれば[3]、均等論をもって特許発明の技術的範囲を及ぼすことが許されるかどうかの問題としてとらえる渋谷名誉教授の以前の見解をもって正当とすべきであろう。

　ちなみに、渋谷名誉教授は、「要件が充たされているときは通常（regelmaessig）均等を肯定すべきだ」とされているドイツ法との比較において、わが国の場合は、「均等は『例外として』肯定すべきものと解する傾向がある。この姿勢の違いは、具体的事例の取扱いにおいて結論の相違を導く可能性があると思われる。」[4]と指摘されている。渋谷名誉教授自身が均等論を特許発明の技術的範囲（保護範囲）の画定の例外として認めるものであるかどうかについては明言していないが、上述のように、均等技術は特許発明の技術的範囲に属するものではないということからすれば、渋谷名誉教授は、均等論をもって特許発明の技術的範囲（保護範囲）の画定の例外として位置付けているということになるであろう。しかし、筆者が繰り返し指摘してきたように[5]、均等論による特許発明の保護範囲（技術的範囲）の画定は、あくまで原則であって、例外ではないというべきである。渋谷名誉教授がいうように、均等論の適用を通常（原則）とするか例外とするかによって具体的事例の取扱いにおいて結論の相違を導く可能性があり、それが保護範囲（技術的範囲）の広狭に結果するということを意味するのであれば、均等論というものが特許発明の適正な保護を

---

[2]　渋谷達紀「一体構造の保持器を採用した無限摺動用ボールスプライン軸受の特許発明と保持器を分割構造とした製品との間に均等性を認め特許権の侵害を肯定した事例」判例評論435号66頁。渋谷達紀『知的財産法講義Ⅰ』（有斐閣、2004年）148頁及び同『知的財産法講義Ⅰ・第2版』（有斐閣、2006）216頁でも「均等技術は、法的には特許発明の技術的範囲に含まれるものと解釈されている。このような解釈のことを均等論という。」とされている。

[3]　拙稿「等価理論（均等論）の現在－裁判官の所説を中心として」同志社大学知的財産法研究会編『知的財産法の挑戦』（弘文堂、2013年）121頁、124頁～126頁、拙稿「等価理論（均等論）の将来－特許法における正義の観点から」『日本工業所有権法学会年報』38号（2014年）、207頁、218頁～219頁。

[4]　前注2の判例評論68頁。

[5]　前注1の拙稿のほか、拙稿「特許権侵害訴訟における等価理論－東京高裁平成6年2月3日判決の意義と問題点－」紋谷教授還暦記念『知的財産権法の現代的課題』（発明協会、1998年）5頁、11頁～12頁、前注3『21世紀における知的財産の展望』103頁の拙稿、とくに106頁。

通して特許権者の正義を実現することを第一義とするものであることに照らし[6]、なおさら原則とされなければならない。

2．均等の要件としての「非本質的部分における相違」（第1要件）の内容

渋谷名誉教授は、均等論適用の要件に関する平成10年最判の掲げる5要件、すなわち①非本質的部分における相違（第1要件）、②置換可能性（第2要件）、③置換容易性（第3要件）、④公知技術でないこと（第4要件）、及び⑤意識的除外技術でないこと（第5要件）に沿って、それぞれの内容について自説を展開している（特許438～450）。そのうち、④と⑤は抗弁事由であるというが（特許446、447）、本稿ではこの点の検討はしない。

均等論適用の積極的要件としての①ないし③のうち、①の第1要件である「非本質的部分における相違」に関する渋谷名誉教授の見解の特徴として、以下の諸点を指摘することができよう。

先ず、平成10年最判のいう第1要件は、特許発明の構成中に、相手方技術と相違する部分があるときに、その相違する部分が特許発明を特許発明たらしめている本質的な部分でないこと（非本質的部分であること）を均等の要件とするものであるという。そのうえで、平成10年最判以後の下級審判決の判旨に依拠しながら、発明の本質的部分とは、特許発明特有の作用効果を生じさせる技術的思想の中核をなす特徴的部分ないしは特許発明特有の課題解決手段を基礎づける特徴的部分であって、これを他に置き換えると、全体として特許発明の技術的思想とは別個の発明になると評価されるような部分をいうものとし、逆に、相手方技術の具える解決手段が特許発明における解決手段と実質的に同一の特徴的原理に属するものであるときは、相手方技術と相違する特許発明の部分が発明の非本質的部分になるという（特許439）。

発明の本質的部分であれ、非本質的部分であれ、「発明の部分」の意味が問題となるが、この点につき、渋谷名誉教授は、「発明の部分とは発明の構成を意味する」（特許439）という。そして、「発明の構成」とは、「発明の作用効果を得、発明の目的を達成するための手段である」とし、その発明の構成に関する思想が、特許法上の発明の定義規定（2条1項）における技術的思想である

---

[6] 前注3『日本工業所有権法学会年報』38号207頁の拙稿、とくに211頁～213頁。

という（特許26）。

　ここで注目すべきは、渋谷名誉教授は、この意味の「発明の構成」と「発明の構成要件」とを明確に区別していることである。後者は、権利侵害訴訟において、特許発明と相手方技術の構成の共通性の有無について判断するときに、それぞれの技術の構成を適宜分割して、その分割された構成同士の異同を個別に検討して結論を得る方法（構成要件対比法）上の概念であり、そのために分割された発明の構成の断片をいう。つまり、通常は発明の構成を個々の発明特定事項（36条5項）に分割したものが構成要件であるというのである（特許27～28。この点については、さらに、前注2の『知的財産法講義Ⅰ』の151頁～152頁及び『知的財産法講義Ⅰ・第2版』の220頁～221頁参照。）。

　従前、第1要件（非本質的部分の相違）の見極め方法について「解決原理同一説（旧東京方式）」と「構成要件着眼説（旧大阪方式）」との対立があるとされ、特に後者については「構成要件ごとにその重要性を判断し、重要な構成要件はすなわち発明の本質的部分であるとして、当該構成要件の置換には均等は成立しないとする」考え方であるといわれてきたが[7]、そこでいわれている「構成要件」は渋谷名誉教授のいう「発明の構成」として捉えられるべきであろう。渋谷名誉教授のいうとおり、発明の構成に関する思想が特許法上の発明の定義規定（2条1項）における技術的思想であり、かつまた、筆者がたびたび指摘してきたように、第1要件（非本質的部分の相違）が「技術的思想の共通性（同一性）」をいうものであるからである[8]。同様に、第1要件（非本質的部分の相違）に関する「本質的部分説」と「技術的思想同一説」との対立についても、とくに「特許請求の範囲に記載された構成と対象製品等との異なる部分が、特許発明の本質的部分ではないとの意味に解する」前説における「構成」も、発明の構成を個々の発明特定事項に分割した構成要件ではなく、発明の構成に関する技術的思想（解決原理）をいうものと理解されるべきであろう。このような理解に立つ限り、第1要件（非本質的部分の相違）の意味に関する上記のような見解の対立も本質的なものではないといい得る。

　次に、渋谷名誉教授は、「発明の本質的部分は、技術水準に対する関係において本質性の有無が定まる相対概念である」とし、その際の「技術水準を特定

---

[7] 前注3『日本工業所有権法学会年報』38号207頁の拙稿、とくに224頁参照。
[8] 前注1、3、5の各拙稿参照。

する基準時を侵害時に求めるべきであろう」(特許440。下線は引用者。)という。しかしながら、すでに指摘されているように、特許明細書の公示機能（特許法36条4項ないし6項）と特許発明の保護範囲の画定の予測可能性に鑑み、発明の本質的部分の確定に際して考慮できる技術水準は、明細書に記載された公知技術と周知技術に限られるべきであり[9]、この観点からすると、発明の本質的部分の確定に当たっての技術水準も、侵害時ではなく出願時とするのが妥当であろう。

　さらに、渋谷名誉教授は、特許発明が相手方技術と本質的部分において相違するが、その相違が些細なものである場合について、「些細にしか相違しない部分は、特許発明の本質的部分ではないと解釈することになると思われる。」（特許441）という。これによると、特許発明の本質的部分における相違であっても均等論適用の余地があるということになるであろう。渋谷教授自身、かつて「均等論とは、本質的部分が異なる場合であってもなお、置換可能性と置換容易性の要件の下に、特許権の侵害を肯定しようという理論である」[10]としていた。しかしながら、これに対しては、早くから、発明の本質的部分については些細な変更であっても均等論を適用できないとするのが第1要件の趣旨であるとか[11]、本質的部分において些細な差異がある場合は均等論を持ち出すまでもなく通常の文言解釈の範囲内で処理すれば足りるとかというような反対意見[12]が主張されていたところである。最近でも、「置換された部分が特許発明の本質的部分であるならば、特許発明と被疑侵害物件とは異なった解決原理を用いていることになり、当該部分が他の構成に置換されれば全体として当該特許発明とは異なった技術的思想といえる。」[13]と明言されている。

---

[9] 　前注3『知的財産法の挑戦』121頁の拙稿、とくに131頁、『日本工業所有権法学会年報』38号の拙稿207頁、とくに222頁。
[10] 　渋谷達紀「知的財産法関係の最高裁判例－近年の諸判例に対する疑問－」中山信弘編『知的財産法と現代社会』（信山社、1999年）213頁、223頁。
[11] 　本間崇「最高裁判決（無限摺動用ボールスプライン軸受事件）から見た21世紀における我が国の特許権の権利範囲に解釈の動向」知財管理48巻11号1795頁。
[12] 　前注3『21世紀における知的財産の展望』103頁の拙稿、とくに111頁。
[13] 　中山信弘『特許法第3版』（弘文堂、2016年）473頁。

3．均等の要件としての「置換可能性」（第2要件）と「非本質的部分における相違」（第1要件）との関係

渋谷名誉教授は、平成10年最判による「非本質的部分における相違」（第1要件）は、同最判以前の下級審判例の下では「置換可能性」の要件に含まれていたが、同最判によりこれが独立の要件とされたものであり、その結果、現在、置換可能性（第2要件）の判断は分離して行われるようになっているという（特許437、442）。そして、置換可能性の判断は、「相手方技術の目的と作用効果が特許発明のそれと共通するか否かを考慮して行われる。目的は厳密に同一であることを要するが、作用効果は実質的に同一であれば足りる。」という（特許442～443）。

このように「置換可能性」（第2要件）の判断の中で、単なる作用効果の同一性ではなく、「目的」の同一性を重視する点が渋谷名誉教授の見解の特徴である。このことは、非本質的部分の相違（第1要件）が特許発明の目的（課題）と構成（解決手段）からみた相手方技術の技術的思想（解決原理）の同一性をいうのに対し、置換可能性（第2要件）は、特許発明の目的（課題）と作用効果からみた相手方技術の技術的思想の同一性を意味しているものと言い得る。正当な見解というべきであるが、しかし、前述のように、発明の技術的思想とはその構成に関する思想であるから、作用効果の同一性のみをもって均等論適用の要件としての技術的思想の同一性（第1要件）を認めることはできない。「同一の作用効果を奏するということだけでは、置換可能性を満たしているとはいえても、必ずしも本質的な部分まで同じとはいえない。」[14]のである。作用効果の同一性は、技術的思想の同一性の単なる徴憑にすぎない[15]、といわれてきたのはこの意味においてである。

渋谷名誉教授は、平成10年最判以降は、第1要件（相違する部分の本質性）の判断が第2要件（置換可能性）の判断に取って代わったような様相を呈しているといいつつ、他方で、近年の知財高裁の判決には第1要件の判断よりも先に第2要件の判断をすることにより、第1要件の判断の意義を低下させ第2要件の判断の復権を図ったと見られる事例が現れるようになっており、さらに、第1要件の判断を省き、第2要件の判断のみを行った事例もあるという（特許

---

[14] 前注13の中山473頁。
[15] 前注5『知的財産権法の現代的課題』5頁の拙稿、とくに17頁、前注3『知的財産法の挑戦』121頁の拙稿、とくに132頁。

443)。そして、これらの方法によれば、先行する第2要件の判断において、実質的には第1要件の判断も行われることになり、第1要件を独立の要件として扱うよりも、判決の論旨は明解となり、判断も容易になるとし、これは判例理論を実質的に平成10年最判以前の状態に復帰させようとする試みといえ、この傾向は定着していくものと思われるという（特許443）。

しかしながら、渋谷名誉教授の指摘とは逆に、平成10年最判以後「均等侵害論を第1要件違反で排斥する判決が相次ぐようになった。」[16]とし、また「実際にはこの第一の要件を満たさないために均等不成立とされるケースが多いため、実務上は重要な要件となっている。」[17]という見方もある。この点については、より詳細な判例の分析が必要であろうが、渋谷名誉教授のいうように、第1要件の判断よりも先に第2要件の判断をすることにより、第1要件の判断の意義を低下させるという傾向が定着するという方向だけは避けなければならないであろう。上述のように、特許法上の発明は技術的思想であり、その技術的思想は発明の構成に関する思想であって、発明の効果に関するものではないのであるから、特許発明の構成によって具体化される技術的思想（本質的部分）の探求が均等論の必須かつ第一義的な要件とされるべきものであるからである。この視点を欠いて、主として発明の作用効果の観点から均等論の適用を推し進める傾向がもしあるとすれば、「ほんらい実質的な評価定式である等価理論について、あたかもレンズのないカメラのように、評価基準そのものが脱落している」[18]旧態依然とした均等論への回帰をもたらすであろう。

4．置換容易性（第3要件）の判断基準時

渋谷名誉教授は、置換容易性（第3要件）とは「特許発明の非本質的部分を相手方技術の構成に置換することの容易性をいう」ものとし、その判断の基準時は侵害時であるとして平成10年最判の判旨（対象製品等の製造等の時点）に同調する（特許444）。これにより、いわゆる出願後同効材にも均等論が適用されることになったという。渋谷名誉教授は、その理由として次のように述べる。

---

[16] 塚原朋一「知財高裁における均等論のルネッサンス」知財管理61巻12号（2011年）1777頁、1782頁。
[17] 前注13の中山473頁。
[18] 桑田三郎「特許侵害訴訟における等価理論の適用について－若干の比較法的考察」比較法雑誌9巻2号（1976年）1頁、77頁、前注3『21世紀における知的財産の展望』103頁の拙稿、とくに108頁参照。

すなわち、置換容易性の判断基準時を、出願時か侵害時かという基準時の移行の問題としてではなく、法令解釈の方法論として、いわゆる立法者意思説と法律意思説のいずれによるのが妥当かという問題であるとし、今日定説となっている法律意思説と同様の手法を発明の技術的範囲の解釈についても類推されてよいという[19]。これを敷衍すれば、法令の解釈において立法者の意思は絶対的なものではなく、事情が変われば解釈も変遷するのと同様に、出願時に定められた特許発明の技術的範囲も、侵害時における事情の変更により、その技術的範囲の解釈も変遷する、ということであろう。侵害時説の有力な法的根拠となり得るものであろう。ただし、その解釈の変遷は、出願時に確定している特許発明の技術的思想との共通性（同一性）を限度とするものであることはいうまでもない。

おわりに

　上で検討したように、均等論に関する渋谷名誉教授の見解は、均等論と技術的範囲との関係について曖昧さを残しているほか、第1要件の本質的部分の確定基準時や本質的部分における些細な差異の取扱い等において問題点を有する。しかし、特許発明の「構成」と「構成要件」との明確な区別による本質的部分（技術的思想）の見極め方法、置換可能性（第2要件）における作用効果の同一性の判断について特許発明の目的を重視する点、置換容易性（第3要件）の判断基準時を侵害時とすることについて法的根拠を明らかにしていることは、大いに評価することができる。その点で、渋谷名誉教授の均等論に関する見解は、今後の均等論の理論的発展に裨益するところ大であるということができるであろう。

---

[19] 前注2の判例評論435号64頁、67頁。

バイオ特許関連最高裁判決と
その再生医療への影響に関する一考察

大　西　達　夫

第1　はじめに

　平成27年（2015年）は、いわゆるプロダクト・バイ・プロセス・クレーム（以下「PBPクレーム」という。）及び特許権の存続期間の延長制度に関連して、バイオ特許の審査実務や権利行使の動向に重要な影響を及ぼす注目すべき最高裁判決が相次いで言い渡された年であった。

　これらの判例の全般的な解説や問題点の検討については、（特にPBPクレームについて）既に多くの論考が公表されており、これに新たな独自の視点を提供することは、筆者の能力をはるかに超えている。本稿では、各最高裁判決とその後の動向を概観した後、筆者の個人的な職務経験[1]において浅からぬ関わりのある再生医療分野に及ぼす影響に限って若干の考察を加え、渋谷先生の学恩に僅かながらでも報いることとしたい。なお、本稿中意見にわたる部分は、当然ながら筆者の私見である。

第2　平成27年（2015年）に言い渡された最高裁判決
1．PBPクレーム（プラバスタチンナトリウム事件最高裁判決）

（1）　本件は、物の発明についての特許請求の範囲にその物の製造方法の記載があるいわゆるPBPクレームに係る特許権を有する原告が、被告の販売等に係る医薬品は原告の特許権を侵害しているとして、各事件の被告に対し、当該医薬品の販売等の差止めおよびその廃棄を求めた事案において、最高裁判所が2件同日に判決を言い渡したものである（最高裁平成24年（受）第1204号同27年6月5日第二小法廷判決・民集69巻4号700頁［Ⅰ事

---

[1] 日本臨床幹細胞研究会特定認定再生医療等委員会委員、日本再生医療学会会員、平成25年度及び同26年度日本弁理士会バイオ・ライフサイエンス委員会副委員長、平成23年度「再生医療の実現化ハイウェイ　生命倫理等の課題の解決に関する研究」再生医療における臨床試験コーディネーター向け生命倫理講習会講師ほか。

件]、最高裁平成24年（受）第2658号同27年6月5日第二小法廷判決・民集69巻4号904頁［Ⅱ事件］)。

PBPクレームは、化学やバイオテクノロジーといった技術分野で、物の構造や特性等を直接クレームに記載することが不適切な場合に利用されることがある特許クレームの記載手法であるところ、本件において争われた特許権侵害に係る特許発明も、高脂血症治療剤（HMG-CoA還元酵素阻害剤）として用いられるプラバスタチンナトリウムに係る物の発明において、特許請求の範囲にその物の製造方法の記載が存在するPBPクレームであった。

（2）PBPクレームについては、①特許発明の技術的範囲（特許法70条1項）の確定[2]、及び②特許要件の審理の前提となる発明の要旨の認定[3]といった場面において、そのクレーム解釈の在り方に関する見解の相違があり、いわゆる（a）物同一説（物の発明であることを重視し、「特許請求の範囲」に記載された製造方法にかかわらず、当該製造方法により製造された物と同一の物として解釈すべきとする見解）と（b）製法限定説（「特許請求の範囲」における製造方法の記載を重視し、当該製造方法により製造された物に限定して解釈すべきとする見解）とに分かれていた[4]。

平成6年法律第116号による特許法改正で、特許請求の範囲に「発明を特定するために必要と認める事項のすべて」を記載することとして（特許法36条5項）、技術の多様性に柔軟に対応した特許請求の範囲の記載とすることを可能とした結果、物の発明における作用的・方法的クレームやPBPクレームが従来よりも認められやすくなったとされる。その一方で、特許請求の範囲における権利範囲の公示をいかに確保するかという課題も

---

[2] 特許権侵害訴訟における請求原因としての特許権侵害の成否の判断において問題となる。
[3] 審決取消訴訟における拒絶理由・無効理由の判断や、特許権侵害訴訟における特許権者等の権利行使の制限（特許法104条の3第1項）に関する判断の前提となる。
[4] これまでの裁判例及び学説の状況については、菊池絵里「最高裁重要判例解説（プラバスタチンナトリウム（プロダクト・バイ・プロセス・クレーム）事件）」（Law & Technology 69号（平成27年）91頁）95頁以下参照。
　もっとも、物同一説でも、例外的にクレームの限定解釈の手法（出願経過禁反言等）により、製法限定的に解釈することが認められ、かつほとんどの事例でそのように解釈されているとされ、他方、製法限定説でも、発明の対象である物を構造や性質により特定することができないなどの特段の事情がある場合には、当該製造方法により製造された物と同一の物に特許発明の技術的範囲が及ぶものとして解釈する余地を例外的に認めるので、実際上の相違は大きくないとされる。

生じるため、特許請求の範囲の記載要件として発明の明確性要件(特許法36条6項2号)が規定された。この明確性要件に関連して、特許庁の審査基準(特許・実用新案審査基準)において、発明の対象物の構成をその構造、特性等により直接特定することが「不可能」・「困難」な場合だけでなく、何らかの理由により「不適切」な場合(例えば、発明の対象物の構成を理解しやすくするためなど)であっても、製造方法による特定を認め[5]、かつ特許請求の範囲に物の製造方法を記載している場合には、特段の審査をせずに上記の『不可能・困難・不適切』な場合に該当するとの緩やかな運用をしてきたことから、必ずしもPBPクレームの手法によらずとも物の構造や特性等を直接クレームに記載することにより発明特定事項を明確に表現できる技術分野のものについても、PBPクレームが多用される傾向を生じるに至った。そのため、本件の原審(知財高裁平成22年(ネ)第10043号同24年1月27日判決[Ⅰ事件・大合議部]・判例時報2144号51頁、知財高裁平成23年(ネ)第10057号同24年8月9日判決[Ⅱ事件]・判例時報2175号59頁)のように、PBPクレームによって表現される物が「物の構造又は特性により直接的に特定することが出願時において不可能又は困難であるとの事情」(『不可能・困難事情』)が存在しない場合(不真正PBPクレーム)と当該事情が存在する場合(真正PBPクレーム)とに区別し、原則的には前者のPBPクレームとして製法限定説により解釈し、例外的に上記事情が存在すれば後者のPBPクレームとして物同一説により解釈すべきものとして、特許請求の範囲においてPBPクレームで発明を特定する記載を一般的に許容しつつ、第三者への権利範囲の公示の要請との調和を試みる見解[6]も存在した。

(3) 本最高裁判決(多数意見)は、Ⅰ事件において「物の発明についての特許に係る特許請求の範囲にその物の製造方法が記載されている場合であっても、その特許発明の技術的範囲は、当該製造方法により製造された物と構造、特性等が同一である物として確定されるものと解するのが相当であ

---

[5] 審査基準(平成27年9月30日までの審査に適用されるもの)第Ⅰ部第1章2.2.2.4(2)①(ⅰ)。
[6] 本件については、『不可能・困難事情』が存在しないものとして、当該PBPクレームを製法限定説により解釈した上、被告製品を特許発明の技術的範囲に属しないとし(Ⅰ事件)、また発明の進歩性を否定して特許が無効にされるべきであるなどとして(Ⅱ事件)、いずれも原告の請求を棄却すべきものとした。

る。」として、PBPクレームにおける特許発明の技術的範囲の確定の問題について物同一説に立つことを、Ⅱ事件において発明の要旨の認定についても同旨の見解によることを、それぞれ明らかにした。

しかし、あらゆる場合に特許発明の技術的範囲の確定や発明の要旨の認定について物同一説によるとすると、特許請求の範囲の記載から発明の内容を明確に理解できず、特許の独占権の権利範囲についての予測可能性が奪われ、第三者の利益が不当に害されかねないとする一方、物の発明に係る特許請求の範囲の具体的内容、性質等によっては「出願時において当該物の構造又は特性を解析することが技術的に不可能であったり、特許出願の性質上、迅速性等を必要とすることに鑑みて、特定する作業を行うことに著しく過大な経済的支出や時間を要するなど、出願人にこのような特定を要求することがおよそ実際的でない場合もあり得る」として、「物の発明についての特許に係る特許請求の範囲にその物の製造方法が記載されている場合において、当該特許請求の範囲の記載が特許法36条6項2号にいう『発明が明確であること』という要件に適合するといえるのは、出願時において当該物をその構造又は特性により直接特定することが不可能であるか、又はおよそ実際的でないという事情が存在するときに限られると解するのが相当である」と判示した。その上で、上記の事情（以下「不可能・非実際的事情」という。）が存在し、特許請求の範囲の記載要件としての発明の明確性要件に適合するか否か等について審理を尽くさせるため、各原判決を破棄し、各事件を原審に差し戻した。

（4）　本最高裁判決においては、Ⅰ、Ⅱ事件ともに千葉勝美判事の補足意見と山本庸幸判事の意見が述べられている。

千葉補足意見では、①特許発明の技術的範囲を確定する場面と発明の要旨認定の場面とでPBPクレームの解釈枠組みを統一的に捉えるべきこと、②第三者の利益のため、PBPクレームを例外的に認めるべき事情の有無は厳格に考える必要があること、③不可能・非実際的事情の不十分な主張立証による拒絶査定を避けたければ、物を生産する方法についての特許（特許法2条3項3号）としても出願して対応すること、④例えば生命科学の分野で新しい遺伝子操作によって作られた細胞等であれば、出願時において構造等で特定することに不可能・非実際的事情が存在しないとして拒絶されるとはいえないであろうし、出願審査において出願人が不可能・非実

際的事情を積極的かつ厳密に立証することは事柄の性質上限界があるので、合理的な疑問がない限り、不可能・非実際的事情を認める運用となる可能性が大きいこと等を述べている。

　山本意見は、物同一説を採る多数意見に賛成しつつ、「新しい遺伝子操作によって作られた幹細胞等について出願される最近の生命科学の分野における重要な発明」といった事例における特許請求の範囲をPBPクレームで記載する場合に、不可能・非実際的事情の基準の充足が容易でなく、明確性要件違反で出願が拒絶され、更にはPBPクレームで記述されている多数の特許の無効を争う訴訟が頻発する懸念を指摘している。

2．特許権の存続期間の延長（ベバシズマブ事件最高裁判決）

（1）　本件特許発明は、がんを治療するための組成物に関する発明（発明の名称「血管内皮細胞増殖因子アンタゴニスト」）である。本件特許の特許権者（被上告人）は、販売名を「アバスチン点滴静注用100mg／4 mL」、一般名を「ベバシズマブ（遺伝子組換え）」とする医薬品（本件医薬品）につき、医薬品医療機器等法[7]14条9項の規定による医薬品の製造販売の承認事項の一部変更承認（出願理由処分＝本件処分）を受けたところ、本件処分よりも前に、用法及び用量以外を本件医薬品のそれと同じくする医薬品（本件先行医薬品）につき、医薬品医療機器等法14条1項による製造販売の承認（先行処分＝本件先行処分）がされていた。

　本件先行処分（本件先行医薬品）及び本件処分（本件医薬品）における承認の対象事項は、次のとおり有効成分並びに効能及び効果は同じであったが、用法及び用量に異なる部分があった（下線部は筆者）。

---

[7]　医薬品、医療機器等の品質、有効性及び安全性の確保等に関する法律（薬事法等の一部を改正する法律（平成25年法律第84号）1条による改正前の題名は薬事法）。以下、本稿においても最高裁判決に倣って医薬品医療機器等法で統一する（括弧内で引用する場合のみ「薬機法」の略称を用いることがある。）。

	本件先行処分	本件処分
有効成分	本件特許の特許請求の範囲の請求項1に記載された「抗VEGF抗体であるhVEGFアンタゴニスト」に当たる「ベバシズマブ（遺伝子組換え）」	同左
効能効果	治癒切除不能な進行・再発の結腸・直腸癌	同左
用法用量	「他の抗悪性腫瘍剤との併用において、通常、成人には、ベバシズマブとして<u>1回5mg／kg（体重）又は10mg／kg（体重）</u>を点滴静脈内投与する。<u>投与間隔は2週間以上</u>とする。」	「他の抗悪性腫瘍剤との併用において、通常、成人にはベバシズマブとして<u>1回7.5mg／kg（体重）</u>を点滴静脈内注射する。<u>投与間隔は3週間以上</u>とする。」など。

　また、本件医薬品及び本件先行医薬品の製造販売は、いずれも本件特許発明の実施に当たるものであった[8]。

　特許権者は、本件処分が必要であったために本件特許権の特許発明を実施できない期間があったとして、本件特許権につき延長登録出願をしたが、審査官から拒絶査定を受け、拒絶査定不服審判においても、本件特許権の特許発明の実施に本件処分を受けることが必要であったとは認められないことを理由として、当該審判の請求を不成立とする審決（本件審決）を特許庁から受けた。

（2）　特許権者が提起した本件審決取消訴訟において、原審（知財高裁平成平成25年（行ケ）第10195号同26年5月30日判決［大合議部］・判例時報2232号3頁。以下「ベバシズマブ知財高裁大合議判決」という。）は、①医薬品の成分を対象とする特許については、薬事法14条1項又は9項に基づく承認を受けることによって禁止が解除される「特許発明の実施」の範囲は、上記審査事項のうち「名称」、「副作用その他の品質」や「有効性及び安

---

[8]　本件と異なり、出願理由処分の対象医薬品と有効成分並びに効能及び効果を同じくする医薬品（DDS製剤の事案）についての先行処分があっても、先行処分の対象医薬品が延長登録出願に係る特許権のいずれの請求項に係る特許発明の技術的範囲にも属しないときは、当該先行処分を延長登録出願の拒絶理由とすることが許されないとの判例（最高裁平成23年4月28日第一小法廷判決・民集65巻3号1654頁［パシーフカプセル30mg事件］）が既にあり、これを受けて後掲注10のとおり審査基準が改訂され、同年12月28日以降の審査に適用されることとなった。

性に関する事項」を除いた事項（成分、分量、用法、用量、効能、効果）によって特定される医薬品の製造販売等の行為であると解するのが相当であり、②本件先行処分では本件処分で承認の対象とされた用法・用量によって特定される使用方法による本件医薬品の製造販売等の行為（本件特許発明の実施）の禁止は解除されておらず、本件処分によってこれが解除されたのであるから、特許法67条の3第1項1号の定める拒絶要件があるとはいえないなどと判示して、本件審決の取消判決を言い渡した。

（3）　原判決に対する特許庁長官からの上告受理申立てが、受理されたが、本最高裁判決（最高裁平成27年11月17日第三小法廷判決・民集69巻7号1912頁）は、次のとおり判断して、本件審決を違法とした原判決を是認し、上告を棄却した。

　ア　特許権の存続期間の延長登録の制度は、政令処分を受ける必要があったために特許発明を実施することができなかった期間[9]の回復を目的とするものであり、延長登録出願について、「特許発明の実施に政令処分を受けることが必要であったとは認められないこと」が拒絶査定の要件として明記されている（特許法67条の3第1項1号）から、「医薬品の製造販売につき先行処分と出願理由処分がされている場合については、先行処分と出願理由処分とを比較した結果、先行処分の対象となった医薬品の製造販売が、出願理由処分の対象となった医薬品の製造販売をも包含すると認められるときには、延長登録出願に係る特許発明の実施に出願理由処分を受けることが必要であったとは認められない」というべきであり、また「出願理由処分を受けることが特許発明の実施に必要であったか否かは、［中略］特許発明の発明特定事項に該当する全ての事項によって判断すべきものではない。」[10]

　イ　「医薬品医療機器等法の規定に基づく医薬品の製造販売の承認を受けることによって可能となるのは、その審査事項である医薬品の『名称、成分、

---

[9]　ここでいう「特許発明の実施をすることができない期間」（特許法67条2項及び同法67条の3第1項3号）とは、「政令で定める処分」を受けるのに必要な試験を開始した日又は特許権の設定登録の日のうちのいずれか遅い方の日から、当該政令処分が申請者に到達することにより処分の効力が発生した日の前日までの期間をいうとされる（最高裁平成11年10月22日第二小法廷判決・民集53巻7号1270頁）。すなわち、特許権者が自らの意思により「政令で定める処分」を受けようとしなかった期間まで含めて、特許権の侵食期間として存続期間延長の算定の基礎とする趣旨ではない。

分量、用法、用量、効能、効果、副作用その他の品質、有効性及び安全性に関する事項』（医薬品医療機器等法14条2項3号柱書き）の全てについて承認ごとに特定される医薬品の製造販売であると解される」が、延長登録の制度目的からすると、「延長登録出願に係る特許の種類や対象に照らして、医薬品としての実質的同一性に直接関わることとならない審査事項についてまで両処分を比較することは、当該医薬品についての特許発明の実施を妨げるとはいい難いような審査事項についてまで両処分を比較して、特許権の存続期間の延長登録を認めることとなりかねず、相当とはいえない」ので、「先行処分の対象となった医薬品の製造販売が、出願理由処分の対象となった医薬品の製造販売を包含するか否か」は、先行処分と出願理由処分の全ての審査事項の形式的比較によってではなく、「延長登録出願に係る特許発明の種類や対象に照らして、医薬品としての実質的同一性に直接関わることとなる審査事項について、両処分を比較して判断すべきである。」

ウ 「以上によれば、出願理由処分と先行処分がされている場合において、延長登録出願に係る特許発明の種類や対象に照らして、医薬品としての実質的同一性に直接関わることとなる審査事項について両処分を比較した結果、先行処分の対象となった医薬品の製造販売が、出願理由処分の対象となった医薬品の製造販売を包含すると認められるときは、延長登録出願に係る特許発明の実施に出願理由処分を受けることが必要であったとは認められないと解するのが相当である。」

エ 医薬品としての実質的同一性に直接関わることとなる本件先行処分と本件処分の審査事項（成分、分量、用法、用量、効能及び効果）を比較する

---

[10] 審査基準（後掲注14による改訂前のもの。以下、存続期間の延長登録に関する記述では、ベバシズマブ事件最高裁判決を受けた改訂前の現行審査基準の項目番号はPBPクレームに係る改訂前のものを用いる。）では、「特許発明の実施に政令で定める処分を受けることが必要であったこと」について、延長登録の対象となった特許発明に係る請求項と医薬品類の承認書等に記載された事項とを対比して、政令処分の対象となった医薬品類等が当該請求項に係る発明の「発明特定事項」の全てを備えている場合に、政令処分の対象となった医薬品類の製造販売の行為等が、延長登録の出願に係る特許発明の実施行為に該当するとの審査方針を採用し（第Ⅵ部2.5.（1）③）、政令処分の対象医薬品類等の「発明特定事項」（用途を特定する事項を発明特定事項として含まない特許発明の場合には「発明特定事項及び用途に該当する事項」）によって特定される範囲が先行処分によって実施可能になっていた場合には拒絶理由が生じるとしており（同3.1.1（2）②）、本件審決に係る拒絶査定もこの審査基準の適用によるものであった。

と、本件先行医薬品と本件医薬品はその用法用量が異なり、本件先行処分によって許されなかったXEROX療法[11]とベバシズマブ療法との併用療法のための本件医薬品の製造販売は本件処分によって初めて可能となったのであるから、本件においては、先行処分の対象となった医薬品の製造販売が、出願理由処分の対象となった医薬品の製造販売を包含するとは認められない。

（４）　本件までは、医薬品医療機器等法に基づく処分により「特許発明の実施」（特許法67条の３第１項１号）の禁止が解除される範囲について、①「『発明特定事項に該当する全ての事項』によって特定される医薬品の製造販売等の行為の範囲」にまで及ぶものと解するか（特定事項説）、それとも②医薬品医療機器等法による処分の対象となった医薬品に限られると解するか（処分説）の見解の相違があった。そのいずれを採用するかによって、特に政令処分（後行処分）の対象となった医薬品の審査事項のうち、先行する政令処分と有効成分並びに効能及び効果を同じくするものの、他の審査事項（用法・用量等）が異なる医薬品（後発医薬品）との関係において、ⓐ先行処分を理由として延長された特許権の効力が及ぶものと解するか（特定事項説）否か（処分説）、ⓑ先行処分により禁止が解除されたものとして後行処分は「特許発明の実施」に必要ではなく、これを理由（出願理由処分）とする延長登録には拒絶理由があるとするか（特定事項説）否か（処分説）の結論の相違をもたらすものと理解されてきた[12]。

　ベバシズマブ事件最高裁判決は、特に上記ⓑの論点について、特定事項説による特許庁の主張を排斥し、処分説を採用しつつ、先行処分と出願理由処分との包含関係について、両処分の全ての審査事項の形式的な比較によって判断する見解（以下、本稿においてのみ、形式的処分説と仮称する。）ではなく、「医薬品としての実質的同一性に直接関わる」審査事項の比較

---

[11]　１サイクルを３週間とし、内服薬と２時間の点滴薬の投与で済む療法。
[12]　特定事項説が、延長登録要件としての「特許発明の実施」と延長後の特許権の効力の範囲としての「特許発明の実施」（特許法68条の２）とを関連づけて解釈し、特許権の侵食期間の回復という存続期間延長制度の趣旨を重視する立場であるのに対し、処分説は、延長登録の要件の文言（同法67条の３第１項１号の「その特許発明の実施に…処分…が必要…とは認められないとき」）や医薬品医療機器等法に基づく処分による法律効果（具体的に製造販売の禁止が解除される医薬品の範囲）との整合性を重視する立場である。これまでの裁判例及び学説の状況については、田中孝一「最高裁重要判例解説（ベバシズマブ事件）」（Law & Technology 71号（平成28年）78頁）82頁以下参照。

によって判断し、出願理由処分による延長登録の可否を決するとの見解(同じく、実質的処分説と仮称する。)を明らかにしたものである。
(5)　なお、ベバシズマブ知財高裁大合議判決では、傍論として上記(4)ⓐの論点について検討を加え、①特許権の延長登録制度及び特許権侵害訴訟の趣旨に照らすならば、医薬品の成分を対象とする特許発明の場合、特許法68条の2によって存続期間が延長された特許権は、「物」に係るものとして「成分(有効成分に限らない。)」によって特定され、かつ、「用途」に係るものとして「効能、効果」及び「用法、用量」によって特定された当該特許発明の実施の範囲(その均等物や実質的に同一と評価される物が含まれる。)で効力が及ぶと解されるが、医薬品に係る承認処分の審査事項のうちの「名称」、「分量」、「副作用その他の品質、有効性及び安全性に関する事項」については延長された特許権の効力を制限する要素とは解されない、②政令で定める処分を受けることによって禁止が解除される特許発明の実施の範囲(「成分、分量、用法、用量、効能、効果」によって特定される医薬品の製造販売等の行為)と、特許権の存続期間が延長された場合の当該特許権の効力が及ぶ特許発明の実施の範囲とが一致しないことに不合理な点はない、③後行処分による禁止の解除の範囲と先行処分に基づき存続期間が延長された特許権の効力が及ぶ範囲とで重複して延長の効果が生じ得るとしても、先行処分による延長期間よりも後行処分による延長期間が長い場合には、当該期間には当該特許発明の実施が禁止されていた部分があり、不合理な点はない旨を説示した。

第3　最高裁判決の影響
1．審査・審判実務
(1)　PBPクレームについては、Ⅰ・Ⅱ事件最高裁判決を受け、特許庁から当面の審査の取扱いとして、PBPクレームの該当・非該当の類型及び「不可能・非実際的事情」の該当・非該当の類型が公表され[13]、これらの見直しを反映させた改訂後の審査基準[14]が平成27年10月1日以降の審査に適用されている。また、「プロダクト・バイ・プロセス・クレームの『不可能・

---

[13] 特許庁ホームページ・平成27年7月6日付け「プロダクト・バイ・プロセス・クレームに関する当面の審査・審判の取扱いについて」
[14] 第Ⅱ部第2章第3節4.3.2(平成27年9月16日公表)

非実際的事情』の主張・立証の参考例」[15] も特許庁から公表され、これらに沿って改訂された「特許・実用新案審査ハンドブック」(平成28年3月30日公表) を同年4月1日以降の審査の取扱いについて参照するように求められている。

　本稿脱稿時 (同年4月28日) までに特許庁が順次公表している審査・審判の方針をみると、①物の発明についての請求項の少なくとも一部がPBPクレームに該当するか否かを、特許請求の範囲等の記載のほか当業者の技術常識も考慮して判断する旨、②PBPクレームに該当する類型 (製造に関して経時的な要素の記載や技術的な特徴・条件が付された記載がある場合等) と該当しない類型 (単に状態を示すことにより構造又は特性を特定しているにすぎない場合) 及び各類型の具体例、③上記①②の基準によりPBPクレームに該当すれば、明確性要件違反の拒絶理由通知により、出願人に「不可能・非実際的事情」が存在することの主張立証や反論・補正の機会を与える旨、④「不可能・非実際的事情」に該当する類型・具体例[16]と該当しない類型・具体例、⑤主に化学的な生成物等に係るPBPクレームを題材とした「不可能・非実際的事情」の主張立証の参考例、⑥出願人の「不可能・非実際的事情」についての主張立証の内容に合理的な疑問がない限り、審査官は「不可能・非実際的事情」が存在するものと判断する旨が明らかにされている。

　また、従来は「物の発明」と「方法の発明」との間のカテゴリー変更を伴う訂正は特許法126条4項により禁止されるべきものと理解されていたが[17]、Ⅰ・Ⅱ事件最高裁判決後に特許庁の訂正審判の運用方針が変更され[18]、PBPクレームから製造方法のクレームへの訂正の認容審決もされており[19]、特許権者がPBPクレームの明確性要件違反により特許無効とされる不利益を防ぐ手段もある程度確保されている。

---

[15] 特許庁HP・平成27年11月25日。同HP・平成28年1月27日付け「プロダクト・バイ・プロセス・クレームに該当しない例の追加」も参照。
[16] Ⅰ・Ⅱ事件最高裁判決多数意見が述べる内容をそのまま「不可能・非実際的事情」に該当する類型 (ⅰ) (不可能)、類型 (ⅱ) (非実際的) として挙げ、さらに千葉補足意見等が挙げる「新しい遺伝子操作によって作られた細胞等」をそのまま具体例として挙げている。
[17] 審判便覧 (第15版) 54-01.1.8 (1)
[18] 審判便覧 (第16版) 38-03.8 (1)
[19] 訂正2016-3900005 (平成28年3月15日特許庁審決)

(2) 特許権の存続期間の延長登録についても、パシーフカプセル30mg事件最高裁判決以後、特定事項説により運用されてきた審査基準について、ベバシズマブ事件最高裁判決を受けた見直しが行われ、平成28年3月23日に改訂後の審査基準が公表され、同年4月1日以降の審査に適用されることとなった。

改訂後の審査基準(第Ⅸ部)においては、①医薬品類の製造販売行為等が特許発明の実施行為に該当する場合において、延長登録出願に係る特許発明の種類や対象に照らして、医薬品類等としての実質的同一性に直接関わる審査事項について両処分を比較し、先行処分の対象医薬品類等の製造販売が本件処分(後行処分)の対象医薬品類等の製造販売を包含するときは、延長登録出願に係る特許発明の実施に本件処分を受けることが必要であったとは認められないとするほか(3.1.1(1)a)、②政令で定める処分が「医薬品の製造販売の承認」、「体外診断用医薬品の製造販売の承認」、「再生医療等製品の製造販売の承認」又は「農薬の登録」であって、特許発明が「物の発明」、「製造方法の発明」又は「製剤の発明」の場合について、先行処分と本件処分の「実質的同一性に直接関わることとなる審査事項」を例示し(同c[20])、③本件処分と先行処分との違いを明確にする必要があるときには、願書の記載事項における特許法67条2項の政令で定める処分の内容の「用途」欄に「用法、用量」を記載することができるとする(2.4)などの審査方針が示されている。

2. 係争案件(権利行使)

(1) PBPクレームに関して筆者が側聞する限り、Ⅰ・Ⅱ事件最高裁判決を受けた改訂審査基準の適用により、PBPクレームに係る出願について審査官から拒絶理由が通知され、さらに特許権侵害訴訟において被疑侵害者側が明確性要件違反を理由とする権利行使の制限(特許法104条の3第1項)を主張する事案が現れ始めているとのことである[21]。

---

[20] 政令処分が医薬品の製造販売の承認である場合において、延長登録出願に係る特許発明が物の発明のときは、ベバシズマブ事件最高裁判決が挙げた審査事項を含むとするほか、当該特許発明が製造方法の発明や製剤の発明の場合には、必要に応じて製造方法や製剤に関する事項を審査事項に含むとする。田中孝一・前掲注12・85頁も、「延長登録出願に係る特許発明の種類や対象」に照らして、製法特許であれば製造方法の記載がされた審査事項の比較により先行処分と出願理由処分の包含関係が否定され、延長登録が認められるときもあるとする。

(2) 存続期間が延長された特許権の効力の範囲については、アバスチン最高裁判決の後に言い渡された特許権侵害訴訟の裁判例（東京地裁平成27年（ワ）第12414号同28年3月30日判決・裁判所ウェブサイト）において、おおむねべバシズマブ知財高裁大合議判決の傍論で説示された見解に沿った判断が示されている。

第4　最高裁判決が再生医療分野にもたらす影響
1．再生医療の特質

再生医療全般に関する（知的財産権を含む）法的問題点の考察、更に平成25年に制定されたいわゆる再生医療関係法[22]の概要については、別の機会に公表した拙稿[23]で述べたが、再生医療等の特質を表現するキーワードをあえて挙げれば、「個別性」、「不均質性」、更には「予測不能性」ということになろう。再生医療等[24]については、人や動物の細胞を用いるため、個体差を反映して品質が不均一となりやすい、生体内での細胞の挙動や変化、安定性、毒性等の予測が困難であるといった特質があり[25]、その点を考慮して例えば再生医療等製品

---

[21] なお、特許出願の記載要件（同法36条）については特許権者（出願人）側に主張立証責任があるとの理解〔設樂隆一「記載要件—実施可能要件とサポート要件との関係、併せてプロダクト・バイ・プロセスクレームについて」（パテントVol.69No.2（平成28年）93頁）107頁における川田篤弁護士及び塚原朋一弁護士の各発言〕によれば、例えば侵害訴訟においては請求原因事実自体でPBPクレームであることは明らかなので、被告（被疑侵害者）側は権利行使の阻止の抗弁として特許法104条の3の権利主張をすれば足り、特許権者側において再抗弁として「不可能・非実際的事情」の主張立証をすべきこととなろうか。

[22] 主に臨床研究や自由診療における医療技術を規制対象とする再生医療等の安全性の確保等に関する法律（平成25年法律第85号）（再生医療等安全性確保法）、旧薬事法上の規制対象に新たに再生医療等製品を追加した部分（医薬品医療機器等法）、さらにこれらに先立ち議員立法として制定された再生医療等を国民が迅速かつ安全に受けられるようにするための施策の総合的な推進に関する法律（平成25年法律第13号）によって、我が国の再生医療関連法体系が構成され、世界的にも注目されている。

[23] 拙稿「再生医療の実用化推進と安全性の規制をめぐる法的枠組みと今後の課題」MS&AD基礎研REVIEW2013年MARCH13号26頁、同「再生医療をめぐる新たな法制度と法律上の問題について」MS&AD基礎研REVIEW2015年SEPTEMBER18号2頁

[24] ここでいう再生医療等には、①再生医療（再生医療等安全性確保法2条2項1号）のほか、②細胞治療も含む（同項2号）。また、医薬品医療機器等法上の再生医療等製品には、再生医療製品（同法2条9項1号イ）及び細胞治療製品（同号ロ）のほか、遺伝子治療製品も含まれる（同項2号）。

[25] 国際幹細胞学会（International Society for Stem Cell Research）「幹細胞の臨床応用に関するガイドライン」（2008年12月3日）("Guidelines for the Clinical Translation of Stem Cells", translation: Yohei Komaru and Yuki Shimada) 参照。

の条件・期限付承認（薬機法23条の26第1項）といった制度も設けられている。再生医療等における知的財産の保護と活用についても、このような再生医療等が持つ特質に十分に配慮した法の解釈と運用が臨まれる。

2．PBPクレームと再生医療

I・II事件最高裁判決の千葉補足意見や山本意見では、ともに明らかにiPS細胞を想定した事例について、PBPクレームが明確性要件違反とならずに保護されるべき例として述べられ、特許庁が公表した「不可能・非実際的事情」に該当する類型の典型例としても挙げられている。確かに、関連特許出願当時のiPS細胞やES細胞といった新規性[26]の高い幹細胞であれば、「不可能・非実際的事情」が認められやすいことに余り異論はないであろうし、近年において我が国でPBPクレームとして記述されたiPS細胞の物としての基本特許が成立したこと[27]は、新規性の高い細胞加工物の権利化におけるPBPクレームの有用性を示すものと考えられる。

しかし、そのことは必ずしも、新しい遺伝子操作によって作られた多能性幹細胞以外の組織幹細胞（体性幹細胞等）や体細胞に関する発明がPBPクレームで記述されている場合には「不可能・非実際的事情」が認められないことを意味するものではないであろう。権利の有効性や権利範囲についての法的な予測には困難が伴い、最終的には審決取消訴訟や侵害訴訟における司法判断を待つほかないが、前述のとおり、特許庁がI・II事件最高裁判決後に公表した仮想事例を見ても、少なくとも審査・審判段階では比較的緩やかな基準で「不可能・非実際的事情」に関する出願人の主張立証を認める方針と理解できる[28]。

---

[26] ここでいう『新規性』との用語は、本稿においては特許要件としての新規性に限定した意味ではなく、例えば再生医療等安全性確保法における再生医療等のリスク分類（第一種ないし第三種）の要素としての細胞加工物の新規性という意味も含めて用いている。厚生科学審議会科学技術部会・再生医療の安全性確保と推進に関する専門委員会報告書（平成25年4月18日）6頁参照。

[27] 特許第5603282号（発明の名称「誘導多能性幹細胞」）。ES細胞で特異的発現ないし高発現を示す遺伝子等の組合せを選択肢、体細胞に導入して得られた細胞を培養する工程を含む製造方法（特許第5467223号）により得られた細胞についての物の発明としての特許が平成26年8月29日に成立した。iPS細胞をめぐる基本特許の成立状況については、平成26年度日本弁理士会バイオ・ライフサイエンス委員会第3部会答申書3頁以下、京都大学iPS細胞研究所ウェブサイト「CiRAの知的財産」（http://www.cira.kyoto-u.ac.jp/j/research/special.html＜平成28年2月28日アクセス＞）参照。

細胞加工物に関する特許をPBPクレームで記述する場合における技術的特徴を、その分化能や複製能といった細胞の性質自体（その面ではES細胞とiPS細胞とは多能性幹細胞としては同一との見方も成り立つ。）よりもその樹立方法、更には樹立・調製方法の違いによる細胞の性質の相違に見いだす考え方もあり得る[29]。細胞加工物・再生医療等製品、更には幹細胞から目的細胞への分化誘導技術、培養技術等の研究開発に関しては、iPS細胞よりも再生医療分野における臨床応用・実用化が先行している間葉系幹細胞や免疫細胞等に関する発明の方が国内外で盛んに行われている側面もあり、これら従前からその存在が知られていた組織幹細胞に関する物の発明がPBPクレームによって記述される場合にも、物同一説による特許保護の可能性が排除されるとは一概にはいえないのではないか[30]。

3　存続期間延長と再生医療

（１）　再生医療関係法の制定に伴い延長登録の理由となる処分に追加された（特許法施行令２条２号ニ）再生医療等製品の製造販売の承認（薬機法23条の25第１項[31]）についても、医薬品等と同様に、「発明特定事項」の対比によって「特許発明の実施」にとっての要否や先行処分との包含関係を

---

[28]　PBPクレームが明確性要件違反とならない基準として「不可能・非実際的事情」を我が国に先行して使用しているとされるドイツにおいても、裁判例上ほとんど議論されていないとのことである（前掲注21・96、97、109頁［川田発言］）。

[29]　竹田英樹「幹細胞特許の現状と課題」隅藏康一＝竹田英樹編「幹細胞の特許戦略」（発明協会、平成23年）188頁参照

[30]　これら組織幹細胞を用いた細胞加工物・再生医療等製品については、細胞加工物の品質の不均一性、再生医療等製品の特許要件の各国間での相違といった事情から、マーカー単離方法や培養技術・装置等に関する発明が多く見られる現状にある（平成27年度日本弁理士会バイオ・ライフサイエンス委員会第４部会答申書20頁）。なお、米国において単離されたDNAの特許保護適格性が問題となった事案（Assoc. for Molecular Pathology v. Myriad Genetics, Inc., 569 U.S. ___. 133 S.Ct. 2107 (2013)）と同様に、樹立ないし調製過程に遺伝子操作等が介在せず、単離の過程等もクレームされていない組織幹細胞そのものについては、単なる天然物の発見であって創作でないものとして「発明」（特許法２条１項及び29条１項柱書）該当性（審査基準第Ⅲ部第１章2.1.2）が問題となり得るであろう。

[31]　条件及び期限付承認（薬機法23条の26第１項）とその後の（本）承認（同条５項及び同法23条の25第１項）とがある場合には、条件及び期限付承認のみが「特許発明の実施をするために受けることが必要であった処分」に該当し、特許権の存続期間の延長対象とされ、その後の（本）承認のための処分に必要であった期間は延長の対象とならない（特許法施行令２条２号ニ括弧書）。

判断するというのが改訂前の審査基準[32]の考え方であったが、ベバシズマブ事件最高裁判決で特定事項説は明確に否定された。

同判決を受け、(実質的)処分説に沿って特許庁が改訂した現行審査基準では、「再生医療等製品の製造販売の承認」の場合における先行処分と出願理由処分の包含関係を判断する際の比較対象となる両処分の「実質的同一性に直接関わることとなる審査事項」として例示されているものは「構成細胞、導入遺伝子、構造、用法、用量、使用方法、効能、効果及び性能」にとどまり[33]、医薬品と同様に、「名称」及び「副作用その他の品質、有効性及び安全性に関する事項」は例示から除かれている(薬機法23条の25第2項3号柱書参照)。

例えば、特許権者が本来は他の規制手法[34]によって安全性の確保に関する対応が可能な場合にまで、必要性の乏しい承認事項の一部変更(同法23条の25第9項及び同法施行規則137条の27)をあえて選択し、細分化した承認処分を受けたことによって特許権の存続期間の延長という利益を得るという結論が、延長登録制度の趣旨に反することは明らかであり、この点において形式的処分説ではなく実質的処分説を採用した判例及び改訂後の審査基準の方向性は適切であると解される。

(2) もっとも、「実質的同一性に直接関わる」審査事項に限定したとしても、承認事項が異なる処分ごとに(権利範囲及び延長期間の両面で)細分化された延長登録が多数成立することは、第三者のみならず特許権者にとっても延長登録出願件数の増大に伴う手続や管理負担の増大を招く面があり[35]、医薬品については、DDS製剤に代表される製剤特許の取得と存続期間の延長によって後発品企業の参入を防衛してきたはずの先発品企業を中心に構成されている業界団体からも、「ビジネスの予見性が著しく低下する」との懸念が指摘されている[36]。

---

[32] 平成26年11月25日以降の審査に適用。平成28年3月23日公表による改訂前の審査基準第Ⅵ部2.4参照。
[33] 第Ⅸ部3.1.1(1)c
[34] 承認事項の軽微な変更の届出(同法23条の25第10項及び同法施行規則137条の29)、添付文書の記載事項の変更の届出(同法65条の3及び同法施行規則228条の7第1項2号)等。
[35] 平成26年度日本弁理士会バイオ・ライフサイエンス委員会第4部会答申書33頁
[36] 産業構造審議会知的財産分科会特許制度小委員会審査基準専門委員会ワーキンググループ・平成28年1月13日議事における日本製薬工業協会知的財産委員会意見書2頁

前述のとおり、ベバシズマブ知財高裁大合議判決の傍論では、延長の登録要件の場面と延長された特許権の効力の場面とを切り離し、前者では医薬品の「実質的同一性に直接関わる」審査事項とした「分量」について、これを後者における効力範囲を制限する要素から外し、その結果生ずる（先行処分と後行処分それぞれを理由とする）延長された特許権の効力範囲同士の包含関係を延長の効果の重複の問題として処理する見解を示唆している。その後の特許権侵害訴訟の裁判例（前掲東京地裁平成28年３月30日判決）において、上記傍論の説示部分については、「実質的同一性に直接関わる」審査事項のうちの「分量」のみが異なる医薬品について、「政令処分の対象となった『物』及び『用途』との関係で『均等物ないしは実質同一物』として、延長された特許権の効力が及ぶことが通常であることを注意的に述べたもの」であるとの補足がされている。

　延長登録の理由となった政令処分の対象医薬品類との関係で、例えば「分量」のみ異なる医薬品類に延長された特許権の効力を及ぼすべきとの考え方の前提には、仮に医薬品類の「実質的同一性に直接関わる」審査事項に関する公示内容から、分量が異なる医薬品類にまで「均等物ないし実質同一物」として延長後の特許権の効力が及ぶとの予測ないし権利監視を強いられても、第三者にとって不合理な負担ではないとの価値判断があると思われる。前掲東京地裁平成28年３月30日判決もそのような価値判断に立つことを明言している[37]。

　しかし、医薬品と異なり、製造方法（樹立ないし調製方法、培養方法等）や個体差によるばらつきが大きく、細胞の品質が不均一となりやすい、生体内での細胞の生物学的同等性、安定性等の評価が難しいといった特質を

---

[37] 「存続期間が延長された特許権に係る特許発明の種類や対象に照らして、その相違［筆者注：政令処分の対象となった『（当該用途に使用される）物』と侵害訴訟の対象物件との構成の相違］が周知・慣用技術の付加、削除、転換等であって、新たな効果を奏するものではないと認められるなど、当該対象物件が当該政令処分の対象となった『（当該用途に使用される）物』の均等物ないし実質的に同一と評価される物［中略］についての実施行為にまで及ぶと解するのが合理的であり、特許権の本来存続期間の満了を待って特許発明を実施しようとしていた第三者は、そのことを予期すべきである」と説示している。特許発明全体の技術的範囲（特許法70条）の問題としての均等論（最高裁平成10年２月24日第三小法廷判決・民集52巻１号113頁［ボールスプライン事件］）の適用場面と異なり、延長された特許権の効力範囲、すなわち政令処分の対象となった具体的な物（医薬品）及び用途についての「特許発明の実施」（同法68条の２）の範囲の問題であることから、上記最高裁判決や均等論のいわゆる５要件については言及されていない。

持つ再生医療等製品について、政令処分の対象となった物及び用途の「実質的同一性に直接関わる」審査事項の公示内容から、延長された特許権の効力が及ぶ均等物ないし実質同一物の範囲を第三者が予測することは、より一層の困難を伴うのではなかろうか。
（3） 改訂後の審査基準における「実質的同一性に直接関わることとなる審査事項」の例示（第Ⅸ部3.1.1（1）c）では、政令処分の対象が再生医療等製品である場合について、医薬品の場合と異なり具体的な例示はないが、例えば延長登録出願の対象が再生医療等製品の製造方法（樹立ないし調製・分化誘導・培養方法等）、培地成分や添加物等の構成に関する特許発明である場合に、必要に応じてそれらの構成も（実質的）審査事項に含めて、先行処分と出願理由処分の比較対象を行うことが論理的帰結となるはずである。

さらに、延長後の特許権の効力を論ずる場面では、これらの事項に関する構成が異なる再生医療等製品にまで、均等物ないし実質同一物として、又は均等論の適用により、延長された特許権の効力が及ぶか否かが問題となり得る。特に、政令処分の対象となった再生医療等製品と被疑侵害品である再生医療等製品との間で製造方法等の構成に相違が存在する場合、当該製品間における作用効果の同一性やこれに関する当業者の技術常識の判断等については、医薬品の場合よりも慎重な評価が必要であるし、そのために特許権者が延長された特許権の効力の細分化という負担を強いられ、その反面第三者が均等物等についての侵害回避の予測・権利監視の負担を軽減されるとしても、個別の疾患や病態に応じたオーダーメイド性の高い個別化医療として位置づけられる再生医療等の円滑な提供を阻害しないためには、やむを得ない帰結ではないかと思われる。

第5　結語

以上、PBPクレームと特許権の存続期間の延長について相次いだ最高裁判決とこれを踏まえた運用変更後の審査・裁判実務が再生医療等の分野にもたらす影響について、懸念も交えた考察を述べたが、我が国の再生医療の適正な発展に法律専門家の立場から尽力する一人として、この新たな動向が再生医療における知的財産の保護と関連技術の利用の適正な調和に寄与するものであることを望んでいる。

後発医薬品と延長登録後の特許権の効力の及ぶ範囲
―米国判例法を参考として―

大 野 聖 二

第1 はじめに

　後発医薬品（ジェネリック医薬品ともいう）とは、新有効成分や新しい効能・効果等を有することが臨床試験等により確認され承認された新薬（先発医薬品ともいう）の物質特許・用途特許が切れた後に、その先発医薬品と同一の有効成分を同一量含み、同一投与経路の製剤であり、効能・効果、用法・用量も原則的に同一である医薬品で、生物学的同等性試験等にてその先発医薬品と治療学的に同等であることが検証されることによって、製造、販売の承認を得るものである（医薬品医療機器等法14条）[1]。

　後発医薬品は、先発医薬品と完全に同一の成分の場合だけではなく、製剤に用いる添加剤や製剤の形態が異なっていても、臨床上の有効性、安全性を同じになるように製剤特性を調整することにより、後発医薬品として、製造、販売承認される場合がある[2]。先発医薬品と完全に同一の成分の後発医薬品は、承認の対象となった医薬品と同一の物といえるので、延長登録後の特許権の効力が及ぶことは原則として問題がないと考えられるが、効能・効果、用法・用量を変えないで先発医薬品に対して新たな添加剤[3]を加えたり、別の添加剤に変更したりすることにより、後発医薬品と先発医薬品の成分が異なった場合には、延長登録後の特許権の効力の範囲に含まれるかどうかは、実務上、大きな問題とされている。

---

[1] 後発医薬品は、薬食発第0331015号「医薬品の承認申請について」において、先発医薬品と承認申請区分を異にし、承認申請にあたって必要な書類を異にする扱いとなっている。
[2] 逢見公雄＝武藤正樹編『ジェネリック医薬品講座』（ぎょうせい、2011年）65頁。
[3] 後発医薬品に使用される添加剤は、「医薬品添加物事典」に収載されているものであり、厚生労働省が医薬品添加物の使用実態調査を行い、その結果から作成されたリストに基づいているので、公的に示されたものなので、特別なデータを提出することなく認められるものである。

現在の判例の解釈論の枠組みでは、延長登録後の特許権の効力は、承認された「物」と同一の物及びその均等物や実質的に同一と評価される物が含まれるとされており、具体的には、後発医薬品と先発医薬品の成分が異なった場合に、少なくとも、「均等物ないし実質的同一物」に後発医薬品が含まれるかどうかが、本稿が取り扱う問題である。

第2 判例の状況
1．はじめに
　最高裁は、特許権の存続期間の延長登録制度の趣旨に関して、「特許権の存続期間の延長登録の制度は、政令処分を受けることが必要であったために特許発明の実施をすることができなかった期間を回復することを目的とするものである」と判示している[4]が、その効力範囲に関しては、直接言及するものではない。この点に関しては、以下に述べる知財高裁の2つの判決が言及するものである。

2．パシーフカプセル事件知財高裁判決[5]
　知財高裁は、パシーフカプセル事件において、延長登録後の特許権の効力の及ぶ範囲と、延長を認めるべき処分の単位を連動させる必然性はないことを指摘したうえで、傍論としてではあるが、「特許発明が医薬品に係るものである場合には、その技術的範囲に含まれる実施態様のうち、薬事法所定の承認が与えられた医薬品の『成分』、『分量』及び『構造』によって特定された『物』についての当該特許発明の実施、及び当該医薬品の『用途』によって特定された『物』についての当該特許発明の実施についてのみ、延長された特許権の効力が及ぶものと解するのが相当である（もとより、その均等物や実質的に同一と評価される物が含まれることは、技術的範囲の通常の理解に照らして、当然であるといえる。）」と判示し、技術的範囲の通常の理解を根拠に、均等物、実質的に同一という概念を用いて、承認が与えられた「物」と同一の「物」以外に効力が及ぶ趣旨を明らかにした。

---

[4] 最判平成27・11・17（平26（行ヒ）356）民集69巻7号1912頁〔アバスタチン事件上告審判決〕。
[5] 知財高判平成21・5・29（平20（行ケ）10458）判時2047号11頁〔パシーフカプセル事件〕。

3．アバスチン事件知財高裁大合議判決[6]

アバスチン事件において、知財高裁は、大合議にて、延長登録後の特許権の効力の及ぶ範囲と、延長を認めるべき処分の単位を連動させる必然性はないことを確認したうえで、傍論としてではあるが、「特許権の延長登録制度及び特許権侵害訴訟の趣旨に照らすならば、医薬品の成分を対象とする特許発明の場合、特許法68条の2によって存続期間が延長された特許権は、『物』に係るものとして、『成分（有効成分に限らない。）』によって特定され、かつ、『用途』に係るものとして、『効能、効果』及び『用法、用量』によって特定された当該特許発明の実施の範囲で、効力が及ぶものと解するのが相当である（もとより、その均等物や実質的に同一と評価される物が含まれることは、延長登録制度の立法趣旨に照らして、当然であるといえる。）」と判示し、パシーフカプセル事件知財高裁判決と同じく、均等物、実質的に同一という概念を用いて、承認が与えられた「物」と同一の「物」以外に効力が及ぶ趣旨を明らかにしたが、その根拠に関して、「技術的範囲の通常の理解」に変えて、「延長登録制度の立法趣旨」としていることが注目される。

第3　学説の状況

上記の判例状況等を踏まえて、学説においても、延長登録後の特許権の効力の及ぶ範囲に関しては、多様な学説が唱えられており、以下、これを鳥瞰することとする。

1．田村善之教授の見解[7]

延長後の特許権の効力は、対象が、①技術的範囲（70条1項）に含まれ、かつ、②68条の2の範囲に含まれる場合に及ぶとする。①については、技術的思想の問題であるから、従来の意味での均等論が適用される。②については、処分で承認された実施行為と市場で競合する範囲を意味する。延長登録制度は、「禁止権」及び「実施」のうち、「実施」のみが妨げられていた期間について、特許権の保護として十分でないとし、延長を認めるものである。そのため、延

---

[6] 知財高判平成26・5・30（平25（行ケ）10197）最高裁HP。
[7] 田村善之「特許権の存続期間延長登録制度の要件と延長後の特許権の保護範囲について―アバスチン事件知財高裁大合議判決の意義とその射程―」AIPPI60巻3号227～231頁（2015年）。

長後は、「実施」を保護するのに必要な限度で「禁止権」を付与すべきである。したがって、実施行為と市場で競合する範囲で保護を与えれば、この法の趣旨は果たされる。

　賦形剤、添加剤等のありふれた成分が異なるだけの医薬品に対しても特許権の効力が及ぶかどうかという論点に関しては、「有効成分以外の成分が特許発明の請求範囲と無関係であり、技術的思想にも影響しないのであれば、技術的範囲の側面が問題となって侵害が否定されることはなく、ただ、付加された成分によって、市場における競合の可能性が失われた場合に限って、68条の2に基づき侵害が否定されることになる」とする。

2．前田健准教授の見解[8]

　特許権の効力の範囲は、基本的には、存続期間の延長によって回復させるべき利益に必要な限りで認められるものであると原則を立てた上で、「処分を受けることにより、特許権者が実施できるようになるものは、処分を受けた医薬品と薬機法上の客観的な同一性が認められるもののみであり、1つの『点』のみである。しかし、その医薬品を製造販売し、その市場を独占するためには、それよりも広い『面』としての範疇を支配できなければならない。というのは、薬機法上は客観的には同一と認められない医薬品でも、処分を受けた医薬品と市場において高い代替性を有し、特許製品と競争をすることのできる医薬品は存在する。仮にそれらが自由に製造販売できるとすると、特許権者は事実上独占を維持できないので、延長を認めた意味がなくなることにある。したがって、延長された特許権の効力は、特許発明の技術的範囲に属し、かつ、処分対象品と市場における高い代替性を有する物に対して及ぶと考えるべきである。たとえば、市場における代替性という観点から見ると、OD錠、一部の配合剤などの元の医薬品と高い代替性を有すると思われる物は、効力の範囲にあると解することになる」とし、「代替性」の判断は不明確となるため、これを明確化し予測可能性を担保するという意味で、「成分」「分量」「効能・効果」「用法・用量」等の審査事項のうち、市場代替性という観点から「重要」といえるものを共通とするものに権利が及ぶと解すべきである。

---

[8] 前田健「特許権の本質と存続期間の延長登録」神戸法学雑誌65巻1号14～17頁（2015年）

3. 松居祥二弁理士の見解[9]

　立法経緯からして、「合理的保護範囲について検討の末、処分を受けた単一の物（医薬品）を、特許法の保護の本質である、『処分を受けた物についての当該特許発明の実施以外の行為には及ばない』、即ち延長された特許発明に含まれ、かつ処分を受けた医薬品と用途について、同一物及び、その医薬品と薬事法では別途処分を必要とする別医薬品であっても発明として見れば、同一発明に属すると判断される医薬品には延長された特許権の効力が及ぶことを意味する再修正案が合理的として採用されたのである」とした上で、具体的には、「有効成分として働く化学物質 1 mg の医薬品の処分に基づいて P 特許権を延長しておけば、1.2mg 含有の医薬品について処分を得た第三者がそれを発売すれば、1 mg の処分で延長された特許権（請求範囲に特に 1 mg の限定が無い限り）を以って侵害を訴追できるのである。しかし 5 mg の医薬品の場合、それが別発明である新しい薬品送達技術（DDS）によって初めて製造可能になった医薬品であれば、延長された P 特許発明を利用するものでない限り特許権で侵害を訴追することは出来ないわけである」とし、総括として、「要は、薬事法の処分は医薬品の品目毎であっても、特許法による保護は、処分を受けた医薬品と延長される特許権の発明に同一発明として含まれる範囲について効力が及ぶという特許法本来の権利範囲（効力の及ぶ範囲）の考え方が延長特許についても採用されたのである。従って判決が述べている様に、実質同一物、均等物にも権利の効力が及ぶのである」とされる。

4. 石埜正穂准教授の見解[10]

　「『実質的同一』を特許権の技術的範囲と重ね合せる解釈に従うと、例えば素材 A（a1, a2, ・・・）を含むことを特徴とする DDS 製剤発明にかかる延長登録特許権のケースでは、他の要素（『有効成分』『有効成分の分量』『構造』『用途』など）は固定したままで、素材 A 全体の幅で効力が広がることになる。この場合、延長登録にかかる特許発明が異なれば、異なるベクトル方向に効力範囲が広がり得るし、当該特許発明が複数ある場合は、それぞれの特許権の技術

---

[9] 松井祥二「特許法第68条の2に定める存続期間の延長された特許権の権利効力について（薬事法と交錯する特許制度の問題）」AIPPI55巻5号318〜319頁（2010年）
[10] 石埜正穂「医薬品特許の存続期間延長における課題—平成21年（行ヒ）第324〜326号最高裁判決を受けて—」パテント64巻12号68〜70頁（2011年）

的範囲のベクトル方向に『実質的同一物』の範囲が広がり得るので、より多面的な効力範囲を確保することができることになる」とされる。

5．平嶋竜太准教授の見解[11]

「延長登録後の特許権としては、当該延長登録の根拠となった製造販売承認において『名称、成分、分量、用法、用量、効能、効果、副作用その他の品質、有効性、安全性』といった事項で特定された品目単位の医薬品の業としての実施行為に対して効力が及ぶことを原則とするものと解され、実際には成分、用法、用量、効能、効果といった事項をもって特許権の効力が及ぶか否かを判断するものと解される」とされる。

6．井関涼子教授の見解[12]

「存続期間延長制度の趣旨に鑑みれば、特許発明を実施する意思及び能力を有するにもかかわらず実施できなかった医薬品の製造販売を、延長された期間に独占できることが保障されることが必要であるが、それで十分であると考える。したがって、基本的には処分の対象である医薬品と同一の物についての特許発明に対して延長された特許権の効力が及び、さらに、当該医薬品と発明の実施態様として共通する範囲の物にまで効力が及ぶと解される」と原則論を述べた上で、「この点につき、処分対象である医薬品と技術的思想として共通する範囲にまで効力が及ぶと解する説も聞かれるが、特許法68条の2は、『物についての当該特許発明の実施』以外の行為には及ばないと規定し、『物をその技術的範囲に含む特許発明の実施』とはしていないことから、同一発明であっても、延長された特許権の効力が及ばない場合があると解する。たとえば、延長された特許権が化学物質をクレームとするものである場合、この化学物質を利用し、処分対象と同一の疾病治療を用途とする製品には多様なものが想定されるが、そのすべてに延長された特許権の効力を及ぼすべきではなく、このような場合は、同一発明の実施でありながら、延長された特許権の効力が及ばない物があると考える」とされる。

---

[11] 平嶋竜太「特許権存続期間延長制度に係る規定の御うち的解釈─最近の知財高裁判決の提示する方向性を契機とした考察」Law & Technology 46号54～57頁（2010）
[12] 井関涼子「医薬品の複数の製造承認と特許権の存続期間延長登録─パシーフカプセル30mg事件最高裁判決─」A.I.P.P.I 56巻9号606～607頁（2011年）

更に、「均等物や実質的同一物」に関しては、「いわゆる均等論は適用すべきでない。均等論は、技術的思想として等価値のものにまで技術的範囲を拡大する理論であるが、ここで問題になっているのは、技術的思想としては同一の範疇の中で、『物』と『用途』により範囲を限定しようとする番であるからである」とされる。

7．小括

以上のとおり、延長登録後の特許権の効力の及ぶ範囲に関しては、多様な見解が唱えられているが、本稿の関心事である後発医薬品が先発医薬品の安全性の確保等を目的とする法律により、特許発明を実施することができなかったことに依拠して、その実質的同一性が検証されることによって、製造、販売の承認を得るものであることに、焦点を当てて解釈論を展開する見解はない模様である。

第4　米国判例法
1．事案の概要と争点

後発医薬品と延長登録後の特許権の効力の及ぶ範囲を検討するにあたって参考とすべき米国判例法として、*Pfizer v. Dr. Reddy's* の連邦巡回控訴裁判所（CAFC）の判例[13]を挙げることができる[14]。

控訴人であるPfizerは、米国特許4,572,909号（以下「'909号特許」とする）の特許権者である。'909号特許は、ジヒドロピリジン化合物とその酸付加塩をクレームするものである。同特許のクレーム8にクレームされている化合物は、アムロジピンと呼ばれる化合物であり、Pfizerは、高血圧治療薬、狭心症治療薬として、アムロジピンベシル酸塩に関して、アメリカ食品医薬局（FDA）より承認を受けた。Pfizerは、アムロジピンベシル酸塩とアムロジピンマレイン酸塩の双方に関して、FDAに対して治験データを提出しているが、製剤化をするのに容易なアムロジピンベシル酸塩を選択して、承認を得たものである。

'909号特許は、2003年2月25日に特許権の存続期間が終了するので、Pfizerは、35U.S.C.§156に基づいて、1252日の延長を取得した。Dr. Reddy'sは、アムロ

---

[13] *Pfizer, Inc. v. Dr. Reddy's Laboratories, Ltd.* 359 F. 3d. 1361, 69 USPQ2d (Fed. Cir. 2004).
[14] John R. Thomas『Pharmaceutical Patent Law』（BNA Books、2010）366頁は、延長登録後の特許権の効力の及ぶ範囲の制限に関する重要な判決として、この判決を挙げている。

ジピンマレイン酸塩に関して、後発医薬品として、簡略化された新薬承認申請（paper NDA）を行って、FDAから承認を受けて、販売している。

Dr. Reddy'sは、アムロジピンマレイン酸塩の製品が'909号特許を侵害することは認めたが、延長登録後の特許権の効力の及ぶ範囲は、35U.S.C.§156（b）が規定する延長登録後の特許権の効力は、"limited to any use approved for the product"（訳：その製品に関して承認された使用に限定される）という条項を根拠に、承認された製品に関して範囲にしか効力が及ばないと主張した。

これに対して、Pfizerは、下記の35U.S.C.§156（f）の条項を引いて、侵害を主張した。

（1）The term "product" means:（A）A drug product. ・・・

（2）The term "drug product" means the active ingredient of—（A）a new drug, ・・・including any salt or ester of the active ingredient, as a single entity or in combination with another active ingredient.

（訳：（1）本条において、「製品」とは、以下の意味を有する。（A）医薬品。
（2）新医薬品、・・・その有効成分のいかなる塩又はエステルを単一成分ないし他の有効成分の組み合わせとして含む製品を意味する。

連邦地方裁判所は、Dr. Reddy'sの主張を支持して、非侵害としたために、Pfizerは、控訴した。

2．CAFC判決

CAFCは、Dr. Reddy'sが主張している35U.S.C.§156（b）の"limited to any use approved for the product"という要件に関しては、例えば、医薬品以外の延長の対象となっていない製品のその他の使用形態を意味すると解釈して、侵害を認めるのに障害とはならないとした。

CAFCは、塩を変更することによって、ハッチマンワックス法の延長登録の利益を特許権者から奪うのであれば、後発医薬品メーカーに付与される同法の対応する利益も奪うべきであるとするPfizerの主張を引用して、その上で、CAFCは、35U.S.C.§156（f）のproductには、アムロジピンとその塩が含ま

れることは明らかであり、この条項自体、有効成分の塩、エステルによる改変を想定し、本件訴訟で主張されているような抜け穴に対しても、対策を採っていると判断した。

この条項自体、先発医薬品のデータにアクセスして承認を採る後発医薬品に対して、延長登録後の特許権の効力を及ぼしてバランスを採っているのであり、一方で先発医薬品のデータにアクセスして、便宜を受けているにもかかわらず、延長登録後の特許権の効力が及ばないとするのは、不合理であるとした。

第5 後発医薬品と延長登録後の特許権の効力

現在の判例の解釈論の枠組みでは、承認された「物」と同一の物及びその均等物や実質的に同一と評価される物が含まれるとされており、先発医薬品と完全に同一の成分の後発医薬品は、承認の対象となった医薬品と同一の物といえるので、延長登録後の特許権の効力が及ぶことは原則として問題がないと考えられるが、効能・効果、用法・用量を変えないで先発医薬品に対して新たな添加剤を加えたり、添加剤を変更したりすることにより、後発医薬品と先発医薬品の成分が異なった場合には、「均等物ないし実質的同一物」に含まれるかどうかが問題となる。

「均等物ないし実質的同一物」を技術的範囲の通常の理解に照らしてアプローチするのか（前述のパシーフカプセル事件知財高裁判決）、延長登録制度の立法趣旨に照らしてアプローチするのか（前述のアバスチン事件知財高裁大合議判決）の争いがあるが、井関教授が指摘されるように、延長登録制度の立法趣旨に照らしてアプローチするべきである。

問題となるのは、延長登録制度の立法趣旨に照らしてアプローチした場合、「均等物ないし実質的同一物」をどのように解釈すべきであるかである。

この点では、前述の*Pfizer v. Dr. Reddy's*のCAFC判決が妥当な方向性を示していると理解される。後発医薬品と延長登録後の特許権の効力の範囲の問題は、先発医薬品の成果に依拠して承認を採る後発医薬品に対して、延長登録後の特許権の効力を及ぼしてバランスを採るべきである。後発医薬品メーカーが薬事承認においては、先発医薬品との実質的同一性を主張して、生物学的同等性試験等の簡易な申請書類により承認を採っている以上、延長登録後の特許権の効力が問題とされる場面で、「均等物ないし実質的同一物」に該当しないという二枚舌の主張を認めるべきではないと解釈される。したがって、後発医薬品で

ある以上、特許法第68条の2の制限規定の適用は問題とすべきではないのであり、仮に、後発医薬品に関して、特許権が取得されていても、単なる利用発明に該当するにしか過ぎず（特許法第72条）、侵害の製品には影響を与えないものと理解される。

第6　終わりに

東京地裁は、先発医薬品に対して、添加剤を加えた後発医薬品に対して、侵害が主張された発明との関係では、単なる周知技術・慣用技術の付加等に当たるとはいえず、新たな効果を奏するものであるとして、「均等物ないし実質同一物」に該当しないと判示した[15]。

筆者は、同事件の原告代理人を務める関係で、詳細な検討は、判決確定まで待たなければならないが、本稿で検討した後発医薬品メーカーが薬事承認においては、先発医薬品との実質的同一性を主張して、生物学的同等性試験等の簡易な申請書類により承認を採っている以上、延長登録後の特許権の効力が問題とされる場面で、「均等物ないし実質的同一物」に該当しないという二枚舌の主張を認めるべきではなく、後発医薬品に対して特許権の効力を及ぼすことが、「延長登録制度の立法趣旨」[16]に適うとする観点からすると、疑問の余地の大きい判決であるとだけ指摘して、筆を置くこととする。

---

[15]　東京地判平28・3・30（最高裁HP）〔エルプラット事件〕
[16]　上記判決は、アバスチン事件知財高裁大合議判決に準じて、延長登録制度は、特許権者の被る不利益の内容として、特許発明を実施できなかった点にのみ着目したものであると判示するが、医薬品医療機器等法は、特許権者だけではなく、第三者を含めて、承認を受けない限り、特許発明の実施ができないとすることを看過するものである。第三者も特許発明の実施ができない以上、実施権が行使できないという不利益だけではなく、禁止権も行使できないという不利益が特許権者に生じるのである。先発医薬品が承認を受けることにより、第三者は、成分の同一の後発医薬品だけではなく、添加剤を異にする後発医薬品も実施できることになる以上、添加剤を異にする後発医薬品に対しても、成分の同一の後発医薬品と同様に特許権の効力は当然に及ぶと解釈すべきものである。

特許法104条の3（いわゆるダブルトラック規定）に内在する諸問題

長谷川　芳樹

はじめに

　特許の有効・無効の対世的な判断は特許庁の無効審判手続で行なわれ、裁判所は侵害訴訟の場面でその有効性を対世的に否定することはできない。しかし、特許法104条の3は、侵害訴訟において「特許が無効審判により無効にされるべきものと認められる」ときは、当該訴訟における特許権の行使は許されない旨を規定している。このため、特許の有効・無効の判断が特許庁（無効審判）と裁判所（侵害訴訟）の双方で争われるというダブルトラックの問題が発生する。

　ダブルトラックの賛否は議論が分かれるところだが、立法の契機となったキルビー事件最高裁判決の意味するところを振り返りつつ、知財立国を推進する立場で最近の状況変化を鑑みれば、侵害訴訟において特許の有効性を争う余地を少なくする方向での特許法104条の3の見直しが必要になっている、と考える。

1．多様な権利解釈論に終止符を打ったキルビー最高裁判決

　特許権の侵害訴訟では、特許無効の審決が確定するまでは特許は有効なものとして裁判所は抵触性の有無を判断する、というのが伝統的な裁判所の見解であった（大判明治37年9月15日刑録10輯1679頁、大判大正6年4月23日民録23輯654頁）。このため、無効審判の審理が遅延したときは、侵害訴訟における審理が早期に進行して裁判官が十分な心証を得たとしても、審決が出るまで判決を待たなければならず、紛争の早期解決が妨げられていた。

　そこで裁判所は、侵害訴訟の場面では特許の有効性を対世的に否定することはできないという前提条件の下で、妥当な結論を導くべく、様々な見解を工夫してきた。例えば大阪地裁昭和45年4月17日判決の「金属網籠事件」では、「公

知・公用の技術は万人の共有財産である…」として公知技術（自由技術）の抗弁を認めた。そして、この「金属網籠事件」の控訴審である大阪高裁昭和51年2月10日判決では、公知技術の抗弁を否定した上で、権利範囲は実施例と一致するところまで最も狭く解釈するのが相当として控訴を棄却した。このように裁判所は、権利範囲を制限するための様々な解釈論を適宜援用し、係争対象物には特許権の効力は及ばないとして、特許の有効・無効の議論をすることなく権利者敗訴の判決を導いていた。

このような権利解釈論に終止符を打ったのが有名なキルビー最高裁判決（最判平12年4月11日民集54巻4号1368頁）である。特許の無効審決が確定する以前であっても、侵害訴訟を審理する裁判所は、審理の結果、当該特許に無効理由が存在することが明らかであると認められるときは、その特許権の行使は、特段の事情がない限り、権利の濫用に当たり許されない旨判示し、侵害訴訟において無効理由の存在の明白性を判断する限度において、特許の無効理由の存否に関する裁判所の間接的・相対的な判断の余地を例外的に承認した。

ここで留意すべき点は、下記の2点である。第1の留意点は、キルビー最高裁判決が認めた裁判所による特許の有効・無効の判断の余地は、権利濫用の法理（民法1条3項）の下で、無効理由の存在の明白性を判断する限りにおいてであったことであり、第2の留意点は、キルビー事件で争われたのは発明の進歩性という普遍的ともいえる問題ではなく、分割出願に係るキルビー特許の発明とその原出願に係る発明との発明の同一性、という特異な場合の問題であったことである。

1-1. キルビー最高裁判決が認めた"裁判所による判断"の余地

キルビー最高裁判決が認めた裁判所による特許の有効・無効の判断の余地が、権利濫用の法理（民法1条3項）の下で無効理由の存在の明白性を判断する、という限られたものであった、という点を判決文から検証してみたい。

キルビー最高裁判決は、侵害判断は侵害裁判所が行い、有効性の判断は特許庁が行うという三権分立に基づく権限分掌の枠組みを堅持しており、判決文では「特許法は、特許に無効理由が存在する場合に、これを無効とするためには専門的知識経験を有する特許庁の審判官の審判によることとし（同法123条1項、178条6項）、無効審決の確定により特許権が初めから存在しなかったものとみなすものとしている（同法125条）。したがって、特許権は無効審決の確定

までは適法かつ有効に存続し、対世的に無効とされるわけではない。」と述べている。

その上で判決文は、「本件特許のように、特許に無効理由が存在することが明らかで、無効審判請求がされた場合には無効審決の確定により当該特許が無効とされることが確実に予見される場合にも、その特許権に基づく差止め、損害賠償等の請求が許されると解することは、次の諸点にかんがみ、相当ではない。」として、衡平の理念、訴訟経済および訴訟手続の中止の3点を指摘している。

第1点：衡平の理念に関して
「特許権に基づく当該発明の実施行為の差止め、これについての損害賠償等を請求することを容認することは、実質的に見て、特許権者に不当な利益を与え、右発明を実施する者に不当な不利益を与えるもので、衡平の理念に反する結果となる。」

第2点：訴訟経済に関して：
「紛争はできる限り短期間に一つの手続で解決するのが望ましいものであるところ、右のような特許権に基づく侵害訴訟において、まず特許庁における無効審判を経由して無効審決が確定しなければ、当該特許に無効理由の存在することをもって特許権の行使に対する防御方法とすることが許されないとすることは、特許の対世的な無効までも求める意思のない当事者に無効審判の手続を強いることとなり、また、訴訟経済にも反する。」

第3点：訴訟手続の中止に関して：
「特許法168条2項は、特許に無効理由が存在することが明らかであって前記のとおり無効とされることが確実に予見される場合においてまで訴訟手続を中止すべき旨を規定したものと解することはできない。」

上記の3点を指摘した上で判決文は、「特許の無効審決が確定する以前であっても、特許権侵害訴訟を審理する裁判所は、特許に無効理由が存在することが明らかであるか否かについて判断することができると解すべきであり、審理の結果、当該特許に無効理由が存在することが明らかであるときは、その特許権に基づく差止め、損害賠償等の請求は、特段の事情がない限り、権利の濫用に当たり許されないと解するのが相当である。このように解しても、特許制度の趣旨に反するものとはいえない。…（中略）…右見解と異なる大審院判例は、以上と抵触する限度において、いずれもこれを変更すべきである。以上によれ

ば、本件特許には無効理由が存在することが明らかであり、訂正審判の請求がされているなど特段の事情を認めるに足りないから、本件特許権に基づく損害賠償請求が権利の濫用に当たり許されないとして被上告人の請求を認容すべきものとした原審の判断は、正当として是認することができる。」と述べている。

上記の通りキルビー最高裁判決は、三権分立という憲法上の大原則の下で、侵害判断は侵害裁判所が行い、有効性の判断は特許庁が行うという権限分掌の枠組みを堅持した上で、無効審判請求がされた場合には無効審決の確定により当該特許が無効とされることが確実に予見されるような場合には、衡平の理念、訴訟経済および訴訟手続の中止規定（168条2項）の趣旨に鑑みて、特許権に基づく差止め、損害賠償等の請求は、特段の事情がない限り、権利の濫用に当たり許されないと判断している。換言すると、キルビー最高裁判決は三権分立の下での権限分掌を棚上げして特許の有効・無効の判断は侵害裁判所と特許庁の双方で別個独自に行うことができるとするような趣旨のものではなく、権限分掌を堅持した上で「特許に無効理由が存在することが明らかであって前記のとおり無効とされることが確実に予見される場合」には、そういう権利に基づく請求は権利の濫用として認めることができない、という趣旨のものである。

1-2. キルビー事件で争われたのは原出願との発明の同一性

キルビー事件で争われたのは発明の進歩性（発明が非同一であることを前提とする容易推考性）の問題ではなく、分割出願に係るキルビー特許の発明とその原出願に係る発明（拒絶が確定した発明）との発明の同一性、という特異な場合の問題であった、という点を検証してみたい。

まず、キルビー事件の経緯を簡単に振り返ると、最初の出願（原々出願）は1960年に特許出願（パリ条約の優先権主張を伴う。）され、出願公告、異議成立、拒絶査定不服審判を経て特許320,249号として成立している。本件特許の親出願（原出願）はこの原々出願の分割出願であり、この出願は拒絶査定、拒絶査定不服審判を経て拒絶が確定している。本件特許に係る出願はこの原出願の審判段階で分割されたものであり、拒絶査定、拒絶査定不服審判、出願公告、異議不成立を経て特許320,275号として成立している。このような複雑な経緯を辿って、本件特許は1986年に出願公告されているが、この時点で原々出願の出願日から27年もの年月が経過しているので、奇異な印象を持たれることもある。これは出願当時の特許法（大正11年法）の規定が現在の特許法（昭和35年法）

とは異なり、出願日から20年で存続期間が満了するというような制限がなかったからであり、その点でもキルビー事件には特異な事情があったと言えなくもない。

　キルビー特許の発明は、半導体集積回路（IC回路）の基本発明と言われており、発明者のジャック・キルビーはノーベル物理学賞にも輝いているが、かなり強力な公知例（先行技術）が存在したため、その特許化（特に進歩性の主張）には苦労したようだ。その公知例は、米国RCA社のハーウィック・ジョンソン氏の発明による米国特許第2,816,228号で、1953年に出願され、1957年に登録されている。この特許は半導体位相シフト発振器に関する発明で、一つの半導体基板にトランジスタと抵抗、コンデンサからなる遅延回路が示されている。キルビー特許の明細書に記載されたIC回路は、一つの半導体基板にトランジスタと抵抗、コンデンサが形成されてなる発振回路であり、両者は半導体集積回路として捉えると基本思想が非常に近い。キルビー特許の分割出願（合計9件）の多くが拒絶になったが、それはこのジョンソン特許と呼ばれる公知例があったためであろう。ただし、このジョンソン特許は単なるアイデアで実際の製品には結びつかなかった。そのためICの基本特許とは言われなかったし、社会の注目を集めることもなかったという（「キルビー特許訴訟の思い出」井桁貞一、「知財管理」Vol.55,No6,2005）。

　このような事情を踏まえて判決文を読むと、キルビー事件の特異な事情が理解しやすい。判決文は、原審の各判断はいずれも是認できるとした上で、「本件については、先願である原出願について拒絶査定が確定しているけれども、先願の特許出願につき拒絶査定が確定したとしてもその特許出願が先願としての地位を失うものではないから、本件出願は特許法39条1項により拒絶されるべきものである。また、本件発明は、公知の発明に基づいて容易に発明することができることを理由として拒絶査定が確定した原出願に係る原発明と実質的に同一の発明であるから、本件特許は同法29条2項に違反してされたものである。したがって、本件特許に同法123条1項2号に規定する無効理由が存在することは明らかであり、訂正審判の請求がされているなど特段の事情を認めるに足りないから、無効とされることが確実に予見される。」と述べている。

　特許法39条1項（先願）と同法29条2項（進歩性）の双方に違反してされたことが無効判断の根拠になっているが、いずれの場合も原出願との発明の同一性が争点になっている。前者については、本件発明は出願分割の原出願に係る

原発明と実質的に同一の発明であるから出願日の遡及効が認められないので、本件出願は原出願の後願として特許法39条1項により無効とされ、後者については、本件発明は原発明と実質的に同一の発明であるところ、原発明は進歩性欠如を理由に拒絶査定が確定しているのだから、本件特許も特許法29条2項により無効とされると判断された。

キルビー事件では発明の進歩性が直接に争われたのではなく、分割出願に係るキルビー特許の発明とその原出願に係る発明との発明の同一性が争われたという点で、一般的な無効論争とは趣が違った特異な事情があった。

2. キルビー最高裁判決の「明白性」の要件を消した立法化

2005年に新設された特許法104条の3（ダブルトラック規定）の趣旨は、工業所有権（産業財産権）法逐条解説[第19版]では次のように説明されている。

「裁判所は侵害訴訟の場面では特許の無効理由そのものを直截に判断する権能を有しないという従前の法制の基本原則を前提としつつ、特許制度の特殊性を踏まえ、キルビー最高裁判決がその根拠とした衡平の理念及び紛争解決の実効性・訴訟経済等の趣旨に則してその判例法理を更に推し進め、無効理由の存在の明白性の要件に代えて、侵害訴訟において、当該特許が特許無効審判により無効にされるべきものと認められるときは、当該訴訟におけるその特許権の行使は許されない旨を明文の規定で定めることにより、紛争のより実効的な解決等を求める実務界のニーズを立法的に実現することとした。」

ここで留意すべき点は、キルビー最高裁判決の「判例法理を更に推し進め、無効理由の存在の明白性の要件に代えて…（中略）…特許無効審判により無効にされるべきものと認められる」ことを特許権の権利行使を制限する要件として明文規定したことである。キルビー最高裁判決では、特許権の行使が許されない場合について、無効理由が存在することが立証された場合では不充分で、「特許に無効理由が存在することが明らかであって前記のとおり無効とされることが確実に予見される場合」であることが要求されていたが、特許法104条の3では明白性の要件も予見の確実性の要件も取り払われた。

キルビー最高裁判決から特許法104条の3の立法化までの間に、下級審の特許侵害訴訟では無効の抗弁を認めて請求棄却する判決が相次いだ。明治大学知的財産法政策研究所主催の公開シンポジウム（2011年8月3日）において、飯村敏明知財高裁総括判事（当時）は次のように解説している。キルビー「特許

が無効の可能性が高いことを理由にして、権利濫用の理論を用いて、原告の請求を認容…（中略）…した理由は、本件発明は、原出願に係る発明と実質的に同一の発明であり、原出願の拒絶査定は既に確定していることから、本件発明が無効とされることは確実であることという、極めて特殊な事情があったからだと推測されます。このような事案の特異性に鑑みると、最高裁判例の射程を理解するに当たり、権利濫用の法理を採用するためのハードルを極めて高いもの、すなわち、例外的なものと評価することも可能であったと思われます。しかし、その後の裁判実務は、『特許の無効が明らかであること』を理由として、特許権侵害訴訟において、原告の請求を棄却する事例が数多く見られるようになりました。」

　特許法104条の3は、キルビー最高裁判決の射程を判決に則って理解することなく（判決法理を更に押し進め）、かつ、その後の下級審の判決動向を踏まえて（むしろ、下級審の判決傾向を幅広く追認するかのように）立法された。その第1項は、「特許権又は専用実施権の侵害に係る訴訟において、当該特許が特許無効審判により又は当該特許権の存続期間の延長登録が延長登録無効審判により無効にされるべきものと認められるときは、特許権者又は専用実施権者は、相手方に対しその権利を行使することができない。」となっているが、例えば「123条1項各号に該当するときは…」というような規定振りではなく、「当該特許が…無効審判により無効にされるべきものと認められるときは」と規定していることから、特許無効審判の判断基準と侵害訴訟における無効の抗弁の判断基準が全く同一となり、ダブルトラックの問題が顕在化した。

　なお、立法過程で明白性（権利行使が制限されるのは特許無効理由が存在することが明らかな場合に限るとする。）の要件を取り払った理由は、「特許無効の理由があることが『明らか』と認められるか予測が困難なため、遅延が指摘された無効審判を並行して行わざるを得ない等の理由」があったため、と言われている（「侵害訴訟等における特許の安定性に資する特許制度の在り方の検討状況」平成26年11月、特許庁）。

3．特許法104条の3の何が問題か？

　問題点は、①弁論主義と職権探知主義、②紛争の一回的解決、③権利者の過重な防御負担、④審理期間の短縮化傾向、⑤対世的効力と和解、の5点にあると考えている。そして、そのような問題が生じる原因は、侵害裁判における無

効の抗弁の理由を、特許無効審判における無効理由と全く同一にした点にある。以下、順次その要点を述べる。

3-1. 弁論主義と職権探知主義

　第1は、弁論主義と職権探知主義に関連しており、権利行使制限の要件を特許法104条の3第1項が「当該特許が…無効審判により無効にされるべきものと認められるときは」と規定していること自体に内在する問題である。侵害裁判所における侵害訴訟は民事訴訟であるから、弁論主義や当事者主義が審理等の手続きの基本に据えられている。したがって、侵害訴訟における無効の判断において参酌すべき公知例があった場合でも、当事者が主張、立証しない限りは証拠等として採用されることはない。ところが、特許庁における無効審判(123条)は、当事者対立構造でなされて民事訴訟法の手続が多く採用されつつも、対世的効力のある判断をするという公益的性格に鑑みて職権主義（職権進行主義、職権探知主義）が採用されている。特許法153条は「審判においては、当事者又は参加人が申し立てない理由についても、審理することができる。」と規定しており、この職権探知主義は弁論主義（判決の基礎となる事実の収集は当事者の権能かつ責任であるとする主義）とは原則として相いれないものである。

　この特許庁の無効審判における職権探知主義は、補完的かつ例外的なものではなく、公益的観点をベースとした基本的なものであって、知財高裁は平成22（行ケ）10189号（平成23年02月22日判決）において、「特許法153条1項が、審判手続における職権探知主義を採用しているのは、審判が、当事者のみの利害を調整するものではなく、広く第三者の利害に関する問題の解決を目的とするものであって、公益的な観点に基づく解決を図る必要があることによるものと解される。そのような観点から行われる職権の発動は、基本的に適法なものとして許容されるべきであり、これを補完的かつ例外的な場合に限定し、それ以外の場合には違法とすべきとする原告の主張は採用することができない」と判示している。

　特許庁の無効審判は公益的観点に基づく職権探知主義がベースとなっており、この「無効審判により無効にされるべきものと認められる」のか否かを侵害訴訟で判断できると規定しているのが特許法104条の3であるが、侵害裁判所の侵害訴訟では当事者間の民事的紛争解決における弁論主義が支配してい

る、という点での違和感は拭うことができない。

3-2. 紛争の一回的解決
　第2の問題は、元々は紛争の一回的解決を一つの目的とした立法であったが、特許法104条の3によって特許無効審判における無効の判断と侵害訴訟における無効の抗弁の判断が全く同一の理由によることとなったため、侵害訴訟の被告が勝訴する場合においてのみ紛争の一回的解決が可能になるという不公平が生じた点である。特許権者甲が事業者乙に対して侵害訴訟を提起し、被告乙が無効の抗弁をした場合、これが認容されれば被告乙は無効審判を請求するまでもなく（特許権は対世的には有効の状態で）当該特許にかかる発明を適法に実施できる。ところが、被告乙が無効の抗弁をしたが認容されなかった時は、被告乙は新たに無効審判を請求することができるので、紛争の一回的解決は図れないことになる。
　キルビー事件最高裁判決は、訴訟経済に関して「紛争はできる限り短期間に一つの手続で解決するのが望ましいものであるところ、右のような特許権に基づく侵害訴訟において、まず特許庁における無効審判を経由して無効審決が確定しなければ、当該特許に無効理由の存在することをもって特許権の行使に対する防御方法とすることが許されないとすることは、特許の対世的な無効までも求める意思のない当事者に無効審判の手続を強いることとなり、また、訴訟経済にも反する。」として、被告が勝訴する場合の一回的解決の必要性を説示する。しかし、ここにおける「右のような特許権に基づく侵害訴訟」とは、無効理由が存在することが明らかで、無効審判請求がされた場合には無効審決の確定により当該特許が無効とされることが確実に予見されるような特許権に基づく侵害訴訟を意味しているから、何らかの無効理由があれば幅広く無効の抗弁を認める趣旨ではない。あくまでも明白性の要件と確実な予見性が備わる場合にのみ、無効の抗弁による紛争の一回的解決を容認する趣旨であると考える。
　ところが特許法104条の3は、特許権の「侵害に係る訴訟において、当該特許が特許無効審判により…無効にされるべきものと認められるときは、特許権者又は専用実施権者は、相手方に対しその権利を行使することができない。」と規定することにより、無効審判と侵害訴訟における無効の抗弁を全く同一のレベルで争えることとしたため、権利濫用の法理が実質的に適用される範囲が著しく拡大され、その結果、侵害訴訟の被告が一方的に有利になってしまった、

と言えるのではないか。

3-3. 権利者の過重な防御負担

　第3の問題点は、権利者の防御負担を過重にしてイノベーションの促進を阻害していることである。特許係争では、①特許の有効・無効性、②係争対象物の抵触性、③損害額（損害賠償請求の場合）の3点で争われるが、現行法の下で権利者は、①の問題について、特許庁と裁判所の双方で防御しなければならない。特許の有効・無効という同じテーマについて、同一のレベルおよび内容で別々のところで議論しなければならない重複労力と、そこに必要とされる権利者の負担、さらに特許庁と裁判所の双方で無効主張を斥けないと権利行使が不能となる権利者側のリスクは大きく、新産業の創成やベンチャーの起業が期待される知財創造サイクルのブレーキ役を果たしてしまう。

　このようなダブルトラックが容認される場合があるとするなら、それは、第1に、無効の抗弁に係る無効理由が明白であって無効審判が請求されれば無効審決となることが確実に予見でき、第2に、無効審判の審理が遅延している状況下で、侵害訴訟における審理が早期に進行して裁判官が十分な心証を得てしまったため、審決を待つことなく判決して紛争の早期解決を実現するような場合であるが、最近の状況は次項（3-4）に示すとおり、特許法104条の3が立法された頃とは全く異なっている。

3-4. 審理期間の短縮化傾向と合議制

　そこでクローズアップされてくるのが、第4の問題点であり、無効審判の審理期間の大幅短縮により侵害訴訟で特許の有効・無効を判断する必要性が事実上消滅している、という現在の審判の状況である。

　特許庁の公表したデータによれば、侵害裁判と同時係属する無効審判の平均審理期間は、キルビー最高裁判決（2000年）当時が19カ月であったところ、2013年には半分以下の8.3カ月足らずで審決されるようになっている。また、東京・大阪地裁での侵害訴訟の判決前に審決がされる割合は、2000年には43件中15件で35％だったが、2012年には31件中30件で97％となり、2013年には27件中27件で100％となっている（「侵害訴訟等における特許の安定性に資する特許制度の在り方の検討状況」特許庁、平成26年11月）。このように、特許法104条の3が立法された頃とは全く状況が異なっており、ダブルトラックが容認され

る審判遅延の状況は過去のものになっている。

　ここで無効審判の合議体による無効性の判断と、侵害訴訟における無効性の判断を比較して付言する。侵害訴訟における無効の抗弁の適否判断では、裁判所調査官が重要な役割を果たしていることは周知である。裁判所調査官制度は、法曹資格は有するが技術的には素人の裁判官の特許技術的な判断をサポートする制度であるが、調査官の多くは特許庁審判部からの出向である。東京・大阪地裁では、各事案につき1名の調査官が裁判の合議体に付いているが、調査官は合議体のメンバーではなく、合議体は技術的に素人の裁判官のみで構成される。これに対して特許庁の無効審判では、各事案につき当該専門技術分野の3名の審判官が合議体を形成し、特許の有効・無効を審理している。

　独任制に比べて合議制は、正確、公平かつ安定した判断が可能になるメリットがあると言われている。エレクトロニクス、バイオ、コンピュータ等の先端技術を含む多様な技術分野の発明の進歩性等を実質的に審理する主体を、東京・大阪地裁での主として法文系出身の裁判官による侵害訴訟と、特許庁審判部での主として理工系出身の当該技術分野にバックグラウンドを持つ審判官による無効審判とで比較したとき、どちらが適切な判断をもたらすと考えるべきかの問題である。

　なお、独任制であろうと合議制であろうと、結局は人間が審理するのであるから、審判の品質は審理を担当する審判官の知識や判断力に依存する。母集団としての審判官の中から選ばれて裁判所に出向した独任制の裁判所調査官による判断と、母集団の中の審判官により構成された審判官合議体による判断とを比べたときには、いずれの"品質"が優れているか（判断のバラツキも含む。）について両論があるようだが、制度としてみれば、合議制には正確、公平かつ安定した判断が可能になる、という優位性があることは明らかだ。特許庁では2015年から世界最高品質の特許審査の実現に向けた取り組みを更に強化しているようだが、審判品質についても合議制という判断システムの本来のメリットが十分に生かされるような取り組みと改善が必要になる。

3-5. 対世的効力と和解

　2015年2月に都内で開催された東京理科大学主催のフォーラムで、知財高裁の設楽所長から2011〜2013年に東京・大阪地裁で終局した訴訟案件（238件）の分析結果が発表された。これによると、和解により終結した案件が全体の4

割近く存在しており、判例タイムズNo.1324（2010.8.1）に掲載された東京地裁知財部（民事29部）の分析結果と似通っている。

　権利者の勝訴・敗訴に関わりなく、判決で終結した場合にはその特許の有効・無効に対する裁判所の判断は判決文にて公開されるが、和解で終結した場合には、その内容は通常は公開されない。和解は純粋な民事係争にこそ馴染む解決手段であるところ、この和解で特許侵害訴訟の約4割が終結している点に、ダブルトラックの第5の問題点がある。

　知財権は単なる私的財産権ではなく、広く世間に対して独占排他的な権利を主張できる対世的な効力を持ち、その点で一種の公共的な性格を併せ持っている。ところが、和解で終結すると、特許の有効・無効が東京・大阪地裁で議論され大半のケースでは裁判官の心証が形成されていながら、その心証は和解と称する当事者間の取引の場で秘密裡に交渉のネタに使われるだけで事実上の役目を終えてしまう。当事者間のみに影響が及ぶだけの純粋な民事係争に好適な和解の場に、対世的効力のある特許の有効・無効性の争いを持ち込むことになってしまうという点で、特許法104条の3には制度上の問題がある。発明の進歩性に代表される特許の有効・無効性の争いは特許庁の無効審判手続（和解の道はない。）とした上で、係争対象物の抵触性や損害額の多寡についての争いは東京・大阪地裁の侵害訴訟として、こちらでは和解も駆使して紛争解決を図るというのが最適ではなかろうか。

4. 知財立国を推進するために

　知財制度における紛争解決の仕組みは、知財創造立国の理念に適合したものでなければならない。先に「3-3. 権利者の過重な防御負担」の項で述べた通り、裁判所で無効の抗弁が認められるというダブルトラックの仕組みが、新産業の創成やベンチャーの起業が期待される知財創造サイクルの一つの（あくまで「一つの」）ブレーキ役になっている。そして、このブレーキ役の重みは、2015年4月1日に施行された新・特許異議申立制度により増大している、と考えている。

　特許権者が権利行使しようとする場合、異議申立制度（113条）が施行されたことにより、被疑侵害者が特許を取消・無効にできるチャンスが1回増えて、特許権者が特許を取消・無効にされるリスクが1回増えたのであるから、被疑侵害者の権利行使を免れ得るダブルチャンス（無効審判＋無効の抗弁）がトリ

プルチャンス（異議申立＋無効審判＋無効の抗弁）になってしまい、反面、権利者が特許の有効性により権利行使に失敗するリスクが、これまでのダブルリスクからトリプルリスクになって過重の防御負担がさらに大きくなる、というアンバランスが生じている。

4-1. 特許権侵害訴訟における権利無効による権利者敗訴率の変遷

　キルビー最高裁判決（2000年4月11日）が出されてから現在（2015年3月）までに、東京・大阪の両地裁で権利無効（権利無効＆非侵害を含む。）により権利者敗訴となっている事件の割合が、特許法104条の3の施行（2005年4月1日）を前後して大きく変化している。具体的には、2003年には48％、2004年には42％、2005年には41％だった地裁での権利者敗訴率が、2006年には66％に跳ね上がり、2007年には58％、2008年には54％、2009年には55％となり、特許権侵害訴訟の過半数が権利無効により権利者敗訴となっていた。ダブルトラックの仕組みが権利者に不利な状況を招いたことがデータに表れている、と言えるだろう。

　このような"権利者に厳しい"時代から"権利者に優しい"時代に変化していったのが2009年頃であり、典型的には回路用接続部材事件（知財高裁2009年1月28日判決、平成20年（行ケ）第10096号）に代表される知財高裁の判決が、特許庁審判のみならず特許権侵害訴訟における権利無効の判断に大きな影響を与えたことがデータから読み取れる。具体的には、前述のように2006年から2009年までは66％から54％で推移していた地裁での権利無効による権利者敗訴率が、2010年には32％、2011年には37％、2012年には32％となって、その傾向は概ね現在まで継続している（「侵害訴訟等における特許の安定性に資する特許制度・運用に関する調査研究報告書」平成25年度 特許庁産業財産権制度問題調査研究報告書）。

　最近は東京・大阪の両地裁で権利無効により権利者敗訴となるケースが減少しているため、ダブルトラックの問題点が緩和されているように見える。しかし、これは前述の回路用接続部材事件判決などの影響で発明の進歩性（特許法29条2項）の判断基準が権利者優位の方向にシフトされた結果であって、先に「3．特許法104条の3の何が問題か？」の項で述べた制度に起因する5つの問題点は何ら解消されていないことに注意すべきである。

4-2. 異議申立制度による特許の有効性に対する信頼性向上

　2015年4月1日に施行された新・特許異議申立制度により、特許権者にとっては特許が取消されるリスクが新たに生じてしまったが、反面では、異議申立の"試練"を乗り越えた特許については、その有効性に対する信頼性が高まることになった、と言える。特許庁審査官による職権審査（拒絶査定不服審判を経たときは審判官合議体による職権審理）が、産業界からの異議申立という一種の公衆審査協力により補完され、特許の有効性審理のレベルが実質的にアップするからである。特許庁HPの公表データでは、制度の施行から半年（異議申立期間）余りが過ぎた2015年10月21日から2016年1月12日までの83日間に異議申立件数が286件増加しているので、単純計算すると年間1,200件を超え、無効審判の約10倍のペースで利用されている。無効審判に比べて手続等が簡便であるところから、異議申立は利用する上でのハードルが低いため利用が広がっていると考えられる。

　無効審判の約10倍の異議申立がされているということは、それだけ多くの特許に対して当該分野に関係する企業等から証拠（公知文献）が寄せられているということであり、審査官・審判官の職権審査・審理では見逃されていた公知文献が有力な異議申立の証拠となっているケースも少なくない筈である。特許異議申立の理由（113条）は特許無効の理由（123条1項）と概ね一致しているから、職権審査・審判を補完することにより無効理由を内包した瑕疵ある特許を取り除く効果がある。また、異議申立の審理は審判官の合議体でなされる（114条）ため、当事者系で口頭審理を原則（145条1項）として運用されている無効審判と"同等"とまでは言えないとしても、異議申立によれば簡便な手続きで独任制の審査官制度で生じる可能性があるデメリットをカバーした審理ができるはずである。

4-3. 特許法104条の3の「見直し」が必要か否か

　特許異議申立制度により、特許の有効性に対する信頼性は明らかに向上したというべきであるから、無効理由の存否判断を広範に侵害訴訟に委ねる特許法104条の3の規定は、権利者に対する過重な防御負担を軽減する方向で見直す必要性が高まっている。この場合、規定自体を廃止するのはキルビー最高裁判決との整合性から行き過ぎであるが、例えば、同判決が示した「特許に無効理由が存在することが明らかであって無効とされることが確実に予見される場

合」という趣旨を汲んだ何らかの「明らか」要件を加える見直しが検討されるべきだろう。

　キルビー最高裁判決の判決文には、「明らかに無効」という趣旨の文言が5回も登場し、「確実に予見」という趣旨の文言が2回も登場しているから、特許無効になることが明らかに予見されるという限られた場合にのみ権利濫用を認める形で決着を図ったと考えられるので、特許法104条の3は最高裁の判断の上に立って運用すれば良く、条文自体の見直しは必要でないとする考えもある（小池豊、「特許法104条の3の現状と今後の運用に関する私見」、パテント2010年8月号）。

　上記の論考において、その実定法上の根拠として示された内容には納得できるところが多く、また、特許法等は他法に比べて改正の頻度が高いという弊害があるので当面は現行のまま運用した方が良い、という議論もなるほどと感じるところもある。しかし、現に存在している規定が問題点と弊害を有し、これが知財創造立国の推進という国家の重要な政策においてマイナスとなっている部分があるとするなら、その見直しや改正を躊躇してはならないと考えている。

4－4. 権利者の過重な防御負担の軽減という「見直し」の視点

　異議申立制度が施行され、無効審判の約10倍のペースで活用されて特許の有効性に対する信頼性の向上が図られていることを考慮すれば、職権審査・審判および異議申立において検討済みの証拠等に基づく侵害裁判所での無効の抗弁は制限する、という方向での特許法104条の3の規定の見直しも有り得る。なぜなら、職権審査・審判での引用文献や、異議申立で証拠とされた公知文献等については、拒絶理由通知（50条）や取消理由通知（120条の5）に対する応答手続きにより特許請求の範囲が減縮されているのであるから、これら検討済み（補正や訂正で対策済み）の公知資料に基づいて重ねて侵害訴訟の場面で特許法104条の3に基づく無効の抗弁を認めることは、権利者に再度の防御（無効審判が併行するときは再々度の防御）を強いる過重な負担になると言えるからである。

　これに対し、職権審査・審判および異議申立において引用されることも提出されることもなく、侵害訴訟の場で初めて提出された公知文献等については、権利化プロセスでは検討されていないのであるから、侵害訴訟で無効の抗弁（104条の3）を認めたとしても、権利者に過重な防御負担を強いることになる

とは言い難いところもある。また、経験的に言っても、権利化プロセスでは隠れていた有力な公知文献が、特許係争が勃発した後の"必死の調査"によって発見されることは珍しいことではなく、また、この新たな公知文献が進歩性（29条2項）の証拠に使えるだけでなく新規性（29条1項各号）の証拠にも十分なり得る、という場合も少なくない。このように「明らか」な無効理由が認められる場合は、侵害訴訟と並行して無効審判を請求するまでもなく、特許法104条の3に基づく無効の抗弁により紛争解決することが望まれる。

4-5. 特許庁と侵害裁判所の役割分担という「見直し」の視点

前述の通り、職権審査、異議申立等で検討済みの公知文献に基づく無効の抗弁（104条の3）は権利者に過度の防御負担を強いることになるので、未だ検討されていない新証拠に限って無効の抗弁を認めることとしても、異議申立等で未検討の新証拠であればどんな公知資料でも良いはずはない（そのような抗弁の幾つかは同条2項により排斥されることになるが）ので、キルビー最高裁判決における「明らか」要件の趣旨を条文に反映させても良いだろう。

アメリカでは、侵害訴訟で特許の有効性を争うことができるが、裁判所では特許の有効性推定規定（特許法282条）が働くので「明白かつ確信できる証拠（80vs20）」で立証する必要があり、特許商標庁のように「証拠の優劣（51vs49）」の立証では特許を無効にすることはできない（「侵害訴訟等における特許の安定性に資する特許制度・運用に関する調査研究報告書」平成25年度 特許庁産業財産権制度問題調査研究報告書）とされている。このようなアメリカ法は、権利者に過重な負担を強いない（侵害者の"侵害し得"を容認することがない。）点で意義があるが、我が国でも異議申立制度が施行されたことに鑑みて、職権審査・審判および異議申立において検討済み（補正や訂正で対応済み）の証拠に基づく無効の抗弁（104条の3）に関しては有効性推定規定が設けられて然るべきであると考える。

一方、無効理由の種類によっても、無効審判と侵害裁判所の役割分担が図られても良い。例えば、拒絶理由（49条）および異議理由（113条）と共通する無効理由（123条）の代表例を2つ挙げるとすると、①29条1項（新規性）及び同条2項（進歩性）と、②36条4項1号または6項（記載要件）とがあるが、特許法104条の3によれば②の明細書の記載要件についても侵害裁判所で無効の抗弁が可能になっている。詳細に理由を述べるまでもなく、明細書等の記載

要件に適合しているか否かの判断は特許庁の審判手続きで審理されるべきものであり、特許庁での審理を差し置いて東京・大阪の地裁において審理すべき性質のものでないことは明らかだろう。

　上記①の新規性に関して言えば、特許法29条1項1号（公知）及び2号（公用）については特許発明と対比されるべき発明を事実認定により特定しなければならないため、事実認定に慣れていない審判官と弁理士による無効審判で行うよりも、事実認定の訓練と経験を備えた裁判官と弁護士による侵害裁判で審理するのに適していると言える場合が多いが、同条1項3号（文献公知）については特許発明と対比されるべき証拠の発明を公知文献の記載から特定することになるので、無効審判で審理するのに何ら支障はなく、これは公知文献に基づく特許法29条2項（進歩性）の審理についても同様である。

　上記のような次第で、侵害裁判所での無効の抗弁においては、第1に、特許法29条1項3号（文献公知）および公知文献に基づく同条2項（進歩性）については、既に異議申立等により検討済みの証拠であるときは無効の抗弁を制限することとし、第2に、特許法36条4項1号または6項に係る明細書の記載要件については無効の抗弁の対象外とする、という方向での特許法104条の3の見直しがされても良い。

5．付言（審査・審判の品質問題との関係）

　特許法104条の3を見直す議論をすると、必ずと言って良いほど審査、審判の品質問題が囁かれる。例えばインターネット上の「アメーバブログ・知財弁護士の本棚」（2009年4月7日）では、「大きな声では言えないが、特許庁の審判官（何百人もいる）の能力のばらつきの大きさが『ダブルトラック』問題の根底にあると言われている。」という"状況"が語られているが、筆者もこのような状況があることは残念ながら否定できない。もちろん、制度としては前述の通り、審判では審理は合議制でなされることで独任制の欠点がカバーされ、特許異議申立制度が施行されたことで審査、審判の品質が担保されているのであるが、残念ながら現実は上記のような品質問題がある。しかし、審判に品質問題があるから裁判所で無効の抗弁を広く容認するようなダブルトラックが必要だというのは本末転倒であり、審判の品質が信用できないという問題点があるのなら、信用できるように改革すればよい。そのような視点に立った上で、たいへん差し出がましいようだが、審判の品質問題に関して3点だけ述べたい。

第1に、審判部に設置された部門の数が適正か否かを見直しても良いだろう。2016年4月現在、審判部には特許、意匠および商標で計38部門が設置されており、特許では技術分野に対応した計33部門が構成されているが、これが細分化され過ぎて"蛸壺化の弊害"が生じてしまい、審判の品質問題の背景になっているとしたら見過ごすことはできない。第2に、審判官の合議制が適正に機能するような見直し（例えば、査定系審判においても口頭審理を原則とする等の見直し）をしても良いだろう。主任審判官が審理を主導する一方で、他の2名の審判官はケースの内容の理解が不充分なままで主任審判官の判断に同意するようなことがあると、合議制のメリットは実質的に消滅し、いわゆる問題審決が生み出される可能性が高まる。例えば、査定系審判でも口頭審理を原則とすれば、ケースの内容は合議体の審判官に均しく把握されるようになって合議制のメリットは確保され、かつ、審理の効率化も期待できるだろう。第3に、部門を跨いで審判手続および審決が適正になされているか否かのチェック機能を果たす仕組みやシステムを設けても良いだろう。この仕組みやシステムは、特許の技術分野に応じて設けられるべきであるが、細分化し過ぎると"蛸壺化の弊害"を追認する結果にしかならないので、技術分野を3～5つに分けて設けられるのが良いだろう。

おわりに

　知財創造立国を推進するというような大きな政策目標を達成する制度設計では、個々の制度の部分最適だけではなく、関連する制度を取りまとめた全体最適を図ることが重要である。特許異議申立制度、特許無効審判制度、侵害裁判における無効の抗弁という3つのシステムは、いずれも瑕疵ある特許を取消・無効化することで、第三者の実施行為が不当に阻害されることがないようにするための制度である点で共通している。しかし、異議申立制度は特許査定・審決後の一定の期間（113条）においてのみ機能し、無効審判制度は特許が成立してから存続期間を満了して権利が消滅した後（123条3項）においても機能し、無効の抗弁（104条の3）は侵害裁判所において事件が係属しているときに機能する、という点で互いに相違しており、それぞれのシチュエーションにおいて瑕疵ある特許の排除システムとして部分最適していると言える。ところが、ミクロ的には部分最適している3つのシステムであっても、これらが複合すると権利者に過度の防御負担を与えてしまって、知財創造立国の妨げになるよう

であれば、これらは全体最適が実現されていないことになる。

　先に述べた通り、特許法104条の3はキルビー最高裁判決を受けて立法されたものであるが、明白性の要件と予見の確実性を取り払って判例の趣旨を拡大解釈し、その規定振りを「無効審判により無効にされるべきものと認められるとき」としたことから、先に「3．特許法104条の3の何が問題か？」の項で述べた5つの問題を内在することになった。知財創造立国を推進するという政策目標を達成するために設けられた諸々の制度の全体最適を実現する観点から、個々の制度の部分最適を検討しようとすると、特許法104条の3（ダブルトラック）は筆頭の見直し対象になるのではないか、と考えている。

参考文献名のリストは、本文中に適宜記載したので省略する。

特許侵害訴訟当事者間における
技術的範囲の確定・属否の一回的解決

辰 巳 直 彦

第1．はじめに

　同一特許権に基づき同一当事者間で前訴に続き後訴が提起される場合においては、特許侵害裁判所により特許発明の技術的範囲の解釈確定及び被告製品（以下、被告方法も含めていう）の技術的範囲への属否、すなわち侵害の成否については迅速、かつ、統一的・一回的な解決が図られることが訴訟経済という点からして望ましい。これに資するものとして制度的には、まず、①訴訟物が同一であるときには、裁判所は前訴確定判決の既判力により後訴において抵触する判決をなし得ないために、前訴判決に拘束されて間接的に判決の前提問題としてこれらの争点の判断の統一を図ることができる。さらには、②訴訟物が同一ではなく既判力が及ばない場合でも、裁判所が、後訴自体は前訴の紛争の蒸し返しであるとして、信義則により訴えそのものを却下等により排斥し、また、③そこまでいかなくとも、後訴における特許発明の技術的範囲の解釈確定や被告製品の技術的範囲への属否についての当事者の主張が前訴における紛争を蒸し返すものであり、信義則に反するとして、裁判所がそのような主張を排斥することで判断の統一性と一回的解決を図ることもできよう[1]。本稿は、こうした観点から殆ど論じられていない表記テーマにつき、既に公表した同一の問題意識からする拙稿『既判力及び信義則と特許侵害訴訟における裁判所の統一的判断』[2]を基とし、その改訂に過ぎないようなものではあるが、新たな事案も挙げて検討することで、若干の理論展開を図りたいと考える。

---

[1] いわゆる争点効理論によることもできるが、判例はこれを否定しており（判決の理由中の判断については既判力及びこれに類似する効力を有するものではないとする最判昭44・6・24判時569号48頁参照）、本稿では触れないことにする。争点効については、新堂幸司『新民事訴訟法　第5版』（弘文堂、2013年）709頁以下参照。
[2] 日本工業所有権法学会年報38号（2015年）231頁。

第2．検討事案 ― 動物用排尿処理剤事件

本事案は名称を「動物用排尿処理剤」とする発明で、排尿を吸収すると核部分の色を露見せしめる表層を被覆した複合層構造を有し、表層が排尿を吸収することで排尿の有無を判別できることを特徴とする動物用排尿処理材につき特許権を有する原告X_1が、被告Yによる同一構成の動物用排尿処理材の製造販売が特許権侵害に当たるとして差止め及び平成19年9月1日から平成21年9月30日までの損害賠償を請求したものである。被告Yは原告X_1による実験方法に同意した上で、被告製品は排尿により表層が一部崩壊されつつも一部残された表層を通じて核部分の色が露見するものであるので特許発明の構成を充足しないと主張し、また、新規性や進歩性欠如の無効理由による非侵害を主張した。東京地判平23・8・23（平20（ワ）831）判夕1402号344頁〔動物用排尿処理剤前訴事件〕は、原告X_1の実験に基づき、また、構成要件の解釈としても被告製品のように排尿により表層が一部崩壊されつつも一部残された表層を通じて核部分の色が露見するものであっても、「排尿を吸収すると核部分の色を露見せしめる表層を被覆した複合層構造を有（する）」との構成要件を充足するとした。また、原告X_1の特許権には無効理由は認められないと判示し、ただ、差止請求については被告Yが相当の投資をして製造ラインを変更し、特許発明の構成要件を充足しない製品に設計変更をしているので、その必要性は認められないとして請求棄却としたが、特許法102条2項に基づき原告X_1の主張による損害賠償請求は認容し、判決が確定した。

その後、原告X_1は、前訴被告製品と同一の構成を有する別の被告製品について同一期間の損害賠償請求権の一部を原告X_2に譲渡し、双方が被告Yに対して当該期間についての損害賠償（もっとも、一部の期間について被告Yにより消滅時効が援用されたので、その期間については不当利得返還）を請求して後訴を提起した。被告Yは、被告製品の構成が前訴と同一であることを認めつつ、同一の争点につき今回は自らの実験結果を挙げて構成要件充足性を争うとともに、前訴と同様に原告特許権について無効理由を主張して争った。原告X_1らは被告Yの構成要件充足性につき新たに自らの実験結果を挙げて争うことは紛争の蒸し返しで排斥されるべきであると反論したが、これに対して東京地判平26・3・20（平24（ワ）24822）判時2254号91頁〔動物用排尿処理剤後訴事件〕は、再度、被告Yの実験結果に基づいて審理をなし、結果としては前訴同様の認定をして被告製品の構成要件充足性を認定して侵害とし、また、被告Yの主

張する無効理由は認められないと判示して、原告X_1らの不当利得返還請求額及び損害賠償請求額を算定して請求を認容した。

さて、本事案の後訴においては、前訴と同一の構成の被告製品の侵害の成否と、同一期間についての損害賠償請求の有無が問題になっているが、裁判所は侵害の成否についても審理を繰り返すことで判決を下している。しかし、取り分け、特許発明の技術的範囲の解釈確定と被告製品の技術的範囲への属否、すなわち特許権侵害の成否という前訴と同一の争点について裁判所が審理を繰り返し行うことが訴訟経済上好ましいかは検討の余地があるように考える。本事案の前訴においては差止請求の必要性が認められないとして請求棄却となっているが、もし仮にそれが認容され、後訴でも差止請求がなされた場合も同様のことがいえよう。再度審理となれば、理論的には異なった矛盾した結果となり得ることもあるが、それでは問題であろう。このような事案においては、まず前訴と後訴との訴訟物が同一でないかどうか、したがって前訴判決の既判力が及ぶのではないかが検討されるべきであるし、また、そうでなくとも「侵害論」においては、被告が侵害の成否について、再度、後訴で争うことは紛争の蒸し返しとして、裁判所が信義則違反を理由に被告の主張を排斥し、無効理由の有無はともかくとして、特許権侵害を前提とした迅速な「損害論」の審理への移行により判決を下すことこそが、当事者間での迅速、かつ、公平な紛争解決といえるのではないかと思われる。そこで、続けて、このような点につきリーディングケースと考えられる事案を紹介し、さらに検討を進めることにする。

第3．リーディングケース
1．電話番号クリーニング装置事件

事案は、発明の名称を「電話番号リストのクリーニング装置およびクリーニング方法」とする特許権を有する原告が前訴において、ISDN回線用の被告装置は原告の特許権を侵害するとして、被告装置の製造等の差止め及び損害賠償を求めたところ、東京地判平13・8・29（平11（ワ）14222）裁判所HP〔電話番号クリーニング装置前訴事件〕は、被告装置は、「網から『呼出』メッセージ又は『応答』メッセージが転送されてきたこと」を直接検知する機能を備えていることや、被告装置が呼出メッセージの送出として「非制限ディジタル情報」を指定していることを認めるに足りないとして、特許発明の構成要件を充足せず、非侵害として原告の請求を棄却し、判決が確定した。この前訴の被告

装置はISDN回線の中でもISN64回線用であったが、その後、被告（前訴被告の包括承継人）が、前訴製品名「Doctor Bell〈2〉（DB〈2〉)」と異なる「電話番号調査システム（Dr. Bell/INS1500)」や「Dr. Bell〈2〉電話番号調査システム」という製品名のISN1500回線用装置で、それに応じたハードウェアとソフトウェアを備えた製品を販売し出したので、原告が被告に対して、再度、被告装置の製造等の差止め及び損害賠償を求めて提訴した。

東京地判平17・11・1（平17（ワ）10394）判時1921号126頁〔電話番号クリーニング装置後訴事件〕[3]は、①民事訴訟において原告は訴訟物を特定する責任があり、それが被告に対し防御の目標を提示する手続保障とともに、裁判所に対し審判の対象を提示する機能を有し、②前訴と本訴との間で訴訟物が同一である場合には、基準時後に生じた新たな事由が認められない限り、本訴において前訴確定判決の既判力ある判断と矛盾、抵触する判断ができないとの原則を確認した（民訴法114条1項）。そして、③特許権侵害訴訟において対象製品を特定するのは訴訟物を明らかにすることにあるが、（ア）差止請求においては当事者、特許権及び対象製品が同一である限り、また、（イ）損害賠償請求においてはこれらに加えて損害発生の期間が同一である限り、訴訟物としては同一のものと解するのが相当であると判示した。そして、④対象製品の特定は訴訟物についての処分権主義が妥当するとした上で[4]、本件のように前述のような製品名の表記の仕方が異なったとしても、特許発明との関係で同一の製品を対象とするものと認められる限り、対象製品としては同一と評価できるとし、また、ISN64回線とISN1500回線用との差異に基づく被告製品の個別具体的な構成の差異も、原告の特定した前訴構成では接続する電話回線として「ISDN回線」とあるのみで、そのいずれであるかまでは限定しておらず、また、回線種別の違いに応じた情報伝達能力の程度、使用するボードの種類、当該装置がデスクトップ型であるかラックマウント型であるか等については何ら限定を加えていないので、被告製品の構成は前訴装置と同一であると認定した。そしてこれを前提に、⑤（ア）原告の差止請求については前訴確定判決基準後に生じた新たな事由はなく、前訴確定判決の既判力によって遮断されるとして請求棄却とする一方、（イ）原告の前訴確定判決基準後の損害賠償請求は前訴と対象期

---

[3] 本件判決につき拙著「体系化する知的財産法　上」（青林書院、2013年）242頁参照。
[4] 三村量一「対象製品、対象方法の特定」牧野利明＝飯村敏明編『新・裁判所実務体系知的財産関係訴訟法』（青林書院、2001年）64頁参照。

間を異にするので既判力による遮断は認められないが、前訴における紛争を蒸し返すものとして、被告との関係で正義に反する結果を生じさせ、訴訟上の信義則に反し許されないとして訴えを却下した。

　筆者としては、紛争の一回的解決からして妥当な判決であり、裁判所としてはこうした割り切った判断が往々にして必要とされると考え、このような積極的司法の姿勢を支持するものである。また本判決において前後訴の訴訟物の同一性の判断基準として、差止請求については①特許権、②当事者及び③被告製品（の構成）の同一性が、また損害賠償請求については①特許権、②当事者、③被告製品に加えて④期間の同一性が挙げられていることも、後述のように若干留保しつつ、支持されるべきであると考える。しかも、損害賠償請求については前訴と訴訟物は同一とはいえないが、信義則に反する訴えとして却下しており、その際に最高裁判例に従って、「後訴の請求又は後訴の主張が信義則に照らして許されないか否かは、…諸事情を考慮して、後訴の提起又は後訴の主張を認めることが正義に反する結果を生じさせることになるか否かで決すべきである」とし[5]、そのための本件における個別事情を認定している。しかし、本件のような場合、損害賠償請求も、特許権侵害の成否の判断に関する限りにおいては差止請求権の要件事実と完全に重複し、その結論と矛盾を来すことは理論的に疑問であるので、双方の平仄を合わせる意味からして、むしろ実態としては類型的に「訴えの却下」という結論が先にあって、そのための形式的理由付けとして信義則の適用のための本件事案における諸種の事情を挙げているように思われる。同様のことは、債権の明示的な一部請求は、残部請求とは別個の訴訟物とされているが、一部請求の棄却判決確定後、後訴として当該債権の残部請求は、特段の事情のない限り、信義則に反するものとして訴えの却下とする多くの判例があるところ[6]、これもむしろ類型的・定型的な取り扱いであるように考えられ、本判決も実質的に同様に考えられる。

---

[5] 最（小一）判昭51・9・30（昭49（オ）331）民集30巻8号799頁、最（小一）判昭52・3・24（昭49（オ）163、164）裁判集民事120号299頁、最（小二）判平10・6・12（平9（オ）849）民集52巻4号1147頁参照。

[6] その先駆けとなったのが最（小二）判平10・6・12（平9（オ）849）民集52巻4号1147頁である。

2. ヌードマウス事件

上記1での考察が正しいとすれば、前訴の差止請求に対して非侵害とされて請求棄却の判決確定後、損害賠償請求の後訴が提起された場合においても、訴訟物は異なるが、裁判所は類型的に後訴自体が前訴における紛争の蒸し返しであり、信義則に反するとして訴えを却下するべきであろう。この点に関して、次にヌードマウス事件を取り上げたい。

事案は、前訴において名称を「ヒト疾患に対するモデル動物」とする原告の特許発明につき、被告国及び被告会社が、新規抗がん剤Ｓ-1の大腸癌転移の形成阻害効果の評価を目的とした非ヒトモデル動物であって、ヒト大腸癌から得られ、皮下継代の方法によって維持されてきた中程度の転移能を有するヒト大腸癌株TK-13の腫瘍組織を用いて作成され、別紙目録によれば「脳以外のヒト器官の腫瘍細胞の塊を、無胸腺ヌードマウスの対応する器官に植え付けた、実験用モデル動物（メタマウス）」と特定された被告マウスを実験に使用したので、原告が被告らに対して原告特許権を侵害するものとして被告マウスの使用差止めの訴えを提起したものである。第一審東京地判平13・12・20（平11（ワ）15238）判時1787号145頁〔ヌードマウス前訴第一審事件〕は、特許発明の構成要件Ｂの「ヒト器官から得られた腫瘍組織塊」はヒトの器官から採取したそのままのものをいうと認定し、皮下継代を経て移植された被告マウスにおいては、ヒトの器官から直接採取したものとは異なる組織に変化し、三次元的構造が変化していると認定し、特許発明の技術的範囲に含まれないとして原告の請求を棄却した。これに対して原告が控訴したが、控訴審東京高判平14・10・10（平14（ネ）675）判タ1119号215頁〔ヌードマウス前訴控訴審事件〕も第一審判決を支持し、原告敗訴の判決が確定した。

ところが、その後に被告らが、特許発明からすると同一の構成のヌードマウスであるが、新規抗がん剤TSU68の大腸癌転移に及ぼす阻害効果等の評価実験を目的とした非ヒトモデル動物で、ヒト大腸癌から得られ、皮下継代方法によって維持された高転移性を有するヒト癌細胞TK-4の腫瘍組織を用いて作成されたものを実験に使用したので、原告が特許権侵害を理由に、今度は損害賠償請求を求めて提訴したのが本件である。その際、被告は原告の訴えを紛争の実質的な蒸し返であり、信義則に反するものとして訴えの却下を主張し、逆に原告は前訴において構成要件該当性が否定された被告マウスの構成につき文言侵害とともに均等侵害を主張した。

第一審東京地判平24・4・27（平21（ワ）31535号）裁判所HP〔ヌードマウス後訴第一審事件〕は、前訴と本訴では訴訟物が異なり、前訴の既判力が及ぶものではないが、本訴において、原告は構成要件Bの解釈を再び争い、前訴におけるのと同一の本件特許権に基づいて、本件発明との関係では、前訴マウスの構成と実質的に同一といえる本訴マウスの本件発明の技術的範囲の属否の争点について再度裁判所の判断を求めようとするものであり、前訴の判決によって原被告間で既判力をもって確定している前訴マウスの使用等による本件特許権に基づく差止請求権の不存在の判断と矛盾する主張をすることに帰し、実質的に、同一の争いを繰り返すものであるといわざるを得ないとした。ただ、②原告による本訴提起が、訴権の濫用に当たり、違法であるとまで認めることはできないとしつつ、③前訴と同一の争点である構成要件Bの解釈について前訴と同様の主張をすること及び前訴で主張することができた均等侵害の主張をする点においては、前訴の蒸し返しであり、訴訟上の信義則に反し、許されないとして構成要件の解釈及び被告マウスの技術的範囲の属否についての原告の主張を信義則により排斥し、原告の請求を棄却した。

これに対して原告が控訴したところ、知財高判平25・12・19（平24（ネ）10054）判時2228号109頁〔ヌードマウス後訴控訴審事件〕も、①本訴の提起が前訴の蒸し返しであって訴訟上の信義則に反して違法であるとまで認めることはできないとしたが、②控訴人（原告）が本件発明の構成要件Bについて前訴判決に示された判断と異なる解釈を主張することは、安定的に形成された被控訴人の法的関係に対する合理的な期待を害し、応訴において不相当な反論の負担を強いるものとして、信義則に反し許されないとした。他方、③本訴マウスについて均等侵害を主張することにつき裁判所は、（ア）均等論は対象製品が主張時に存しなければこれを論ずる余地がないのであるから、前訴時に存在していなかったと認められる本訴マウスについては、紛争の一回的な解決の要請が生ずる余地はないとし、また、（イ）前訴マウスが本件発明と均等か否かについては確定した公権的判断が示されておらず、前訴マウスと本訴マウスとの構成が同一であっても、本訴マウスが本件発明と均等ではないとの合理的期待が被控訴人（被告）に生じる余地はなく、信義則に反するとして控訴人（原告）の主張が排斥されるものではないとした。しかし、その上で均等論の適用要件について審理し、第4要件を充足しないとして、結局は、第一審判決を支持して控訴棄却とした。

特許侵害訴訟当事者間における技術的範囲の確定・属否の一回的解決

　思うに、本件後訴第一審及び控訴審判決は結論としては正当であるが、上記1に挙げた東京地判平17・11・1〔電話番号クリーニング装置後訴事件〕に比すると、裁判所の信義則の適用において次第に消極的になっている。確かに本件訴訟物は損害賠償請求であって前訴の差止請求と異なるが、もし仮に本件においても被告マウスの使用差止請求がなされていたとすれば、いかがであろうか。本件における被告マウスの前訴との個別具体的構成の違いにもかかわらず、本件第一審及び控訴審判決も、本訴マウスは前訴マウスの構成と実質的に同一と判断している。また、特許権も当事者も同一であるために、訴訟物は前訴と同一であるといわざるを得ない。そうであるとすると裁判所は前訴確定判決の既判力により、特許発明の技術的範囲の解釈確定及び被告製品の技術的範囲への属否を審理判断するまでもなく、請求棄却の判決をせざるを得なかったはずである。本件における損害賠償請求についても、東京地判平17・11・1と同様、また、先述の債権の明示的な一部請求の棄却判決後の残部請求については類型的に訴えの却下により対処されていることをも考慮して、裁判所としてはより積極的に訴えの却下という判決で対処できたように思われる。

　確かに本件では、争点となっている構成要件Bについて、前訴では原告特許権者が主張していなかった均等が主張されている。控訴審判決は、均等論は対象製品が主張時に存しなければこれを論ずる余地がなく、前訴時に存在していなかった本件マウスについては、紛争の一回的な解決の要請が生ずる余地はないとする。しかし、均等論も特許発明と対象製品の構成の異なる部分に着目しつつ、結局は、対象製品の構成を技術的思想という観点から捉えて、それが特許発明の技術的思想と法的な評価において同一であるか否かにより対象製品の技術的範囲への属否を問題にするものであることから、被告マウスの構成が前訴と同一であれば、前訴において原告は均等を主張し得たはずであり、その意味で紛争の一回的解決の要請はないとはいえない。もっとも、前訴において原告が均等を主張し得なかった場合として、第三要件である「置換容易性」が充足されないと考えるときが唯一あり得よう。しかし、その場合であっても前訴事実審口頭弁論終結後に、この要件が充足され得る事実の変更が認められ、前訴判決の既判力がもはや及ばないと考えられない限りは均等論の適用を後訴で新たに主張してみても、判決の前提としての事実は変わらないのであるから前訴判決の既判力は及ぶものと考えられる。結局、既判力とは基準時後に判決の前提となった事実に変更がない限り、手続的保障のある当事者間において一度

解決した紛争対象たる法律関係の蒸し返しを阻止し、当事者間の公平と法的安定性を図るための、ある意味では信義則に基づく最低限の制度的な判決の不可変更性の原則といえるからである。すなわち文言侵害であるか均等侵害であるかは、対象製品の特許発明の技術的範囲の属否についての理由付けの差異に過ぎず、同一訴訟において文言侵害と均等侵害が共に主張されたとしても訴訟物が同一であることには変わりはない[7]。したがって、本件後訴において仮に差止めが請求されていたとすると、前訴と訴訟物は同一であるために、裁判所としては原告特許権者の均等の主張を取り上げて審理判断するまでもなく、請求棄却とせざるを得ないし、また、裁判所の公権的判断の有無も、当事者間での公平・迅速な紛争解決を図るという民事訴訟においては、紛争の一回的解決の要請との兼ね合いをも無視できず、前者が後者に優越するとはいえない。このような観点からすると、本件において、この原告特許権者の均等の主張も第一審判決のごとく排斥されるべきであったし、その場合に裁判所としては、むしろ本訴は前訴の実質的な蒸し返しであり、信義則に反するものとして訴えを却下することで対処されるべきであったと考えられる。そして、その際の実質的観点としては、信義則違反とはいえ「訴権の濫用」ではなく、直截に「紛争の統一的又は一回的解決」の要請に反する「実質的な紛争の蒸し返し」という観点こそが念頭に置かれるべきである[8]。ただ、訴えの却下とまでいかなくとも、本件第一審判決のように特許発明の技術的範囲の解釈確定と被告製品の技術的範囲への属否についての原告主張を、信義則に反するものとして排斥することで対処することもひとつの方法であり、裁判所としては迅速・公平、かつ、一回的な紛争解決のためにそのような対処方法を取ることを躊躇してはならないと考える。

なお、審決取消訴訟と侵害訴訟間においてさえも、信義則による特許発明の構成要件の解釈の主張を制限する判例がみられる。例えば、原告が使用する工法が、名称を「連続壁体の造成工法」とする発明についての被告の特許権を侵害しないと主張し、被告の原告に対する差止請求権が存在しないことの確認を

---

[7] 西田美昭「侵害訴訟における均等の法理」牧野利明＝飯村敏明『新・裁判所実務体系知的財産関係訴訟法』（青林書院、2001年）182頁参照。
[8] 私見としては重複する部分があるとはいえ、①信義則に反する「訴権の濫用」を理由とする訴えの却下と、②実質的な紛争の蒸し返しとして訴えを却下する場合とは類型的には異なり、前者については個別事案における諸般の事情を勘案すべきであるのに対して、より定型的な取り扱いが可能ではないかと考えている。

求めた事案で、特許発明の構成要件の解釈について被告特許権者が、先に原告より請求された無効審判手続中で一旦述べた意見を撤回した後に、本訴において撤回前の意見内容と矛盾する趣旨の主張をすることは、特段の事情のないかぎり、訴訟における信義則の原則ないし禁反言の趣旨に照らして許されないとして、原告の請求を認容した東京地判平13・3・30（平12（ワ）8204）判時1753号128頁〔連続壁体造成工法事件〕がみられる。また、同様のことは、名称を「法面等の加工機械」とする発明につき、原告特許権者による損害賠償請求訴訟において、先の被告請求の特許無効審判の審決で示された構成要件の解釈と異なり、また、本訴における原告の特許無効理由についての主張とも矛盾する原告の構成要件解釈の主張は採用できないとした知財高判平26・2・13（平25（ネ）10081）裁判所HP〔法面等の加工機械事件〕もある。さらには商標権侵害訴訟においても、「どくろ図形」のX商標につき商標権を有する原告Xが、X商標に類似するY標章1〜6を付した洋服等を販売するなどする被告Yに対して商標権侵害等を理由に差止め等を求めたところ、第一審判決が請求を認容したためにYが控訴した最近の事案において、知財高判平26・12・17（平26（ネ）10005）判時2275号109頁〔どくろ図形商標事件〕は、先にXが請求したY標章1と同一のY商標の商標登録無効審判において、Y商標がX商標1と類似するとして商標法4条2項11号により登録無効審決がなされ、Yにより提起された審決取消訴訟においても請求棄却となって無効審決が確定した事情がある場合には、Y標章1とX商標1とが非類似であるという本件におけるYの主張は、実質において、Y標章1とX商標1との類似判断につき、既に判決確定に至ったY標章1についての別件審決取消訴訟を蒸し返すものであり、訴訟上の信義則に反し、許されないものというべきであるとして排斥している。このような判例がみられる中で、判決主文に至る前提判断であるとはいえ、前訴で当事者が実質的に争った争点について後訴でも問題になるときには躊躇なく信義則による主張制限をすることによって、裁判所の判断に矛盾が生ずることなく、統一的で一回的解決が図れるように裁判所が積極的に対応していく姿勢が重要であろう。

第4．検討事案にもどって

　上述第3の事案のほぼ全ては前訴の原告が請求棄却となったものであるが、第2に挙げた「動物用排泄物処理剤事件」においては、反対に前訴における原

告の損害賠償請求権が認容された事案である。そこで、これまで論述したことを踏まえて、全体にわたる私見をまとめて提示しておきたい。まず、前訴の後に後訴が提起され、①特許権、②当事者及び③特許発明の構成に照らした被告製品の構成が同一である場合、特許発明の技術的範囲の解釈確定と被告製品の技術的範囲への属否－すなわち侵害の成否－についての裁判所の判断の統一が図られ、当事者間での紛争の一回的解決が図られるためには、前訴と後訴においては、これら①～③が、最低限度、既判力の前提としての訴訟物の同一性の判断基準とされるべきであろう。これは第3で挙げた東京地判平17・11・1の差止請求についての訴訟物の同一性の基準と一致する。もっとも、差止請求については、その必要性も問題になり得る。また、損害賠償請求については、特許権侵害の殆どが反復継続する不法行為であるので、①～③に加えて、それがなされた④特定の期間が、実体法に照らして、訴訟物の基準とならざるを得ないであろう。これも東京地判平17・11・1の判示するところである。ただ、私見によれば、(1)前訴において非侵害として損害賠償請求が棄却となった場合、後訴においては期間の基準さえ、過去の同一期間についての請求であれば既判力が及ぶとして、裁判所は損害の発生やその額を審理認定するまでもなく「請求棄却」とし、また、期間が異なれば紛争の蒸し返しとして信義則に反し「訴えを却下」するかの判決形式の差異が生じるに過ぎないといえる。これとは反対に、(2)前訴において侵害として損害賠償請求が認容された場合、特許発明の構成に照らした被告製品の構成ばかりではなく、その他の被告製品の個別具体的構成や商品名等により原告特許権者が特定主張し、裁判所により損害賠償額算定の基礎として審理認定されたものがあるはずであり、その後に同一期間の損害賠償請求の後訴において、特許発明の構成に照らした被告製品の構成が同一であるときには侵害の成否につき被告が再度争うことは信義則に反して許されないとして排斥されるべきだとしても、損害賠償額算定の基礎として前訴とは異なる具体的構成や商品名等のものを原告特許権者が特定主張している場合は、裁判所による損害賠償額の算定に当たっての販売数量、販売価格や経費等が前訴とは異なっているのが通常であり、加えて同一期間に係る損害賠償請求であっても原告特許権者が事前に総体としての侵害の規模、侵害品の数量等やそれによる損害額を把握することは大変に困難を伴うことが特許侵害訴訟では通常であることを考えると、当事者間の公平の観点からは、被告製品の前訴との差異も訴訟物の基準とせざるを得ないであろう[9]。言い換えると、

このような場合には、前訴において恰も特定期間についての損害賠償額の一部請求がなされていると捉え、債権についての明示的な一部請求も残部とは訴訟物が異なるとするのが実務であるが、その当否は別として、それに準じた取り扱いがなさるべきであろう[10]。とすれば、差止請求権についても事前に総体としての侵害の規模を把握することは大変に困難を伴うという同様の理由により、また執行力という観点からも同じことがいえよう。なぜなら、私見によれば、訴訟物の同一性を基準とする確定判決の既判力といえども、当事者間において攻撃防御方法の提出の機会が手続的に保障されているもとで、一度解決した紛争対象たる法律関係の蒸し返しを阻止し、当事者間の法的安定性とともに公平をも念頭に置いた信義則に基づく制度的な判決の不可変更性の原則に過ぎないからである。

　最後に、第2で検討事案として挙げた東京地判平26・3・20〔動物用排尿処理剤後訴事件事件〕にもどって私見を述べておくことにする。本事案において、前訴では損害賠償請求の認容判決がなされ、それが確定した後に、原告らは前訴被告対象製品と同一の構成を有する被告別製品について同一期間の損害賠償請求をして後訴を提起し、これに対して被告は、被告製品の構成が前訴と同一であると認めつつも、同一の争点につき今回は自らの実験結果を挙げて構成要件充足性を再び争った。裁判所も、再度、被告の実験結果に基づいて審理し、ただ結果としては前訴同様に、被告製品の構成要件充足性を認定して侵害として損害賠償請求額（消滅時効の援用のあった期間について不当利得額）を算定して原告らの請求を認容した。この点、原告らにより前訴被告対象製品と同一の構成を有する被告製品につき同一期間の損害賠償請求がなされているにしても、別製品について特定されて請求されているので、前訴においては損害額の一部請求がなされたとして後訴とは訴訟物を異にし、前訴判決の既判力は及ばないと考えるのが妥当であり、その前提であれば判決は正当であろう。しかし無効理由の有無についてはともかく、侵害の有無については、再度、裁判所は審理するまでもなく、被告が自らの実験結果に基づき特許発明の技術的範囲の

---

[9]　三村・前掲注4)84頁は商品名等が付記されて特定された場合において、その趣旨が明確でない限り、訴訟物を特定する上で難点があるとする。
[10]　もっとも、特定期間の請求認容の判決の後、同一期間について原告特許権者により個別具体的に特定主張された同一被告製品につき、再度、請求がなされた場合においては「訴えの利益」が認められないとして訴えの却下となろう。

解釈確定と被告製品の技術的範囲への属否につき争うことは、前訴確定判決に矛盾する主張により実質的に紛争を蒸し返すものであり、信義則に反するとして被告の主張を排斥して特許権侵害を認定した上で、直ちに「損害論」に入り賠償額を算定すべきであった。そうであれば、前訴判決とは矛盾することなく、また当事者間においても公平、かつ、より迅速な紛争解決が図られたのではないかと考える。

　以上、本稿は冒頭記載の筆者前稿の「蒸し返し」に過ぎないものであるが、これまで纏まった論考がほぼ皆無であった論点につき、筆者なりに考えたことを少し先へと展開することを試みたものである。未だ考え尽くされていない点も多々あるが、何らか学問的に寄与するところがあれば幸いに感じる次第である。

> 特許権侵害に係る補償（indemnity）に関する一考察[1]
> ―知財高判平成27年12月24日（平成27年（ネ）第10069号）の事案を参考に―
>
> 紋　谷　崇　俊

はじめに

　知的財産権侵害に係る補償（indemnity）の問題は、知財実務においては重要でありながら、我が国では今まで争いになっても裁判にまで表面化することは稀であった[2]。「補償（indemnity）」条項とは、一般に「契約の一方当事者が他方当事者が被る特定又は不特定の責任や被害について責任を負うことを約する旨の条項」[3]を言うが、その前提として、第三者による侵害の主張を「防御（defend）」する義務等が併せて規定されることも多い[4]。かかる条項は、契約社会が進んだ米国ではよく見かける規定であり、近時は、我が国の契約実務においても、日本法上の位置付けを十分に議論されることのないまま、国際取引実務を踏まえて、規定されることも増えている。

　もっとも、米国においても、知的財産権侵害に係る補償の問題は、近時のプロパテント傾向になるまでは裁判例も少なく、また、企業法と知財法の交錯領域の問題であることからあまり研究が進んでおらず、実務が先行している分野と言える。また、我が国においては、近時契約社会になったといっても、未だに記載も簡潔で不明確な契約書も多く、日本語故の文言の曖昧さという問題も存する。

---

[1] 故渋谷達紀教授には、発明推進協会の知的財産権法判例研究会において大変世話になった。同教授を偲び、関係の深かった上記研究会における近時の発表（第340回）に基づいて本稿を執筆した。
[2] 専ら契約実務として扱われるため、我が国の文献も極めて少ない。
[3] Bryan A. Garner, *Black's Law Dictionary* (10th) 887頁参照。
[4] 西村総合法律事務所「M＆A法大全」535頁（2001年）等参照。なお、実務上、上記「防御（defend）」の他、「保証（warranty）」違反等も含め、概括的に「補償（indemnity）」の問題として論じられることもある（例えば「アメリカにおける『非侵害保証』の実務」月刊国際法務戦略Vol. X-12（2001年）でも、「非侵害保証」と訳してあるが、原文では「indemnity（補償）」を論じている）。本稿でも文脈に応じ「補償（indemnity）」を広義の意義で用いる。

この点、近時、我が国においても、特許権者から侵害警告を受けた買主が、売主の意向に反して、特許権者にライセンス料を支払った上、売主に対して補償条項違反に基づく損害賠償請求を主張した裁判例（知財高判平成27年12月24日（平成27年（ネ）10069号））が現れたので、以下、適宜米国制度にも言及の上、当該裁判例を通じて、補償（indemnity）の問題について検討を加える。

第1　事実
1．事案の概要

上述の知財高判平成27年12月24日は、Y（控訴人）との間で物品の売買に関する基本契約（以下、「本件基本契約」と称する。）及びこれに基づく個別契約を締結したX（被控訴人）が、Yに対し、個別契約に基づいて納入したADSLモデム用チップセット及びDSLAM用チップセット（以下、「本件チップセット」と称する。）の残代金256万8409.18USドル及びこれに対する平成24年6月9日（支払期日後の日）から支払済まで商事法定利率年6分の割合による遅延損害金の支払を求めた事案である。

Yは、本件チップセットが特許権を侵害するものであり、Yが特許権者（訴外A）らに対してライセンス料として2億円の支払いを余儀なくされ、同額の損害を被ったとして、（下記の）本件基本契約18条1項又は2項の債務不履行による損害賠償債権（損害賠償金2億円及びこれに対する同年3月17日（ライセンス料支払の日の翌日）から同年5月30日（相殺適状日の前日）までの商事法定利率年6分の割合による遅延損害金245万9016円に係る債権）を自働債権として、Xの売買代金債権と対当額で相殺したとしてXの請求を争い、かかる相殺の抗弁の可否が争点となった。

本件基本契約18条
1項「Xは、Yに納入する物品並びにその製造方法及び使用方法が、第三者の工業所有権、著作権、その他の権利（総称して「知的財産権」という。）を侵害しないことを保証する。」
2項「Xは、物品に関して知的財産権侵害を理由として第三者との間で紛争が生じた場合、自己の費用と責任においてこれを解決し、またはYに協力し、Yに一切迷惑をかけないものとする。万一Yに損害が生じた場合、Xはその損害を賠償する。」

(1) 当事者

Xは、電子部品、食品、鉄鋼製品、プラント等の販売等を行う株式会社である。

Yは、電気通信事業法に基づく電気通信事業等を行う株式会社であり、高速データ通信を可能にする「ADSLサービス」を提供している。

(2) XY間の契約と「チップセット」

Yは、平成17年12月19日、Xとの間で、Xを売主、Yを買主とする本件基本契約を締結し、それ以降、本件基本契約に基づく個別契約を締結の上、Xから「チップセット」を購入している。

Yは、この「チップセット」を、Yの「ADSLサービス」を提供するために用いている。即ち、「ADSLサービス」を提供するため、加入者宅にADSL機能を搭載した「ADSLモデム」を、電話局内に複数のADSLモデム機能を1つの筐体に納めた「DSLAM」をそれぞれ設置して使用する必要があるが、上記「チップセット」は、デジタル信号と（電話回線の）アナログ信号を相互に変換する機能を実現するため、「ADSLモデム」及び「DSLAM」に搭載される（以下、「本件チップセット」を搭載した「ADSLモデム」及び「DSLAM」を、「本件ADSLモデム」及び「本件DSLAM」と称し、併せて「本件製品」と称する。）。

なお、Xは、上記「チップセット」を、チップ・ベンダーである「訴外B」及び「訴外C」から購入している。契約締結当時は「訴外B」製品（注：本判決の事実認定によれば本件各特許権についてライセンス許諾済み）であったが、平成20年10月以降は「訴外C」製品であり、「本件チップセット」も「訴外C」

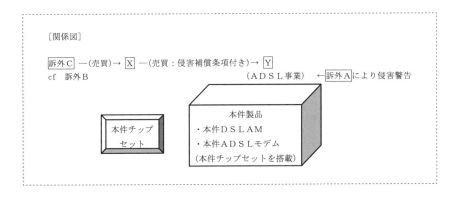

製品である。

(3) Yと訴外Aとの紛争（「本件紛争」と和解成立）

Yは、訴外A（Wi-LAN Inc.）から、本件チップセットに関し、同社の有する9件の特許権[5]（以下、併せて「本件各特許権」といい、本件各特許権に係る特許を併せて「本件各特許」と称する。）のライセンスの申出を受けたと主張して、平成22年12月9日、Xに対し、本件各特許に関する調査協力を要請した（但し、本件各特許権は、ADSL事業等に係る「ディジタル加入者線伝送方法」や「xDSL装置」等を対象とするものであるが、「上記ライセンスの申出が、本件チップセットを問題としていたのか、同チップセットを組み込んだモデムを問題としていたのか、Yのサービスを問題としていたのかは、証拠上、明らかでない」とされている。）。

なお、本件各特許権は、元特許権者であった訴外Dにより、いずれもITU（International Telecommunication Union）に対して、Annex.Cに用いるものとして、特許ポリシー2.2条に基づくFRAND宣言がされた標準規格必須宣言特許であり、その後、自らは保有する特許を実施しないNPE（Non Practicing Entity）とされる訴外Aが本件各特許権を承継したものである。

その後、Yは、Xと協議しながら、訴外Aと交渉したが、最終的には、Xの同意を得ないまま、平成24年2月23日、訴外A及び日本子会社（以下、「訴外Aら」と称する。）との間で、本件各特許権を含む特許権につき、ライセンス契約（以下、「本件ライセンス契約」と称する。）を締結し、同年3月16日、訴外Aに対し、ライセンス料として2億円を支払った。

(4) 訴訟に至る経緯

Yは、平成24年6月7日付け通知書により、Xに対し、Xの本件基本契約18条違反により、Yには、Yが訴外Aに支払ったライセンス料相当額である2億円の損害が発生したとして、同契約24条に基づく損害賠償債権（損害賠償金2億円及びこれに対する同年3月17日から同年5月30日までの商事法定利率年6分の割合による遅延損害金245万9016円に係る債権）と、XのYに対する本

---

[5] 特許第3480313号、第3480466号、第3480467号、第3698145号、第3480469号、第3573152号、第3449373号、第3622510号、第3685166号。

件基本契約及び個別契約に基づくチップセットの売買代金に係る債権とを、相殺適状の日である同月31日に、対当額で相殺するとの意思表示をした（同日時点の円USドル為替レートは1ドル＝78.93円）。

これに対し、Xは、同年7月24日、Yが上記売買代金の一部を支払わないとして、Yに対して、上記売買代金債権について、残代金256万8409.18USドル及びこれに対する同年6月9日（支払期日後の日）から支払済みまでの商事法定利率年6分の割合による遅延損害金の支払を求めて本訴の提起に及んだ。

2．争点

本件の争点は、以下のとおりである[6]。
　争点1：本件基本契約18条1項違反の成否－本件各特許権の侵害の有無
　争点2：本件基本契約18条2項違反の成否
　争点3：相殺の成否

3．原審

原判決（東京地裁平成27年3月27日判決（平成24年（ワ）211285号））は、①本件チップセット及びその使用方法等が本件各特許権を侵害するということはできないから、Xに本件基本契約18条1項の違反があったということはできず、また、②Xには本件基本契約18条2項の違反があるけれども、同条項違反と、Yの主張に係るライセンス料相当額の損害の全部又は一部との間に相当因果関係を認めることはできないから、Yがした相殺の意思表示に係る自働債権は、その存在の証明がなく、同意思表示は、効力を有しないとして、Xの売買契約に基づく残代金請求を全部認容した。

このため、Yがこれを不服として控訴したものである。

---

[6] Yは、控訴審では、本件基本契約18条2項違反に基づく損害賠償債権を自働債権とする相殺の抗弁が主位的抗弁、同条1項違反に基づく損害賠償債権を自働債権とする相殺の抗弁が予備的抗弁と位置付けている。

第2　判旨　控訴認容
1．争点1：本件基本契約18条1項違反の成否
（1）本件各特許権の侵害の有無

「本件チップセットがAnnex.Cに『準拠』していることも、本件規格仕様書に開示された構成を有することも、認めるに足りない。また、Yは、本件チップセットを搭載した本件製品が本件規格仕様書に記載の構成を有していることについても、具体的な主張立証をしない。

そうすると、本件チップセットないし本件製品が、原判決別紙本件製品等構成目録記載の構成を有することも、ひいては、本件各特許発明に係る原判決別紙構成要件目録記載の各構成要件を充足することも、いずれも認めることはできないし、本件チップセットがAnnex.Cの規格にのみ用いられるところのいわゆる専用品であると認めることもできない。」

「以上のとおり、本件チップセットが本件各特許権を侵害するものであるということはできない。」

（2）本件基本契約18条1項違反の成否

「前記1のとおり、本件チップセットが本件各特許権を侵害するものであると認めることはできない。したがって、Yによる本件基本契約18条1項違反の主張は、その余の点について検討するまでもなく、理由がない。

よって、YのXに対する本件基本契約18条1項の債務不履行による損害賠償債権を自働債権とし、XのYに対する本件各物品の売買契約に基づく代金債権を受働債権とする相殺の意思表示は、自働債権の存在の証明がないから、効力を有しないというべきである。」

2．争点2：本件基本契約18条2項違反の成否
（1）本件基本契約18条2項に基づく義務

「本件基本契約は、YとXとの間の物品の売買取引に関する基本的事項を定めるものであるところ、18条1項は『Xは、Yに納入する物品並びにその製造方法及び使用方法が、第三者の工業所有権、著作権、その他の権利（総称して「知的財産権」という。）を侵害しないことを保証する。』旨、同条2項は『Xは、物品に関して知的財産権侵害を理由として第三者との間で紛争が生じた場合、自己の費用と責任においてこれを解決し、またはYに協力し、Yに一切迷惑を

かけないものとする。万一Yに損害が生じた場合、Xはその損害を賠償する。』旨規定する。そして、本件基本契約には、他に知的財産権侵害を理由とする第三者との間の紛争に対する解決手段・解決方法等についての具体的な定めがないことからすれば、同条2項は、同条1項により、Xは、Yに対し、その納品した物品に関しては第三者の知的財産権を侵害しないことを保証することを前提としつつ、第三者が有する知的財産権の侵害が問題となった場合の、Xがとるべき包括的な義務を規定したものと解するのが相当である。」

「一方、Yは、Xが、本件基本契約18条2項に基づき、少なくとも①第三者が保有する特許権を侵害しないこと、具体的には納入した物品が特許請求の範囲記載の発明の技術的範囲に含まれないことや、当該特許が無効であることなどの抗弁があることを明確にし、また、②当該第三者から特許権の実施許諾を得て、当該第三者に対してライセンス料を支払うなどして、当該第三者からの差止め及び損害賠償請求によりYが被る不利益を回避する義務を負っていたと主張する。

しかし、同項の文言のみから、直ちにXの負うべき具体的な義務が発生するものと認めることはできず、上記のとおり、同項は、Xがとるべき包括的な義務を定めたものであって、Xが負う具体的な義務の内容は、当該第三者による侵害の主張の態様やその内容、Yとの協議等の具体的事情により定まるものと解するのが相当である。」

（2）本件基本契約18条2項に基づくXの具体的義務について

「Yは訴外Aから、本件各特許権のライセンスの申出を受けていたこと（…なお、訴外Aのライセンスの申出が、本件チップセットあるいは本件製品を問題としていたのか、Yのサービスを問題としていたのかは、証拠上、明らかでない。）、Yは、Xに対し協力を依頼した当初から、本件チップセットが本件各特許権を侵害するか否かについての回答を求めていたこと…、X、Y及び訴外Cの間において、ライセンス料、その算定根拠等の検討が必要であることが確認され、訴外Cにおいて、必要な情報を提示する旨を回答していたこと…に鑑みれば、Xは、本件基本契約18条2項に基づく具体的な義務として、①Yにおいて訴外Aとの間でライセンス契約を締結することが必要か否かを判断するため、本件各特許の技術分析を行い、本件各特許の有効性、本件チップセットが本件各特許権を侵害するか否か等についての見解を、裏付けとなる資料と

共に提示し、また、②Yにおいて訴外Aとライセンス契約を締結する場合に備えて、合理的なライセンス料を算定するために必要な資料等を収集、提供しなければならない義務を負っていたものと認めるのが相当である。」

①「訴外Cにおいて報告された技術分析の結果は十分なものであるとはいえず、その他、本件証拠上、X又は訴外Cが、本件各特許の有効性や本件チップセットが本件各特許権を侵害するか否か等についての見解を、裏付けとなる資料と共に提示したものと認めることはできないから、Xはこれを提供する義務を怠ったものというべきである。」

②「Xは、Yにおいて訴外Aとライセンス契約を締結する場合に備えて、合理的なライセンス料を算定するための資料を提供すべき義務を怠ったものといえる。」

「以上のとおり、Xは、前記・・・①及び②の義務をいずれも怠ったものであり、Xには本件基本契約18条2項の違反がある。」

3．争点3：相殺の成否
（1）相当因果関係の成否

「Yは、平成24年2月23日、訴外Aとの間で、本件ライセンス契約を締結し、同年3月16日、同社に対してライセンス料として2億円を支払った。

確かに、前記1のとおり、本件口頭弁論終結時においても、本件チップセットが本件各特許権を侵害するものであると認めるに足りる証拠がない以上、結果的に見れば、本件ライセンス契約が締結された時点において、Yが訴外Aとの間でライセンス契約を締結し、ライセンス料として2億円を支払う必要性があったということはできない。

しかし、以下の事情を総合すれば、Xによる本件基本契約18条2項違反と、Yのライセンス料相当額の損害との間には、相当因果関係を認めることができる。

…以上のとおり、…チップ・ベンダーである訴外Cによる技術分析への対応等に照らせば、Yが、本件チップセットは、ADSL Annex.Cに準拠し、Annex.Cに用いるものとしてFRAND宣言がされている本件各特許権を侵害する又は侵害する可能性が高いと考えたこともある程度やむを得ないところであって、…X又は訴外Cからライセンス料の算定に関する情報も提供されないことから、…これ以上、減額交渉の材料がない状況の下で、他方、…訴外Aか

らは、早期ライセンスのオファーが終了すれば、次のステージに移行する可能性を継続して告げられるなどして、差止請求訴訟を提起されるリスクを負っており、侵害が認定された場合に被る損害は2億円をはるかに超えることが予想されたことを総合的に鑑みれば、平成24年2月23日の時点において、Yが、本件ライセンス契約を締結し、ライセンス料2億円を支払うことも、社会通念上やむを得ないところであり、不相当な行為ということはできないのであって、Xによる本件基本契約18条2項違反と、Yのライセンス料2億円相当額の損害との間には、相当因果関係を認めることができる。」

（2）過失相殺

「前記（1）のとおり、Xの本件基本契約18条2項違反とYのライセンス料2億円相当額の損害との間には相当因果関係があるが、以下の事情に照らせば、Yにおいて、その損害の発生について過失があり、これを損害額の算定においてしんしゃくすべきである。

…そうすると、Yは、未だ訴外Aによる違反調査等が行われる第2ラウンドに移行しておらず、直ちに差止請求を含む訴訟提起がされる危険性があるとはいえない状況において、訴外Aからは、本件チップセットが本件各特許権を侵害していることについて、技術分析の結果等の客観的資料に基づく具体的根拠が示されているわけではなく、Yにおいて、本件チップセットの構成・動作と本件各特許発明の各構成要件を逐一吟味した資料等に基づいて、その充足性を検討することなく、訴外Cによる技術分析への対応等から本件チップセットが本件各特許権を侵害する又は侵害する可能性が高いと考え、算定根拠が明らかではない訴外Aのライセンス料の提示に対して、その内容を質すこともなく、また、本件ライセンス契約直前にされたXによる制止を顧慮することなく、本件ライセンス契約を締結し、ライセンス料2億円を支払ったことになる。この点については、拙速との評価を免れず、Yにも、損害の発生について、過失があるといわざるを得ない。

そして、上記アにおいて説示した事情、前記（1）イ（ア）のとおり、本件ライセンス契約の対象には、本件各特許以外の特許が含まれていること、その他本件訴訟に顕れた一切の事情及び弁論の全趣旨を勘案すれば、損害の発生に対する過失割合は、Yが7割、Xが3割と認めるのが相当である。

したがって、YのXに対する本件基本契約18条2項の債務不履行に基づく損

害賠償債権を自働債権とし、XのYに対する本件各物品の売買契約の代金債権を受働債権とする相殺の意思表示は、2億円の3割である6000万円の限度でその効力が生じるものというべきである。」

第3 評釈 概ね賛成（但し、事案の詳細が不明であるため、具体的な事実認定やあてはめについては論評し難いが、詳細は後述を参照されたい）

1．本判決の位置づけ

　本件は、冒頭で述べたように、特許権侵害に係る補償（indemnity）条項違反について判断された判決であり、特許権者から侵害警告を受けた買主が、特許権者にライセンス料を支払った上、売主に対して補償条項違反に基づく損害賠償請求を主張した事案は、おそらく知財高裁では初めでではないかと思われる。しかも地裁と高裁とで判断が分かれた事案であった。但し、XYとも特許権侵害を十分に主張立証していないという特殊な事案であることにも留意が必要であろう。

　本判決は、本件特有の事情に基づく事例判決であるが、

① 本件基本契約18条2項を、第三者の知的財産権侵害が問題となった場合に売主が採るべき包括的義務と解し、(i) 技術分析の結果を提供すべき義務及び (ii) ライセンス料の算定に関する情報を提供すべき義務を具体的事情に基づいて認定した上、その違反を認めながら相当因果関係を否定した原審判断を覆し、買主の特許権者への支払いについて、相当因果関係を認め、過失相殺をするという処理を行っている点、

② 本件のように、特許権侵害が認定できず、しかも、売主の意向に反して買主が特許権者とライセンス合意した場合においても損害賠償を認めている点、

において特徴的であり、今後の知財実務においても影響を有するものと思われる。

　この点、上記①については、本判決では包括的義務と認められているが、契約文言次第であり、契約文言が明確であれば直接的な義務を認める余地もあったのではないかとも思われる。米国の補償条項を直接的に適用するケースと比較すると、多分に日本的判断であったようにも見受けられるが、いずれにせよ

今後の判例の蓄積により当該義務の範囲が明確化されることが望まれるところである。

　また、上記②については、非侵害であっても賠償が認められる余地も認めている。ただ、本件の事情は必ずしも明らかではなく、本件は必ずしも一般論として論じられないことにも留意が必要と思われる。また、本件には、YがXから購入しているのは本製品の部材であること、FRAND宣言がされた標準規格必須宣言特許を、自らは保有する特許を実施しないNPEないしトロールが承継して権利行使していることといった特殊性も存する。この点、例えばトロール等による合理的論拠を欠く権利行使の場合等まで、補償条項を介することによって責任が転嫁され、広く賠償が認められるのであれば疑問もあり、その限界が今後の課題となろう。

2．判旨1（争点1：本件基本契約18条1項違反の成否―本件各特許権侵害の有無）について

　本判決は、「本件チップセットが本件各特許権を侵害するものであると認めることはできない」として「Yによる本件基本契約18条1項違反の主張は…理由がない」と判示した。

　非侵害の判断（判旨1（1））については、侵害の主張立証が不十分とのことであるため、やむを得ないものと思われる[7]。したがって、本件基本契約18条1項違反を否定した判断（判旨1（2））も適切と解される。

　なお、本件基本契約18条1項の規定は以下の通りであった。

> 1項「Xは、Yに納入する物品並びにその製造方法及び使用方法が、第三者の工業所有権、著作権、その他の権利（総称して「知的財産権」という。）を侵害しないことを保証する。」

---

[7] 但し、本件の事案からは明らかでないが、XY共に、ある程度の専門技術を有しているにも拘わらず、十分な主張立証が尽くされていないことに鑑みれば、何か主張立証を躊躇わせるような不利な事情が抱えていたのか（それが本件における相当因果関係等の認定に影響を及ぼしていないか）素朴な疑問も感じられる。

この点、本判決は、かかる規定の法的性格については明言していないが、文言上は「保証」と記載されているものの、民法上の「保証（guarantee）」（民法446条以下）とは異なり、契約上、取引の前提となる販売製品などが表明され約束された状態であることに相違ないこと等を約束する「表明保証（representation and warranty）」に係る「保証（warranty）」[8]の規定であると解される。そして、かかる表明保証違反は、通常、売主の「補償（indemnity）」違反を惹起する[9]。もっとも、本件では、いずれにせよ非侵害という「保証（warranty）」内容に違反が見られない以上、かかる義務違反は存しないものと解される。

3．判旨2（争点2：本件基本契約18条2項違反の成否）について
（1）本件基本契約18条2項の法的性格

本判決は、本件基本契約18条2項について、「同条2項は、同条1項により、Xは、Yに対し、その納品した物品に関しては第三者の知的財産権を侵害しないことを保証することを前提としつつ、第三者が有する知的財産権の侵害が問題となった場合の、Xがとるべき包括的な義務を規定したものと解するのが相当である」と述べ、「同項は、Xがとるべき包括的な義務を定めたものであって、Xが負う具体的な義務の内容は、当該第三者による侵害の主張の態様やその内容、Yとの協議等の具体的事情により定まるものと解するのが相当である。」と判示している（判旨2（1））。

本件基本契約18条2項は、以下の通り規定している。

> 2項「Xは、物品に関して知的財産権侵害を理由として第三者との間で紛争が生じた場合、自己の費用と責任においてこれを解決し、またはYに協力し、Yに一切迷惑をかけないものとする。万一Yに損害が生じた場合、Xはその損害を賠償する。」

---

[8] 前出脚注3 Black's Law Dictionary (10th) 1821頁参照。なお、表明保証違反についても、近時、M＆A等の分野において、多少裁判例が見られる（平成18年1月17日判時1920号136号等参照）。

[9] 前出脚注4記載の文献などを参照。

かかる規定は、いわゆる「補償（indemnity）」条項と解される[10]。冒頭で述べたように、かかる規定には、①一方当事者が他方当事者が被る責任等についての「補償（indemnify）」と併せて、②第三者による主張を「防御（defend）」する規定が設けられることが多い。なお、①については、責任を明確にするため「補償し、損害を被らせないようにする（indemnify and hold harmless）」という表現が用いられることもある。また、実務上は、損害範囲を明確にするため、如何なる責任について、誰に対して補償するのか、更には上限額がいくらであるか等も規定されることもある。また、②については、第三者からの請求後直ちにこれを補償者に通知すること、補償者が請求の防御又は和解をコントロールすること、被補償者はこれに協力すること等も規定される。[11]

これを本件について見ると、前半（「自己の費用と責任においてこれを解決し、またはYに協力し」）は上述②防御（defend）等、後半（「万一Yに損害が生じた場合、Xはその損害を賠償する」）は狭義の補償（indemnity）を定めたようにも見受けられる。

もっとも、本件の規定が不明確であるのは、本判決が「他に知的財産権侵害を理由とする第三者との間の紛争に対する解決手段・解決方法等についての具体的な定めがない」「同項の文言のみから、直ちにXの負うべき具体的な義務が発生するものと認めることはできず」等と述べている通りである。

即ち、前半については、「自己の費用と責任においてこれを解決し、またはYに協力し」と複数の方策を記載したため、逆に誰が如何に対応するのかといった「防御」の主体や方法が明らかになっていない。前半の末尾の「Yに一切迷惑をかけないものとする」という表現も、一見「損害を被らせないようにする（hold harmless）」ことを意味するようにも思われるが、「迷惑」という日本的な曖昧な表現になっており、必ずしも一義的に明らかでないように思われる。

---

[10] 本判決は「同条2項は、同条1項により、Xは、Yに対し、その納品した物品に関しては第三者の知的財産権を侵害しないことを保証することを前提としつつ」と述べているが、その文意は必ずしも明らかでない。確かに、条文の構成上は、1項を踏まえて2項が規定されているが、1項では「保証（warranty）」、2項では「補償（indemnity）」を定めており、しかも2項は1項と異なり非侵害の場合も対象とする旨示されていることに鑑みれば、必ずしも2項は1項を「前提」としていないようにも解される。

[11] 前出脚注4記載の文献などを参照。

この点、①東京地裁平成14年7月25日[12]や②東京地裁平成15年9月10日[13]など具体的な義務を認めた裁判例も存するが、いずれも本件とは事案を異にするように見受けられる。[14]

また、後半の「Xはその損害を賠償する」という語も、前半と併せ読んで、「物品に関して知的財産権侵害を理由として第三者との間で紛争が生じた場合…万一Yに損害が生じた場合、Xはその損害を賠償する」と読めば、Xの具体的

---

[12] ①東京地裁平成14年7月25日（平成11年（ワ）18934号）は、損害賠償が認められており、制作委嘱契約書には、

> 「Y1は、プログラムマスター制作に関与した者に対する権利処理を自己の名義と責任において行うものとし、万一当該者から何らかの異議申立てがなされた場合は、Y1の責任と負担において解決し、Xに一切迷惑をかけないものとする。」（2条3項）

という規定があるが、他方で、「Y1は、Xがプログラム〔2〕をソフトウェアとして複製し、頒布に利用するについて十分な資料を提供するものとする。その提供した資料のうち、著作権者などの権利者が存するものに関しては、その利用について当該権利者の許諾をY1が得ていること、従ってXがこれを利用するについていかなる第三者からも何ら異議がなされないことをXに保証する。」（3項2項）とあり、契約の前提として、自ら予め権利処理をして制作をすることを明確に「保証（Warranty）」しており、また、対象となる損害も、侵害通知を受けて製品の発売を中止したことによる制作費等であり、本件のように被補償者が当初想定していなかった侵害について被補償者が権利者と和解したライセンス料ではない。

[13] ②東京地裁平成15年9月10日（平成13年（ワ）9845号）でも、損害賠償が認められており、商品化契約には、

> 「本件商品化契約に基づいてXが製造・販売した製品につき著作権及びその商品化権等に関して著作者や第三者との紛争が生じたときは、Y1は自己の責任と費用をもってその処理に当たるものとし、Xがこれにより損害を受けたときはY1がその損害を負担し、原告に一切の迷惑をかけない」

という条項があるが、他方で、「Y1から送付された契約書案には著作権の紛争に関する保証条項がなく、X代表者が不安を伝えたところ、Y1は、本件条項を追加し、同年11月1日付けで基本契約書（甲1の1）の調印に至った」という経緯があり、そもそも自ら権利処理をして商品化する義務を負っているケースであって、対象となる損害も、権利者からの通告によって製品が販売できず在庫の発生等によって生じた損害であり、本件のように被補償者が権利者と和解したライセンス料ではない。

[14] 契約解釈においては、交渉経緯や当事者の意思も重要となるが、本判決では何ら言及されていない。もっとも、「一切迷惑をかけない」という一方的な規定になっていることに鑑みれば、両者の交渉力の相違等によって、当該規定が設けられた可能性等も考えられよう。この点、米国においては、Indemnity条項は、通常の契約同様、契約文言に従って効力が認められるのが原則であるが、被補償者が通常交渉力において勝っていることが多いことなどから、補償義務を限定的に解釈するケースも存するところである（Crawford v. Weather Shield Mfg., Inc. (2008) 44 Cal.4th 541など参照）。

な補償義務と解する余地もあろうが、このように解すると「場合」という語が重複してしまう。「万一に損害が生じた場合」とあり、どのような場合の如何なる「損害」であるか必ずしも一義的ではないことから、後半は、前段の「自己の費用と責任においてこれを解決し、またはYに協力」する義務を怠った場合について、一般的な損害賠償の確認規定を置いたと解することも可能であろう。

とすれば、本判決が、本件において、「具体的義務」ではなく、「包括的な義務」と解したこともやむをえなかったように思われる。[15, 16]

なお、上記に関して、裁判所は、上記規定が（a）「自己の費用と責任においてこれを解決」する債務と（b）「Yに協力し、Yに一切の迷惑をかけない」債務を選択的に規定し、選択権を有するXは、前者の債務を選択したから、本件紛争の解決権はXに留保されていたものであるとのXの主張を否定したが、この点も適当であると思われる。けだし、(b)は「Yに協力し」と「Yに一切の迷惑をかけない」に2分し、Yに迷惑をかけない手段として（a）「自己の費用と責任においてこれを解決」する方法と（b）「Yに協力」する方法が存するが、選択権があるとまでは解されないためである。

（2）本件基本契約18条2項の具体的な義務と、その違反

本判決は、本件の事案に鑑み「Xは、本件基本契約18条2項に基づく具体的な義務として、①Yにおいて訴外Aとの間でライセンス契約を締結することが必要か否かを判断するため、本件各特許の技術分析を行い、本件各特許の有効性、本件チップセットが本件各特許権を侵害するか否か等についての見解を、裏付けとなる資料と共に提示し、また、②Yにおいて訴外Aとライセンス契約を締結する場合に備えて、合理的なライセンス料を算定するために必要な資料

---

[15] 本判決は事例判決であるため、将来的な課題になろうが、そもそも米国等で具体的な義務と認められているような補償（indemnity）条項を直訳した場合においても、日本語の曖昧さ故に、果たしてそれだけで、我が国の裁判所が「具体的義務」と解釈するであろうかといった問題も存するように思われる。
[16] なお、本判決のように「包括的な義務」と解釈した上で具体的義務違反との相当因果関係の問題として検討する方法の他、侵害に係る補償条項自体は「具体的義務」と解釈しつつも、同条項における義務の範囲や補償額の解釈によって判断する方法もあったようにも思われる（下記4（1）ア参照）。

等を収集、提供しなければならない義務を負っていたものと認めるのが相当である。」と判示している（判旨2（2））。
　この点、上記①は、侵害論及び無効論に対応し、上記②は損害論に対応する分析・資料提供義務であり、侵害訴訟における売主側の責任を考慮するファクターとしては適切と思われる。

　もっとも、上述のように、同規定それ自体では、Yが主張するように「当該第三者からの差止め及び損害賠償請求によりYが被る不利益を回避する」具体的な義務とまでは解されないため（包括的な義務）、Xが負う具体的な義務の内容は、信義誠実の原則（民法1条2項）の支配する契約両当事者の義務内容の確定の問題として、本判決のように「当該第三者による侵害の主張の態様やその内容、Yとの協議等の具体的事情により定まるものと解する」ことになるが、これにより、諸事情に応じて、売主と買主との間のバランスを図ることも可能と思われる[17]。

4．判旨3（争点3：相殺の成否）について
（1）相当因果関係の有無
　本判決は、相当因果関係を否定した原審の（All or Nothing的な）判断を覆し、「Xによる本件基本契約18条2項違反と、Yのライセンス料相当額の損害との間には、相当因果関係を認めることができる」と判示している（判旨3（1））。
　本件では、「紛争解決を要求したが、Xにおいてこれを解決できず、Yは訴外Aと交渉して解決せざるを得なかった」等として相当因果関係を主張するYと、「Xが解決するというXY間の合意を無視し、補償条項があることを奇貨として、必要が無いのに、本件チップや本件各特許権と無関係のライセンスを締結した」として相当因果関係を争うXとで、正反対の主張がなされている。
　しかし、Yの主張する「Xの具体的な紛争解決義務」までは認められず、他方で、Xの主張する「Xが解決するという合意」を認めることもできないことは前述3の通りである。結局、紛争解決に際しては、双方は信義則上相互に協

---

[17] これは、ソフトウェア開発において委託者と受託者の何れに責任で結果が生じたか不明確な場合に、両当事者の誠意ある対応を考慮することや、米国特許法271条（g）の海外における寄与侵害の有無の判断の際に、開示要求に対する原被告の誠実性（good faith）を勘案するアプローチにも共通するところがあるように思われる。

力すべき義務を負っており、Xが本件基本契約18条2項において補償義務を負う反面として、Yとしては、Xの義務履行を無にするようなライセンス合意を一方的に特許権者と締結したような場合にまで、Xへの賠償（相当因果関係）を認めるのは行き過ぎであろうし（因果関係の中断ないし断絶）、他方で、Xの義務履行が不十分であったような場合に、Yがやむを得ず特許権者と締結したライセンス合意について相当因果関係を全く否定するのも行き過ぎであろうと思われる。

　ただ、本件における相当因果関係の成否は、法的問題と言うよりも、むしろ基礎なる事実認定に左右される問題であり、判決文だけからでは事情が必ずしも明らかでないことから、その適否を論じるのは難しい。
　もっとも、因果関係の有無について原審と本判決とで判断が分かれたのは、諸点あるが、主に、上記義務違反に起因する①侵害の蓋然性と、②訴訟の切迫性（ないしライセンス合意の必要性）であったように見受けられる[18]。この点、原審は、
① 「本件チップセットが本件各特許権の侵害品であるか否か明らかではない」として、
② 「本件ライセンス契約が締結された時点において、客観的に見て、Yにおいて訴外Aとの間でライセンス契約を締結すること、及びライセンス料として2億円を支払う必要性があったと認めることはできない」と述べているが、本判決は、諸般な事情を再考の上、
① 「訴外Cによる技術分析への対応等に照らせば、Yが…本件各特許権を侵害する又は侵害する可能性が高いと考えたこともある程度やむを得ない」とした上、
② 「X又は訴外Cからライセンス料の算定に関する情報も提供されないことから、…これ以上、減額交渉の材料がない状況の下で…訴外Aからは、早期ライセンスのオファーが終了すれば、次のステージに移行する可能性を継続して告げられるなどして、差止請求訴訟を提起されるリスクを負っており、

---

[18] 上記①②は、当事者の公平の見地から諸事情を考慮する仮処分の基準（①被保全権利の存在と②保全の必要性）とも親和性があるようにも思われるが、あくまで本件事案における事実認定におけるファクターであり、一般的に補償の場面における相当因果関係のファクターとして妥当かどうかは別途検討が必要であろう。

侵害が認定された場合に被る損害は2億円をはるかに超えることが予想されたこと」に鑑み、「Yが、本件ライセンス契約を締結し、ライセンス料2億円を支払うことも、社会通念上やむを得ない」と判断している。

①侵害の蓋然性について―本件基本契約18条2項（補償条項）違反の外延

侵害の有無については、前記2（判旨1（1））で論じた通りであるが、本件は、Xが納品していたのは（本製品でなく）その部材であり、かつ、非侵害の事案であった。この点、本件基本契約18条2項は、「物品に関して侵害を理由として第三者との間で紛争が生じた場合」と規定されており、本来は前記3（2）において論じるべきかもしれないが、以下では、便宜上、（ⅰ）「物品に関して」（ⅱ）「侵害を理由として」という文言も考慮しつつ、相当因果関係の文脈において言及する。

（ⅰ）「物品に関して」―部材の場合

本件においてXが納品しているのは本件チップセットであり、本製品の部材に過ぎないという特殊性がある。このため、本件では、その「製造方法及び使用方法」（本件基本契約18条1項参照）自体は侵害とならず、「物品」（同条1項及び2項）の直接侵害も成立しない。また、本判決では「専用品」（特許法101条1号）に該当することも否定されており、また、訴外Aとのライセンス交渉が本件チップセットを対象とするものであったかについても明らかにされていない。

この点、2項は「物品に関して侵害を理由として」と記載されており、後に組み合わされて結果的に作り出された本件製品に侵害が生じた場合に常に責任を認めることは妥当ではなかろう[19,20]。もっとも、本件チップセット自体の「侵害（直接侵害又は特許法101条各号の擬制侵害）を理由」とする場合には、賠

---

[19] 米国では、統一商法典（UCC）において特許権侵害の補償条項が存するが（§2-312）、従前は、販売当時に特許権侵害でなく後に買主が組み合わせて侵害となった場合について、補償条項の適用を否定していた（①Motorola, Inc. v. Varo, Inc. 656 F. Supp. 716, 718-19 (N.D. Tex. 1986) 及び②Chemtron, Inc. v. Aqua Products, Inc., 830 F. Supp. 314, 315 (E.D. Va. 1993) など参照）。

[20] 一太郎事件（知財高判平成17年9月30日判時1904号47頁）は、「特許発明に係る方法を実施することが可能である物・・・の生産に用いられる物」について擬制侵害（特許法101条旧4号（現5号））の成立を否定する。

償責任が認められるものと解される。

　ただ、本判決では、本件チップセットと本製品の構成の違いなども明らかではないが、「侵害の可能性が高いと考えたこともある程度やむを得ない」として、結果的に侵害が否定された場合においても責任を認めており、下記（ⅱ）「侵害を理由として」の意義が問題となる。

（ⅱ）「侵害を理由として」―非侵害の場合

　本件のように結果的に侵害は否定されている場合（判旨1（1）参照）であっても、買主の特許権者へライセンス料の支払について、賠償責任を認めるべきかが問題となろう。

　本件基本契約18条2項には、侵害を「理由として」と記載されており、「起因する（arising from）」「に関して（in relation to)」といった語よりは、限定的であるように思われる。ただ、侵害を「理由とし」さえすればいいということであれば、責任が極めて広汎になり得る。例えば言いがかりの侵害訴訟ないし警告がなされれば全て賠償責任を認めなければならないとすれば不合理であることは明らかであろう。

　この点、米国においても（前提を異にするものの）似たような問題が存する。米国の統一商法典（UCC）においては、特許権侵害について、第三者から「正当な主張（a rightful claim）」を受けていないことを保証する黙示的な義務を認め、「正当な主張（a rightful claim）」がなされた場合には補償義務を認めている[21]。但し、「正当な主張（a rightful claim）」の意義が明らかではなく、本件のように結果的に侵害が認められないような場合であっても、特許権者へのライセンス料を支払った買主に対し、売主に広く補償義務が認められるかとい

---

[21]　UCC § 2-312 (3) では以下のように規定されている。
　「Unless otherwise agreed a seller who is a merchant regularly dealing in goods of the kind warrants that the goods shall be delivered free of the rightful claim of any third person by way of infringement or the like but a buyer who furnishes specifications to the seller must hold the seller harmless against any such claim which arises out of compliance with the specifications.（別途合意無き限り、規則的にその種の物品を取り扱っている商人である売主は、物品が、侵害その他これに類する理由による第三者から正当な請求を受けていないことを保証する。但し、売主に対して仕様書を提供する買主は、売主に対し、かかる仕様書への準拠を原因とする如何なる上記請求についての損害も被らせないようにするものとする。）」

う点が問題となっており、従前の厳格な基準[22]とは異なり、近時は、比較的緩やかな基準[23]により、補償義務が認められる傾向にある。しかし、この結果、非侵害であっても補償は受けられることによる弊害として、補償請求を巡る訴訟が増加し、パテント・トロールによる行使事例においても、早期和解によってトロールに金員を支払い、買主が安易に売主の金銭で和解するといった問題が生じているとして、より厳格に判断すべきではないかとの指摘[24]も見られるところである。[25]

この点について、上記裁判例によれば、我が国では「相当因果関係」の判断において限定していくことになろうが、その範囲が不当に拡大しないように留意が必要であると思われる。

---

[22] 例えば、84 Lumber Co. v. MRK Technologies, Ltd, 145 F. Supp. 675 2d（W.D. Pa. 2001）では、「係争特許の範囲と被疑侵害品を比較する」という基準が用いられている。
[23] Cover v. Hydramatic Packing Co., Inc., 83 F.3d 1390 (Fed. Cir. 1996) は、特許権侵害があるという絶対的な認定は、「和解を妨げ、特許権侵害についてrightful claimであるかについてのトライアルを強制するものである」ため、必要ではないと判示し、それ以降、裁判所における侵害認定を経ない場合であっても、補償請求が認められている。（但し、米国訴訟では、我が国とは訴訟の手間とコストが全く異なる上、訴訟事件の殆どがトライアルまで行かずに和解で終結するため、我が国では、必ずしも上記と同様の価値判断をする必要性はないようにも思われる。）
その後、Sun Coast Merchandise Corp. v. Myron Corp., 922 A.2d 782 (N.J. Super. Ct. App. Div. 2007) では、「権限に対する実質的な『疑念』を単に投げかけるもの」であれば十分であるとして、「買主に訴訟提起される合理的な可能性があり、買主の製品の利用に対して重大な悪影響をもたらす場合」であれば補償義務を認めており、更にPacific Sunwear of California Inc. v. Olaes Enterprises, Inc., 167 Cal. App. 4th （Cal. Ct. App. 2008) では「『根拠のない』とまでは言えない主張（non-frivolous claim）」の場合には「正当な主張」と認め、事実上、訴訟の可能性だけで補償義務が認められる状況になっている。
特許権侵害の文脈でも、Phoenix Solutions, Inc. v. Sony Electronics, Inc., 637 F. Supp. 2d 683 (N.D. Cal. 2009) では、上記Pacific Sunwearのケース等に言及の上、「単なる訴訟提起だけでは正当な主張と言うには足りない」と述べつつも、上述の「買主の製品の利用に対して重大な悪影響をもたらす場合」という基準を用いて、特許権者とのライセンス合意した場合における補償を認めている。
なお、Linear Technology Corp. v. Tokyo Electron, Ltd., 200 Cal. App. 4th 1527 (2011) でも、「正当な主張（rightful claim）」と対置されるものとして、上記の「non-frivolous claim」という基準が言及されているが、米国特有の陪審員制度では「正当な主張」は陪審員が判断すべき事実問題と位置づけられるため、被補償者において、十分な証拠を提供できず、陪審員が「正当な主張」と認めない場合には、補償が認められない、という結果が生じている。
[24] Karen Sandrik, *Warranting Rightful Claims*, Louisiana Law Review, Vol. 72, 2012, FSU College of Law, Public Law Research Paper No. 494参照。なお、同文献は、「本案訴訟での合理的な勝訴可能性」が必要であり、買主が和解した場合は、UCC所定の「善意を以て行動したこと」を示す必要があり、そのためには「買主が誠実」であり、「和解交渉のプロセスが客観的に合理的」であることを示すべきとしている。

②訴訟の切迫性について―標準規格必須特許の承継人(NPE)による権利行使

本件では、FRAND宣言がされた標準規格必須宣言特許を、自らは保有する特許を実施しないNPE（Non Practicing Entity）が承継して権利行使しているという特殊性があるため、以下では、（ⅰ）FRAND宣言及び（ⅱ）NPEないしパテント・トロール特有の問題について付言する。

（ⅰ）FRAND宣言に係る問題

a.「ライセンス料の算定に関する情報を提供すべき義務」について、Xは「本件各特許に関してはFRAND宣言がなされていたから、訴外AにはFRAND条件でライセンスを提供する義務があり、ライセンス料に関する情報は、Yにおいて訴外Aに要求すれば足るのであって、Xに提供を求める必要はない」と主張したのに対し、本判決はかかる主張を排斥しているが、適当であると解される。けだし、本判決の指摘のように「Xが、本件基本契約18条2項に基づき、上記情報を提供する義務を負うことと、訴外Aに上記情報を提供する義務があるか否かとは無関係である」からである。

b.「差止請求訴訟を提起されるリスク」について、Xは
・「FRAND宣言がされた標準規格必須特許権は、標準規格を広く普及させるという目的からして、権利者が誰であろうと、ライセンスを受けることを希望する者に対しては、ライセンスを付与すべく協議を行う義務があり、差止請求権の行使の対象とはならない。」
・「FRAND宣言に基づく義務は、標準化に参加した企業、個人に課せられるものであり、また、特許を譲渡した企業が特許声明書を提出していたとしても、譲渡先にまで効力が及ぶものではないから、標準化に参加しておらず、またFRAND宣言をした当人でもない訴外Aは、FRAND宣言に基づく義務を負わない。」

---

[25] なお、米国における補償請求は、無条件に認められるものではなく、一定の制約があり、例えば、UCC§2-312 (3) は、仕様書で指示した場合については補償責任を否定される（日本民法636条（請負人の担保責任に関する規定の不適用）参照）。また、補償請求の前提条件として、買主が適時に売主に通知をし（UCC§2-607 (3) (a) 参照）、また買主が代わりに売主に訴訟してもらうことや売主が訴訟のコントロールをするためには通知などの要件があること（UCC§2-607 (5) (a) (b) 参照）、更に補償請求権の提訴期間（時効）があること（UCC§2-725参照）などが規定されている。

等と主張したが、本判決は「差止請求訴訟を提起されるリスクを負って」いると述べ相当因果関係を認めている。

　この点、前者については、知財高裁大合議判決[26]において、権利濫用に基づく差止制限の可能性が示されており、後者については、必ずしも同判決では明らかではないが、その後、標準規格必須宣言特許の承継人についても差止請求権の行使が制限される可能性も指摘されている[27]。

　もっとも、本件におけるYと訴外Aがライセンス合意をした平成24年2月23日当時は、上記知財高裁判決（及びその原審判決）以前であるため、標準規格特許の権利制限の可否が明らかでなかったのであるから、本判決の指摘するように「差止請求のリスク」もあったと解することもできよう（但し、標準技術必須宣言特許の行使については、上記判決によって、差止請求のリスクは低くなっており、今後は、本件のような事案では、因果関係が否定される場合も考えられる）。[28]

c. 損害額の合理性について、Xは、規格必須特許全体の実施料率の上限値を5％として規格数・特許件数で除して、「本件各特許権の合理的なロイヤルティ率は…とおり、0.483％を上回ることはないから、上記実施料率は極めて不合理である」と主張していたが、本判決は、「本件ライセンス契約が締結される前に、Yに対して、上記主張に係る内容の提案を行った事実を認めるに足りる証拠はなく…Yの上記主張は、いわば後知恵というほかない」として、かかる主張を排斥しているが、これも上記bと同様と解される [29, 30]。

---

[26] 知財高判平成26年5月16日判時2224号146頁（原審は東京地判平成25年2月28日）参照。

[27] 2015年4月知財高裁設立10周年記念国際シンポジウム（特許庁、日本弁護士連合会、弁護士知財ネット共催）における設楽隆一知財高裁所長の発言など参照。
なお、この点、信義則に着目して属人的に判断するのではなく、専ら権利濫用の問題と捉えれば、譲受人の権利行使も制限されて然るべきであったと思われる（拙稿「特許権のレバレッジー近時の特許権行使を巡る問題についての比較法的考察」（飯村敏明先生退官記念論文集「現代知的財産法：実務と課題」231頁以下参照）。

[28] 本判決は「差止請求訴訟を提起されるリスク」を問題とするが、訴訟提起は特許権者の意向次第であるから、訴訟提起より、実際に差止められるか否か（「差止請求のリスク」それ自体）に着目すべきように思われる。

(ⅱ) NPEの権利行使に係る問題

　因果関係に係る差止請求のリスクについて、Xは、「訴外Aがパテント・トロールであり、差止請求に関心がないことから、本件ライセンス契約を締結した時点では、いまだYにおいて訴外Aとの間でライセンス契約を締結する必要性はなかった」と述べている。しかし、本判決は、この点を特段判断せず「早期ライセンスのオファーが終了すれば、次のステージに移行する可能性を継続して告げられるなどして、差止請求訴訟を提起されるリスクを負っており」と述べている。

　この点、パテント・トロールが賠償額のみ関心を有するとしても、我が国において侵害が認められれば差止請求自体は否定されない[31]以上、「差止請求訴訟を提起されるリスク」は存する点は本判決の通りである。但し、本判決の事案からは明らかでないが、段階的金額の提示は、トロールの常套手段であり、実際に差止めのリスクに直結していたのか疑問もあることの他、他社との米国ライセンス等についても、時間的経済的な考慮から必ずしも十分な特許権の分析がされずに締結された可能性もあり得ることや、前述①（ⅱ）のように米国ではトロールの問題等を考慮して、結果的に特許権侵害が認められなかった場合における和解について補償を制限すべきとの指摘も見られること等に鑑みれば、例えば特許権侵害や特許権の有効性について疑義があるような不合理な権

---

[29] 上記知財高裁判決は、FRAND料率を超える損害賠償額額については権利濫用を適用するが、その場合、本件における超過額の請求をYからXに認めるのは、理論的に難しいように思われる。この場合に、信義則を持ち出して属人的に判断する（訴外A社は権利濫用になるが、Yは権利濫用にならないと解する）のは、上述のように、標準規格必須特許の譲受人の権利行使に権利濫用を適用すること（FRAND宣言した訴外Dのみならず、訴外A社も権利濫用になること）と整合しないように思われる。むしろ損害賠償請求の場合は、権利濫用を適用せず、単に損害額の算定の問題と捉えるべきではないかと解される（前出脚注27拙稿参照）。

[30] FRAND料率に照らせば、一見、本件の賠償額は多過ぎるようにも見受けられる。もっとも、本件では、裁判所は「X又は訴外Cからライセンス料の算定に関する情報も提供されないことから、…これ以上、減額交渉の材料がない状況の下で、…Yが…ライセンス料2億円を支払うことも、社会通念上やむを得ない」として、Xが義務を尽くさなかったことに起因して、2億円の支払いという損害が発生していることを明示的に認定している。「後知恵」としてXに厳しい認定を行った背景には、本件特有の（禁反言とも言うべき）事情が影響しているように思われる。(但し、Xの意向に反してまで支払う必要があったのかについては上記bや下記（ⅱ）参照)

[31] 米国では侵害が認められても差止請求権が衡平法の原則に基づいて制限されることにつきeBay Inc. et al. v. MercExchange, L.L.C. 547 U.S. 388 (2006) を参照。

利行使であれば[32]、そもそも相当因果関係を否定的に解する余地もあったように思われる。

（2）過失相殺

本判決は、「Xの本件基本契約18条2項違反とYのライセンス料2億円相当額の損害との間には相当因果関係があるが、以下の事情に照らせば、Yにおいて、その損害の発生について過失があり、これを損害額の算定においてしんしゃくすべきである」として、「過失割合は、Yが7割、Xが3割と認めるのが相当である」と判示している（判旨3（2））。

この点、具体的な割合は上述の事実認定及び弁論の全趣旨等に左右されるため論評は難しいが、かかる判断枠組み[33]については、裁判所としては、具体的な義務（①技術分析結果や②ライセンス算定情報の提供）違反に起因してライセンス料の支払いを余儀なくされていることを認定しており、全体について因果関係を認めた上で寄与度などで損害賠償額の調整を行う裁判所のアプローチには整合してるようにも思われる。[34]

5．今後の課題など

補償条項については、今までは当事者間の交渉などで（裁判沙汰にはならず）

---

[32] 無論トロールというだけで権利行使が制限される訳ではないが、現実には、有効性に疑義のある特許権に基づいて過度に広汎な権利主張がされるなど不合理な権利行使も見受けられるのも事実である。但し、本件のような複数の特許権に基づくポートフォリオによる権利行使の場合には、全ての特許権について非侵害や無効を主張するには困難を伴うことにも留意が必要であろう。

[33] 本判決では、「本件ライセンス契約に基づくライセンス料のうち、本件チップセットとは無関係な上記各部分は、Xによる本件基本契約18条違反と相当因果関係がない」とのXの主張に対し、本判決は「本件ライセンス契約において、ライセンスの主たる対象特許は本件各特許であって、それ以外の特許は包括的ライセンス契約を締結するに当たってのいわば従たる対象特許というべきであり、これらが一体として本件ライセンス契約の対象特許とされ、そのライセンス料を特に分けて規定していない以上、本件各特許と本件各特許以外の特許のライセンス料を分離して、前者にのみ相当因果関係を認め、後者に対しては相当因果関係を認めないとすることは、現実的には不可能であって、この点は、後記（2）のとおり、過失相殺の一事情としてしんしゃくするにとどめるのが相当である」と述べられている。

[34] もっとも、通常、特許権侵害を前提として賠償額を調整するアプローチ（全体利益・非寄与率証責任分配説（中山＝小泉「新注解特許法【下巻】」（特許法第102条部分）など参照））を、本件のように（特許権侵害ではなく）技術分析結果やライセンス算定情報の提供義務の違反が問題となり、しかも特許権侵害が認められていない事案に及ぼすことの是非については検討の余地もあろう。

解決がされてきたことも多かったように思われるが、今後は、契約社会の進展や特許価値の増大などに伴い、紛争も増加する可能性があると思われる。留意すべき点については、上記で詳述したが、今後の課題としては、以下の点を指摘することができよう。
　まず、本判決の射程範囲と、今後の裁判例の蓄積である。本判決は、補償条項を包括的義務と認定しつつ具体的義務違反を認め相当因果関係を認めた上で過失相殺をしているが（前記1①）、かかる判断手法の適否は、契約文言や具体的事案に左右されるものと思われる。また非侵害であっても賠償義務を認めるか（前記1②）否かの帰結は、殊に事実関係によるものと思われる。この点に関して、今後の裁判例の蓄積を通じて、本判決の射程範囲が明確になることが望まれる。
　次いで、契約実務の明確化と、国内外の契約実務の調和である。補償条項の判断においては、今までは当事者間の協議で個別的に解決されてきたこと、バランスのとれた判断のためには事案に応じた考量は不可欠であることは事実であろう。他方で、実務上は、ある程度の明確化やハーモナイゼーションも必要であることから、我が国においても、裁判例などを通じて、補償条項に係る適切な契約プラクティスが確立されることを望む次第である。[35]
　最後に法改正などの動向である。補償条項については、我が国の民法上、①債務不履行責任（民法415条）、②不法行為責任（民法709条）、③瑕疵担保責任等の規定の適用が考えられてきた。もっとも、瑕疵担保責任等については、権利の瑕疵が含まれるかといった争いもあり、特許権侵害などの場合に如何に適用されるかは、必ずしも明らかではなかった。今後、裁判実務と併せ、場合によっては法制度により契約実務が明確になることが望まれる。[36]

---

[35] 但し、米国など諸外国の法制度をそのまま導入するのではなく、その是非を考慮の上、我が国における適切な基準が確立されることが望まれる。
[36] 「民法（債権関係）の改正に関する要綱案」（平成27年2月10日）によれば、瑕疵担保の規定は、追完義務・代金減額・損害賠償・解除等について、「引き渡された目的物が種類、品質又は数量に関して契約の内容に適合しないものであるとき」と規定され、物の瑕疵のみならず権利の瑕疵も含むような表現になっており、特許権侵害の場合についての当該規定の適用が問題となろう。（なお、「『民法（債権関係）の改正に関する中間的な論点整理』に対して寄せられた意見」の中にも、知的財産権侵害に係る瑕疵担保の明確化を望む声も見られた。）

第3章　商　標　法

拡大された商標、営業表示等の保護について

松 尾 和 子

第1 はじめに

　マーケティング理論に基づいた生活提案型、感性や気分を重視したフィーリング広告、謎解きの楽しみを与える電車広告、キャッチフレーズと商標・企業名の巧みな組み合わせ。「ブランド」の意味に戸惑うことも一度ではない。フランチャイズ・チェーン組織の拡大がブランド力を拡大し、方向の共通化に拍車をかけている。社会的環境の変化拡大は、とどまることがない。

　商標の登録関係等については、色彩、音などの新商標の出現と共に、商標権の成立に関し、商標基準の改訂もすすめられている。商標事件、不正競争防止法関係事件、著作権事件、民法不法行為事件が錯綜し、新しい課題（法的問題）も提起されている。本稿は、最近の具体例をとりあげ、何が保護の対象とされ、どこに問題があるかを考察する。

第2 商標登録関係

1．東京高判平成13・6・28（平13（行ケ）45）裁判所HP、審決取消請求事件、「習う楽しさ教える喜び」事件

（1）「事案」　原告は、「習う楽しさ教える喜び」を「技芸、スポーツ又は知識の教授」を指定役務として登録出願したが、自他役務の識別を有しない（法3条1項6号）という理由で拒絶されたので、本件審決取消訴訟を提起した。

（2）「判旨」「本件において問題となるのは、この語句に接した取引者・需用者が、これを自他役務の識別標識として認識するのか、それとも、これをキャッチフレーズとして理解するのかという点である。このことは、この語句がキャッチフレーズとして現に一般に使用されているか否かのみによって決せられるものではない。」

　「本願商標は、『習う楽しさ』の語句と『教える喜び』の語句を組み合わせて作られたものである。『習う』とは、『教えられて自分の身につける。まな

ぶ。』を『楽しさ』とは、『満足で豊かな気分であること。快いこと。』を、『教える』とは、『学問や技芸などをさとし知らせる。できるように導く。』を、『喜び』とは、『よろこぶこと。また、その気持ち。』（広辞苑参照）を、それぞれ意味する語であり、『習う楽しさ』とは、文字どおり、習うことの楽しさを、『教える喜び』とは、文字どおり、教えることの喜びを、それぞれ意味することは、一見して明らかである。そして、これらの意味を有する語句を簡潔に組み合わせた『習う楽しさ　教える喜び』の語句が本願商標の指定役務である技芸、スポーツ又は知識の教授に関して用いられた場合には、この語句に接した取引者・需要者は、それを妨げる何か特別な事情がない限り、この語句の有する上記の意味を想起したうえで、ごく自然に『習う側が楽しく習うことができ、教える側が喜びをもって教えることができる』という教育に関して提供される役務の理想、方針等を表示する宣伝文句ないしキャッチフレーズとして認識、理解することになるものというべきであり、このことは、<u>実際の使用例の有無を検討するまでもなく明らかである。</u>」この認識、理解を妨げる特別の事情を乱すことはできないから、・・・「この語句が宣伝文句ないしキャッチフレーズであると認識、理解するにとどまり、自他役務の識別標識とは認識しないものであるものと認める以外にないものいうべきである。」（下線は筆者による。）

（３）「筆者のコメント」　本件出願人は、この語句が、出願人自身の経営する自動車教習所の「総合40周年記念和歌」を募集するに当たり、下の句として、宣伝用に使用していた。しかし、そのような宣伝の実態や内容の検討・把握などの使用事実と関係なく、判決は、語句字体のみから判断し、商標法３条１項６号「需用者が何人かの業務に係る役務であることを認識することができない商標」に該当するとして拒絶した。６号に該当すると判断された場合は、２項による使用による識別力の主張をすることができない。

「商標審査基準改訂案」[1]は、登録適格に係る法３条１項６号「前号までの他、識別力のないものの例から標語例えば、キャッチフレーズは、原則として、

---

[1] 特許庁商標課・案件番号630116002、公示2016・１・26。特許庁は、平成26年に「産業財産権制度問題調査研究書」として「キャッチフレーズ等の識別力に関する調査研究報告書」を発表している。94頁の長文で、査定、審決、判決の分析等を含み審査基準見直しの基礎資料を目的としている。2016年３月24日「日本経済新聞」夕刊第１面は、「キャッチフレーズも商標」、「特許庁、原則許否から転換」と、45年ぶりの審査基準改定を取り上げた。

本号の規定に該当するものとする。」旨を削除することを検討している。

　本件「習う楽しさ教える喜び」語句は、教育に係る役務の理想、方針等が、リズム感をもって簡潔に巧みに表現されているとみることが可能であり、他に類似のフレーズがない以上、通常の文字商標と同じ感覚で、登録されてよいものと考える。キャッチフレーズについて、新しいタイプの商標と同様に、商標としての識別力の有無を客観的に検討し、登録適格を判断することが必要であろう。

2．知財高判平成19・11・22（平19（行ケ）10127）裁判所HP、審決取消請求事件、「新しいタイプの居酒屋」事件

（1）「事案」　出願商標「新しいタイプの居酒屋」、指定役務・「飲食物の提供」。
　原告は出願商標について、商標法3条1項6号により、拒絶査定を受け、不服審判を請求。不立のため取消を求めて出訴した。棄却。
　原告は、「白木屋」、「笑笑」、「魚民」の名称で、全国各地で居酒屋チェーンを営み、「新しいタイプの居酒屋」商標を出願した。原告の商標使用は、昭和58年に遡り、平成19年現在、全国で約400軒、各地の多数「白木屋」「笑笑」の店舗看板に使用され、既存の居酒屋とは異なる新手のものであることを需要者に説明し他店との差別化のための宣伝文句等に使用している。原告は、当該文字に自他役務識別力がないとしても、色彩図柄との組み合わせは、「白木屋」、「笑笑」を含めた全体のものとして出所主体を直感させ著名性を確保し、独自の識別力を取得している、と主張した。
　しかし、判決は、飲食物の提供の業界において、当該のキャッチフレーズないし宣伝文句は多数使用されていると認定している。

（2）「判旨」「同条（商標法第3条を指す）2項では『前項第3号から第5号までに該当する商標であっても、使用をされた結果需要者が何人かの業務に係る商品又は役務であることを認識することができるものについては、同項の規定にかかわらず、商標登録を受けることができる。』として、同条1項3号ないし5号までに該当する商標についても、使用により識別力を取得したものについては登録を受けることができるとされている。」「上記の規定振り（筆者・法3条1項1号から5号及び6号並びに同条項を指す。）からすると、法3条2項にいう『需要者が何人かの業務に係る商品又は役務であることを認識できるもの』とは、法3条1項3号ないし5号に該当する出所表

示機能を欠く商標であっても、永年、使用されることにより、特定の者の出所表示としてその商品又は役務の需用者間で<u>全国的に認識されるに至っている（特別顕著性がある）</u>をいうものと解される。」

本願商標は、「<u>新しいタイプを採用しているという役務の特徴を表した宣伝文句と理解され、本願商標はいわばキャッチフレーズとしてのみ機能するといわざるを得ないのであるから、それ自体独立して自他識別力があるということはできない。したがって、本願商標は、法3条1項6号に該当し</u>、商標登録を受けることができないというべきである。」「本願商標自体は、<u>いかに大規模かつ長期間使用したとしても、その内容及び使用態様等に照らして『白木屋』又は『笑笑』についての宣伝文句ないしキャッチフレーズとしてしか機能し得ないものというほかなく、需用者は本願商標をもってそれが何人かの役務を表示したものと認識することはできない</u>というべきである。」
（下線は筆者）

（3）「筆者のコメント」　本件は、商標法3条2項にいう「需要者が何人かの業務に係る商品又は役務であることを認識できるもの」の適用を争点とした。判決は、「赤字に白」の看板における「キャッチフレーズ」の使用は店舗名から独立していない上、<u>他店でも同様の表示の</u>使用例が多数みられていると認定している。

「キャッチフレーズ」の文字・色彩を含む全体を、原告の使用態様のみでなく、他者を含めた外食産業を総合的に観察して、本件「キャッチフレーズ」に排他的使用権を付与することが商標制度のあり方からみて適切であるか否かを判断したのである。

妥当な判断であると思うが、本願商標がキャッチフレーズないし宣伝文句、紹介文であるか否かということが、登録適格の判断にどれだけの意味をもつというべきか。キャッチフレーズないし宣伝文句等といっても、一様ではなく、その内容は様々であり得る。「キャッチフレーズ」の定義も様々である。他の例をみても、「企業理念」、「経営方針」、「人の注意をひくように工夫した簡潔な宣伝文句」、「キャッチコピー」、「コーポレーション（スローガン）」、「コマーシャル・メッセージ」など種々あって、一定の確たる定義はない。「スローガン」について、ロゴマークの直ぐそばにレイアウトするものと捉えている者もいる。言い換えれば、本件のように主たる店名とセットと使用するものであるならば、「キャッチフレーズ」の文言は、さして重要ではなく、

むしろ、出願商標の構成からみて、当該部分が付加的ないし修飾的「商標」の一つであり得るのか、使用態様の全体を、商標の基本的機能に即して判断する必要があるというべきであろう[2]。よって、本願商標は、原告の使用態様からみても、また、外食産業における他者の使用例からみても、単独で排他的使用権を付与することなく、出所識別力を欠く標識として登録を拒絶されるほかはなかったものと考える。原告としては、商標の出願以前に、当該文字部分の在り方を充分検討すべきであった。

3．この点の関連事件として、東京高判平成6・8・30（平6（行ケ）32）判時1519号111頁、審決取消事件、「健康科学・ヤクルト」事件参照。
（1）「事案」　本願商標は「健康科学」と「ヤクルト」を併記してなる商標であるところ、引用登録商標「株式会社健康科学」と、称呼上類似するとして拒絶された。両商標の指定商品は、「乳製品」等を含み、商品の類似性について争いはない。原告の主張は、本願商標中の「健康科学」の部分は、著名なハウスマークである「ヤクルト」の企業理念を表すキャッチフレーズ、すなわち付加部分であり、また、指定商品に付した場合には、広義の「品質表示語」であるから、常に「ヤクルト」の部分と不可分一体であり、それのみで独立して理解されることはない。表示も「ヤクルト」の部分より小さく、普通書体であると主張した。
（2）「判旨」　成立に争いのない各種辞書類によると「健康科学」の用語は、現在、生成中の造語であり、これを商標として使用した場合、この語が商標法3条1項各号に該当するものでないことは明らかであるから、上記構成部分自体が独立して商品の自他識別機能を有することを否定することはできないものと言うべきである。「著名な出所標識である『ヤクルト』と独立して商品の自他識別機能を有する『健康科学』の各文字からなる本願商標に接した需用者ないしは取引者は、前者によって、当該商品の出所が原告であることを、また後者によって個々の商品の識別を行うであろうことは容易に推認可能であって、本件全証拠を検討してもこの推認を左右するに足りる証拠はない。・・・本願商標を個々の商品に付するなどして使用した場合、出所識

---

[2] 上野達弘「キャッチフレーズと商標的使用」パテント62巻4号（別冊No.1）（2009年）22～29頁も、この点を指摘する。その他中村仁「キャッチフレーズ及びスローガンの商標的保護」『松田治躬先生古稀記念論文集』（東洋法規出版2011年）237頁

別標識としての『ヤクルト』の部分と個々の商品識別機能を有する『健康科学』の部分が、観念上、常に不可分一体の関係にあるものといえないことは明らか」である。原告は「健康科学」の部分が企業姿勢を示すキャッチフレーズ、すなわち付記的部分にとどまると主張するが、そのような語義ないし使用法があっても、上記自他識別力を否定する根拠とするには不十分である。

(3)「筆者のコメント」「健康科学」の部分が生成中の造語であるとして（判決の認定）、本件原告企業としては、この造語を企業理念の標識として商標に採用するか、キャッチフレーズとして使用するか、またこれとは別に、この文字ないし単語を「ヤクルト」の基本商標と結合させるのか、結合する場合、第三者は、客観的に、どのように認識し判断することになるか。またどのような結合態様が適切であるかの観点から判断して結論を得ることになる。本件出願商標は、二つの文字「ヤクルト」と「健康科学」の結合商標である以上、通常の「結合商標」として考察すべきことになる。その視点によれば、「新しい居酒屋」事件の判旨でもみたように、本願商標における「健康科学」が、キャッチフレーズないし宣伝文句、紹介文であるか否かということではなく、当該結合商標について、商標の基本的機能の観点から分析して、商標の在り方の根本に基づいて、判断する必要があったのである。

4．知財高判平成18・1・31（平17（行ケ）10527）裁判所HP、審決取消請求事件、「がんばれ！ニッポン！」事件

(1)「事案」 原告（名称不詳）は「がんばれ！ニッポン！」の登録商標につき不使用取消審判請求、不成立のため、被告・日本オリンピック委員会に審決取消訴訟を提起した。

(2)「判旨」 自他識別標識としての使用について

ア 被告の通常使用権者・コナミスポーツは、平成16年3月以来各地のコナミスポーツクラブへの入会案内その他宣伝広告活動を行い、「JOC」の表示や被告の保有する他の登録商標である第2エンブレムと共に、大きな文字で、本件標章を目立つように記載する等本件標章を表示してきた。これら広告チラシ等の頒布は、同社の役務に関する広告に本件商標と社会通念上同一と認められる本件標章を付して頒布する行為であって、本件商標の『使用』に該当するものというべきである（商標法2条3項8号参照）。

イ 原告は、上記広告に付された本件標章は、スローガンとして使用されて

いるものにすぎず、役務提供についての出所識別表示として認識されるものではなく、商標的使用の態様で使用されているとはいえない旨主張する。

　しかし、・・・本件標章は、被告が、昭和54年以来、「オリンピック・キャンペーン事業」、「選手強化キャンペーン事業」等について使用してきたものであり、また「オリンピック選手強化事業キャンペーン」を表す標章として、被告の許諾を受けた多数の協賛企業により、長年にわたり継続して全国的に使用されてきたものであって、平成16年当時、既に国民の間に広く周知されていたことが認められる。このような本件標章の長期にわたる継続的な使用の実績、その周知著名性からすれば、需要者ないし一般国民は、本件標章が被告の事業を表す標章であり、これを使用している企業はオリンピックに協賛しているものと認識するということができるから、本件標章は、オリンピックに協賛している企業に係る役務を表す商標として、出所識別機能を有するものというべきである。

　そして、本件標章が、もともとは、いわゆるスローガンであったとしても、そのことから直ちに出所識別機能を有しないということはできないし、上記のとおり、本件標章が出所識別機能を有するものであって、コナミスポーツの前記広告において、大きな文字で目立つように記載されていることからすれば、この広告に接した需要者ないし一般国民は、同社の経営するスポーツクラブの役務が、被告のオリンピック関連事業に協賛している企業によって提供されていると認識するというべきであるから、本件標章が商標的使用の態様で使用されていないとはいえず、原告の主張は採用することができない。

　コナミスポーツが独自のブランドとして「コナミスポーツクラブ」、「エグザス」、「運動塾」などの商標を有し、これを前記広告において使用しているとしても、本件標章が他の商標等と一緒に使用されていることは、本件標章の前記識別機能を否定することにならない。

(3)「筆者のコメント」　裁判所は、本件のような「通常」の商標ではなく、「スローガン」とかキャンペーン事業について使用される標識であっても、出所識別標識としての機能を有しないということはできないとして、原告使用権者による本件「スローガン」の広告における目立った表示から、これを商標的使用であると認めた。商標法2条3項8号に規定する「商標」の「使用」の規定により、「使用」を承認した。判決が、本件「スローガン」の広告に

ついてかなり詳細に、周知著名な実績まで証明して「使用」を認定しているが、それは、本件では、当該広告自体に、「コナミスポーツクラブ」、「エグザス」、「運動塾」といった本来の商標が一緒に使用されていたことに注意を惹かれたことが理由であったものと推測される。すでに、上記1、ないし3、の判決及びそのコメントから推測できるように、判決の結論は正当であり、適切であった[3]。

第3　商標権侵害、不正競争防止法関連事件
1．大阪地判平成19・7・3（平18（ワ）10470）判時2003号130頁（大阪高判平成19・12・4同控訴事件、裁判所HP）、不正競争行為差止等請求事件、「ごはんや　まいどおおきに　食堂」事件
(1)「事実」
　　主位的主張・・・原告は「ごはんや　まいどおおきに　○○食堂」（○○の部分に店舗の所在地名称がはいる。）からなる営業表示を使用。被告は「めしや食堂」の営業表示を使用。原告主位的主張は、不正競争防止法2条1項2号又は1号により、「食堂」の表示及び被告表示の看板等の使用差し止め。
　　予備的主張・・・原告店舗外観は全体として原告の営業表示として著名ないし周知。被告店舗外観は、原告店舗外観と類似。よって、不正競争防止法2条1項2号又は1号に該当。又は、民法709条により被告表示中「食堂」の表示、被告表示を記載した看板、メニュー看板、蛍光灯及びポスターの使用差止め等を求めた。
(2)「判旨」
　ア　営業表示の類似性（争点1、主位的主張）
　　　使用態様から、原告の「まいどおおきに食堂」は原告の営業表示として高い識別性を有する。表示の全体「ごはんや　まいどおおきに（しょくどう）」は、「まいどおおきに（しょくどう）」の称呼も生じる。被告表示は「めしやしょくどう」のほか、経営の経緯により、「めしや」の称呼も生じさせ、「めしや食堂」又は、「めしや」と称呼される。よって、非類似。主位的請

---

[3] 辻居幸一「『がんばれ！ニッポン！』事件」中村合同特許法律事務所『知的財産訴訟の現在』（有斐閣、2014年）375頁以下、担当弁護士の観察参照。飯村敏明「商標関係訴訟－商標的使用等の論点を中心にして－」パテント65巻11号（2012年）111頁は不使用取消制度の趣旨から、商標使用論について述べている。

求は理由がない。
イ 原・被告の店舗外観の類似性（予備的主張）
(ア) 店舗外観を構成する看板中、原被告営業表示の記載を、書体、称呼、外観から対比すると、非類似（主位的主張と同じ）。
(イ) 店舗外観の他の構成要素の対比。ａ、店舗の入り口付近上部に設置された店舗看板（要素Ａ）は、両者の表示内容からみて、同様、類似しない。原告は、白地に墨文字であり、被告の看板の木目調のものはポップ文字、原告同様毛筆体の場合は、筆致が異なり、かつ設置場所も異なる。ｂ、店舗外部に設置された木目調メニュー看板（要素Ｂ①）は縦長の板形状と書体は一致するが、設置方法、メニューの字体、値段の記載の有無が異なる。ｃ、ボードメニュー看板（構成Ｂ②）について、横長ボード状は共通するが看板の地色、記載内容、イラストの有無が異なる等種々差異がある。ｄ、駐車場敷地のポール看板（構成Ｂ③）については、原告のポール看板は円形で、墨書体で原告表示を記載するのが、被告ポール看板は四角又は上部が円形の半円上看板で異なる。ｅ、原告は商品を提供する陳列棚上部のメニュー看板に「みそ汁」その他大衆食堂のメニューの品目を記載するが、被告看板は、外観、称呼、観念が同一ないし類似するが、「肉じゃが煮」その他品目及び値段の記載も異なる。ｆ、その他店舗の内装（Ｃ②．③）が異なる。
ウ 店舗外観全体の対比
(ア) 「店舗外観は、それ自体は営業主体を識別させるために選択されるものではないが、特徴的な店舗外観の長年にわたる使用等により、第二次的に店舗外観全体も特定の営業主体を識別する営業表示性を取得する場合もあり得ないではないとも解され、原告店舗外観全体もかかる営業表示性を取得し得る余地があること自体は否定することができない。しかし、・・・店舗外観全体について周知営業表示性が認められたとしても、・・・類否を検討するに当たっては、単に、店舗外観を全体として見た場合の漠然とした印象、雰囲気や、当該店舗外観に関するコンセプトに似ている点があるというだけでは足りず、少なくとも需要者の目を惹く特徴的ないし主要な構成部分が同一であるか著しく類似しており、その結果、・・・需要者において、・・・営業主体が同一であるとの誤認混同を生じさせる客観的なおそれがあることを要すると解すべきである。」

(イ) 店舗外観において最も特徴があり、かつ主要な構成要素として需要者の目を惹くのは、まず、店舗看板（要素A）とポール看板（要素B③）というべきである。」。店舗看板の記載内容（原告表示か被告表示か）が類似しないなどから、両者は類似しない。また、ポール看板も同様に、類似しないから、両看板は類似せず、店舗外観の全体の印象、雰囲気等に及ぼす影響は大きい。その他、木目調メニュー看板(要素B①)、ボード状メニュー看板（要素B②)、外装の配色（要素B④）にも軽視し得ない相違点があり、特に、外装の配色については、原告店舗の色の基調が古くからある町の食堂として素朴な印象を与えるのに対し、被告店舗はより近代的で華やかな印象を与える点で相当の相違が認められ、全体としての印象、雰囲気がかなり異なっている。

(ウ) その他店舗の内装の共通点として、①原・被告両店舗に、オーダーを受けてから焼く玉子焼きコーナーが設けられ、②暖色系の照明が用いられている点の営業形態は、役務提供の方法そのものであって、これにつき原告に独占権を認めることはできず、目新しいものではないし、暖色系の証明を用いることは、きわめてありふれている。よって、各店舗の営業主体の誤認混同は認められず、不正競争防止法の定める不正競争行為該当性も、民法上の不法行為も構成しない、と結論して、予備的請求も排斥した（下線は筆者）。なお、控訴審判決も、基本的には、同趣旨であった。

(3)「筆者のコメント」

ア 主位的主張に係る判決には、特に問題はない。

イ 予備的主張については、種々理論的問題がある。

店舗外観の全体と「営業表示性」

判決は、両者の店舗外観の全体を、これを構成する部分である各種看板や店舗の内装などの類似点・非類似点を詳細に検討している（メニュー看板の内容、「味噌汁」、「玉子焼」など品目についての対比検討も行っている。）。複数要素の結合からなる商標の類否判断を，各構成要素に分解し、時、処を同一にして並列観察しているかのような錯覚を覚える。しかし、不正競争防止法2条1項1号は、周知の「営業表示」に蓄積された他人の信用を不法に取得して混同誤認行為を引き起こす行為から、当該営業表示を保護することを目的とし、2号は、営業努力により築いた著名な営業表示に係る信用をフリーライドして横取りすることから当該営業表示を保護する

ものである。「営業表示」について、法は、単に「人の業務に係る氏名、商号、商標、標章、商品の容器、若しくは包装その他の営業を表示するもの」といい、氏名、商号等でも、本来の機能を超えて営業標識としての機能を果たすに至ったときは、その営業標識の経済的価値の不当な減殺を阻止し、保護するのである。言い換えれば、「営業表示」の構成要素は、商標、商号等に限らず、店舗の外観、看板又は店舗の内装を問わず、営業の主体を表示するものであればよいのである。本判決が「特徴的な店舗外観の長年にわたる使用等により、第二次的に店舗外観全体も特定の営業主体を識別する営業表示性を取得する場合もあり得ないではないとも解され(る)」と判示したのは初めての重要な判断であり正当である。判決が、「第二次的に営業表示性を取得する場合がある。」と述べた点を批判する向きもあるが、本件のような通常の店舗外観については、それが、具体的事実としての営業標識として需用者等に客観的に認識され得ると判断されるまでは、それなりの営業努力と時間が必要であると思われる。特に、営業表示の構成要素が複数からなるときは、その複数を統括した全体が、一つの「営業表示」として特定され、認識されるものでなければならない。結局、原告が主張した対象の特定を、裁判所が需用者等の認識を判断して決定することになるから、十分に検討すべき事項である。営業表示の特定は、類否判断に影響するのみでなく、構成部分が多ければ、相手方に一部変更を許し、全体の類似性が否定されることにもなる(本件におけるポール看板(要素B③)の例など)。また、訴訟提起後の変更はどこまで許されるかの法律問題を招くことにもなる。形式論理学上は、内包と外延とは、反対の方向に増減することを記憶すべきであろう。

ウ　類否判断の方法
(ア) 判決は、まず、周知性のある店舗外観全体について類否を検討するに当たっては、単に、店舗外観全体の漠然とした印象、雰囲気や、店舗外観に係るコンセプトの類似点の有無だけでは足りず、少なくとも需要者の目を惹く特徴的ないし主要な構成部分が同一であるか著しく類似し、その結果、需要者において、当該店舗の営業主体が同一であるとの誤認混同を生じさせる客観的なおそれがあることを要すると、判示した。正当であろう。
(イ) 外観全体の類否判断の観察は、客観的に、関係する取引者、需要者が納得できる結論を導くことにあり、判決が指摘するように、コンセプトや

漠然とした印象、雰囲気ではなく、具体的に構成要素を判断する必要がある。さらに、重要なことは、店舗内にオーダーがあってから卵子焼きを作るコーナーがあるとか、暖色系の照明について、判決が<u>営業形態や役務提供の方法は独占できるものではない</u>と判断した点である。この点につき、商品形態に機能的に不可欠な形態除外説の影響ではないかと考える向きもあるが、筆者は、それ以上に、意匠権や特許権など隣接領域を考慮し、「営業表示」の保護に当たって、競争の自由を不当に阻害しないようにすべきであるとする不正競争防止法1条の精神を尊重したい[4]。

(ウ) 原告が主張する米国におけるTRADE DRESS保護の基本、判例、研究から学ぶ必要があると考える。わが国における「営業表示」の概念の拡大傾向をみて、今後の法の発展のために、諸外国の法も含めて深く検討することが不可避であると考える[5]。

2．東京地判平成22・11・25（平20（ワ）34852）判例時報2111号122頁、商標権侵害差止等請求事件、「塾なのに家庭教師」事件

原告登録商標・「塾なのに家庭教師!!」、指定役務は第41類「学習塾における教授」[6]

（1）「事実」　原告は「塾なのに庭教師!!」の登録商標の商標権者（平成15年6月20日商標登録）。「名学館」なる名称の学習塾直営及びそのフランチャイズ事業を全国展開している。被告は経営する塾の生徒募集及び従業員募集等の新聞折り込み広告ウェブサイト上の広告に「塾なのに家庭教師」を使用して配布等している。

　　原告の主位的主張・商標権侵害、広告の配布差止と損害賠償

---

[4] 米国のTrade Dress, 特に「複数構成要素から店舗外観等全体の特定の仕方」、「類否判断の方法」、「営業形態、役務の提供方法の保護のあり方」についてはJ. Thomas MaCarthy『Fourth Edition Volume 1 "McCarthy on Trademarks and Unfair Competition"』(2013年) Chapter 8. Trade Dress 8-8、8-12〜8-19、8-37・38記載の見解及び判例参照
[5] 本件評釈：井口加奈子・NBL892（2008年）7〜11頁、奥邨弘司・知財管理59巻7号（2009年）873〜877頁。
[6] 先に東京地判平20・11・6（平20（ワ）13918）裁判所HP, 不正競争行為差止請求事件、サーティワンアイスクリーム事件の原告は、キャッチフレーズ「We make people happy」をメニューリスト、ポスター、TVコマーシャル等に使用していたが、裁判所は平易、ありふれた単文の標語は本来自他識別力がなく、営業表示性取得には、<u>一般消費者の目に触れる長期間の使用が必要である</u>として保護を否定。フレーズをどこに表示すべきか検討が必要である。

予備的主張・商標法32条に基づく先使用権による混同防止表示の請求。
（２）「判旨」　被告による原告文言の使用は商標的使用に該当しない。
　ア　被告の使用する「塾なのに家庭教師」の具体的態様ないし内容については様々なものを想起し得るから、<u>当該語から直ちに一般的な特定の観念が生じるということはできない。</u>
　イ　学習塾の業界関係者、生徒及びその保護者間において、被告が経営する個別方式の学習塾の名称に係る標章（東京個別指導学院）が著名に、また「TKG」の標章が「東京個別指導学院」の略称として広く認識され、周知なものとなっている。よって前記広告における他の記載を含めて具体的に判断すると、被告の各標章は、学習塾の需用者である生徒及びその保護者において、集団塾の長所及び短所を対比した説明文と相まって、学習塾であるにもかかわらず、自分で選んだ講師から家庭教師のような個別指導が受けられるなど、集団塾の長所と家庭教師の長所と組み合わせた学習指導の役務を提供していることを端的に記述した宣伝文句であると認識される。他方、その役務の出所については、広告上に付された「東京個別指導学院」や「TKG」等の標章から想起し、「塾なのに家庭教師」の語から想起するものではない。したがって、被告標章は役務の出所表示機能・出所表示機能を果たす態様で用いられているものと認めることはできないから、本来の商標としての使用（商標的使用）に当らない。本件被告による宣伝文句の使用は商標的使用ではなく、原告商標権の侵害にはならない。
（３）「筆者のコメント」　キャッチフレーズの使用が商標的使用であるか否かの判断は複雑であって、容易ではない。本判決は一方では、被告標章から<u>直ちに一般的な特定の観念が生じるということはできない</u>とするが、続いて、広告などから具体的にみると、集団塾の長所と家庭教師の長所と組み合わせた学習指導の役務を提供していることを端的に記述した宣伝文句であると認識される。他方、広告上に付された「東京個別指導学院」や「TKG」等の標章から想起し、その役務の出所は、広告上に付された塾の名称から想起するのであり、「塾なのに家庭教師」の語から想起するものではない、と結論している。商標法第26条1項6号に定める商標的使用ではないといい切れるとは考え難いのではなかろうか。
　そもそも、本件商標権者は、自己の登録商標（被告の使用より1年半位前に取得）をどうすれば保護できたのか。彼は自己の役務の性質ないし特徴を

端的に宣伝して、学習塾の名称と共に使用したのではないか。本件では、法26条3項の適用は問題とならないのか。被告は先使用権の主張をしていなかったのか。原告商標に無効事由があるとは考えなかったのか等々問題が多い。さらに、商標の類似性の判断はこれでよかったか。法律問題は多々ある[7]。

3．大阪地判平成22・12・16（平21（ワ）6755）判時2118号120頁、不正競争行為差止請求事件、「商品陳列デザイン」事件

（1）原告はベビー服・子供用品の販売等を目的とする企業。被告は衣料品、食料品、家庭用品その他百貨等の小売及び関連物品の製造、卸等をする企業。原告は店舗内でベビー服・子供服用の「商品陳列デザイン」は、一定の陳列方法による商品陳列として特定の外観を有し、大きさ、高さ等から分類して3種類（壁面・アイル・エンド）を有する。

　　原告の主位的主張は、各3種のデザインによる陳列デザインにつき、予備的に下記1及び2の組合わせ、1～3の組み合わせにつき、周知・著名の営業表示として、不正競争防止法2条1項1号、2号に基づいて、被告に商品陳列デザインの使用差止と損害賠償等を請求。

ア、原告の商品陳列デザイン1
　　a　商品を、全てハンガー掛けの状態で陳列する。
　　b　床面から少なくとも210cmの高さにまで陳列する。
　　c　ひな壇状ではなく陳列面を連続して陳列する。
　　d　少なくとも陳列面の3分の2はフェースアウトの状態で陳列する。
　　e　各陳列フックに複数枚陳列する。
　　f　来店者の使用に供するための商品取り棒を，一壁面に少なくとも1本設置する。

イ、原告商品陳列デザイン2
　　a　商品を、全てハンガー掛けの状態で陳列する。
　　b　床面から少なくとも210cmの高さにまで陳列する。
　　c　ひな壇状ではなく陳列面を連続して陳列する。
　　d　少なくとも最上段はフェースアウトの状態で陳列する。

---

[7]　前田健「スローガンと商標的使用」ジュリスト1446号（2012年）106頁（商事判例研究）は、問題の指摘に優れている。

e　各陳列フックに複数枚陳列する。
　　　f　副通路を形成するゴンドラ（ゴンドラアイル）を切れ目無く店舗奥まで連なって設置する。
　　　g　来店者の使用に供するための商品取り棒を，少なくともゴンドラ群の一面に１本設置する。
　ウ、原告商品陳列デザイン３
　　　a　商品を、全てハンガー掛けの状態で陳列する。
　　　b　床面から少なくとも210cmの高さにまで陳列する。
　　　c　ひな壇状ではなく陳列面を連続して陳列する。
　　　d　少なくとも陳列面の３分の２はフェースアウトの状態で陳列する。
　　　e　各陳列フックに複数枚陳列する。
　　　f　上部に反転フラップ方式の値段表示板を設置する。
　　　という商品陳列デザイン
（２）「判旨」
　ア　不正競争防止法に基づく請求
　　（ア）商品陳列デザインの営業表示性
　　　「商品陳列デザインとは、原告も自認するとおり、『通常、いかに消費者にとって商品を選択しやすく、かつ手にとりやすい配置を実現するか、そして、如何に多くの種類・数量の商品を効率的に配置するか、などの機能的な観点から選択される』ものであって、営業主体の出所表示を目的とするものではないから、本来的には営業表示には当たらないものである。」「したがって、もし商品陳列デザインだけで営業表示性を取得するような場合があるとするなら、それは商品陳列デザインそのものが、本来的な営業表示である看板やサインマークと同様、それだけでも売り場の他の視覚的要素から切り離されて認識記憶されるような極めて特徴的なものであることが少なくとも必要であると考えられる。」「したがって、原告商品陳列デザイン１ないし３が顧客に認識記憶されるとしても、それは、売場全体に及んでいる原告店舗の特徴に調和し、売場全体のイメージを構成する要素の１つとして認識記憶されるものにとどまると見るのが相当であり、顧客が、これらだけを売場の他の構成要素から切り離して看板ないしサインマークのような本来的な営業表示（原告における『西松屋』の文字看板や、デザインされた兎のマーク）と同様に捉え

て認識記憶するとは認め難いから、原告商品陳列デザイン1ないし3が、いずれもそれだけで独立して営業表示性を取得するという原告の主張は採用できないといわなければならない。」（組み合わせデザインは省略）
（イ）商品の陳列デザインと営業表示ないしアイデア
「商品の陳列が容易となるとともに、顧客が一度手にとった商品を畳み直す必要がなくなり、見やすさから顧客自らが商品を探し出し、それだけでなく高いところの商品であっても顧客自らが取る作業をするので、そのための店員の対応は不要となり、結果として少人数の店員だけで店舗運営が可能となって、店舗運営管理コストを削減する効果を原告にもたらし、原告事業の著しい成長にも貢献しているものと認められるのであるから、原告商品陳列デザインは、原告独自の営業方法ないしノウハウの一端が具体化したものとして見るべきものである。・・・そうすると、上記性質を有する原告商品陳列デザインを不正競争防止法によって保護するということは、その実質において、原告の営業方法ないしアイデアそのものを原告に独占させる結果を生じさせることになりかねないのであって、そのような結果は、公正な競争を確保するという不正競争防止法の立法目的に照らして相当でないといわなければならない。」「したがって、原告商品陳列デザインは、仮にそれ自体で売場の他の視覚的構成要素から切り離されて認識記憶される対象であると認められたとしても、営業表示であるとして、不正競争防止法による保護を与えることは相当ではないということになる。」

イ　不法行為を理由とする主張について
「原告商品陳列デザインは店舗の運営コストを低減させるという営業方法ないしノウハウが化体したものと見るべきものであって、そもそも特定事業者に独占されるべきものではない。」（被告の陳列デザインも同様。）
「被告の行為が『模倣という程度に至っているわけではない』ことから、被告の行為は、著しく不公正であり、公正かつ自由な競争原理によって成り立つ取引社会において許されないと言うことはできず、不法行為を構成するということはできない。」とした。
（以上の下線は筆者）

(3)「筆者のコメント」
不正競争防止法の「営業表示」の意義について、先に、「めしや食堂事件」

があったが、そこでは、主体の誤認混同の具体例が判断されただけであった。本件では、原告の主張する陳列デザインの実体が明確であり、その「営業表示性」が問題とされた。店舗の商品陳列デザインは、本来、店舗の全体の中にあって、それ自体独立することなく、他と調和よく設置されることになる。これは、店舗全体の営業表示性とは異なる類の要件を必要とするかということを意味するのか。筆者は、そうではなく、全体から切り離して特定できる対象、すなわち「営業表示性」はあり得るが、その特定は容易ではないこと並びに特定できても、それが営業表示の主体性を獲得するのは至難であることを指摘したものと考える。原告としては、保護すべき実体は何かをまず、確定する作業が必要であろう。「機能的（形態）」とか、「競争上似ざるを得ない形態」といった角度ではなく、不正競争防止法の保護を求める根拠ないし基礎は何かを十分検討すべきであると考える。特に判決が「営業方法ないしノウハウに言及している点に注意すべきであろう[8]。

4．大阪地判平成26・8・28（平25（ワ）7840）判時2269号94頁、損害賠償請求事件、「melonkuma」事件

（1）「事実」

ア　原告は、商標「melonkuma」（標準文字）の商標権者。指定商品は「キーホルダー」、「おもちゃ、人形」、「菓子及びパン」。（出願平成19年6月11日、登録20年1月18日）。

イ　被告・観光物産会社は平成22年12月頃以降、ご当地キャラクター「メロン熊」、「メロンくま」と称するメロンと熊を組み合わせた被告標章を使用、全国的に周知・著名で、ストラップ、マグネット、ミニタオル等に使用。原告登録商標は「クッキー」につき被告申立てにより平成26年4月特許庁の取消審決が成立。

（2）「判旨」

ア　原告商標と被告標章は称呼においてのみ類似（原告標章からメロンと熊を結合させた一つのものとしての観念は想起でない。）。

イ　商品の類否。マグネット、マスコットは、同一又は類似。

---

[8] 松村信夫「商品陳列方法の『商品等表示』該当性」知財管理62巻5号（2012年）655頁は示唆に富む。田中伸一郎・渡辺光「商品陳列デザイン事件」中村合同特許法律事務所『知的財産訴訟の現在』（前掲）451頁以下、担当弁護士の観察参照。

ウ　誤認混同のおそれ

本件キャラクターは被告代表者の考案で、夕張市を代表するものとして全国的に周知、著名性を獲得。強い顧客吸引力を得て維持発展中。使用態様について、夕張市の由来を示す各種語句が共に使用され、これら措置からみて「混同のおそれ」は生じない。

エ　まとめ

原告の権利行使は権利乱用であるから請求棄却する。

被告標章には特段の自他識別能力があるが、原告商標には信用の化体がなく顧客吸引力もない。両商標間の出所混同のおそれは極めて低い。原告の本件権利行使は、「<u>本件キャラクターが周知性、著名性を獲得し、強い顧客吸引力を得たことを奇貨として、本件の権利行使をするものというべきである。また、・・・原告商標の登録取消審決に至る経過をみると、本件訴訟の提起自体が、上記審判に対する対抗手段として行われた疑いが強いというべきである。以上によると原告商標と被告各標章が誤認混同のおそれがあるとしても、原告による権利行使は、商標法上の権利を乱用するものとして、ゆるされないというべきである。</u>」（下線は筆者）

（3）「筆者のコメント」　商標の類否については「対比される両商標が同一又は類似の商品に使用された場合に、商品の出所につき誤認混同を生ずるおそれがあるか否かによって決すべきであるが、それには、そのような商品に使用された商標がその外観、観念、称呼等によって取引者に与える印象、記憶、連想等を総合して全体的に考察すべく、しかもその商品の取引の実情を明らかにしうる限り、その具体的な取引状況に基づいて判断するのを相当とする。」（最高三小判昭43・2・27民集22巻2号3999頁（氷山事件））等の最高裁判例理論が踏襲されており、異論のないところである[9]。この場合、「取引の実情」をどこまで、どのように考慮すべきかが問題となる特許庁から、特許庁から本件において、判決が「称呼においてのみ類似する。」と結論し、「混同のおそれ」は「極めて低い。」と述べた際、理由として、「被告各商標がご当地キャラクターと共に使用され、<u>かつ</u>、「北海道夕張市に由来することを示す各種語句と共に使用されている」使用態様を特記したところは、その通

---

[9]　取引の実情として本件の事情も含め種々参酌できる。渋谷達紀『知的財産法講義Ⅲ第2版』（有斐閣、2008）458〜466頁参照。

りあると考える。それにも関わらず、判旨が最後に「以上によると、原告商標と被告各標章が誤認混同のおそれがあるとしても」「権利乱用として許されない」とする二段構えの理屈について疑問を挟まざるを得ない。筆者は、本件において、商標の称呼のみが類似するとしても、外観や観念は明白に異なる上、被告標章の周知著名性獲得の具体的経緯を考慮し原告による商標使用の実態を斟酌し、被告標章との誤認混同が具体的にあり得ないことを判断できたのではないか。商標の類似性を否定し、商標権侵害を否定できなかったのであろうか。商標は使用されるべきものであり、使用者の業務上の信用維持を図ることが原点であるべきであろう。

5．東京地判平成27・3・20（平26（ワ）21237）裁判所HP、著作権侵害等差止請求事件、「スピードラーニング」事件（著作権侵害、不正競争防止法に基づく差止め、一般不法行為に基づく請求、損害賠償請求）

（1）「事実」　原告と被告のキャッチフレーズ

　原告は日経、朝日等に、英会話教材「スピードラーニング」の全面広告掲載。自社ウェブサイトにも広告（併せて原告広告という）に、下記のキャッチフレーズ、1．「音楽を聞くように英語を聞き流すだけ　英語がどんどん好きになる」2．「ある日突然、英語が口から飛び出した！」3．「ある日突然、英語が口から飛び出した」を使用。

　被告キャッチフレーズ1．「音楽をきくように英語を流して聞くだけ英語がどんどん好きになる」、2．「音楽を聞くように英語を流して聞くことで上達　英語がどんどん好きになる」、3．「ある日突然、英語が口から飛び出した！」、4．「ある日、突然、口から英語が飛び出す！」を使用。

　争点は①著作権侵害の成否、②不正競争の成否、③一般不正競争の成否、④差止請求の可否、⑤損害の有無及びその額である。

（2）「判旨」　①著作権侵害の成否

　ア　著作物性

　　著作物といえるためには、「『思想又は感情を創作的に表現したもの』であることが必要である（著作権法2条1項柱書）。『創作的に表現したもの』というためには、当該作品が、厳密な意味で、独創性の発揮されたものであることまでは求められないが、作成者の何らかの個性が表現されたものであることが必要である。文章表現による作品において、ごく短く、又は

表現に制約があって、他の表現が想定できない場合には、作成者の個性が現れていないものとして、創作的に表現したものということはできない。
　原告キャッチフレーズ１は、いずれもありふれた言葉の組合せであり、それぞれの文章を単独で見ても、２文の組合せとしてもて、平凡かつありふれた表現というほかなく、作成者の思想・感情を創作的に表現したものとは認められない。」
「原告キャッチフレーズ２は、及び３は・・・ごく短い文章であり、表現としても平凡かつありふれた表現というべきであって、作成者の思想、感情を創作的に表現したものとは認められない。」
として著作権に基づく請求は認められない。

イ　不正競争行為の成否について
　「『商品等表示』と氏名、商号、標章、商品の容器若しくは包装その他の商品又は営業を表示するものをいい（不正競争防止法２条１項１号）、自他識別機能又は出所表示機能を有するものでなければならないと解される。
　キャッチフレーズは、通常、商品や役務の宣伝文句であって、これに接する需要者もそのようなものとして受け取り、自他識別機能ないし出所表示機能を有するものとして受け取られることはないといえ、キャッチフレーズが商品等表示としての営業表示に該当するためには、長期間にわたる使用や広告、宣伝等によって、当該文言が特定人の営業を表示するものとして需要者の間に広く認識され、自他識別機能ないし出所表示機能を獲得するに至っていることが必要であるというべきである。」
　「原告キャッチフレーズが平凡かつありふれた表現であることに加え、原告キャッチフレーズは原告の見出しの中で、キャッチフレーズの一つとして使用されているにすぎないこと、原告広告において、原告商品を指すものとして『スピードラーニング』という商品名が記載されており、需要者はこれをもって原告商品を他の同種商品と識別できることなどからすれば、原告キャッチフレーズが、単なるキャッチフレーズを超えて、原告の営業を表示するものとして需要者の間に広く認識され、自他識別機能ないし出所表示機能を取得するに至っているとは認められない。」・・請求は認められない。

ウ　一般不法行為の成否
　　「著作権法や不正競争防止法が規律の対象とする著作物や周知商品等表示の利用による利益とは異なる法的に保護された利益を侵害するなどの特段の事情がない限り、不法行為を構成するものではないと解するのが相当である（最高裁平成23年12月8日判決・民集65巻9号3275頁（北朝鮮映画事件））。「原告は原告キャッチフレーズは多大の労力、費用をかけ、相応の苦労・工夫により作成されたものであって、法的に保護されるべきであると主張するが、・・・原告の主張によっても、被告による被告キャッチフレーズの使用に、著作権法や不正競争防止法が規律の対象とする利益とことある法的に保護される利益を侵害するなどの特段の事情があるとみとめることはできない。原告の一般不法行為に基づく主張は認められない。」
（3）「筆者のコメント」本件のようなキャッチフレーズは、著作権としては「思想又は感情を創作的に表現したもの」に該当しないから著作権をもって保護することは、困難である。仮に肯定されても、さらに複製権の侵害になるとするのは、一層困難であろう。しかし、キャッチフレーズ、スローガンであって、簡潔であり、意味が宣伝文句や理念と受け取られるようなフレーズであれば、商標登録も困難であろう。本件中「聞き流すだけ」のフレーズが商標登録されているが（登録第4936831号）、キャッチフレーズを分割して、一部に商標登録を取得しても、フレーズの組み合わせによる総体にリズミカルで好感のもてるキャッチフレーズが創作されても、単純に登録商標の一部ないし要部とはならないし、著作物とはならないであろう。さらに、商標が商品や役務主体の識別標識の機能を認められるためには時間がかかり、その間に独自性を喪失しかねない。不正競争防止法2条1項1号2号の「営業表示」とする以上、営業主体を識別できるものでなければならないであろう。他人による使用が存在するなら、巧みな文言の総体であっても、使用による識別力を取得することは困難である。その観点からすると、本件の場合、著作権、商標法、不正競争防止法に基づく請求は、いずれも成功しない懸念が強い。また、これらの法が認める利益と異なる法的に保護される利益が侵害されるからといって、それが救済されるべきであるとする理論は、たまたま係争となった具的事案に即して、個々別々に主張しても、客観的に貫徹させることは困難であろう。[10]

第4 おわりに

　筆者は、掲載した種々の事案のコメントにおいて問題を指摘しながら、解決策を探ってきた。「あさっては皇太子さまのご結婚　きょうは週間文春の発売日」といったキャッチフレーズには、微笑むだけの余裕を感じてきたが、「オールウエイズコカコーラ」が商標的使用論のリーディングケースとして講義の材料となり、「ウオークマンを聴く猿」（昭和62年）によって、商標保護の対策を突きつけられる。今日では「この品質で、この価格　他にありません」（チョーヤ梅酒）、「時には自分自身にご褒美をおくりませんか」（コナカのスポーツスーツ）などキャッチフレーズと商標、商号の結合した多彩な車内広告に接し、あるいは店舗の外観や内装に係る紛争を間近に知ると、果たして関係する法はこのままでよいのか、疑問が噴出してくる。民法の不法行為より不正競争防止法中に現在規定されていない新たな類型を設けることを議論すべきではないか。資本・労力等を傾注して他人が形成してき競争上重要な成果を、正当な根拠・原因をみることなく、利己的理由で利用ないし奪取する行為は、本来、違法として禁圧されてよいのではないか。しかし不正競争防止法第1条は、どこまでを同法の目的ないし射程距離としているのであろうか。他の産業財産権法との関係はどうなのか。民法の不法行為法に包摂される行為はどこまでであろうか。理論構成、要件、外延等々、営業秘密関係法が充実する過程を体験しながら、筆者は、真剣にこれらの議論が、さらにすすめられることを願っている。

10　先に東京地判平成13・5・30（平13（ワ）2176）判時1752号・141頁、著作権侵害による損害賠償請求、交通標語事件「ボク安心　ママの膝より　チルトシート」）があった（東京高判平成13・10・30（平13（ネ）3427）、判タ1092号・281頁を是認）。地裁判決は、「保護の対象となる著作物は、『思想又は感情を創作的に表現したものである』ことが必要である。『創作したもの』というためには、当該作品が、厳密な意味で、独創性の発揮されたものであることまでは求められないが、作成者の何らかの個性が発現されたものであることが必要である。原告の本件スローガンはリズミカル、家庭的で、ほのぼのとした車内風景を、被告スローガン「ママの胸よりチャイルドシート」は簡潔、直截的、事務的な印象。創作性の表現はないとして著作権侵害を否定した。

商標登録事由の判断基準時

塩 月 秀 平

1．序

　商標出願登録拒絶審決に対する審決取消訴訟が提起されても、判決時（口頭弁論終結時）は登録事由存否の判断基準時となるものではないというのが、一般に行政処分取消訴訟における違法性判断の基準時は処分時であると解されていること[1]の延長として、実務となっている[2]。例として、東京高判昭和46・9・9（昭和45年（行ケ）第5号）裁判所HP〔PHOTO DIRECT事件〕は、本願商標が拒絶審決後に商標法3条2項の使用による顕著性を有するに至ったとする原告の主張を排斥して、基準時は査定又は審決の日であるとしている。

　判決によるこの実務の立場は確固としているものの、一見する限りではあるが、出願人にとって酷な実情も垣間見られるようである。本稿では、この実情を、判決で問題となった事案ごとに個別に整理して分析し、実務の考え方に再考の余地があるのかをふり返ってみたい。結論として目新しい解釈論を提示するものではないが、この実情については、埋もれている裁判例もあるので、商標登録の判断基準時にまつわる裁判例を掘り起こして、実務上留意しておくべ

---

[1] 最判昭27・1・25民集6巻1号22頁、最判昭34・7・15民集13巻7号1062頁、条解行政事件訴訟法〔第3版補正版〕（2009）552頁〔石井昇〕。
　ただし、学説上は単純ではない。行政処分を申請拒否処分と申請認容処分などに応じて分析し、処分後に法的状態の変更、事実的状態の変更があったときに処分時を基準として処分の違法を考えるのか、判決時（口頭弁論終結時）を基準にして処分の違法を考えるのかを、処分時に処分が適法と判断されるのに判決時では違法となるときと、処分時に処分が違法と判断されるのに判決時では適法となるときに分けて考察する論考が参考になる。多賀谷一照別冊ジュリNo.212「行政判例百選Ⅱ第6版」（2012）420頁（上記昭27年最判「判批」）、小早川光郎「判決時説か処分時説か」法学教室160号（1994）120頁など参照。
[2] 商標に関する審決取消訴訟も行政訴訟であり、訴訟が審判手続の続審の性質を有するものでない以上、理論上はそのように解される。田村善之『商標法概説〔第2版〕』（2000）283頁以下は、取消訴訟の段階で拒絶理由が解消したら商標登録を拒む理由はなくなり、審決を取り消し、事件を審判に差し戻すべきであるとするが、実務は、査定又は審決日を基準時としている。

2．出願後に生じた事実との関係

　特許要件が出願時（優先日）を基準に判断される（特許法29条）のに対して、商標の登録要件（登録事由の存否）の判断基準時は、行政処分の原則に従い、拒絶査定や登録査定の時点となる（商標法15条）。ただし、商標法4条3項は、商標登録出願時において4条1項8号、10号、15号、17号、19号に該当しないときにはこれらを適用しない旨規定し、これら各号を適用するには（その登録障害事由を適用するには）、その登録出願商標が、出願時及び査定時において各号に該当している必要がある（両時判断）。これらの場合以外では、先願（商標法8条）の関係は別として、出願時を基準にして登録要件が審査されることはない。東京高判平成12・8・29（平成12年（行ケ）第24号）裁判所HP〔昆布しょうゆ事件〕も、商標法3条1項3号（商品の品質、原材料を表示した標章）の判断は、商標法4条3項の趣旨に準じて出願時を基準とすべきであるとした原告・出願人の主張（出願の時点で判断すれば当然に生じたであろう登録期待性が、その後の他人の行為によって奪われるのは社会的公平を損なうとする）を排斥し、審決時を基準とすべきであるとしている。

　このように、出願時は原則として判断基準時とならないが、出願時と審決時との対比の関係の事案として、出願時には4条1項8号括弧書の承諾を得ていたものの（4条3項に該当）、審決時には承諾が撤回されていた、という東京高判平成15・7・15（平成15年（行ケ）第183号）裁判所HP〔LEONARD KAMHOUT事件〕がある。判決は、この承諾は、商標の登録要件の判断基準時である審決時において現に存在している必要があるとした。上告審としてこれを支持した最判平成16・6・8（平成15年（行ヒ）第265号）判時1867号108頁＝判タ1159号135頁は、その根拠として「商標法4条1項各号所定の商標登録を受けることができない商標に当たるかどうかを判断する基準時が、原則として商標登録査定又は拒絶査定の時（拒絶査定に対する審判が請求された場合には、これに対する審決の時。以下「査定時」と総称する。）であることを前提として、出願時には、他人の肖像又は他人の氏名、名称、その著名な略称等を含む商標に当たらず、8号本文に該当しなかった商標につき、その後、査定時までの間に、出願された商標と同一名称の他人が現れたり、他人の氏名の略称が著名となったりするなどの出願人の関与し得ない客観的事情の変化が生じ

たため、その商標が8号本文に該当することとなった場合に、当該出願人が商標登録を受けられないとするのは相当ではないことから、このような場合には商標登録を認めるものとする趣旨の規定であると解される。」とし、その前提として、「8号は、その括弧書以外の部分に列挙された他人の肖像又は他人の氏名、名称、その著名な略称等を含む商標は、括弧書にいう当該他人の承諾を得ているものを除き、商標登録を受けることができないとする規定である。その趣旨は、肖像、氏名等に関する他人の人格的利益を保護することにあると解される。したがって、8号本文に該当する商標につき商標登録を受けようとする者は、他人の人格的利益を害することがないよう、自らの責任において当該他人の承諾を確保しておくべきものである。」としている。

この判決判断に対しては、島並良「判批」別冊ジュリNo.188「商標・意匠・不正競争防判例百選」(2007) 25頁が疑問を呈し、出願時に承諾があれば足りるとするが、審決時での8号本文該当の有無判断が原則で、出願時における8号非該当の場合を規定する4条3項が例外要件を規定するものだとすれば、8号本文の例外である括弧書の承諾は、例外の例外要件として原則要件となって審決時での要件に当たると理解される。そうだとすると、たとえ出願時に承諾があったとしても審決時に承諾がなければ8号に該当するとして登録が許されないと解すべきである。とはいえ、この事案を進めて、審決後の口頭弁論終結までに当該他人の再承諾を得たときに、判断基準時を審決時であることを貫いて8号括弧書きの適用がないとしてよいかは、本稿のテーマに関連する一場面となる。

3．口頭弁論終結時ではなく審決時が基準時であることの帰結

拒絶査定不服審判請求がされたときには、審決時が基準時となる[3]。知財高判平成26・9・17（平成26年（行ケ）第10090号）裁判所HP〔日本維新の会事件〕は、商標法4条1項6号該当を理由とする登録出願拒絶査定に対する不服審判請求があった場合の判断基準時は審決時であり、査定後の事実でも審決時までの事実は6号該当判断の前提となるとした。なお、審決取消判決があってその確定により拒絶査定不服審判請求が再開されると、第二次審決で取消判決の拘束力に従いつつ改めて登録要件や登録障害事由の存否が判断されるが、こ

---

[3] 田村善之『商標法概説〔第2版〕』(2000) 167頁

のときには第二次審決時が判断基準時になる。そして、判決時（口頭弁論終結時）は判断基準時にならないとするのが裁判例の流れである。

　審決時が基準時であることの帰結として、商標法4条1項11号に該当するとして登録出願が拒絶された場合、拒絶審決の取消訴訟係属中に、引用登録商標の登録無効審決が確定し引用登録商標が無効となったときには、商標権は初めから存在しなかったものとみなされるので（商標46条の2第1項。同項ただし書の例外がある）、拒絶審決時の時点において引用商標が存在しなかったことになって、当該引用登録商標との対比でした審決の判断が違法となる（東京高判昭和34・10・13（昭和31年（行ナ）第27号）行集10巻10号2035頁、東京高判昭和42・12・26（昭和32年（行ナ）第15号）判タ218号233頁）。

　他方で、審決時に引用登録商標が存在していたとされるときには、審決は適法である。東京高判昭和57・6・9（昭和56年（行ケ）第294号）D1-Law.comが、審決時において、引用商標の商標権がなお有効に存続していたから、これを「登録商標」として商標法4条1項11号を適用した審決は適法であると判断し、合わせて「審決時点において、引用商標の商標権が約40日後に消滅することが確実な事実を特許庁は容易に確認することができたから、審決は違法である」との原告の審決取消事由を排斥したのは、当然の理である。

　同じように手続面で審決の判断を争った事案が、同じく11号による拒絶審決の取消請求事件である東京高判平成7・4・5（平成6年（行ケ）第254号）D1Law.com〔ラコメット事件〕である。原告の登録出願人は、拒絶審決で引用された登録商標の不使用取消審判請求をし、引用商標の登録が取り消された場合には、4条1項11号の不登録事由は消滅するから、引用商標の不使用取消審決の確定まで訴訟を中止するよう希望したが、判決は、「不使用を理由とする商標登録取消しの審決により商標権が消滅するのは同審決の確定時であって、その効果が遡及することはなく（商標法54条。当時）、一方、審決取消訴訟の審理の対象である審決の違法性の有無の判断は、審決のなされた時点を基準とするものと解すべきであるから、上記不使用取消し請求の審判の帰結が本件審決の結論、ひいては本訴の帰すうを左右することはありえず、本件訴訟手続を中止する理由はない。」とした。この事案については、後記7．でも触れる。

4．引用商標の権利の譲受けとの関係

　事案によっては、取消訴訟が提起された場合に審決後に生じる事実との間で

微妙な関係が出てくる場合がある[4]。商標法4条1項11号は、他人の登録商標に類似する商標の不登録事由を規定し、反面、引用商標が自己の商標であれば同号が適用されない。そこで引用商標の権利を譲り受けてこの不都合を回避しようとした場合に、この点が判断基準時との関係で問題となることがある。

東京高判昭和59・12・24（昭和59年（行ケ）第208号）D1Law.com〔ユベキノン事件〕は、拒絶審決が11号該当として引用した登録商標を商標権者から譲り受け近く移転登録される予定であるとして、本願商標の登録を拒絶すべき事由は消滅したとの原告の主張につき、「審決の適否は審決時を基準として判断すべきであるから、本願商標出願前に他人により登録された本願商標に類似し、かつ指定商品を同じくする引用商標が審決時においてもなお他人に帰属していると認められる以上、商標法4条1項11号により本願商標の出願を拒絶すべきものとした審決は適法であつて、後日審決取消訴訟の段階において原告が引用商標を譲り受けたとしても、右拒絶事由は消滅するものではなく、右譲受けの事実によって審決が違法なものとなるものでもない。」とした。

登録出願商標の権利が4条1項11号の引用商標の権利者に審決前に譲渡されたものの、出願人名義変更届出が審決後であった事案が、東京高判平成16・1・26（平成15年（行ケ）第445号）裁判所HP〔UBIQ事件〕であり、登録出願商標の権利が引用商標の権利者に譲渡され名義変更届出がされたものの、譲渡・届出ともに審決後であった事案が、東京高判平成12・3・29（平成11年（行ケ）第364号）裁判所HP〔EASTAPAK事件〕である[5]。両判決とも、11号の判断基準時は審決時であるとして、その後に権利譲渡がされあるいは届出で効力が生じたとしても、そのことは11号該当の判断に影響はないとした。

上記東京高判平成12・3・29は、理由として次のように判断した。
「審決取消訴訟は、既に行われた行政処分である審決が違法であるとしてその取消しを求めるものであるから、審決の違法の有無を判断する基準時は、行政処分である審決のなされた時点と解すべきであり、原則として、処分後の後発的事情を斟酌してその当否を判断すべきではないものと認められる。ただし、審決後に生じた事由であっても、例えば、特許権の無効審決取消訴訟の係属中に、当該特許権について特許請求の範囲の減縮を目的とする訂正審決（特許法

---

[4] 工藤莞司「現行商標法上の諸問題の概括」特許研究35号（2003）36頁（42頁）。
[5] 工藤莞司『商標法の解説と裁判例【改訂版】』（2015）386頁。

126条）が確定したことに伴い、出願時に遡って当該発明の要旨認定が誤りとなる場合（最高裁判所平成11年3月9日第3小法廷判決・民集53巻3号303頁、同平成11年4月22日第1小法廷判決・判例時報1675号115頁参照）のように、当該事由の効力が、少なくとも処分時である審決時まで遡及する性質のものについては、これに基づいて審決の当否が影響を受けることがあるものといわなければならない。

　しかしながら、本件のように商標に関する権利の承継は、その旨の届出がなされることにより効力が生じるものであり、その権利承継の効力が審決時ないし出願時まで遡及するものではないから、既に行われた行政処分である審決の当否を左右するに足る事由と認めることはできない。

　したがって、審決後において、本願商標が出願人である脱退原告から参加人へ権利移転され、その旨の出願人名義変更届が特許庁に提出されてこれが受理され、本願商標の出願人と引用商標の商標権者とが同一人となったからといって、審決時における本願商標に対する拒絶理由が解消されるものではなく、審決の違法性判断の基準時が、当該審決取消訴訟を担当する東京高等裁判所の口頭弁論終結時であるとする点を含めて、参加人の主張を採用する余地はない。」

　東京高判昭和54・12・24（昭和53年（行ケ）第125号）裁判所HPも、引用商標の権利が出願人である原告に譲渡され移転登録がされたものの、譲渡・登録は審決後であった事案について、11号該当の判断基準時は審決時であるとして、審決後の譲渡の事実は審決の違法事由とならないとしている。

　登録後の無効審判請求においてであるが、審決で11号が無効理由とされた後に、11号の他人の登録商標の譲受け合意が成立した場合の実際の処理としては、引用された登録商標が無効審判請求人のものであるときには、請求を維持するのは審判請求人の意思に係っているので、引用登録商標権者の無効審判請求人が、無効審判請求を容れた審決の取消訴訟係属中に、無効とされた登録商標の権利者に引用登録商標権を譲り渡す協議を調える際、無効審判請求の取下げ合意をして無効審決の確定を止めることが可能であり、そのような実務もよく行われている。登録出願拒絶査定不服審判請求については、その手続中に11号の他人の登録商標の譲受交渉が進んでいて、その旨の上申が審判官にされているのに審決がされ、その直後に譲受登録がされたときには、審判手続の違法があるとされる事案も想定される。この点は、後記7．で再説する。

5．不使用取消審決の確定との関係

　拒絶審決において4条1項11号該当として引用された登録商標が、拒絶審決後の審決取消訴訟係属中に不使用取消審判請求により取り消されても、その消滅の効果は不使用取消審判請求の登録日にまでしか遡らないので（商標54法条2項）、登録日が11号該当の判断基準時である審決時よりも後の日であれば、11号該当とした拒絶審決の判断に影響しない（2項追加前の東京高判昭和54・7・31（昭和44年（行ケ）第92号）裁判所HP〔夕刊日曜事件〕参照）。

　商標登録出願に際しては、類似登録商標が使用されているかを見極めたうえで、審決が出されるまでに不使用取消審判請求をするのが実務であろう。他方で、不使用取消審決が確定したときには、遡及効が効かないとしても、類否判断において取引の実情の拒絶審決の認定に影響がある場合もあり、この点を拒絶審決取消訴訟で主張立証することが可能である。11号の該当性判断における類否判断の基礎資料は、訴訟で追加提出が可能であり、その場合には審決後に追加された資料も踏まえての類否判断となり、判断基準時が審決時であるといっても、訴訟における判断と審決における判断との微妙な関係が浮かび上がる。知財高判平成19・10・25（平成19年（行ケ）第10205号）裁判所HPが、引用商標の不使用の事実を類否判断における取引の実情として斟酌したのは、この微妙な関係を象徴している。

　この事案は、原告の登録商標について登録異議の申立てに基づきされた登録取消決定の取消訴訟である。11号に該当するとして引用された登録商標は、不使用取消審判請求の予告登録日に消滅したものとみなされたが、判決は、11号該当の判断基準日である本件商標登録の登録査定日には、引用登録商標はまだ消滅していないとしつつ、この事情は、商標の類否判断における取引の実情として斟酌されるべきものであるとした。

　判決は、まず次のように事実認定をした。

　「本件商標登録の登録査定時には、本件商標には一定の信用が形成されていたものと認められる。一方、引用商標に係る商標登録は、訴外会社が引用商標の使用をしていることを証明せず使用をしていないことについて正当な理由があることを明らかにしないことを理由として、これを取り消す旨の審決がされ、この審決は確定したのであるから、訴外会社は、原告による不使用取消審判請求の登録時前3年以内に、引用商標を使用していなかったものと認められる。したがって、訴外会社は、本件商標登録の登録査定時はもとより、その以前か

ら引用商標を使用していなかったものと認められるから、本件商標登録の登録査定時に、引用商標に何らかの信用が形成されていたとは認めることはできない。」

以上の事実を前提にして判決は、「本件商標と引用商標は、外観は類似せず、観念はある程度類似し、称呼は共通する点があるものの異なる点もある程度であり、これらの諸要素に、取引の実情として、本件商標登録の登録査定時に本件商標には一定の信用が形成されていたものの引用商標に何らかの信用が形成されていたとはいえないという事実があることを総合勘案すると、本件商標登録の登録査定時において商品の出所を誤認混同するおそれがあったとは認められないというべきであり、本件商標と引用商標が類似するということはできない。」と判断した。

商標登録の判断基準時である登録査定時の時点では11号の登録障害事由の対象である引用登録商標は有効であったものの、その後に発生した不使用による取消しの効果をもって類否判断の大きな要素とした判決判断は、注目されるところである。

6．出願の一部放棄・出願補正の効力発生時との関係

出願の一部放棄の効果が出願時に遡及するかに関する最判昭和59・10・23（昭和56年（行ツ）第99号）民集38巻10号1145頁は、拒絶審決後に指定商品の一部放棄がされた事案である。判決は、「審決がされて手続の補正をすることができない時期に至って二以上の商品を指定商品とする商標登録出願について指定商品の一部放棄をしても、指定商品の一部を除外して残余の商品に指定商品を減縮し、その効果を商標登録出願の時点に遡及させ、減縮した商品を指定商品とする商標登録出願にする効果は生じない」と結論づけて、この事案において出願の一部放棄の効果は遡及しないとした。ここでは、商標法4条1項11号が適用されるのを避けるため、一部放棄の効果を出願時に遡及させようという出願人の意図のとおりになるのかが争点となった。遡らなければ、指定商品が先行登録商標の指定商品と類似することになるのに対し、出願時に遡るとなると、審決時には、既に類似する商品が放棄されていることになって商品類似ではなくなるという効果の違いが出てくる。ここでは、判断基準時は審決時であることが、当然のように前提となっていた。

分割出願（商標10条）に伴って親出願の同時補正が必要となるが（商標法施

行規則22条2項が準用する特許法施行規則30条)、分割は審決取消訴訟係属中でも可能であることから、親出願の補正の効果の発生時が議論されていた。最判平成17・7・14(平成16年(行ヒ)第4号)民集59巻6号1617頁〔eAccess事件〕は、「拒絶審決に対する訴えが裁判所に係属している場合に、商標法10条1項の規定に基づいて新たな商標登録出願がされ、もとの商標登録出願について願書から指定商品等を削除する補正がされたときには、その補正の効果が商標登録出願の時にさかのぼって生ずることはなく、審決が結果的に指定商品等に関する判断を誤ったことにはならない」と判断して、親出願の補正の効果は遡及しないと結論づけた。分割出願については商標法が明文で規定しているのに対して、対応する親出願の補正の効果の発生時が法律上明らかでなかったことから、最高裁が判断を示したという経緯にある。一部放棄が商標法に明記されておらず分割に伴う補正は施行規則で規定されるにとどまるのに対して、分割については商標法に明文の規定を置いていることとの対比もあって、分割に伴う親出願の補正の効果が出願時に遡ると解釈する余地が残されていたが、最高裁は、一部放棄の効果についての上記を認識しつつ、上記結論を導いたようである[6]。ここでは、分割出願に伴う補正の効果発生時によって、審決時を基準とする判断に誤りがあるか否かが決せられるのであり、判断基準時はあくまでも審決時であることが前提となっている。

ちなみに、一部放棄や補正の効果が出願時に遡るかという上記の問題は、判断基準時が出願時になるという次元の問題ではない。効果が出願時に遡るとしたときでも、登録要件を充足するかの判断が出願時基準となるのではなく、判断基準時はあくまでも審決時であることに留意すべきである。

7. 考察

これまでみたように、審決取消訴訟の口頭弁論終結時には登録障害事由が解消されているときのような事例の中には、審決時を基準としないで判決時(口頭弁論終結時)を判断基準時とすべきと考えたくなる事案も垣間見られた。しかしまずは、行政処分の判断基準時の一般的考えを、商標の審決取消訴訟に限って変えることはできない。

他人の商標登録が無効となる効果が遡れば、登録障害事由が審決時で解消す

---

[6] 森義之・最判解民事篇平成17年度422頁。

る場合があるし、他方で、4条1項11号に該当するとして引用された不使用取消審判が確定したとしても、その遡及効に限定がある関係で、登録障害事由が審決時まで遡らないことがある。このように、審決で認定された登録障害事由が審決後の判決で解消されたと判断できるのは、当該障害事由の要因が遡及するか否かに掛かるわけである。実際上の対処としては、11号適用の場合において類似する他人の登録商標を拒絶審決後に譲り受けることが予想される事案については、譲受けの効果が審決時に遡及せず譲受けの事実は審決取消訴訟では斟酌されないことを前提に、実務上の対応をすべきことになる。仮に近々譲り受けることが拒絶審決直前に判明していれば、そのことを審判官に伝え審決の猶予をもらうという対応が可能であり、そのことが確実なのに拒絶審決を出したとなれば、一般的な公正手続違反で審決が違法になる可能性が出てくるという次元の問題になるであろう。前記3．で挙げた東京高判平成7・4・5（平成6年（行ケ）第254号）は、不使用取消審決の確定まで訴訟の中止を希望した事案であったが、例えば11号該当として引用された登録商標の不使用取消審決が出ていて確定前のとき、確定まで審判の進行を待ってほしいとの上申が出ているのに、審決を強行したときなどは、審判手続違反の可能性が出てくる。このような次元で審決が取り消されることは想定されるとしても、このことは、審決時をもって判断基準時とすることの疑念とは次元を異にする。

　登録事由それぞれの基準時をどのように定めるかの立法論の議論は可能であり、査定時あるいは審決時より前の時点、例えば出願時を基準とする立法はあり得る。現に、商標法4条3項は出願時を基準時の一つとしているところである。しかし、審決時よりも後の時点を判断基準時とする立法は、一般行政処分の違法判断基準時全般に関わってくることから難しい。個別事案の解決として、審決取消訴訟係属中に生じた事実を斟酌した結果が審決時を基準とする結論と著しく齟齬し、正義に反するようなごく例外的な事案について、判決で一般法理を適用するのが適切か否かの次元での解決ににとどまるであろう[7]。前記2．で挙げた東京高判平成15・7・15（平成15年（行ケ）第183号）の事例で、口頭弁論終結時に4条1項8号括弧書の承諾が取れた場合、すなわち、出願時に承諾し、審決時には承諾が撤回され、更に口頭弁論終結時に承諾が復活したと

---

[7]　平尾正樹『商標法（第2次改訂版）』(2015) は、574頁は、審決後に生じた事情も考慮すべきとするが、一般論としては同調できない。

いう流れの場合には、例えば、審決時に承諾があったはずだとの柔軟な事実認定で、妥当な結論に至ることもあり得る。また例えば、11号の類否判断で、口頭弁論終結時において登録障害事由がないと認定判断されることを判断事情の一つに加えて、登録障害事由があったとの認定が審決時を基準にしても誤っているとすることは、裁判所の総合的判断としてあり得る[8]。

　場面は変わるが、東京高判平成1・6・27（昭和63年（行ケ）第288号）無体集21巻2号574頁が、無効審判請求の審決時で判断すべきだとする原告の主張を排斥しているとおり、無効審判請求がされたときの登録障害事由の判断は、商標登録査定の時点を基準としてされる。このことを踏まえ、商標登録無効審判請求を成り立たないとした審決の取消訴訟の口頭弁論終結時に、登録査定時を基準として、当該無効理由を裏付ける事実とは別の無効理由が浮上したときには、新たな無効審判請求を提起すれば足りる場合が多いであろう。この場合を含め、実際面としては、審決時が判断基準時であることを念頭に置きつつ実務上の対応を考えれば足りる場面が大部分と考えられる。このように考えると、商標の判断基準に関しては、上記の一般法理を適用する必要のある事案はほとんど考えられないかもしれない。

　以上のように考えると、判決が連綿として貫いてきた実務上の立場を変えるべき動機付けはないというのが、本稿において各種事案を整理して到達した結論である。

---

[8] 本文5．で引用した知財高判平成19・10・25（平成19年（行ケ）第10205号）はその例である。
　最判平成4・10・29（昭和60年（行ツ）第133号）民集46巻7号1174頁（伊方原発訴訟）は、「原子炉施設の安全性に関する判断の適否が争われる原子炉設置許可処分の取消訴訟における裁判所の審理、判断は、（中略）専門技術的な調査審議及び判断を基にしてされた被告行政庁の判断に不合理な点があるか否かという観点から行われるべきであって、現在の科学技術水準に照らし、右調査審議において用いられた具体的審査基準に不合理な点があり、あるいは当該原子炉施設が右の具体的審査基準に適合するとした原子力委員会若しくは原子炉安全専門審査会の調査審議及び判断の過程に看過し難い過誤、欠落があり、被告行政庁の判断がこれに依拠してされたと認められる場合には、被告行政庁の右判断に不合理な点があるものとして、右判断に基づく原子炉設置許可処分は違法と解すべきである。」と説示した。下線部分の、「現在の科学技術水準に照らし」が、判決時基準を指したものなのかが議論された（座談会・阿部泰隆ほか「伊方・福島第二原発訴訟最高裁判決をめぐって」ジュリ1017号9頁（18頁以下）、そのような意図による説示ではなく、裁判所がする処分の違法判断で考慮される総合的事情の一つを示したものと考えるべきである。同旨・高橋利文・最判解民事篇平成4年度399頁（423頁）。

商品の立体的形状と商標登録
―KitKatに関する2016年英国・2015年欧州両判決を題材に―

長 塚 真 琴

　日本の商標法が立体商標の登録を認めるべく改正されたのは1996年のことであり、もうそれから20年が経過する。現在では、商品の広告の立体的形状や、商品の容器の立体的形状はもちろんのこと、商品そのものの立体的形状も、しばしば出願されている。

　商品そのものの立体的形状の商標登録が認められると、立体的形状が同一または類似であれば、商品やその包装に付された文字などの商標が異なっていても、競争者の商品に対して商標権を行使できるようになる。そして、商品の立体的形状は、しばしば、商品のジャンルやコンセプトそのものを体現する。本稿で紹介する判決の事案を例にとれば、同一または類似の形をしたチョコレート菓子を、商品名や包装の色を違うものにしても、競争者が製造販売できなくなってしまうおそれがある。しかも、商標法による保護は、周知性や著名性を立証しないで済む分、不正競争防止法に比べて強力であり、意匠法や特許法におけるような保護期間の制限もないのである[1]。そのため、どんな立体的形状なら登録してよいのかは、世界中で問題となっている。

　そこで、本稿では、食品について立体的形状のみから成る商標の登録を認めなかった英国高等法院の判決と、同判決の担当判事の求めでなされた欧州司法裁判所の判決を紹介して、日本法との比較をおこなう。また、そこから得られた示唆をもとに、日本法に照らして登録を認めるべき場合についての検討もおこなう。

1．KitKatに関する2016年の英国・2015年の欧州両判決
（1）両判決の関係と問題となる条文

　2016年1月20日に英国の高等法院において、チョコレート菓子の立体的形状

---

[1] 渋谷達紀「商品形態の商標登録」紋谷暢男教授還暦記念『知的財産権法の現代的課題』（発明協会、1998年）307頁以下。

の商標登録をめぐってNestlé社とCadbury社が争った事件の判決が下された[2]。この菓子は英国発祥で、KitKatと称されて世界中で販売されているが、当該商標登録出願は英国国内庁になされ、争いは同庁の査定について生じた。しかし、英国商標法は欧州指令を国内法化したものであるため、指令の解釈について高等法院から欧州司法裁判所に先決決定が求められた。それに対する判決が、欧州司法裁判所2015年9月16日判決である[3]。なお、欧州司法裁判所の判決に先立って、2015年6月11日にはWathelet法務官の意見が公表されている[4]。

最初に、問題となる欧州および英国の条文を整理しておく。まず、欧州共同体（EC）では、商標法の統一に関する最初の指令が1988年に制定された[5]。そこにはベネルクス商標法の強い影響がみられ、同法によく似た立体商標制度が盛り込まれている[6]。2008年に新しい指令が出て、最初の指令は廃止されて新しい指令に置き換えられた[7]。両者を比べると、立体商標関係の規定内容は変わっておらず、それは以下に示すとおりである。

　　商標に関する加盟国の法律を接近させるための指令[8]
　　第3条（拒絶または無効の事由）1．以下に該当する商標は、これを登録することができず、また登録された場合にも無効を宣言されるものとする：(b) 識別性を欠く商標；(e) 以下に掲げる要素のみで構成される標識：(i) 商品そのものの性質から生じる形状；(ii) 技術的成果を得るために必要な商品の形状；(iii) 商品に本質的価値をもたらす形状；
　　3．登録出願の日以前に、その使用により識別性を獲得している商標は、上記第1項（b）、（c）または（d）の規定によりその登録を拒絶されず、または無効を宣言されない。

---

[2] Nestlé v. Cadbury [2016] EWHC 50 (Ch). http://www.bailii.org/cgi-bin/markup.cgi?doc=/ew/cases/EWHC/Ch/2016/50.html に掲載。
[3] Case C-215/14. http://curia.europa.eu/jcms/jcms/j_6/ から検索可能。
[4] [EU:C:2015:395], [2015] ETMR 50.
[5] First Council Directive 89/104/EEC of 21 December 1988 (OJ 1989 L 40, p. 1).
[6] 渋谷・前掲注（1）312頁。
[7] Directive 2008/95/EC of the European Parliament and of the Council of 22 October 2008 (OJ 2008 L 299, p. 25).
[8] JETRO仮訳による。https://www.jetro.go.jp/world/europe/ip/pdf/TrademarkDirective.pdf

さて、KitKatの母国であり、商標登録が求められた英国は、1994年に最初の指令を国内法化する法改正をして、立体商標の登録を認めるようになった[9]。立体商標関係の規定内容は以下の通りである。

商標法[10]
第3条（登録の絶対的拒絶理由）(1) 次のものは登録されない。(b) 識別性を欠いている商標；ただし、商標がその登録出願の日前に使用された結果実質的に識別性を有している場合は、(b)、(c) 又は (d) によって登録を拒絶されない。
(2) 標識は、それが次のもののみからなる場合は、商標として登録されない。(a) 商品自体の性質に由来する形状 (b) 技術的成果を達成するために必要とされる商品の形状、又は (c) 商品に実質的価値を与える形状

（2）事実の概要[11]

Rowntree社は1935年に、ウェハースにチョコレートをかけた菓子の販売を開始した。それは、4本の「指」（細長い一部分）に分割しうる平たい直方体の形をしていた。この菓子は、1937年よりKitKatと称された。1988年にRowntree社がNestlé社に買収されたが、この間、菓子の形状およびKitKatという名称は、ずっと変わらずにきた。また、それぞれの「指」の上にKitKatの文字を刻印された上で赤地の包装にくるまれ、包装の上にKitKatの文字が大きく印字されている態様で販売されてきた。

2010年7月8日、Nestlé社が英国国内庁に、「文字の刻印のない、4本指に分割しうる平たい直方体」の形状（写真参照）を、ニース協定にかかる国際分類第30類（チョコレート、菓子、パンなど）を指定して商標登録出願し、出願は異議申立を受けるために公開された。同28日、菓子メーカーのCadbury社が異議申立をした。同社は、この形状は英国商標法3条1項(b)と、3条2項(a)(b) に基づいて登録を拒絶されるべきであると主張した。それに対し

---

[9] 渋谷・前掲注 (1) 312頁。
[10] 特許庁訳による。https://www.jpo.go.jp/shiryou/s_sonota/fips/pdf/england/shouhyou.pdf
[11] Nestlé v. Cadbury [2016] EWHC 50 (Ch), paragraph 1-6; Case C-215/14, paragraph 9-26.

てNestlé社は、当該形状が同法3条1項但書に該当する、すなわち使用による識別性を獲得していることを主張した。

　2013年6月20日に、英国国内庁の審査官により、指定商品の一部であるケーキとペストリーについて登録を認め、チョコレート菓子を含むその他について拒絶する査定が下された。ケーキとペストリーについては、この形状は業界の常識から著しくかけ離れており、本来的識別性があるとされた。しかし、それら以外の指定商品については、以下のように考えられた。すなわち、当該形状は1) 普通の平たい直方体であり、2) 長手方向の一定の場所に決まった本数だけ一定の深さの溝があり、3) 溝の本数と直方体の幅によって、「指」の数が決まるものである。そして、このうち1)は商品そのものの性質に起因する形状(英国商標法3条2項 (a))であって、本来的識別性も使用による識別性もないから登録できない。また、2)と3)は技術的成果を得るために必要な形状(英国法3条2項 (b))であるから登録できない。

　同年7月18日、Nestlé社がこの査定の取り消しを求めて高等法院に提訴した。その主張は以下の通りである。すなわち、この形状は、商品そのものの性質に起因する形状でも、技術的成果を得るために必要な形状でもないという。同日、Cadbury社もケーキとペストリーが登録されたことに対して反訴した。

　2014年1月17日に高等法院は、この事件に対する最初の判決を下した[12]。そこでは、査定がケーキとペストリーについて本来的識別性を認めたことは誤りであるとされたが、使用による識別性に関する点と、技術的成果を得るために必要な形状に関する点については、欧州司法裁判所に先決決定を求めるべきであると判示された。先決決定が求められたのは、具体的には以下の3つの質問

---

[12]　[2014] EWHC 16 (Ch), [2014] ETMR 17.

についてである。

　質問 (1) 指令3条3項の「使用による識別性の獲得」があるというために、出願人は、一定の日において一定割合の需要者が、当該立体商標を認識してそれを出願人の商品と結び付け、当該立体商標を付した商品を誰が販売しているかを問われたときに出願人を想起しうることを証明すれば足りるか。それとも、一定割合の需要者が、商品の出自（origin）を示すものとして、（当該商品に同時に付されている他のあらゆる商標ではなく）当該立体商標を頼りにしている（rely upon）ことを証明しなければならないか。
　質問 (2) ある形状が3つの本質的特徴から成り、そのうちの1つが商品そのものの性質から生じており、残り2つが技術的成果を得るために必要であるとき、この形状は指令3条1項 (e) (i) (ii) により登録を認められないか。
　質問 (3) 指令3条1項 (e) (ii) にいう技術的成果を得るために必要であることは、商品自体の機能との関係でのみ考慮されるのか、それとも、商品の製造過程との関係も含まれるのか。

（3）先決決定[13]

　欧州司法裁判所は2015年9月16日の判決で、質問 (1) ではなく質問 (2) と (3) を先に判断した。その理由として、指令3条1項 (e) は、立体的形状に固有の、公共の利益を守るために置かれた、識別性の判断に先立つ拒絶理由であり、これにあてはまればその形状が使用による識別性を獲得することはありえないことが挙げられている。質問 (1) は使用による識別性に関するものなので、これは後回しというわけである。
　まず、質問 (2) については、「指令3条1項 (e) に挙げられた3つの拒絶理由はそれぞれに独立であり、それらのうちのいずれかにあてはまれば拒絶となる」と判示された。そして、質問 (3) については、「ある形状が技術的成果を得るために必要であるかどうかは、専ら商品自体の機能との関係で判断され、商品の製造過程における技術的必要性は考慮要素とはならない」とされた。
　最後に、質問 (1) については、「指令3条3項にいう使用による識別性を獲

---

[13] Case C-215/14, paragraph 34-67.

得した商標の登録を得るにあたって、当該使用が他の登録商標の使用の一環であったり、他の登録商標と共になされたりしていることは差し支えない。出願人は、共に用いられている他の商標をすべて除き、出願された商標のみによって、需要者が出願された商品または役務の出所が特定の企業（a particular company）であると認識する（perceive）ことを証明しなければならない」と判断された。

（4）英国判決

英国高等法院は、上記質問（2）（3）に対する欧州司法裁判所の判断を踏まえると、本件出願にかかる形状は技術的成果を得るために必要な形状（英国商標法3条2項（b）、指令3条1項（e）（ii））には該当しないと判断し、Cadbury社はそれを受け入れた。そのため、英国判決は、この論点についてはこれ以上言及しないこととなった。それに対して、質問（1）に関する欧州司法裁判所の判断を事案にあてはめるとどうなるかについては、両社の見解は一致を見ず、英国高等法院による判断が下されることとなった[14]。

なお、英国の担当判事は、欧州司法裁判所が質問1に適切に答えていないと考えているようであり、英国判決文ではこの点が詳細に検討されている[15]。それによれば、質問1がAとBのどちらの基準をとるかという二者択一の質問であるところ、欧州司法裁判所はAをとらないことは明確にしたが、Bに代えてCを示し、このCがBとが同じものであるかどうかが不明確なのだという。しかし最終的には、担当判事も、欧州司法裁判所が示した基準（上記のたとえでいうC）を採用することに合意している[16]。担当判事の問題意識はわかりづらいが、少なくとも、商品の「出自（origin）」とは、「出所が特定の企業（a particular company）である」ことよりも少し広く、ライセンシーなどによって販売されている場合も含まれるようである。

さて、英国高等法院は、Nestlé社の出願にかかる立体商標は、欧州司法裁判所が示した基準を満たしていないと判断した。その主な理由は以下の通りである。まず、当該立体商標は、販売の際にはパッケージに隠れていたことである。もっとも、英国では、ワインの瓶に押し込まれる側のコルクの底に付された

---

[14] Nestlé v. Cadbury [2016] EWHC 50 (Ch), paragraph 6.
[15] *Ibid.*, paragraph 45-56.
[16] *Ibid.*, paragraph 57.

商標のように、購入後に商品の真正性を示す商標もあることが認められている。しかし、KitKatを購入後に、立体的形状を見てそれが模倣品でないかどうかを確かめる人はいない。次に、実際に販売されている商品の「指」の1本1本には、「KitKat」の文字商標が刻印されていたことである。仮に立体的形状がパッケージに隠れていることは問題ないとしても、これでは、立体的形状自体が識別の機能を果たしているとはとてもいえない。最後に、Nestlé社が提出したアンケート結果である。それによれば、調査対象となった需要者の半分以上が、立体的形状からKitKatという商品を認識したという。しかし、そもそも使用による識別性の獲得いかんはアンケート結果だけでは決まらない上、この結果からは、需要者が商品の出所としてNestlé社という特定の企業を認識しているとはいえない[17]。

以上より、出願にかかる立体商標は使用による識別性を獲得していないとの判断に基づき、Nestlé社の請求は棄却され、Cadbury社の反訴請求が認められた[18]。すなわち、当該立体的形状の商標登録は、指定商品のすべてについて拒絶されることとなった。

2．日本法との比較
（1）日本法の現状

日本では、商品の立体的形状は、自他商品識別性を欠く記述的商標（商標法3条1項3号）にあたる場合には、登録できないとされている。そして、特許庁の実務では、商品の形状にかかる商標は、原則として同号に該当する、つまり記述的商標にあたると考えられている。同号の審査基準（2016年4月1日の改訂第12版）4（1）には、以下のように記されている。

　　指定商品の形状（指定商品の包装の形状を含む。）又は指定役務の提供の用に供する物の形状そのものの範囲を出ないと認識されるにすぎない商標は、本号の規定に該当するものとする。[19]

2016年4月1日に新設された審査便覧41.103.04「立体商標の識別力に関する

---

[17] *Ibid.*, paragraph 61-71.
[18] *Ibid.*, paragraph 72.
[19] https://www.jpo.go.jp/shiryou/kijun/kijun2/pdf/syouhyou_kijun/07_3-1-3.pdf

審査の具体的な取扱いについて」1頁によれば、商品の立体的形状について3条1項3号の審査基準4（1）該当性を審査する際の基本的な考え方は、以下の通りである[20]。

（1）　立体的形状が、商品等の機能又は美感に資する目的のために採用されたものと認められる場合は、特段の事情のない限り、商品等の形状そのものの範囲を出ないものと判断する。

（2）　立体的形状が、通常の形状より変更され又は装飾が施される等により特徴を有していたとしても、需要者において、機能又は美感上の理由による形状の変更又は装飾等と予測し得る範囲のものであれば、その立体的形状は、商品等の機能又は美感に資する目的のために採用されたものと認められ、特段の事情のない限り、商品等の形状そのものの範囲を出ないものと判断する。

（3）　商品等の形状そのものの範囲を出ない立体的形状に、識別力を有する文字や図形等の標章が付されている場合（浮彫又は透彫により文字や図形等が付されている場合を含む。）は、商標全体としても識別力があるものと判断する。ただし、文字や図形等の標章が商品又は役務の出所を表示する識別標識としての使用態様で用いられているものと認識することができない場合には、第3条第1項第3号又は第6号に該当するものと判断する。

このうち（3）は、立体的形状そのものの本来的識別性の基準ではない。これを除けば、機能とも美感とも関係のないところで特徴を有する立体的形状にしか、本来的識別性は認められないこととなる。実際、商品の立体的形状で、3条1項3号による拒絶を経ずに、つまり本来的識別性を認められて登録された例は数少ない。その中では、うさぎの顔のような形をした調味料挽き器に関する審決（不服2003-8222）が有名である[21]。裁判例も特許庁実務に追随してい

---

[20]　http://www.jpo.go.jp/shiryou/kijun/kijun2/pdf/syouhyoubin/41_103_04.pdf
[21]　高部眞規子編『著作権・商標・不競法関係訴訟の実務』（商事法務、2015年）339頁、青木博通「グローバルに観る立体商標制度の違いとその戦略的活用」知財管理57巻5号（2007年）702〜703頁。
[22]　知財高判平成20年6月30日平19（行ケ）10293号裁判所HP。

る。チョコレートバーの立体的形状そのものに本来的な自他商品識別性があるとされたギリアン事件判決[22]もあるが、孤立した裁判例といえる。本来的識別性の判断は主観に左右されやすく、識別性と創作性や新規性を混同した判断がなされがちなので、本来的識別性を容易に認めない傾向は肯定すべきと考える。

　要するに、日本では、商品の形状にかかる商標は、使用による識別性（商標法3条2項）がある場合にのみ、登録を認められるといってよい。そして、使用による識別性のほうも、認められるまでのハードルが高いのである。

　商品の中でも特に、KitKat事件におけるような食品の立体的形状は、衛生上の理由もあって、売り場で現物として需要者の目に触れることはほとんどない。それは包装されていて、その包装には、文字や図形や色彩などの商標が付されている（ただし、包装に立体的形状が写真で載っていたり、ポスターやテレビCMで立体的形状がPRされていたりすることはある）。つまり、立体的形状のみが出願されている場合も、実際の使用は文字などの他の商標と共になされることが多い[23]。

　かつて特許庁は、このような場合には、出願にかかる立体商標は使用されてきた商標と同一ではないととらえ、にもかかわらず立体商標が使用による識別性を獲得するのは、例外的事態であると解してきた。出願人の識別性取得の主張立証はなかなか受け容れられず、商品の立体的形状が商標登録されることはなかった。裁判例も近時までこの実務に追随してきた[24]。

　しかし、懐中電灯の形状に関する2007年のマグライト事件判決[25]以降、裁判例は、立体的形状にかかる出願商標が文字などの他の商標と共に用いられてきた場合でも、立体的形状自体に自他商品識別性があることの立証を受け容れ、

---

[23]　立体商標と文字商標がそれぞれもつ識別性の特徴から両者併用の合理性を説明する見解として、田村善之・劉曉倩「立体商標の登録要件について（その2）（完）」知財管理58巻11号（2008年）1397頁。

[24]　渋谷達紀『知的財産法講義Ⅲ―不正競争防止法・商標法ほか―』（初版、有斐閣、2005年）207頁によれば、その時点で商品の立体的形状の商標登録は1件もなかったという。

[25]　知財高判平成19年6月27日平成18（行ケ）10555号裁判所HP。

[26]　知財高判平成20年5月29日平成19（行ケ）10215号裁判所HP〔コカ・コーラ〕、知財高判平成22年11月16日平成22（行ケ）10169号裁判所HP〔ヤクルトⅡ〕、知財高判平成23年4月21日平成22（行ケ）10366号裁判所HP〔JEAN PAUL GAULTIER "CLASSIQUE"〕、知財高判平成23年6月29日平成22（行ケ）10253号等裁判所HP〔Yチェア〕。以上は一橋大学大学院博士課程佐藤豊氏の調査による。この調査は、2016年1月25日の一橋大学・台北大学合同ゼミにおける発表のためになされた。http://hitiplaw.blogspot.jp/2016/02/blog-post.html 参照。なお台北は渋谷先生生誕の地である。

3条2項の適用を認めるようになってきた。これまでに、商品およびその包装の形状が、3条1項3号該当とされながらも、3条2項の適用を認められて登録になった例は、上記マグライト事件判決の他に4つある[26]。その一方で、マグライト事件判決後にもなお、3条2項の適用を認めない判決が5件下されている[27]。

このような経緯を経て、最新の審査便覧41.103.04「立体商標の識別力に関する審査の具体的な取扱いについて」（注（20）で前出）9頁の3条2項関係部分は、以下のように改められた。同頁には、注（26）で前出のコカ・コーラ事件判決が明示的に引用されている。

出願商標と証拠中の使用に係る商標が同一ではないとして直ちに第3条第2項の適用を否定するのではなく、①使用している商品等の立体的形状部分と出願商標に係る立体的形状が同一であるか、②使用している商品等の立体的形状部分のみが独立して、自他商品又は役務を識別するための出所表示としての機能を有するに至っていると認められるか、について判断する。

以上のように、日本における商品の立体的形状の商標登録は、なかなか認められない時代を経て、2007年のマグライト事件判決をきっかけに裁判例の傾向が変わり、それが特許庁の実務にフィードバックされ始めたといえる。

（2）KitKat英国・欧州判決との比較
ア 技術的成果を得るために必要な形状の解釈

まず、2015年欧州判決が、英国高等法院からの質問（2）に対して、指令3条1項（e）号（i）～（iii）はそれぞれ独立に拒絶理由となり、最低1つが認められれば拒絶となると判示したことと、質問（3）に対して、ある形状が技術的成果を得るために必要であるかどうかは、専ら商品自体の機能との関係で判断され、商品の製造過程における技術的必要性は考慮要素とはならないと

---

[27] 知財高判平成20年6月24日平成19（行ケ）10405号裁判所HP〔ゼマティスギター〕、知財高判平成23年4月21日平成22（行ケ）10406号裁判所HP〔JEAN PAUL GAURTIER "Le Male"〕、知財高判平成23年4月21日平成22（行ケ）10386号〔L'EAU D'ISSEY〕、知財高判平成25年6月27日平成24（行ケ）10346号裁判所HP〔ジョイントボックス〕、知財高判平成27年7月16日平成27（行ケ）10003号裁判所HP〔人工股関節用インプラント〕。同じく注（26）の佐藤氏の調査による。

判示したことについて検討する。

　欧州指令3条1項（e）と英国商標法3条2項に対応する日本法の条文は、商標法4条1項18号である。それによれば、「商品等（商品若しくは商品の包装又は役務をいう。第26条第1項第5号において同じ。）が当然に備える特徴のうち政令で定めるもののみからなる商標」は、同法3条の規定にかかわらず、登録を受けることができない」。

　同号は2014年に改正されて現在のような文言になった。そして、商標法施行令第1条に、「商標法第4条第1項第18号…の政令で定める特徴は、立体的形状、色彩又は音（役務にあつては、役務の提供の用に供する物の立体的形状、色彩又は音）とする」という規定が置かれた。なお、改正前の商標法4条1項18号は、「商品又は商品の包装の形状であつて、その商品又は商品の包装の機能を確保するために必要な立体的形状のみからなる商標」だった。

　同号の審査基準（2016年4月1日の改訂第12版）は以下のように定めている[28]。

　　1．審査において第4条第1項第18号を適用するか否かが問題となるのは、第3条第1項第3号に該当するものであるが、実質的には第3条第2項に該当すると認められる商標についてである。
　　2．商品等が「当然に備える特徴」について、第3条第2項に該当するか否かの判断において提出された証拠方法等から、次の（1）…を確認する。（1）立体商標について（イ）出願された商標（以下「出願商標」という。）が、商品等の性質から通常備える立体的形状のみからなるものであること。（ロ）出願商標が、商品等の機能を確保するために不可欠な立体的形状のみからなるものであること。

　このうち2．（1）（ロ）は旧4条1項18号の文言に近い。そして、審査基準によれば、それへの該当性は以下のことを考慮して判断することとなっている。

　　（イ）　商品等の機能を確保できる代替的な立体的形状…が他に存在するか否か。

---

[28] https://www.jpo.go.jp/shiryou/kijun/kijun2/pdf/syouhyou_kijun/27_4-1-18.pdf

(ロ)　代替可能な立体的形状…が存在する場合でも、同程度（若しくはそれ以下）の費用で生産できるものであるか否か。

　ところが、4条1項18号の実際の適用例はほとんどない[29]。同号の審査基準からリンクされている審判決例にさえも、商標法ではなく不正競争防止法のルービックキューブ事件[30]が掲載されているほどである。これは、欧州で指令3条1項（e）号が担っている公益確保の役割が、日本では、上記2（1）で紹介した識別性の判断によって、実質的に代替されているからである。
　すなわち、欧州では、商品の立体的形状が出願されたら、まず指令3条1項（e）号の各号のどれかに該当しないかどうかを判断し、そこがクリアされてから、本来的識別性や使用による識別性の判断に進む。一方日本では、上記2（1）でみたように、商品の立体的形状は基本的に、使用による識別性があるときしか登録されない。そして、前掲4条1項18号の審査基準2．によると、出願人が使用による識別性を立証することになったら、特許庁は、その証拠方法等から同号該当性がないかどうかを確認する。判断順序が逆になっている[31]。
　日本の文献には、技術的成果を得るために必要な形状のみから成る商標は、どの事業者も採用するので本来的識別性がないといえる上、使用による識別性を得ることも稀であるとするものがある[32]。しかし、KitKat事件では、技術的成果を得るために必要かどうかが議論になりうる立体的形状について、使用による識別性の獲得も、同時に問題となっている。そして、「技術的成果を得るために必要」とはどういう意味かについて判断が下された（質問（3）に対する判断）。2015年欧州判決・2016年英国判決では、4本指の形状が不登録事由にあたるには、特定の製造方法により必然的に形成される形状というだけでは足りず、商品自体を4つに割るという機能を果たすために必要な形状とまでいえなければならないと判断されたのであろう（実際には田の字型など他にも色々な形状が考えられる）。このような裁判例は日本ではまだなく、同判決は

---

[29]　青木・前掲注（21）706頁に、異議決定（異議2000-91114）が1件だけ紹介されている。
[30]　東京地判平成12年10月31日平9（ワ）12191号裁判所HP。
[31]　もっとも、2016年英国判決をみても、審査官の判断からは、英国商標法3条2項（指令3条1項（e）号に該当）の「(a) 商品自体の性質に由来する形状」が、識別性の問題なのか独占不適合性の問題なのか、区別がついていない様子がうかがえる（上記1（2））。
[32]　金井＝鈴木＝松嶋編著『商標法コンメンタール』（レクシスネクシス、2015年）177頁〔小川宗一〕。

日本法の参考になる。

渋谷先生は2005年に、日本で商品それ自体の形状の商標登録がいまだに1つもないのは、立体商標に固有の他法との制度間競争の調整を規定上図ることなく、特許庁の実務に委ねている咎めの表れであると述べられた[33]。現在、極度に高かった登録のハードルは現在下がりつつあるが、そこでも依然として議論の焦点は3条1項3号・2項であり、4条1項18号に関する検討は不足している[34]。

また、KitKat事件の事案には関係がないが、日本の商標法は、意匠法と商標法の制度間競争を調整するための規定（欧州指令3条1項（e）号（iii）にあたるもの）を欠く[35]。美感により商品に実質的価値を与える立体的形状に、使用による識別性が備わってしまったとき、これを無限の更新が理論上可能な商標制度で保護すると、意匠制度が迂回され、新たな意匠の創作を阻害することになりかねない[36]。欧州指令にならった立法が必要であると考える。

イ　使用による識別性の獲得の判断基準とそのあてはめ

次に、2015年欧州判決が、英国高等法院の質問（1）に対してなした判断について検討する。これは、立体商標が他の商標と併用されてきた場合の使用による識別性獲得の基準を述べたものである。

立体商標のみから需要者が特定企業を出所として識別することを出願人が証明しなければならないという2015年欧州判決の考え方は、日本の最新の審査便覧の考え方（2（1）参照）と、ほとんど同じと思われる。これが現時点の日欧共通の基準であるといえるのではないか[37]。2016年の英国判決は、実際の使

---

[33]　渋谷・前掲注（24）207頁。
[34]　マグライト事件判決について渋谷達紀『知的財産法講義III―不正競争防止法・商標法ほか―』（第2版、有斐閣、2008年）356頁参照。
[35]　渋谷・前掲注（1）321頁。
[36]　その意味で、2（1）で前出の日本の登録例のうち、香水瓶と椅子のデザインの登録には疑問がある。なお、近年の裁判例の傾向に照らせば、これらには著作物としての保護も考えられるであろう。
[37]　渋谷先生が提唱された転移説という考え方がある（渋谷・前掲注（34）347頁、安原正義「商標法3条2項より登録を受けた商標権に関する一考察」知財管理63巻5号677～678頁）。出願商標と組み合わせて使用されている商標が識別性の高いハウスマークであって、出願商標と同一類似の商標を競争者が使用してこなかった場合などには、ハウスマークの識別性が出願商標に転移することがあるというが。しかしこれは、2015年欧州判決および日本の最新の審査基準の考え方とは、相容れないように思われる。

用態様がKitKatの文字商標を伴うものであったこと、特に、商品自体に同文字商標の刻印があったことから、出願人にそれ抜きでも識別性があることの証明を求めたものと思われる。

英国での裁判において、Nestlé社は需要者へのアンケート結果を提出し、商品の立体的形状が半数以上の需要者にKitKatという商品を想起させるので、使用による識別性の獲得が認められると主張したが、英国高等法院は認めなかった。これは当然であろう。出願人は立体的形状について、文字商標の商標権に加えて、いったん成立すれば文字商標より広範囲に他人の行為を制約しうる商標権を持とうとしている。そのような場合に、需要者が立体的形状から想起するのは、当該立体的形状と共に出願人が長年使ってきた文字商標では足りず、出願にかかる商品の出所としての出願人の名称そのものでなければならない。

使用による識別性の有無を決めるには、アンケートなどの実証的な調査が必要不可欠であり、日本の3条2項の審査便覧（前掲注（20））に例示された5つの証拠方法にも、需要者に対するアンケートが含まれている。文献には、ひよ子事件[38]の事案に照らして、競合商品の発売地域を含む全国で、需要者に対し、出願にかかる立体的形状のみを見せてどこの会社のものかを問うなどバイアスのかからない質問をし、その結果、50％から70％以上の者が「株式会社ひよ子」と回答した場合には、文字商標とは別に本件立体商標に出所識別力を認めても問題ないとするものがある[39]。

前述の一橋大・台北大合同ゼミでは、日本で現在販売されている2本指KitKatの立体的形状のみ（KitKatの文字刻印なし）が出願されたらどうなるかを検討した。その発表の中に、2015年12月22日～2016年1月23日の間、インターネットに当該立体的形状の写真を掲載し、製造元の名を自由記述で答えさせたウェブアンケートの結果発表があった。これには300票が集まり、そのうち38％がネスレと正しく答えたに過ぎなかった。KitKatと答えたのが10％、それ以外のメーカー名を答えたのが18％、わからないは34％あった。日本では、登録の可否は3条1項3号を経て3条2項の問題となろう（仮に4条1項18号が問題となっても、2015年欧州判決の考え方に照らせば不適用となろう）。そ

---

[38] 知財高判平成18年11月29日平成17（行ケ）10673裁判所HP。
[39] 青木・前掲注（21）705頁。

して、このアンケート結果は、3条2項の適用を疑わせる資料となろう。

　立体的形状や新しいタイプの商標などに商標概念が拡大されていく背景には、企業からのニーズはもちろん、職域を拡大したいという弁理士層の思惑があるとも指摘される[40]。それらに公衆が振り回される必要はない。商品の立体的形状の商標登録が認められるのは、それが需要者から見て現実に自他商品識別の手がかりになっている場合、すなわち、商品の立体的形状が、売り場で実際に需要者の目に触れる場合に限られるべきであろう。

　文字商標と共に用いられている場合に、立体商標登録を一切認めないのは行き過ぎである。しかし、使用の際には文字商標が付されているにもかかわらず、3条2項を経て立体商標の登録が認められるのは、文字商標がハウスマークでもあり、長年同一の者に用いられてきた場合に限るべきではないだろうか。実際の登録例（2（1）参照）のうち、マグライト事件、ヤクルト事件、コカ・コーラ事件はその例である。このうちマグライト事件は商品そのものの形状、他の2つは商品の容器の形状にかかわる。

　なぜそう考えるかというと、需要者が立体的形状から想起するものが文字商標であっても、文字商標が同時にハウスマークでもあれば、結局、立体的形状から常に出所が識別できているからである。また、文字商標が長年同一の者に用いられてきている場合に限ることにより、資金力に物を言わせた大量広告宣伝ではなく、企業規模の大小にかかわらずなされうる、長年にわたる営業努力が報われることになる。

　商標法は、Nestlé社のようなグローバル企業が、商品のジャンルやコンセプトを独占するための道具ではない。その意味で、2016年英国・2015年欧州両判決を支持する。また、日本においても、KitKatの立体的形状のみの商標登録は認められるべきではないと考える[41]。

---

[40] 渋谷・前掲注（34）323頁。
[41] 実際に登録されているのは、1本指かつKitKat文字商標刻印入りの立体的形状（国際登録751068）である。

新・商標の類似に関する裁判例と最高裁判例
－最近の商標の類否裁判例と最高裁判例の再考－

工 藤 莞 司

はじめに

　最近、商標法4条1項11号に係る事案の審決が、知財高裁で取り消される例が多い。特許庁が商標類似と判断したものが非類似と判断されて、少なくない審決が取り消されている。審決の取消しは想定内ではあるが、それが従来の特許庁や東京（知財）高裁の類似判断例とは明らかに異なり、繰り返されるときは、法的安定性のみならず、予測可能性を失うことになる。判決は複数の最高裁判例を引用して、しかも、その取消原因が個別具体的な取引の実情に基づくものが多い。また、結合商標については、その一部をもって類否判断をする観察手法を否定して従来とは異なる観察手法を採用していることも見逃せない。

　かつて渋谷達紀教授は、『「商標および商品の類似範囲」という問題は、これは商標制度のアルファでありオメガである…制度の運用がうまくいくかどうかのポイントも、類似概念の解釈、運用のいかんにかかっている面がある。』とおっしゃっていた（特許ニュース　昭和53年8月4日号）。渋谷教授は、「商標法の理論」（東京大学出版会、1973年）や「知的財産法講義Ⅲ第2版」（有斐閣、2008年）等を著して研究を継続され制度発展に尽くされたが、一昨年急逝されて、間もなく三回忌を迎える。

　以下は、拙稿「商標の類似に関する判例と最近の知財高裁裁判例」（日本ライセンス協会誌Vol53.No2.15頁以下）に加筆、訂正し裁判例は最新のものと代えたものである。

1．最高裁判例とその再考

　商標法4条1項11号（以下「商標法」は略し条文のみとし、また本号は「11号」と略）に係る商標の類否判断の際に殆ど例外なく引用されるのが、「氷山印事件」判例（最判　昭和43年2月27日　昭和39年(行ツ)第110号　民集22巻2号399頁）である。その上に、結合商標である場合には、「リラ宝塚事件」判

例（最判　昭和38年12月5日　昭和37年（オ）第953号　民集17巻12号1621頁）及び「**セイコーアイ事件**」判例（最判　平成5年9月10日　平成3年（行ツ）第103号　民集47巻7号5009頁）であり、最近は、「**つつみのおひなっこや事件**」（最判　平成20年9月8日　平成19年（行ヒ）第223号　裁判集民事228号561頁）判例も加わり、その結果、後掲2に掲げた知財高裁各裁判例では、特許庁が商標類似と判断したものが非類似と判断されて審決が取り消されている。

まず、最高裁判例の中から、「氷山印事件」、「セイコーアイ事件」及び「つつみのおひなっこや事件」各判例について、再考したい。

（1）「**氷山印事件**」判例は、商標の類否は、対比される両商標が同一又は類似の商品に使用された場合、商品の出所の混同を生ずる虞があるか否かで決すべきで、また、商標の外観、観念又は称呼の類似は出所の混同の虞を推測させる一応の基準にすぎない、としたものである。この判例は、当該両商標の実際の使用を前提としており、未使用商標を含めた類否判断基準ではない。

具体的には、「商標の類否は出所の混同の虞があるか否かを基準とする」、「指定商品の具体的な取引の実情に基づく」、そして、「外観、観念、称呼等によって取引者に与える印象、記憶、連想等を総合して全体的に考察」し、「外観、称呼又は観念上類似は出所の混同の虞を推測させる一応の基準」としている。考慮される取引の実情からは、局所的あるいは浮動的なものは除かれ、そして、一方の商品の取引の実情を考慮するだけでは足りない（渋谷「判例百選15商標の類否判断基準」32、33頁有斐閣、2007年）。裁判所も、これらの中で、出所の混同の虞については、「指定商品の具体的な取引の実情に基づく」としているが、直後に「氷山印事件」判例のいう取引の実情とは指定商品全般の一般的、恒常的なものと解した直後の最高裁判決（「保土ヶ谷化学社標事件」）があり、『商標の類否判断に当たり考慮することのできる<u>取引の実情とは、その指定商品全般についての一般的、恒常的なそれを指すものであって</u>、単に該商標が現在使用されている商品についてのみの特殊的、限定的なそれを指すものではないことは明らかであり、<u>所論引用の判例（引用者注「氷山印事件」）も、これを前提とするものと解される。</u>』（最判　昭和49年4月25日　昭和47年（行ツ）第33号　審決取消訴訟判決集昭和49年443頁）と判示している。

しかし、前掲判例では、指定商品の具体的な取引実情とあるのに、東京高裁（知財高裁）では、当該商標に係る個別具体的（周知・著名性を含む。渋谷前

掲評釈も同旨である。）を含めて解する裁判例と、当該指定商品・役務に係る一般的な恒常的なものと解する裁判例に分かれている。後掲2の知財高裁各裁判例は殆どの場合前者の立場から引用し、指定商品・役務のみならず、当該各商標の個別具体的な取引の実情、すなわち当該商標の使用状況までを認定して、商標の類否を判断している。

　この立場とするときは、特に無効審判やその取消訴訟において、過去の使用事実の立証が必要となって、民事的紛争や先使用主義下の争いと似たものに成りかねない。田村善之教授も、特に混同の虞なしとして非類似の結論を導く際の具体的な取引の実情の考慮は、15号に加えて11号を設けた趣旨に反しようとする（田村善之「商標法概説第2版」弘文堂、平成12年118頁）。

　後者の立場からの最近の裁判例としては、「CIS事件」（知財高判　平成20年12月25日　平成20年（行ケ）第10285号　知的財産権判決速報405－15517）がある。『…商標の類否判断に当たり考慮すべき取引の実情は、当該商標が現に、当該指定商品に使用されている特殊的、限定的な実情に限定して理解されるべきではなく、<u>当該指定商品についてのより一般的、恒常的な実情、例えば、取引方法、流通経路、需要者層、商標の使用状況等を総合した取引の実情を含めて理解されるべきである</u>（最高裁判　第一小法廷昭和49年4月25日判決・昭和47年（行ツ）第33号参照）。原告主張に係る取引の実情は、いずれも、現在の取引の実情の一側面を今後も変化する余地のないものとして挙げているにとまるものであって、採用の余地はない。』（前掲「CIS事件」）とする。同旨の裁判例として、「サンヨーシンパン事件」（知財高判　平成18年2月16日　平成17年（行ケ）第10618号　速報371-13563）、「青葉事件」（知財高判　平成19年5月29日　平成18年（行ケ）第10480号　速報386-14360）、「マキシマム事件」（知財高判　平成26年5月21日　平成25年（行ケ）第10345号　速報470-19074）等がある。

　なお、本判例は、旧商標法2条1項9号（現11号相当）についての判例であり、同法11号（現15号相当）と重複適用ありとの解釈下であるため、商標の類似の判断においては、「出所の混同の虞」及び「指定商品の具体的な取引の実情の考慮」を基準とすることが出来たが、11号と15号との適用関係を明確に区別している現行法下では、妥当するかという問題が残るといえよう（田村・前掲書も特にこの点を指摘される。）。

(2)「セイコーアイ事件」判例は、指定商品中の「眼鏡」に係り、「SEIKO EYE」については、支配的な印象を与える「SEIKO」と一般的、普遍的な印象を与える「EYE」とに分離して、後者よりは称呼、観念は生じないと判示した判例であり、結合商標について、分離乃至は要部観察の基準を示したものとされる。

　この判例は、結合商標について、「支配的な印象を与える文字部分」と「一般的、普遍的な印象を与える文字部分」とに分けられる場合は、分離乃至要部観察が許され、しかもこの場合は後者のみからは称呼、観念は生じないとしたものである。識別性や出所表示機能性及び要部の語を使用していないため、分かりにくい判示となっている。この場合でも、分離等の可否は絶対的な差異ではなく、指定商品との関係で、かつ、『…「SEIKO」との対比において』相対的に「支配的な印象を与える文字部分」と「一般的、普遍的な印象を与える文字部分」とに分離し得るとしているものである。指定商品「眼鏡」以外の商品については、この判示は妥当せず、別観察可能ということになる。

　この判例の前に、結合商標の類否判断においては、経験則上から分離乃至要部観察を許容した前掲「リラ宝塚事件」判例の外、自ら要部観察をして原審を覆した「橘正宗事件」判例（最判　昭和36年6月27日　昭和33年（オ）第1104号民集15巻6号1731頁）があり、これらを前提とすべきことになる。

　そして、この判例は、結合商標一般の判断基準を示したものではなくて、その事案から著名商標との結合の場合に係るものと限定した読み方があり、一般化すれば、他人の商標を結合商標の要素として用いることにより他人の商標を結合商標の一部として取り込み登録を受ける途を開くことに通じることになるとの指摘がある（後藤晴男「著名商標との結合商標の類否」特許研究No,18 45頁）。最近の後掲2.の知財高裁各裁判例の結論をみれば、そのような読み方に妥当性を覚える。

(3)「つつみのおひなっこや事件」判例は、前掲「セイコーアイ事件」判例基準に基づいて、指定商品「土人形」に係る登録商標「つつみのおひなっこや」について、分離して類似の判断をした知財高裁判決を破棄して差戻したものである。

　この判例は、単に、前掲「氷山印事件」、同「リラ宝塚事件」及び同「セイコーアイ事件」各判例を引用して、後者の判例基準に従い、指定商品「土人形」に

係る商標「つつみのおひなっこや」の分離観察を否定して、これを肯定した原審を覆し破棄したもので、目新しい判示は見当たらない。しかも、「氷山印事件」等判例とは最高裁の登載判例集も異なるのに、これが多くの後掲2.知財高裁各裁判例では何故判例として引用されるのか不明で、そのような内容でもない。精々「セイコーアイ事件」判例を整理して確認したにすぎない。知財高裁でも、事例的色彩が濃いとする読み方もある（飯村敏明「商標の類否に関する判例と拘束力」L＆T52号53頁）。現知財高裁は、原審破棄に過剰反応していると思われる。

前掲各最高裁判例の拘束力の有無、射程については、飯村敏明「判例の読み方と先例拘束力について」松田治躬先生古稀論文集18頁以下が詳しい。そして、裁判所も、将来の事象を予測した上で、事実認定をすることは通常行われているという（飯村・前掲論文集25頁）。

（4）下級審での前掲判例の扱いの経緯

前掲各判例は、今や殆ど例外なく商標の類否判断に先立ち引用されるが、何時頃から判例として、高裁判決等に影響を与えるようになったのか調べてみた。「氷山印事件」判例については、LEXDBインターネット検索によれば、昭和年代では1件で、平成10年以降に頻繁に引用されるようになったことが判明した。このDB情報が正しいとすれば、判決が下された後数年は判例として扱われなかったのか又は適切な事案がなかったかいずれかであろう。因みに、網野誠著「商標（新版増補）」（有斐閣、平成元年発行）でも、称呼非類似の一事例として掲載されているだけである（同書402頁）。

「セイコーアイ事件」判例については、私は一事例判決と誤解していたが大分経ってから突然高裁判決に引用され出して（前掲DBでは平成17年が最初の引用）、現在では、結合商標に係る判例として、前掲「氷山印事件」判例及び「リラ宝塚事件」判例と並んで頻繁に引用されるに至っている。そして、これらに前掲「つつみのおひなっこや事件」判例も加わるというのである。

商標法のユーザーは裾野が広く、地方の菓子屋の店主もその一人と良く例に出される。商標登録出願をして、審査や審判で争うときに、判例の知識まで求めるのは酷で、そのために弁理士や弁護士が存在するといわれる。しかし、常に当該需要者の目線で判断すべきなのに、判例を持ち出さないと商標の類否判断が出来ず、また結論が変わり得るというのでは専門化、高度化し過ぎではな

いだろうか。審判や、特に知財高裁まで争う事件は全体のごく僅かである。ましてや最高裁判例の扱いが民集登載かそれ以外登載かで、判例の射程等が違うことまではどうだろうか。特許庁が屡々引用し、高裁でも支持、引用されたことのある前掲「保土ヶ谷化学社標事件」判決は、各最高裁判例集には未登載である。

2．最近の類否判断裁判例とその検討
（1）「REEBOK ROYAL FLAG事件」

　最近の商標の類否判断をした審決取消訴訟の裁判例に、「REEBOK ROYAL FLAG事件」裁判例がある。『本願商標は、「REEBOK ROYAL FLAG」の文字を横書きして成るものであり、…、その外観上、「ROYAL FLAG」の文字部分だけが独立して見る者の注意をひくように構成されているということはできない。

　そして、「ROYAL FLAG」の文字部分は、それ自体が自他商品を識別する機能が全くないというわけではないものの、商品の出所識別標識として強く支配的な印象を与える「REEBOK」の文字部分との対比においては、取引者、需要者に対し、商品の出所識別標識として強く支配的な印象を与えるものであるということはできない。

　したがって、本願商標の構成のうち「ROYAL FLAG」の文字部分だけを抽出して、引用商標と比較して類否を判断することは相当ではない。』（審決取消し　知財高判　平成28年1月20日　平成27年(行ケ)第10158号）

　分離観察をして商標類似と判断した審決を、知財高裁は、型どおり、「セイコーアイ事件」判例等を引用し、従い、分離観察を否定して、非類似と判断し審決を取り消した。しかし、本願商標中の「ROYAL FLAG」の文字部分については、識別力は弱いとは認定しているが一般的、普遍的な部分と迄は認定していない。また「REEBOK」と「ROYALFLAG」との間に1文字分のスペースがあり、「つつみおひなっこや事件」とは同じではない。その上、引用商標については、具体的な取引の実情の認定の形跡はない。そうとすれば、非類似の判断に都合のよい事実・事情のみを考慮し、判例の影響力に頼ったと見られないではない。

　右掲の図形の上下に横書きした「Reebok」と

「ROYAL FLAG」に係る出願商標についても、同旨の判断をして商標非類似と判断している(知財高判　平成28年1月20日　平成27年(行ケ)第10159号)が、「セイコーアイ事件」、「つつみおひなっこや事件」判例が裁いた事案とは、商標の構成態様が明らかに相違して、射程外の事案であろう。

(2)「湯〜トピアかんなみ侵害事件」

　最新の侵害事件で、役務に係る商標の類否が争われて、一審は類似、二審・知財高裁では非類似と判断された「湯〜トピアかんなみ侵害事件」(東京地判　平成27年2月20日　平成25年(ワ)第12646号　速報480-19607、控訴審知財高判　平成27年11月5日　平成27年(ネ)第10037号　速報488-19986)がある。どちらも、型どおり前掲各判例が引用されたが、判断相違の理由は、結合商標に係る支配的印象を与える部分か否かの認定及び具体的な認定取引の実情の差である。

　本件事案は、役務「入浴施設の提供」に係る商標権（登録第3112304号）を有する原告が、静岡県田方郡函南町所在被告運営の入浴施設で使用する標章「湯〜トピアかんなみ」（右掲図）が原告登録商標（左掲図）に類似し、被告標章の使用は原告商標権を侵害すると主張し、被告に対し、標章使用の差止め及び損害賠償を求めたものである。

　第一審裁判所は、原告商標及び被告標章からは同一の称呼及び観念が生じること、その外観上も類似性を有することに加えて、全国の入浴施設については、同一経営主体が各地において同様の名称を用いて複数施設を運営していることも考慮すると、原告商標と被告標章との外観上の相違点、原告施設と被告施設所在地、施設性格及び利用者層が異なること、原告施設及び被告施設のほかにも「湯ーとぴあ」に類する名称を用いた施設が全国に複数存在する事情を斟酌したとしても、原告商標と被告標章が、入浴施設の提供の同一役務に使用された場合には、需要者において、その役務の出所について誤認混同を生ずるおそれがあるというべきであるとして、両者の類似を認め、侵害を肯定した。

これに対して、控訴審知財高裁は、被告標章の前方の「湯～トピア」の部分は、入浴施設の提供という役務との関係では、自他役務の識別力が弱いというべきであるから、強く支配的な印象を与えるということはできない。
　原告商標と、被告標章のうち強く支配的な印象を与える部分「湯～トピアかんなみ」とを対比すると、原告商標からは「ラドンケンコウパレスユートピア」の称呼及び「ラドンを用いた健康によい温泉施設であって理想的で快適な入浴施設」という程度の観念が生じ、被告標章からは「ユートピアカンナミ」の称呼及び「函南町にある、理想的で快適な入浴施設」という程度の観念が生じることが認められるから、原告商標と、被告標章の強く支配的な印象を与える部分とは、称呼及び観念を異にするものであり、また、外観も著しく異なるものである。
　その上、いずれも「ユートピア」と称呼される「湯～とぴあ」又は「湯～トピア」が含まれることを考慮しても、「湯ーとぴあ」、これに類する名称を用いた施設が全国に相当数存在すること、被告施設の所在地などの事情をも考慮すれば、原告商標と被告標章とが、入浴施設の提供という同一の役務に使用されたとしても、需要者等において、出所の誤認混同を生ずるおそれがあると認めることはできない。したがって、被告標章は、原告商標に類似しないとした。
　一審では、被告は、取引の実情として、両者の施設の所在地や性質等を挙げて混同の虞はないと反論したが、裁判所は、「かんなみ」は被告施設所在地を認識させるものと、登録商標は国内全域で効力を有するなどとして斥けている。
　しかし、控訴審では、「かんなみ」も「湯～トピア」も単独では、要部とは言えないと認定し全体観察したため、原告登録商標とは類似しないと判断された。「湯～トピア」も他の多くの使用例等から要部とはなり得ないとしたものである。しかし、称呼・観念のみからの判断で、被告商標の色違いや特異な構成態様は何ら触れられていない。文字商標であっても、「取引上普通に使用されている方法による表示」か否かが問われるべきである（3条1項3号、26条1項2号）。商標は、接する需要者が最初に目に入るのは構成態様であり、外観が重要視されるべきである。
　また、控訴審は『「湯ーとぴあ」、これに類する名称を用いた施設が全国に相当数存在すること』と認定しながら、他方、『被告施設の所在地などの事情』をも考慮すればとしているが、被告の需要者は、「湯ーとぴあ」これに類する名称を用いた施設が全国に相当数存在することは知り得るとは思えない一方

で、「かんなみ」はその所在地・役務提供地であり、全国的視点と地域的視点とで混乱しているとしか思えない。商標法は、役務の提供地名は識別機能を有しないと規定している（3条1項3号）。

結局、控訴審は、サービスの地域性も影響したもので、商標権の効力等からの妥当性が検討されるべきと思う。ネット上の使用や将来的に、施設の増設や近接、また両者の「湯〜とぴあ」、「湯〜トピア」部分が周知・著名性を獲得したときは、別判断になりかねないという問題を孕むだろう。

(3) 同旨の知財高裁裁判例

少し前の同旨の知財高裁裁判例として、「Gold Loan事件」（審決取消し知財高判　平成23年4月27日　平成22年（行ケ）第10326号　速報433-17084）、「潤煌事件」（審決取消し知財高判　平成23年6月6日　平成22年（行ケ）第10339号　速報435-17145）、「アイテック阪急阪神事件」（審決取消し知財高判　平成23年6月28日　平成23年（行ケ）第10004号　速報435-17158）、「炭都饅頭事件」（審決取消し知財高判　平成23年10月11日　平成23年（行ケ）第10174号　速報439-17382）、「ユニヴァーサル法律事務所事件」（審決取消し知財高判　平成23年10月24日　平成23年（行ケ）第10131号　速報439-17365）、「けんしんスマートカードローン事件」（審決取消し知財高判　平成23年11月30日　平成23年（行ケ）第10205号　速報440-17407）、「みらべる事件」（審決取消し知財高判　平成23年12月26日　平成23年（行ケ）第10135号　速報441-17458）がある（拙稿「商標の類似に関する判例と最近の知財高裁裁判例」（日本ライセンス協会誌Vol53.No2.15頁以下））。

3．全体的考察
(1) 登録主義下の商標法4条1項11号

登録主義下では、使用意思のみで登録を認めて（3条1項柱書き、18条1項）、商標権の存在及び範囲を公示し（18条3項、27条、71条、72条）、取引の安全を図っている。そして、審査主義を採用して（15条）、先願に係る他人の登録商標及び指定商品・役務と同一又は類似の関係にある出願商標を排除するのは、出所の混同の防止とともに、既に設定済みの商標権と抵触するもので当然とされる（特許庁編「工業所有権法逐条解説」19版　発明推進協会、2014年1288頁）。

かくして、安定した商標権が設定されて、登録商標の使用を通じて業務上の

信用の形成や維持が図られることになる。このため、商標法は、さらに、審査の上級審として審判制度を設けて審査の過誤を排し（44条）、商標権設定後も、第三者に対して異議申立て及び無効審判請求を認めて（43条の2第1号、46条1項1号）、瑕疵のない安定した商標権の設定を目指している。

　不登録事由である11号に係る商標の類否判断についても、同様で、そこでは行政処分として、公平性や統一性があってこそ、安定した商標権の設定が可能となり、公示情報により予測可能性も伴うことになる。先願に係る登録商標の範囲は法定されている（27条）。登録主義の下で、出願前の使用の立証如何で登録性が左右されることもあるとは考え難い（識別力に係る3条2項は例外である。）。また、審査、審判においては職権主義であり、法も求める処ではない。仮に、出願商標が既に周知・著名性を獲得したものであっても、類似範囲に先願に係る他人の登録商標が存在すれば、当然に11号の適用がある。当該出願人は、事案に応じて、4条1項10号又は15号違反により登録無効審判を経て、登録を受けるのが商標法の想定する処である。

　11号に係る商標の類否判断においては、具体的な混同の虞がなくとも、抽象的な混同の虞があれば足り、商標の類似は否定されない。未使用同士や未使用と使用中、使用地域の違いに係る商標間等の場合でも商標及び指定商品等が同一又は類似であれば、抽象的な混同の虞は生じ得るからである（4条1項15号括弧書き）。安定した商標権の設定が優先し、先願主義の下ではやむを得ない。この意味でも、商標の類否判断基準は、使用・未使用商標共通の基準であるべきで、前掲「氷山印事件」判例の示す取引の実情については、「指定商品・役務全般に関する一般的、恒常的な取引の実情」と解するのが妥当である。

　また、前掲知財高裁各裁判例事案のような本願（本件）商標を登録することは、制度上益するのであろうか。一義的には当該出願人にとっては念願の商標権取得となり、業務上の信用の獲得に向けて使用が可能となろうが、引用商標権者側にとっては、少なくとも自己の登録商標の類似範囲と想定していた範囲内に他人の登録商標が侵入する形になる。この意味では既得権侵害の問題となり、このため、無効審判請求や異議申立てを誘発しかねず、その一方では予防のため防衛的な出願の必要性が生じることは、過去に経験するところである（特許庁「工業所有権制度百年史」下巻　発明協会、1985年548頁以下）。

(2) 商標権の効力範囲と登録商標の類似

　商標権は商標及び指定商品・役務の類似範囲にも効力を有し（25条、37条1号）、登録商標の保護範囲である。そして、全国的に効力を有し、権利者の使用の有無に係わらず相手方の使用の阻止等が可能とされている（36条）。このためにも、11号の趣旨として、既に設定済みの商標権と抵触する商標を登録しないのは当然とされることは前述した。

　また、11号が想定する他人による指定商品・役務についての登録商標に類似する商標等の使用は、出所の混同の虞のある一類型であって、11号は、そのような商標の登録を阻止して、登録商標が有する出所表示機能を妨害する商標の登録を排除するものである。つまり、登録商標の周辺に他人の商標を登録すれば、互いの使用によって、出所の混同の虞が生じて先行登録商標の出所表示機能は稀釈、分散化し、信用の蓄積は果たせず、獲得した信用は損なわれることになる。

　かくして、商標権者は、使用禁止規定（25条、37条1号）と相俟って、指定商品・役務についての登録商標の使用の独占が確保、保証されて、出所表示機能を通じて業務上の信用の蓄積を図ることが可能になり、促進される。したがって、11号に係る商標の類似範囲は商標権者や登録商標のバリアゾーンである（同旨・田村・前掲書118頁）。

　登録商標の保護範囲へ、一時的や局所的に具体的な混同の虞なしとの認定の下、安易な侵入は許されるべきではない。このため、先願に係る商標権者に対しては、異議申立てや登録無効審判請求が認められている（43条の2第1号、46条1項1号）。

(3) 審決とその審決取消訴訟

　審決取消訴訟は、審決の違法性を争い、その有無を審理判断するものである。審決が実体的にも、手続的にも商標法に従ったものか否かが問題とされる（63条）。審決の公正性や透明性が求められて処分の妥当性が重視される（行政手続法（平成5年法律第88号）、77条6項・特許法195条の3）。審決取消訴訟でも、民事的紛争のように取引の実情等商標類否に関する事実の解明ではなくて、その判断の当否が優先すると言えよう。このため、審決取消訴訟に適用されるのは行政事件訴訟法（昭和37年法律第139号）で、職権証拠調べの規定も存している（行政事件訴訟法24条）。しかも、審決が取り消されても、再審決を経な

ければならず、そこでは新たな理由による不成立の再審決も可能とされている（63条2項・特許法181条2項、56条1項・特許法153条）。審決が取り消されても、直ちに事件の解決に結び付くものではない。

　また、商標の類否を争う場合、審決取消訴訟においては、審決が認定、判断した外観、称呼又は観念、指定商品等に係る取引の実情の認定があれば、それらの当否の判断のために、特に原告側が立証することとなるが、勢い審決の取消しを求める原告側は個別具体的な取引の実情までを立証することになりがちであることは否めない。特に最近の知財高裁はこれを許容し、商標の使用状況まで立証を求めて判断していることは前述のとおりで、それでは、例えば、拒絶査定不服審判の不成立審決に対する取消訴訟では、被告が一律に特許庁長官である（63条2項・特許法179条）ことからすれば、ここまでの許容は公平ではなく、法の想定外とも思われる。実際は審判官が指定代理人なるがそれでも、出願人側に比較すれば明らかで、引用商標の個別具体的な取引の実情の収集、立証は困難で、両者平等ではない。

　このように考えると、審決取消訴訟では、当事者に当該商標の使用の状況等、個別具体的な取引の実情について迄逐一立証を求めて、それらのみから実際の混同の虞の有無で商標の類否を審理、判断するのは、馴染むとは思えないし、法も求めるものではないだろう。

　また、商標法上は、商標非類似として審決が取り消された結果出願商標が登録された場合でも、同じ登録商標を引用し11号違反として商標権者や第三者は登録異議申立てや登録無効審判請求が可能とされていること前述した（引用の商標権者等には、行政事件訴訟法32条1項の効力は及ばないとされる。）。

　なお、侵害事件でも、商標の類否は重要な要件ではある（37条1号）が、11号に係る商標の類否判断は侵害における商標の類否のそれとは峻別されるべきである。侵害事件は、民事訴訟であり、当事者間の和解による解決も可能な私的紛争事件で、審決取消訴訟事件とは明らかに異なる。事案も一方又は双方の使用に係るものである。しかし、最高裁は前掲「氷山印事件」判例を商標の類否判断の判例として引用するが、それが限度で先例ともされるべきではない。11号に係る裁判例と侵害裁判例間で互いに先例等になり得るとする見解（武宮英子「商標に関する知財高裁判決の概観」L＆T誌55号22頁外）があるが賛成できない。

(4) 商標の類否判断と予測可能性

　前掲知財高裁各裁判例では、取引の実情として、当該商標の使用状況迄当事者に立証を求めて混同の虞の有無を判断するものが多いが、そのような事実迄が「氷山印事件」判例でいう取引の実情には含まれないと解されるのであって、仮に含まれるとしても、当事者又はその一方しか知りえない事実をもって混同の虞なし、非類似との結論を導くことは、商標の類否判断を不透明にし、法的安定性に反し、予測可能性を著しく欠くものである。

　ユーザーは、出願前に先願に係る登録商標を調査して、抵触する他人の登録商標の存在を確かめ、登録の可否を判断して、不可の場合は出願を断念し又は他の商標の採択を検討することは、無駄な出願を排すると共に、迅速な審査にも寄与し登録主義の長所の一つで、従前から企業活動に組み込まれている。現行商標法の下で、ユーザーが求める予測可能性とは、出願段階での登録の可否であって、審判や訴訟へ至った場合の結論ではないだろう。

　また、前掲知財高裁各裁判例は、前掲「つつみのおひなっこや事件」判例の影響で、要部観察を否定しているが、これまでの多くの審査や審判、裁判例においては、普通に採用されている観察方法であり、要部観察を許容した前掲「リラ宝塚事件」判例があり、その前には、自ら要部観察をして原審を覆した前掲「橘正宗事件」判例がある。特に、事前調査等においては、この判断方法よるときは結論が明確で、得られる結論の精度も高く予則可能性が増すことは疑いない。

まとめ

　前掲知財高裁各裁判例は、当該商標の使用状況を含めた個別具体的な取引の実情を当事者に立証させ、審決時点での混同の虞の有無から商標の類否判断をしたもので、その場限り的であり、他人に係る登録商標の想定される類似範囲への侵入を許すものであって、妥当性があるのか疑問である。また、このような理由等での審決取消しは法的安定性や予測可能性を害するものである。

　知財高裁各裁判例の多くは前掲各最高裁判例を引用するが、「氷山印事件」判例が示す考慮すべき取引の実情については、「指定商品・役務全般に関する一般的、恒常的な取引の実情」と解するのが妥当である（前掲「保土ヶ谷化学社標事件」）。当事者に可能な限り、具体的な取引の実情に係る立証を求め、審決時点での混同の虞の有無からの商標の類否判断は、当該事案のみの紛争解決的な立場に見え、公正性や統一性が求められる行政処分たる審決の違法性を審

査する審決取消訴訟には馴染まないのではないかと思われる。

また、「セイコーアイ事件」判例のいう「支配的な印象を与える文字部分」と「一般的、普遍的な印象を与える文字部分」とは相対的なもので、少なくとも識別性の強弱と解すべきである。特に要部観察の否定については、前掲「つつみのおひなっこや事件」判例に対する過剰反応と言え、同判決には独自の判示部分は見当たらないものである。前掲「橘正宗事件」判例に反しよう。

あとがき

脱稿して感じたことである。審査・審判と裁判では、行政と司法の基本的な立場・性格の相違があり、前者は、制度全般を睨みながら、公平、統一的で安定した処分が要請される。加えて、現実には、大量の既登録商標、出願があり、これらを踏まえた判断が必要となる。更には、過去の判断との整合性や将来の処分への影響も考慮される。

他方、後者は、当該事案の解決に向けて判断しているものと思われる。事案中の争点に対して、当事者の主張、立証に基づき、判例や経験則に従い裁判所の立場からの個別具体的な判断がなされ狭いが深いもので、審決取消訴訟裁判例でも、そのように見えることは前述のとおりである。

そうすると、前掲の私見は的外れで、法的安定性重視か、それとも具体的妥当性の追求かという互いに相容れない大きな隔たりが存在するのではとの疑念が生じてしまった。

それでも、商標法が求める商標の保護とは何かを前提とし、そのための仕組み等制度全般を見渡して、あるべき姿を追求し、それに向けて判断すべきであろう。

なお、初稿時、知財高裁第4部の次の裁判例に接した。『イ　原告は、本願商標及びリズム時計による引用商標の使用状況からも、出所混同のおそれはないものということができ、現に、原告又はコールマンジャパンに対して出所混同に関する苦情は寄せられていない旨主張する。

しかし、<u>商標法4条1項11号に係る商標の類否は、商標の登録の可否に関わる要件であるから、上記類否を判断する際に考慮すべき取引の実情は、特定の商品等に関わる個別的な事情や、一時的な事情ではなく、当該指定商品全般についての一般的、恒常的な取引の実情であると解すべきであるところ</u>、原告の

主張に係る本願商標及びリズム時計による引用商標の使用状況は、これに当たらない。また、原告又はコールマンジャパンに対して出所混同に関する苦情が寄せられていないとしても、現実に出所混同が生じることは商標法4条1項11号に該当する要件とされていないから、出所混同のおそれを否定することはできない。(中略)

　エ　原告は、本件審決のとおり、本願商標と引用商標が類似するとしても、原告の商品の出所について誤認混同が生じることはない旨主張する。
　しかし、商標法が先願主義をとる以上、先に出願・登録された引用商標と類似する本願商標は、商標法4条1項11号に該当するものといわざるを得ない。』
(「Coleman事件」知財高判　平成28年3月16日　平成27年(行ケ)第10193号)

商標の同一乃至同一性について

安 原 正 義

　商標の同一乃至同一性は、商標法上各条文で問題となるが、商標の同一乃至同一性について議論がなされる商標法3条2項を中心として、更に商標の機能との関係について検討する。

第1　商標法3条2項に関する「転移説」について

　商標法3条2項に関する「転移説」は、「実際に使用されてきた商標と出願商標とがきわめて近似したものであるときは、前者について形成された識別力（セカンダリ・ミーニング）は後者に転移することがある。」とする[1]。

第2　商標法3条2項に関する拙論「あふれ説」の要約

　商標法3条2項に関する拙論（以下「あふれ説」という。）は[2]、「転移説」を具体的に展開したものと位置づけられると考える[3]。「あふれ説」を要約すると、以下となる。
1．商標法3条2項は、出願商標が指定商品・役務について自他商品識別性を獲得するに際して使用された商標、商品・役務内容までは規定していない。

---

[1] 渋谷達紀《判批》「『ジョージア』は、紅茶、コーヒー、ココア、コーヒー飲料、ココア飲料の地理的出所表示に過ぎないか」発明82巻10号（1985年）100頁、渋谷達紀『知的財産法講義』Ⅲ 第2版（有斐閣、2008年）347頁
[2] 安原正義「商標法3条2項により登録を受けた商標権に関する一考察」知財管理5月号63巻5号（2013）677頁、土肥一史「新商標の識別性と類似性」小泉直樹＝田村善之編『中山信弘先生古希記念論文集（はばたき－21世紀の知的財産法）』（弘文堂、2015年）779頁は、拙論に「あふれ説」と命名され「あふれ説」と渋谷達紀教授の「転移説」との理論的関係を説明する。土肥一史『商標法の研究』（中央経済社、2016年）69頁。外川英明《判批》「標準文字『あずきバー』からなる商標が指定商品『あずきを加味してなる菓子』に使用された結果、需要者が何人かの業務に係る商品であることを認識することができるに至ったものと認められた事例」判時2199号（2013年）162頁。同旨と思われる。
[3] 2013年度日本工業所有権法学会懇親会において「転移説」と「あふれ説」との関係について渋谷教授から賛意を得た。

2．自他商品識別性の有無は、宣伝広告量等を含めた商標使用を総合考慮して判断される[4]。

　使用商標と出願商標、あるいは使用商品・役務と指定商品・役務との同一乃至同一性は、使用の結果、自他商品識別性が指定商品・役務、出願商標のどこまで及んでいるかを総合考慮、全体観察する上での一つの基準となる[5]。同一乃至同一性という単一の基準だけでは、自他商品識別性獲得の判断基準として充分とはいえないと思われる。

　商標の使用の結果自他商品識別性獲得が指定商品・役務にまで及んでいれば指定商品・役務が使用商品・役務よりも広くとも登録を認めるのは妥当である[6]。使用商標と出願商標とが多少異なっても同様である。

　商標の類否について総合考量、全体観察を求める考えは、商標の評価の点において商標の性質、生理、機能に基づくものだから自他商品識別性獲得判断に於いても援用されると思われる[7]。

3．商標審査基準が用いる同一性概念自体、既に同一では説明できなくなっていることを表している[8]。使用された商標、商品・役務についてだけ保護するのであれば、同一について保護すればよいはずである。同一では説明し切れなくなったので、同一性なる概念を持ち出したと思われる。

4．使用商標及び使用商品・役務そのままで商標登録出願すれば、自他商品識別性の獲得の立証が容易であるが、使用商標、使用商品・役務と異なる商品・役務について商標登録出願すれば立証が容易ではなくなる。いずれにしても立証の問題である。

5．「Georgia事件」[9]を例にとると、指定商品「コーヒー」について使用により

---

[4] 髙部眞規子『実務詳説 商標関係訴訟』（金融財政事情研究会、2015年）225頁「使用開始時期、使用期間、使用地域、使用態様、当該商品の販売数量又は売上高等、当該商品又はこれに類似した商品に関する当該標章に類似した他の標章の存否などの事情を総合考量して判断されるべきである。」とする。

[5] 髙部・前掲注4、225頁。3条2項の判断手法は、不正競争防止法2条1項1号の周知表示の認定手法と共通性があるとする。

[6] 髙部・前掲注4、225頁。「あたかも不正競争防止法上の周知商品表示が、全く同一の商品に使用された場合だけでなく、これを含む商品や類似の商品に使用された場合にも、混同を生ずるおそれがあるとして不正競争行為とされる場合を想起される。」とする。

[7] 最判昭和43年2月27日 昭和39年（行ツ）110号 民集第22巻2号399頁「しょうざん事件」、最判平成20年9月8日 平成19年（行ヒ）223号集民第228号561頁「つつみのおひなっこや事件」

[8] 『商標審査基準［改訂第11版］』（特許庁編 発明推進協会、2015年、以下『商標審査基準［改訂第11版］』という）36頁

自他商品識別性を有すると判断されている。しかし、実際に使用されている商品は、例えば、ブラジル産コーヒー豆○○％、グアテマラ産コーヒー豆○○％のブレンドのコーヒーなど、もっと具体的な商品のはずである。判決は、商標使用の結果どこまで自他商品識別力が及んでいるかの観点から、上位概念の「コーヒー」にまで自他商品識別性が及んでいると判断したと考えることができる。

同一乃至同一性の概念自体、特定の判断基準をとることにより、また特定の判断目的から判断することによって異なってくるといえる。

6. 商標審査基準は、商標法3条2項は同3条1項の例外だから厳格にとの考えに基づき、出願商標及び指定商品・役務と使用商標、使用商品・役務の同一乃至同一性を要求しているものと思われる。

しかし、そもそも、商標法3条において何が原則で何が例外なのかは、検討する必要がある。商標法3条全体は自他商品識別性を有する商標を保護すると規定しているだけで、1項では本来的自他商品識別力を有する商標について規定し、2項では本来的自他商品識別力は有しないが、使用の結果自他商品識別力を獲得した商標について規定していると考えることも可能である[10]。

本来的であるか否かを問わず自他商品識別性を有する商標を区別する理由は無いと思われる。例外規定だから厳格にとの原理にしたがい、商標法3条2項の解釈において、出願商標、指定商品・役務は、使用商標と同一乃至同一性の範囲とするとの論はあまりにも大雑把すぎると思われる。

第3 「転移説」および「あふれ説」の図示説明

「転移説」および「あふれ説」の内容を「Georgia事件」[11]を例にとった図示に基づき説明する。図1に示されるように、使用商品・役務と使用商標とでx軸、y軸を構成し、自他商品識別性をz軸とする三次元空間内にあらわされた、自他商品識別性の広がりを量としてあらわす円錐形モデルとして両説は表される。使用された商標、商品・役務では自他商品識別性は高いが、使用商標等から遠ざかるに従い自他商品識別性は減衰する。商標と商品・役務に積層される自他商品識別性量を積算する。但し、具体的な使用商標、使用商品・役務はそ

---

[9] 東京高判 昭和59年9月26日 昭和58年（行ケ）第156号 無体集16巻3号660頁
[10] 大西育子「商標の本来的識別力と使用による識別力」本書395頁
[11] 前掲・注9 東京高判 昭和59年9月26日

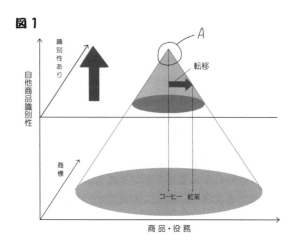

図1

図2 （A部分拡大図）

れぞれ異なっているから、拡大図である図2に示されるように、円錐形の頂点は拡大すれば八ヶ岳のように凹凸がある。「あふれ説」では、「転移説」は図中矢示される商品「コーヒー」から商品「紅茶」への自他商品識別性の転移現象として位置づけられる。

　自他商品識別性をいわば定量的なものとしてまた、動的なものとして把握しようとするものでもある。保護に値する自他商品識別性レベルにある商品・役務と商標の範囲であれば、保護に値することになる。夜の街灯の光の及ぶ範囲のイメージでもある。

　自他商品識別性は使用されるほど量が拡大し、使用されなくなれば萎んでいき、時間により円錐形は波動して変化する。

第4 商標法3条2項関係の改訂商標審査基準（第11版）について

新しいタイプの商標（動き商標、ホログラム商標、色彩のみからなる商標、音商標、位置商標）に係る商標法改正施行（平成26年法律第36号）に伴い、『商標審査基準［改訂第11版］』が公表された[12]。

『商標審査基準［改訂第11版］』によれば、商標が自他商品識別性を獲得して商標法3条2項を「適用して登録が認められるのは、出願された商標及び指定商品又は指定役務と、使用されている商標及び商品又は役務とが同一の場合のみとする。」（括弧内省略）としたうえで[13]、出願商標と使用商標の同一性について、新しいタイプの商標では、「使用商標中に、出願商標の構成要素以外の要素が含まれているが、出願商標部分のみが独立して自他商品・役務の識別標識として認識されると認められる場合。」とする[14]。

『商標審査基準［改訂第11版］』の説明では、自他商品識別性を有する商標であるには出願商標と使用商標の商標・役務の同一乃至同一性が必要であるとしながら、同一乃至同一性は自他商品識別性で判断するとしており、全体としては「自他商品識別性を有する商標は自他商品識別性を有する」と言っているにすぎず、トートロジーである。

第5 従前の「出願商標と使用商標の同一」による自他商品識別性判断基準の破綻

従来特許庁は、審査、審判を問わず、商標法3条2項を適用して登録が認められるのは、「出願された商標及び指定商品又は指定役務と、使用されている商標及び商品又は役務とが同一の場合のみとする。」との見解を維持してきた。

新しいタイプの商標の商標法3条2項適用についてトートロジーに至ったのは、自他商品識別性獲得の判断基準としての、使用商標と出願商標の同一乃至同一性という理論は新しいタイプの商標については、破綻したことを示している。

従来の商標についても、商標審査基準理論の破綻を前提とする判決例も存す

---

[12] 前掲注8『商標審査基準［改訂第11版］』
[13] 前掲注8『商標審査基準［改訂第11版］』36頁、第3条第2項（使用による識別性）2.（1）
[14] 前掲注8『商標審査基準［改訂第11版］』38頁、4.動き商標の出願商標と使用商標の同一性について、（1）同一性が認められる例、以下、5.ホログラム商標、6.色彩のみからなる商標、7.音商標、8.位置商標についても同様

る[15] [16]。

第6　特許庁の今後の運用

　『商標審査基準［改訂第11版］』の作成は、商標実務家の参加するワーキンググループでおこなわれた。パブリックコメントにも付されたが、トートロジーについての質問も公表された範囲ではあらわれていない[17]。商標実務家も結論としては妥当と判断したものと思われる。

　特許庁の運用は、従来の経緯からして、今後も、自他商品識別性の判断基準として同一乃至同一性を維持せざるを得ないであろうから、既に商標の同一を拡張した同一性を、今後は更に拡張して対応するしかないであろう[18]。同一乃至同一性の概念の中にいろいろな要素を取り込まなくてはならなくなり、判断基準としては更に不明確となろう。商標の類似について裁判例が重ねて指摘する総合判断、全体観察の考え方に反するものであるから、いづれ収拾がつかなくなるであろう。今後は審決例の中身にまで踏み込んだ検討が必要となる。

第7　「転移説」及び「あふれ説」への批判（1）商標審査基準説からの批判

　商標審査基準と同趣旨の見解から、「転移説」及び「あふれ説」への批判がある[19]。商標審査基準の有する問題点については既に指摘した。

---

[15] 安原・前掲注2、677頁

[16] 知財高判平成23年4月21日 平成22年（行ケ）第10366号判時2114号9頁「ジャンポール・ゴルチエ事件」、知財高判平成24年9月13日 平成24年（行ケ）第10002号「KAWASAKI事件」判時2166号131頁、知財高判平成25年1月24日 平成24年（行ケ）10285号判時2177号114頁「あずきバー事件」、知財高判平成19年10月31日 平成19年（行ケ）10050号裁判所ホームページ「DB9事件」

[17] 「『商標審査基準』改訂案（平成26年特許法等の一部改正対応）に対する意見募集の結果について 平成27年3月2日 審査業務部商標課 商標審査基準室 3.主な御意見の概要及び御意見に対する考え方」、「『商標審査基準』改訂案（平成26年特許法等の一部改正対応）に対する御意見の概要及び御意見に対する考え方について」、
https://www.jpo.go.jp/iken/shohyo_141225_kekka.htm〉

[18] 工藤莞司『商標審査基準の解説《初版》』（発明協会、1991年）72頁。商標審査基準と同一の見解に立つものであるが、「使用を前提として登録が認められるのであるから、当然と言えば当然であるが、…商標については、その類似範囲は勿論、いわゆる同一性の範囲についても認められない。」、「商品についても同様であって、使用による自他商品の識別力が認められるのは、使用に係る商品でいわゆる『単品』が原則である。」としていたが、第3版増補版以降ではこれらの記載はされず微妙に見解を変えている。

第8 「転移説」及び「あふれ説」への批判（2） サーチコスト理論からの批判

サーチコスト理論の立場から、「転移説」「あふれ説」を批判する見解がある[20]。

1．サーチコスト理論について

サーチコスト理論とは、「商標の本質的な機能が需要者のサーチコスト（製品探索コスト）の削減であることを前提とする理論一般をいうものとする。」とする[21][22]。

サーチコスト理論では、サーチコスト削減効果が等価であれば、本来的に識別力を有している商標であろうが、使用により識別力を有した商標であろうが、原因を問わず等価とされると思われる。サーチコスト理論自体は本来、「転移説」、「あふれ説」あるいは商標審査基準説に対してニュートラルな立場と思われる。

2．サーチコスト理論による商標法3条1項の理解（識別力の程度）について

サーチコスト理論では、識別力の程度を問題とするとされる[23]。サーチコスト理論では、周知性あるいは著名性に対比されるような、自他商品識別性の有無を問わず自他商品識別性にもレベルがあること、自他商品識別性を有しない、いわば水面下でも自他商品識別性に強弱があることを指摘した点に特徴の一つ

---

[19] 小川宗一《判批》「『あずきを加味してなる菓子』を指定商品とする『あずきバー』という標準文字からなる商標の登録出願について、商標法3条2項の適用を認め、特許庁の拒絶審決を取り消した事例」日本大学知財ジャーナル 7,75-84 2014/03/15(2014年)83頁。商標審査基準を引用し、出願商標と使用商標、指定商品と使用商品の同一性の判断基準は厳格にすべき、「実際に使用された商標、使用された商品を超えた範囲については、識別力が発揮されるかどうかは必ずしも明確なものではなく」と主張する。
[20] 宮脇正晴「商標法3条2項により登録が認められる商品の範囲」Law and Technology No.62（2014年）40頁
[21] 宮脇正晴「商標法3条1項各号の趣旨」高林龍ほか編『現代知的財産法講座1 知的財産法の理論的探究』（日本評論社、2012年）359頁
[22] 宮脇正晴「標識法におけるサーチコスト理論—Landes & Posnerの業績とその評価を中心に—」知的財産法政策学研究 Vol.37《2012年》195頁
[23] 宮脇・前掲注21、365頁、370頁、371頁「3条1項各号について、これが識別力の有無ではなく、識別力の程度を問題とするものである」、「『需要者が何人かの業務に係る商品又は役務であることを認識することができない商標には』、識別力の程度が低いものも含まれている」とする。

があると思われる。なお、ストロングマークとウイークマークの問題は、専ら自他商品識別性を有する商標の問題と思われる。

周知性及び著名性に対比する形で、自他商品識別性についてもレベルが有することを指摘するサーチコスト理論からの説明には実務感覚からして納得がいく。

サーチコスト理論では、使用の蓄積により自他商品識別性と、周知性あるいは著名性が高まることが一段階で一挙に説明できる。

従来は、一定レベル以上の自他商品識別性を備えた商標は自他商品識別性を有するとして一律商標登録を認め、一定のレベル以上の自他商品識別性を備えた商標の問題は、周知性あるいは著名性の問題として考えられていたものと思われる。

3．サーチコスト理論による商標法3条1項の理解（識別の容易な商標の出願・使用の促進）について

（1）サーチコスト理論では識別性を有する商標を保護する制度の方が優れているとする[24]。

（2）通常の商標と、周知商標や著名商標の扱いについては、商標法上同法4条1項10号や同15号のような区別がなされている。しかし、現行商標法上自他商品識別性についてはレベルの区別はなく、自他商品識別性のレベルの区別による法的効果の区別はされていない。

現行商標法は、自他商品識別性に関しては、周知性、著名性とは異なり、自他商品識別性の強弱による区別をつけず、ある一定レベル以上の自他商品識別性を有する標章は、同等に保護するとしているものと考えらえる。

4．サーチコスト理論による商標法3条2項の理解（サーチコスト削減の期待できる商標を出願するインセンティブ）について

サーチコスト理論では、商標法3条1項3号乃至5号に該当しない商標を出願するインセンティブが大きなものとなるようにすべきとする[25]。

---

[24] 宮脇・前掲注21、366頁「需要者にもたらされる便益（サーチコストの削減）が大きい、識別の容易な商標の出願・使用を促すような制度のほうが、識別力を有する商標をその程度にかかわらず等価に扱う制度よりも優れている」、「識別力によるサーチコストの削減効果は、…需要者にとって識別の容易な商標（いわゆる『強いマーク』）であれば高く、識別自体は可能であるものの容易には識別しにくい商標（いわゆる『弱いマーク』）であれば低い」とする。

しかし、本来的に自他商品識別性を有する商標と、使用により自他商品識別性を有する商標は、自他商品識別性を有する点では差異がないのであるから、サーチコスト上差異が無く、両者を区別する理由は乏しいと思われる。

5．サーチコスト理論による商標法3条2項の位置づけについて

サーチコスト理論では、商標法3条2項は例外であるので厳格に理解すべきであり、出願商標が現実に獲得した信用保護のために必要十分な範囲でのみ登録を認めるのが適切であるとする[26]。

しかし、同主張は、従来からの商標審査基準の立場でもあり、サーチコスト理論固有の論理ではないと思われる[27]。「例外は厳格に解釈」との原理は、サーチコスト理論から何故導かれるのか明らかではない。また、「必要十分な範囲」の判断基準が明らかでは無いと思われる。

商標法3条2項適用において、出願商標と使用商標との同一、指定商品と使用商品との同一に限定するとの主張は、サーチコスト理論固有のものではなく、「例外だから厳格に解釈」の原則によるのではないかと思われる。

6．商品について
（1）指定商品と使用商品との関係について

サーチコスト理論では、「指定商品の記載に実際に使用されている商品以外の商品が含まれている場合には、3条2項非該当」とする[28]。

---

[25] 宮脇・前掲注20、42頁、43頁、宮脇・前掲注21、372頁「3条2項は、そのような（サーチコスト削減効果の観点から）要保護性が低いかゼロではない商標について、登録を認めるための要件を定めたものと理解できる。」、「3条2項に該当するための基準は、該当商標の識別力を（商標登録を認めることにより）保護してもなお、より高いサーチコストの削減の期待できる商標（すなわち、3号乃至5号に該当しない商標）を出願するインセンティブが充分大きなものであるように設計されているべきである。」とする。

[26] 宮脇・前掲注20、43頁「3条2項に該当するための基準は、該当商標の識別力を（商標登録を認めることにより）保護してもなお、より高いサーチコストの削減の期待できる商標を出願するインセンティブが充分大きなものであるように設計されるべき」、「このような観点からは、3条2項により登録が認められる範囲を、出願商標の識別力が及ぶ限り広く解する必要は必ずしもなく、むしろ上記の『例外』としての同項の位置づけに鑑みると、同項は厳格に理解すべきであり、出願商標が現実に獲得した信用保護のために必要十分な範囲でのみ登録を認めるのが適切であるように思われる。」とする。

[27] 工藤・前掲注18、72頁

[28] 宮脇・前掲注20、43頁

（2）商品の特定方法について

サーチコスト理論では、商品の同一性については、「一般的な取引態様」から判断とする[29]。しかし、「一般的な取引態様」の内容は不明確と思われる。

7．サーチコスト理論と「転移説」、「あふれ説」との関係

サーチコスト理論と「転移説」「あふれ説」との違いは、サーチコスト理論から生ずる違いというよりは、「例外だから厳格に」原理によるものと思われる。

第2、「あふれ説」の要約5でコーヒーを例に述べたように、商標、商品・役務の同一あるいは同一性は、一見客観的に把握できるように見えるが、ある特定の基準から判断されたものに過ぎず、自他商品識別性を有しているか否かの判断基準としてはもちろん、サーチコストの判断基準ともならないと思われる。

しかし、サーチコスト理論と「転移説」「あふれ説」とは二律背反ではないように思われる。「あふれ説」では、自他商品識別性をいわば定量的なものとして考えようとするものであるのに対して、サーチコスト理論では、「3条1項各号について、これが識別力の有無ではなく、識別力の程度を問題とするものである」とされ[30]、自他商品識別性の捉え方としては共通しているものと思われる。

サーチコスト理論でも、本来は自他商品識別性を欠く出願商標が保護に値するレベルまで自他商品識別性を獲得した場合は、サーチコスト削減効果を有する範囲で保護しても良いと考えることも可能で、「転移説」「あふれ説」についても説明でき、「転移説」「あふれ説」と整合可能と思われる。

思うに、サーチコスト理論の説明は従来からの商標審査基準に基づく解釈への当て嵌めであって、商標審査基準に基づく解釈についても同理論は当て嵌めが可能であることを示したものと考えることができる。サーチコスト理論でも、自他商品識別性を周知性、著名性を含めた枠組みで考えれば商標法3条2項を厳格に考える必要は乏しくなるのではないかと思われる。

---

[29] 宮脇・前掲注20、45頁「指定商品の同一性については、指定商品として記載された語の意味のみならず、当該商品の一般的な取引態様を基準に判断されることになる。」、「出願商標が使用された商品と、それを抽象化・上位概念化して指定商品として記載された商品との取引態様が一致している場合には、当該商標が使用された商品とその指定商品とが同一であると評価することができよう。」とする。

[30] 宮脇・前掲注21、365頁

8．サーチコスト理論は本来、本来的な自他所品識別力を有している商標の保護と、使用により自他商品識別力を獲得した商標との保護に優劣つけるものではないように思われる。そのような、サーチコスト理論が、日本商標法に適用されるとなぜ、本来的に自他商品識別性を有する商標を重視する解釈が導かれるのか。「例外だから厳格に」原理の採用以外に、現行商標法の構造にも原因があるのではないかと思われる。サーチコスト理論は、サーチコストというシンプルな一次元座標軸で対象を映し出すため、前述した、自他商品識別性と周知性の関係のように、対象が有する問題点を映し出す性格を有することと関係があるのではないかと思われる。

第9　商標法50条

商標法50条について、平成8年改正で登録商標の同一判断につき「社会通念上同一」概念が導入された（同条1項括弧書）。同改正は、「自他商品（役務）の識別をその本質的機能とする商標の性格」を導入理由とされるが、同時に「登録商標」一般に適用されるものではないともされる。[31]

商標法50条においては、一義的には商標の同一は、商標の機能である自他商品識別機能により判断されると思われる。

第10　商標法51条、同53条

商標の同一に関し、商標法51条、同53条では「『登録商標の使用』は、少なくとも争いとなるような事案では、51条適用における独立の判断基準として機能しておらず、『登録商標の使用』にあたるか否かの判断は、出所混同の判断基準に吸収されていると考えると、『登録商標の使用』による区別はあまり有効とはいえないと思われる。」と指摘した[32][33]。

商標法51条、同53条における同一乃至同一性は、出所表示機能あるいは品質保証機能により判断されると思われる。

---

[31] 『工業所有権法逐条解説［第14版］』（発明協会1998年）1086頁
[32] 安原正義「商標法51条及び53条における登録商標の使用」99頁　別冊パテント　第1号「商標の使用について」第62巻第4号通巻第705号(2009年)86頁、安原正義「商標の適正な使用と認める範囲―「BRIDE」商標事件―」知財管理9月号59巻9号（2009年）1162頁
[33] 東京高判平成10年6月30日判時1652号123頁「Afternoon Tea事件」

第11 使用権と禁止権
1．旧法下での学説の指摘
　商標の同一性の判断基準として出所表示機能を指摘する見解がある[34]。旧法下での、商標権の効力を禁止権、使用権に分説する説は、商標権の性質を不明確にするとして批判する[35]。

2．現行法の規定
　現行商標法は、使用権と禁止権に形式的に分けて規定する（商標法25条、同37条1号）。「登録商標を中心とした類似範囲［禁止権の範囲］にある商標の他人による使用は、実際に商品又は役務の出所の混同を生ずるかどうかを問題としないで、当然に商品又は役務の出所の混同を生じるものと擬制してこの範囲を限界として商標権の効力を認めているのである。」とする[36]。
　しかし、使用権と禁止権の構成をとっただけでは、どこまで使用権、禁止権が及ぶかは判らない。

第12 類似と商標の機能との関係
　商標権侵害に関する商標法36条、同25条、同37条1号では、登録商標の同一類似については規定されるが、出所混同については規定されていない。しかし『逐条解説』でも類似は「出所の混同を生じるものと擬制」するとして、類似と出所混同との関係を認める[37]。「商標が類似のものであるかどうかは、その商標を或る商品につき使用した場合に、商品の出所について誤認混同を生ずる虞があると認められるものであるかどうかということにより判定すべきものと解するのが相当である。」とする判決がある[38]。商標権侵害において、類似に

---

[34] 兼子一、染野義信『特許・商標』（青林書院 1955年）520頁、521頁
[35] 兼子・染野・前掲注34、520頁、521頁。「商標権の効力は、その商標の使用による商品の出所の混同を防止し、取引者の競業関係をその現状に於いて保全することを目的とするものであるから、積極的に出所を指標する機能に於いて同一性のある商標を使用し、他人における使用を排除することができるものというべきである。商標は類似商標を類似商品について使用することを限度として保護されるものであって、むしろこの限度は商標保護の条件である。」とする。
[36] 『新工業所有権法逐条解説』（発明協会1959年 以下『逐条解説』という）674頁
[37] 前掲・注36『逐条解説』674頁
[38] 最判昭和33年（オ）第1104号、昭和36年6月27日、民集15巻6号1757頁「橘正宗事件」但し旧法下の審決取消訴訟事件である。

ついては出所混同との関係を認めることには異論は無いと思われる。
　商標登録・役務の類似を判断するに、商標の機能である出所表示機能から判断しているといえる。

第13　商標、商品・役務の同一乃至同一性の判断基準としての商標の機能

1．商標、商品・役務の同一乃至同一性に関して、『商標審査基準［第11版］』の新商標に関する商標法3条2項の説明ではトートロジーが生じ、結局商標法3条2項では商標、商品・役務の同一乃至同一性は自他商品識別機能により判断される。商標法50条では商標、商品・役務の同一は自他商品識別機能により判断される。商標法51条、同53条では商標、商品・役務の同一は、出所表示機能、品質保証機能により判断されると思われる。
　更に、商標、商品・役務の類似に関しては出所表示機能により判断される。
　このように、商標、商品・役務の同一乃至同一性、類似について、問題とされる条文あるいは法律関係により異なる商標の機能を判断基準として判断される。

2．現行商標法は、商標の機能について全て明確に規定しているわけではない。しかし、商標には、自他商品識別機能、出所表示機能、品質保証機能等の機能がある点については、異論がないと思われる[39][40]。
　各条文あるいは問題となる法律関係毎に、当該法律関係と最も密接な関係にある商標の機能、あるいは、当該法律関係を支配する商標の機能は、異なっていると思われる。そして、問題となる法律関係あるいは条文の各要件は、当該法律関係あるいは条文と最も密接な関係にある商標の機能、あるいは、当該法律関係を支配する商標の機能により各々判断されると思われる。
　そのため、各条文あるいは問題となる法律関係で商標、商品・役務の同一乃至同一性あるいは類似の判断基準として適用される商標の機能は異なると思わ

---

[39]　網野誠『商標』（有斐閣、1964年）36頁、豊崎光衛『工業所有権法（新版）』（有斐閣、1975年）12頁、小野昌延『商標法概説』（有斐閣、1989年）3頁、土肥一史『知的財産法入門』（中央経済社、1998年）35頁、土肥・前掲注2、「商標法の理論」、26頁、田村善之『商標法概説』（弘文堂、1998年）4頁。学説上、広告宣伝機能も商標の機能として考えられる。土肥・前掲注2、「商標法の理論」、32頁以下ではコミュニケーション機能も商標の機能として認める。
[40]　最判平成15年2月27日民集57巻2号125頁「フレッドペリー事件」

れる。

　したがって、各条文あるいは各法律関係において、商標の機能のなかで何の商標の機能が求められているのか、あるいは各条文あるいは各法律関係と最も密接な関係を有する機能を探知し、探知した商標の機能を判断基準として用いて、各条文あるいは法律関係毎に商標、商品・役務同一乃至同一性類似の内容を決めることになると思われる。

　更に、商標、商品・役務の同一乃至同一性の概念自体、第2.「あふれ説」の要約5でコーヒーについて説明したように、元々特定の判断基準をとることにより、また特定の判断目的から判断することによって異なってくる。

3．商標、商品・役務の同一乃至同一性は、選択された商標の機能を判断基準として決まることになるので、例えば、商標法3条1項1号は、自他商品識別性の有無を判断しているのだから、商標の機能中、自他商品識別機能が最も密接な関係があると判断し、対象商標に自他商品識別性があれば普通名称あるいは普通名称を普通に用いられる方法で表示する標章のみからなる商標に当らないが、自他商品識別性がなければ普通名称等に当たると判断することになる。普通名称等は何かを商標の機能と離れて決めるのではない。

　商標、商品・役務の同一乃至同一性は何かを客観的に求めることによるのではなく、商標の機能にとって商標、商品・役務の同一乃至同一性とは何かによりこれら同一乃至同一性の内容は決まると思われる。

4．商標法70条の規定の存在自体、現行商標法では商標の機能を明確に規定しないため元々商標の同一についての矛盾を抱えていることを立法段階から認めていると思われる。

　商標法50条における「社会通念上同一」規定の追加、商標法26条1項6号の追加は商標法体系の商標の機能から立法的修正を図るものであり、「商標的使用論」は、商標の使用について商標の機能から修正を図るものと思われる。

第14　商標法26条について

　商標法26条は、商標権侵害の抗弁として使用されるのであるから、普通名称あるいは普通名称を普通に用いられる方法で表示する商標等に該当するか即ち普通名称等と同一といえるかについて一義的には出所表示機能に基づき判断さ

れると思われる。例えば同一対象商標であっても、出所表示機能に基づき判断される商標法26条と、自他商品識別機能で判断される商標法3条とは普通名称等に該当するか否かの結論は異なる可能性はあると思われる。

　平成26年改正による商標法26条1項6号は、商標権の効力は、「需要者が何人かの業務に係る商品又は役務であることを認識することができる態様により使用されていない商標」には及ばない旨規定された。同改正規定も、商標権との関係では一義的には出所混同を生じていない場合が、該当するものと思われる。更に、品質保証機能についても検討の必要があると思われる。

外国法人の日本における商標の「使用」

西 村 雅 子

1. はじめに

　登録商標は、継続して三年以上日本国内において使用されていないときは、何人も、その指定商品又は指定役務に係る商標登録を取り消すことについて審判を請求することができる（商標法50条1項）。商標法は、使用により商標に化体した業務上の信用を保護することを目的とするところ（同1条）、使用されていない商標は保護価値がなく、また他人の商標選択の幅を狭めるため、不使用商標の個別的整理のため不使用取消の制度が設けられている[1]。不使用取消審判の請求があった場合は、審判請求の登録前3年以内に日本国内において商標権者、専用使用権者又は通常使用権者のいずれかがその請求に係る指定商品又は指定役務のいずれかについての登録商標の使用をしていることを被請求人が証明しない限り、商標権者は、その指定商品又は指定役務に係る商標登録の取消しを免れない（同2項）。

　すなわち、商標登録の取消しを免れるためには、登録商標が日本国内において使用されていることが必要である。

　ここで、外国法人については、日本に代理店等の使用権者が存在せず国内における事業の実態がない、少数の販売実績しかない、業としての反復継続性が

---

[1] 「知的財産活動調査結果の概要」（特許庁、平成26年）によれば、国内商標権の利用率は68.0％となっている。しかしながら、「平成21年度　商標出願動向調査報告書」（特許庁、平成22年3月）によれば、全く使用が確認できなかった商標のほか、指定商品・役務中に、使用されていない商品・役務を含んでいる商標を加えた割合は、87.9％と高い割合となる。使用予定のない指定商品・役務を指定する理由としては、「将来的な使用の可能性、防衛的な措置の他、実際に事業展開した際に、他者の権利を侵害したくないなどの理由をあげる企業が多い。」（特許庁「平成25年度　商標出願動向調査報告書（概要）－不使用商標対策後の効果・分析のための出願・登録状況調査－」（特許庁、平成26年2月）6頁。同報告書によると、平成19年度から商標出願時に一つの区分の中で、指定商品・役務に付与した類似群コードが8以上であると広範な指定をしたものとして拒絶理由の対象とする審査運用により、7類似群以内となるように出願する企業が多くなり、不使用部分対策としては効果が上がっている。

ない、個人輸入による販売しかない、英文のホームページしか開設されていない、等の事情により、日本国内における「使用」と判断できるのかが問題となる場合がある。

本稿はこれらの点についての判決例を振り返り、外国法人の国内における「使用」が認められる事情について検討する。

2．使用権者ではない者による輸入

商標権者が外国法人である場合、外国において製造し商標を付した商品を日本に輸出すれば、国内にそれを輸入する者がいるわけだが、輸入する者が商標権者の使用権者であれば使用権者の輸入という使用行為となるので問題はない。しかし、日本国内に使用権者が存在しない場合に、商標権者の使用と認められるか否かについては見解が分かれている[2]。

（1）LANCASTER事件［独占的販売店による輸入］－知財高判平成25年1月10日（平成24年（行ケ）第10250号）＝判例時報2188号103頁＝判例タイムズ1411号239頁

本件の商標権者（原告）はイタリア法人であり、若干ロゴ化された欧文字の商標「LANCASTER」について日本を指定国とする国際登録商標（本件商標）の権利者である。被告が本件登録に対して不使用取消審判を請求したのに対し、原告は審判において答弁しなかったので本件商標は取り消された。審決取消訴訟において、原告は、本件審判請求の登録前3年以内に、日本国内において、本件商標の指定商品のうち第14類「timepieces and chronometric instruments（計時用具）」について、本件商標と社会通念上同一の商標を使用している、と主張した。

判決は、原告が、要証期間内に、日本における独占的販売店であるD社に対し、本件使用商標を付した本件時計を輸出し、同社が日本において本件時計に関する取引書類に本件使用商標を付した商品写真を掲載してこれを展示した事実が認められるとした。ここで、通常使用権者ではない（その旨の主張はなされていないとみられる）[3]独占的販売店の輸入及び取引書類に商標を付した商

---

[2] 髙部眞規子「実務詳説　商標関係訴訟」（金融財政事情研究会、2015年）270頁
[3] しかしながら、同判決の小括には「原告又は通常使用権者であるD社は…使用していたということができる。」とあり、誤記とみられる。

品写真を展示した事実によって、商標権者の使用と認められるかが問題となるところ、以下のように判示して商標権者の使用と認めた。

「商標権は、国ごとに出願及び登録を経て権利として認められるものであり、属地主義の原則に支配され、その効力は当該国の領域内においてのみ認められるのが原則である。もっとも、商標権者等が商品に付した商標は、その商品が転々流通した後においても、当該商標に手が加えられない限り、社会通念上は、当初、商品に商標を付した者による商標の使用であると解される。そして、外国法人が商標を付した商品が、日本において独占的販売店等を通じて輸入され、国内において取引される場合の取引書類に掲載された商品写真によって、当該外国法人が独占的販売店等を通じて日本における商標の使用をしているものと解しても、商標法50条の趣旨に反することはないというべきである。」

この事例では、独占的販売店は業として商品を輸入している者であるので通常使用権者と解することも可能だったと思われるが、外国法人自体が日本国内の販売店を通じて商標を使用している、との判断である。日本において商標登録している外国法人にとって、輸入主体が国内に存在しないとはいえ、商標を付した商品が国内の販売店等により輸入され商品の流通が予定されるのであれば、商標が使用されることにより化体する信用を保護する、という法目的に沿うものであり、逆にこれを使用と認めないとすれば外国法人が日本において商標登録を維持することがむずかしいとの見方による[4]。

「商標権者等が商品に付した商標は、その商品が転々流通した後においても、当該商標に手が加えられない限り、社会通念上は、当初、商品に商標を付した者による商標の使用であると解される。」との考えをとれば、「流通業者等が、

---

[4] 「輸入」について、網野誠「商標［第6版］」151頁参照。「外国のメーカー等で日本にその商標を登録している場合には、日本国内への輸入の時期において、すでにその商品に付された商標は使用されていることにしなければ、日本における商標権は十分に保護されない。このような理由で、輸入も商標の使用の範囲に含まれているのが各国の例である。」（筆者注：輸入主体の問題については言及されていない。）当初外国頒布のカタログ等について同891頁参照。「商標は国内において使用していなければならないから、外国で使用されていても不使用による取消しを免れない。ただし、外国においてカタログや新聞広告等に出された商標も、これらの新聞等が国内に頒布され国内の取引者の眼に触れる状態におかれているときは、国内において使用されているということができる。」（筆者注：外国において頒布されたカタログや新聞広告は外国語の記載であるところ、それが国内で頒布されたことをもって使用と認められるかは、当該分野の需要者が外国語のカタログによって注文し購入する取引実情があるか、などの検討を要すると思われる。）

商標権者等の製造に係る当該商品を販売等するに当たり、当該登録商標を使用する場合を含む」(Fashion Walker事件－知財高判平成25年3月25日(平成24年(行ケ)第10310号)＝判例時報2219号100頁＝判例タイムズ1412号159頁)とも判断できることになる。商標法50条の条文上にはない、使用権者ではない者の使用をもって、登録商標の使用があったと判断することには疑問があるが、使用主体を形式的に判断するのではなく、商標の使用により保護価値のある信用が化体しているかを見るべきとの考えもある[5]。Fashion Walker事件では「このように解すべき理由は、今日の商品の流通に関する取引の実情に照らすならば、商品を製造した者が、自ら直接消費者に対して販売する態様が一般的であるとはいえず、むしろ、中間流通業者が介在した上で、消費者に販売することが常態であるといえるところ、このような中間流通業者が、当該商品を流通させる過程で、当該登録商標を使用している場合に、これを商標権者等の使用に該当しないと解して、商標法50条の不使用の対象とすることは、同条の趣旨に反することになるからである。」と判示されている。Fashion Walker事件では、通常使用権者の直接の使用ではないながら、通常使用権者と解されたのが大手メーカーであって、業としての取引により商品の相当の流通量が見込まれた場合と考えられる。

　以下の事例では、通常使用権者が外国で商標を付した商品が、日本において流通していることから使用が認められた。

(2) Gram事件 [商品の販売者による輸入] －知財高判平成25年9月25日 (平成25年 (行ケ) 第10031号)

　通常使用権者は、商標権者の子会社の傘下にある中国法人であり、ODM型生産により本件商品を中国において生産したものを日本法人に譲渡し、その後日本国内において転々流通したものである。本件では「商標権者等が商品に付した商標は、その商品が転々流通した後においても、当該商標に手が加えられない限り、社会通念上は、当初、商品に商標を付した者による商標の使用であると解される」として、通常使用権者が日本国内において本件商標を使用したものと判断された。

---

[5] 宮脇正晴「第三者による登録商標の使用事実をもって不使用を否定することの適否」新・判例解説Watch・知的財産法No.87 (2014年1月24日)

この事例では、商品に付された本件商標が、被服ではなく商品に使用された素材を示すために用いられており、本件商標が被服に使用されたと判断できるか否かも争われたが、「本件商品が大手メーカーの素材を使用した、「Gram」ブランドの衣類であると、被服である本件商品の出所及び品質等を示すものとして用いられているものとも理解し得るものであり、単に、本件商品に使用された素材を示すために、本件使用商標が本件商品に付されたものとみることは相当ではない」と判断された。この事例でも、大手メーカーの素材を使用した商品であることにより、業として取引される商品であって国内での一定の流通が見込まれる商品であることが、取消を妥当としない判断となったともいえる。

　しかし、登録商標の使用の実態あるいは将来の使用の蓋然性を見るのであれば、不使用取消審判の請求人の使用あるいは使用予定をも勘案して、どちらの使用がより法目的に沿う実態を伴うものであるかを比較衡量すべきとも考えられる。

　しかし個人輸入の場合には、通常は輸入後の国内における商品の流通を見込むことができない。以下は個人輸入について使用を否定した事例である。

（3）WHITE FLOWER事件［個人輸入］－知財高判平成18年5月25日（平成17年（行ケ）第10817号）[6]

　本件の商標権者（被告）は香港法人であり、欧文字の商標「WHITE FLOWER」の指定商品のうち「薬剤」に対して不使用取消審判を請求された。特許庁審判においては、「被請求人は、日本の消費者からの注文に対して、個人輸入の範囲に限り応じていたものであり、『白花油／WHITE FLOWER』印の『薬用油』を日本に居住する一般の消費者に販売したものであるから、日本において商標法第2条第3項第2号に該当する行為、すなわち、『商品……に標章を付したものを譲渡』する行為をなしたものであることは明らかである。」として被告の使用が認められ請求不成立となった。審決取消訴訟においては、以下の理由により審決が取り消され、被告の使用は認められなかった。

　「商標法2条3項2号にいう「譲渡」が日本国内において行われたというためには、譲渡行為が日本国内で行われる必要があるというべきであって、日本

---

[6] 評釈：古関宏「ボーダレス時代における商標の使用と不使用取消－「WHITE FLOWER」事件―」知財管理57巻3号（2007年）425頁

国外に所在する者が日本国外に所在する商品について日本国内に所在する者との間で譲渡契約を締結し、当該商品を日本国外から日本国内に発送したとしても、それは日本国内に所在する者による「輸入」に該当しても、日本国外に所在する者による日本国内における譲渡に該当するものとはいえない。」

　個人輸入により商標権者の「使用」と認められることは、その後の継続的な使用が見込まれないことからも妥当ではないが、輸入行為があったといえるには、日本国内に業としての輸入を行う主体が存在する必要があると考えられる。商標法には使用行為の「輸入」の定義はないが、関税法には「「輸入」とは、外国から本邦に到着した貨物（外国の船舶により公海で採捕された水産物を含む。）又は輸出の許可を受けた貨物を本邦に（保税地域を経由するものについては、保税地域を経て本邦に）引き取ることをいう。」（２条１項１号）と定義されている。

　著作権法における解釈上も、「輸入」とは、日本国の法令が及ぶことのできない領域から日本国の法令が及ぶ領域内に物を引き取ることといわれている[7]。

　すなわち、国内に商品を引き取る主体が必要であり、その主体が輸入行為を行うことになる。よって、外国に所在する法人が日本向けに商品を輸出したとしても輸入行為を行っていることにはならないと考えられる。

　一方、法目的に照らせば、他人の「使用」であっても、その後の国内での流通により登録商標への信用化体が見込まれるのであれば、使用主体を外国の商標権者とみて、商標登録を維持すべきと考えられる。

　輸入以外の行為についても、商品に商標を付す行為も、付した商品を譲渡する行為も、外国に所在する商標権者により外国において行われている限り、国内における使用行為ではない。国内で譲渡行為があったかどうかの判断については、法的に契約が成立した場所ではなく、事実としての譲り渡し（発送）行為の場所が問題になると考えられる。在庫の保管拠点が国内にあるなどの事情があればともかく、直接海外から購入者に発送された場合は、国内における譲渡行為があったとは言えない。たとえ法的に契約が成立した場所と考えるとし

---

[7] 半田正夫・松田政行編「著作権法コンメンタール３　第２版」（2015年）山本隆司「第113条　侵害とみなす行為」473頁「したがって、外国にいるＡと日本にいるＢが契約をしてこれに基づいてＡが運送会社Ｃに託してＢ宛に侵害物を送付した場合、輸入したのはＢであって、送付したＡも運んだＣにも「輸入」は認められないことになる。」

ても、日本からの購入申込みに対して承諾の発信をした商標権者は海外に所在するのであるから、いずれにしても国内における譲渡行為とは言えない。

この点について、TRIPS協定には「他の者による商標の使用が商標権者の管理の下にある場合には、当該使用は、登録を維持するための商標の使用として認められる。」(第19条(要件としての使用)(2))と規定されている。商標権者の「管理(同意を含む。)のもとでの他人の使用で足りる」[8]とすれば、商標権者の管理が及んでいる、あるいは同意があることをもって、商標権者自身の使用と認められると考えることができる。

以下の事例では、商標権者の取引先の輸入行為が外国商標権者の使用と認められている。

(4) G.PATRICK事件〔取引先による輸入〕－東京高判平成15年7月14日(平成14年(行ケ)第346号)

本件の商標権者(被告)はイタリア法人であり、欧文字の商標「G.PATRICK」について「洋服」等を指定商品とする権利者である。原告が本件登録に対して不使用取消審判を請求したのに対し、特許庁審判において、商標権者が大阪市在のI社から本件商標のラベルを付したカジュアルシャツ102枚の注文を受け同社宛てに荷送した事実から、商標権者の使用と認めた。審決取消訴訟においても、LANCASTER事件と同じく、真正品のまま流通している限り権利者による「使用」行為であるというべきとし、属地主義の原則により「当該外国法人が商標を付した商品が我が国外において流通している限りは、我が国の商標法の効力は及ばない結果、我が国の商標法上の「使用」として認めることはできないものの、その商品がいったん日本に輸入された場合には、当該輸入行為をとらえ、当該外国法人による同法2条3項2号にいう「商品に標章を付したものを輸入する行為」に当たる「使用」行為として、同法上の「使用」としての法的効果を認めるのが相当」と判断して、審決を維持した。

また、商標法2条3項の「使用」の定義の趣旨について、「商品に標章が表示される場合において、それが何人の使用と認められるものであるかについては社会通念にゆだねるとともに、同法の目的との関係を考慮し、特に商品の識別標識として機能すると認められる事実についてのみ、これを「使用」である

---

[8] 後藤晴男「パリ条約講和〔TRIPS協定の解説を含む〕第13版」(2008年) 774頁

と定義することにより、同法上の「使用」としての法的効果を認めるべき行為の範囲を限定したものであると解される。」とした。

　もし当該商品の輸入者が商標権者の使用権者であるとすれば、反復継続的な輸入が見込まれるとしても、あるいは使用権者でなくても継続的な輸入が見込まれる者であれば格別、１回の輸入により商標権者の「使用」が認められてよいかは疑問である[9]。
　業としての反復継続性が問題となるほか、業としての使用であっても、極めて少量の使用実績しかない場合（高額商品であるか、など商品の性質も関係する）、サンプル出荷である場合、テスト販売である場合等も正当な使用と認められるか検討を要する。輸入者が個人ではなく事業者であっても、該事業者において使用あるいは消費されるのみで、その後の該商品の流通が見込まれない場合は疑問である。
　不使用取消審判のみならず商標権侵害の場面においても、登録商標の使用に該当するか否かという問題の前提として、使用されている対象が商標法上の商品といえるかという商品性の問題がある。商標法上の商品は、「商取引の目的たり得るべき物」[10]などと定義されるが、これは使用により流通することが予定されているということであって、自家用のみに供される物品等は商品ではないとされる[11]。よって、外国から物品を輸入した者が自家用のみに供した場合、それは商標法上の商品ではないので、当該物品に付された商標について使用行為があったとはいえないことになる。
　一方、以下は日本における反復継続的な販売が見込まれた事例といえる。

（5）Abercrombie&Fitch事件［商品の卸売業者による輸入］－東京高判平成12年３月２日（平成11年（行ケ）第75号）

　商標「Abercrombie & Fitch」に対する不使用取消事例である。平成12年(2000年)当時、まだ日本には出店していなかったものの、本件商標は米国所在のＦ社の商標として日本の需要者にも知られていたもようであり、Ｆ社と関係がな

---

[9] 本件で原告は、被告の使用行為があったとしても１回限りの名目的、形式的使用と主張したのに対し、判決は、それを推測させる事情は認められない、とした。
[10] 特許庁編「工業所有権法（産業財産権法）逐条解説［第19版］」1266頁
[11] 網野誠「商標［第６版］」65頁

い審判請求人（被告）が自己名義で本件商標を登録しようとして米国法人（原告）が権利者の本件商標登録に対し不使用取消を請求したものである。特許庁審判では本件商標登録は「被服」について取り消されたが、審決取消訴訟では、以下の「使用」が認められるとして審決を取り消した。

　すなわち、原告が、F社との間で商標保護契約を締結して同社に対して本件商標の全世界における使用権を付与し、F社は、これに基づき、それが日本に輸出されることを認識したうえで、本件商標を付した被服を米国会社に対して販売し、米国会社は同商品を日本所在の卸売業者に販売し、同社は国内の被服の小売業者に販売したことが認められるとし、日本に輸入したのは日本の卸売業者であっても、その使用は使用権者であるF社によりおこなわれたものと評価するのが相当、とした。

　もし外国法人の登録商標について日本における使用の実態がないとしても、本国において周知である場合には、取消審判の請求人がたとえ登録商標を取り消して自己の商標を登録しようとしても、商標法4条1項19号の拒絶理由に該当することになる。このような場合に、商品が国内に流通している状態にあるとすれば、外国権利者の登録商標は取り消すべきではないともいえる。

3．英文ウェブサイトによる広告等

　商標の「使用」としては広告的使用（2条3項8号）も認められるが、英語のみにより商品を広告する外国権利者のウェブサイトの場合、日本の需要者の多くにも内容が理解されるとはいえ、日本における広告に該当するかは検討を要する。我が国需要者に英語で取引できる者は相当数いるとしても、他の外国語である場合には、かなりの少数になるので、日本向けであるかが問題となるのは主に英文のウェブサイトの場合となるだろう。(但し、商品の性質によって、取引者が特定の言語のサイトからしか購入できない、といった事情があれば考慮する必要がある。)

　特に、サーバーが外国にあり[12]、ウェブサイト上のアドレスがJPドメインで

---

[12] 参考）特許庁審決（取消2007-300017）「上記ウェブページは、米国サーバーに設けられたものである上、その内容もすべて英語で表示されたものであって、日本の需要者を対象としたものとは認められない。」「上記ウェブページが日本からもアクセス可能であることをもって、直ちに日本国内による使用に該当するものということはできない。」

はなく、価格表示も米ドル等の外国通貨によるものであって[13]、日本の需要者を対象としたものと判断できる要素が見当たらない場合である。たとえば日本では未発売であるが外国では周知のファッションブランド等であれば、日本の業者がそのような英文ウェブサイトに注文して商品を仕入れることもあるだろう。そのような購入事実があった結果として、当該英文サイトは日本における「広告」となるだろうか。英語のウェブサイトであっても、日本からアクセスがあった場合には、「日本へ配送します」などの表示が出る、商品の価格表示が自動的に円表示に切り替わる、あるいは、販売が可能な地域の表示に日本が含まれている、などにより、日本の需要者向けであることが客観的に認識できることが必要だろうか。

ドメインネームの使用が商標的使用に当たるかはともかく、ドメインネームに英語の商標がそのまま入っている場合、JPドメインであれば日本の需要者を対象としたインターネット上の店舗であることが認識される。JPドメイン以外であって、しかも外国語のサイトであれば、たまたま日本からの購入が可能であるとしても、需要者にとって日本向けのサイトであると認識されるとはいえない。以下は、英文ウェブサイトによる日本における使用の否定例である。

（１）BonTerra事件－知財高判平成20年6月26日（平成20年（行ケ）第10025号）

商標権者（ドイツ法人）は商標「BonTerra（ロゴ）」を指定商品第19類「わら・ココヤシ繊維・その他の有機繊維及び無機繊維製の土壌侵食防止用植生マット」について登録しているところ不使用取消を請求された。この事例では、他の原告主張の使用が認められなかったところ、原告のウェブサイトのプリントアウトによって、使用が認められるかが判断されたが、「ウェッブサイト上のアドレスが我が国におけるものでないこと、同ウェッブサイトの表記が、日本語ではなく、英語であることからすれば、同ウェッブサイトの存在は、本件商標が日本国内において使用されたことを示すものとはいえない。」と判示され

---

[13] 参考）特許庁審決（取消2009-300585、ウエブサイトで提供される「コンピュータソフトウエア」について）「使用があったというためには、少なくとも、日本語による広告・商品説明・代金の支払い方法を含む購入方法の説明のほか、円、ドル及び為替レート等による価格表示がなされるなどの行為がなされ、これらに商標の使用がされていなければならないと解されるものである。」

た。

　この事例では、商品が「浸食防止用マット」という一般需要者向けの商品ではないとみられることから、もし日本の取引者からの購入実績があれば、英文のウェブサイトであっても、他に同種の商品を購入するルートがないなどの事情によっては、日本における広告に当たると判断できる可能性はあるかもしれない。

　なお、商標権者は、本件商標を使用している日本法人が通常使用権者であると主張したが、商標権者自身が先にその使用権限を否定して差止めを求めていたことから、通常使用権者とは認められなかった。たとえ、真正品が流通していたとしても、このような事情の下では、権利者の使用とは認められないといえる。

　外国から日本への発送が可能である商品であれば、英文ウェブサイトに掲載された広告にアクセスして日本からの購入実績があったことを捉えて「使用」を認めることが可能としても、外国からの購入が事実上できない商品、あるいは役務の提供であると、英文ウェブサイトを日本向けの広告とみるのはむずかしいといえる。以下は、外国から日本に取り寄せることは想定されない「ピザ」の事例である。

（２）PAPA JOHN'S事件－知財高判平成17年12月20日（平成17年（行ケ）第10095号、第10096号、第10097号及び第10098号）

　商標権者（米国法人）は商標「PAPA JOHN'S」について指定商品「ピザ」について登録しているところ不使用取消を請求された。この事例は、不使用について正当理由があるかが問題となった事例であるが[14]、使用については、以下のとおり、英文ウェブサイトについて日本国内における広告と認められないと判断された。

　「（被告が指定商品であるピザ及びピザの提供に関する広告を行っている）ウェブページは、米国サーバーに設けられたものである上、その内容もすべて

---

[14] 田中昌利・別冊ジュリスト188号88頁「商標・意匠・不正競争判例百選」不使用についての正当な理由（PAPA JOHN'S事件）。商標権者のマスター・フランチャイジーとしてふさわしい経験・資力を有している日本企業の絶対数が少なかったこと等、商標権者の責めに帰すことのできない事情が存在した、などと不使用の正当理由を主張したが、企業の内部事情にすぎず商標権者が外国企業であっても、本件商標を使用することができないことにつき「正当な理由」があったと認めることはできない、とされた。

英語で表示されたものであって、日本の需要者を対象としたものとは認められない。上記ウェブページは日本からもアクセス可能であり、日本の検索エンジンによっても検索可能であるが、このことは、インターネットのウェブページである以上当然のことであり、同事実によっては上記ウェブページによる広告を日本国内による使用に該当するものということはできない。」

PAPA JOHN'S事件の判断はWIPOの「インターネット上の商標及びその他の標識に係る工業所有権の保護に関する共同勧告」[15]に沿ったものである。この勧告では、インターネット上における標識の使用を特定国における使用と認めるか否かについては、「商業的効果（commercial effect）」の有無によって判断するとして、商業的効果を決定するための要因としては、「インターネット上でその標識が使用されている商品・サービスと同一又は類似する商品・サービスに関して、その標識の使用者がそのメンバー国においてビジネスを行っている又はビジネスを行うための重要な計画に着手した旨を示す状況」ほか、商品が当該国で合法的に提供され得るか、価格が当該国の公式通貨で表示されているか、使用言語が当該国の言語か、等が挙げられている。当該国には商品等を提供する意思がない、などのディスクレイマーがされていれば当該国における商業的効果は否定され得る（同勧告12条）[16]。需要者の地理的位置に基づいてアクセスを制限する地域フィルタリングがされていれば、積極的ディスクレイマーといえる。

よって、上記決定要因に照らせば、日本国内においてビジネスを行っているものではなく、英文ウェブサイトであって価格も米ドル表示である等の場合には、インターネット上における商標の使用を日本における使用と認め難いといえる。そのような英文ウェブサイトであっても、日本からの購入実績があったことをもって、翻って日本における「広告」になるかも問題である。日本からの購入（商標権者の日本への輸出）が日本において「輸入」という「使用」に該当するかは前項で述べたとおり検討を要する。「広告」については、日本か

---

[15] 特許庁ホームページ http://www.jpo.go.jp/torikumi/kokusai/kokusai2/1401-037.htm
[16] ディスクレイマーについて、外川英明「サイバー空間における商標の使用－検索連動型広告問題とディスクレーマに焦点をあわせて－」「パテント別冊No.1」（2009年）197頁。外国の事例として、PLAYMEN事件（米国、原告Playboy Enterprises Inc.、DC SNY 79. Civ. 3525 (SAS)、1996年6月19日）、YELLOW PAGES事件（欧州、Yell Limited v. Louis Giboin & Ors, EWPCC9, 2011年4月4日）。

らの購入（輸入）とは別箇の使用行為として検討しないと、他人の使用について不合理な結果となる。

　使用行為は独立のものであるところ、日本からの購入実績の有無にかかわらず、英文ウェブサイトにおける広告が国内における「使用」と認められるかを判断する必要があると考える。外国権利者が日本において商標権を有しておらず、日本向けの広告を意図していない場合には、それは日本における広告とは判断すべきではない。すなわち、商標Aについて本国で商標権を有しているが日本で商標権を有していない外国法人Bが、本国の英文のウェブサイトに商標Aを表示したカタログ[17]を掲載したところ、たまたま日本の会社から購入の申込みがあったので販売したとすると、その取引があったから当該ウェブサイトのカタログ掲載が商標Aについての日本国内における広告行為と捉えられるとすれば、商標Aについて日本において商標権を有している者が存在すれば、その商標権侵害ということになる。このような結果は国際取引の安全を害するものといえる。この不合理については、前掲G. PATRICK事件で言及されている商標法2条3項の「使用」の定義の趣旨を、不使用取消審判における権利者による「使用」と、侵害の判断における他人の「使用」でそれぞれ別異に解するとすれば生じないともいえる。

　一方、商標権者が日本向けを意図して英文ウェブサイト上に掲載している商品・役務の性質によっては、日本における広告及び販売と判断できる可能性はある。

（3）The Bridge事件－知財高判平成24年5月31日（平成23年（行ケ）第10348号）

　原告は米国法人であり、第41類「哲学の教授その他の技芸・スポーツ又は知識の教授」を指定役務とする商標「The BRIDGE」の商標権者である。不使用取消請求に対し、商標権者は、英語のウェブサイトにより教育サービスを提供

---

[17]「商標の使用があるとするためには、当該商標が、必ずしも指定商品そのものに付せられて使用されていることは必要でないが、その商品との表示的関係において使用されていることを必要とする」ところ（青星事件－最判昭和43年2月9日（昭和42年（行ツ）第32号）、商標が表示されているメールマガジン及びWeb版が商品カタログにリンクされているという事例で商品の広告についての使用と判断されているが（クラブハウス事件－知財高判平成22年4月14日（平成21年（行ケ）第10354号）、これが英文カタログへのリンクである場合、日本の需要者への広告と判断できるか検討を要する。

していると主張したのに対し、特許庁審判では「本件ウェブサイトは、インターネット上のものであるから、英語圏のみならず、日本からも閲覧可能ではあるが、そのことをもって我が国の需要者を対象にしたものとは認められず、本件ウェブサイトに表示されていることをもって日本国内における本件商標の使用ということはできない。」として、この使用を否定した。審決取消訴訟では、その点は判断されず、商標権者の日本における支部が、生徒に配布する資料として輸入した印刷物に本件商標が付されていることから、審決ではこれを商品であって役務についての使用ではないと判断したのに対し、哲学の教授という役務の提供を受ける者の利用に供するものに商標を付する行為であるとして、商標の使用を認めた。

　教育サービスについては、英会話のレッスンや英語による教育を提供するウェブサイトであって、日本の需要者もアクセスして役務の提供を受けることが想定される場合には、すべて英語で表示されていることをもって、日本の需要者向けのものではないとはいえないだろう。また、商品には、「ダウンロード可能なプログラム」「ダウンロード可能な電子出版物」（国際分類第9類）といった電子情報財も含まれることから、これらが英文ウェブサイトで提供されており、日本の需要者が購入した場合、自家使用されるだけでその後の流通がないのであれば、当該商品の商標は国内で識別力を発揮する場面はない。一方、国内購入者が当該電子情報財を大量に複製して販売する場合には、複製された商品に商標を付して販売することにもなり、国内における使用とみることができる。よって、該購入者が使用権者でない場合には商標権侵害となる。同じ行為を無権限者が行った場合に侵害となるのであれば、それは使用行為であるが、購入者の自家使用が権利侵害とならないのであれば、不使用取消の審判においても使用ともならないはずである。(但し、前述のように、商標法2条3項の「使用」の趣旨を両者で別異に解す場合は一致する必要はない。)

（4）EIGOTOWN事件－知財高判平成19年3月26日（平成18年（行ケ）第10358号）

　原告は米国を本拠とする英会話スクールであり、第41類「電子計算機端末による通信を利用した語学の教授」ほかを指定役務とする商標「EIGOTOWN」の商標権者であり、英会話スクール「ENGLISHTOWN（イングリッシュタウ

ン）」を経営している。原告は、本件商標を開設するウェブサイト（http://www.englishtown.co.jp）において使用したと主張した。すなわち、当該ウェブサイトのトップページに、ポップアップ機能により「Englishtown.com」の表示と「Eigotown.com」の表示とが、交互に切り替わる画像を掲示してこれを使用していたと主張し、これをウェブサイトに掲示した際のコンピュータ画面上の表示の記録に加え、商標権者内の関係者の間での電子メールのやりとりの記録、ウェブサイト及びマルチメディア資料のアーカイブ（保存）を行っている民間団体であるインターネット・アーカイブ（http://www.archive.org）の運営するサイトである「ウェイバック・マシン」（http://www.archive.org/web/web.php）に、原告トップページ上の本件切替画像が保存されていると主張した。

　本判決は、本件訴訟において原告の提出した電子メールのやりとりの記録については、容易に訂正することもできるとし、また、ウェイバックマシンにおける本件画像の保存データについても、記録内容の正確性について保証されておらず、真実と異なる内容が表示されている例が存在することから、本件画像が閲覧可能な状態となっていたとは認められない、とした。

　本件は、商標権者によるウェブサイト上における商標の使用の主張について、電子メールのやりとりの記録や、ウェブサイトのアーカイブを行う団体のサイト情報などについて、その証明力につき検討して判断したものである。
　EIGOTOWN事件のように、登録商標を表示した切替画像が出るというほか、本体は外国語によるウェブサイトであるところ、日本からのアクセスにより、日本語による簡単な案内を記載したトップページが表示されるが、商品等の内容については、結局のところ外国語のページへリンクされている、という場合に、日本の需要者向けの広告といえるかも問題である。

4．検討すべき点

　以上より、商標権者である外国法人あるいはその使用権者が日本の国内において商品を輸入、販売等していない場合に、日本における商標の「使用」が認められるか否かについて、検討すべき点をまとめると以下のとおりである。

・外国語によるウェブサイトである場合、日本向けの広告といえるか（サー

バーの所在国、ドメイン、価格表示、実際に日本から購入可能か、ディスクレイマーの有無、などの点についての検討)。
- (前記検討点によれば)日本向けとは判断されない外国語によるウェブサイトに日本からアクセスして商品を購入した者がいる場合、その結果、当該外国語のサイトは日本向けの広告と判断されるのか。
- 当該商品購入は個人輸入か、業としての輸入か。
- 業としての輸入であっても、1回限りの名目的、形式的使用ではないか、あるいは極めて少量ではないか。
- 業として輸入する者が、商標権者の使用権者ではない場合に商標権者の「使用」を認めることの是非。
- 輸入後の商品は輸入者の自家使用か、流通が想定されるか。
- 外国で権利者が商標を付した商品が日本国内で流通している限り、権利者による「使用」とみることの是非。

それ以前の大前提の検討点としては、商標法2条3項の「使用」の定義の趣旨を、不使用取消審判における権利者による「使用」と、侵害の判断における他人の「使用」でそれぞれ別異に解するのか、すなわち、権利者の「使用」が不使用取消を免れるか否かの判断と、他人の「使用」が商標権侵害となるか否かの判断とは別異かどうかである。この点について、登録商標の存在により他人の登録を阻止していることになるので、商標権者が登録取消を免れる「使用」については、他人の侵害となるべき「使用」の要件よりも高いバーを設定すべきであるという考え方もある。[18]

この点に関連しては、不使用取消を免れるについては、識別力を発揮している態様での商標的使用が求められるかの問題がある。商標的使用が要件との考えによれば、「使用」のバーは高くなる。商標権侵害の場面では、平成26年改正により、商標法26条（商標権の効力が及ばない範囲）に「需要者が何人かの業務に係る商品又は役務であることを認識することができる態様により使用されていない商標」（同1項6号）が明記されたため、従来、同条を適用せずに商標的使用ではないと判断されてきた場合には同号が適用される。すなわち、権利者以外の他人の使用が形式的に2条3項の商標の使用行為に該当しても、

---

[18] 商品の有償性要件について、田村善之「商標法概説〔第2版〕」244頁参照。

26条1項6号に該当する場合には商標権の効力が及ばない。一方、商標権者自身が登録商標の使用を立証する不使用取消審判の場面では、形式的に2条3項の使用行為に該当すれば商標の使用として認められるかについては、特に26条1項6号に対応するような規定がない限り形式論でよいか、他人の使用を規制する商標登録の維持については商標権者の使用も「需要者が何人かの業務に係る商品又は役務であることを認識することができる態様により使用されていること」が求められるかである。

　現行制度においては、登録商標が登録後に識別力を喪失しても事後的に取り消す制度がない。よって、もはや識別力が認められない登録商標が残存している状況にあり、そのような商標であっても登録を更新する限り権利が維持される。そこで、識別力を喪失した商標の個別的な整理方法として、不使用取消審判において商標的使用を「使用」の要件とすることが考えられる。本稿ではこの問題には立ち入らないが、この点についても、当該商標に法上保護されるべき商標権者の信用が残存しているかという保護法益と、取引上必要な表示として使用することを控えることになる他人の不利益とを比較考量すべきと考える。

商標の本来的識別力と使用による識別力

大 西 育 子

第1．はじめに

　商標法は、同法2条1項に規定する商標の登録要件のひとつとして、商標が特別顕著性、すなわち、自他商品（役務）識別力（以下、単に「識別力」ということがある。）を有することを求めている（3条）。この自他商品（役務）識別力には、商標に本来的に具わっているとされる識別力（本来的識別力）と、実際の使用を通じて後発的に獲得される識別力（使用による識別力）がある。商標法は3条2項において、同条1項3号から5号に該当する商標であっても、使用の結果、需要者が何人かの業務に係る商品又は役務であることを認識することができるものについては、1項の規定にかかわらず、登録され得る旨を規定している。

　本来的識別力と使用による識別力については、一般に、本来的識別力を具えているがゆえに登録されることが原則であって、使用による識別力が認められて登録されることは例外であると理解されている。かような理解は、商標法3条2項の適用が争点となる審決取消訴訟事件において特許庁のみならず、裁判所によっても示されており[1]、使用による識別力の獲得自体が例外的である旨を説示する判決も見受けられる[2]。商標が使用によって例外的に識別力を獲得することがあり、その場合には、当該商標は例外的に登録され得るとする理解は、商標法3条2項の適用に影響し得ると思われる。

---

[1] 商標法3条2項を例外規定であると特許庁が述べている事件として、たとえば、知財高判平成22・6・30（平成21（行ケ）10369）判タ1388号244頁〔紅いもタルト事件〕がある。また、裁判所も同規定を例外規定であるとみていることが、たとえば、東京高判平成16・11・29（平成16（行ケ）216）裁判所HP〔履物の底面の図形商標事件〕、知財高判平成18・6・12（平成18（行ケ）10054）判時1941号127頁〔三浦葉山牛事件〕、知財高判平成18・11・29（平成17（行ケ）10673）判時1950号3頁＝判タ1226号50頁〔ひよこ立体商標事件〕、知財高判平成19・3・29（平成18（行ケ）10441）裁判所HP〔お医者さんのひざベルト事件〕、知財高判平成19・4・10（平成18（行ケ）10450）裁判所HP〔SpeedCooking事件〕から窺える。
[2] 本稿「第4．商標法3条2項」参照

そこで、本稿では、商標が使用によって自他商品（役務）識別力を獲得することが例外であると考えることの妥当性について考察を試みる。

第2．商標の識別力判断についての条約の規定

わが国が1899年（明治32年）に加盟した工業所有権の保護に関するパリ条約（以下「パリ条約」という。）は、6条の5Ｃ(1)において「商標が保護を受けるに適したものであるかどうかを判断するに当たっては、すべての事情、特に商標が使用されてきた期間を考慮しなければならない。」と規定している。この規定は、1925年（大正14年）のヘーグ改正会議後、1958年（昭和33年）のリスボン改正会議までは、商標の自他商品識別力を判断するには、すべての事情、特に、商標の使用の期間を考慮しなければならないと定め、あらゆる事情を考慮して判断すべき対象を商標の識別力に限定していたが、1958年のリスボン改正会議で上記のように改正されたものである[3]。考慮されるべき事情には、本来的に識別力を欠く商標が使用によって後発的に識別力を獲得したことも含まれる[4]。

1925年（大正14年）のヘーグ改正会議後は、パリ条約を遵守するには、わが国においても、商標の自他商品（役務）識別力の判断をする際には、すべての事情を考慮しなければならず、本来的識別力を欠く標章が使用によって識別力を獲得している旨が主張、立証されると、これを検討し、使用による識別力の獲得が認められるならば、自他商品（役務）識別力を肯定すべきこととなった。

第3．大正10年法における使用による識別力

大正10年法1条2項は、「登録ヲ受クルコトヲ得ヘキ商標ハ文字、図形若ハ記号又ハ其ノ結合ニシテ特別顕著ナルモノナルコトヲ要ス」と規定していたが、同法には「特別顕著」について具体的な規定は設けられていなかった。そのため、この「特別顕著」については、これが自他商品識別力を意味するという見解と、商標を構成する文字、図形若しくは記号若しくはこれらの結合又はこれらと色彩との結合が明瞭であることを意味するという見解に分かれていた[5]。また、前者の見解を採った場合に、「特別顕著」が商標の構成要件であるのか、

---

[3] G.H.C. Bodenhausen, Guide to the application of the Paris Convention for the protection of industrial property; as revised at Stockholm in 1967, p.p.117-18
[4] *Id*.at p.118

登録要件であるのかという点においても見解が分かれていた[6]。さらに、大正10年法には、現行法3条2項に対応する規定はなく、使用による商標の特別顕著性を認めるべきか否かについても議論があった[7]。使用による特別顕著性を認めるかどうかについては、特許局は大正13年、同15年の抗告審判事件の審決では積極説を採っていたが[8]、その後、昭和2年抗告審判第968号審決及び昭和4年抗告審判第929号審決では消極説を採ったようである[9]。他方、大審院は、特許局とは異なり、大判大正15年（オ）第895号及び大判大正15年（オ）第1128号では消極説を採っていたが、その後、大判昭和3年4月10日（昭和2年（オ）第1093号）民集7巻185頁〔パスター事件〕で初めて積極説を採用している[10]。

　大正10年法の下において、使用による特別顕著性の獲得について見解が分かれていた理由は、同法が「特別顕著」の意味を明らかにしていなかったことに求められると考えられる。商標が「特別顕著」であることを、商標を構成する文字、図形若しくは記号若しくはこれらの結合又はこれらと色彩との結合が明瞭であることであると解すると、たとえ商標が永年に亘って使用されたとしても、永年の使用によって商標の構成自体が明瞭になることはないから、使用によって特別顕著性が獲得されるということは考えられない[11]。他方、「特別顕著」が自他商品識別力を意味すると解すれば、商標を使用することによって、商標が商品と関連付けられて認識されるようになることはあり得るから、使用による特別顕著性の獲得を肯定できることになる[12]。しかし、上述のとおり、大正10年法は、使用による特別顕著性の獲得について規定しておらず、かかる特別

---

[5] 特許庁『新工業所有権法逐条解説』（発明協会、1959年）557頁。網野誠『商標〔第6版〕』（有斐閣、2002年）170頁も参照。
[6] 特許庁編・前掲注5・557頁
[7] 三宅發士郎『日本商標法』（巌松堂、1937年、初版再刷発行）83頁
[8] 三宅・前掲注7・83頁、網野・前掲注5・183頁
[9] 三宅・前掲注7・83頁
[10] 三宅・前掲注7・83頁、網野・前掲注5・183頁
[11] 三宅・前掲注7・84頁。三宅・前掲では、普通の方法で氏名、名称、商号、産地、品質等を表示した文字を要部とする商標が、使用の結果、特別顕著になったものと認められ、商標登録を受けても、大正10年法8条1項の規定によりその商標権の効力は、悪意のある場合を除き（氏名、名称、商号に限る）、他人の同一商標に及ばないため、かような商標登録を許しても何ら意義をなさないとする、使用による特別顕著性否認説が紹介されている。
[12] 三宅・前掲注7・84頁は積極説を支持するが、商標の本質について、単に商品自体の標識であって、その出所如何を直接に表示することは商標自体の本質ではないとし、商標は商品の出所を表示するものであるとする通説とは異なる見解を述べている（75頁）。

顕著性の獲得は判例理論によって認められていたにすぎない[13]。使用による特別顕著性の獲得を初めて認めた前掲パスター事件において、大審院は「或商標カ自他ノ商品ヲ甄別スル標識トシテ特別顕著性ヲ有スルヤ否ハ商標自体ノ構造ノミニ依ルニアラスシテ<u>一定ノ商品ニ対スル関係ニ於テ該商標カ一般取引上如何ナル印象ヲ与フルヤニ依リ</u>之ヲ定ムヘキモノナレハナリ」（下線は筆者による。）と述べたうえで、長年の使用によって商品の出所を取引上すぐに認識できるならば、特別顕著性を有するとして商標登録を受けることができるとした。

前掲パスター事件説示のように「特別顕著」を解すれば、標章が商取引の過程において長年に互り独占的に使用されることによって特別顕著性が獲得されることがある一方、商取引の場での商標の使用態様次第あるいは商標管理次第では、本来的に具わっていたか、後発的に使用により獲得されたかを問わず、特別顕著性が喪失されることもあり得ることになる。また、商標の使用態様や使用期間等により、特別顕著性の強さが変わることもあり得るということになる。よって、特別顕著性を商標の自他商品識別力を意味すると解するならば、特別顕著性の有無を判断する際に、それが使用によって獲得されていることが主張、立証されたときには、その獲得の有無を検討し、考慮することは当然のことであり[14]、1925年（大正14年）以降のパリ条約6条の5C(1)の規定にも合致する。

第4．商標法3条2項

現行商標法では、「特別顕著」が商標の自他商品（役務）識別力を意味し、登録要件であることを明らかにすべく[15]、当該語を用いずに、商標が自他商品（役務）識別力を欠く場合が具体的に列挙され（3条1項各号）[16]、使用による識別力については、「前項第3号から第5号までに該当する商標であっても、使用をされた結果需要者が何人かの業務に係る商品又は役務であることを認識することができるものについては、同項の規定にかかわらず、商標登録を受けることができる。」と規定されている（3条2項）。

---

[13] 田倉整「商標の永年使用による特別顕著性の取得－判例に現われた問題点－」入山実編『工業所有権の基本的課題（下）』（有斐閣、1972年）879頁、880頁
[14] 網野・前掲注5・183頁同旨
[15] 特許庁編・前掲注5・935頁
[16] 網野・前掲注5・171頁

このように商標法3条2項は、使用による識別力の獲得により商標登録の可能性がある商標を同条1項3号乃至5号に該当する商標に限定している。他方、識別力についてみてもパリ条約6条の5Ｃ(1)は、商標の使用期間をはじめとするあらゆる事情を考慮して識別力の有無を判断すべき対象となる商標をわが国商標法3条1項3号乃至5号に相当するものに限定しているわけではない。上記パリ条約の規定に照らせば、商標法3条1項1号、2号及び6号に該当する商標についても、商標の使用の期間その他のあらゆる事情を考慮した結果、識別力が発揮されていると認められるならば、商標登録を受け得ることになる[17]。もっとも、かかる場合については、商標法3条2項の規定ぶりから、同項が適用されるのではなく、3条1項1号、2号、6号には該当しないと判断されることになろう。なお、特許庁の商標審査基準においても、原則として3条1項6号に該当する商標として掲げられている、地模様のみからなる商標、標語、動き商標、ホログラム商標、位置商標、色彩のみからなる商標等であっても、使用をされた結果、需要者が何人かの業務に係る商品又は役務であることを認識することができるに至っているものについては、本号の規定に該当しないものとすることが明示されている[18]。

　商標法3条1項3号乃至5号と同法3条2項の関係については、複数の審決取消訴訟事件において、同法3条2項は、本来的識別力について規定している同条1項3号乃至5号に対する例外規定であるとされている[19]。同法3条2項が例外規定であるとする知財高裁判決においては、同規定の趣旨は、「特定人が当該商標をその業務に係る商品の自他識別標識として他人に使用されることなく永年独占排他的に継続使用した実績を有する場合には、当該商標は<u>例外的に自他商品識別力を獲得した</u>ものということができる上に、当該商品の取引界において当該特定人の独占使用が事実上容認されている以上、他の事業者に対してその使用の機会を開放しておかなければならない公益上の要請は薄いということができるから、当該商標の登録を認めようというものである」（下線は筆者による。）と説明されている[20]。この説示によれば、商標登録を受けるには、本来的識別力を具えていることが原則として必要であり、使用によって識別力

---

[17] 渋谷達紀『知的財産法講義Ⅲ〔第2版〕』（有斐閣、2008年）342頁参照
[18] 特許庁編『商標審査基準〔改訂12版〕』第1八、12
[19] 前掲注1・知財高判平成18・6・12、前掲注1・知財高判平成19・3・29、前掲注1・知財高判平成19・4・10ほか

が獲得されるのは例外的なことであって、例外的に識別力を獲得した商標を特定人が独占排他的に使用することを当該商品の取引界が事実上、受け容れているならば、当該標章の使用の機会を開放しておく必要性は低いから、使用による識別力を獲得した商標は登録を例外的に許されるということになる。つまり、商標法3条2項の規定が同法3条1項3号乃至5号に対する例外規定とされる理由は、本来的識別力と使用による識別力の関係が原則と例外の関係にあることに求められていると考えられる。

第5．本来的識別力と使用による識別力

　商標法は、同法1条に掲げる法目的を実現するため、自他商品（役務）識別力を有する商標を保護対象とするものであるが、商標が自他商品（役務）識別力を有するかどうかは、その商標が使用される商品又は役務の需要者の認識を基準に判断されるべきものである。なぜならば、商標は商取引の場において使用され、その商標が付された商品又はその商標の下で提供される役務が他人の商品や役務から識別されるよう機能することが商標の本質的機能だからである。需要者がある標章を商標と認識するかどうか、すなわち、その標章を手掛かりにある事業者の商品や役務を他の事業者が提供する商品や役務から識別できるかどうかは、商取引の場における当該標章の使用の態様や期間に左右される。このことは、本来的識別力を具えていない標章が商品や役務について使用されることによって識別力を獲得し得るということのみを意味するものではない。識別力を具えている商標であっても、商標所有者自身による使用の態様に起因して、あるいは、商標所有者が他人による使用を放置した結果、商標の識別力が失われることがある（いわゆる商標の普通名称化）。このような商標の普通名称化は、使用によって後発的に識別力を獲得した商標についてのみ起こり得るものではなく、本来的識別力を具えた商標についても起こり得る。たとえば、初めて市場に投入された商品や役務については、先発者の商品（役務）の市場占有率が極めて高く、当該商品（役務）の一般名称が確立していないことが少なくない。そのような状況下では、先発者が当該商品（役務）について

---

[20]　前掲注1・知財高判平成18・6・12。知財高判平成19・3・28（平成18（行ケ）10374）判時1981号79頁＝判タ1252号332頁〔本生事件〕、前掲注1・知財高判平成19・3・29、前掲注1・知財高判平成19・4・10、知財高判平成24・9・13（平成24（行ケ）10002）判時2166号131頁〔Kawasaki事件〕も同旨説示する。

使用する商標が、先発者の商品（役務）のみならず、後発者の商品（役務）をも指称するものとして使用されるなど、あたかも当該商品（役務）の一般名称のように取引者や需要者に認識されて使用され、その結果、先発者の商標が識別力を喪失してしまうことが起こり得る。また、商標が本来的識別力を有する場合でも、商品の品質や役務の質等を暗示するような商標は識別力が弱く、造語からなる商標は識別力が強いというように、識別力の強さは商標によって異なり、さらには、使用によって商標の識別力の強さは変わり得る。商標を表示して宣伝広告が頻繁に行われるなど、商取引の場において商標が大々的に使用されると、商標とそれが使用される商品（役務）との結び付きが強まり、たとえ本来的には弱い識別力しか具えていない商標であっても、その商標の識別力は強いものとなり得る。このように、商標の識別力は、それが本来的に商標に具わっている場合であっても、使用態様次第では喪失されることもあれば、使用によってその強さが増すこともあり得る。つまり、商標の識別力は、使用によって後発的に獲得されることがあるだけでなく、それが本来的なものであるか、後発的に獲得されたものであるかを問わず、商標所有者による商標の使用の態様を含む商取引の場における当該商標に関する事情に影響される性質のものである。

　すでに述べたとおり、パリ条約では、1925年のヘーグ改正会議以降、商標の識別力の判断において商標の使用期間を含むすべての事情を考慮しなければならない旨が6条の5C(1)に規定されている。わが国商標法3条2項は、この条約上の規定を反映するものであるが、商取引での商標の使用についてのすべての事情が考慮される必要があるのは、使用による識別力の獲得の判断の場面だけでなく、本来的識別力の有無の判断の場面においてもあてはまる。上述のとおり、本来的識別力も使用の態様によっては喪失されることがあるのであり、パリ条約6条の5C(1)の規定もかかる解釈を排除するものではないと考えられる。もっとも、使用による識別力の獲得の判断において考慮されるべき事情については、出願人による使用期間や使用態様が中心となるのに対して[21]、本来的識別力の有無の判断において考慮されるべき事情については、当該商品又は役務の取引における第三者による使用の有無や態様が中心になる[22]。前者の

---

[21] 商取引における第三者による使用の有無や態様も考慮される（特許庁編・前掲注18第2.2(2)④参照）。

場合、商標が本来的識別力を具えておらず、登録を受けることができないという判断が前提にあるのに対して、後者の場合、本来的識別力を認めて商標登録をすることの妥当性を確認するため、第三者による使用態様が考慮されることになるからである。

商標の識別力を否定する場面においても、肯定する場面においても、当該商標の使用に関する事情を考慮すべきことは、上述したように、その商標の使用に関する事情によって、その有無や強弱が決まるという商標の識別力の性質から当然のことである。商標法3条2項が同条1項3号乃至5号に対する例外規定であるとしても、それは、出願商標が使用によって識別力を獲得していることを出願人が主張、立証しない限り、その商標は本来的識別力を欠くものとして登録を拒絶することができるということを意味するにすぎない。同法3条2項が例外規定であるという考えは、識別力の上記性質から導かれるものではない。

商標法は、自他商品（役務）識別力を有する商標を保護対象としているが、識別力が本来的なものか後天的なものかによって商標を区別する規定を設けていない。このことは、商標法が、商標の識別力が本来的に具わっているものか、使用によって後天的に獲得されたものであるかを問わず、識別力が肯定されれば同等に保護対象としていることを示している。

商標の識別力の得喪及びその強弱は、商取引の場における商標の使用態様に照らして需要者がその標章を出所識別標識と認識できるかどうかに左右されるものであることからすれば、識別力を本来的に具えていることが原則であって、使用によって後天的に識別力を獲得することは例外であるとすることは妥当性を欠くと思われる。商標法3条2項の適用を巡る事件においては、しばしば一方当事者から、商標法3条2項が同条1項3号乃至5号の規定に対する例外であることを理由に、商標法3条2項は厳格に適用されなければならない旨の主張がされることがある。しかし、そもそも商標の識別力は、その使用の態様や期間といった使用に関する諸事情に左右されるという性質のものであるから、使用されることによって商標が識別力を後天的に獲得することも当然あり得ることである。商標が後天的に識別力を獲得することが例外的なことであり、例

---

[22] 出願人の商標管理が徹底していない場合には、出願人自身による使用が本来的識別力を否定する状況を生むことも考えられる。

外的な事情において獲得された識別力に基づいて商標を登録することは例外であるという理解を前提として、商標法3条2項の適用に厳格さを求めることは、商標の適切な保護の観点から適切ではないと考える。

登録後識別力を喪失した商標
―知財高判平成27年9月30日（ヨーロピアン事件）を題材に―

足 立　　勝

1．はじめに

　平成26年改正（「特許法等の一部を改正する法律」平成26年4月25日成立、同年5月14日公布）により設けられた商標法26条1項6号は[2]、需要者が何人かの業務に係る商品又は役務であることを認識することができる態様により使用されていない商標、すなわち商標的使用ではない態様の使用には、商標権は及ばないと定める。これは、「本来保護すべき範囲以上の権利を商標権者に与えるような事態や、当該商標権者以外による商標の使用が必要以上に自粛されるような事態等の発生をあらかじめ防ぐべく、これら裁判例の積み重ねを明文化する必要がある[3]」ことを理由として制定された。これにより、いかなる使用態様が商標的使用であるのかは事案毎に判断せざるを得ないものの、商標的使用に該当しなければ商標権侵害とはならないことについて、今まで判例法理であったものが立法的に明確にされた。

　しかしながら、26条1項6号により商標権侵害でないと判断されたとしても、商標登録はそのままであり、商標登録後に、商品や役務との関係で識別力を喪失した商標をそのまま登録の状態で残しておくことが適切なのかという点は、未解決なままである[4]。

---

[1]　平成27年（行ケ）10032号　裁判所ウェブサイト
[2]　平成27年4月施行　なお、商標法26条1項6号に該当すると判示した最初の判決は、知財高判平成27年7月16日（平成26年（ネ）10098号　裁判所ウェブサイト（ピタバ明治事件））である。
[3]　特許庁総務部総務課制度審議室編『平成26年特許法等の一部改正　産業財産権法の解説』（発明推進協会2014）181頁
[4]　知財高判平成27年11月30日（平成27年（行ケ）10152号　裁判所ウェブサイト）でも、「肉ソムリエ」との文字からなる商標（指定商品・役務：29類　食肉、41類　肉食に関する資格検定試験等）の商標登録を商標法3条1項3号に該当し登録を認めないとした審決を支持した。その結果、「肉ソムリエ」との語が必ずしも一般的に使用されていないなかで登録拒絶される一方で、「魚ソムリエ」（2011年9月9日登録5437853号）「野菜ソムリエ」（2006年6月2日登録4957386号ほか）には商標権がそのまま存続する状態が生じている。

また、識別力を失っていると思われるものの、登録商標が存続しているがゆえに、当業者が使用を控えるといったことも十分考えられる。さらには、登録が存続していることをいわば奇貨として、和解金名目で金銭を得ようとする者が現れることも十分考えられる。

２．裁判例
（１）知財高判平成27年9月30日（ヨーロピアン事件）
　商標権を有していることに基づいて和解金を得ようとした活動に対応したと考えられる事案として、知財高判平成27年9月30日（ヨーロピアン事件）がある。

　商標登録後に生じた事由に基づき商標登録の無効審判の対象は、商標法4条1項1号から3号まで、5号、7号又は16号に該当するものとなる場合に限られている（商標法46条1項6号）ところ、本件は、商標登録後に識別力を失っていることを指摘し、商標権者の使用は「商標としての使用」に該当しないために、継続して3年以上使用していない状態であることから商標法50条に基づく登録取消審判を請求した最初の判決である。登録後に識別力を喪失しているかどうかの判断をどのようにすべきか、登録後識別力を喪失した商標の取り扱いをどうすべきかについて、参考になると考えられる。

ア　事案の概要及び判旨
　この事案は、被告（真富士屋食品株式会社）が有する以下の登録商標を有しているところ、原告（ザ コカ・コーラ カンパニー）が、「コーヒー及びココア、コーヒー豆」に係る部分について、商標法50条1項に基づき商標登録の取消審判を請求し、平成26年1月15日に登録された事案である。

被告の登録商標
　　登録番号：　　第4225824号
　　商標の構成：「ヨーロピアン」の文字を横書きしてなる。
　　登録出願日：平成8年12月12日
　　設定登録日：平成10年12月25日
　　指定商品：第30類　コーヒー及びココア、コーヒー豆、茶、みそ、他（他に多くの商品が指定されているが、ここでは省略する）

足立　勝

被告の商品
「ヨーロピアンコーヒー」（添付画像参照）

　原告がこの取消審判を提起する前に、被告は、平成25年11月20日付けで原告日本法人に対して、被告が登録商標を使用していることを通知するとともに、「Georgia　European」製品における使用が商標権侵害である旨の主張をしつつ、金銭での解決を持ちかけている（当該訴訟資料の甲144号証[5]）。

　審決（平成26年10月14日）は、平成25年10月15日にサプライヤーから被告宛に商品包装フィルムの納品されたことを示す納品書、被告HPからのネットショッピングが平成25年11月16日及び同年12月5日にされたこと[6]、被告の商品上に「ヨーロピアン」の右肩に小さく®表示がされていることを理由として、請求は成り立たないとした。

　原告の主な主張は、被告の商品上の「ヨーロピアンコーヒー」との表示、そのなかの「ヨーロピアン」との表示は、「深煎りのコーヒー豆を使用したコーヒーである」などのコーヒーの味等の性質を示しているに過ぎず、自他商品識別機能を発揮しておらず、商標としての使用ではないというものであった。さらに、被告が主張する使用の時期においても、コーヒーにおいて「ヨーロピアン」との表示がされた場合、当該商品が、「深煎り豆を使用したコーヒー、苦味が強いコーヒー又はコクが強いコーヒーというコーヒーの味等を示す」と一般需要

---

[5]　知財高裁にて訴訟資料を閲覧。なお、被告は、財務状況が芳しいものではなかった。平成27年9月には、大関株式会社に買収された。
[6]　平成25年12月5日の被告ウェブサイトからの購入は、被告からの書面到着後に、事実確認をするために原告日本法人社員が購入したものである。

者に認識されているとして、商標法50条1項に基づき取り消されるべきであると主張した。原告は、その主張を根拠となる証拠として、原告の競合会社複数から原告主張と同趣旨の意見書(甲82乃至84号証)、コーヒー豆製品などに「ヨーロピアン」が使用されている多数の実例、一般に販売されている書籍等でコーヒーについて「ヨーロピアン」の語が普通に使用されている多数の例などを提出した。

これに対して判決では、「『ヨーロピアン』の語は、他の自他商品識別機能が強い商標と併用されてコーヒーやコーヒー豆に使用されている場合には、単にコーヒーの品質を表示するだけであり、自他商品識別機能を有する商標として使用されているものとは認められない場合が多い[7]」としたうえで、「他の自他商品識別機能の強い商標と併用されることがなく、単独で使用され、かつ、他の文字と比べると大きく、商品の目立つ位置に表示され、さらに®記号が付されて表示されているときには、それ程強いものではないけれども、一応自他商品識別機能を有する商標として使用されているものと認められる[8]」として、結果として審決を支持した。

イ　判決に対する分析

被告の登録商標の識別力そのものが争点であるなか、他の標章とともに使用していれば識別力はないが、単独の使用であれば識別力は一応あるとの判断には、おおいに疑問が残る。

また、被告の商品は、使用の証拠として一般の店舗で販売された事実は一切提示されておらず、被告のホームページ上での販売があるのみである。すなわち、一般に食料品が販売されている店舗にて他社の商品とともに並んでいるなかで商品選択をしているのではなく、需要者は被告のホームページを閲覧していることを認識した上で、被告商品を見ていることになる。このことは、被告の商品上の「ヨーロピアン」が、被告の社名などの識別力を有する標章ととも

---

[7] 原告は、この判示を得ることができたことで、この訴訟の目的は達成したものと考えられる。

[8] この訴訟では、商標としての使用ではないので不使用による取消がされるべきであるとの原告の主張に対して判決したことから、不使用取消審判において取消しを免れるための使用には「商標としての使用」が必要であることを改めて確認した点も、本判決の意義であるが、この点は本稿の目的からはやや離れるため、ここでは触れない。なお、反対する判決として、知財高裁平成27年11月26日判決（平成26年（行ケ）10234号　裁判所ウェブサイト）。

に使用されていることと同じであり、裁判所の判示する「他の自他商品識別機能が強い商標と併用されてコーヒーやコーヒー豆に使用されている場合には、単にコーヒーの品質を表示するだけ」の使用となり、やはり判決には疑問が残る。

加えて、被告は、原告日本法人へ金銭での解決を持ちかける平成25年11月20日付書簡を送る直前に、今回の商品を開発するまで、「ヨーロピアン」を使用したことはなく、商標権に基づく権利行使をしたこともない状況についても、注目すべきことと思われる。

ただ、現状の商標法の制度のなかで、原告が求めたとおりの理屈を認めるのは、裁判所としてやや躊躇があったのではないかとも思われる。

なお、原告は、被告の登録商標が登録後に4条1項16号に該当するに至っているとして、登録無効審判を請求することが可能である。

（2）侵害訴訟における識別力を喪失した登録商標の扱い
ア　侵害訴訟における裁判例

本件が、商標権侵害訴訟であれば、26条1項2号又は6号該当であるとして、侵害は認められない事案であることは明らかであると考えられる。過去にも、商標権を有するものが提訴した侵害訴訟において、登録後に普通名称化したとして、商標権者の請求が棄却される事案はあった。

例えば、巻き寿司に「十二単の招福巻」との標章を付し販売する行為に対し、「招福巻」からなる商標登録（登録番号第203307号　昭和63年3月30日登録[9]）に基づく侵害訴訟において、「招福巻」は商標法26条1項2号所定の普通名称であるとして侵害を認めなかった大阪高判平成22年1月22日[10]（招福巻事件控訴審判決）がある。最近の事案では、錠剤上の「ピタバ」の表示を含む薬剤の販売行為に対し、「PITAVA」からなる商標登録（登録番号第4942833号　平成18年4月7日登録　その後分割）に基づく侵害訴訟において、は商標法26条1項6号、同項2号に該当すると判示した知財高判平成27年7月16日[11]（ピタバ明治事件）などがある。

---

[9]　出願日：昭和59年1月31日　指定商品：第32類加工食料品、その他本類に属する商品
[10]　平成20年（ネ）2836号　判時2077号145頁　判タ1321号197頁　なお、原審（大阪地判平成20年10月2日　平成19年（ワ）7660　判時2038号132頁　判タ1321号203頁）では、商標権侵害を容認した。

-409-

また、登録されている商標について、識別力がほとんどないことを指摘した上で、登録商標が、使用されている標章と非類似であると判示して、商標権侵害を認めないとした判決も存在する。東京高判平成16年3月18日[12]（エノテカ事件控訴審判決）は、「ENOTECA KIORA／エノテカ キオラ」との標章を付してイタリアンレストランを経営する被告に対して、「ENOTECA」との構成からなる登録商標（登録番号第3046953号　平成7年5月31日登録[13]）に基づき提訴した侵害訴訟である[14]。裁判所は、「西洋料理の飲食業という役務についての主な需要者は、固有の名称に『ENOTECA』又は『エノテカ』という語が付加された店舗名に接すれば、『ENOTECA』の正確なイタリア語の意味やいわれまでは周知となっていないとしても、『ENOTECA』の部分が店舗の種類ないし性格を意味する用語であり、この『ENOTECA』の部分によっては、個々の店舗（営業主体）を識別することが困難である旨を認識するようになっている」と述べたうえで、被告が使用している標章と原告登録商標は非類似であるとした原審を支持し、請求を棄却した[15]。また、最近の事案である知財高判平成27年11月5日[16]（湯〜とぴあ事件控訴審判決）は、被告（静岡県内の地方公共団体である函南町（かんなみちょう））が「湯〜トピアかんなみ」と「IZU KANNAMI SPA」及び花の図柄の組み合わせた標章を付した入浴施

---

[11] 平成26年（ネ）10098号　なお、当事者が異なるが類似する事案において、商標法26条1項6号、同項2号に該当するとした判決として、知財高判平成27年8月27日（平成26年（ネ）10129号）、商標法26条1項2号に該当するとした判決として、知財高判平成27年6月8日（平成26年（ネ）10128号）及び知財高判平成27年9月9日（平成26年（ネ）10137号）、商標法26条1項6号に該当するとした判決として、知財高判平成27年10月21日（平成27年（ネ）10074号）、商標的使用に当たらないとした判決として、知財高判平成27年7月23日（平成26年（ネ）10138号）及び知財高判平成27年10月22日（平成27年（ネ）10073号）がある。いずれも、裁判所ウェブサイト。
[12] 平成15年（ネ）4925号　裁判所ウェブサイト　原審（東京地判平成15年8月29日　平成15年（ワ）1521号 判時1886号106頁 判タ1196号255頁）も侵害を否定した。
[13] 出願日：平成4年9月29日　指定役務：第42類イタリア料理の提供、フランス料理の提供
[14] エノテカ事件では、原告は、商標権侵害とは別に、不正競争防止法2条1項1号に基づく不正競争行為であるとの主張もしている。
[15] なお、指定役務を、第35類 飲食料品の小売又は卸売の業務において行われる顧客に対する便益の提供などとする商標登録との類似について、「一般消費者を含む需要者の間で『エノテカ』、『Enoteca』又は『ENOTECA』の語がワインを販売・提供する店舗等を示す一般的な名称として認識されていたとまでは認めることができない」とした知財高判平成28年1月28日（Enoteca Italiana事件　平成27年（行ケ）10058号　裁判所ウェブサイト）がある。
[16] 平成27年（ネ）10037号 裁判所ウェブサイト　原審（東京地判平成27年2月20日　平成25年（ワ）12646号 裁判所ウェブサイト）では、商標権侵害を容認した。

設を運営する行為に対して、「ラドン健康パレス」との語と「湯～とぴあ」の語をやや図式化した表示を2段表記してなる登録商標（登録番号第3112304号　平成8年1月31日登録[17]）に基づいて提訴された侵害訴訟である。裁判所は、「ラドン健康パレス」の部分は、「ラドンを用いた健康によい温泉施設」という程度の一般名称的な意味を示すにすぎないと判示するとともに、「『ゆうとぴあ』（『ユートピア』）と呼称される語は、『湯』の漢字を含む場合であると、『湯』の漢字を含まない場合であると、いずれであっても、入浴施設の提供という役務において、全国的に広く使用されている」と指摘し、「原告商標のうち、『湯～とぴあ』の部分は、入浴施設の提供という指定役務との関係では、自他役務の識別力は弱いというべきである」としたうえで、被告標章と原告登録商標は非類似であるとして、侵害を認めなかった。

　他にも、過去に普通名称であるとされた「正露丸」の登録商標を有する者が、商標権侵害とあわせて不正競争防止法に基づき提訴した事案として、大阪高判平成19年10月11日[18]、不正競争防止法に基づき提訴した事案として大阪高判平成25年9月26日[19]がある。

イ　侵害訴訟事案の分析

　これらの侵害訴訟事案を改めてみてみると、招福巻事件やピタバ明治事件などで侵害紛争の対象となった「十二単の招福巻」や「ピタバ」の表示は、登録商標が識別力を有していた場合には侵害と判断される態様で用いられていたものであり、26条1項2号や6号に定める被告側の使用態様というより、登録商標の識別力そのものが焦点となったものと考えられる。また、ENOTECA事件及び湯～とぴあ事件では、非類似との判断がされているが、やはり登録商標が識別力を有していた場合には、侵害と判断されると思われる事案であり、被告側の使用が他の標章とたまたま結合して使用されていたことをもって非類似と判断することで、裁判所は不合理な結果になることを避けたものと考えられる。

---

[17] 出願日：平成4年9月30日　指定役務：第42類入浴施設の提供
[18] 平成18年（ネ）2387号　判時1986号132頁　原審は大阪地判平成18年7月27日（平成17年（ワ）11663号　判タ1229号317頁）
[19] 平成24年（ネ）2928号　裁判所ウェブサイト　原審は、大阪地判平成24年9月20日（平成23年（ワ）12566号　判タ1394号330頁）

26条1項各号の適用がふさわしい事案や、まさに類似・非類似を判断すべき事案は当然存在するが、上記のような事案では、登録時には識別力があったとしても、登録後に識別力を喪失しているにもかかわらず登録商標のまま存在しているが故に、紛争に至ったものと評価できる。

　加えて、侵害訴訟において侵害とはならないとの判決でなるであろうと一定の予想がつくとしたとしても、商標登録が存続していることで、事業者が使用を控えるなどの事態（とりわけ、中小規模の事業者など）が生じる事態を許しており、今の制度のままでよいとは思われない。また、一般的に用語として使用されているなかで、本稿で取り上げたヨーロピアン事件のように、登録が存続していることを奇貨として和解金名目でのアプローチの場合など現実的な問題としても懸念される。

3．海外各国の法制度の確認

　海外各国の法制度については、知的財産研究所による報告書「各国における商標権侵害行為類型に関する調査研究報告書」（平成19年3月）において、海外における登録後普通名称化した場合の規定等について、調査報告がされている[20]。ここでは、もう少し広い範囲での取消制度について、簡単に以下で確認しておく。

　米国では、登録後一般名称化（generic term）したり、機能的なもの（functional）となったり、商標権者により放棄されたりした場合、取消事由に該当し（米国商標法14条）、また商標権者の作為又は不作為によって一般名称化したり、標章としての意義を失ったりした（lose its significance as a mark）場合は、商標は放棄されたとみなされる（同45条）。

　欧州においては、登録後に普通名称化（common name）したり、登録商標の使用によって商品・役務の内容、品質、原産地などについて公衆に誤認を与えるものとなったりした場合、商標登録の取消となる旨の定めが欧州商標指令12条2項に存在する[21]。そのため、イギリス商標法46条、ドイツ商標法49条、フランス知的財産法714条-6にそれぞれ同様の定めがある。また、欧州共同体商標規則においても[22]、同様に登録取消事由となり、その方法は商標登録機関

---

[20] 知的財産研究所「各国における商標権侵害行為類型に関する調査研究報告書」（平成19年3月）43-87頁

への請求又は商標権侵害訴訟の反訴によるとされている（51条）。

　なお、欧州において特徴的なこととして、欧州共同体商標規則10条に[23]、辞書等の出版社に対する商標権者による商標表示請求権の定めがあり、北欧の国々での各国商標法に同様の定めがある[24]。ただし、欧州商標指令には、商標表示請求権に関する定めはなく、イギリス、フランスの商標法でも商標表示請求権の定めは存在しない。

　中国においては、改正商標法が2014年5月に施行されている。改正前の旧法では、わが国の商標法と同様に、不登録事由として普通名称等を掲げ（旧法11条）、誰でも登録取消請求ができることを定めていたところ（旧法41条　除斥期間はない）、2014年5月施行の改正商標法において、旧法と同様の定めに加えて（11条及び44条）、登録後普通名称化した場合に商標局に対して誰でも取消請求ができる旨、新たに規定されている（49条）[25]。また、改正商標法では、商標の使用の定義として、「出所を識別する行為」であると明確にしている（48条）。

---

[21]　欧州商標指令（Directive 2008/95/EC）なお、旧指令（Directive 89/104/EEC）にも同条文は存在した。
　　Directive 2008/95/EC　Article 12 paragraph 2
　　2. Without prejudice to paragraph 1, a trade mark shall be liable to revocation if, after the date on which it was registered:
　　(a) in consequence of acts or inactivity of the proprietor, it has become the common name in the trade for a product or service in respect of which it is registered;
　　(b) in consequence of the use made of it by the proprietor of the trade mark or with his consent in respect to the goods or services for which it is registered, it is liable to mislead the public, particularly as to the nature, quality or geographical origin of those goods or services.
　　なお、2015年12月15日に欧州議会において、商標指令や共同体商標規則等を改正する商標制度改革パッケージ法案について立法決議が採択された。その結果、商標指令も改正されるが、上記12条2項は、実質的な変更はなく新たな商標指令にて20条として規定されている。
[22]　2015年12月15日に欧州議会での商標制度改革パッケージ法案採択に基づき、同年12月24日にEU商標規則が公布された。その結果、公布後90日後である2016年3月23日よりEU商標規則が発効する。本稿で言及する欧州共同体規則51条は、EU商標規則にて変更はない。なお、商標意匠庁（OHIM）は、欧州連合知的財産庁（EUIPO）に改称された。
[23]　2016年3月23日発効のEU商標規則において、変更はない。
[24]　知的財産研究所「各国における商標権侵害行為類型に関する調査研究報告書」（平成19年3月）61-62頁
[25]　河野英仁『中国商標法第三次改正の解説』（発明推進協会2013）70頁

4．検討
（1）昭和34年商標法改正時の議論の再確認

産業構造審議会知的財産分科会による報告書「新しいタイプの商標の保護等のための商標制度の在り方について」（平成25年9月）において、登録後に自他商品役務の識別力を喪失した商標の取消制度について言及がされており、そこでは「無用な紛争が生じるおそれがあるとの指摘がある」としつつも、「商標権者にとって酷な制度とならないように留意する必要がある」「何らかの形で普通名称化の防止を図ることができる規定は商標権者にとって有益との指摘もある」として、登録後に識別力を喪失した登録商標の取消制度を今後検討する際に、併せて検討することが適切であると結論付けている。

そこで、昭和34年商標法改正時の議論の確認してみる。昭和34年商標法改正のときに、登録後普通名称化した場合の取消制度は答申されたものの、「普通名称になっているかどうかの判断は裁判所においてした方がよいとの意見に基づいて[26]」採用されていないと理解されている。

当該答申では、必ずしも登録後普通名称化した場合に限らず、登録後識別力を喪失した登録商標の取消制度が提案されている。

具体的な答申は、以下のとおりである。

「第十八　登録商標が登録後発生した事由により、次の各号の一に該当するに至った場合は審判によりその登録を取り消すという趣旨の規定を設ける。

（イ）その商標がその商標を使用すべき商品の普通名称となった場合
　　（註）商標権者はその商標が普通名称化するような使用をしている者に対してその使用を止めることを請求できる旨の規定を別に設ける。
（ロ）その商標が第二条第一項第二号、第四号、第六号又は第七号に該当するようになった場合
（ハ）その商標が商品の品質の誤認を生ずるおそれあるものになった場合[27]」

（筆者注：旧商標法（大正10年法）は、第二条一項二号で、国旗、勲章、褒章、記章又は外国の国旗と同一又は類似のもの、同四号で秩序又は風俗を乱す虞あるもの、同六号で同一又は類似の商品に慣用する標章と同一又は類似のも

---

[26] 特許庁『工業所有権制度百年史（下巻）』（発明協会　1985）315頁
[27] 特許庁『工業所有権制度改正審議会答申説明書』（発明協会　1957）97頁

の、同七号で政府等の開設した博覧会等の賞牌等と同一又は類似のもの、とそれぞれ定め、該当する商標については登録しない旨規定していた。)

　ここからわかるとおり、昭和34年改正の際に、既に登録後識別力を喪失した商標については、取り消すべきであると考えられていたことがわかる。そして、現行法では、商標法46条1項6号により、(ロ)のうち第二条第一項第二号、第四号に該当するもの及び(ハ)について、登録後にそれぞれ規定するものに該当するに至ったとして無効審判請求が可能である。

　登録後に(イ)の普通名称化した場合、(ロ)の第二条第一項六号に定める慣用商標になった場合、同第七号の政府等の開設した博覧会等の賞牌等と同一又は類似のものに該当するに至った場合の取消制度が実現していない。

　産業構造審議会知的財産分科会報告書(平成25年9月)がいう、商標権者にとって酷でない制度、何らかの形で普通名称化の防止を図ることができる規定というのは、この答申において(註)として表記された事項に源を発しているものと考えられる。

　ただ、権利者が適切に商標を使用し、自他商品役務識別力を維持していくことこそが、商標権者及び需要者にとって意味があることを改めて認識する必要がある。その使用の結果、商標に信用・価値が生まれるのである。商標法50条に定める不使用による登録取消しの制度が存在するのは、登録だけが存続しており、その結果、当業者が使用できない、或いは使用を躊躇するような状況を制度的に許容できないことに基づく[28]。

　このことと同様に、登録後に識別力を喪失した場合には、もはや商標に信用・価値が生じることはなく、逆に登録が存続しているが故に当業者が使用できない、或いは使用を躊躇するような状況を生み出していることに制度的に対応すべきである。登録後に普通名称化した商標、また本稿で題材として取り上げたヨーロピアン事件での「コーヒー及びココア、コーヒー豆」におけるヨーロピアンのような、指定商品・役務との関係で品質や特徴を示すものとなり識別力を喪失した商標についても同様に、登録取消しの対象とすべきである。さらに3条2項により登録に至った商標についても当然に対象とすべきであると考える。

　昭和34年商標法改正時答申の(註)の記述が、いわば呪縛のように存在して

---

[28] 特許庁『工業所有権法(産業財産権法)逐条解説〔第19版〕』(発明推進協会　2012) 1457-1458頁

いるのではないか。そこで、昭和34年商標法改正時答申の（註）や産業構造審議会知的財産分科会報告書（平成25年9月）のいう「何らかの形で普通名称化の防止を図ることができる規定」の必要性にについて、次に検討する。

（2）普通名称化等の防止のための規定

以前、普通名称化防止のために、出版社に対して商標表示請求権を商標権者に付与することが検討されたことがあるが[29]、この考え方には賛成しがたい。

商標権者は、自らの商品・役務の提供にあたり、自ら又は販売店等に対して、その登録商標を使用することを推進すればよく、また、商標権を侵害する者に対して、商標権行使ができることが商標法上の権利である。必ずしも商標権侵害の当事者ではない出版社に対して行使できる権利を付与することは適切ではない。

また、辞書等は、訴訟において証拠のひとつでしかなく、民間企業等が発行するものであり、過大に評価すべきではない。そこに記載されていることがすべて正しいとは限らない。加えて、信頼に値する出版社であれば、辞書等を編集するにあたり、それぞれの語が一般にどのように認識されているかについて、商標であるかどうかも含め適切に調査等を行ったうえで掲載するとの矜持を有しているはずである。十分な調査等なしに掲載するような出版社の発行する辞書等は信頼に値せず、訴訟においても証拠力の判断についても相応の判断がされると考えるべきである。

商標権者は、自らの商品・役務の市場において、普通名称化するなど識別力を喪失する事態にならないように商標を使用すること、権利侵害者に適切に対応することが必要なことである。

欧州共同体商標規則10条に定めるような出版社に対する商標表示請求権は、欧州各国のハーモナイゼーションを実現するものである商標指令には規定はなく、米国商標法等には同様の規制はないことからも、必要はないと考える。

さらに、登録商標について、意図的に普通名称化を含め識別力がない状態を作り出そうとする者の活動があったとしても、商標権者が商標を使用し、適切に権利行使をしていれば識別力を喪失することは考えにくく、また、そういった意図的な活動は識別力喪失の証拠とされないと考えるべきである。

---

[29] 知的財産研究所「各国における商標権侵害行為類型に関する調査研究報告書」（平成19年3月）が纏められる際は、登録後普通名称化した場合の商標登録取消制度が検討されているが、このときは、欧州の共同体商標規則10条類似の規定とセットでの導入を検討されていた。

(3) 提案
ア　商標権者の帰責性

「何らかの形で普通名称化の防止を図ることができる規定」を追加するのではなく、むしろ商標権者による作為又は不作為によって登録商標の識別力が失われた場合に登録を取り消すこと、すなわち商標権者の帰責性に基づいて判断することが適切であろう。これは、商標は、使用し自他商品役務識別力を維持していくことこそが、商標権者及び需要者にとって意味があり、商標権者に独占的な権利が与えられている基礎なのであることに基づく。

登録後に識別力を喪失することがないように商標権者に求められるであることとして、商標権者の作為又は不作為による普通名称化の欧州の事案が参考になろう。

登録後に普通名称化した際の商標登録取消について、商標指令12条 (2) (a) には「商標権者の作為又は不作為の結果、登録にかかわる商品又は役務について、その商標が取引上の普通名称になった場合 (in consequence of acts or inactivity of the proprietor, it has become the common name in the trade for a product or service in respect of which it is registered)」について、欧州連合司法裁判所2014年3月6日判決 (Backaldrin Österreich The Kornspitz Company GmbH v Pfahnl Backmittel GmbH, C-409/12) では、商標指令12条 (2) (a) を適用するにあたっては、商標権者の利益と競争者による当該標識を使用する可能性の利益のバランスをとるにあたり、登録商標の識別力の喪失は、商標権者の作為又は不作為による場合に限られると指摘する (Para 32)。この説示は、2006年4月27日判決[30] (C-145/05　Para19) にも見られる。また、商標権者の利益と競争者による当該標識を使用する可能性の利益のバランスをとることについては、2008年4月10日判決[31] (C-102/07　Para24) でも指摘されている。

そして、「不作為 (inactivity)」について、商標権者が、商標が登録されている商品を販売促進する際に、販売者に対して当該商標をより使用するよう促さない場合は、不作為に該当しうると解釈すべき」(C-409/12　Para36) と判示している。

---

[30]　Levi Strauss & Co. v Casucci SpA
[31]　adidas AG and adidas Benelux BV v Marca Mode CV and Others

さらに、「不作為は、商標権者がその商標の排他的権利を行使しなかったときを含む」(C-409/12 Para33、C-145/05 Para34) とするとともに、「不作為の概念は、その類に限定されず、商標権者が、その商標の識別性を保持するために十分に注意深くしていないすべてを含む」(C-409/12 Para 34) とする。

我が国においても、商標権者の作為又は不作為によって登録後識別力を喪失した場合には、登録取消しとすることが適切であろう。

イ 登録取消審判

ここまで検討したことを、我が国の商標法に導入する方法について検討する。登録時には識別力があったとしても、その後に商標権者が十分に商標として使用していなかった間に普通名称化するなど識別力を失うに至ったり、適切に権利行使しなかったことで同様の事態に至ったりした場合に、その後商標権者が使用を開始したとしても、商標権者を保護する必要性はない。ここからすると、後発的の無効事由による無効審判請求ではなく、商標法50条による不使用や51条、53条による商標権者等による不正使用による登録取消しと同様に、商標権者の責めに帰す事由に基づいて登録取消し審判請求ができるようにすべきと考える。また、何人も審判請求できるものとし、取消しの対象は50条と同様に各指定商品又は指定役務とすべきと考える。

また、昭和34年商標法改正のときの答申不採用の理由として「判断は裁判所においてした方がよいとの意見」については[32]、審決に対して取消請求訴訟が可能であり、裁判所で最終的に判断されることからなんら問題はないものと考える。

筆者は、渋谷先生が早稲田大学で教鞭を取られた最後の年である2010年度に、社会人として早稲田大学大学院法学研究科にて師事した。改めてここに渋谷先生への哀悼の意を表明する。

なお、本稿は、個人の見解に基づくものであり、筆者の所属する団体・組織の見解ではない。

(2016年2月28日)

---

[32] 前掲注26

競業訴訟の実際 (その一　回転寿司)

小　野　昌　延

はじめに

　私の弁護士歴も60年を超えた。初めの10年間は民事・刑事を問わず、一般事件すべてを取り扱っていた。そかし、その後は、知的財産や競業訴訟に、意識的に特化して活動してきた。しかし、弁護士生活の事件の一部は、永久保存の判決で終わった事件以外は、そのうち世の中から消えてしまうであろう。たとえ雑文でも書き残しておけば、後の事件処理の参考になるかもしれない。

　これらの中には、阪急阪神グループの事件や、関東に移動する前までの関西に在る時期のダイエーの事件など、筆者が意図的に開示しない、あるいは、開示できない事件もある。しかし、ルイ・ビトンやシャネルなどの著名ブランドの模倣防止事件を、初期に在阪のフランス領事と共に活動した事件などは、数十年経った今日では到底考えらない程、事情の変わった状況もあれば、今も昔も変わらずに、繰り返されている状況もある。その頃、編成した弁護士団の一人が、今もルイ・ビトン社の模倣犯に対する刑事告訴活動をしているが、一時は数人で、今より活発に活動していたので、その思い出も深いし、かつ公開し得る事項もある。

　これらの事件の詳細は、書くことはできない。しかし、当時の新聞や雑誌の記事や、依頼者が自ら公開された広報や、公開された訴訟記録・審判、などを、雑文にすることはできる。特に和解になった事件などの資料は、消えやすい。また、回転寿司のように、当時、それほど事件でなかったが、法律的に興味があり、開示できる範囲で取り上げてよいものもある。その一つが本稿で取り上げる「その一　回転寿司」問題である。今後、競業訴訟の実際を、「その二」・「その三」と機会ある毎に、書き続けるつもりである。

1．回転寿司とは

　回転寿司とは、各種の寿司などを載せた小皿 (これに代えて水に浮かぶ小舟

なども現れるなど、今日ではその形態は数えきれない）などを、消費者の前に設置されたチェーンコンベア（当初は職人の周りを回るコンベアで対面型であったが、後には職人は調理室などにいる非対面型が一般的となり、今日では特急レーンも開発される）など、通常はコンベア上に小皿を連続して循環させ、客はそれを自由に取り上げる、セルフサービス型のシステムで、通常は安価な寿司販売（後には高価な寿司のみならず、品物までも）のサービス形態、もしくは、店舗をさす。

　元禄寿司が始めた、安く・ないし・気軽に食べられるのが特徴の回転寿司ではあるが、近年高級な寿司種の回転寿司が出てきた。これらは、ホテルや一等地に店舗を構え、高級魚を寿司種にしている。更にタッチパネルを設置して注文させるようなものも一般的になり、初めの態様を一新した。

　現在では、地域的にも、英国のロンドンの回転寿司を始めとして世界中の外食産業に広まっている。外国では、日本と同様、刺身、てんぷら、うどんなどの日本食から、紅茶、ケーキ、果物、鶏の唐揚げなどを、現地の好みに合わせて提供している。地域は、英国は勿論、フランス・米国、さらには、オーストラリア、ハワイなどで、高級店として広がった。勿論、時期的には、近隣の台湾・中国本土・韓国にも、回転寿司店が拡がった。近時は中南米においても、これが回転寿司かというような、現地にしかないような奇妙な食品を、日本食ブームに便乗して出店している回転寿司店がある。

2．この回転寿司は、普通名称問題の好例

　回転寿司事件は、商標法上・競業法上の普通名称一般の法律問題、登録商標の普通名称化問題、さらには商標管理上の好例を示している。

　ところで、最近テレビ番組のクイズで、「〈回転寿司〉はなぜ回転寿司というのか」という問いに対して、食べ物の専門家と称する人物が、とくとくと回答していたが、回答は全く間違っていた。それは、小皿に載った寿司が、「コンベアの上に載って、くるくる回る姿」を前提にして、とくとくと自説を講釈していた。

　それは回転が、元禄寿司白石義明会長の「人工衛星廻る寿司」という宣伝文句に由来する事実を全く知らない回答であった。回転寿司はもはや一般名詞のようになっているが、白石氏の旋回式寿司販売装置が現れる前は、「寿司」と「クルクル回る回転」とは、全く無関係の言葉であった。ソ連がスプートニクを打

ち上げたころは、旋回する人工衛星は、今日以上世人の関心の的であった。

3．普通名称の法律問題は、時間軸を考慮すべし

　普通名称問題や、登録商標の普通名称化の法律問題の現実は、社会の認識の横軸に、時間軸の縦軸を考慮して、はじめて商標法のいう「取引の実情」といいうる。その時の世人の認識という横軸のみで、判断すべきでなく、縦軸の時間軸を考慮すれば、時々刻々変化するものである。例えば、警告した時点と代理人に相談し回答した時点、はたまた、訴えを提起した時点と証人調べをした時点、判決の時点、更には控訴の時点、時々刻々、みな異なっているのである。

　これは、商標管理においても同様、状況は異なっていた。例えば、元禄産業株式会社が「MAWARU　まわる」商標を登録した時点と、後に日本テレビの誤った放送で、本件紛争が生じた時点では、全く状態は異なっていた。

　それでは、本件紛争に至る状態を、公開された資料によって概略たどってみよう。平成7年（1995年）1月、読売新聞の連載記事「寿司に生きて」の記事は、白石さんの意向を述べた記事であるので、これを白石氏の語る事実として本稿を進めよう。

4．回転寿司の略歴

　白石義明氏は、東大阪市の一等地である近鉄布施で、立ち喰い寿司店を経営していた。彼は飲料組合の見学で、吹田のアサヒビール工場に行った。そのときコンベアベルトに載ったビール瓶が、うまく回転するのにヒントを得た。そして、布施駅の北300メートルの場所に工作所を設け、試作品を作った。東大阪市は、日本一の中小企業の街とすら言われている。自宅のある東大阪市高井田地区に東光機械社長深田昇一氏という飲み友達がいた。白石氏は、彼のところに、この件の相談を持ち込んだ。両者はいろいろ試みた。カーブを曲がらせるために動く板の形も、始めは野球のホームベース型であったが、後に半月型に変わった。試行錯誤の結果、円形の回るコンベア食事台の中の少数の職人で、多数の客をまかなう対面型の「旋回式コンベヤ附調理食台」を昭和32年（1957年）ごろに考案し、一応の試作品が出来上がった。ところで、ある人が、経営面・経理に梶岡甲子男氏を推薦してきた。白石氏は同年3月13日、後に元禄産業常務になった梶岡甲子男氏に試作品を見せ、入社を誘った。当初は入社を断った梶岡氏も、その時まで勤務していた材木商の経理業務から、元禄産業に転職

した。

昭和33年（1958年）4月、路地裏の工作所の表通りに店舗を借り、「元禄寿司」の第1号店を開店した。宣伝文の「人工衛星廻る寿司」に反応した中学生の噂に、母親、更に父親が反応し、この奇妙な回転コンベア寿司は噂の店となった。皆には、高価な入りにくい在来の寿司店舗から、気軽に入れる寿司店としてヒットした。

5．旋回式寿司販売の独占と回転寿司の著名化

昭和37年（1962年）12月6日白石義明の名義で実用新案登録（登録第579776号）を得た。これは、旋回式寿司店舗の独占運用に寄与した。当時も職人不足であり、極めて効率的な販売方式であった。

西日本で店舗展開していた元禄寿司に対して、現在のジー・テイスト「平禄寿司」の前身である株式会社教育用品センターが、昭和42年（1968年）東日本での「元禄寿司」の営業展開の契約を締結した。同社は、商号も株式会社元禄に改めて、フランチャイズを急展開した。この仙台市の店舗が「東日本」で初めての「回転寿司店」である。これは、仙台で教育用品などの販売をしていた台湾出身の江川金鐘氏が、回転寿司の将来性に目をつけ、白石義明氏に営業名・商標名の使用許諾を申し込むと共に、旋回式寿司販売の機械使用の許諾も受けた。白石氏の存在は、業界では、ある程度の有名になっていたが、大阪万博で全国的に一般人にも著名となる時期の前のことであった。

昭和45年（1970年）には、布施の近くの千里丘陵で、万国博覧会が開催された。この機会に、元禄産業は、新聞に全面広告をするなど一般への宣伝に力を入れると共に、会場西口前に、1皿2個90円で寿司店を開店した。この時、寿司は売れに売れ、また、元禄産業の名前も、一躍有名となった。そして、従来の寿司店の高級で庶民に馴染めなかった雰囲気に対し、廉価で、手軽に入れ、会計も明朗という庶民のニーズにこたえたシステムとして、旋回式寿司販売の模倣店が続出した。

これには、江川氏のフランチャイズ店舗展開の功と、北陸の有るものへ機械発注した罪との両者があるが、筆者は功罪のうち弊害の方が大きかったと評価するが、読者はどう評価されるであろうか。白石氏の「元禄寿司」店は、直営ないし暖簾分けした者のみに、大阪近辺数か所に経営するのみである。ただ店舗の所在は、選ばれた場所であり、一店の売り上げは大きい。これに対して、

小野　昌　延

　江川金鐘氏の「株式会社元禄」は、フランチャイズの相手かまわず、都心のみならず郊外への出店も図り、どんどんライセンスしていった。郊外型店舗が増加するに至り、昭和の後半期には「元禄寿司」のフランチャイズ店は東日本では、最盛期200店を超えた。他方、江川氏が、機械の発注を北陸の会社に、不適当な相手にしたため、後に各社が無断で回転寿司店を始める類似模倣店続出のきっかけとなった。

　さらに、昭和58年（1978年）に「コンベヤ附調理食台」の権利が切れると、特許・商標管理の難しさも加わり、現在の大手となる企業などの新規参入が相次ぎ、競争が激化した。また「元録寿司」の名称でフランチャイズ展開していた企業も、自前の店名ブランドを掲げ独立していった。

　その間に、北陸の機械メーカーの回転寿司フランチャイズ・ビジネス参加にともなう訴訟において、江川氏を証人により、平成２年７月３日に、次のように否定できない事実を、将来のため証言させておく作業もおこなっている。その証言は、次のとおりである。

「　証　人　調　書

陳述の要領

第一審原告代理人
　一　あなたは、株式会社元禄（以下「訴外元禄」という）の代表取締役ですか。
　　　そうです。
甲第一七号証を示す。
　二　これは、訴外元禄の会社案内ですか。
　　　そうです。
　三　この会社案内の会社概要欄では、代表取締役の名前が『陳金鐘』となっていますが、あなたのことですか。
　　　そうです。私は、その後帰化して、現在の江川金鐘と名乗るようになったのです。
　四　この会社概要欄には、創業、設立、資本金、直営店、海外店或いはフランチャイズ店が一二一店というような記載がありますが、この記載内容

は、事実そのとおりですか。
　　そうです。現在では、フランチャイズ店は一五〇店ぐらいになっています。
五　この会社案内三頁裏に昭和五三年の飲食企業の売上高順位が掲載されていて、その三三位に『元禄』という会社がありますが、これは、訴外元禄のことですか。
　　そうです。
六　この売上高順位表は、何の資料に基づくものですが。
　　日本経済新聞掲載の表です。
七　先程の会社概要欄に、創業が昭和四二年八月と記載されていますが、これは、廻る元禄寿司の寿司屋を始めたのが、この時期からだったということですか。
　　そうです。
八　それ以前は、あなたの会社は何をしていたのですが。
　　学校の教材や用品を取り扱う会社でした。
九　訴外元禄は、設立以後、商号を変更しましたか。
　　はい。最初の商号が『株式会社教育用品センター』で、その後、現在の『株式会社元禄』に商号変更しました。
一〇　そうすると、広告、宣伝等には『株式会社廻る元禄産業』とか、『株式会社教育用品センター元禄産業』とかの記載がありますが、それは宣伝上のことであって、正式な商号は『株式会社元禄』であるということですか。
　　そうです。
一一　訴外元禄と第一審原告である元禄産業株式会社（以下「第一審原告会社という」）との契約関係は、いつ頃から始まったのですか。
　　昭和四二年に寿司屋を始めた時からです。
一二　第一審原告会社との契約ですが、当初、あなたの方からフランチャイズ展開したいと第一審原告会社の社長である白石義明に提案したのですか。
　　そうです。白石社長は名古屋から東日本方面は、私の方にやらせると言ってくれました。
一三　広告を第一審原告会社と訴外元禄とで、共同で出したことがあります

か。
　　あります。
甲第四乃至一〇号証を示す。
一四　この各広告に二つの会社の名前が記載されていますが、これが、訴外元禄と第一審原告会社とが、共同で広告を出したものですか。
　　そうです。
一五　甲第四号証の二に店の内部の写真が掲載されていますが、これはどこの店の写真ですか。
　　第一審原告会社の店の写真です。
甲第一七号証を示す。
一六　甲第九号証の二に掲載写真の飛行機と、甲第一七号証三頁目掲載写真の飛行機とは、同一のものですか。
　　そうです。宣伝用に二台購入したもので、私の方は、小さい方の飛行機を購入しました。別に購入費用の分担等というものはなかったです。
甲第六一号証を示す。
一七　それで、最初、白石社長と口約束で取り決めたことを、この誓約書で文書化したのですか。
　　そうです。第一審原告会社と訴外元禄との契約を、この誓約書で文書化したのです。
一八　この誓約書冒頭部分に、第一審原告会社と訴外元禄との、それまでの経過が記載されていますが、事実そのとおりですか。
　　はい。そのとおりです。
一九　訴外元禄の方は、どんどんとフランチャイズ店を増やしていったわけですか。
　　そうです。
二〇　それで、先程の当初の白石　社長との話で、あなたの方に東日本は任せるということの意味は、東日本であなたの方が直営店を作っても、或いは、フランチャイズ店を募っても良いということだったのですか。
　　そうです。
二一　では、屋号、著袋、のれん等は、どういう取決めになっていたのですか。
　　箸袋、のれん、マッチ、包装紙等は、ほとんど第一審原告会社からもらっていました。

二一 それで、あなたの方がフランチャイズ展開していくうえで、フランチャイズ店に付ける店の名前は統一したのですか。
　　　はい。『廻る元禄寿司』に統一しました。
乙第一号証を示す。
二三 この賃貸借契約証書は、昭和四四年六月二四日付ですが、実際、この時期にこういう契約書にサインをしたのですか。
　　　はい。しました。
二四 この賃貸借契約証書を見ると、甲の欄は既にあなたの方の会社の記載が印刷してあって、乙の欄は書き込みが出来るようになっているわけですが、あなたの方は、第一審被告である大昇物産株式会社（但し、この当時は旧商号大倉商事株式会社）（以下「第一審被告会社」という）以外のフランチャイズ店についても、この契約証書用紙で契約をしていたわけですか。
　　　そうです。
二五 この第一審被告会社との契約は、第一審被告会社の方からあなたの方に契約の申入れがあったのですか。
　　　そうです。第一審被告会社の方が、新聞か雑誌の広告を見て、チェーン店の申込みをしてきたのです。
二六 あなたの方は、フランチャイズ店を募る為の広告や宣伝をしていたわけですか。
　　　はい。していました。
二七 この契約当初、第一審被告会社が訴外元禄に対して支払う金は、どのぐらいでしたか。
　　　当初は売上げの一〇パーセントということになっていましたが、途中で、毎月三〇万円、そして二〇万円、最後には機械を売ってくれと第一審被告会社から要求してきました。
二八 それで第一審被告会社からの、そのような要求に対して、あなたの方は承諾したのですか。
　　　はい。結論的には承諾し、賃貸していた機械も売ることになりました。
二九 機械を売ってからも、第一審被告会社からは、ライセンス料を取得していたのですか。
　　　はい。月額一〇万円ぐらいもらっていました。

三〇　第一審被告会社の代表者兼第一審被告である竹倉吉雄の原審での証言によると、昭和四五年に片町店を開店するにあたって、あらかじめあなたと会って、開店の了解を得たということですが、その時期にそういう了解をしたという記憶はありますか。
　　　はい。あります。
三一　その時に、第一審被告会社に対し、機械の買取りも、認めていたのですか。
　　　いいえ。機械の買取りを認めたのは、その後でした。
三二　あなたが最初、第一審被告会社と契約をしたときに、営業の仕方とか、レイアウトとかの手伝いをしましたか。
　　　はい。寿司のにぎり方から、寿司の大きさ、ねた等を開店に際して、教える為に手伝いに行っています。
三三　第一審被告竹倉吉雄の原審での証言では、従業員の内、二人が大山店に、一人が吉祥寺店に教わりに行ったということですが、あなたの方でも、誰かを派遣して手伝わせていたのですか。
　　　開店する際には、必ず、私の方から手伝いに行きました。
三四　第一審被告竹倉吉雄の原審での証言によると、第一審被告会社は昭和四六年四月頃に、あなたの方から北陸地方本部をもらったということなのですが、どうですか。
　　　第一審被告会社の方から、石川県と富山県だけを任せてくれないかという提案があったのですが、私の方が約束したのは、この両県では、第一審被告会社以外のフランチャイズ店は許可をしないということだけでした。
乙第三号証を示す。
三五　この開業のしおりは、いつ頃、第一審被告会社に渡しましたか。
　　　第一審被告会社の方がチェーン店の申込みをしてきたときに、渡しました。
三六　第一審被告竹倉吉雄の方は、先程の北陸地方本部をあなたから任されたときに、あなたの方から、経営のノウハウとして、もらったものであると言っていますが、どうですか。
　　　いいえ。それは違います。チェーン店の申込みがあった、初めてのときに渡したものです。

乙第四号証を示す。

三七　これを、第一審被告会社に渡したことがありますか。

　　　はい。あります。

三八　その以前渡したときと、変更なく、この案内パンフレットは使われていますか。

　　　いいえ。今日初めて見たのですが、私の方は第一審被告会社をフランチャイズ店の一員と考えていたのに、裏に『元禄寿しチェーン北陸本部』と記載されているのは、おかしいです。

三九　確かに、この『元禄寿しチェーン北陸本部』と記載のあるギザギザの破線枠は、空白のまま、あなたの方から第一審被告会社はもらったと言っているのですが、あなたの方が、第一審被告会社に北陸を任せるということの意味は、富山県、石川県の両県では、第一審被告会社以外の他のフランチャイズ店は許可しないというだけの意味だったのですね。

　　　そうです。両県で、第一審被告会社がフランチャイズ展開することは構わないわけですが、ここに記載の『北陸本部』というような名前を使用することについては許可を与えていませんでした。今日、この法廷で、初めてこれを見て、このような名前を使用していたことを知りました。

四〇　あなたと第一審被告会社との契約が、直接に第一審原告会社と第一審被告会社との契約に切り換わったことがありましたか。

　　　はい。ありました。最初、白石社長は私に全国的にやっても良いと言うので、しばらくやってみたのですが、手が回らず、東日本だけをやることになったのです。その後、第一審被告会社との契約関係ができたわけですが、第一審被告会社の私の方に対する支払が、ルーズで、遅れるようになったり、第一審被告会社の私の方に対する申告がうその内容だったりしたので、私の方は、第一審原告会社の方に第一審被告会社の関係を任せることにしたのです。それが契約を切り換えたきっかけです。

四一　本件コンベア附調理食台には実用新案権の権利があったわけですが、そのフランチャイズ展開をしていく上で、そのライセンス料には、機械の使用料と『元禄寿司』の名前の使用料と、両方の使用料が含まれていたのですか。

そうです。そして名前を使用することについては、第一審原告会社の許可を得ていました。現在でも私の方は、第一審原告会社に、甲第六一号証の契約書に従って、その名前の使用料を支払っています。

乙第二号証を示す。

四二　この覚書は、昭和五〇年八月一六日付ですが、実際にその頃に、作成したものですか。

そうです。

四三　この覚書を作成した経過は、どういうことだったのですか。

本件コンベア附調理食台に装着する給茶器を、石野製作所が発明したのですが、コンベア附調理食台の権利を持っている第一審原告会社の許可が要るだろうということで、第一審原告会社も中に入って、この覚書にサインしている四者で共同出願しようということになったのです。

四四　第一審被告竹倉吉雄の原審での証言によると、この給茶器は竹倉吉雄が発明したものだというのですが、どうですか。

いいえ。これは、石野製作所が発明したものです。

四五　この覚書の作成前に、既に、第一審原告会社と第一審被告会社との直接の契約に切り換わっていたのですか。

はっきりと覚えていません。

四六　第一審被告会社が、あなたの方の手を離れて、第一審原告会社との直接の契約関係になるときに、あなたの方は、それまで申告を受けていた第一審被告会社の直営店やフランチャイズ店の名前及び住所を、第一審原告会社に引き継ぎましたか。

はい。引き継ぎました。

四七　第一審被告会社に対するライセンス料は、第一審被告竹倉吉雄の原審での証言によると、最初から月額二〇万円であったということなのですが、どうですか。

最初は売上げの一〇パーセントだったのを、月額三〇万円にしてくれということで、三〇万円にし、その後更に、値切られて、月額二〇万円になったわけで、最初から二〇万円ということではなかったです。

以　下　略　」

競業訴訟の実際　（その一　回転寿司）

6．筆者の受任と其の時どきの状況

　私は依頼を受け、上記証言のあった平成元年（1989年）の竹倉氏との紛争、および、主として平成7年の江川氏との紛争に携わったが、特に、平成7年（1995年）3月10日午後7時午後7時の日本テレビの番組「発明将軍ダウンタウンスペシャル」の件で、株式会社元禄の会長江川金鐘氏が、「廻る元禄寿司を始めた元祖である」と、誤の放送がなされたことに基づく紛争は、印象的であった。
　この誤放送の内容は、次のとおりであった。

「　　放　送　内　容

ナレーター　回転寿司。その値段の安さと気軽さで庶民の味方となった、回転寿司。すし屋は高いと言うイメージを廻るシステムで一掃した人物がここに居る。

江川会長　お寿司はものすごい皆食べたいんだけども売れなかった、ということは高く売るから。

ナレーター　元禄寿司会長・江川金鐘。彼こそは回転寿司を考え世に出し一大旋風を巻き起こした男である。少年時代を台湾で過した彼は、17才のときに大阪に移り、エンジニアとして身を立て、その後仙台に移って会社を営むが、すべて寿司とは全く無縁の男であった。
　そんなある日、近所の寿司屋の主人に呼び止められた。彼は経営不振に悩んでいることを相談された。
　そこで彼は、かつて大阪で見たことがある安くて珍しい店のやり方を提案する。それがこの関西方式の屋台寿司だ。当時としては破格の一皿20円。しかも4個で！　屋台寿司は立喰いの形式にして、古くは江戸時代から伝わり、関西へと受けつがれていたやり方。彼の予想通り、屋台はここ仙台でも大盛況をみせるが、大きな欠点があった。
　繁盛して忙しい割には売上が延びない。大量の客をさばくには、屋台では無理があったからだ。なんとか他にやり方はないものか。この屋台寿司をキッカケに、彼は本格的に寿司屋の経営に取り組むことになった。
　会社が終わったあとは毎日アイディアに頭を悩ました。お客を早く回転させ

るには、もっと合理的な方法じゃないと駄目だ。"廻す""廻す"と考えるうちに、台湾出身の彼は思いつく。中華料理の回転テーブルだ！　好きな物を選んで取れるこの方式を、寿司屋に応用出来ないものか。早速彼はこの回転テーブルのイメージを寿司屋のカウンターに置きかえてみた。
　カウンターの客は板前をとり囲み、寿司を客の前に並べれば好みのものを自由に取れる。あとはこの寿司を、どう回転させるかだ。
　そこで、かつてエンジニアだった彼がすぐ思いついたのがベルトコンベアーだ。当時はこの方式が最先端であった。ただ機械の上に寿司が乗るなど、あって良いものか。それでも彼には自信があった。

江川会長　これは第一に安い。第二には珍しいということで絶対繁盛すると確信を持ったのです。

ナレーター　そして、いよいよベルトコンベアーによって寿司屋の常識を覆そうとする第一歩が、スタートした。
　安く売って設けるためには、サービスが完璧であるべきだ。まず第一に、回転スピードをテストする。早すぎるとネタがすぐ乾くし取りにくい。そこで、彼は一分間にすべてのメニューが通過するスピードを考えた。24皿通過するのが最適だと気づいた。続いては、寿司の回転方向のテスト。右回りなのか左なのか。箸を持たない左手で皿を取るとき左から流れると皿が逃げてしまい取りづらい。逆に右から廻すと、皿を待ち受けて取ることが出来る。右から左へ、即ち、時計回りにする方が良いと考えた。
　そうして、ついに、廻る元禄寿司第一号店が仙台にオープン。群がるお客はこの廻ると云うキャッチフレーズ、おまけに一皿50円の安さのWパンチに驚きを隠せなかったと云う。
　これが開店間もない頃の１号店、当初はさすがに店のシステムを理解出来ない客もいた。
　早い者勝ちだと思い込み、皿を全部占領してしまうお客もあれば、皿を取らずに寿司だけを取って食べる困ったお客は、けっこういたとか。
　それでも安さと廻るユニークさが受け、支店が次々とオープン。やがて海外にもチェーン店が誕生。仙台に本社を置く元禄寿司は、その店舗数と売上が示す通り、莫大な規模へと成長した。

江川会長 お金を儲けようとしても儲かりませんよ。絶対儲かりません。お客さんの為に尽くそうと云う気持ちがあるかないか、それによって商売繁盛。

ナレーター 「金（かね）は追うな　縁を切れ」と云う彼の商売理念が、廻すと云う発想を生んだ。廻るサービスがあれば、自ずと金は儲かる。廻すことにこだわる彼の自宅では、今日も晩ご飯が廻っているのである。もちろん、このテーブル（中華料理の回転テーブル）は彼自身の発明である。

以　上　」

　前の法廷での証言と全く異なる事実に反する放送である。
　ところが、白石義明氏にとっては、既述のとおり読売新聞紙に「すしに生きて第1部～第4部」が連載され、かつ、彼は既に東大阪市の商工会議所の会頭という名士であった。同氏には、多くの人から問い合わせがあり、同氏は不愉快な思いをすると共に、その人格・信用上事情説明をする必要があった。また、直営店の顧客や店員たちからも、事情を説明するよう求められた。
　これに対し、江川氏からは一向に明確な回答はなかった。
　これは、サービスマーク出願をした弁理士が、「新制度だから（株）元禄においても、サービスマークは出願登録できる」といわれたことに起因する。これは、後に（株）元禄（江川金鐘会長）の代理人M弁護士の釈明によって明らかになった。M弁護士は弁理士の意見に賛同できず、代理人どうしで意見を異にした。白石氏の元禄産業（株）は、江川氏の元禄（株）の3件のサービスマーク出願に、異議を申立てていたが、後に、江川氏はM弁護士の意見に従い、これを相互の信頼関係を損なうものとして取下た。某弁理士は、最後まで釈明に現れなかった。この弁護士・弁理士のどちらの意見を相当のものとするかは、読者の意見に委ねるが、法律家として事の全体をみるよう心しなければならない。

7．誤報とその影響

　このような状態のもとに、両者間に紛争は起こり、筆者の受任するところとなった。日本テレビの誤報は、さらに（株）食品速報、（株）プレジデントの雑誌などの次の誤報記事を生み、M弁護士はマスコミに訂正記事を出してくれるように頼んだが、なかなか訂正記事を出してくれず、（株）元禄の原状回復

小 野 昌 延

　の努力も不可能のまま、昭和56年1月31日に締結された営業名称・商標の使用許諾契約の期限も来たので、平成9年2月7日に契約は満了した。
　そして（株）元禄のフランチャイズ店の名称も「平禄寿司」となった。
　当時の回転寿司の出店数は、第1位アトムボーイ255店、第2位かっぱ寿司148店、マリンポリス120店であった。次の元気寿司は当時98店であったが、（株）元禄のフランチャイズ店は一時100店を超える時期もあり、この名称変更が、当時上場を目指していた（株）元禄の勢いを落としたことは間違いない。この事例は、商標管理・商標コンサルティングのよい参考事例であろう。ちなみに、（株）元禄の本店は仙台市に置いたままであるが、商号は（株）教育用品センターから、（株）元禄、更には、（株）オレンジファイナンス、再び（株）元禄にかえり、平成6年（1994年）には、資本金が3億円余になっていた。このように江川氏は、上場準備の最中であった。後に同社は上場するに至ったが、この「元禄寿司から平禄寿司への変更」は、大きな打撃であったろう。
　私が日本テレビの誤放送事件を受任したのは、平成7年（1995年）であって、元禄寿司がいわゆる回転寿司を始めた昭和33年頃「1958年」より30年弱も経っている。この30年間の主な出来事を、順を追ってみてみると、戦後混乱期に、まず「立ち食いずし」の元禄寿司があり、それから、「アサヒビール工場」の見学で対面型の回転型寿司提供システムを構想して試作にかかり、次いで、スプートニクや人工衛星で一点張りの世相の中で、「回転」の文字を宣伝文句に用いた。そのとき回転寿司はおろか、元禄寿司などの「登録商標出願」など、白石社長の頭には浮かんでいない。試作品の完成を得て、工作所より表道路に出て、「変わった寿司提供システム」で、布施の地で通用するかどうか、せいぜい其の心配が、白石社長・梶岡専務の頭の中に一杯であった。
　その時、「廻る」や「回転」は普通名称で、回転寿司は奇妙な名前であったであろう。商標登録も可能であった。戦後の中小企業の商標管理の不備を、今日の水準で批判することなど、時間軸を無視した批判である。回転寿司の名前を思いついた後、三十年たったのちの元禄産業の商標管理体制も、不十分であり、私の受任したときには、その中を社長の次男と梶岡専務が管理事務を担当し、商標管理をはじめ特許管理など種々の管理に腐心しておられた。すでに「回転寿司」は崩壊気味であった。やむなく「廻る」の商標管理をすることすら困難であった。

8.「回転寿司」商標の崩壊

「回転寿司」の文字は、これに代わる言葉の用意もなく、新聞・雑誌も自由に頻用しており、従って管理の仕方も無かったが、登録商標「まわる」「廻る」については、当時の大手も素直に、私共の差し止めや損害賠償の申し出でに従っていた。

しかし、白石義明会長の逝去や、社長（長男）と次男の事務分担の変更、すなわち、次男の商標管理業務より直営店業務専念へ変更、社長親族の会計就任と梶岡専務の退任により、私も同社の商標管理を離れることになった。

白石博志社長は、私が顧問をしている日本少林寺拳法の東大阪支部の会長をしておられた。その関係で、ときおり拳法の大会が大阪で行われる際に、お会いすることがある。現社長は、先代の方針を継承して、大手のように拡大中心でなく、直営と暖簾分け方式で直営店は十店舗である。しかし、いずれもが、大阪の一等地で同社は関西では有名店舗である。そのように手堅くやっておられる。

さて、私どもが管理したころには、「回転寿司」商標は、普通名称化の道程にあった。商標管理のしようもなかった。そこで、デュポンが「セロテープ」商標を公共へ提供したひそみにならって、「回転寿司」商標を公共に提供することになった。しかし、登録商標「まわる・MAWARL」、登録商標「廻る」は、決して公共に提供していない。ここに実物写真を掲げる。当時毎日新聞の記事も同様である。

> 謹告
> ―登録商標「回転」の提供について―
> 謹啓　元禄産業株式会社は、回転寿司の元祖として、「回転」の商標権を所有しています。（商標登録第一九一九三五二号）。
> 当社代表の白石義明が、元祖として回転寿司を創案したときには、「回転」や「廻る」こと自体、奇抜で商標として十分通用しておりました。現在、回転寿司は隆盛の一途をたどり、回転寿司名称は一般に多用されております。
> 昨今のこの環境を勘案して、「回転」商標を自由に使用しうるよう、元祖として、業界に提供します。
> ただ、「廻る」・「まわる」商標権については、特許庁の判定（公的鑑定）も得ており、「廻る」・「まわる」の無断使用について現在一件商標権侵害として提訴いたしておりますので、現在不正使用の先は、速やかに停止していただくよう予告いたします。
> 平成九年四月二十一日
> 元祖　廻る　元禄寿司
> 元禄産業株式会社
> 代表取締役社長　白石義明

しかるに、今日業界は、「回転寿司」も「廻る」商標も区別せず、回転寿司店の中には、後者の「廻る」を商標に使用している店舗もある。

そこで、元禄産業（株）とアトムボーイとの商標争いの際の判定事件の「判定」をここに搭載して、読者のご参考に供して筆をおく。

「
　　　　　　　昭和59年判定請求　　第60025号

判　　　定

請求人　　　元禄産業株式会社
東京都・・・
代理人弁理士　Ｓ弁理士
京都市・・・
被請求人　　　株式会社　アトム
代理人弁護士　Ｔ弁護士

上記当事者間の登録第847485号商標判定請求事件について、次のとおり判定する。

結　　論

　被請求人が、商品「すし」について使用する（イ）号標章は、登録第847485号商標の商標権の効力の範囲に属する。

理　　由

1. 登録第847485号商標（以下「本件商標」という）は、「MAWARL」及び「まわる」の各文字を上下二段に書してなり、第32類「すし、べんとう、その他の加工食料品、食肉、食用水産物、野菜、果実」を指定商品として、昭和42年11月27日に登録出願され、同45年３月３日に登録、同55年７月31日及び平成２年３月20日の二回に亘って、商標権存続期間の更新登録がなされているものである。
2. 被請求人が商品「すし」に使用するものとして、請求人が示す（イ）号標

章は、別紙に示す構成よりなるものである。
3．請求人は、結論同旨の判定を求め、その理由を次のように述べ、証拠方法として、甲第1号証の1及び同2を提出した。
(1)　本件商標と（イ）号標章とを比較するに、本件商標は、前記のとおり「MAWARL」及び「まわる」の各文字を二段に表してなるものであるから、「マワル」の称呼を即座に生ぜしめるものである。

　これに対し、（イ）号標章は、別紙に示すとおり「まわるファミリーずし」の文字よりなるとこ（請求人は、請求の理由において、構成文字中の「ずし」を「すし」としているが、「ずし」を正しい表示と認め、以下審理する。）、「ずし」の文字部分は（イ）号標章を使用する商品名を示にすぎないものであって、自他商品識別標識としての機能を果たし得ないものであるから、（イ）号標章の称呼を生ずる主要部は「まわるファミリー」の文字部分にあるとみるのが相当である。ところで、「まわるファミリー」の文字部分は「まわる」の平仮名文字に続けて「ファミリー」の片仮名文字を表してなるものであるから、相異なる両仮名文字の連続記載によって「まわる」の平仮名文字部分と「ファミリー」の片仮名文字部分とが一般世人に異別感を与えることが明らかである。また、この「まわる」も「ファミリー」も共にわが国においては、それぞれ異なった別個の観念をもつ語として一般世人によく理解され親しまれている語であって、これを「まわるファミリー」一連に表しても「まわる」および「ファミリー」のそれぞれと違った別個の意味合いをもった語となるものではない。しかも、この「まわる」も「ファミリー」も上記の如く一般世人によく親しまれている語であって、前者は古くから存する語であるのに対し後者は現代につくられた語であるという違いはあるがそれぞれは看者ないし聴者に与える印象の強さにおいて格別軽重の差があるものではない。しかして、（イ）号標章においては「まわる」および「ファミリー」の各部分は同等のウェイトをもち、ともに要部をなすものであるから、これら各文字部分に相応して「マワル」及び「ファミリー」の称呼を生ずるものであり、したがって、（イ）号標章からは、単に「マワル」の称呼を生ずるものといわざるを得ない。
(2)　このような訳で、被請求人が商品「すし」に使用する（イ）号標章は、本件商標と「マワル」の称呼において類似するものであり、かつ、商品「すし」は本件商標の指定商品中に含まれているものであるから、結局、被請

求人が商品「すし」に使用する（イ）号標章は、本件商標の商標権の効力の範囲に属するものである。

4．被請求人は、「請求人の本件判定請求を棄却する、判定請求費用は請求人の負担とする」との判定を求め、その理由を次のように述べている。

(1) 本件商標が請求人の商標であることは認めるが、本件商標は単に「MAWARL」とローマ字の横書、その下に「まわる」として商標として登録されているものである。これに対して、（イ）号標章は、「まわるファミリーずし」という文体、すなわち、「まわる」という動詞と「ファミリー」及び「すし」という「名詞」を綴った文体をなすものである。しかして、「MAWARL」の下に「まわる」とした単語体が（イ）号標章を効力の範囲に含むものとすることはできないものである。

(2) 請求人は（イ）号標章が本件商標の商標権の効力の範囲に属するものというが、本件商標は「MAWARL」の下に「まわる」と付した単語体そのものであるのに対し、（イ）号標章は、まさに「まわるファミリーずし」という一体のもであって、表現上においてもその意味するところにおいても本件商標と混同誤認を生ぜしめるもではない。

(3) 商標とは、文字・図形若しくは記号若しくはこれらの結合又はこれらと色彩との結合であるとされるものであるが、本件商標は、まさに「MAWARL」というローマ字の組合わせとその下に「まわる」と平仮名を付してなるものであって、「まわる」のみをもってなるものではない。「MAWARL」はローマ字綴りの記号というべきものであって動詞としての「まわる」をローマ字綴りしたものではなく、それにラウンドの意味が付与されるものではない。従って、（イ）号標章はいかなる意味においても本件商標の商標権の効力の範囲に属するものとはいえないものであり、請求人の本件判定請求は理由がないものとすべきである。

5．そこで、本案に入って審理するに、本件商標は前記したとおり、「MAWARL」及び「まわる」の各文字を上下二段に表してなるものであるところ、下段に書された「まわる」の文字部分は必ずしも上段に書された「MAWARL」の欧文字部分の読みを特定したものということはできないから、両文字部分はそれぞれ独立して自他商品の識別機能を果たし得るとみるのが相当であり、したがって、本件商標は、構成中の「まわる」の文字部分に相応して単に「マワル」の称呼も生ずるものといわなければならない。

他方、(イ)号標章は、別紙に示すとおり、「まわるファミリーずし」の文字よりなるものであるところ、これを全体として称呼する場合は極めて冗長に亘るばかりでなく、構成中の「ずし」の文字部分は商品「すし（寿司）」を表示したものと容易に理解し得るものであり（日本語の特質上、二語以上の言葉を連ねて熟語とする場合、前の語との関係上、後の語の語頭が濁音となる現象がみられ、「すし」の語は「ずし（ズシ）」と音声化する場合が多い）、また、「ファミリー」の文字部分は、「家族、家族的な」の意味合いで親しまれている外来語であって、「ファミリーレストラン」「ファミリーカー」「ファミリーサイズ」「ファミリープラン」等の如く用いられ、一般に馴染まれている語といえるものである。しかして、これら二語を結合した「ファミリーずし」の文字からは「家族向き・家族用の（お徳用の）寿司」即ち商品の用途向きを表示したものと容易に認識し理解すると見るのが相当であるから、自他商品の識別機能を果たし得る部分は冒頭の「まわる」の文字部分にあり、これより生ずる「マワル」の称呼をもって簡便に取引に資する場合も少なからずあるとみるのが相当である。したがって、(イ)号標章からは単に「マワル」の称呼も生ずるものといわなければならない。
　してみれば、本件商標と(イ)号標章とは、ともに「マワル」の称呼を生ずるものであるから、結局、両商標は称呼において互いに類似する商標といわざるを得ない。
　また、(イ)号標章を使用する商品「寿司（すし）」は、本件商標の指定商品中に包含される商品と認められる。
　したがって、(イ)号標章は、本件商標に類似するものであり、かつ、本件商標の指定商品中に包含される商品「寿司（すし）」について使用するものであるから、本件商標の商標権の効力（禁止権）の範囲に属するものと言わなければならない。
　よって、結論のとおり判定する。

別　　紙

　　　　　（　イ　）　号標章

　　　　まわるファミリーずし

小 野 昌 延

平成6年12月13日
通産事務次官　小松　清」

むすび

　筆者は、普通名称が、原告・申立人側、または、被告・被申立人側から主張されている事件、あるいは、当事者の立場、鑑定人の立場、相談をされた立場などで、いろんな事件でいろんな立場で関連してきた。それらのうち、今覚えているものは、ニチバンの「セロテープ」事件、「正露丸」事件、「奇応丸」事件、「シャンパン」事件、「ワンカップ」事件などである。中には、顕著性がないとのみ主張すべきであるのに、すべて一方が、問題の名称は普通名称であると主張している。これらは、「正露丸」事件のように直接受任したもの、「セイロ丸Ａ」事件のように鑑定人として間接に関係したもの、ときには、「ワンカップ」事件のように、紛争当事者両方に関係があるので、中立の立場に立たざるをえなかったものもある。法律も、商標法の事件もあれば、不正競争防止法の事件もある。

　また、商標法といっても、登録時点のものもあれば、抗弁など侵害事件でのものもある。このように、これらの事件では、文字の表示力の関係で、誰かが普通名称であると主張していた。いずれも、世人の認識をどう理解するかが問題であった。

　本稿は、このうちの「回転寿司」に関連して、「廻る」の登録問題、「まわる」・「回転」・「廻転」など似た名称の登録問題、「廻る」の侵害問題、例えば、擬音の「クルクル」寿司は、類似として侵害なのか。「回転」のライセンス問題、「まわるファミリーずし」のような結合商標の類似問題、「回転寿司」の普通名称化問題、その侵害問題と普通名称化防止の管理問題に関する資料を提供し、また、批評の雑文によって、各位の参考に供した。

「商標的使用」と用途表示

土肥一史

1. はじめに

　平成26年の特許法等の一部を改正する法律（平成26年法律第36号）により、商標法26条1項6号が新設され、「商標的使用」の抗弁が新たに規定された。立案者の説明によれば、「商標的使用」でない商標の使用は商標権侵害を構成しないものとする多数の裁判例の蓄積があるが、こうした裁判例は商標法上の特定の規定を根拠とするものではないので、本来保護すべき範囲以上の権利を商標権者に与えるような事態や当該商標権者以外による商標の使用が必要以上に自粛されるような事態等の発生をあらかじめ防止するため、これまでの裁判例を明文化した[1]、と説明されている

　この産業財産権法の解説でいう多数の裁判例の蓄積の中には、補修部品や代替部品の用途表示との関係で「商標的使用」が問題となったものがある。ひとつが「ブラザー事件」[2]であり、他のひとつが「ポンプ部品事件」[3]である。詳細は次で述べるが、「ブラザー事件」では被告標章の使用は「商標的使用」ではないと判断され、「ポンプ部品事件」では、被告標章の使用が「商標的使用」であるとされた。

　この違いはどこにあるかについても興味深いものがあるが、そもそも「商標的使用」の要件は侵害成立の入り口要件であった。このことも多数の裁判例[4]の蓄積の中から導き得よう。そのため、法の形式的な適用関係では、被告標章の使用が「商標的使用」であるということになったとしても、さらに商標法26条1項各号の適用が形式的には可能であった。すなわち、「商標的使用」であっ

---

[1] 特許庁総務部総務課制度審議室編『平成26年特許法等の一部改正　産業財産権法の解説』（発明推進協会、2014年）181頁。
[2] 東京地判平成16・6・23（平成15年（ワ）第29488号）判時1872・109。
[3] 大阪地判平成17・7・25（平成16年（ワ）第8276号）判時1926・130。
[4] 東京地判昭和55・7・11（昭和53年（ワ）第255号）判時977・92、東京地判昭和63・9・16（昭和62年（ワ）第9572号）判時1292・142。

ても、商標法26条1項2号所定の商品の用途表示に該当する可能性は残るようにも考えられるからである[5]。しかし、同条1項6号が立案者のいうように「商標的使用」を定めた規定であるとすると、用途表示は「商標的使用」とはいえない商標の使用の例示ということになり、侵害訴訟の抗弁においては、「商標的使用」の抗弁と「用途表示」の抗弁を選択的に主張できるに止まることになりそうである。以下、本稿においては、この選択的な適用関係について欧州商標法に関する最近の議論も参考にしつつ検討する。また、「商標的使用」と用途表示の関係では、そこで使用される標章は文字標章が一般的であるが、図形標章においても同様に考えるべきなのかどうかも検討してみたい。

2．部品の保護と自由

　コピー機やプリンターの分野あるいは男性用ひげそりなどで典型的にみられるビジネスモデルであろうが、さまざまな産業分野で本体品の価格をおさえ、いわゆる純正部品としてのトナーやインキあるいは替刃において利益を確保しようとするビジネスモデルが少なくないように思われる。本体品の購入後に生じるアフターマーケットにおいて、最終利益を確保するビジネス戦略である。ところが、この市場において利益率が高いと、エンドユーザも期待しているところであろうが、本体品製造販売事業者以外の第三事業者が純正部品の代替品を安価で提供することでこの市場に参入するという現象が時に生じ、これらの事業者間で知的財産権を理由とした紛争に発展することがある。

　このアフターマーケットにおける純正部品に代わる代替品の提供において、これらトナーやインキの容器あるいは替刃自体が特許発明や登録意匠の対象となっていたり、代替品の提供行為が不正競争と評価されたりすれば格別、そうでなければ第三者がこの市場に参入すること自体に問題はない。そもそも商標権も、商品に付される標章に関する一定の使用行為についての排他的権利ではあっても、その効力は商標を離れた商品それ自体の製造あるいは販売等の行為には関係がない。ただ、平成8年改正商標法によって導入された立体商標制度の下では、上記の排他的効力が及ぶ可能性は残るが、商標法3条1項3号及び4条1項18号により、トナーやインキの容器形状は商品の形状を普通に用いら

---

[5] 反対、大阪地判平成2・10・9（昭和63年（ワ）第3368号）無体集22・3・651は、「被告表示がもっぱら商品識別標識としての意味を有する場合は26条適用の余地はない」とする。

れる方法で表示する標章のみからなる商標や、商品が当然に備える特徴（立体的形状）のみからなる商標として登録拒絶事由とされているため、これらに当てはまる登録立体商標はそもそも存在しないはずである。しかし、商品の形状を普通に用いられる方法で表示する標章や商品が当然に備える特徴（立体的形状）のみからなる商標でなければ、たとえば図形や色彩等の結合標章としての容器形状は存在する可能性はある。また、使用の結果識別力を獲得している容器形状について商標登録がなされている可能性もあるので、商標法26条1項2号の用途あるいは特徴（形状）の適用除外の意味は決して小さくない。

このような場合において、このアフターマーケットに参入しようとする第三者は、他人の登録商標と同一又は類似する標章を使用できるのか否か、また使用できるとすると、それはどのような条件でなのかが問題となる。まず、関連する裁判例をみよう。

3．文字商標の使用と用途表示
（1）ブラザー事件

原告商標権者はファクシミリ等のOA機器の製造販売等で知られたB工業株式会社であり、文字標章「brother」及び「ブラザー」を商品分類第16類の印字用インクリボンを含む多数の商品に商標登録を受けている。他方、被告1は、原告のファクシミリに使用するインクリボンを製造し、被告2がこのインクリボンの外箱（直方体の紙製の箱）に原告登録商標と同一の文字列「brother」及び「ブラザー」を表示している。この外箱の長方形の面のうちの二面の中央部のもっとも目立つ位置には、被告製品の普通名称である「インクリボン」や被告製品の用途を示す「普通紙FAX用」の表示がされているが、これらの文字に比較すると半分以下の大きさの白抜き文字で「For brother Type-1」及び「ブラザー用」などと表示がされていた。この表示行為につき、原告はその商標権を侵害する表示行為であると訴えた。これに対し、被告は、その使用する標章は自他商品を識別するための標識として使用されておらず、本件表示行為は原告商標権を侵害しないと争った。

東京地裁は、被告標章の使用態様を詳細に認定した上で、「以上の点を総合すれば、被告が被告製品において前記認定の態様で被告標章を用いた行為は、被告標章を自他商品識別機能ないし出所表示機能を有する態様で使用する行為、すなわち商標としての使用行為であると解することはできない。したがっ

「商標的使用」と用途表示

て、被告らによる被告標章の使用は、本件商標権の侵害には当たらない」として、商標法25条あるいは37条1号の侵害成立要件の判断に入るまでもなく、原告の請求はいずれも理由がない、と結論づけた。「商標的使用」の要件を商標の機能の観点で理解し、この要件は侵害の入口要件とする判断である。

(2) ポンプ部品事件

この事件判決は、先のブラザー事件判決とほぼ同時期のものであるが、大阪地裁の判断である。被告標章の使用の態様は次の通り。

原告らは、それぞれ、ポンプとその部品等を含む商品分類第7類の商品を指定商品とする登録商標「SVA」、「VSN」、「TVS」、「PCSL」そして「VSK」の商標権者であった。他方、被告は船舶用ポンプに使用される部品の譲渡に関して、顧客に対する納品書、請求書に「品名FIRE, G.S.PUMP」「型式　VSK-120N」、商品を入れた袋に貼付するシールに「品名01400 IMPELLER」「名称　MAIN. COOL' S.W.PUMP」「型式　SVA-200」のようにして[6]、登録商標と同一の標章を使用していた。この被告の標章の使用は、被告が製造販売する部品の名称としての使用であって、商標としての使用そのものであるとして、当該標章の使用の差止め及び損害賠償を求めて訴えたものが本訴である。

裁判所は以下のように述べ、被告標章の使用を「商標的使用」と認めた。まず、「自他識別機能・出所表示機能」について、「その商標が付された商品・役務が、特定の事業者によって製造販売提供等されたものであると、需要者に認識させる機能をい」うとする独自の理解[7]を示した後、「ある商標が、商品の型式名として使用されている場合であっても、そのことの故に、これが自他識別機能・出所表示機能を有しないものというものではない。なぜならば、需要者が、当該型式名の商品について、特定の出所に係る商品であると認識するならば、その型式名すなわち商標が、出所を表示しているということになるのであって、このように、需要者において、型式名に基づいて、特定の出所を認識することは可能だからである。そして、上記認定の事実によれば、被告は、本件各

---

[6] 被告標章の具体的使用態様は、吉田広志「商標的使用否定の法理」知財管理57・11・1752-53に紹介されている。
[7] この判決は、自他（商品役務）識別機能と出所表示機能を正確に理解しているのかどうか疑わしい。前者は商標の本質的機能、本源的機能、本来的機能等々とも呼ばれるのに対し、後者は派生的機能であり、これら異なるものを「ナカグロ」でつないで不正確な説明をしているところがあり、その後の判旨の説示にも不正確な部分がある。

商標の指定商品について、被告各標章を、自他識別機能・出所表示機能を有し得る態様で使用しているというべきである」と結論づけた。

(3) ブラザー事件判決とポンプ部品事件判決との比較検討

これら2つの判決は、商標法26条1項6号の規定が設けられる前のものである。いずれも代替部品あるいは補修部品の主体品との互換性を示す表示についての判断であるが、ブラザー事件判決は「商標的使用」を否定し、ポンプ部品事件判決はこれを肯定した。

ブラザー事件では、被告標章が、「被告製品の自他商品識別機能ないし出所表示機能」を有する態様で使用されていたことを理由とする。そこでいう使用態様とは、①最も目立つ位置に商品名とその用途を示す表示が置かれているのに対し、被告標章は別の位置に小さく記載され、それらの前に「For」あるいは「用」という付加語が付されていること、②外箱の他の面には、被告製品の本体品への取り付け方法が説明されていること、③被告製品の製造者又は販売者として被告の一方の名称が表示されており、この表示は被告製品の製造者又は販売者を示すものと（被告製品の一般需要者が）認識し得る表示であること、があげられている。

ポンプ部品事件では、「商標的使用」であるか否かの判断において、被告標章の具体的な使用態様に着目した説示はされていない。被告標章の使用されている位置、大きさそして他の表示との関係から「商標的使用」を判断するのではなく、被告標章が商標の機能、特に自他識別機能・出所表示機能を果たしているかどうかで判断がされている。本件で被告は、その使用する標章は用途表示であると抗弁しているが、この主張は判決でいうように被告標章が自他識別機能・出所表示機能を果たす可能性のある場合であっても、なお商標法26条1項2号の用途表示に該当すると主張するものとみるのは穿ち過ぎの推測であろうか[8]。この判決では、用途表示であるためには付加語として「for」あるいは「用」が使用されることを求めているかのようであるが、当該部品のパッケージであれば格別、被告標章は納品書や請求明細書に使用しているのであるから、それを求めるのは酷なようにも思われる。商標法26条1項2号の規定には、そのよ

---

[8] 本判決を紹介する判例時報の解説欄では、被告は「部品の用途を示すものとしての使用であり出所表示としての使用ではなく、商標的使用に該当しないと主張した」紹介されている。

うな限定は求められていない。

　また、ポンプ部品事件判決は、商品の規格（型式）を示す標章であっても、取引者・需要者において自他識別機能を果たし、特定の出所を認識することが可能となっていれば、「商標的使用」に該当する、と述べる。確かに、「商標的使用」は、取引者・需要者という判断主体において、これらの機能が認識されていれば認められる。この点はその通りである。ただ、商品の規格や型式は、供給者がポンプの部材を他の部材と分けて管理するために使用される記号であり、出所の識別を目的としない標章である。たとえこのような標章であっても、それが使用されている位置や場所、ロゴの大きさなどの態様により出所識別の機能を発揮する可能性があることは否定できないが、このことは同時に、位置や場所、態様によっては商標ではなく品名として認識される可能性もあることを示していよう。納品書や請求書等の取引書類での使用は後者に属するものと理解されるのではないか。本件のような事例においては、特に「商標的使用」の認定には合理的な説示が求められるように思われる[9]。本件の事例は限界事例とする評価もあるようであるが、具体の取引書類における使用態様を見る限り首肯し難いものがある。いずれにせよ、本件のような事案について「商標的使用」が認定されるのであれば、さらに26条1項2号の用途表示等の成立についてなお検討する実益があるように思われる。

4．欧州商標制度の下での用途表示
（1）ジレット事件[10]

　この事案は、Gillette Company及びGillette Group Finnland（以下、両者を「ジレット」という）と、LA-Laboratories（以下、「LAラボ」という）との間での紛争である。LAラボが、ジレットの登録商標、「Gillette」と「Sensor」をその販売する商品に以下のように付した行為がフィンランド法の下で商標権侵害として争われた。

　ジレットは同国で文字標章「Gillette」と「Sensor」をニース分類の第8類の商品、ナイフ、スプーン、フォーク等のほかひげそりについて商標登録をしていた。ジレットは、この登録商標の下にひげそりそして交換用替刃を販売し

---

[9] 古城春実「補修部品・消耗品に用いる表示と商標の『使用』…ポンプ部品事件とインクリボン事件から」パテント別冊（日本弁理士会・2009年）62・4・174も同趣旨と思われる。
[10] EuGH 17.3.2005, GRUR 2005, 509-Gillette.

ていた。LAラボも、フィンランドでひげそり、そしてその交換用替刃を販売していたが、この替刃のパッケージのタグには、「この替刃は、ジレットのSensorひげそりにも装着できます」と表記していた。

　ヘルシンキ第1審裁判所は、ジレットは「Gillette」商標及び「Sensor」商標をその商品及び包装に付し、かつ広告において使用する排他的権利を有していることを認めた。それゆえ、LAラボがその商品または包装にこれらの商標を使用することは、登録商標の排他的権利を侵害するものであるとした。しかし、控訴審は原判決を取り消し、ジレットの請求を棄却した。最高裁（Korkein Oikeus）は、欧州商標指令6条1項c所定の用途表示との関係で、いわゆる代替部品あるいは補修部品でなくてもこの規定の適用を受ける可能性があるか、[11]など5つの点の先行判断を欧州裁判所（Court of Justice of the European Union）に求めた。

　欧州裁判所は、商標指令6条1項cの適用の下で、登録商標の保有者でない第三者が、商標権者の許諾なしに登録商標を使用することができるのは、その商品の用途を表示するために他人の登録商標を使用することが不可欠であることを要する、と判断した[12]。そして、商品の用途表示として不可欠であるかどうかは、「当該商標の使用が公衆に対し合理的かつ完全な情報を提供しこの商品市場において偽装されていない競争を維持するために実際上唯一の手段である場合」[13]をいうと回答した。そして、不可欠性の判断は先行手続きでの国内裁判所の判断すべき事項であるが、その際に第三者によって販売されている商品との関係で問題となる公衆がどのような種類の公衆であるかについては考慮される必要がある[14]、としている。加えて、許容されることになる他人の登録商標の使用が、「営業取引における確立した慣習に適合する」ことをさらに求めている（欧州商標指令6条1項末文）。営業取引における確立した慣習に適

---

[11] 商標指令6条1項cの代替部品又は補修部品は例示として（insbesondere, in particular）あげられているものであり、EuGH判決も交換用替刃が代替部品又は補修部品当たるか否かについては判断していない。

[12] 商標指令6条1項cは、この不可欠であること（notwendig, necessary to indicate）を規定中に明記している。

[13] EuGH 17.3.2005, GRUR 2005,509-Gillette Rn.35, EuGH 23.9.1999, GRUR Int.1999, 438-BMW Rn.60。BMW判決については、拙稿「広告表示と商標の無断使用」国際商事法務（国際商事法研究所・2000）28・12・1508を参照。

[14] EuGH 17.3.2005, GRUR 2005, 509-Gillette Rn.37.

合しない場合としては、①商標権者と第三者との間にライセンスの存在等取引関係の存在を誤認させるおそれがある場合[15]、②第三者の使用により登録商標の識別力あるいは価値評価が不当に損なわれるおそれがある場合[16]、③第三者の使用が商標権者の商品の模倣品あるいはイミテーションであるとして行われる場合[17]があげられている。

この「営業取引における確立した慣習に適合する」ことというのは、かつてドイツ商標法（Warenzeichengesetz）16条で「その使用が商標的にされていない限り」[18]という要件に代わり、欧州商標制度において採用された法的構成である。このため、少なくともドイツ商標法の理解では、「商標的使用」でない場合にのみ用途表示の抗弁が可能となるということはなくなっていた。

（2）欧州商標制度と用途表示

本稿で扱う問題についてわが国の法制度とは異なる欧州共同体の法制度の下では、代替部品ないしは補修部品について特有の、いわゆるスペアパーツ問題がある。この問題は特に自動車の補修部品で典型的に論じられるが、自動車部品に限定された問題ではない。また、欧州意匠制度での問題であるが、商標制度との関係でも問題なしとし得ない。

欧州意匠制度は、共同体全域に1つのデザイン権を創設する欧州意匠規則制度（2001年12月12日の理事会規則Nr.6/2002）と、加盟国国内の意匠制度をハーモナイズすることを目的とする欧州意匠指令（1998年10月13日の欧州議会及び理事会指令98/71/EG）によって構成されている。欧州意匠制度における特徴的な問題の1つとしてのスペアパーツ（補修部品）問題は、不可避的に生ずる自動車の修理・修繕費用の負担をめぐり、自動車メーカ、損害保険会社そして

---

[15] EuGH 17.3.2005, GRUR 2005, 509-Gillette Rn.42, EuGH 23.9.1999, GRUR Int.1999, 438-BMW Rn.61.
[16] EuGH 17.3.2005, GRUR 2005, 509-Gillette Rn.43, EuGH 23.9.1999, GRUR Int.1999, 438-BMW Rn.51.
[17] EuGH 17.3.2005, GRUR 2005, 509-Gillette Rn.45.
[18] 詳細は、拙稿「商標的使用と商標権の効力」商標法の研究（中央経済社・2016年）164〜168及びBegründung auf den Gesetzen über den gewerblichen Rechtsschutz vom 5. Mai 1936, Warenzeichengesetz §§ 15,16, Bl.f.PMZ. 122, Gesetz zur Reform des Markenrechts, und zur Umsetzung der Ersten Richtlinie 89/104 EWG des Rates vom 21. Dezember 1988 zur Angleichung der Rechtsvorschriften der Mitgliedstaaten über die Marken, BGBl. Drucksache 12/6581, S.80の文献を参照。

エンドユーザ間の四半世紀に及ぶ議論の対立に起因する[19]。自動車のスペアパーツにデザイン保護を認めると、自動車メーカの独占の結果として、その価格を、したがって修理コストを高止まりさせるおそれがあるところから、第3事業者にこの市場への参入を制度上確保しようとするものである。この問題はさまざまな議論の経過があるが、未だ結論が得られていない[20]。

その経過的な象徴が、欧州意匠指令14条[21]の「フリーズ・プラス」であり、本指令の改正が成立するまで、各加盟国の内法における補修部品の自由条項を維持すること、そして改正を行う場合には補修部品の自由条項を導入する方向での改正のみを認める、という暫定的な合意である。欧州意匠規則も同様な状況にあり、本規則の改正が施行されるまで、「複合製品の元の外観の回復を目的とする修理のために複合製品の構成部分を構成する部品については、共同体法の保護は存在しないものとする」とされている（欧州意匠規則110条[22]）。

他方、欧州商標法には補修部品の自由条項は存在しないものの、外観を回復する目的での補修部品の市場が自由であればこの市場での透明性が求められるが、本体品との関係あるいは純正品との代替可能性を示すために、それらに付されている登録商標を使用することが許されるのか、という問題が生ずる。

商標制度においても補修部品ないしは代替部品については商標権の効力制限が設けられている。登録商標にかかる商標権の効力は、商品、特に補修部品あるいは代替部品の用途を取引上表示するため不可欠であれば、当該登録商標を

---

[19] 拙稿「EC統一意匠制度の進捗状況－1992.2.25/26の公聴会報告」DESIGN PROTECT（日本デザイン保護協会・1993年）23・12、佐藤恵太・毛利峰子「スペアパーツ意匠保護に関する除外条項の適否」学会年報（日本工業所有権法学会・2010年）33・25。
[20] 近時の状況としては、2004年の意匠指令14条改正案は2007年欧州議会により承認されたものの理事会の抵抗に遭遇し、2014年委員会により努力を継続するとの留保の下に撤回されている。その後、補修部品条項を再提案する報告書が提出されているようである。The Economic Review of Industrial Design in Europa-Final Report, Annette Kur, Ersatzteilfreiheit zwischen Marken- und Designrecht, GRUR 2016,20,21に拠る。
[21] 欧州意匠指令14条は、「各加盟国は、第18条の規定により欧州委員会が提出する提案に基づき本指令の改正案が採択されるときまで、複合製品をその本来の外観を回復させるように修理する目的で使用される構成部品の意匠の利用に関するそれぞれの既存規定を有効に維持するものとし、かかる構成部品の取引の自由化を実現する場合に限り、それら既存規定の変更を行うことができるものとする」と規定する。
[22] 欧州意匠規則110条は、「本規則の改正に関する欧州共同体委員会の提案に基づいてその改正が施行されるときまでは、共同体意匠としての保護は、意匠であって、複合製品の元の外観を回復する修理のために、第19条（1）の意味において使用される複合製品の構成部品を構成しているものについては、存在しないものとする」と規定する。

使用することができる（欧州商標指令6条1項c、欧州商標規則12条1項c）。また、補修部品あるいは代替部品の容器形状は立体商標として保護を受ける可能性があるが、このような形状が識別力を備えているのかという問題の他に、一定の商品形状は絶対的保護拒絶事由として商標保護から排除されている（同指令3条1項e i～iii、 同規則7条1項e i～iii）。

　意匠制度と商標制度とは異なった存在理由に基づいて成立しているが、補修部品に関してはいずれも市場における自由を確保するためであるとすれば、これらは連動して理解すべきではないのかという問題の具体化が、後述のFord/Wheeltrims事件である。

（3）Ford/Wheeltrims事件[23]

　本件はグローバル企業であるFord Motor社（以下、「F社」という）の製造販売するホイールキャップについてWheeltrims社（以下、「W社」という）との間で争われた事案であるが、トリノ裁判所（Tribunale di Torino）が欧州裁判所に先行判断を求めたのは、欧州商標指令規定の解釈ではなくて、欧州意匠指令14条及び欧州意匠規則110条の解釈である。F社のホイールキャップには、楕円の中に「Ford」というデザイン化された文字が付されており、このデザイン化された文字は商標登録されていた。このデザインを忠実に再現したホイールキャップをW社が製造販売したところ、F社は、当該「Ford」標章の使用はCPI21条[24]及び欧州商標規則12条所定の用途表示にも該当しないとして、CPI20条及び欧州商標規則9条に基づき、商標権侵害を理由に行為差止め及び損害賠償を求めたという事案である。この訴訟で、W社は、ホイールキャップにFord標章を付したことは、当該商品の出所表示機能を有するものではなく、自動車という複合製品を元の形状に修復させる機能を持つに過ぎないものと抗弁した。

　トリノ裁判所の見解は、CPI21条あるいは欧州商標規則12条の用途表示には該当せず、被告の行為は商標権侵害を構成するというものであったが、

---

[23] EuGH 6.10.2015, GRUR 2016,77-Ford Motor Company/ Wheeltrims srl).
[24] イタリアは、2005年2月10日のデクレにより知的財産関係規定を統合した知的財産法典（Codice della proprietà industriale：CPI）を設け、その20条には商標登録の効力を、21条には商標権の効力の制限、241条にはいわゆる補修部品の自由条項（Diritti esclusivi sulle componenti di un prodotto complesso）を置いている。

CPI241条あるいは欧州意匠規則110条の補修部品の自由条項の理解など2つの問題について、欧州裁判所に先行判断を求めた。その1つが欧州意匠指令14条及び欧州意匠規則110条の規定の商標権の効力との関係である。すなわち、これらの規定は、エンドユーザが複合製品の元の状態を再現できるようにするため、補修部品及び代替部品の事業者は第三者が複合製品の部品に付している登録商標を使用することができるという意味に解すべきかどうか、というものである。

欧州裁判所は以下のように判断している。「欧州意匠指令14条及び欧州意匠規則110条は、欧州商標指令及び欧州商標規則の規定をなにか減ずることで、ホイールキャップのような自動車の修理部品あるいは代替部品メーカに、自動車生産企業により特にそうした部品に関しても商標登録された商標と同一の標識を、自動車生産企業の同意なしに、当該自動車を修理し、複合製品としての自動車に再び元の外観を回復させる唯一の可能性であると認められることを理由として、付す権利を認めたものと解すべきではない」[25]。

この事案では、物品としてのホイールキャップを製造する際に、その構成エレメントとして商標と同一の形状ないし模様が再現されたものである。この場合に、CPI241条で規定される補修部品の自由原則は意匠法の枠内で規定されているのか、そうではなくて別の保護権との関係でも同様に自由となるのかについて、裁判所間で議論が分かれ、後者の見解は、特にミラノ高裁において支持されていた[26]。欧州裁判所は、1998年の欧州意匠指令及び2001年の欧州意匠規則が「フリーズ・プラス」を設けているということは、実効的な自由市場を守るという欧州共同体の目的をさらに商標保護にも求めており、それは2008年の欧州商標指令及び2009年の欧州商標規則でも求められている、とした[27]。

（4）図形標章と商品形状

Ford/Wheeltrims事件判決は、欧州意匠指令及び欧州意匠規則の補修部品条項は商標保護に影響を与えるものではないことを確認した。ホイールキャップのような複合製品の部品に設けられた物品の形状又は模様が商標保護の対象でもある場合、商標権の効力が及ぶのかどうかはもっぱら欧州商標指令とこれ

---

[25] EuGH 6.10.2015, GRUR 2016,77 Rn.45.
[26] EuGH 6.10.2015, GRUR 2016,78 r.Sp.
[27] EuGH 6.10.2015, GRUR 2016,77 Rn.43.

に即した加盟国の国内法の問題となる。

　先の欧州裁判所のジレット判決では、他人の登録商標を用途表示としてその許諾なしに使用することができるのは、当該商品の用途を表示するために不可欠であることを要し、不可欠であるかどうかは、「当該商標の使用が公衆に対し合理的かつ完全な情報を提供しこの商品市場において偽装されていない競争を維持するために実際上唯一の手段である場合」をいうものとされている。この基準はこれまでも示されていたものであるが、これまでは誤認混同のおそれの有無という基準が併せて求められていた[28]。もっとも、偽装されていない競争を維持する前提としての合理的かつ完全な情報を提供するためには、誤認混同を生ずるおそれがないことが求められるのであるから、実質においては変わらないものと理解することができる。合理的かつ完全な情報を提供するために実際上唯一の手段というのは、文字標章であることが一般的であって、図形標章でなければならないということは通常は考えられないものの、この点の判断はアフターマーケットの透明性を確保する観点から判断すべきであろう[29]。

　Ford/Wheeltrims事件でのホイールキャップの表面の楕円に「Ford」の図形と文字の結合商標についても、文字標章に妥当する不可欠性の要件と無誤認無混同要件により判断されることになろう。ただ、この場合、ホイールキャップの表面の楕円に「Ford」の図形と文字は、商標権者以外の市場参入者の商標として認識されるのか、商標権者の商標として認識されるのか、という問題が生ずる。一般に、「商標的使用」というのは、自己の商品の出所表示として使用されている場合を想定しているのであるが、判決は使用標章が出所表示機能を果たしているかどうかで判断している。これはわが国の先のポンプ部品判決が言葉足らずというわけではなくて、欧州裁判所の判決でもそのように考えている[30]。

5．おわりに

　以上、「商標的使用」と用途表示の関係を検討したが、「商標的使用」を自他商品役務識別機能あるいは出所識別機能を果たす態様での使用と理解すること

---

[28] EuGH 23.2.1999, GRUR –BMW/Deenik
[29] 同旨、Annette Kur, Ersatzteilfreiheit zwischen Marken- und Designrecht, GRUR 2016, 20, 23.
[30] 先にもあげた、EuGH 23.9.1999, GRUR Int.1999, 438-BMWもこのように理解している。

は適切であるが、その場合さらに商標法26条の用途表示の抗弁を認めないとするのは妥当ではないように思われる。このように理解する場合において、用途表示の抗弁を認めるかどうかは、以下のような事情を考慮することが考えられる。①登録商標を使用しなければ本体品の部品との互換性を容易に特定できないかどうか、②登録商標を使用する態様が合理的で必要と認められる範囲にあるかどうか、そして③登録商標の使用者の商品が商標権者の商品であると誤認を生ずるような示唆をしていないかどうか、という3つの判断基準を全て満たす場合に商標法26条所定の用途表示である、としてはどうかと考えている。③の判断基準には、商標権者の商品の品質と同一であると誤認させる場合も含まれる。そもそも、市場に提供される代替部品あるいは補修部品は純正部品と同一の品質を有することまでは求められていないためである。

「商標権の効力」の見直し

川 瀬 幹 夫

はじめに

　筆者は、渋谷達紀先生とは、直接拝顔の栄に浴したのは数度に過ぎないにもかかわらず、追悼論文を執筆させて頂くこととなり、有難く思っている。

　先生のお考えに接して、印象的だったものの一つに、「商標の類似」に関して最高裁判決に疑問を呈されていることであった。

　最高裁判決にあって、「商標の類否」に関し、「商標の類否は、その商標を或る商品につき使用した場合に、商品の出所について誤認混同を生ずるおそれがあると認められるかどうかにより判断すべき」旨（最高判昭和36年6月27日（昭33（オ）1104号）民集15巻6号730頁［橘正宗事件］）、「商標の類否は、対比される両商標が同一または類似の商品に使用された場合に、商品の出所につき誤認混同を生ずるおそれがあるか否かによって決すべきである」旨（最高判昭和43年2月27日（昭39（行ツ）110号）民集22巻2号399頁［氷山印事件］）の考え方が示され、一方で、「商品の類否」については、「指定商品の類似はそれらの商品に同一又は類似の商標を使用するとき、同一営業区の製造、販売にかかる商品を誤認されるおそれがあると認められる関係にある場合をいう」旨（前出、［橘正宗事件］）の考え方が示されているのであるが、これらの判決を併せ考えると、商標の類否を類似の商品に用いた場合の混同のおそれの有無をもってし、商品の類否を類似の商標を用いた場合の混同のおそれをもってするのであるから、正しく、トートロジーの典型に外ならないである。

　これに対して、渋谷先生は、この場合、商品の類否については、抽象的かつ観念的な同一商標を想定して混同のおそれを判断し、先に商品の類否を確定した上で、商標の類否判断に及ぶべきである、として、理論の循環を避けておられるのであるが、この考え方に接したとき、最高裁判決の矛盾を見事に取り除いておられるものと感じた次第であった。

　このたび、『「商標権の効力」の見直し』をテーマとして選んでみた。

渋谷先生は、「登録商標の剥奪、抹消は権利侵害を構成しない」旨のお考えを持っておられたので、当該行為の侵害性を肯定する立場からの見直しは、先生のお考えとは馴染まないものであるが、以下、披露させて頂く。

1．商標権の効力（25条）と侵害とみなす行為（37条1項1号）

現行法下では、商標権の効力として、25条に、「商標権者は、指定商品又は指定役務について登録商標の使用をする権利を専有する」旨規定されている。

即ち、商標権の効力は、指定商品・役務と登録商標との関係、いわゆる「同一の範囲」についてのみ認められるもので、効力の内容を自ら使用する権利と他人の使用を禁止する権利よりなる専用権とするものである。

これに対し、「侵害とみなす行為」として、37条1項1号に『「指定商品若しくは指定役務についての登録商標に類似する商標の使用又は指定商品若しくは指定役務に類似する商品若しくは指定役務についての登録商標若しくはこれに類似する商標の使用」行為は、当該商標権を侵害するものとみなす』旨規定されている。

即ち、登録商標と指定商品・役務の関係でいわゆる「類似の範囲」については、商標権の侵害とみなす行為として実質的に禁止権が認められ、商標権者の権利行使を可能としているが、自ら使用する使用権は認められていないのである。

要すれば、商標権は登録商標を指定商品・役務との関係で「同一の範囲」については専用権を有するけれども「類似の範囲」については間接侵害として、実質的に禁止権しか認められていないということになるのである。

2．商標権の侵害

ところで、権利侵害はその権利の有する効力を侵す行為を云うのであるから、商標権侵害の場合、商標権の効力（25条）として規定された「同一の範囲」に係る専用権を侵した場合のみを「侵害」（直接侵害）とし、「類似の範囲」については、「侵害とみなす行為」（間接侵害）として、実質的に専用権のうちの禁止権部分を犯したと見做されるにすぎないのである。

しかし、商標権侵害は、本来的に、登録商標が有する機能を毀損する場合を云い、当該商標の出所表示機能、品質保証機能等が害された場合がこれに当たる筈である。実際、商標権侵害の判断にあたっては、登録商標と同一・類似の

侵害容疑商標を構成する標章が商標的に機能しているか否かが検証されるし、また、出所表示機能、品質保証機能が確保されているが故に適法な並行輸入と認められた事案（大阪地判昭和45年2月27日（昭43（ワ）7003号）無体裁集2巻1号71頁［パーカー事件］）や、品質保証機能に欠けるとして並行輸入の認められなかった事案（最高判平成15年2月27日（平14（受）1100号）民集57巻2号125頁［フレッドペリー並行輸入事件］）の存在からも、そのことは明らかであろう。

　一方で、商標権の保護の対象は実質的に、商標と商品・役務の関係機能（出所識別、品質保証等）であり、また、最高裁の説く「類似」が、商標と商品・役務の関係において混同を生ずるおそれある場合を言うのであるから（トートロジー的解釈は排するとして）、そして、様々の判決が示すとおり、他人の使用に対して、25条のいわゆる「同一の範囲」の使用だけでなく、37条1項1号の「類似の範囲」での使用についても、当然に当該商標の出所表示機能や品質保証機能の毀損が生ずるのであるから、「類似の範囲」についても「間接侵害」として「侵害とみなす行為」と位置付けるのではなく、「侵害」（直接侵害）そのものを構成するものとしなければならない筈である。

　なるほど、同じ37条1項にあっても、2号以下には、「同一の範囲」も含めて「所持する行為」等が規定されており、これらは、未だ「使用」に至っていないけれども将来の侵害行為の生ずる蓋然性の高い「侵害の予備的行為」であるから、特許法101条の趣旨と同様に「侵害とみなす行為」いわゆる「間接侵害」とされて然るべきものと云えるけれども、37条1項1号の「類似の範囲」についての「使用」は、「侵害」行為そのものと評価すべきものと考えるのである。

3．「商標権の効力」の見直し

　そこで、現行の「商標権の効力」規定を見直し、現行の25条と現行の37条1項1号を合体して、同一及び類似の範囲にまで「効力」の範囲を拡大することを提案したい。

　例えば「商標権者は、指定商品若しくは指定役務又は指定商品若しくは指定役務に類似する商品若しくは役務について、登録商標又は登録商標に類似する商標の使用をする権利を専有する」と規定しては如何なものだろうか。

（1）「効力」の内容

　その場合、「商標権の効力」の範囲を「同一及び類似の範囲」とすることと併せ、「効力」そのものの内容を如何に設定するのかが問題となる筈である。

　具体的には「効力」の内容を専用権とするのか排他権（禁止権）とするのか、である。

　現行では、実質的に、「同一の範囲」は専用権、「類似の範囲」は排他権（禁止権）として規定されているが、どちらに統一すべきであるかは、商標権の本質や商標法乃至は商標制度全体のバランスの中で決せられるべきものであろうし、とりわけ、商標権者の保護と需要者の保護との調和を図る視点が重要かと思われる。

　そして、この点に鑑みれば、次のような理由により、商標権の効力の内容は本来的に専用権であるべきだ、と、考えるところである。

　第一に、商標が知的財産と評価される所以である。
即ち、商標が産業財産の一つとして商標法によって保護される所以は、商標（標章）そのものは人の選択に係るもので人の知的活動の所産ではないけれども、適正に使用されることによって当該商標を使用する者の信用乃至グッドウィルが化体乃至付着して、保護に値する知的財産としての価値が生ずるからである。このように、商標が使用によって初めて具体的な知的財産価値を生ずるものである点に鑑み、保護の対象となる商標には、使用する権利をも保証し、将来の信用化体を期するのが本来的であると考えるのである。

　第二に、商標権者が自己の商標の独占的使用を欲する故である。
商標権者は、自己の商標を適正に使用することによって当該商標に自己の信用を化体させるために、すさまじい事業努力乃至営業努力を払うのであるが、当該努力を実りあるものにするためには、当該商標の独占的使用が担保されることを欲するのが当然の姿と思われる。そのためには「効力」の内容として「使用する権利」をも包含させるのが適当であると考えるのである。また、独占的使用の担保（「類似の範囲」を含んで）は、法目的を具現する商いの流れの円滑化をより効率的に促進してくれるに相違ないのである。

　第三に、「需要者の利益の保護」の観点からである。
商標法1条には、「産業の発達への寄与」と共に「あわせて需要者の利益を保護することを目的とする」ことが掲げられている。この「需要者の利益」は、需要者（消費者）が商品に付された商標を目印として自分の欲しい商品を手に

入れるということを指し、いわゆる消費者の権利を、商標をツールとして実現しようとするものと理解できる。
　とすると、業者が自己の商標を付して流通においた商品は、その商標が付された状態のままで最終需要者の手に渡らなければならず、例えば、流通途上で、他の業者に買い取られて当該商品に付された元の商標が剥奪されたり、新たな異なる商標が付されて再び流通に供されるようなことがあってはならないのである。
　現行法では、同一の範囲については専用権のうち、いわゆる使用権の侵害として、商標の剥奪、抹消を抑制することが可能である（大阪地判平成6年2月24日（平4（ワ）11250号）判時1552号139頁〔マグアンプ事件〕）と思われるが、「類似の範囲」については使用権は含まれないので、法文上不能であり、商標法の一方の目的を達成できない事情にあると云える。
　現行法でも、業者が自己の商標を付した商品を市場流通においた瞬間から、その商品については商標権が消尽し、剥奪、抹消に対抗できないという考え方（専用権であっても消尽に対抗できないとするのか、商標権は実質的には排他権であり当然に消尽が生ずるとするのか、定かではないが）があるぐらいであるから、仮に「効力」の内容を排他権として規定した場合には、需要者の利益の保護が達成できないことが予想され、その点からも「効力」の内容は専用権とすべきものと考えるのである。

（2）効力の範囲

　登録商標と指定商品・役務の関係のみの「同一の範囲」ではなく、「類似の範囲」にまで拡大させるのは、前述の通り、「類似の範囲」についても、「同一の範囲」と同様に商標の機能が発揮され、第三者の使用に於いても間接侵害ではなく、直接侵害とされるべきであるからである。
　また、現行では、商標権者が自己の商品に付した類似商標が流通の過程で剥奪され抹消されたとしても、理論上は商標権侵害を構成しないものと考えられるが、見直し提案の商標権の効力が、類似の範囲についても専用権を認める結果、類似商標が流通の過程で剥奪、抹消された場合でも、専用権のうち使用権部分の侵害が成立するので、需要者の利益の保護が全うされ、より法目的の実現に利するものと考える。

（3）商標法上の他の条項との関係。

　現行法は、権利の効力を、「同一の範囲」を専用権、「類似の範囲」を実質禁止権として、これと整合すべく規定されており、商標権の効力を見直す場合には他の条項にも修正が求められる場合がある。

　その第一は、37条そのものの取扱いである。

　37条は第1項第1号を除いてそのまま残すことになろう。なぜなら第2号以下8号までに規定された行為は、「所持する」に代表されるように、実際に「使用」には至っていないが将来「使用」に至る蓋然性の高い行為であるから、特許法101条の趣旨と同様の趣旨に従い、「侵害とみなす行為（間接侵害）」として何ら不都合は生じないからである。

　第二に、50条（商標登録の取消の審判）との関係である。

　現行50条には、商標登録取消の審判として、「継続して三年以上日本国内において商標権者等が各指定商品・役務についての登録商標の使用をしていないときは、何人も、当該商標登録を取消すことについて審判を請求することができる」旨の規定が設けられ、その場合、使用を求められる登録商標には、「社会通念上同一と認められる商標を含む」とされている。

　この規定は、商標が、使用により業者の信用が化体することではじめて知的財産価値が発生するものであることに鑑み、3年間継続して使用しない場合には、そのような価値の発生は望み得ないとして、請求により取消すことができるとしたものであるが、その場合、「同一の範囲」での使用を要するけれども、登録商標と社会通念上同一とする商標の使用であっても、登録商標への信用の化体が認められるとして、使用要件が緩和されているのである。

　かかる50条の不使用取消を免れるための使用対象は、「商標権の効力」の見直し提案の趣旨にしたがって、「指定商品・役務及びこれに類似する商品・役務についての登録商標又はこれに類似する商標」とされることになる。したがって、使用を要求される範囲が類似範囲にまで拡大され、不使用取消し要件が厳しく制限されることとなるが、「類似の範囲」の使用であっても、「同一の範囲」に業者の信用が化体する筈であることと、近時、商品・役務の取引態様が急激に変化しつつあることに伴い「社会通念上の同一」が実質的に「類似」の範囲にまで適用されているケースの少なくないことに鑑みれば、実際の取引の場に対応しており、不都合の生ずる余地はないものと考える。

　第三に、29条（他人の特許権等との関係）である。

見直し提案のように「類似の範囲」にまで専用権を与えた場合、他人の商標権との関係で「類似の範囲」での専用権部分が重なる場合が生じ、調整が必要となるので、29条の（他人の特許権等との関係）に修正を加えることが適当であると考えるのである。

　現行の29条の規定は、「登録商標の使用が、その商標の使用の態様によりその商標登録出願の日前の出願に係る他人の特許権、実用新案権、若しくは意匠権又はその商標登録出願の日前に生じた他人の著作権若しくは著作隣接権と抵触するときは、指定商品・役務のうち抵触する部分についてその態様により登録商標の使用をすることができない」旨のものであり、先行する他人の権利により、登録内容の「同一の範囲」であっても、その使用が制限されることが示されている。この場合、使用制限は同一の範囲にのみ科せられており、また、他人の権利中には、他人の商標権が含まれていないが、現行での商標権の効力範囲が同一の範囲に限られ、使用権はこの範囲にしか与えられていないので、使用権のない類似の範囲については規定する必要がなく、また、商標法4条1項11号（商標登録を受けることができない商標）の規定の適用により、登録にかかる「同一の範囲」については、先願先登録の他人の商標権の「同一・類似の範囲」に属さないことが明らかであるので、他人の商標権についての配慮も不要であったのである。

　ところが、「類似の範囲」についても「専用権」を認めた場合、当該「類似の範囲」が他人の登録商標の「類似の範囲」と重なった場合、当該他人の商標権に係る禁止権部分との関係で自らの商標権の使用権部分に制限が加えられるケースもあり得るので「他人の商標権」との関係についても規定を要することとなるのである。

　そこで、現行29条の「指定商品・役務についての登録商標の使用」の旨を「指定商品・役務又はこれに類似する商品・役務についての登録商標又はこれに類似する商標の使用」に改めて、新しい「効力の範囲」に対応し、「特許権、実用新案権、意匠権」等に「商標権」を加えて、新しい「効力の内容」に対応する必要があると考えたのである。

　ただし、特許権、意匠権等の創作法に係る権利は、本条への該当性を一律に「出願の日」を基準として判断され、著作権については権利発生の日を基準として判断されることとなるが、商標権の場合は「出願の日」「査定時」の何れを基準とするかは流動的であろうから、規定に落とす場合には工夫を要するも

のと思われる。
　第四に、30条（専用使用権）、31条（通常使用権）との関係である。使用許諾については、専用使用権にしろ通常使用権にしろ、「その商標権について他人に設定、許諾することができる」と規定され、商標権の効力範囲においてのみ、したがって、現行では、「同一の範囲」についてのみの使用権設定・許諾であり、実質的に他人に使用を許す筈の「類似の範囲」については、実質的には使用許諾であるにも関わらず、「権利不行使」対象として処理されていた。しかし、見直し提案では、「類似の範囲」についても「商標権について」の範疇で処理できることとなり、現行では「権利不行使範囲」とされる領域にも「使用許諾」を与えることができるので、契約処理なども実情どおりに対応でき、例えば、「類似の範囲」について再使用許諾権を許す場合等の処理に利するものと思われる。
　第五に、その他、以下の細かい条項との関係に配慮されなければならない、と考える。
　「防護標章登録」（商標法64条）を「同一の範囲」ではなく「類似の範囲」にまで認めるのか、という点について、「類似の範囲」に著名性を得た場合、当該「類似の範囲」に防護標章登録を認めるのか。それとも、「類似の範囲」で著名性を得た場合も「同一の範囲」にしか登録は認められないとするのか。
　「商標登録表示」（73条）は、「商標権の効力」たる専用権を内容とする「類似の範囲」にまで適用されるとするのか。その場合、実際は「類似の範囲」に属さないにも関わらず登録表示が施されるケースは「虚偽表示」（74条）を構成することはないのか。
　「類似の範囲」に係る侵害があった場合、「侵害の罪」として78条が適用され、78条の2は適用されない、とするのか、等々の問題が残る。

（4）商標権の変質
　現行の商標法では、4条1項11号の規定によって、他人の先願先登録商標と類似する商標の登録は拒絶される。そして、登録を得た後は、実質的に「同一の範囲」については専用権、「類似の範囲」については禁止権が付与されて商標の保護が図られている。
　したがって「同一の範囲」は専用権により商標権者の使用が担保されるものの、「類似の範囲」については禁止権により第三者の使用を排除するのみで、

商標権者の使用が担保されるものではない。多くの場合、類似の範囲についても禁止権の反射的効果として、独占使用できるという結果を招くことになろうが、出願の先後、登録の先後にかかわらず他人の登録商標の「類似の範囲」と重なる場合は、いわゆる「蹴りあいの領域」が形成され、当該他人の商標権により自らの使用も禁止されることになるのである。

　しかし、見直し提案の「商標権の効力」規定及び「他人の特許権等との関係」規定からすると、自己の商標権の「類似の範囲」についての使用について、制約を受ける商標権は先願先登録のものに限られることとなり、後願後登録の商標権には何らの影響も受けることはないので、商標権も、意匠権等における先願客体との類似関係と同じく、先願有利の扱いとなるのである。

　この点、商標権の効力そのものは変質するのである。

　商標が知的財産として保護される所以は、発明や意匠のように創作努力が介在する成果であるからではなく、事業努力乃至は営業努力を経て業者の信用が付着するからであり、その意味では、商標権としては、成立する先後関係でもって優劣を生ぜしめるのは好ましくなく、その点では現行法上の取扱いは当然かとも思えるところではある。

　しかし、我が国商標法は、使用により登録商標に付着するであろう業者の信用を保護することを前提とする登録主義を採っているので、登録されて権利が成立する先後の関係で優劣を測ることに何の矛盾も生じない筈である。
不正競争防止法での商標保護と一線を画くし、商標法の純化の側面からも変質があっても然るべきものと考える。

（5）その他

　「商標権の効力」を「同一・類似の範囲」に係る「専用権」とした場合、同じ商標法内の「他人の権利」たる「他人の商標権」との関係で、自己の「専用権」の行使を制限され、他人の「専用権」を制限する場合があることを想定し、現行29条にあって「他人の特許権等」に「商標権」を加えることは必須であろうと思われるが、当該規定により、他の顕著な効果が期待できるものと考えている。

　即ち、商品と役務の関係である。

　商標法2条6項には「商品に類似するものの範囲には役務が、役務に類似するものの範囲には商品が含まれることがあるものとする」旨の規定があり、商

品と役務は異なるカテゴリーに属するものではあるが、類似する場合のあることが示されている。

しかし、この類似関係は、権利形成の過程でのスタティックな段階では判断が難しいと思われ、権利行使のダイナミックな場面で対応が図られるべきものと考えられるのである。

典型的には、商品と、小売等役務の関係である。

即ち、現行の特許庁の運用では、審査の過程で、商標法４条１項11号の適用にあたって、小売等役務は、当該小売等の対象とする商品と類似するものとされて、商品商標と小売等役務商標との間でクロスサーチが行われている。しかし、商品商標は「何を買うか」の目印として機能し、小売等役務商標は「何処で買うか」の目印として機能するものであって、商標が表徴する対象を異にするものであるから、商品商標と当該商品に係る小売等役務商標が全て類似するとして扱われるのは不当であり、「類似する場合がある」旨の取扱いに徹するべきものと考えるのである。

そして、むしろ、商品と当該商品に係る小売等役務は原則類似しないことを前提として、実際の取引の場面で、取引の実情等を加味しながら、商品商標と小売等役務商標との間に、混同を生ずるおそれが発生する場合がある、とする取扱いが適当ではないかと考えるのである。

したがって、小売等役務商標と商品商標との４条１項11号にかかるクロスサーチを廃止し、実際の取引の場面で、登録を得た商標の間に、混同を生ずるおそれが存在する場合は、先願先登録商標権に抵触するとして、後願に係る商標権の使用を禁止することで対応すれば充分と考えるのである。

おわりに

「商標権の効力」を、「類似の範囲」にまで拡大し、「類似の範囲」にまで専用権を認めることについて、とりとめなく、思うところを書かせて頂いた。

商標が価値を発揮する場面である取引の態様は、ITの発達により、予想もしない方向に拡大している。そして、業者の使用する商標も取引態様の変化に対応して様々に姿を変えている。

そんな中にあって、登録商標・指定商品と「同一の範囲」と、「類似の範囲」との間に一線を画して異なる保護態様下に置くことが本当に意味があるのか、と常々疑問に感じていたところであり、「類似の範囲」についても「同一の範囲」

と同等の保護を与えるべきであると考えたのである。
　また、近年、登録主義を採り権利付与型の保護を図るはずの商標法が、行為規制型の保護を図る不正競争防止法まがいに運用されている傾向を見るにつけ、商標法の純化が必要と感じており、登録された商標権にも、出願・登録の先後による優劣をつけても良いのではないか、とも考えて、「商標権の効力」の見直し提案に到った次第である。
　見直し提案としては全体的に検討不足で、整合性を欠く部分も多々あるように感じており、渋谷達紀先生追悼に供して頂くには心苦しい出来栄えだったかもしれない。
　拙文、お許し頂きたい。

渋谷達紀先生と商標法関係最高裁判決

末 吉　　亙

　本稿は、渋谷達紀先生の業績のうち、商標法に関する主な判例評釈・批評につき、最高裁判決との関連において、検討するものである。

1．分割出願に伴う補正の効果 – 最判平成17年7月14日平16（行ヒ）4 民集59巻6号1617頁〔イーアクセス〕（原判決破棄請求棄却）[1]

　本判決は、商標登録出願についての拒絶をすべき旨の審決に対する訴えが裁判所に係属している場合、分割出願がされ、もとの商標登録出願について指定商品等を削除する補正がされたときは、その補正の効果が商標登録出願の時に遡って生ずることはないとする。

　その理由は、（1）商標法10条1項の新たな商標登録出願後におけるもとの商標登録出願についての規定がなく、商標法施行規則22条4項が、この新出願と同時にもとの出願の願書を補正しなければならない旨規定しているので、もとの出願については、その願書の補正によって、新出願された指定商品等が削除される効果が生ずると解すべき、（2）拒絶審決に対する訴えが裁判所に係属している場合に、商標法10条1項の規定に基づいて新たな商標登録出願がされ、もとの出願について補正がされたとき、同補正は、商標法68条の40第1項が規定する補正ではなく、同項によってその効果が出願時に遡って生ずることはなく、商標法にはそのほかに補正の効果が出願時に遡って生ずる旨の規定がない、（3）拒絶審決に対する訴えが裁判所に係属している場合にも、補正の効果が出願時に遡って生ずるとすると、商標法68条の40第1項が、事件が審査、登録異議の申立てについての審理、審判又は再審に係属している場合以外には補正を認めず、補正ができる時期を制限している趣旨に反する（最判昭和59年10月23日昭56（行ツ）99民集38巻10号1145頁参照[2]）、（4）拒絶審決を受けた

---

[1] 森義之・最高裁判例解説民事篇（平成17年度）422頁。

商標登録出願人は、審決において拒絶理由があるとされた指定商品等以外の指定商品等について、商標法10条1項の規定に基づいて新たな商標登録出願をすれば、その出願はもとの出願時にしたものとみなされることになるので、補正の効果が出願時に遡って生ずることを認めなくとも出願人の利益が害されることはなく、商標法10条の規定の趣旨に反しない、の4点である。

他方、この原審(東京高判平成15年10月7日平15(行ケ)83)は、これと反対の立場に立ち、もとの商標登録出願の指定商品等が減縮する効果が出願時に遡って生ずるとして、拒絶審決を取り消す旨の判断をした。その理由は、(1)商標法10条1項の定める要件を充足している限り、分割出願がされることによって、原出願の指定商品等は原出願と分割出願のそれぞれの指定商品等に当然に分割される、(2)出願に係る商標の指定商品等が分割出願によって減少したことは、審決取消訴訟の審理及び裁判の対象がその限りで当然に減少したことに帰するから、審決取消訴訟では、残存する指定商品等について審決時を基準にして審理及び裁判をすべき、(3)審決取消訴訟提起後に行われた分割出願の結果、本願商標と先願に係る他人の登録商標とは指定商品等が同一又は類似でないとき、拒絶審決が本願商標について商標法4条1項11号に該当するとした判断は結果として誤りであり、拒絶審決のうち分割後残存する指定商品等に関する部分は、違法として取り消されるべき、というものである。これと同旨の判断をしたものとして、東京高判平成15年10月28日平15(行ケ)121判時1841号146頁〔ABIROH〕(同判決の評釈として渋谷達紀・判評545号33頁[3])がある。

これに対して、東京高判平成15年10月15日平15(行ケ)64〔あぶらフキフキティッシュ〕は、もとの商標登録出願の指定商品等が減縮する効果が出願時に遡って生じないとして、原告の請求を棄却している。その理由は、(1)商標登録出願の分割は、原商標登録出願の指定商品を2以上に分けることが前提になり、これは、原出願の願書の補正をすることによりなされるべきである、(2)審決取消訴訟係属中においては、出願の分割に伴う補正は商標法68条の40第1項の規定による制約を受け、その補正によっては、訴訟係属中に指定商品の減縮の効果を原出願の時点に遡及させ原出願を減縮された商品を指定商品とする

---

[2] この最判については、後記2参照。
[3] 前掲注1の森解説は、この渋谷評釈を学説として引用している。

法的効果は生じない、というものである。

　このような状況のもと、前掲渋谷達紀・判評545号33頁（平成16年7月・前掲東京高判〔ABIROH〕の評釈・判旨反対）は、①分割出願された指定商品等が削除される効果は、商標法施行規則22条4項による補正によって生ずるとの説[4]、及び②もとの商標登録出願について、分割出願された指定商品等を削除する補正が拒絶審決に対する取消訴訟提起後にされた場合、その補正は、出願時に遡って効果を生ずるものではないとの説[5]をいずれも展開していた[6]。そのうえで、下記のような鋭い指摘をしている。

> 　審決取消訴訟の提起後になされる分割出願については、①拒絶理由に関係する商品役務を指定した新たな出願は認めない、②原出願について遡及効を伴う補正をすることはできない、とする制度が妥当であると考えられる。②について規定しておけば、事実上、拒絶理由に関係する商品役務を指定した新たな出願がなされることはなく、拒絶理由に関係しない商品役務を指定した新たな出願のみがなされるようになるであろうから、①は必須の要件ではないともいえる。制度の実質は、分割出願ではなく、分離出願ということになる。
> 　商標法は、同法68条の40第1項において、②については規定しているが、①の規定を欠いている。また、②について規定しながら、商標法施行規則上は、分割出願が審決取消訴訟の提起前になされたものであるか、その後になされたものであるかを区別することなく、分割出願と同時に原出願の補正をすべきことを命じている。そのため、分割出願が審決取消訴訟の提起後になされた場合にも、原出願について遡及効を伴う補正をすることができるかのような誤解を生むことになる。

---

[4] この①は、上記東京高判〔あぶらフキフキティッシュ〕の理由（1）、上記最判〔イーアクセス〕の理由（1）に対応する。なお、ここで商標法施行規則22条4項は、現行規則では、22条2項となっている（いずれも特許法施行規則30条を準用している）。
[5] この②は、上記東京高判〔あぶらフキフキティッシュ〕の理由（2）、上記最判〔イーアクセス〕の理由（2）に対応する。上記最判〔イーアクセス〕は、この点さらに2点補充する（遡及するとの商標法上の根拠がない点（理由（2））、及び、最判昭和59年10月23日〔the UNION〕（後記2参照）を引用して商標法68条の40第1項の立法趣旨を明確にしている点（理由（3））の2点）。
[6] なお、上記最判〔イーアクセス〕では、遡及効がなくとも商標登録出願人に不利益がない点も理由としている（理由（4））。

本件で争われているのは、このような商標法の中途半端な規定ぶりに由来する解釈問題である。出願人のXは、その中途半端な規定ぶりの間隙を縫って、自分に有利なように分割出願の制度を利用しようとしたのであろう。本件判旨は、そのような出願人の試みに手を貸した結果となっている。判旨が示した解釈は、違法ではないが、妥当でもない。本件判旨と反対の見解を示した判例[7]は、商標法が実質的に意図していると思われるところに従ったものといえる。

　ここで示された渋谷説は、深い分析に基づいたものであり、上記最判〔イーアクセス〕の考え方の先駆けとなっている。[8]

2．指定商品の一部放棄の効果 – 最判昭和59年10月23日昭56（行ツ）99民集38巻10号1145頁〔the UNION〕（上告棄却）[9]

　本判決は、上記1の最判が引用する最判であり、二以上の商品を指定商品とする商標登録の出願者が、手続の補正をすることができない時期に至って、出願時に遡って一部の商品を除外し残余の商品を指定商品とする商標登録出願にするためにいわゆる指定商品の一部放棄をしてもその効力を生じないとする。その理由は、指定商品の一部放棄は、指定商品の一部を除外して残余の商品に指定商品を減縮し、その効果を商標登録出願の時点に遡及させ、減縮した商品を指定商品とする商標登録出願にすることを目的とするものであるところ、右目的を達成する手続としては、商標法は同法77条2項（昭和45年法律第91号による改正前のもの）によって準用される特許法17条1項（右改正法律による改正前のもの）所定の手続の補正の制度を設けているにとどまるから、商標登録出願人が右目的を達成するためには手続の補正をする必要があるが、手続の補正には、これによって商標登録出願人が受ける利益、第三者が受ける不利益及

---

[7] この「判例」とは、上記東京高判〔あぶらフキフキティッシュ〕を指す。
[8] なお、本判決は、分割出願（商標法10条）の問題であるが、商標権の分割（商標法24条）の場合について、一件の無効審決の対象となっている商標登録に係る指定商品・役務が複数の場合であっても、当該無効審決は、もともと個々の指定商品・役務ごとに効力を有するものと解すべきものであるから、無効審決後、商標権が分割され、個々の指定商品・役務ごとに異なる商標権の登録がされたとしても、当該無効審決の効力は当然に分割後の各商標権に及び、分割が無効審決の効力を左右するものではないとされた（知財高判平成27年2月25日平26（行ケ）10089判時2268号106頁〔IGZO〕無効審決維持）。
[9] 清永利亮・最高裁判所判例解説民事篇（昭和59年度）407頁。

び手続の円滑な進行などが比較考量されて、事件が審査、審判又は再審に係属している場合に限りすることができる旨の時期的制限が設けられているから（右商標法77条2項によって準用される特許法17条1項本文）、審決がされて事件が審判の係属を離れ手続の補正をすることができない時期に至って指定商品の一部放棄をしても、商標登録出願人はもはや前記目的を達成することはできないからである、とする[10]。この原審（東京高判昭和56年10月23日昭56（行ツ）99）も同旨である。

　他方、かつて、遡及効を認める判決例も有力であった。まず、東京高判昭和54年12月24日昭54（行ケ）51無体集11巻2号666頁〔JAX〕は、その理由として、商標登録出願は、商標の使用をする一又は二以上の商品を指定して商標ごとになされ（商標法6条1項）、商標登録出願の分割（同法10条）のない限り一個の出願と観念されるが、ここに指定商品の一部放棄とは、出願当初の指定商品が二以上ある場合に、その一部を除外して、残余の商品に指定商品を減縮する行為と認められるところ、商標登録出願は一定の指定商品について商標の登録を求める出願人によってされるものであり、指定商品を二以上とするか否かは出願人の選択に任せられていて二以上の指定商品は可分のものであるから、一個の出願においてもその出願についての査定又は審決が確定するまでの間は、いわゆる指定商品の一部放棄として出願人が二以上の指定商品をその一部に減縮することは可能であり、この場合、一個の出願についてされる指定商品の減縮は、除外される商品については、他に法律的関係の存在を主張する意図は全く認められないので（商標登録出願の放棄についてさえ、他の出願との法律的関係が問題とされる最も典型的な場合である先後願の関係において、商標法8条3項は、その出願が初めからなかったものとみなす旨その遡及的消滅を規定している）、当初の指定商品の一部を出願の時点に遡って撤回する意思表示であると解するのが相当であり、出願の当初に遡って減縮の効果を生ずる、とする。また、東京高判昭和57年6月17日昭56（行ケ）194無体集14巻2号451頁〔C・K／シーケー〕も同旨である[11]。

　このような状況のもと、上記最判〔the UNION〕の評釈である渋谷達紀・民商93巻1号83頁（昭和60年10月）は、とくに、つぎの2点において鋭い指摘をする。すなわち、①指定商品の一部放棄という出願実務は、旧商標法時代に

---

[10] 手続の補正の制度は、現行法では商標法68条の40第1項が規定している。

出願公告後における補正の機会が非常に制限されていたので、いわば便宜的に編み出されたものといわれ、特許庁もかかる実務を受け容れてきたようであるが、現行法は、出願公告後における補正の機会をある程度広く認めるに至ったので、この実務を維持する理由が乏しくなった、及び②審決後に指定商品の一部を放棄するのではなく、この部分につき分割出願を申請した場合を想定し、本判決の趣旨に従い特許庁が同分割出願に伴う補正を受理しない扱いに今後変更した場合、裁判所がこれを支持する可能性は高まった、とする。ここで、上記①は指定商品の一部放棄に対する正しい理解を示すものであり、また、上記②は上記1の最判の判断の方向性を正しく予測しているものである。

3．並行輸入の抗弁 – 最判平成15年2月27日平14（受）1100民集57巻2号125頁〔FRED PERRY〕（上告棄却）[12]

本判決は、商標法における並行輸入の抗弁について初めて判示した最判であり、（1）商標権者以外の者が、我が国における商標権の指定商品と同一の商品につき、その登録商標と同一の商標を付されたものを輸入する行為は、(1) 当該商標が外国における商標権者又は当該商標権者から使用許諾を受けた者により適法に付されたものであり、(2) 当該外国における商標権者と我が国の商標権者とが同一人であるか又は法律的若しくは経済的に同一人と同視し得るような関係があることにより、当該商標が我が国の登録商標と同一の出所を表示するものであって、(3) 我が国の商標権者が直接的に又は間接的に当該商品の品質管理を行い得る立場にあることから、当該商品と我が国の商標権者が登録商標を付した商品とが当該登録商標の保証する品質において実質的に差異がないと評価される場合には、いわゆる真正商品の並行輸入として、商標権侵害としての実質的違法性を欠く、（2）外国における商標権者から商標の使用許諾を受けた者により我が国における登録商標と同一の商標を付された商品を輸入することは、被許諾者が、製造等を許諾する国を制限し商標権者の同意のない下請

---

[11] ただし、この東京高判〔C・K／シーケー〕は、商標登録出願についての指定商品の一部放棄は、出願によって生じた権利の放棄であり、権利存続を前提とする補正とは性質を異にするから設定登録まではいつでもできるとする点について東京高判昭和53年6月21日昭52（行ケ）120〔SAIMIN〕を引用する。ただ、惜しむらくは、これら2つの東京高判（〔JAX〕及び〔C・K／シーケー〕）は、いずれも、商標法の条文よりも、「一部放棄」の法的一般論を優先している。
[12] 髙部眞規子・最高裁判所判例解説民事篇（平成15年度）74頁。

製造を制限する旨の使用許諾契約に定められた条項に違反して、商標権者の同意なく、許諾されていない国にある工場に下請製造させ商標を付したなど判示の事情の下においては、いわゆる真正商品の並行輸入として商標権侵害としての違法性を欠く場合に当たらないとする。

まず、本判決を評釈した渋谷達紀・判評540号20頁（平成16年2月）は、つぎの3点を指摘する。すなわち、①本判決は、本件における契約条項違反の行為と商標の出所表示機能の阻害とが直接関連性のない事実であるのにこれを関連づけて論じようとしたところに無理が生じていること[13]、②品質保証機能の阻害に関する判旨は妥当と考えられるところ、本件商品の輸入を違法とする理由は、出所表示機能の阻害ではなく、品質保証機能の阻害のおそれのみに求めれば足りたこと、及び③本判決は、公示内容から知り得ない事実についてもYの調査義務が及ぶとして過失を推定したものであり、過失の推定の規定（商標法39条が準用する特許法103条）の趣旨から外れた解釈であること[14]、を指摘する。

また、本判決の批評である渋谷達紀・民商129巻4・5号692頁（平成16年2月）は、上記3点のほか、本判決と、黙示的同意論を根拠に特許品の並行輸入を認めた最判平成9年7月1日平7（オ）1988民集51巻6号2299頁〔BBS〕（上告棄却）とは、いずれも、適切さを欠く要件を示しているうえ、その理論及び結論が、同種の事例に関する立法上の解決（たとえば、半導体チップ法における消尽規定）から乖離しており問題であるとする。

4．商標法4条1項15号と広義の混同 - 最判平成12年7月11日平10（行ヒ）85民集54巻6号1848頁〔レールデュタン〕（原判決破棄審決取消）[15]

本判決は、(1) 商標法4条1項15号にいう「他人の業務に係る商品又は役務と混同を生ずるおそれがある商標」は、当該商標をその指定商品等に使用し

---

[13] この渋谷評釈は、本判決の「本件契約の本件許諾条項に定められた許諾の範囲を逸脱して製造され本件標章が付されたものであって、商標の出所表示機能を害する」との判示部分について、出所表示機能の阻害はないと批判している。
[14] 本判決では、「訴外Bと訴外Cとの間に商標使用許諾契約が存在したこと」「同契約に製造国制限条項と下請制限条項が含まれていたこと」及び「訴外Cがそれらの契約条項に違反した事実はなかったこと」の3点の非公示事実についてもYに調査義務が課されている。
[15] 髙部眞規子・最高裁判所判例解説民事篇（平成12年度）650頁。渋谷説を多数説として引用する。

たときに、当該商品等が他人との間にいわゆる親子会社や系列会社等の緊密な営業上の関係又は同一の表示による商品化事業を営むグループに属する関係にある営業主の業務に係る商品等であると誤信されるおそれ、すなわち、いわゆる広義の混同を生ずるおそれがある商標をも包含する、（２）商標法４条１項15号にいう「混同を生ずるおそれ」の有無は、当該商標と他人の表示との類似性の程度、他人の表示の周知著名性及び独創性の程度や、当該商標の指定商品等と他人の業務に係る商品等との間の関連性の程度、取引者及び需要者の共通性その他取引の実情などに照らし、右指定商品等の取引者及び需要者において普通に払われる注意力を基準として、総合的に判断すべきである、（３）化粧用具、身飾品、頭飾品、かばん類、袋物等を指定商品とし、「レールデュタン」の片仮名文字を横書きした登録商標は、他の業者の香水の一つを表示するものとして使用されている引用商標等と称呼において同一であり、引用商標等が香水を取り扱う業者や高級な香水に関心を持つ需要者に著名であり独創的な商標であって、右指定商品と香水とが主として女性の装飾という用途において極めて密接な関連性を有しており、両商品の需要者の相当部分が共通するなど判示の事情の下においては[16]、商標法４条１項15号に規定する商標に該当する、とする。

　本判決の評釈である渋谷達紀・判評507号34頁（平成13年５月）は、判旨に賛成しつつ、①本判決の事例は、需要者の相当部分が共通しており、狭義の混同で対処できたのではないか、②本判決は、破棄自判にあたり、原判決の認定事実とは異なる経験則上の事実（指定商品の需要者の共通性）を認定している、③本判決は、引用商標と一体のものとして「レール・デュ・タン」を含む本件各商標が周知であった事実をあげ、本件各商標のうちの一つと本件登録商標との称呼の一致を指摘しているが、これを看過した原判決には判断の脱漏がある、及び④出願時のみの広義の混同のおそれを認定するのみで、査定時のそれを認定していない点、本判決は商標法４条３項に反すると指摘する。[17]

---

[16] 本判決は、①本件登録商標は、本件各使用商標のうち「レール・デュ・タン」の商標とは少なくとも称呼において同一で、引用商標とも称呼において同一、②本件各使用商標及び引用商標は上告人の香水の一つを表示するものとして著名かつ独創的商標、③本件無効審判請求に係る商品と香水とは需要者の相当部分が共通、の各事情を認定している。

[17] なお、この渋谷評釈では、広義の混同を含むとの特許庁審査実務は、ソニーフード審決（昭和40年10月20日審決公報468号27頁）以降であり（不正競争防止法の判例法の影響による）、本判決はこれを最高裁として是認したものであると指摘する。

5．損害不発生の抗弁 — 最判平成9年3月11日平6（オ）1102民集51巻3号1055頁〔小僧〕（上告棄却）[18]

別紙
第四目録

　本判決は、損害不発生の抗弁を初めて認めた最判であり、（1）フランチャイズ契約により結合し全体として組織化された企業グループ（フランチャイズチェーン）の名称は、商標法26条1項1号にいう自己の名称に当たる、（2）「小僧寿し」が著名なフランチャイズチェーンの略称として需要者の間で広く認識されている場合において、右フランチャイズチェーンにより使用されている「小僧寿し」、「KOZO　ZUSHI」等の文字標章は、標章全体としてのみ称呼、観念を生じ、「小僧」又は「KOZO」の部分から出所の識別表示としての呼称、観念を生じないものであって、「小僧」なる登録商標と類似しない、（3）著名なフランチャイズチェーンによりその名称又は略称である「小僧寿しチェーン」又は「小僧寿し」と共に継続して使用されている「（上掲図のとおりの図形）」等の図形標章は、「コゾウズシ」又は「コゾウスシ」の称呼を生ずる余地があるとしても、「小僧」なる登録商標との間で商品の出所混同を生ずるおそれがなく、右登録商標と類似しない、（4）商標権者からの商標法38条2項に基づく損害賠償請求に対して、侵害者は、損害の発生があり得ないことを抗弁として主張立証して損害賠償の責めを免れることができるとする。

　本判決の批評である渋谷達紀・民商118巻1号71頁（平成10年4月）は、①本判決は、Y標章一及び「KOZO」を徐くY標章二から生じる称呼と観念を決定するに際して、一般需要者において実際に広く行われている称呼や、これらの標章が著名なフランチャイズチェーンの名称等を想起させる作用を営んでいることを考慮したものであり、この判断方法と結論は、判例の古くからの解釈の枠内にあるので是認してよい[19]、②判旨が取引の実情として考慮に入れているのは、Y標章三が小僧寿しチェーンの各加盟店において継続的に「小僧寿しチェーン」または「小僧寿し」と併用されてきた事実であり、このように併用されている他の周知表示からの影響を考慮して称呼や観念を決定している点は事例として新しい[20]、③かりに「KOZO」が客観的には何らの識別力や顧客吸

---

[18]　三村量一・最高裁判所判例解説民事篇（平成9年度）370頁。
[19]　ここで、Y標章一は「小僧寿し」の漢字ひらがな表記の、またY標章二は「KOZO」「KOZO SUSI」「KOZO　ZUSI」の各欧文表記の、それぞれ複数態様の標章を指す。
[20]　ここで、Y標章三は小僧さんの上掲図形標章を指す。

引力を有しないものであったとしても、Yの主観においてこれを利用しようとする動機が認められる以上、商標法38条2項の適用を排除する理由はないし、判旨の立場を是認するとしても、同項の適用が排除されるのは、本件におけるような例外的な事実[21]が存する場合に限るべき、④フランチャイズチェーンの名称は商標法26条1項1号にいう自己の名称に当たらないと解すべき[22]などと指摘する。

6．権利濫用の抗弁 — 最判平成2年7月20日昭60（オ）1576民集44巻5号876頁〔POPEYE／ポパイ／（ポパイの漫画）〕（原判決破棄請求棄却）[23]

本判決は、漫画の著作権との関係で商標権侵害訴訟における権利濫用の抗弁を認めたものであり、漫画の主人公の観念、称呼を生じさせる登録商標の商標登録出願当時、既にその主人公の名称が漫画から想起される人物像と不可分一体のものとして世人に親しまれていた場合において、右主人公の名称の文字のみから成る標章が右漫画の著作権者の許諾に基づいて商品に付されているなど判示の事情の下においては、右登録商標の商標権者が右標章につき登録商標の商標権の侵害を主張することは、権利の濫用として許されない[24]、とする。

ここで、まず、本判決の評釈である渋谷達紀・判評331号54頁（昭和61年9月）は、①判旨のように、複製概念を緩やかに解しつつ人物像のありうべき「表現」に著作物性が及ぶというか、それとも諸々の形態をとって表現されうる「人物像」ないしキャラクター自体に著作物性を認めるというかは、用語の問題にすぎない、②乙標章のように「POPEYE」の文学を単独で使用すると後発登録商標権の侵害になるが、丙標章のようにたまたまポパイの画像と一緒にこれを使用すると侵害にならない場合があるというのは、バランスが良くないので、前者に商標法29条の適用がないとする保守的な本判決の解釈に一工夫を加えるか、あるいは右解釈をやむをえないとして、多少のバランスの悪さには目をつ

---

[21] ここで、この例外的な事実として、登録商標とは非類似の著名表示との併用、使用の副次性、及び併用地域における登録商標の知名性の欠如を挙げている。
[22] 論拠として、(a) 文理解釈、(b) 人格権の享有を保障する同号の趣旨、(c) フランチャイズチェーンを組織する多数の企業主体の総称ではありえてもYその他の個別企業の名称とはなりえないとの3点を挙げる。
[23] 塩月秀平・最高裁判所判例解説民事篇（平成2年度）266頁。
[24] 本判決は、本件商標は右人物像の著名性を無償で利用しているものに外ならないと指摘する。

ぶり、むしろ権利濫用論にかかる本判決の解釈を積極的に評価するかを検討すべきである、及び③本判決は、キャラクターの名称保護の問題に関して新たな論議を呼び起こすきっかけを提供しているとする。

また、本判決の評釈である渋谷達紀・法協108巻10号206頁（平成3年10月）は、①商標法には、他人の著作物を商標として登録することを禁ずる明示の規定が存在しないため（商標法4条1項参照）、他人の著作物を逸早く商標登録することにより当該他人の商品化事業を妨害しようとする行為がなされやすく、本判決は、権利濫用の法理を適用することによりそのような妨害の試みを無意味なものとした事例であって、ここに示された解釈が商標制度に寄生する商標ブローカーに与える打撃は小さくなく重要な意義を有する、②主観的悪性に言及することなく権利濫用を認めた本判決は事例的に注目されるなどと指摘する。

7．商標登録異議申立制度の意義 － 最判昭和56年6月19日昭53（行ツ）103民集35巻4号827頁〔主婦の店ダイエー〕（原判決破棄第1審判決取消訴え却下）[25]

本判決は、商標登録異議申立制度の意義につき判示したもので、（1）商標登録出願につき登録査定がされた後においては、右出願に関する商標登録異議手続受継申立不受理処分の取消を求める訴の利益はない、（2）商標登録異議申立人である会社が合併によって消滅したときは、それによって異議申立は失効し、異議申立人としての地位は合併後存続する会社に承継されないとする。

その理由としては、商標法17条の規定によって準用される特許法55条の定める商標登録異議制度については、異議申立ての当否につき申立てにより証拠調べ又は証拠保全をすることができるものとされ、また、その手続についても当事者の対立構造を前提とした民事訴訟法の規定が多く準用されている（商標法17条、特許法59条、150条、151条参照）ことなどに鑑みれば、これを異議申立人の経済的利益の擁護、救済を趣旨としたものと解する余地があるかのようであるが、他方、商標法17条、特許法55条1項の規定により異議申立ては何人でもすることができるものとされていることに徴すると、結局、右制度は、利害関係の有無にかかわらず何人でも異議の申立てができるものとすることによって、商標登録出願の審査の過誤を排除し、その適正を期するという公益的見地

---

[25] 村上敬一・最高裁判所判例解説 民事篇（昭和56年度）398頁。

から設けられたものであって、異議申立人たる会社が合併によって消滅したときは、それによって異議申立ては失効し、異議申立人たる地位が合併後存続する会社に承継される余地はないものと解するのが相当である、とする。

他方、原審の東京高判昭和53年5月2日昭52（行コ）59無体集10巻1号170頁は、反対の結論であり、登録異議申立の制度は、国民に異議申立権という一種の公法上の権利を認めたものであり、一身専属的な権利でないから、少なくとも包括承継においては、承継の対象となり、登録異議手続受継の申立を不受理としたのは違法である、とする。

上記最判の評釈である渋谷達紀・判評279号6頁（昭和57年5月）は、判旨に反対し、①私的動機を有しない者も異議申立をなしうるという制度の建前に眼を奪われ、大多数の場合は私的動機に支えられて制度が機能している現実を見ないのは、抽象的な制度論に傾きすぎ実際的考慮に欠けていて問題である、②かりに異議申立人の地位を引き継ぐことができないものとすれば、とくに異議申立期間経過後は異議審査手続に関与する途を一切断たれてしまうことになり酷な事態が生じうる、③異議申立から費用が生ずれば、その費用は包括承継人が負担しなければならない点からみても判旨の結論には疑問が多い、④判定の場合には承継を認めているが、判定制度が私益自体に関係する制度であるのに対して、異議申立制度は私益にも関係する制度であるという点に違いが認められるものの、この違いは、両制度の運用を異ならしめる十分な理由とはなりえない、⑤本件においても、登録ずみの12件の商標登録出願に関する請求につき訴の利益を認めるべきであったと考えられ、訴を却下することなく、Y（特許庁長官）の手続受継申立不受理処分を取り消しておけば、YはXに対して異議決定をすべきことになり、Xとしては商標登録無効審判の請求等その後の対応に際して異議決定の内容を参酌することが可能となるとする。

8．おわりに

一方において、渋谷達紀先生は、商標法の基礎理論の重要性に関し、つぎのように指摘する。[26]

---

[26] 渋谷達紀「商標保護の思想」・高林龍編『知的財産法制の再構築』（平成10年3月・日本評論社）231頁以下、引用は260頁。同論文は、英仏米独日の商標保護思想の形成と変遷を細かくたどり、登録主義思想の浸透をも明らかにしたものである。

> わが国の知的財産法学は、総じて基礎理論の部分が手薄である。新規な判例や外国の法制度に関する情報を追いかけ、これを紹介または批評することで満足しているようなところがなくはない。標識保護法の分野も例外でなく、その基礎理論を考察した文献は数少ない。標識保護法の解釈を立体的に組み立て、そこから制度の全体像を俯瞰するには、本稿で述べたようなことが土台となるのではなかろうか。

他方において、渋谷達紀先生は、商標制度を捉える視点について、つぎのように指摘する。[27]

> ・・・改めて指摘しておかねばならないと思われるのは・・・商標規制手段は登録制度を通じて如何に抽象化ないし定型化されており、逆に登録主義法制は商標使用の実体に即した救済結果の妥当性を如何にして回復しようとしているかを探ろうとした本書の視点そのものがもつ意義である。登録主義法制においてみられる右のような制度の抽象化への傾向と救済の実際的妥当性の追及とは、商標法にかぎらず、商号法その他標識法一般において、多かれ少なかれ、その拮抗がみられるところである。このような拮抗関係は、商標保護法制において、たまたま登録と使用との相剋－いわば権利の成立面において登録主義を採用したことから生じた作用と反作用との間の利益の調整－という形式で発現しているわけであり、本書では、かかる観点を商標保護法制に適用することにより、その体系的叙述が試みられたにほかならない。

以上によれば、上記の渋谷評釈・批評は、いずれも商標法に関する基礎的な理解を踏まえ、登録と使用との相剋の中で、登録主義法制が商標使用の実体に即した救済結果の妥当性を果たして回復しようとしているかどうかを、具体的な判例の中で検証していることが理解されるのである。この点、我々は充分吟味すべきであろう。

---

[27] 渋谷達紀・商標法の理論（昭和48年1月・東京大学出版会）357頁。同書は、独仏英の商標制度を比較法の手法で詳細に検討し、我が国商標法制の現状と展望を明らかにしたものである。

第4章　不正競争防止法

営業秘密の概念要件及び保護要件と秘密管理性の関係

結 城 哲 彦

はじめに

　営業秘密は、技術ノウハウなどの秘密情報を保護するための法制度で、不正競争防止法（2条6項）にその定義が設けられている。しかし、これまでの営業秘密に関する議論は、秘密管理性で始まり秘密管理性で終わっている感が否めない。その理由は、同条に設けられている定義の文脈がやや複雑であり、かつ、定義の構造分析や比較法的な分析や解釈が不足しているためではないかと思われる。このような認識を前提に、以下、掲題のテーマについて検討を試みることにしたい。

1．営業秘密の法的定義の構造
（1）定義の比較

　日本、米国及び中国の営業秘密に関する条文上の定義（制度要件）の構造を比較・概観することから検討に入ることとする。
（日本の定義）
「この法律において営業秘密とは、秘密として管理されている生産方法、販売方法その他の事業活動に有用な技術上又は営業上の情報であって、公然と知られていないものをいう」（不正競争防止法2条6項）。

（米国の定義）[1]
「営業秘密（trade secret）とは、処方（formula）、様式（pattern）、資料・文献の編集物（compilation）、プログラム（program）、装置（device）、方法

---

[1] 訳文は筆者による。なお、通商産業省知的財産政策室監修「営業秘密」（有斐閣1990年）206頁以下に英文と訳文が掲載されているので、必要に応じて参照されたい。なお、米国法の概要については、樫原義比古「日米比較競業禁止特約」（関西学院大学出版2015年）164頁以下、及び金春陽「営業秘密の法的保護」（成文堂2007年）51頁以下が参考になる。

(method)、技術（technique）、又は工程（process）を含む情報（information）であって、次のような性格を有するものをいう。
（a）その開示又は使用によって経済的価値（economic value）を得ることができる他の者に対して、一般的には知られておらず、かつ、適法な手段によって容易に知り得ない、現実的かつ潜在的な独立した経済的価値をもたらす（derive）もの、
（b）かつ、その秘密性を維持するために、当該状況下において、合理的な努力（reasonable efforts）の対象（subject）になっているもの」（統一営業秘密モデル法UTSA 1条（4））。

（中国の定義）[2]
「営業秘密とは、公知ではなく、権利者に経済的利益をもたらすことができ、実用性を備え、かつ権利者が秘密保持措置を講じている技術情報および経営情報をいう」（反不正当競争法10条3項）。

　三ヶ国の定義の比較から、次のことが明らかである。
1）米国と中国の場合は、最初に、営業秘密とは何かという概念を明確に定義し、次に、営業秘密の概念に該当する情報のうち保護対象となる営業秘密を明らかにするというように、二段階の方式で法制度としての営業秘密を定義している[3]。
　言い換えれば、秘密管理性の有無とはいったん切り離して営業秘密に該当するか否かを原告の立証に基づいて最初に判断し、その後に、その営業秘密のうちから、原告及び被告の主張その他の要素を総合考量して、法的保護の対象となる営業秘密を確定する二段階のプロセスが採られている。つまり、営業秘密の概念要件（conceptual requirement）と保護要件（protective requirement）は峻別され、秘密管理性はもっぱら保護要件の構成要素として位置づけられている。

---

[2]　訳文は、遠藤誠「中国知的財産法」（商事法務2006年）228頁による。中国語原文を見る限り、この訳文は妥当と判断できる。なお、わが国の不正競争防止法に相当する法律の中国語の名称は、「反不正当競争法」であり、「営業秘密」は「商業秘蜜」である（遠藤・前掲書223頁参照）。
[3]　後に述べるように、米国及び中国の規定は、TRIPSの規定により近い形で設けられている。

2）これに対して、日本の場合、「秘密として管理」が条文の冒頭に登場して条文全体を修飾し、「秘密としての管理されている技術上又は営業上の有用な情報で非公知のもの」が営業秘密であると定義され、同時に、それがそのまま法的保護の対象となる営業秘密であるとする一段階のプロセスが採られている。

言い換えれば、秘密管理性という要素は、営業秘密の概念要件であると同時に保護要件であり、両要件を一体化した概念である。したがって、原告（情報の保有者）が、秘密管理性の存在を立証できなければ、そもそも営業秘密は最初から存在しないこととなり、法的保護の対象となる営業秘密の有無について審理が行われることなく、訴訟は原告敗訴で終了することに帰結する。

（2）定義の構造上の相違

上記のように、営業秘密という秘密情報を保護するための同じ目的の法制度であっても、日本と米国及び中国の間には、営業秘密の定義の構造に明確な違いが存在している。日本では、情報の保有者が秘密として管理しているか否かが第一要件であり、この要件によって情報を最初に仕分け、その枠内に収まった情報のうち、有用性と非公知性という概念要件を満足する技術上及び営業上の情報のみが、営業秘密であり保護対象になるという構造である。これに対して、米国と中国では、実質的に営業秘密であるかどうかを最初に判別し、仮に営業秘密に該当する情報であっても、保有者が秘密として管理していると客観的に認められないものは法的保護の対象にならないという構造である。

同じように見えるが、実は大きな違いを招くのである。すなわち、情報の保有者の秘密管理性が不十分なために、現実に秘密性の高い情報の漏洩や侵害が発生しているにもかかわらず[4]、その保有者に「秘密としての管理は十分行っていた」という立証を求めるというのが日本の現行制度である。これにはそもそも無理があり、保有者である原告に酷で最初からハンディキャップを負わせるに等しいと言わざるを得ない。また、これが原告の勝訴率にも影響を及ぼしていると考えられる[5]。

しかし、日本の先行研究は、上述のような切り口からはほとんど論じていな

---

[4] 小野昌延・松村信夫「新・不正競争防止法概説（第2版）」（青林書院2015年）（以下、「小野・前掲書」という）84頁もこのように指摘している。

い[6]。このことを最初に指摘しておきたい。

２．構造的な問題点
（１）問題の所在
　根本的な問題は、上記１（２）で述べた営業秘密の法的定義の構造に起因している。すなわち、上位概念である「秘密」の定義を明確にしないまま営業秘密の概念を定義していること、及び概念要件と保護要件を明確に区別しない一段階方式のもとで営業秘密を定義し、かつ、秘密管理性を概念要件であると同時に保護要件として位置づけていることの二つが、問題（議論の混乱）を招来する根本的な原因である。また、これに起因する派生的な問題点は、秘密管理性の扱いに混乱を招いていること及び立証責任の配分を弾力的に行うことができないことの二つに集約される。

（２）秘密の定義
１）秘密の定義と一段階方式
　不正競争防止法（以下、単純に「不競法」と略称）は、この法でいう「秘密」について何らの定義もせず、いきなり、営業秘密とは「秘密として管理されている…情報」と規定し、「秘密」のなかに「秘密」を用いるという同義語反復（tautology）的な概念構成を採用している。これが、後に述べるように、営業秘密の「秘密管理性」をめぐる議論の混乱を招く要因の一つになっており、専門家をして「営業秘密は難しい概念である[7]」と言わしめている原因であることは疑いない。言い換えれば、営業秘密の定義（制度要件）が、概念要件と保護要件を区別していない一段階方式のため、一方で「秘密」の概念が余計に曖昧となり、他方で、秘密管理性が、営業秘密の成立そのものを左右する概念要

---

[5] 小野・前掲書84頁には、立証責任が秘密情報の所有者側にあり、営業秘密の侵害の成立が難しくなっている、との指摘がある。なお、各種の調査資料によれば、わが国における原告の勝訴率は20~25％、米国における原告の勝訴率は45~50％である。
[6] 従来のほとんどの体系書だけではなく、最近の類書、たとえば、金井重彦「不正競争防止法コンメンタール（改訂版）」（レクシスネクシス・ジャパン2013年）252頁、高谷佐知子・上村哲史「秘密保持・競業避止・引抜きの法律相談」（青林書院2015年）９頁、荒川雄二郎編著「営業秘密Ｑ＆Ａ80」（商事法務2015年）も、「三つの要件」という表現で、営業秘密の構造を平面的・静態的にとらえるレベルにとどまっている。
[7] 西林啓稿「『秘密』の保護と『情報』の保護、現行制度で十分か」（西村あさひ法律事務所「リーガルアウトルック」2011年３月16日号所収）参照

件として作用する結果を招いているのである。

2) 秘密の概念要件

しからば、不競法でいう営業秘密が「秘密」として成立するために必要な概念要件はどのように理解すればよいのであろうか。それには以下の四つの要件が必要だと考える[8]。

第一の要件として、保有者が秘匿にしておきたいという「秘密保持の意思」（will of confidentiality）を有する情報であることが必要である。これは主観的要件（いわば、「主観的な秘密性」）であるが、これを欠いてはそもそも秘密とは言えない。

第二の要件として、保有者の秘密保持意思が、何らかの形で客観的に表明されなければならない。たとえば紙媒体に記録された秘密情報の場合、当該媒体上に「マル秘・極秘」などの表示をするなどが、ここでいう客観的な表明である。保有者の意思を知ることのできる何らかの客観的な状態（いわば「客観的な秘密性」）がなければ、第三者は、それが秘密であるか否かを判別することができないからである。しかし、秘密の本質（「秘密」は「営業秘密」より上位の概念である）から推して、ここでいう客観的な表明は、保有者の意思を窺い知ることができる「最低限の客観性」であればよく、法が営業秘密について求めている「秘密としての管理（秘密管理性）」のような「独立した又は厳密な客観性」とは異なる概念だと考えられる[9]。つまり、「秘密としての管理（秘密管理性）」は、あくまでも営業秘密に特有の要件であって、秘密一般の要件とは別の概念であることに留意する必要がある[10]。

第三の要件として、公知でないこと（非公知性）が必要である。秘密が公開され、当該秘密を知る者の範囲が管理不能な範囲にまで広がっている場合、そ

---

[8] 多くを小野・前掲書82頁によった。なお、千野直邦「営業秘密保護法」（中央経済社2007年）88頁にも、秘密の要件について若干の言及がある。
[9] 山本庸幸「不正競争防止法（第4版）」（発明協会2006年）138頁は、保有者の情報を秘匿にしておきたいという意思が客観的に認識できれば、通常、その情報を秘密に管理せんとする保有者の主観的意図は推定できるので、秘密管理性についてこのような保有者の主観的意図を要求している趣旨は、保有者側にこのような主観的意図がなかったことの立証（反証）の余地を被告（権利行使を受ける側）に残すため（消極的要件）にすぎない、と論じている。これは、秘密管理性が秘匿意思の延長線上にあることを指摘する一方、それぞれが異なる概念であるという認識を示したものだと解される
[10] 小野・前掲書324頁参照

れについて保有者が秘密保持の意思を表明しても、その情報はもはや秘密ではない。秘密として保護すべき社会的な利益がすでに失われているからである。

第四の要件として、有用性、つまり保護に値する利益（要保護性）の存在が必要である。法制度として保護する場合、これが欠かせないことは自明である。

以上のように、営業秘密が「秘密」として成立するためには、秘密保持の意思を表現した最低限の客観的要件（マル秘等の表示など）が必要である[11]。しかし、秘密の概念要件として、法的概念である秘密管理性という客観的要件まで必要とされているわけではない。

3）秘密の保護要件

秘密の成立とそれを保護するか否かは別次元の問題であり、その混同は避けなければならない[12]。しかし、わが国の営業秘密の定義では、秘密の成立と秘密の保護が「秘密としての管理」という概念のもとで一体化されているため、概念要件と保護要件の区別、すなわち営業秘密の成立と保護の区別が規定上判然とせず、混同が生じる原因になっている。これに対して、米国や中国の定義では、「秘密保持のための合理的な努力」という保護要件が、「有用性」や「非公知性」という概念要件とは明確に区別され、並列の形で規定されている[13]。このため、混同が生じにくい構造になっている。

秘密の法的保護には、保護に値するものとして社会的に承認されることが必要である[14]。言い換えれば、保護に値する実質的又は客観的な利益を有する秘密でなければ、法的に保護されない（実質的利益説）。このことは、営業秘密にそのまま当てはまる。

営業秘密を法制度とする以上、客観的又は主観的な秘密や法的秩序との関係が薄い秘密を法的保護の対象から除外するのは当然のことである。また、秘密の保有者が秘密としての管理（自助努力）をしていない情報は、第三者との関係から見ても保護の必要性に乏しい。営業秘密について、概念要件とは別に秘密管理性という保護要件（保有者側に即して表現すれば「管理要件」）が要求

---

[11] 小野・前掲書82頁
[12] 小野・前掲書83頁
[13] 説明は割愛するが、米国及び中国における営業秘密が、概念要件（主観的な秘密性）と保護要件（客観的な秘密性）を区別し、かつ、その両面から解釈・運用されていることは言うまでもない。
[14] 小野・前掲書82頁

されるのはこのためである。

4）小括

　不競法でいう営業秘密における「秘密」を体系的に分析している論考は、本稿で引用している文献[15]を除いてほとんど存在しない[16]。不競法に営業秘密が導入された時点（平成２年）では、秘密という概念がすでに一般的なものになっていたためかもしれない。判例は、刑事事件に関するものではあるが、昭和52・12・19最小二判「国家公務員法違反事件」（刑集第31巻７号1053頁）などで、「実質的利益説」の立場を明らかにし、その後もこれは維持されている。また、主要な刊行物（たとえば、「法令用語辞典（第八次改訂版）」学陽書房2003年630頁。この版の原型は昭和51年に発行されている）も、判例と同様に、「秘密とは、公開されていないこと、秘密保持の意思があること、及び秘密を保持することに財産的な価値又は利益があることをいう」というように、実質的利益説[17]の立場でその意義を説明している。このような判例及び代表的な刊行物の定義に鑑みても、法的意義における「秘密」及びその下位概念である「営業秘密」は、その性質や成立を規定している概念要件（秘匿意思）と成立した秘密を法的に保護するか否かを決定する保護要件（秘匿利益）の、二つの要素によって構成されていると理解するのが妥当だと考える。

（３）秘密管理性と一段階方式

　現行の営業秘密制度について審議を行った産業構造審議会財産的情報部会においても、「秘密管理」を営業秘密の要件に加えることについて議論があったと伝えられている。具体的には、不正な行為から財産的情報（営業秘密）の救済を認めるには、保有者がその情報を秘密にするという意思を有していることが推知できるというだけでは十分ではなく、客観的に（つまり第三者から見ても明確に）秘密として管理されていない情報は、それにアクセスした者に自由

---

[15] 小野・前掲書82頁以下
[16] 渋谷達紀「不正競争防止法」（発明推進協会2014年）、同「知的財産法講義Ⅲ（第２版）」（有斐閣2008年）、経済産業省知的財産政策室編著「逐条解説不正競争防止法」（平成23・24年改正版）（有斐閣2012年）をはじめとするほとんどの類書には、秘密の定義や要件は見当たらない。
[17] これは、秘密保持の意思及び秘匿利益の一方のみによらず、両要素を総合考量するものである。意思と利益の両要素を考量するという意味では、「折衷説」と表現することもできる。

に使用・開示できる情報だという認識を抱かせる蓋然性が高いので、秘密として管理されていない情報までも保護することは情報取引の安全を阻害する、などの理由から、秘密管理性の要件が営業秘密の定義のなかに設けられたと報告されている[18]。これが、秘密管理性の原点である。

この報告（説明）からも明らかなように、取引の安全性確保などの見地から秘密管理性の要件は営業秘密の定義に盛り込まれたのである。しかし、一段階方式という形式を採用したため、秘密管理性の性質や営業秘密の定義のなかにおける位置づけが曖昧なものとなり、また、上記の原点を離れて、秘密管理性は、現実には営業秘密の成立そのものを左右する概念要件として作用するに至っているのである。したがって、正しい解釈とその運用によって、秘密管理性の役割を本来の位置（保護要件）に戻す必要がある。

沿革的にみると、わが国が営業秘密を制度化して現行法に導入したのは1990年（平成2年）であり、ウルガイ・ラウンド交渉の一環をなすTRIPS協定（1991年6月15日施行）との整合性をはかるためであった[19]。そのTRIPS協定39条2項は、営業秘密（undisclosed information、「開示されていない情報」という表現が用いられている[20]）の要件について、次のように定めている（訳文は筆者）。

（a）当該情報が一体としてまたはその構成要素の配列及び組み立てとして、当該情報を通常扱う集団に属する者に一般に知られておらず又は容易に知ることができないという意味で秘密であること、

（b）秘密であることにより商業的価値があること、

（c）当該情報を合理的に管理する者により、当該情報を秘密として保護するための合理的な措置がとられていること。

この規定からも分かるように、すでに述べた米国及び中国の法的定義は、TRIPSの規定により近い形の二段階方式を採用している[21]。これに対して、わ

---

[18] 「財産的情報に関する不正競争行為についての救済制度の在り方について」（平成2年3月16日産業構造審議会　財産的情報部会第3章）、千野直邦・前掲書106頁、小野・前掲書324頁など参照。

[19] 林いずみ稿「平成27年改正不正競争防止法（民事面）と管理指針（全面改訂）の概略」（ジュリスト1488号、2016年1月）40頁は、秘密管理性が、TRIPS協定39条2項（c）に由来するものだと指摘している。

[20] この表現は、米国の"trade secret"など、特定の国の概念に偏らないようにとの配慮によるものだと言われている。千野直邦・前掲書137頁参照。

が国の定義は、TRIPS協定の定義に含まれている要素をすべて網羅しているものの、概念要件と保護要件を明確に区分しない一段階方式を採用し、秘密管理性を営業秘密の概念要件として位置づけている[22]。

3．営業秘密の定義の不十分性から派生している問題点とその対応策
（1）秘密管理性の扱いにおける混乱
1）学説・判例の現状

ここまでの検討を踏まえて、営業秘密の定義でいう「秘密としての管理」を平易に定義すれば、それは、「一般に人が他人に知られたくない情報で、しかも本人も他人に知られたくないと望んでいる情報を、他人に知られないように利用・保存するために行う一連の行為で、組織や手順の整備等の各種の事前又は事後の措置」を意味する。また、「秘密管理性」とは、「秘密としての管理」の「状態」や「状況」を意味する。

一方、いずれの学説・判例も、営業秘密として法的に保護するか否かの分水嶺が秘密管理性の有無にあることを認めている。しかし、これまでの議論は、営業秘密の保護要件に関するものなのか、それとも概念要件を含めたものであるかが必ずしも明確でない。このことが、次で述べる秘密管理性の程度に関する議論にも影響を及ぼし、混乱を招く最大の原因になっている。

2）秘密管理性の程度についての学説上の議論

営業秘密の秘密管理の基準や程度について、不競法は何も定めていない。しかし、判例は、これについて、早くから二つの基準、すなわち、①対象となる情報の秘密としての特定と表示（客観的要件）、②対象となる情報へのアクセス制限（主観的要件）を示している[23]。これは、二基準説、絶対的認識説、厳格説などと呼ばれている。

一方、学説では、秘密管理は、情報にアクセスした者が秘密と認識できる程

---

[21] 時間的な関係から判断して、米国に関しては、UTSAの定義が逆にTRIPS協定39条の定義に影響を与えたと解するのが自然である。Sharon K. Sandeen（足立勝訳）稿「米国営業秘密法」（知的財産法政策学研究Vol.47（2015）所収）30頁参照。
[22] 小野・前掲書83頁は、秘密管理性という管理要件が「営業秘密の定義の概念要素に用いられている」と明確に指摘している。
[23] 東京地判平成12・9・28（平成8年（ワ）15112号）「医療器具顧客名簿事件」（判例時報1764号104頁）。

度であればよく、秘密管理という要件は相対的な概念であるという見解が早くから提起されている[24]。これは、一基準説、相対的認識説、緩和説などと呼ばれている。また、この見解は、過去の裁判例を分析し、その流れを、①2003年ごろまで（緩和期、相対説）、2003年ごろから2007年ごろまで（厳格期、絶対説）、2007年以降（揺り戻し期＝再度の緩和期、相対説）に区分し[25]、秘密管理性の要素としての「管理」は、「秘密を直接取得する者（不競法2条1項4号）、あるいは秘密を直接指示される者（2条1項7号、2条1項8号括弧書きの義務違反者）にとって秘密にしなければならないと認識できる程度に管理されていれば足りる」と述べ[26]、緩和期の裁判例の考え方が妥当だと結論づけている[27]。また、厳格説が「客観的な認識」を重視していることに対して、「客観的」というのは多義的であって、誰にとっての客観的かということが明確でないと批判している[28]。

秘密管理性を営業秘密の保護要件であるとの前提で論ずる限り、緩和説の主張は当然であり妥当である。営業秘密の保護は、ただ単に保有者の利益のためではなく、社会的にも保護の必要性が認められることを要するからである[29]。したがって、当該情報が有用性と非公知性の概念要件を満足していても、営業秘密として法的に保護するかどうかは、被侵害利益の保護の必要性、侵害行為の程度、保有者の管理状況や管理方法の適切性、秘密保持義務賦課の有無、当該情報の性質、業種、企業の規模、アクセスした者の属性や認識の程度などの諸事情（相対的な事情を含む）を総合的に考量して、個別具体的に判断すべきであり、むしろこれが当然である。

しかし、緩和説は、不競法が秘密管理性を営業秘密の保護要件にとどまらず

---

[24] その代表例は、田村善之「不正競争法概論（第2版）」（有斐閣2003年）329頁
[25] これ以外の分類も存在しているが（たとえば、末吉亘稿「営業秘密」（東京大学法科大学院ローレビュー Vol.9 2014・10所収）159頁以下）、その内容及び分類の主目的は大同小異である。
[26] 田村善之稿「営業秘密の秘密管理性に関する裁判例の変遷とその当否（その2・完）」（知財管理64巻6号（2014年）所収）792頁
[27] これに対しては、判例の傾向を把握することは重要であるが、「判決の過程で示された基準をことさらに一般化し、抽象化し、判例の傾向を論じることは、個々の判決の評価を誤るおそれがある」との批判がある。松村信夫稿「営業秘密をめぐる判例分析」（ジュリスト1469号（2014年）所収）35頁参照
[28] 中山信弘ほか編「商標・意匠・不正競争判例百選」（有斐閣2007）192-193頁（田村善之・津幡笑稿）参照
[29] 小野昌延編著「新注解・不正競争防止法（第3版）・下巻」（前掲）860頁

概念要件(成立要件)の要素の一つに組み込んでいることについて何も触れずに、秘密管理性における秘密管理の程度を相対的な認識で十分であると結論づけている[30]。このように、緩和説はその前提を明確にしていないので、これを文字どおりに受け止めると、情報が秘密としての性質を有するか否かの判断までがアクセスした者の認識(主観)で十分だと解釈できることにも通じかねない。もしそうだとすると、それはどう考えても妥当ではない。情報の性質はそれ自体に固有のものであり、それにアクセスした者の主観で変わるものではないからである。

3)裁判所における運用の現状

営業秘密の要件を概念要件と保護要件を明確に区別して判断した判決例も今のところ見当たらない。また、秘密管理性に関する二基準そのものは維持されている。しかし、裁判所の現在の運用は、緩和説が指摘しているように弾力的に行われている。最近における現実の訴訟を概観しても、秘密管理性の要件を実質基準で判断する弾力的な姿勢が採られており[31]、裁判所の姿勢と緩和説との間に決定的な差は存在してない。また、座談会における現職裁判官の最近の発言[32]なども、実質基準を裏打ちしている。これらを考え合わせると、厳格説か緩和説かの二者択一の議論をこれ以上続けることに意味があるとは思えない。現行法の解釈論としては、秘密管理性の判断が実質基準で行われることをどのようにして担保するかを論じる方が、より重要であり必要だと考える。

(2)実質基準を担保するための対応策

現行法の枠内において秘密管理性の判断における実質基準を担保するためには、下記の対応策が必要だと考える。

---

[30] 田村善之「不正競争法概論(第2版)」(前掲)328-329頁には、「法は、…保護の要件として秘密管理性を要求した」との記述がある。しかし、秘密管理性と営業秘密の概念要件の関係については何も言及していない。
[31] たとえば、大阪地判平成25・4・11(平成22年(ワ)7025号)「中古自動車販売業事件」判例時報2210号94頁、東京地判平成26・4・17(平成24年(ワ)3574号)「登録モデル個人情報事件」(LEX/DB25446406)などは、実質的な基準で判断して請求を認容している。
[32] 座談会「営業秘密をめぐる現状と課題」(ジュリスト1469号(2014年)所収)における清水判事の発言、及び「大阪地方裁判所21・26民事部と大阪弁護士会知的財産委員会との協議会・平成25年度」(L&T 64号2014年所収)における西田判事の発言など参照

1）要件を審理する順序の見直し

　小野昌延「営業秘密の保護（増補）」（信山社2013年）の資料編「判例目録」に収録されている1993年（平成5年）の営業秘密制度導入後における営業秘密性否定事例（累計69件）のうち、秘密管理性の不在のみで営業秘密性を否定した事案は32件（46％）である。また、有用性又は非公知性を肯定した後に秘密管理性の不在を理由に否定した事案は13件である。この数字から、秘密管理性が、事実上、営業秘密の存否を決定する第一要件になっていることは明らかである[33]。

　さらに、比較的新しい否定事案を見ても、秘密管理性を最初に審理し、これを否定した場合には、「その余の要件については判断するまでもなく…」として訴えを棄却している。たとえば、東京地判平成23年9月29日「顧客名簿事件」（LEX/DB25443857）は、健康器具に関する顧客名簿の事件であるが、原告の顧客名簿の秘密管理性を否定し、他の要件については審理せず、請求を棄却している。他方、大阪地判平成22年10月21日「顧客情報事件」（LEX/DB25442811）は、有用性及び非公知性を肯定した後、秘密管理性の欠如を理由に、請求を棄却している。

　どちらの場合も「否認＝請求棄却」で、結果は同じである。わが国の場合、秘密管理性が営業秘密の概念要件に組み込まれているので、秘密管理性を第一要件として審理すること自体は違法ではない。営業秘密の要件のウエイトづけや審理すべき順番までは法定されていないので、現行の運用（審理の順序）は適法と言わざるを得ない。しかし、適法だとしても、これは果たして妥当な法の運用であろうか。この運用では、秘密性の高い情報を十分に吟味せずに入口（概念要件）の段階で除外してしまう危険性が否定できない。秘密管理性の不在のみで営業秘密の成立そのものを否定することと、営業秘密の成立自体は認めながら秘密管理性（保護要件）の不在を理由に請求を棄却することでは、結論が同じであってもその意味合いが異なる。訴訟における運用としては、有用性や非公知性の要件についての審理を先に実施し、営業秘密の概念要件を満たしているか否かを見極めたうえで、最後に秘密管理性の有無についての審理を行う順序が、誤りを犯すリスクが小さいという意味で望ましいと考える。上述

---

[33] このほか、69件の内訳として、三つの要件すべての不在を理由に否定した案件が6件、秘密管理性を含む二つの要件の不在を理由に否定した案件が8件、秘密管理性以外の要件で営業秘密性を否定した要件が10件と報告されている。

のように、秘密管理性を最後に審理する順序で判断している事案は現に存在している[34]。また、すでに指摘したように、営業秘密の定義が必ずしも不十分でないことを考慮すれば、この順序を踏むことが実質基準を担保するうえで、より望ましい運用ではないかと考える。

2）立証責任の配分についての工夫

　秘密管理性を営業秘密の概念要件（成立要件でもある）に含めている現行法の定義は、立証責任の配分を窮屈なものにしている。これを補正するために、今般の法改正（5条の2の新設。平成28年1月1日施行）[35]で、技術上の秘密情報（物の生産方法、設計図面等）が関連する事案に限り、一定の条件のもとで立証責任の転換又は軽減を認める推定規定が新設された[36]。物の生産方法等に関する訴訟の場合、関連証拠の被告への偏在が特に顕著である実態を考慮したものである[37]。しかし、この改正によって、立証責任の配分問題が全面的に解決されたことにはならない。また、法に一般的な推定規定がない以上、立証責任の全面的な軽減や転換はできない。

　とはいうものの、裁判所による丁寧な運用でカバーできる余地は皆無でないと考えられる。たとえば、原告が有用性及び非公知性の点から実質的に営業秘密であることを立証できた場合、その情報が「秘密として管理」されていたと事実上推定できる場合が多いと思われる。このような立証が原告によってなされたと裁判所が判断した場合、裁判所が、被告に対して、当該営業秘密が「秘密として管理されていなかった」という積極的な反証を求める運用は、当事者衡平の原則に反せず、現行法の枠内でも許容されると考える。また、実質的にみても、非公知性は、主観的な情報の秘密性のほかに客観的な情報の秘密性を

---

[34] 過去にもこのような順序で審理して棄却いる事案は存在している。たとえば、東京地判平成14年4月23日（平成12年（ワ）15215号）「健康食品通信販売顧客データ事件」（LEX/DB28070858）。また、最近の事例を挙げれば、東京地判平成26・3・18（平成25年（ワ）127号（LEX/DB25446294）、大阪地判平成26・3・18（平成25年（ワ）7391号）（LEX/DB25446300）、東京地判平成26・9・29（平成24年（ワ）30904）（LEX/DB25446699）なども、基本的にはこの流れに属する棄却事案である。

[35] 小倉秀夫「不正競争防止法（平成27年改正の全容）」（レクシスネクシス・ジャパン2015年）27-28頁、西川喜裕稿「営業秘密の保護強化に関する平成27年改正不正競争防止法の解説」（日本評論社2015年「年報知的財産法2015-2016」所収）19-21頁参照

[36] 2012年4月に起きた新日鐵（現新日鐵住金）と韓国POSCO社の技術情報の不正取得を巡る事件などを踏まえて行われた改正である。

[37] 林いずみ・前掲稿41頁参照（注19）

含む概念であって、秘密管理性と密接な関連性を有する[38]ので、概念要件としての有用性と非公知性の存在が認定された営業秘密について、その保護要件としての秘密管理性の存在を推定することは、決して不自然でも不合理でもないと考える。

この関連でも、営業秘密の要件を審理する順番、すなわち、秘密管理性の審理を有用性や非公知性に劣後して行うことは極めて重要だと考える。

4. 立法論

本稿の主題ではないが、秘密管理性との関連で言えば、第一に、米国や中国の定義と同様に、営業秘密の秘密管理性を営業秘密の概念要件に含めず、保護要件であることが明確となるように、営業秘密の定義規定を改めること[39]、第二に、一定の条件のもとで、立証責任を被告に転嫁できるように推定規定の範囲をさらに拡張すること、の二つが必要だと考える。

おわりに

営業秘密という法制度は、営業秘密に該当する企業秘密を保護する制度である。したがって、その制度要件（有用性、非公知性及び秘密管理性）は、究極的にはすべて保護要件だと言えるかもしれない[40]。しかし、訴訟における立証責任の配分への影響なども含めて考えた場合、営業秘密の概念要件（成立要件）については厳格説を基礎にして、また、その保護要件（管理要件）については緩和説を基礎にして解釈・運用するとともに、営業秘密の秘密管理性については、それをもっぱら保護要件だと認識して解釈・運用することが、厳格説か緩和説かという二者択一的な議論を克服できる現実的なアプローチだと考える。比較法的に見ても、これが妥当な対応だと考える。

実務の有力な指針である「営業秘密の管理指針」（経済産業省策定）は、2015年1月に営業秘密の秘密管理性に関する要件を大幅に改定した。鉄壁な秘密管理を求めることは現実的でない、というのがその理由である。このことからも分かるように、営業秘密の制度要件（特に、秘密管理性）についてはいろ

---

[38] 非公知性と秘密管理性が密接な関連を有していることは認知されている。たとえば、田村善之・前掲書33頁、山本庸幸・前掲書146頁
[39] 同旨小野・前掲書85頁
[40] たとえば、千野直邦・前掲書は、この立場を採っていると思われる（57頁）。

いろな問題が伏在しているので、今後も、営業秘密の定義に関連する改正の動向を十分注視する必要がある。

フランスの不正競争訴訟における損害について

大 橋 麻 也

序言

本稿は、フランスの不正競争訴訟において損害（dommage/préjudice）に関して生ずる問題を検討することによって、不正競争を不法行為として構成する法制度の実効性について考察するものである。

わが国の不正競争防止法は、民事規制の方法として、「故意又は過失により不正競争を行って他人の営業上の利益を侵害した者」の損害賠償責任を定め（第4条本文）、さらに、「不正競争によって営業上の利益を侵害され、又は侵害されるおそれがある者は、・・・その侵害の停止又は予防を請求することができる」として差止請求権を規定する（第3条第1項）。損害賠償請求の場合はもとより、差止請求の場合においても、営業上の利益に対する侵害が現実にまたは蓋然的に存在することが要件とされている。このように、不正競争の民事規制の発動を特定の事業者に対する加害行為と結びつけている点において、不正競争防止法は不法行為特別法と位置づけることができよう。通説も同様の見方を示している[1]。

その一方で、渋谷達紀『知的財産法講義Ⅲ』（有斐閣、初版2005年、第2版2008年）は、不正競争規制に係る民事上の立法主義を「不法行為主義」と「行為規準違反主義」とに二分し、この枠組に照らして不正競争規制の充実度を判定しようとした。前者は、「不正競争を不法行為、すなわち競争者に対する加害を要素とする行為と見るもの」であり、後者は、「競争者に対する加害とい

---

[1] 経済産業省知的財産政策室編『逐条解説 不正競争防止法（平成23・24年改正版）』（有斐閣、2012年）23-24頁、小野昌延編著『新・注解不正競争防止法〔新版〕』（青林書院、2007年）47頁〔小野執筆部分〕、満田重昭「工業所有権法と不正競争防止法」特許研究1号8頁以下（1986年）10-11頁、我妻榮「不正競争防止法」法協52巻5号908頁以下（1934年）909頁を参照。なお、さらに進んで、営業上の利益侵害という客観的事実の存在に基づいて差止請求権の発生を認める不正競争防止法の構造をとらえて、同法を一種の無体財産に対する支配権、いわゆる企業権を保護する制度と位置づける見解として、満田・前掲論文11頁を参照。

うことを要素とせず、市場において妥当すべき何らかの規準に照らして、なすべきではないと考えられる行為をもって不正競争と見るもの」とされる[2]。そして、これらの間の優劣について以下のような評価がなされる。すなわち、「…立法主義としては、行為規準違反主義が妥当である。不法行為主義は、他人に対する加害を要件とするが、これはイギリスやフランスの法制が示しているように、不正競争防止法の適用範囲を無用に狭めることになる。また、加害の要件は、原告適格者の範囲を被害者に限定することにもなる。行為規準違反主義の下では、違反行為の防止にとって効果的と考えられる限り、不正競争の被害者ではありえない者、たとえば事業者団体や消費者団体などにも原告適格を与え、不正競争を広く効果的に防止することが可能となる」[3]。ここでは、不正競争を不法行為の一種と見ないことによって初めて、①不正競争の範囲を広く捉えることが可能となること、および、②民事訴訟の原告適格を被害者であるか否かに関わらず多くの主体に付与することが可能となることが説かれている。他人に対する加害を要件とせず、違反行為の防止を行うことが意図されている点に鑑みれば、「行為規準違反主義」の特徴が現れるのは差止請求訴訟ということになろう。そのモデルとされているのは、同書の記述から推すにドイツ不正競争防止法（1909年法および2004年法）である[4]。

　フランス法は、不正競争（concurrence déloyale）を民法典1382条および1383条の適用を通じて規制している[5]。フランスにおいて、不正競争は、不法行為規定に基づいて「不正競争訴権／不正競争の訴え（action en concurrence déloyale）」の対象となる特殊不法行為として構成され、上記の分類でいえばフランスは明確に「不法行為主義」の国なのである。この法的構成は、19世紀半ばから現在に至るまで、いささかも変わっていない。この規制方法は、実際、

---

[2] 渋谷達紀『知的財産法講義Ⅲ（不正競争防止法・独占禁止法上の私人による差止請求制度・商標法・半導体集積回路配置法）〔第2版〕』（有斐閣、2008年）2頁を参照。不正競争法の立法主義がこのように2系統に大別される点は、満田重昭「不正競争法における競争地位権説」竹内昭夫編『現代商法学の課題〔鈴木古稀記念〕（中）』（有斐閣、1975年）1017頁以下、1022-1026頁＝同『不正競業法の研究』（発明協会、1985年）3頁以下、7-11頁においてすでに示唆されていた。満田は、不正競争法の保護法益論には、「客観的な法秩序の側から発想するものと、主観的な権利の側から発想するものとの、二つの流れがある。」と指摘した上で、前者について職業道徳説、競争秩序説、誠実慣行説（パリ条約10条の2第2項）および権利濫用説を、後者について人格権説、企業権説、顧客権説および競争地位権説を紹介している。「行為規準違反主義」は前者の系統に、「不法行為主義」は後者の系統に属することになる。
[3] 渋谷・前掲注(2)11頁を参照。
[4] 渋谷・前掲注(2)6-8頁を参照。

多様な不正競争行為をフォート（faute）概念に取り込むことにより多くの有責判決を生じさせ、損害賠償によるのであれ差止めによるのであれ豊富な規制事例を提供している[6]。「行為基準違反主義」は、不正競争の広範な、効果的な規制を目標とした理念であると考えられるが、フランスは、このような立法主義を何ら意識することなく規制の実を上げている。その要因として、本稿では不正競争訴訟における損害の捉え方に注目したい。フォートが認定されるということは、法律または慣習規範に違反するがゆえに違法な（illicite）、損害を生じさせる所為（fait dommageable）の存在を意味するが[7]、不法行為責任の発生には、さらにその所為によって生じた、または将来生じる損害の認定を要する。「不法行為主義」の難点が加害の要素にあるとするならば、広範に認定された不正競争のフォートに内在する侵害行為（lésion）の結果部分をなし、責任の発生を根拠づける損害の要件をいかに解釈・適用するかが問題解決の糸口となるはずである。

　この点については、すでに旧稿において、売上高の減少は不正競争による損害の認定の必須の要素ではなくなっていること、そして、フォートの存在から損害の発生を推定することが判例上許容されていることを指摘した[8]。今回は、この問題を一般法との比較を踏まえてより明確に把握することに努めたい。それによって、不正競争を不法行為として構成する法制度であっても、損害の認定のあり方次第で実効的な規制を行いうることが示されるものと思われる。以

---

[5]　1382条
　およそ人の何らかの所為は、他人に損害を生じさせる場合には、損害の原因となったフォートの帰属する者に対し、損害を賠償することを義務づける。
　Tout fait quelconque de l'homme, qui cause à autrui un dommage, oblige celui par la faute duquel il est arrivé, à le réparer.
　1383条
　すべての者は、自己の所為によって生じさせた損害のみならず、自己の怠慢または不注意によって生じさせた損害についても責任を負う。
　Chacun est responsable du dommage qu'il a causé non seulement par son fait, mais encore par sa négligence ou par son imprudence.
[6]　拙稿「フランスにおける不正競争の概念」早比法40巻2号（2007年）96頁以下を参照。
[7]　フォートの一局面である「違法なるもの〔違法性〕（l'illicite）」については、J. Carbonnier, *Droit civil, Les biens, Les obligations,* coll. « Quadrige », PUF, 2004, n° 1147. 不正競争の場合は、伝統的に、「営業上の誠実性（loyauté commerciale）」と呼ばれる商人の慣行（usage）に違反することを理由にフォートの存在が導かれる。
[8]　拙稿「フランスの不正競争防止法制（2・完）」早法85巻2号（2010年）182-184頁を参照。

下では、まず、フランスの不正競争訴訟において認められている損害の類型を確認し（第1章　不正競争による損害の類型）、それら損害の有する特質と裁判上での扱い方について検討することにしたい（第2章　不正競争による損害の特殊性）。

第1章　不正競争による損害の類型
第1節　財産的損害 dommage/préjudice matériel

不正競争によって生じる損害は競争上の損害（dommage/préjudice concurrentiel）と総称される[9]。不正競争の訴えにおいては、その発端以来、損害を表すために「顧客の侵奪（détournement de (la) clientèle）」という概念が用いられてきた[10]。《clientèle》とは、通常は、ある職業者と取引関係にある人（顧客 clients）の総体[11]、あるいは、公衆とある職業上の地位との間に存在し、または存在しうる日常的・一時的な取引関係の総体[12]を意味する。これは、元来、個人企業の経営のための統一的な無体動産として考案された営業財産（fonds de commerce）の存在にとって不可欠の要素であり[13]、それゆえ、不正競争訴訟に対しては営業財産の保護制度という位置づけがなされてきた[14]。顧客の侵奪（被害者側から見れば顧客の喪失 perte de clientèle）は、不正競争に基づく民事責任の成立を特徴づける典型的な財産的損害である[15]。顧客の量は売上高によって表されるため、この損害は売上高の減少となって現れる[16]。こ

---

[9] D. Mainguy (sous la direction de), *Dictionnaire de droit du marché*, Ellipses, 2008, « Dommage concurrentiel (concurrence déloyale) », p. 147.
[10] 初期の判決として、Paris, 29 déc. 1852, D.P. 1853. 2. 163.
[11] R. Guillien et J. Vincent (sous la direction de S. Guinchard et T. Debard), *Lexique des termes juridiques*, 23ᵉ éd., Dalloz, 2015, « clientèle », p. 191. 翻訳は、中村紘一＝新倉修＝今関源成監訳『フランス法律用語辞典〔第3版〕』（三省堂、2012年）81頁を参照。
[12] G. Cornu (sous la direction de), Association Henri Capitant, *Vocabulaire juridique*, 10ᵉ éd., coll. « Quadrige », PUF, 2014, p. 183, « clientèle ».
[13] 拙稿「フランスの不正競争防止法制(1)」早法85巻1号（2009年）207-213頁を参照。
[14] G. Ripert, *Aspects juridiques du capitalisme moderne*, 2ᵉ éd., LGDJ, 1951, n° 86 ; M. Pédamon, *Droit commercial, Commerçants et fonds de commerce, Concurrence et contrats du commerce*, 2ᵉ éd., coll. « Précis », Dalloz, 2000, n° 569, pp. 538-539 ; Y. Guyon, Droit des affaires, t. 1, 12ᵉ éd., Economica, 2003, n° 839.
[15] Y. Picod, Y. Auguet et N. Dorandeu, *Rép. com.*, Vº Concurrence déloyale, Dalloz, 2010, n° 123 ; Ph. Le Tourneau, *De la spécificité du préjudice concurrentiel*, RTD com. 1998. p. 86.
[16] Picod et al., *op. cit.*, n° 123.

れは、一見した限りでは、不正競争がなければ得られたはずの売上高に相当するものであり、逸失利益を構成する[17]。

しかし今日では、不正競争訴訟において認定される財産的損害は顧客の侵奪だけにとどまらない。70年代までは、顧客の侵奪または喪失を財産的損害の唯一の発現と見る考え方が判例を支配しており[18]、これは、不正競争の訴えが、共通の顧客（clientèle commune）を対象とするという狭い意味での競争関係（rapport de concurrence）または競争状態（situation de concurrence）にある当事者の間でしか成立しないとする見解と対をなすものであった[19]。しかし、競争関係にある企業の間での不正競争の成立にとって顧客の侵奪は必ずしも必要ではないとされ[20]、次いで不正競争訴権の適用における競争関係の条件が緩和され[21]、さらには放棄されるのと並行して[22]、不正競争による財産的損害の種類は多様化してきている。顧客の侵奪の証明が困難な事案においては、営業誹謗を受けたことによる無体財産たる看板（enseigne）の価値の低下[23]、競争会社により不正に取得されたことによるノウ・ハウ（savoir-faire）の価値の低下[24]、販促用に無料配布されるノベルティとして模造品の画像が広告に掲載されたことによる高級腕時計のブランドイメージの低下をもって[25]、賠償される損害とすることが認められている。このように裁判所は、顧客獲得手段として機能する無体財産または抽象的な競争上の利益に対する積極的損害を競争上の損害のカテゴリーに組み込むことによって不法行為責任の発生を根拠づけてお

---

[17] フランス民法典1149条は、財産的損害が積極的損害（perte épouvée/damnum emergens）と逸失利益／消極的損害（gain manqué/lucrum cessans）とに分類されることを示している。
1149条
債権者に支払われるべき損害賠償（金）は、一般に、その者が受けた損失およびその者から奪われた利得に対応する。ただし、以下の例外および変更を除く。
Les dommages et intérêts dus au créancier sont, en général, de la perte qu'il a fait et du gain dont il a été privé, sauf les exceptions et modifications ci-après.
[18] Com. 23 mars 1965, *Bull. civ.* Ⅲ. n° 228 ; Com. 20 nov. 1979, *Bull. civ.* Ⅳ. n° 298.
[19] Y. Serra, *Rép. com., V° Concurrence déloyale,* Dalloz, 2004, n° 107.
[20] Com. 19 janv. 1981, Bull. *civ.* Ⅳ. n° 33.
[21] 例えば、選択流通制（distribution sélective）のもとで製品を流通業者に供給する香水製造業者と、流通網の外で当該製品を最終消費者に販売するスーパーマーケットの間の競争関係（Versailles, 4 mars 1987, D. 1988. Somm. 211, obs. Y. Serra)、無リン洗剤の製造業者Henkel社とリン酸塩の製造業者Rhône Poulenc社の間の競争関係（Versailles, 12 févr. 1990, D. 1990. 264, note Y. Serra. 無リン洗剤の有害性を主張する誹謗広告およびリン酸塩を含有する洗剤の有害性を主張する誹謗広告が相互に行われた事案）が認められている。

り、顧客の侵奪の認定およびその前提としての共通の顧客の存在は、不正競争の訴えにおいて決定的な要素ではなくなっている。

第2節　精神的損害 dommage/préjudice moral

　競争上の損害には精神的損害も含まれる。一般に、精神的損害は、氏名、肖像、名誉、人格の尊重に対する権利、家族法上の権利（離婚訴訟の場合）といった非財産権（droit extrapatrimonial）に対する侵害があった場合、さらには、特定の権利が存在しなくとも何らかの精神的利益または感情に対する侵害があった場合に認められる。精神的損害の存否およびその額の認定につき、裁判所は、財産的損害の場合よりも広範な評価権限を有する[26]。自然人のみならず法人も精神的損害を被るものと考えられており、不正競争訴訟において精神的

---

[22] Com. 25 janv. 2000, Contrats, conc., consom. 2000. n° 63, obs. M. Malaurie-Vignal. 広告出版業者Neressis社が大手電話事業者France Télécom社から取引を拒絶され、競争者との関係で差別的な取扱いを受けたことから不正競争の訴えを提起した事案。原審が、当事者間の競争関係および営業上の誠実な慣行への違反を認定することはできず、フォートの証明はなされていないとの理由で損害賠償請求を退けたのに対し、破毀院は、競争関係の認定については判示することなく、慣行違反の認定の仕方のみを非難して原判決を破毀した。これは、競争関係が存在しない場合であっても不正競争の訴えを提起することが可能であることを意味すると評価される（Malaurie-Vignal, obs. préc.）。Com. 21 mars 2000, Contrats, conc., consom. 2000. n° 127, obs. M. Malaurie-Vignal. Assurances générales de France（AGF）社の保険代理業者のもとで復代理業を営んでいた者が、退職し一切の職業活動を停止した後に、以前の顧客にAGF社の保険の解約を促し他社の保険の勧誘を行ったことに対し、AGF社の保険代理業者が訴えを提起した事案。破毀院は「フォートとなる行為の受益者と行為者が異なることは重要な問題ではない」として、競争関係にない当事者の間で不正競争の成立を認めた原判決を維持した。Com. 30 mai 2000, D. 2001. 2587, note Y. Serra ; Contrats, conc., consom. 2000. n° 161, obs. M. Malaurie-Vignal. 大西洋周遊ヨットレースの競技団体と請負契約を締結しているレース運営会社が、他のヨットレースの競技団体を商号の模倣による不正競争を理由に訴えた事案。原審が、レース運営会社は自らの顧客を有しているわけではないことを理由に請求を退けたが、破毀院は「〔当事者である〕事業者らが奪い合っている顧客が訴外の第三者の顧客であるという事情は、不正競争の訴えの認容とは関わりがなく、不正競争の訴えは、フォートとなり損害を生じさせる所為の存在（existence de faits fautifs générateurs d'un préjudice）が証明されることを要するにすぎない」として原判決を破毀した。なお、本件は非営利社団（association）が不正競争訴訟の被告となりうるかという論点も含んでいる。破毀院はこれを肯定した。

[23] Paris, 29 mars 1993, D. 1994. Somm. 223, obs. Y. Serra.

[24] Paris, 27 sept. 2000, D. 2001. Somm. 1309, obs. Y. Auguet.

[25] Com. 22 oct. 2002, Bull. civ. Ⅳ. n° 152 ; D, 2002. 3142, obs. E. Chevrier ; Contrats. conc. consom. 2003. n° 8, obs. M. Malaurie-Vignal ; JCP éd. E. 2003. 493, note D. Mainguy. この事案ではCartierの « Tank » の形態が模倣された。

[26] Carbonnier, op. cit., n° 1122, p. 2273.

損害が認定される場合がある[27]。不誠実な職業者の行為によって、その職業全体の信用が低下し、集団的な精神的損害が生じることもありうる（第２章第１節（２）を参照）。

　精神的損害を生じさせるという認定を導いた行為としては、次のようなものがある。自他商品の混同をもたらさないまでも、高い名声を博する同業他社の商号を無断で使用し、同社の商号のもつ顧客吸引力を利用するために、その後援関係を詐称する行為[28]、好評を博した他局のテレビ番組のテーマおよび構成を模倣した番組を放送する行為[29]、他者を誹謗する文書をその顧客に対して送付する行為[30]、また、以前勤務していた会社との間で同社の従業員を一定期間は雇い入れないという合意をしたにもかかわらず、禁止期間中にこれを引き抜く行為である[31]。裁判所は、不正競争による財産的損害を認定しえない場合に、補完的な意味合いで精神的損害に言及するようである。破毀院の用いる表現によれば、事実審裁判所は、「たとえ精神的なものであろうと（fût-il moral）、不正行為（actes déloyaux）から損害の存在が導かれることを認めた」場合には、不正競争の訴えを認容しなければならない[32]。競争上の損害のカテゴリーにおいて、精神的損害は、財産的損害の認定が困難な事案において、それに代わって不法行為責任の成立を根拠づけ、不正競争規制を確実なものとする役割を有するといえる。

---

[27]　Le Tourneau, *op. cit.*, p. 90.

[28]　Bordeaux, 13 oct. 1964, D. 1965. 607, note J. Ghestin. 問題となったのは他人の標識の無断使用であるが混同を生ずるものではなく、違法性は世界的に有名な服飾ブランド（Diorなど）の後援関係を詐称した点に求められる。判決は明示していないが、競争者間でなされる寄生競争（concurrence parasitaire）の事案である（Ghestin, note préc., p. 611）。

　寄生競争の概念はY. Saint-Gal, *Concurrence déloyale et concurrence parasitaire（ou agissements parasitaires）*, RIPIA 1957. p. 19によって最初に提唱された。寄生競争とは、「第三者が、他人に追随し、その者がなした努力ならびにその者の名称および商品の評判（réputation）を利用することによって《寄生者》（parasite）として生活すること」であり、同一の顧客をめぐり競争関係にある者の間で生ずるものである。これに対し、自己と競争関係にない他人の名声（renomée）から利益を得ようとしてなされる場合は寄生行為（agissements parasitaires）と呼ばれる（*ibid.*, p. 37）。非競争者間における著名標識の無断使用につき不法行為責任を課し、実質的に寄生行為理論を受け入れた判例として、Paris, 8 déc. 1962, D. 1963. 406, note H. Desbois.

[29]　Versailles, 11 mars 1993, Gaz. Pal. 1993. 1. 141 ; D. 1993. Somm. 244, obs. Th. Hassler. Antenne 2 がTF 1 を訴えた事案。TF 1 の破毀申立ては排斥されている（Com. 7 févr. 1995, JCP éd. G. 1995. Ⅱ. 22411, note Ph. Le Tourneau ; D. 1997. Somm. 105, obs. Y. Picod）。

[30]　Com. 19 juill. 1965, *Bull. civ.* Ⅲ. n° 455.

[31]　Com. 6 janv. 1987, D. 1988. Somm. 211, obs. Y. Serra.

第2章 不正競争による損害の特殊性
第1節 損害の性質

　第1章においては、不正競争訴訟における損害が必ずしも「顧客の侵奪」という形をとって現れるわけではないことを確認した。次に、以上のような類型の損害が実際に「賠償される損害（dommage/préjudice réparable）」と認められるにあたりいかなる問題が存在するのかを、損害が備えるべき性質の観点から検討する。

　合理性の観点から、賠償の対象となる損害は、確定的（certain）、個人的（personnel）かつ直接的（direct）なものでなければならないと考えられている[33]。このうち直接性の要件は、フォートと損害との因果関係の要請の一側面であるため[34]、以下では確定性および個人的性質についてのみ扱うこととする。

（1）損害の確定性

　損害がすでに生じた現存のものである場合には当然のこと、損害の発生が不可避である場合には将来の損害も同様に確定性の要件を充足するものとされ賠償の対象となるのであるが、これに対し、不確定損害（dommage éventuel）は賠償の対象とはならない[35]。将来の損害が確定的なものであるか不確定なものであるかの区別は、それが潜在的であり蓋然性を有するか、それとも仮定的であり偶然性を有するにすぎないかの違いに対応する[36]。ただし、それらの中間項として、フランス法は「機会の喪失（perte d'une chance）」の概念を認めている。これは、自己に有利な出来事が生ずる蓋然性が他人の所為によって

---

[32] Com. 3 juin 2003, Juris-Data n° 2003-019501. 同様の判決として、Com. 9 févr. 1993, *Bull. civ.* Ⅳ. n° 53 ; JCP éd. E. 1994. Ⅱ. 545, note C. Danglehant.「たとえ精神的損害だけであろうと（fût-il seulement moral）、認定された不正行為から〔原告〕にとっての損害の存在が必然的に推認されたにもかかわらず」、損害賠償請求を認容しなかったとして、原判決を破毀. Com. 22 févr. 2000, Contrats, conc., consom. 2000. n° 81, obs. M. Malaurie-Vignal ; Com. 27 janv. 2009, Contrats. conc. consom. 2009. n° 78, obs. M. Malaurie-Vignal ; D. 2009. Pan. 1447, obs. Y. Picodも同旨。その他、差止請求を認容した原判決を維持するために、「たとえ精神的なものであろうと、控訴院により認定された不正行為から損害の存在が導かれるにも関わらず、・・・控訴院を非難することはできないであろう」と述べた判決として、Com. 27 févr. 1996, D. 1997. Somm. 104, obs. Y. Serra.

[33] Carbonnier, *op. cit.,* n° 1121, p. 2270.

[34] Carbonnier, *op. cit.,* n° 1121, p. 2271.

[35] Carbonnier, *op. cit.,* n° 1121, p. 2270.

[36] Le Tourneau, *op. cit.,* p. 92.

消滅したことから生ずる損害のことである[37]。「利得の機会（chance de gain）」は蓋然性の計算によって評価される価値を有すると考えられるため、その機会の喪失は単なる不確定損害とはみなされず、賠償の対象となる可能性がある。もっとも、その原因たる所為がなければ生じたはずの利得がすべて賠償されるわけではなく、利得の蓋然性の程度に応じて部分賠償を受けるにすぎない[38]。

不正競争訴訟における中心的な損害概念をなす顧客の侵奪は、このタイプの損害であると考えられている[39]。顧客の側には選択の自由があり、売上高の減少は本性上確定損害とは評価されえないのである。損害の確定性の要件は、不正競争を不法行為として構成し、主たる損害を顧客の侵奪とみなすフランス法にとっての基本的な難点といえる。しかしその一方で、上述のように、売上高の観点から評価される顧客の侵奪とは異なる数値化の困難な要素へと財産的損害の幅が広げられる中で、それらは1個の抽象的な概念へとまとめられ、顧客の侵奪とは別に不正競争訴訟を特徴づける損害概念として機能している。「営業上の不利益（trouble commercial）」という概念がそれである[40]。これは道義上非難される行為（フォート）から生じ、いかなる事案においても営業上の不誠実さ（déloyauté）の現れとなるものである[41]。判例は、当事者間に競争関係が存在し、従来ならば顧客の侵奪の証明が要求されたであろう事案においても、営業上の不利益の概念を用いて損害を認定する傾向にある[42]。この損害概念は、

---

[37] Guillien et Vincent, *op. cit.*, « perte d'une chance », p. 772. 翻訳は、中村他監訳・前掲注（11）317頁を参照。

[38] Carbonnier, *op. cit.*, n° 1121, p. 2270.

[39] Picod et al., *op. cit.*, n° 123.

[40] Com. 22 mai 1984, Bull. *civ．* Ⅳ．n° 172. 原審が、顧客の侵奪が証明されないことを理由に損害賠償請求を棄却したのに対し、破毀院は、「〔被告〕が自らの行為によって〔原告〕の顧客を侵奪しようとしたわけではないが、当該行為によって、損害を構成する営業上の不利益を生じさせたのか否かという点を究明しなかった」として原判決を破毀した。同様に営業上の不利益に言及し、さらにその推定にまで踏み込んだ判決として、Com. 22 oct. 1985, *Bull. civ.* Ⅳ. n° 245.

[41] Le Tourneau, *op. cit.*, p. 91.

[42] 例えば、競業避止義務違反の事案（Com. 22 oct. 1985, préc.）、ブランド服を販売する他店の近隣で、違法な態様で浚渫工事を行った建設会社に対し別の海上土木会社が工事の停止を請求した事案（Com. 25 févr. 1992, *Bull. civ.* Ⅳ. n° 88）、競争者に対する営業誹謗の事案（Com. 14 juin 2000, *Bull. civ.* Ⅳ. n° 126 ; Paris, 29 juin 2006, D. 2006. Pan. 2931, obs. Y. Picod）、自己の競争者に対し競業避止義務を負う第三者の雇入れの事案（Com. 9 oct. 2001, RJDA 2 /2002, n° 213 ; Contrats, conc., consom. 2002. n° 6, obs. M. Malaurie-Vignal ; RTD civ. 2002. 304, obs. P. Jourdain)、混同招来の事案（Com. 3 juin 2003, préc.）においてこの概念が用いられている。

競争関係の有無にかかわらず不法行為責任を基礎づけるものとして、損害の推定が行われる場面で用いられることがある（以下の第2節を参照）。

（2）損害の個人的性質

次節に進む前に、個人的性質の要件について述べる。損害は、不法行為の訴えを提起する者本人に生じるものでなければならない[43]。よって、不正競争訴訟において請求の認容を期待しうる者は被害者に限定され、「行為規準違反主義」のもとでならば可能であるとされる、「不正競争の被害者ではありえない者、たとえば事業者団体や消費者団体など」[44]による訴えの提起は原則として排除されることになる。しかし、集団的損害（dommage collectif）の場合には、損害の個人的性質の要請についての緩和措置が存在する。一定の集団の利益を代表する法人には、自己の代表する集団の利益に対してもたらされた損害の賠償を請求するための特別の訴権が付与されているからである[45]。

不正競争訴訟において活用しうるのは、職業組合（syndicat professionnel）に与えられた職業組合訴権（action syndicale）である。フランスにおいて、事業者団体は一定の職業者の利益を代表する職業組合として設立されうるが、そのような団体は組合訴権を行使して不正競争の訴えを提起することができ、実際に行使された事例も存在する[46]。とりわけ精神的損害に関しては、不誠実な職業者の違法行為によってその職業全体に対する信用が低下することで集団的損害が生じる事態が想定され、その場合には、職業の利益を代表する法人が、あたかも懲戒を行うかのように不法行為の訴えをなすことになる[47]。以上のように、「不法行為主義」のフランスにおいても、立法措置を通じて、原告の範囲の拡大は若干ではあるが実現を見ているということができる。

---

[43] Carbonnier, *op. cit.*, n° 1121, p. 2270.
[44] 前掲注(3)を参照。
[45] Carbonnier, *op. cit.*, n° 1121, p. 2271.
[46] 虚偽広告の罪に関する附帯私訴の事例として、Crim. 13 mars 1979, Gaz. Pal. 1979. 2. 404 ; Com. 22 juill. 1986, Gaz. Pal. 1986. Pan. 278. 業界全体に対する営業誹謗の事例として、Paris, 24 sept. 1996, D. aff. 1996. 1189 ; D. 1997. Somm. 235, obs. M.-L. Izorche.
[47] この場合、精神的損害の賠償がもともと帯びている民事罰（peine privée）の性格はなおさら強まることになる。Carbonnier, *op. cit.*, n° 1122, p. 2273.

第2節　損害の証明

　第1節（1）では、不正競争訴訟における損害概念の中心をなしてきた顧客の侵奪が、不法行為責任の根拠となる損害に要求される確定性の具備という点で難点を有することを指摘した。また同じく（2）では、個人的性質の具備という点については、集団的損害の場合に被害者本人ではない法人が訴えをなしうるという意味において原則が緩和されていることも指摘した。ところで、当事者適格がいかに拡大されようと、責任発生のためにはなんぴとかのもとにフォートによって生じた確定損害が認められなければならないはずである。第1章第1節で見たように、不正競争訴訟の当事者たりうる者が、競争者または少なくとも競争市場で活動する企業であることを前提とすれば、いずれかの企業のもとに損害が認められねばならないことになる。民事上、不正競争を不法行為として構成するフランス法の実効性は、最終的には、この点をいかに乗り越えるかにかかっている。

　実質的な問題は損害を証明しうるか否かにある。民事責任法の原則として、損害は原告が立証すべきものである。不正競争訴訟においても、この原則に忠実に、原告が損害の発生を証明しない限り損害賠償請求は棄却されるというのが70年代までの破毀院の一貫した判断であり[48]、この考え方に立つ判決はその後も継続的に現れている[49]。

　これに対して、1980年代には、不正（déloyal）でありフォートとなる行為が証明されるならば損害はその行為から推認されるとする破毀院判決が現れ、その後も同様の判断が相次いでいる[50]。1990年代以降の判例には、いかなる不

---

[48] Com. 23 mars 1965, préc.; Com. 29 mai 1967, *Bull. civ.* Ⅲ. n° 211; Com. 19 juill. 1976, JCP éd. G. 1976. Ⅱ. 18507, obs. R. D. M.; Com. 30 nov. 1976, *Bull. civ.* Ⅳ. n° 303; Com. 20 nov. 1979, préc.

[49] Pau, 22 mai 1985, D. 1986. IR. 339, obs. Y. Serra; Com. 24 févr. 1987, *Bull. civ.* Ⅳ. n° 52; Com. 30 mai 2000, préc.

[50] 推認の対象となる損害を「営業上の不利益」と表現する判決と、そのような表現を用いない判決とがある。前者の例として、Com. 22 oct. 1985, préc.「〔破毀申立人〕に対して用いられた、フォートとなる手段（procédés fautifs）に由来する損害（préjudice）の存在は、認定された不正行為から必然的に推認される。〔破毀申立人〕は、営業上の不利益（trouble commercial）を生じさせる行為が制裁されることについて、すでに生じている現在の利益を有していたものと認められる。」; Com. 25 févr. 1992, préc.; Com. 14 juin 2000, préc.; Com. 9 oct. 2001, préc.; Com. 3 juin 2003, préc.; Paris, 29 juin 2006, préc. 後者の例として、Com. 9 févr. 1993, préc.; Com. 29 juin 1993, D. 1995. Somm. 211, obs. Y. Picod; Com. 27 févr. 1996, préc.; Com. 25 janv. 2000, préc.; Com. 22 févr. 2000, préc.; Com. 27 janv. 2009, préc.

正競争行為についてであれ、損害はフォートから必然的に推認されるとして、損害の証明に関する従来の要請からの解放を容認するという方向性が顕著である[51]。このように損害の存在の推定（présomption de l'existence du préjudice）が明確に容認されたことに基づき、不正競争訴訟は、一般不法行為法の特例的適用が行われる領域として位置づけられるようになった[52]。そこでは、おのおのの不正競争行為の存在から推定される損害が、財産的損害か精神的損害か、また財産的損害であるとしていかなる発現形態をとっているかが明示されないことも多い。損害の存在の推定は、不正競争の被害者であると主張する者のもとに「賠償される損害」が生じているかという問題を回避すると同時に、不正競争訴訟における損害類型の問題も置き去りにしつつある。この領域においては、不法行為規定の損害要件の形骸化が進行しているのである[53]。

　上記のような破毀院の判断は、原告が不正競争に基づく損害賠償を請求しているか、不正競争行為の差止めのみを請求しているかを問わず示されたものである。20世紀半ばにはすでに、ポール・ルビエ［Paul Roubier］が、不正競争は営業の自由の濫用であり、それ自体として停止されるべきであるという考えから、損害賠償請求の際には損害の立証を要するが差止請求をなす限りではその必要はないとの見解に立っていた[54]。世紀の末に損害の推定を支持する判例が台頭してからは、フィリップ・ル・トゥルノー［Philippe Le Tourneau］氏が、不正競争による損害の特殊性を否定する立場から、破毀院商事部1979年判決を引用して[55]、それが原告により証明されるべきものであることを強調した[56]。ただし、氏の議論においてもやはり差止請求については別様の扱いが許容されている。民事責任には一般に、賠償、懲罰および予防（réparer, punir et prévenir）という３つの目的があり、最後の損害の予防の側面が不正競争

---

[51] Picod et al., op. cit., n° 130.
[52] F. Terré, Ph. Simler et Y. Lequette, *Droit civil, Les obligations*, 10ᵉ éd., coll. « Précis », Dalloz, 2009, n° 698, p. 713.
[53] 破毀院判決の中には、損害の発生が推定されるとしても、賠償される損害の範囲（étendu du préjudice）は原告が立証しなければならないとするものがあるが（Com. 10 janv. 1989, *Bull. civ.* Ⅳ. n° 12）、これは一致した判例とはいいがたい。原告が損害の範囲を立証せずとも事実審裁判所は賠償を命じうるという判断も示されている（Com. 3 juin 2003, préc.)。
[54] P. Roubier, *Le droit de la propriété industrielle*, t. 1, Librairie du Recueil Sirey, 1952, n° 111, pp. 508-509.
[55] Com. 20 nov. 1979, préc.
[56] Le Tourneau, *op. cit.*, p. 91.
[57] Le Tourneau, *op. cit.*, p. 93.

に関しては特に重要であるという前提で[57]、トゥルノー氏は、将来における損害の発生を阻むための予防的機能の発動つまり違法行為の停止に際しては損害の発生するおそれが認定されれば足りるとした。将来の確的損害の立証は求められていない。氏は損害発生のおそれが裁判官により推定されうるとは明言しないが、民事責任の一般原則の枠内で見ても、差止請求をなす限りでは競争上不誠実とされる行為の存在に重点が置かれることを認めている[58]。

　以上のことから、少なくとも、不法行為規定に基づいて不正競争を差し止める場合については、営業上の誠実性に反するフォートの証明のみをもって規制を行うことが判例上容認されており、かつその手法は一般原則の適用を強調する立場からも特段非難される性質のものではないことが分かる。損害の推定という裁判実務を通じて、フランス法は、「何らかの規準に照らして、なすべきではないと考えられる行為をもって不正競争と見る」[59]考え方へと近づいているということができる。

結語

　フランスの法制度を見る限り、不正競争規制の実効性の問題は立法主義の問題ではない。不正競争を不法行為として構成することによって、現実においても必然的に、不正競争の範囲が競争者に対する加害を要素とする行為に限定されたり、不正競争訴権を行使しうる者の範囲が被害者に限定されたりするわけではないからである。特定の競争者への加害の要素に欠けるため、「不法行為主義」を採用する場合には不正競争の範疇から除かれるとされる虚偽広告は[60]、フランスでは不正競争訴訟を通じて規制される行為のひとつとされている。その際の原告は行為者の競争者または事業者団体である[61]。あらかじめ立法主義を設定した上で外国法をそれにあてはめて理解することは、外国の制度の姿を歪曲して認識するおそれをはらむものといわざるをえない。

　しかしそれでもなお、「不法行為主義」の対立概念として立てられた「行為規準違反主義」が、不正競争の広範かつ効果的な規制に向けた理念としての意義を失うことはない。フランスの不正競争訴訟においては、訴訟当事者の間の

---

[58] Le Tourneau, *op. cit.*, p. 94.
[59] 前掲注(2)を参照。
[60] 渋谷・前掲注(2) 3 - 4 頁を参照。
[61] 拙稿・前掲注(6)113-114頁を参照。

競争関係の要請が緩和され、事業者団体による訴えの途が確保され、さらには、原告を損害に係る証明責任から解放する判例傾向が見いだされるが、これらの現象はいずれも、「行為規準違反主義」のもとで実現されるという不正競争防止法の理想型と方向性を同じくするものである。一般の不法行為規定に基づき不正競争を規制するフランス法が、その解釈・適用を通じてこのような進路をたどってきたことこそが、「行為規準違反主義」という理念の妥当性の傍証となるのではないだろうか。その理念のもとに積み重ねられた渋谷達紀『知的財産法講義Ⅲ』の法解釈論は、これからもわが国の不正競争防止法の理解のための道標でありつづけるはずである。

第5章　著作権法

```
┌─────────────────────────────────────┐
│                                     │
│  ノンフィクション作品の創作性について      │
│                                     │
│                    柳　　誠一郎        │
│                                     │
└─────────────────────────────────────┘

## 1．事実の著作物性

　わが国の著作権法は著作物を「思想又は感情を創作的に表現したものであって、文芸、学術、美術又は音楽の範囲に属するものをいう」（著2条1項1号）と定義しているが、事実を描いた作品つまり事実が素材或いは表現対象とされた作品については、その事実それ自体には著作物性はないとされている[1]。

　事実それ自体に著作物性がないということは、ある事実を誰かが他人に先んじて表現した場合、その先行者はその事実を表現する独占権を与えられず、他人は先行者の作品によって知ったその事実を表現して構わないということである。

　著作物の定義に即して言えば、事実は作者が「創作」したものではないためこの定義を満たさないと解される[2]。

　この著作物の定義に表れているとおり、著作権は創作的な表現を保護するものであり、事実の発見や事実を公に知らしめる行為を保護するものではない。事実の発見や公開に独占権が与えられないのは、独占権という形で事実の発見や公開にインセンティブを与えるよりも、事実が万人に共有され自由に利用される方がより文化の発展に資するという価値判断がなされているということと解される。

---

[1] 江差追分事件最判（最判平成13年6月28日（平11（受）922号）民集55巻4号837頁、判時1754号144頁、判タ1066号220頁）の調査官解説（最高裁判所判例解説民事編平成13年度（下）565頁）は、「事実それ自体は、人の思想又は感情から離れた客観的な所与の存在であり、精神的活動の所産とはいえず、万人共有のものというべきである。」と述べている。
[2] 例えば地図も著作物なのだから（著10条1項6号）、著作物の定義の「思想又は感情を」という要件は、表現の素材や対象が「思想又は感情」であることを要求するものではないと解される（地図の表現の素材・対象は地形や道路などの地理的事実である。）。したがって、事実に著作物性がないことの理由を「事実は『思想又は感情』ではないから」と説明するのは、表現の素材や対象が「思想又は感情」であることが著作物性の要件であるかのように見える点で適当でないと解される。
```

2．ノンフィクション作品の創作性の所在

　事実それ自体には著作物性がないが、事実を描いた表現に創作性があれば、その表現には著作物性がある。つまり、事実を描いた作品の表現に創作性がある場合、他人は、その作品で知った事実を別の表現で描くのは自由だが、創作的な表現を模倣してその事実を描くことは許されない。

　したがって、事実を素材とする自伝、手記、伝記やルポルタージュ、ノンフィクション小説も著作物である（本稿ではこれらを「ノンフィクション作品」と呼ぶことにする。）。例えば書籍として刊行されているノンフィクション作品を丸ごとコピーした海賊版が販売されている場合、その海賊版の販売行為が複製権（著21条）と譲渡権（著26条の2）の侵害であることに疑問はないだろう。つまり、ノンフィクション作品も著作物であることは当然視されている。

　では、ノンフィクション作品の著作物性、具体的には創作性は、作品のどのような要素にあるのだろうか。

　ノンフィクション作品も当然に著作物であると考えられているため、侵害品が丸写しのデッドコピーであれば、ノンフィクション作品のどこに創作性があるかは通常は問題とされないが[3]、複製権侵害ではなく翻案権侵害[4]が争われる事案では、原告作品中[5]の、被告作品に翻案されたと原告が主張する部分に創作性があるのかが争点となる[6,7]。

　そこで、ノンフィクション作品の創作性は作品のどのような要素に認められるのか、江差追分事件最判の調査官解説（前掲注1 565頁）は「歴史的事実そのものではなく、これを創作的に表現したものには、著作物性が肯定される場

---

[3] しかしノンフィクション作品のデッドコピーの事案であっても、被告がそのノンフィクション作品の著作物性を争えば、原告はその創作性の主張立証を求められるだろう。
[4] 江差追分事件最判（前掲最判平成13年6月28日）は、「言語の著作物の翻案とは、既存の著作物に依拠し、かつ、その表現上の本質的な特徴の同一性を維持しつつ、具体的表現に修正、増減、変更等を加えて、新たに思想又は感情を創作的に表現することにより、これに接する者が既存の著作物の表現上の本質的な特徴を直接感得することのできる別の著作物を創作する行為をいう。」と判示している。
[5] 本稿中の「原告作品」は自己の著作権を侵害されたと主張する者の作品、「被告作品」はその者が原告作品の複製物又は翻案物であると主張する作品を指す。
[6] 江差追分事件最判（前掲最判平成13年6月28日）は、「著作権法は、思想又は感情の創作的な表現を保護するものであるから、既存の著作物に依拠して創作された著作物が、思想、感情若しくはアイデア、事実若しくは事件など表現それ自体でない部分又は表現上の創作性がない部分において、既存の著作物と同一性を有するにすぎない場合には、翻案には当たらないと解するのが相当である。」と判示している。

合もあり、また、事実の選択、配列や、歴史上の位置付け等が、本質的特徴を基礎付ける場合があり得ることには注意すべきであろう。」と述べているが、より具体的に、過去の裁判例を参考に検討したい。

3．修辞や用語用字

　ノンフィクション作品である原告作品が言語的作品である場合、創作性が認められ得る要素としてまず、修辞（本稿ではいわゆる文章表現全般を指す）や用語用字が考えられる。

(1)　風にそよぐ墓標事件判決（知財高判平成25年9月30日（平25（ネ）10027号）判時2223号98頁）

　　原告作品は昭和60年に起きた日航機墜落事故の犠牲者の遺族による手記であり、被告作品は同事故の複数の犠牲者遺族を描くノンフィクション書籍の一編である。

　　上記判決は、原告が翻案権侵害を主張した原告作品中の26ヶ所のうち14ヶ所につき創作性と翻案権侵害を認めた。例えば原告作品の

　　　「朝、元気に家を出た人間が、その夕刻に死ぬなんて、私にはどう考えても信じられない。悪夢でも見ているのではないか、そうあってほしいと思った。今まで、夫のいない生活を考えたこともなかった。これから一人になって、どんな楽しみがあるのだろうと思ったら、涙が止めどなく溢れて仕方がなかった。私は、周囲に気付かれないように涙をそっとふいた。」

　　という記述について、上記判決は、「これらの感情の形容の仕方や叙述方法の点で被控訴人の個性ないし独自性が表れており、表現上の創作性が認められる。」「上記同一性のある部分は、その内容に照らすと、被控訴人〔筆者注：原告〕が自ら感じたところについて被控訴人なりに表現を選択して叙述を行ったものと認められるから、その表現には被控訴人の個性が表れているとみるべきであり、被控訴人の思想又は感情を表現したものではな

---

[7] 翻案権侵害が争われる訴訟の審理においては、まず、被告作品が原告作品を翻案していると原告が主張する部分の共通性の有無が検討され、共通していることが認定されれば、原告作品中のその部分に創作性があるか否かが検討され、創作性があれば、原告作品中の創作性ある部分が被告作品に共通していることによって被告作品から原告作品の表現上の本質的な特徴を直接感得できるから被告作品は原告作品の翻案に該当する、と認定されるという審理過程が一般的と解される（いわゆる濾過テスト）。

いということはできない。」として創作性を認めた。

上記判決の原告作品は一般人の手記であり、表現に職業文筆家の技巧が凝らされているというわけではなく、事実や自分の感情を平易な文章で簡潔かつ率直に綴っていると言っていいものである。それゆえ、例えば上記記述に創作性を認めた裁判所の判断には異論もあるかも知れない。

また、上記記述に著作物性があるとなると、では当時の原告の気持ちを他人が描くにはどのように表現すればいいのかという疑問もある。上記記述は原告自身の手によるものであるから、当時の原告の気持ちの表現として過不足ないものと思われるところ、上記記述に著作物性があるなら、他人はそこに敢えて手を加えて異なる表現にしなければならないことになるが、果たしてそれはやむを得ないこと或いは妥当なことなのか。

しかし一方で、創作性が否定された作品は、翻案はおろか複製も複製物の譲渡もされ放題、つまりデッドコピーの海賊版も販売され放題であることを忘れてはならない。

「事実の伝達にすぎない雑報及び時事の報道」（著10条2項）に該当するものは別として、事実を素材とする平易な文章であっても、ある程度の量のまとまりを持つものであれば、他人が丸写しするのを許す必要性は乏しいと考えられる。事実を素材とする文章は、誰が書いてもある程度表現が共通することは避けられないため、創作性を認めてもその範囲（つまり翻案権侵害が成立する範囲）は自ずと限定されるから、ある程度の量のまとまりを持つ文章であれば、創作性を認めても、他人が同じ事実を翻案に該当しない程度に表現を変えて描くのは難しくないと解されるからである。したがって、事実を素材とする平易な文章であっても、作者が自分なりに表現を選択して叙述したもので、他人が同じ事実を表現を変えて描くのが難しくない程度の量のまとまりを持つ文章であれば、創作性を認めるべきであろう。

したがって、問題となるのは、具体的にどの程度の量のまとまりを持つ文章であれば創作性を認めるべきかであると考えられるが、上記記述は判断が分かれる例であるように思われる。

(2) 大地の子事件判決（東京地判平成13年3月26日（平9（ワ）442号）判時1743号3頁）

原告作品は日中戦争終了時に満州に住んでいた日本人である作者が当時

の体験などを綴ったドキュメンタリー書籍であり、被告作品はフィクションの大河小説である。

　上記判決は、具体的表現などを複製又は翻案されたと原告が主張した原告作品の創作性について、例えば、原告作品の
　　「城内とは、昔、『匪賊』から守るための城壁があったところで、中国
　　人ばかりが住む、いわゆる中国人街である。新京時代には"満人街"
　　と呼ばれていた。」
という２文は、「事実を説明した記述ではあるが、筆者の個性が発揮された表現として、創作性を認めることができる。」と認定している。この他の文章についても、例えば「女子供だけで立ち入ることは危ないとされていたが、」といった極めて短い文章や、「八路軍が長春を包囲している環の一角に、『卡子（チャーズ）』と呼ばれた関所のような柵があり、その柵を境として内側が国民党軍、外側が共産党軍の支配地域となっている。」といった歴史的事実の説明的記載などを除いて、創作性を認めている[8]。

　しかし、上記の「城内とは、昔、『匪賊』から守るための城壁があったところで、中国人ばかりが住む、いわゆる中国人街である。新京時代には"満人街"と呼ばれていた。」という２文に著作物性を認めるとなると、では、他人が、この２文に含まれる
　・（原告作品の舞台である長春に）城内と呼ばれる場所があったこと
　・城内はかつて匪賊から守るための城壁があった場所であること
　・物語当時は、城内は中国人ばかりが住む中国人街であったこと
　・城内は、長春が新京であった時代には"満人街"と呼ばれていたこと
という事実を翻案権侵害にならないように簡潔に伝えるにはどのような文章にすればいいのだろうか。
　例えば、
　　「城内というのは、かつて匪賊から守るための城壁があった場所である。中国人ばかりが住む、いわゆる中国人街であり、新京時代には"満人街"と呼ばれていた。」（下線部が原告作品の上記２文との違い）
というように、わずかでも変えれば翻案権侵害に該当せずに済むのだろう

---

[8] 但し、結論としては、原告作品の複製・翻案だと原告が主張した被告作品中の表現は原告作品の該当部分と類似していないとして、原告作品中の文章の具体的表現の複製権侵害及び翻案権侵害を全て否定した。

か。しかし、仮にこれで翻案権侵害を避けられるとしても、元の文章が短いため、同じ事実を簡潔に描きたい者が続いたらすぐに選択肢が尽きるように思われる。

或いは、例えば、

「長春にはかつて、匪賊から都市と住民を守るための城壁が巡らされていた。城内とはその城壁の内側だった場所である。今は中国人だけが住んでいる地区で、私たち外国人から見ればいわば中国人街であり、長春が新京だった当時は"満人街"と呼ばれていた。」

というように、本来であればもっと短く簡潔に済ませたくても若干冗長に説明しなければならないのだろうか。

このように考えると、「城内とは、昔、『匪賊』から守るための城壁があったところで、中国人ばかりが住む、いわゆる中国人街である。新京時代には"満人街"と呼ばれていた。」という2文に創作性を認めるのは行き過ぎであるように思われる。

4．事実の選択、配列

前述のとおり、江差追分事件最判の調査官解説（前掲注1）は、創作性が認められ得る要素として「事実の選択、配列」を挙げている。

(1) コルチャック先生事件控訴審判決（大阪高判平成14年6月19日（平13（ネ）3226号）判タ1118号238頁）

原告作品はユダヤ人孤児院の院長であったポーランド人の生涯を描いたノンフィクション書籍であり、被告作品は同じ人物を主人公とした舞台劇である。

上記判決は原告作品について、「冒頭に現在のトレブリンカ〔筆者注：ユダヤ人収容所があった場所〕の風景をその歴史と共に描写するシーンが置かれている点は、いずれもコルチャックに関する他の文献や映画には見られない原告著作の特徴的な点であって、思想感情の創作的表現が認められ、著作物性を肯定し得るところであり、上記の点に表現上の本質的特徴があるといえる。」として、原告作品の一部のエピソードの選択と配列に創作性を認めた。

(2) 上記判決は、現在のトレブリンカの風景をエピソード[9]の一つとして選択し、それをその歴史と共に作品冒頭に配列したことに創作性を認めたが、

では、配列に関係なく事実の選択のみをもって創作性が認められることはあるだろうか[10]。

その可能性を検討するならば、検討対象とすべきなのは、ノンフィクション作品に含まれる幾つもの事実(エピソード単位で区切って検討するのが現実的だろう)のひとつひとつを選択したことの創作性ではなく(その創作性を認めると、ひとつひとつの事実につき表現或いは他人に伝達することの独占権を与えることになりかねない。)、作品全体で使われている全ての事実の組み合わせか、或いはそのうちの相当程度の割合の事実の組み合わせの創作性であると考えられるところ、そのような事実の組み合わせは、作者が作品のテーマやストーリーを読者や鑑賞者に伝える上で最適のものと考えて取捨選択した結果であるから、その選択に作者なりの意図や個性が発揮されていることは間違いないと言えるだろう。

しかし、それでも、そのような事実の組み合わせの選択のみをもって著作物性を認めることには問題があると思われる。

すなわち、ノンフィクション作品における事実の選択のみに創作性を認めるということは、他人が同じテーマのノンフィクション作品を制作しようとした場合に同じ事実の組み合わせを選択できないということを意味しないだろうか。そうだとすると、他人は不本意であっても重要な事実を幾つか削ったり、作品に取り入れる必然性の乏しい事実を幾つか追加したりして、事実の選択を違うものにするしかないということになりそうだが、このことは、修辞や用語用字に創作性のある文章を他人が複製或いは翻案したくても許されないのと同じと考えるべきなのだろうか。しかし、他人の修辞や用語用字を複製或いは翻案できなくても同じ事実や見解などを表現することは可能だが、事実の選択を制約されるのは、同じテーマを描くこと自体に不自由を強いられるものと考えられる。それは、先行者にその

---

[9] 本稿では、「エピソード」という言葉は作品中のひとつひとつのまとまりある出来事や場面を指す。
[10] 壁の世紀事件判決(東京地判平成10年11月27日(平5(ワ)1175号)判時1675号119頁)は、「歴史的事実に関する記述であっても、数多く存在する基礎資料からどのような事実を取捨選択するか、またどのような視点で、どのように表現するかは、様々な方法があり得るのであるから、歴史的事実に関して叙述された作品が、思想又は感情の創作的に表現したものでないとはいえないことは明らかである。」と述べ、事実の取捨選択を挙げているが配列は挙げていない(但し、侵害認定においては事実の取捨選択の創作性に触れていない。)。

テーマ（これはアイデア表現二分論におけるアイデアである）の半ば独占を認めることを意味するのではないだろうか。

こう考えると、事実の選択と配列に創作性が認められ得るといっても、配列と関係なく事実（或いは事実の組み合わせ）の選択のみにも創作性が認められ得るというわけではなく[11]、実際に創作性が認められ得るのは、コルチャック先生事件控訴審判決のように選択した事実をどのように配列したかについてであるように思われる。

5．事実の「歴史上の位置付け」

江差追分事件最判の調査官解説（前掲注１）は、創作性が認められ得る要素として（事実の）「歴史上の位置付け」も挙げており、同最高裁判決に先立つ「血液型と性格」の社会史事件判決（東京地判平成10年10月30日（平7（ワ）6920号）判時1674号132頁）は、事実の「歴史上の位置付け」に創作性を認めた裁判例であると解される。

上記東京地裁判決は、「歴史上の事件、事実、史料の意義の評価、それらの関連性の説明、それらを組み合わせた歴史の因果関係の認識、歴史上の人物の役割りの評価等の骨子自体は、それらを個別に見れば、歴史についての認識、思想そのものとして著作権による保護の対象とはいえないが、それらを組み合わせ歴史についての記述の筋道の中に位置づけたものは、小説の場合の基本となる筋、仕組み、主たる構成と同様に、その歴史の著作物の表現の本質的特徴となりうるものである。」と述べている。

しかし、上記東京地裁判決が挙げる「小説の場合の基本となる筋、仕組み、主たる構成」は作者が作り出すものであるが、ある事実の「歴史上の位置付け」は、作り出すものというよりも事実に対する評価や見方や理解というべきもののように思われ、「歴史についての認識、思想そのもの」（これはアイデア表現二分論におけるアイデアに属すると解される）とさほど違うようには思われない。事実の「歴史上の位置付け」は、アイデアである「歴史についての認識、

---

[11] 但し、事実（或いは事実の組み合わせ）の選択のみの創作性を否定する理由付けはひとつの問題であると思われる。「作品のテーマにふさわしい選択だからありふれている」というものだとすれば、読者や鑑賞者は何が作品のテーマかを事実の選択や描写から理解するのだから、事実の選択がテーマにふさわしいものと感じられるのは当然と言えば当然である。また、テーマから見てありふれているかどうかはテーマを抽象的に認定するか具体的に認定するかにもよる。

思想そのもの」に含まれるのではないだろうか。

6．ストーリー、筋

(1) フィクションの小説のストーリー（或いは筋。以下同じ）に著作物性があり他人が勝手に真似してはならないのは自明のことであるが、それは、フィクション小説のストーリーは作者が創作したものだからである[12]。それに対してノンフィクション作品のストーリーは、事実の積み重ねによって成り立っているものであるから、その著作物性はフィクション小説と同列には扱えない。

① 先に触れた大地の子事件判決（前掲東京地判平成13年3月26日）においては、先に検討した原告作品の個々の文章の複製権・翻案権侵害の他に、原告が原告作品の「ストーリーないし場面の展開」、「構成」、「ストーリーの全体の流れ、エピソードの取捨選択、表現手法」のそれぞれの翻案権侵害を主張したのに対して、判決は、原告作品におけるこれらの要素が創作性ある表現であるか否かには触れずに、原告作品と被告作品のこれらの要素の類似性を否定して翻案権侵害を否定した。したがって、この判決は、原告作品の「ストーリーないし場面の展開」や「ストーリーの全体の流れ」に創作性があるか否かの判断は示していない。

② 春の波涛事件判決（名古屋地判平成6年7月29日（昭60（ワ）4087号）知的裁集26巻2号832頁，判時1540号94頁。なお控訴審（名古屋高判平成9年5月15日（平6（ネ）556号）知的裁集29巻2号467頁）は原審と概ね同じ理由で控訴を棄却した。）

　原告作品は日本初の女優として活躍した川上貞奴の生涯を描いた伝記であり、被告作品はNHKの大河ドラマ及びそのガイドブックである。

　上記判決は、「著作者の思想又は感情を創作的に表現したものとして著作物性を有する部分（独創性を有する部分）についての内面形式が維持されているかどうかを検討すべきであり、歴史上の事実又は既に公にされている先行資料に記載された事実に基づく筋の運びやストーリーの展開が同一であっても、それは、著作物の内面形式の同一性を基礎付け

---

[12] 但し、実際に起きた事件の経過をそのままストーリーとして使い、固有名詞などだけを変えてフィクションを名乗るような作品の場合は、ノンフィクション作品のストーリーと同じことが問題となる。

るものとは言えない。」と述べた上で、「なお、本件ドラマ中には、原告作品と部分的に基本的な筋が同一であると見られる箇所が存在する…が、同一と見られる箇所は、いずれも歴史上の事実であって、原告の創作に係るものとは言えないから、原告作品と本件ドラマの内面形式の同一性を基礎付けるものとは言えない。」と判示して、被告ドラマ（「本件ドラマ」）と一致する原告作品の「基本的な筋」の著作物性を否定した。

③　目覚め事件（悪妻物語事件）判決（東京高判平成8年4月16日（平5（ネ）3610号・3704号）知的裁集28巻2号271頁）

　原告作品は他人の実体験を素材とするルポルタージュ風読み物であり、被告作品はフィクションのテレビドラマである。

　上記判決は原告作品について、「前半の基本的ストーリー及び…細かいストーリーとその具体的表現は、原告著作物を特徴付ける個性的な内容表現を形成する要素と認められる」と述べつつ、「ところで、著作物中に他人の体験記や体験談に表現されている話の展開がそのまま表現されているような場合には、その表現部分に創作性を認めることはできないが、他人の体験記や体験談に表現されている話の展開を素材としながら、これに創作的な脚色が加えられ、あるいは具体性をもって表現されているような場合に、右素材とされた表現部分を取り出して著作権の保護範囲から除外してしまうことは、右脚色や具体性をもった表現を実質的に無意味なものとしてしまうことになり、著作権法が著作物に創作性を必要としている趣旨にも反するものと解される。」と述べている。

　これは、事実の経過から成るストーリーであっても「創作的な脚色が加えられ、あるいは具体性をもって表現されている」ものは「原告著作物を特徴付ける個性的な内容表現を形成する要素」（江差追分事件最判の「表現上の本質的特徴」に相当すると解される）にあたるという趣旨と解される（なお、上記判決は結論として被告作品を原告作品の翻案物と認定したが、原告作品のいかなる創作的な「脚色や具体性をもった表現」が被告作品から直接感得できるのかは明示していない。）。

(2)　ノンフィクション作品のストーリーが現実の事実経過や因果の流れを描いたものであれば、それらも事実であって作者が創作したものではないとして創作性を否定する考え方或いは判断もあり得る。また、事実は作者が創作したものでないといういわば形式論と別に、ノンフィクション作品の

ストーリーに創作性を認めると、その一連の事実を表現或いは他人に伝達し得る地位を作者に独占させることになりはしないかという問題もある。

しかし一方で、ノンフィクション作品で描かれているエピソードが全て事実であっても、ノンフィクション作品は事実をただ羅列するだけで出来上がっているわけでは決してない。読者や鑑賞者がノンフィクション作品からストーリーを読み取れるのは、作者がテーマを設定し、無数の事実の中にストーリーを見出し、テーマやストーリーにふさわしい事実を取捨選択して、ストーリーが読者や鑑賞者に伝わりやすいように事実を配列し、各事実の分量・バランスや因果関係の提示の仕方や文章表現などを工夫したからこそであるから、ノンフィクション作品のストーリーにも大なり小なり作者の創意工夫や個性が発揮されているはずである。「事実だから」の一言で、その創意工夫や個性を無視すべきではない。

つまり、事実を素材としてひとつのストーリーに貫かれた作品を作り上げた創意工夫や個性を著作権で保護しつつ、その事実を表現したり伝達したりする自由を万人に保障することが求められる。抽象的には、ストーリーを構成する各事実の中身や事実同士の客観的な因果関係には著作物性を認めず万人共有のものとしつつ、そのストーリーが読者や鑑賞者に伝わりやすいように工夫された事実の配列や修辞・文章表現、各事実の分量及びバランス・扱いの軽重、事実及び因果関係の提示の仕方・切り取り方、登場人物の選択や描き方や扱いの軽重などに個性が認められれば創作性を認めるということになろうか。

(3) 先に触れた春の波涛事件判決（前掲名古屋地判平成6年7月29日）は、前述のとおり原告作品中の「基本的な筋」の著作物性を否定した一方で、ストーリーにも関わる様々な要素を検討した裁判例である。

同判決は、結論として、原告作品と被告ドラマは「分量、対象とする年代、叙述の対象、登場人物、描写の方法、取り上げるエピソードの内容、貞奴の描写、他の主要人物の描写のいずれの点においても大きな相違があり、両作品を全体として比べると、基本的な筋、仕組み、構成のいずれの点においても同一とは言えないから、両作品は、内的形式の同一性を欠くものと言うべきである。」として翻案権侵害を否定したが、そこで挙げている各要素について具体的に次のような検討を行っている。

① 分量　原告作品は本文258頁の単行本であるのに対して、被告ドラマ

は放送時間合計38時間10分(そのシナリオとして出版されたものは合計1347頁)であった。

② 対象とする年代　原告作品が貞の幼少期から晩年までを対象とするのに対して、被告ドラマは貞の小奴時代から晩年に入る前までを対象とする。

③ 登場人物　原告作品で取り上げられている人物のほとんどは歴史上実在した人物について客観的な業績、行動等を叙述するものであるのに対して、被告ドラマは歴史上実在しない人物も登場させ、歴史上の人物も脚色しストーリー展開において独自の役割を持たせている。

④ 描写の方法　原告作品の記述は基本的に先行資料の記述に基づく客観的なものであり、部分的に原告独自の見方や資料に基づく推測を交えているのに対して、被告ドラマは表現の大部分が登場人物の台詞によっており、基本的な筋、ドラマの仕組みとして登場人物相互の人間関係、その心情等の描写が重視され、娯楽性のあるドラマとして構成されている。

⑤ 取り上げるエピソード等の内容　原告作品では相当の頁数が割かれているのに被告ドラマではほとんど取り上げられていないエピソードや、被告ドラマでは原告作品ほどの比重が置かれていないエピソードがあり、また逆に被告ドラマでは基本的筋となったりストーリー展開上独自の役割を果たしているが原告作品には現れないかごく簡単にしか触れられてないエピソードが多数ある。

⑥ 貞奴の描写　「原告作品では、貞奴の生涯にわたる行動、業績について、客観的に記述しているが、特に、従来注目されていなかった女優としての資質、本人の自我・主体性に着目し、これを、客観的な事実を紹介し、かつ、これに基づく原告独自の評価を加えることによって、具体的に表現しようとする態度が見られる。」「さらに、原告作品全体では、『貞が、芸者、女優及び妾という三つながら社会的に排斥される立場にありながら、女優の先駆として道を開いた』という原告独自の貞奴観が現れており、その裏には、貞を取り巻く社会に対する批判的な見方が感じ取られる。」のに対して、被告ドラマでは貞奴が登場しないシーンが全体の約2/3にのぼり、貞奴の描

き方も「芸者、女優、妾という社会的に排斥される身分にありながらたった一人で困難な状況に立ち向かうという人間像が表現されているとは言えない。」。さらに、第39話以降は松井須磨子（同時代の女優）と貞奴との比較、須磨子自身の行動に重点を置いて描かれている。
⑦　他の主要人物の描写　貞奴以外の主要な登場人物は、原告作品では割かれている頁数が少なく大半は事実の客観的な描写や紹介で終わっているのに対して、被告ドラマでは多数の放送回、多数のシーンにわたって登場する。

　春の波涛事件判決ではこれらの要素のいずれも原告作品と被告作品の間の共通性が否定されたが、仮に共通性があったならば被告作品は原告作品の翻案物に該当するのであろうか。これらの要素の全てが共通しないと翻案に該当しないというわけではないと考えられるが、これらの要素のいずれか一つだけでも共通したら翻案に該当するというわけでもないと考えられる。では、これらの要素がどの程度共通していれば翻案に該当するのであろうか。同判決による上記各要素の検討は、ノンフィクション作品の翻案権侵害の成否、特に同判決の事案のようなノンフィクションの言語的作品とドラマ・映画といった異なる表現形態の間での翻案権侵害の成否[13]を考える上で参考になると思われる。

---

[13]　ノンフィクションの言語作品とそれ以外の表現形態の作品の間での翻案権侵害の成否が争われた裁判例としては、本文で触れた春の波涛事件や目覚め事件（悪妻物語事件）、コルチャック先生事件の他に、知財高判平成22年6月29日（平22（ネ）10008号）裁判所HP〔弁護士のくず事件〕、東京地判平成27年2月25日（平25（ワ）15362号）裁判所HPなどがある。

実用品デザインの著作物性について
―知財高判平成27・4・14判時2267号91頁「TRIPP TRAPP事件控訴審」を契機として―

角 田 政 芳

1. 問題の所在

わが国の著作権法における応用美術の著作物性については、判例学説ともに確立しているとはいい得ない状況下にある。そのような中で、知財高判平成27・4・14判時2267号91頁「TRIPP TRAPP事件控訴審」(以下、「本件判決」という。) は、実用品であり量産品である幼児用椅子のデザインが著作物として保護されるためには、従来の判例が積み重ねてきた「『美的』という観点からの高い創作性の判断基準を設定することは、相当とはいえない。」として、著作権法2条1項1号に定められる著作物性の要件を充たす限り、その著作物性を認められるべきことを明らかにした[1]。

従来、多くの判決例が、応用美術に著作物性を認めるためには、純粋美術と同視し得る高い創作性を求めてきた (以下、「純粋美術同視説」という。) が、本件判決は、実質的な判例変更ともいい得る重要な判決であり、従来の判例学説の大幅な見直しを迫るものということができる。もっとも、本件判決は、著作物の「創作性」の要件については、従来の判決例を踏襲しており、課題を残したままとなっている。

わが国における従来の判例学説が幼児用椅子のデザインのような実用品であり量産品について著作物性を否定してきた根拠の主要なものは、第一に、著作権法の解釈として応用美術は一品制作の美術工芸品に限って著作物としての保護を認め、量産する美術工芸品を含む、その他の応用美術の著作物としての保護は認めない趣旨であったとする立法担当者の見解[2]、以下「美術工芸品限定説」

---

[1] 本件判決に関する判例研究としては、田村善之「応用美術の著作物性が肯定された事例～TRIPP TRAPP事件～」ビジネス法務2015年10月号43頁以下、中川隆太郎「問い直される実用品デザインの保護のルール―TRIPP TRAPP事件知財高裁判決のインパクト―」コピライトNo.65、P.30以下、本山雅弘「応用美術としての椅子のデザインの著作物性」平成27年度重要判例解説ジュリストNo.149、P.266がある。また、原審に関する判例研究として、鈴木香織「TRIPP TRAPP事件」著作権研究39号264頁以下 (2012年) などがある。

という。)に加えて、第二に、実用品であり量産品のデザインの保護法である意匠法における保護との重複保護を回避すべきであるとの見解[3]以下、「重複保護回避説」という。)が展開されてきた。また、椅子のデザインのような実用品であり量産品に著作物性を認めた場合には著作権の効力が及ぶ範囲が広範となり一般利用者の利用が不当に制限されることになるという見解(以下、「一般利用阻害説」という。)などがある。

もっとも、本件判決と同様に、重複保護回避説を否定する趣旨(以下、「重複保護肯定説」という。)の判決として、すでに現行著作権法施行後3年しか経過していなかった時期に下された福岡地裁決定昭和48・11・11、無体例集5巻1号18頁「博多人形事件」が存在していた。すなわち、「博多人形事件」では、「美術的作品が、量産されて産業上利用されることを目的として制作され、現に量産されたということのみを理由としてその著作物性を否定すべきいわれはない。さらに、本件人形が一方で意匠法の保護の対象として意匠登録が可能であるからといっても、もともと意匠と美術的著作物の限界は微妙な問題であって、両者の重畳的存在を認め得ると解すべきであるから、意匠登録の可能性をもって著作権法上の保護の対象から除外すべき理由とすることもできない。」と判示していた。その意味で、本件判決は、「博多人形事件」に回帰したものということができる。

学説にも「実用目的を有する椅子や台所用具であっても、著作権法の保護する美術の著作物となる余地が生ずる。」と明言する見解もある[4]。

また、比較法的には、従来のわが国の判例学説は、ドイツの著作権法と意匠法における保護対象を棲み分けする、いわゆる「段階理論」(Stufentheorie)や、米国の著作権法におけるデザインの商品の機能との分離可能性(separability)という保護要件の影響を受けてきたことも否定できない[5]。

ところが、2013年11月にドイツ連邦通常裁判所(BGH)が、「誕生日列車事

---

[2] 加戸守行『著作権法逐条講義(六訂新版)』著作権情報センター、2013年68頁以下参照。
[3] 中山信弘『著作権法(第2版)』有斐閣2014年171頁以下参照。
[4] 斉藤博『著作権法概論』勁草書房2014年43頁。
[5] 応用美術に関する比較法については、本山雅弘「応用美術の保護をめぐる著作権の限界づけと意匠権の保護対象」『意匠法及び周辺法の現代的課題−牛木理一先生古稀記念−』発明協会469頁(2005年)以下、同「応用美術に関するドイツ段階理論の消滅とわが解釈論への示唆」Law and Technology №64(2014年),41頁以下。上野達弘「応用美術の保護」著作権研究36号85頁(2009年)以下、同「応用美術の著作権保護」パテント67巻4号(別冊№11)96頁(2014年)以下を参照。

件」[6]において、上記の「段階理論」を放棄し、応用美術の保護に積極的な姿勢を見せ始めたことの影響を受けて、わが国の近年の学説は、応用美術の著作物性を認めるべきとする見解が公表されるようになってきた[7]。もっとも、ドイツにおける応用美術の保護については、例えば、女性用コートのデザインの著作物性を認める連邦通常裁判所（BGH）の判決が、すでに1954年12月14日には登場していたのであって[8]、わが国で最近注目され始めたファッションデザインの保護はすでに実現していた。

この点、フランスにおいては、いわゆる「美の一体性理論」により応用美術に特別の要件を加重しないこととされ、また、意匠法との重複保護も認められてきたが[9]、本件判決は、このフランスの「美の一体性理論」に近づいたともいえよう。

本件判決は、応用美術に関する論点のほか、その侵害論や不法行為の成否についても重要な点を含んでいるが、紙幅の関係上、本稿では、上記応用美術の著作物性に関する判旨についてのみ、その判例上の意味を検討するものである。

2．本件における事実の概要

Ｘ１（原告・控訴人）とＸ２（原告・控訴人）は、いずれもノルウェー法人である。Ｘ１の代表者Ａは、現在のノルウェーを代表する椅子のデザイナーとして著名であり、昭和47年頃、Ｘ製品をデザインしてＸ２から発表し、その後、Ｘ２が、Ｘ製品を製造、販売、輸出しており、わが国においては、昭和49年から、輸入、販売されるようになり現在に至っている。Ｘ製品は、乳児等も利用可能であるが主として、幼児を対象とした椅子（以下、単に「幼児用椅子」ということもある。）であり、その外観、構成部材並びに性状及び形状は、「Ｘ製品」のとおりである。

Ｙ（被告・被控訴人）は、日本法人であり、各種育児用品、家具の販売等を

---

[6] BGH GRUR 2014,175-Geburtstagszug
[7] 本山雅弘「応用美術に関するドイツ段階理論の消滅とわが解釈論への示唆」Law and Technology64号41頁（2014年）以下。もっとも、本山雅弘「応用美術の保護をめぐる著作権の限界づけと意匠権の保護対象」『意匠法及び周辺法の現代的課題－牛木理一先生古稀記念－』発明協会468頁（2005年）は、すでに「わが『段階理論』的解釈論の理論的妥当性に対する疑問」を明らかにしていた。上野達弘「応用美術の著作権保護」パテント67巻4号（別冊№11）96頁（2014年）以下も参照。
[8] BGHZ 16,4=GRUR 1955,445=NJW 1955,460"Mantelmodells" mit Anm.von Nicolini.
[9] 駒田泰土「フランスにおける応用美術」企業と法創造5巻3号46頁（2009年）参照。

目的とする株式会社である。Y製品も、幼児用椅子であり、その外観、構成部材並びに性状及び形状は、「Y製品」等のとおりである。

Yは、遅くとも、平成23年1月以降Y製品1を、平成24年5月以降Y製品2を、平成18年2月以降Y製品3を、平成22年8月以降Y製品4を、それぞれ製造、販売しており、さらに、現在、Y製品5及び6を製造、販売している。なお、Y製品1については、平成25年2月に製造を終了した。

そこで、Xらは、Yに対し、Yの製造、販売するY製品の形態が、Xらの製造等に係るX製品の形態的特徴に類似しており、YによるY製品の製造等の行為は、①X1の有するX製品の著作権（以下「X1の著作権」ともいう。）及び同著作権についてX2の有する独占的利用権（以下「X2の独占的利用権」ともいう。）を侵害するとともに、②Xらの周知又は著名な商品等表示に該当するX製品の形態的特徴と類似する商品等表示を使用したY製品の譲渡等として、不正競争防止法（以下「不競法」という。）2条1項1号又は2号の「不正競争」に該当する、仮に、上記侵害及び不正競争に該当すると認められない場合であっても、少なくとも③Xらの信用等を侵害するものとして民法709条の一般不法行為が成立する旨主張して、①Xらにおいて、不競法3条1項及び2項に基づき、X1において、著作権法112条1項及び2項に基づき、Y製品の製造、販売等の差止め及び破棄を求め、②X1において、著作権法114条3項、不競法4条、5条3項1号、民法709条に基づき、X2において、著作権法114条2項、不競法4条、5条2項、民法709条に基づき、それぞれの損害賠償の支払を求め、③Xらにおいて、不競法14条に基づき、謝罪広告の掲載を求めた。

原審（東京地判平成26・4・17平成25年（ワ）8040）は、①X製品のデザインは、著作権法の保護を受ける著作物に当たらないと解されることから、Xらの著作権又はその独占的利用権の侵害に基づく請求は、理由がない、②X製品は、従来の椅子には見られない顕著な形態的特徴を有しているから、X製品の形態が需要者の間に広く認識されているものであれば、その形態は、不競法2条1項1号にいう周知性のある商品等表示に当たり、同号所定の不正競争行為の成立を認める余地があるものの、Y製品の形態がX製品の商品等表示と類似のものに当たるということはできず、よって、Xらの不競法2条1項1号に基づく請求は、理由がない、③本件の各関係証拠上、X製品の形態がXらの著名な商品等表示になっていたと認めることはできず、また、上記のとおり、Y製品の形態がX製品の商品等表示と類似のものに当たるとはいえないことから、Xらの

同項2号に基づく請求は、理由がない、④Y製品の形態がX製品の形態に類似するとはいえず、また、取引者又は需要者において、両製品の出所に混同を来しているとも認めるにも足りないから、Y人製品の製造・販売によってXらの信用等が侵害されたとは認められず、したがって、上記製造・販売が一般不法行為上違法であるということはできない旨判示し、Xらの請求をいずれも棄却した。

3．判旨（争点（1）著作権又はその独占的利用権の侵害の有無について）

(1) X製品の美術の著作物該当性

「実用品であるX製品が、「美術の著作物」として著作権法上保護され得るかが問題となる。

この点に関しては、いわゆる応用美術と呼ばれる、実用に供され、あるいは産業上の利用を目的とする表現物（以下、この表現物を「応用美術」という。）が、「美術の著作物」に該当し得るかが問題となるところ、応用美術については、著作権法上、明文の規定が存在しない。

しかしながら、著作権法が、「文化的所産の公正な利用に留意しつつ、著作者等の権利の保護を図り、もって文化の発展に寄与することを目的と」していること（同法1条）に鑑みると、表現物につき、実用に供されること又は産業上の利用を目的とすることをもって、直ちに著作物性を一律に否定することは、相当ではない。同法2条2項は、「美術の著作物」の例示規定にすぎず、例示に係る「美術工芸品」に該当しない応用美術であっても、同条1項1号所定の著作物性の要件を充たすものについては、「美術の著作物」として、同法上保護されるものと解すべきである。」

(2) X製品の著作物性について

「ある表現物が「著作物」として著作権法上の保護を受けるためには、「思想又は感情を創作的に表現したもの」であることを要し（同法2条1項1号）、「創作的に表現したもの」といえるためには、当該表現が、厳密な意味で独創性を有することまでは要しないものの、作成者の何らかの個性が発揮されたものでなければならない。表現が平凡かつありふれたものである場合、当該表現は、作成者の個性が発揮されたものとはいえず、「創作的」な表現ということはで

きない。
　応用美術は、装身具等実用品自体であるもの、家具に施された彫刻等実用品と結合されたもの、染色図案等実用品の模様として利用されることを目的とするものなど様々であり‥‥‥表現態様も多様であるから、応用美術に一律に適用すべきものとして、高い創作性の有無の判断基準を設定することは相当とはいえず、個別具体的に、作成者の個性が発揮されているか否かを検討すべきである。」
　「控訴人ら主張に係るＸ製品の形態的特徴は、〔１〕「左右一対の部材Ａ」の２本脚であり、かつ、「部材Ａの内側」に形成された「溝に沿って部材Ｇ（座面）及び部材Ｆ（足置き台）」の両方を「はめ込んで固定し」ている点、〔２〕「部材Ａ」が、「部材Ｂ」前方の斜めに切断された端面でのみ結合されて直接床面に接している点及び両部材が約66度の鋭い角度を成している点において、作成者である控訴人オプスヴィック社代表者の個性が発揮されており、「創作的」な表現というべきである。
　したがって、Ｘ製品は、前記の点において著作物性が認められ、「美術の著作物」に該当する。」
　「応用美術には様々なものがあり、表現態様も多様であるから、明文の規定なく、応用美術に一律に適用すべきものとして、「美的」という観点からの高い創作性の判断基準を設定することは、相当とはいえない。
　また、特に、実用品自体が応用美術である場合、当該表現物につき、実用的な機能に係る部分とそれ以外の部分とを分けることは、相当に困難を伴うことが多いものと解されるところ、上記両部分を区別できないものについては、常に著作物性を認めないと考えることは、実用品自体が応用美術であるものの大半について著作物性を否定することにつながる可能性があり、相当とはいえない。
　加えて、「美的」という概念は、多分に主観的な評価に係るものであり、何をもって「美」ととらえるかについては個人差も大きく、客観的観察をしてもなお一定の共通した認識を形成することが困難な場合が多いから、判断基準になじみにくいものといえる。」

（３）著作権法と意匠法の重複適用について
　「著作権法と意匠法とは、趣旨、目的を異にするものであり（著作権法１条、

意匠法1条)、いずれか一方のみが排他的又は優先的に適用され、他方の適用を不可能又は劣後とするという関係は、明文上認められず、そのように解し得る合理的根拠も見出し難い。

　加えて、著作権が、その創作時に発生して、何らの手続等を要しないのに対し（著作権法51条1項）、意匠権は、設定の登録により発生し（意匠法20条1項）、権利の取得にはより困難を伴うものではあるが、反面、意匠権は、他人が当該意匠に依拠することなく独自に同一又は類似の意匠を実施した場合であっても、その権利侵害を追及し得るという点において、著作権よりも強い保護を与えられているとみることができる。これらの点に鑑みると、一定範囲の物品に限定して両法の重複適用を認めることによって、意匠法の存在意義や意匠登録のインセンティブが一律に失われるといった弊害が生じることも、考え難い。

　以上によれば、応用美術につき、意匠法によって保護され得ることを根拠として、著作物としての認定を格別厳格にすべき合理的理由は、見出し難いというべきである。

　かえって、応用美術につき、著作物としての認定を格別厳格にすれば、他の表現物であれば個性の発揮という観点から著作物性を肯定し得るものにつき、著作権法によって保護されないという事態を招くおそれもあり得るものと考えられる。」

　「応用美術は、実用に供され、あるいは産業上の利用を目的とするものであるから、当該実用目的又は産業上の利用目的にかなう一定の機能を実現する必要があるので、その表現については、同機能を発揮し得る範囲内のものでなければならない。応用美術の表現については、このような制約が課されることから、作成者の個性が発揮される選択の幅が限定され、したがって、応用美術は、通常、創作性を備えているものとして著作物性を認められる余地が、上記制約を課されない他の表現物に比して狭く、また、著作物性を認められても、その著作権保護の範囲は、比較的狭いものにとどまることが想定される。

　以上に鑑みると、応用美術につき、他の表現物と同様に、表現に作成者の何らかの個性が発揮されていれば、創作性があるものとして著作物性を認めても、一般社会における利用、流通に関し、実用目的又は産業上の利用目的の実現を妨げるほどの制約が生じる事態を招くことまでは、考え難い。」

4．判旨の検討（判旨第1点（応用美術の著作物性と著作物の要件）について）

（1）Ｘ製品の美術の著作物性

　判旨は、実用品である幼児用椅子は、「美術工芸品」には該当しないが、「同法2条2項は、「美術の著作物」の例示規定にすぎず、例示に係る「美術工芸品」に該当しない応用美術であっても、同条1項1号所定の著作物性の要件を充たすものについては、「美術の著作物」として、同法上保護されるものと解すべきである。」という解釈を示したうえで、応用美術であっても、著作物性の要件を充たすかどうかにより、美術の著作物として保護されるかどうかを判断すべきであるとの解釈を示した。

　著作権法2条2項が「『美術の著作物』の例示規定」にすぎないかどうかに関しては、すでに知財高判平成26・8・28判時2238号91頁「Forever21ファッションショー事件控訴審」が、「著作権法2条2項は、単なる例示規定であると解すべきで」ると述べていた。本条に関する立法担当者の見解は、「応用美術の領域に属する産業用の美的な作品は、美術工芸品を除いて著作物とはみなさないという趣旨」というものであったのであり[10]、学説も、「立法者は、一品制作のものに限ろうとした」と述べている[11]。

　次に、応用美術であっても、著作物性の要件を充たすかどうかにより、美術の著作物として保護されるかどうかを判断すべきであるかどうかに関しては、上記の「Forever21ファッションショー事件控訴審」が、「著作権法2条1項1号の定義規定からすれば、量産される美術工芸品であっても、全体が美的鑑賞目的のために制作されるものであれば、美術の著作物として保護されると解すべきである。・・・実用目的の応用美術であっても、実用目的に必要な構成と分離して、美的鑑賞の対象となる美的特性を備えている部分を把握できるものについては、…2条1項1号の美術の著作物として保護すべきであると解すべきである。」と述べていたから、同じ知財高裁の判断でありながら、わずか8か月のうちに、この点に関する異なる解釈判断が示されたこととなる。従来の判決例の多くは、実用目的や産業上利用を目的とする表現物については、純粋美術と同視し得る美術鑑賞の対象たり得る美的特性を要求してきたといえよう。

---

[10] 加戸・前掲書68頁。
[11] 斉藤博『著作権法』有斐閣84頁。

この点に関する従来の判例は、美術工芸品限定説[12]、美的鑑賞対象性説ないし応用美術例示説[13]、および③重複保護肯定説[14]に分かれていたということができる。

これに対して、著作権法2条2項の立法担当者の見解は、現在、美術工芸品限定説から創作者基準説ともいうべき立場へ変容しており、また近年の判例の発展を承認しているといってよい[15]。

この点に関する学説は、①意匠権との重複保護肯定説[16]、②意匠権との重複保護回避説[17]、③美的鑑賞対象性説[18]および④要件加重否定説に分かれている。本件判決は、①と④の学説を採用したものということができる。

（2）X製品の著作物性について

判旨は、その著作物性の要件については、「ある表現物が「著作物」として著作権法上の保護を受けるためには、「思想又は感情を創作的に表現したもの」であることを要し（同法2条1項1号）、「創作的に表現したもの」といえるためには、当該表現が、厳密な意味で独創性を有することまでは要しないものの、作成者の何らかの個性が発揮されたものでなければならない。表現が平凡かつありふれたものである場合、当該表現は、作成者の個性が発揮されたものとは

---

[12] 東京高判昭和58・4・26無体裁集15巻1号340頁「デザイン書体事件」、大阪地判昭和59・1・26無体裁集16巻1号114頁「万年カレンダー事件」、大坂高判平成2・2・14平成元(ネ)2249「ニーチュアー事件控訴審」。
[13] 長崎地佐世保支部決昭和48・2・7無体裁集5巻1号18頁「博多人形事件」、神戸地姫路支部判昭和54・7・9無体裁集11巻2号371頁「仏壇彫刻事件」、東京地判昭和56・4・20無体裁集13巻1号432頁「ティーシャツ用図案事件」、京都地判平成1・6・15判時1327頁、東京高判平成3・12・17知的裁集23巻3号808頁「化粧紙事件」、大阪高判平成17・7・28判時1928号116頁「チョコエッグ事件」、知財高判平成27・4・14裁判所HP「TRIPP TRAPPチェア事件控訴審」。
[14] 東京高判平成3・12・17知的裁集23巻3号808頁「化粧紙事件」
[15] 加戸・前掲書68頁。
[16] 紋谷暢男『知的財産権概論』有斐閣2012年56頁は、「意匠は、それが美感を起こさせる創作物であることから、その限りで部分的には著作権‥‥によっても保護される場合もある。」と述べられている。
[17] 中山信弘『著作権法』171頁は、「結論を述べれば、意匠法との境界を画するという観点から、保護を受ける応用美術とは、著作権法で保護されている純粋美術と同視できるものであると解すべきである。」とし、「一般の美術著作物には高度性等は要求されていないのにこの場合だけ要件を加重することは妥当ではないという批判は当たらない。」とする。
[18] 茶園成樹編『著作権法』有斐閣2014年30～31頁は、「美術工芸品以外の応用美術については、判例上、原則として著作権法による保護の対象とはならないとされているが、純粋美術と同視し得る程度の美的鑑賞性がある場合には、例外的に美術の著作物としての保護を受けるものとされる。」とする。)

いえず、「創作的」な表現ということはできない。」と述べたうえで、応用美術について「高い創作性の有無の判断基準を設定することは相当とはいえず、個別具体的に、作成者の個性が発揮されているか否かを検討すべきである。」としている。

創作性の要件に関する判例は、「厳格な意味での独創性があるとか他に類例がないとかが要求されているわけではなく、『思想または感情』の外形的表現に著作者の個性が何らかの形で表れていれば足り」るとする東京高判昭和62・2・1判時1225号111頁「当落予想表事件」から、独創性を要求する東京地判平成24・2・27裁判所ウェブサイト「Shall we ダンス？事件」、独創性に加えて、それ自体が美術鑑賞の対象となりうる美的特性を求める最判平成12・9・7民集54巻7号2481頁「ゴナ印刷用書体事件」、そして「ありふれた表現」を排除する多くの判決例に分かれている。

「当落予想表事件」は、著作物の創作性が認められるためには、既存の著作物等と比較した独創性や特許法の特許要件である「新規性」や「進歩性」が求められるものではないことを明らかにしている。そして、著作物の創作性の要件について、「著作者の個性が何らかの形で表れていれば足りる」とすることについては、多数の判決例の蓄積が進んでおり、ほぼ判例は確立している。この個性の具体的な意味については、古くから模倣盗用を排除する意味であるとする東京地判昭和47・10・11判タ289号377頁「民生の告白事件」があり、この点に関する異論はない。

しかしながら、個性の更なる意味については、選択の幅が狭い場合には個性が認められにくくなるとする「選択の幅説」[19]を適用する判決例も多くなっており[20]、ありふれた表現について個性を否定するいわゆる「ありふれた表現の法理」も広く展開されている[21]。

しかしながら、選択の幅説もありふれた法理も、著作権が相対的排他権であっ

---

[19] 中山信弘『著作権法（第2版）』有斐閣2014年65頁以下参照。
[20] 大阪地判昭和54・2・23判タ387号145頁「冷蔵倉庫設計図事件」、東京高判昭和60・11・14無体裁集17巻3号544頁「アメリカ語要語集事件」など。
[21] 東京地判平成7・12・18判時1567号126頁「ラストメッセージ事件」、東京地判平成11・1・29判時1680号119頁「古文単語語呂合わせ事件」、東京地判平成14・4・15判時1792号129頁「ホテル・ジャンキース事件」、東京地判平成14・11・15裁判所HP「Qシート事件」、知財高判平成17・10・6裁判所HP「YOL事件控訴審」、知財高判平成18・3・15裁判所HP「図解で分かる債権回収の実際事件控訴審」など。

て、その保護対象たる著作物の要件である創作性について、そのような解釈をする必要性は乏しいものと思われる。

また、「当落予想表事件」については、「外部的表現に著作者の個性が何らかの形で表れていれば足り」る、と述べており、思想又は感情が独自に表現されたとは述べていない点について、早くから強い批判がなされてきた。その批判は、現行著作権法が著作物の定義を「思想又は感情の創作的表現」と規定した経緯と解釈に基づいてなされてきている。すなわち、この定義規定は、現行法制定時における判例が、著作物とは「精神的労作の所産たる思想感情の独創的表白であって、客観的存在を有し、しかも文芸学術もしくは美術の範囲に属するもの」をいうとしていた[22]ことに従ったものであり、当時、著作物の要件は、①著作者独自の精神的創作物であること、②その内容が外部から客観的に感知しうる形になっていること、と解釈するのが定説となっていたことから[23]、②の外部的表現に個性が求められるように誤解される恐れがあるという批判であった[24]。

この点に関する学説は、非依拠性と個性がなくてはならないとする見解[25]から、選択の幅が狭い場合には創作性は認めがたいとする見解[26]まで展開されている。

しかしながら、創作性の要件については、上記のように、個性が表われていれば足りるとされ、その意味は、他人が創作した表現の模倣や盗用ではあってはならないことであるとされてきたのであって、近時の判例のように、それが「ありふれた表現」であるかどうかを問題とするものではなかったように思わ

---

[22] 大阪控訴院民事部昭和11・5・19法律新聞400号12頁。
[23] 国立国会図書館調査立法考査局・調査資料70-1『著作権法改正の諸問題―著作権法案を中心として－』国立国会図書館昭和41年4頁参照。
[24] 澤木敬郎「符号の著作物性―「当落予想表事件」―」別冊ジュリスト『著作権判例百選』有斐閣、昭和62年20頁は、「『創作性』とは、精神的労作の所産である思想、感情に関する要件であって、・・・『外部的表現形式』に関する要件であるようにも読みとれる判旨は、不正確であるといわなければならないであろう。」と指摘されていた。
[25] 斉藤博『著作権法』2014年39頁は、「表現の創作性とは、その表現物が他の著作物に依拠することなく独立して作成され、それなりの個性が備わっていることである。その際、個性といっても、芸術や学術面などの質を問題とするのではない、プロの作成したものであろうと、素人の作成したものであろうと、さらには子供の作成したものであろうと、その質を問うことなく、著作物となる。」とされる。渋谷達紀『知的財産法講義Ⅱ〔第2版〕』2007年15頁)も同旨。
[26] 中山・前掲書70頁以下。

れる。

　また、ありふれた表現とは、同一の表現が多数存在するという意味であろうが、著作権法の保護対象である著作物は、同一の表現が多数存在する場合であっても、独自に創作した表現には著作権が認められる権利構成となっている[27]。例えば、多数存在する表現であっても、その存在を知らない幼稚園児の同一の表現には著作権が認められる権利なのである。ありふれた表現を創作性なしとする判例の判断基準は、著作権法の権利構成からすれば大きな疑問があるというべきである。

　本件判旨は、具体的あてはめにおいて、控訴人製品の形態的特徴につき、著作物性の有無を検討したうえで、「作成者である控訴人オプスヴィック社代表者の個性が発揮されており、「創作的」な表現というべきである。」と結論した。やはり、創作性の要件は、表現物自体に求められている。

　そして、Yが主張した、応用美術の著作物性が肯定されるためには、著作権法による保護と意匠法による保護との適切な調和を図る見地から、実用的な機能を離れて見た場合に、それが美的鑑賞の対象となり得るような美的創作性を備えていることを要するとの見解に対して、いわゆる実用的機能との分離可能性について否定的な見解を明らかにしている。

　いわゆる、実用性との分離可能性を問題とする米国の判例法における判断基準を否定している。

(3) 意匠法との重複保護の可能性

　また、判旨は、前述の二重保護回避説を否定しているが、この点は、前述のように、すでに「博多人形事件」も明らかにしていたのであり、かつ、意匠法が著作権法との重複保護を前提とした明文規定を定めていることからも（意26条）、正当な解釈ということができる。すなわち、意匠法26条1項は、「意匠権者・・・は、・・・その意匠権のうち登録意匠にかかる部分が・・・その意匠登録出願の日前に生じた他人の著作権と抵触するときは、業としてその登録意匠の実施をすることができない。」と規定しており（2項は登録意匠に類似する意匠に関する同様の規定である）、「意匠権が著作権と抵触する場合とは、著作権の対象である彫刻を置物のようにある物品の形状として用いたときなどに

---

[27] 斉藤・前掲書・39頁も同旨。

考えられる。」とされている[28]

　判旨は、応用美術の重複保護を認める根拠として、(1)著作権と意匠権は相対的排他権と絶対的排他権の違いがあり、意匠権には著作権より強い保護が与えられていることから、「意匠法の存在意義や意匠登録のインセンティブが一律に失われるといった弊害が生じることも、考え難い。」と述べ、(2)「応用美術につき、著作物としての認定を格別厳格にすれば、他の表現物であれば個性の発揮という観点から著作物性を肯定し得るものにつき、著作権法によって保護されないという事態を招くおそれもあり得るものと考えられる。」と述べ、さらに(3)「応用美術は、通常、創作性を備えているものとして著作物性を認められる余地が、上記制約を課されない他の表現物に比して狭く、また、著作物性を認められても、その著作権保護の範囲は、比較的狭いものにとどまることが想定される。・・・・応用美術につき、・・・・著作物性を認めても、一般社会における利用、流通に関し、実用目的又は産業上の利用目的の実現を妨げるほどの制約が生じる事態を招くことまでは、考え難い。」と述べている。これらは、従来応用美術に著作物性を認めた場合の弊害として指摘されてきた点に関する回答ともいうべきものである。

　このほかに、そのような弊害として指摘されるのは、(1)著作者人格権による円滑利用の阻害、(2)いわゆる「写り込み」問題などがある[29]。また、応用美術が著作物と認められた場合には、その権利の効力と制限について、とくに応用美術の原作品とは何か、展示権の及ぶ範囲とその制限(著24条・著46条)という問題が生じうる。しかしながら、それらは、応用美術でなくとも生じる問題というべきものである。

5．おわりに

　本件判決は、応用美術について従来の判決例が高い創作性を求めてきたのを否定し、他の著作物と同様の保護の基準を採用すべきことを明らかにし、その著作権法と意匠法による重複保護を正面から認めて、そのような保護を認めた場合の弊害を否定している点で、判例学説の大幅な見直しを迫るものである。

　ただ、本件判決は、応用美術の著作物性の問題は著作物の創作性要件の問題

---

[28] 特許庁編『工業所有権法(産業財産権法)逐条解説〔第19版〕』発明推進協会2012年1128頁。
[29] 上野・前掲論文・113頁参照。

であると位置づけており、その著作物の創作性の要件については、ありふれた表現を排除し、選択の幅説を採用する従来の判例を踏襲するにとどまっている。

また、本件判決は、従来の判決例が、ドイツの段階理論や米国の分離可能性という保護の基準ないし判断方法にならってきた面があるが、これを否定し、フランスにおける「美の一体性理論」に近づいたものであるともいえよう。

ドイツの段階理論は判例により克服されたが、その段階理論を無批判に取り込んだわが国の従来の判例学説については、「段階理論」的解釈が生まれた背景事情がドイツとは異なるものであって、採用する必要があったかについて鋭い指摘がなされている[30]。

ただし、冒頭に触れたように、ドイツにおいては、段階理論が適用される中でも、応用美術、とくにファッションデザインについては著作物性を認める判決例が存在したのであり、その点、ドイツ判例のさらなる検討が求められる。

---

[30] 本山雅弘「応用美術に関するドイツ段階理論の消滅とわが解釈論への示唆」Law and Technology64号48頁（2014年）は、ドイツにおけるBGHによる判例変更は、「わが国がドイツ旧意匠法と同質の意匠法を沿革的にも有さない以上、わが法に段階理論の妥当の余地はなく、それゆえ上記定式からなるわが法解釈論を段階理論に依拠して支持することは理論的に不可能であることを、改めて示したといえよう。」と述べている。

> コンピュータ生成作品の著作権による保護とその保護のための課題
> －オーストラリアにおける３つの判決からの示唆－
>
> 内　田　　　剛

第1　はじめに

　近時の技術進歩により、我々はコンピュータ（プログラム）により自動的に生成される作品（以下、「コンピュータ生成作品」という。また、著作権法上の「著作物」といえるかが不明確な表現について「作品」ということがある。）の恩恵を既に享受している[1]。しかし、そのような作品が著作権により保護されるかについては、十分な議論がなされているとはいえない。この問題については、従来1988年の英国著作権法[2] 9条（3）[3]のコンピュータ生成作品のみなし著作者の規定を念頭に議論が進められていた[4]が、英国[5]においてもまた我が国[6]においてもそれを問題とする現実の訴訟が生じていなかったためか、その議論は低調であった。

　しかし、近時の人工知能の急速な進歩とともに再度このコンピュータ生成作

---

[1] 例えば、音声を含む機械翻訳、検索エンジン等の自動生成データベース、自動作曲、自動作成画像等が挙げられる（この一部の詳細につき、福井健策「講演録 人工知能と著作権2.0：ロボット創作の拡大で著作権制度はどう変容するのか」コピライト652号（2015年）2 -26頁。）。
[2] Copyright, Designs and Patents Act 1988 (c 48).
[3] 「コンピュータ生成される言語、演劇、音楽または美術の著作物の場合には、著作者は、著作物を作成するために必要な手配を行った者であると解釈されなければならない。」
[4] 例えば、木谷雅人「コンピュータ創作物に関する著作権問題」ジュリスト1042号（1994年）79-84頁、田村善之『著作権法概説 第２版』397-401頁（有斐閣、2001年）、作花文雄『著作権法 制度と政策 第３版』68-69頁（発明協会、2008年）、中山信弘『著作権法２版』220-221頁（有斐閣、2014年）等。
[5] なお、1988年法成立前の事例として、Express Newspapers v Liverpool Daily Post & Echo [1985] 1 WLR 1089. がある。比較的近時の事例として、Nova Productions Ltd v Mazooma Games Ltd. [2006] RPC 379. があるが、著作物性にも著作者性にも争いが無かったため、同法9条（3）については、非常に簡単にしかふれられていない。
[6] 実際には、ユーザのコマンドの選択により変動するパラメータに基づき複数のストーリーを生成するゲームソフトの影像について同一性保持権侵害が問題となった〔ときめきメモリアル事件・上告審〕（最三小判平成13・2・13（平11（受）955）民集55巻1号87頁）のように事例が無いわけではない。ただし、コンピュータ生成作品であることが争点となった事例は存在しない。

品の保護の問題がクローズアップ[7]され、政策レベルでの議論[8]が学術的な議論や実務に先行している。そのため、適切な立法政策へのガイダンスという観点からも、同問題の整理は喫緊の課題となっている。

これに対して、オーストラリアではコンピュータ生成作品の著作権保護について直接言及をするいくつかの判決がだされている[9]。それらの判決の事例及び理論は、今後我が国においてコンピュータ生成作品の保護を検討する際の著作権法上の問題を明確にし、著作権法以外の手段による保護の選択肢をも示すものである。

そこで本稿では、オーストラリアでのコンピュータ生成作品に関する3つの判決を取り上げたうえで、我が国においてコンピュータ生成作品を著作権によって保護する際の論点を抽出し、その保護可能性及び著作権以外の保護の手段について検討をする。

なお、本稿で対象とするのは、人工知能によるものを含む機械（コンピュータ）により自動的に生成される作品であり、その作品に複製されている著作物、単に複製物を出力するだけの機械や機械をツールとして創作された著作物を直接の対象とするものではない。

第2　オーストラリアにおける関連判決
1．各判決の概要

以下では、オーストラリアの3つの判決をコンピュータ生成作品の保護という観点からから取り上げる。まず、1つめのIceTV事件連邦最高裁判所（High Court of Australia）判決[10]では、直接にコンピュータ生成作品の著作権法上の保護適格性が争点となっていないが、その判断の理論枠組みや基準は後の2判

---

[7] 前掲註（1）福井2-26頁。
[8] 知的財産戦略本部　検証・評価・企画委員会の次世代知財システム検討委員会において、知的財産推進計画2016策定に向けた検討として、「AIによって生み出される創作物等の取扱い」が論点として挙げられている。
[9] オーストラリア知的財産法全般につき、M.J.Davison et al, Australian Intellectual Property Law (3rd edn) (Cambridge University Press, 2016) ; K.Bowrey et al, Australian Intellectual Property Commentary (2nd edn) (Oxford Univ. Press, 2015). 等参照。本稿と同じ問題を論ずる文献として、J. McCutcheon, "The Vanishing Author in Computer-Generated Works: A Critical Analysis of Recent Australian Case Law" (2013) 36 Melb. U. L. Rev. 915.
[10] IceTV Pty Limited v Nine Network Australia Pty Limited [2009] HCA 14

決に大きな影響を与えている。次に、2つめのTelstra事件連邦裁判所合議部（Federal Court of Australia - Full Court：連邦管轄の控訴審相当）判決[11]では、データベースから抽出された「電話帳」について、抽出作業がコンピュータにより自動化されていることが著作権保護にどのような影響を与えるかを検討している。最後に、3つめのAcohs事件連邦裁判所合議部判決[12]では、専用ソフトウェアから生成された安全データシートのデータの著作権による保護が問題となっており、独立のユーザの入力を要する点で近時想定されているコンピュータ生成作品に近く、理論的にもIceTV事件判決及びTelstra事件判決の考え方が同判決において収束しているものと評価できる。

2．IceTV事件連邦最高裁判所判決
（1）事案の概要

X（被上告人）は、テレビ番組の放送予定を決定する等の業務を行っており、放送の約2週間前に、Xのデータベースから生成されるその週の放送番組の予定（以下、「週間スケジュール」という。）を特定の第三者に提供している。各週間スケジュールには、放送番組の時間やタイトルの細目を含む様々な要素が含まれており、特定の第三者は、他のテレビ局の番組の予定を含む「集約ガイド」を作成、出版するために、Xの週間スケジュールを使用している。

Y（上告人）の主な事業は、テレビの番組ガイドをインターネットで提供することである。Y番組ガイドの情報を準備する際に、Y従業員は、Y番組ガイドの情報と集約ガイドとを比較し、不一致が存在した場合、集約ガイドの内容に修正した。

Xは、Yの行為が、Xの著作権を侵害しているとして訴訟を提起した。Xの主な主張は、以下のとおりである。各週間スケジュールは、1968年著作権法（Copyright Act 1968：以下、「法」という。）10条1項[13]の「編集物」であり、「言語の著作物」である。そのため、法32条[14]により、著作権の存続する「オリジナルの」言語の著作物であり、Xはその著作権者である。Yが集約ガイドから情報の一部を取得し、Y番組ガイドに含める行為は、Xの著作権を侵害する。

---

[11] Telstra Corporation Limited v Phone Directories Company Pty Ltd [2010] FCAFC 149.
[12] Acohs Pty Ltd v Ucorp Pty Ltd [2012] FCAFC 16.
[13] 「言語の著作物」には、以下のものが含まれる：（a）言語、図形または記号で表現された表または編集物、及び（b）コンピュータ・プログラムまたはその編集物。

これに対して、Yは、各週間スケジュールがオリジナルの言語の著作物であり、著作権が存続することを争わなかったが、週間スケジュールの実質的部分（substantial part）の再製[15]及び、集約ガイドからの再製が、週間スケジュールの再製であったことを否認した。

（2）French首席裁判官、Crennan裁判官及びKiefel裁判官の意見

まず、著作権事件では、著作権が存続する被疑侵害著作物を原告が正確に特定することが不可欠であるが、本件ではYがこれを争っていないため、この問題は判断を要しない、としながらも、折に触れてこの問題に言及する。

言語の著作物の「著作者」（author）と「著作者性」（authorship）の概念は、本法を含む著作権法によって与えられる保護の中心であるとする。そして、今日の技術発展が、個人（individual）の著作者の枠組みに新たな課題を投げかけており、本件のX週間スケジュールは、人間とコンピュータの使用の両方による、共同の努力と開発の進化プロセスの結果であったと評価する。

そして、「著作権の存続の文脈でのオリジナリティ」というタイトルで、本法のオリジナリティを、言語の著作物が著作者を起源とし、単に別の著作物の複製でないことであるとする。つまり、著作者とは、本法が保護する著作物を存在せしめる者であり、オリジナリティは著作物の作成が幾ばくかの独立した知的な努力を必要とするのである。

本件での「オリジナリティ」の問題は、侵害の文脈で週刊スケジュールの特定部分の性質（実質性）の決定において生じるが、従来から「それ自体何のオリジナリティもない部分の再製は、通常、著作権の実質的な部分ではなく、保護されない」[16]。そのため、複製部分が著作者を起源としない場合、著作者は該当部分の著作権を有せず、同部分は実質的な部分ではないとする。

そして、本件において、番組一覧決定の際のX従業員の技能と労働は、時間

---

[14] （1）著作権は、（a）著作者が創作時または（b）創作期間の実質的な部分で本国市民または本国居住者（以下「有資格者」という。）であった、未公表のオリジナルの著作物に存続する。また、（2）公表されたオリジナルの著作物も、（c）本国で最初に公表された場合、（d）著作者が最初の公表時に有資格者であった場合、または、（e）著作者の死亡時に有資格者であった場合、（a）著作権はその著作物に存続する。

[15] 「著作物…に関連する行為は、著作物…の実質的な部分に関して、その行為を行うことを含むものと」する（法14条1項（a））。

[16] Ladbroke (Football) Ltd v William Hill (Football) Ltd [1964] 1 WLR 273 at 293; [1964] 1 All ER 465 at 481.

やタイトル情報の表現の特定の形式のオリジナリティに向けられておらず、その程度も最小であったため、それらの情報の特定の形式は、本質的にその情報の性質によって決定されるとして、実質的部分であることを否定した。

(3) Gummow裁判官、Hayne裁判官及びHeydon裁判官の意見

本件において、以下の2つの著作権法の基本的な原則および訴訟での当事者争点の設定を尊重すべきとする。

第1の原則は、「著作者性」の重要性に関係し、オリジナルの著作物は、著作者から始まる、というものである。そして、1988年の英国著作権法の「著作者」の定義や「コンピュータ生成」作品の著作者に言及しつつ、そのような規定を持たない本法での「作成（creation）」の概念が、「その有形的形式[17]で存在するように著作権のある著作物をもたらす者」として「著作者」の古い理解を伝える[18]とする。

そして、第2の原則は、作品が何らかの有形的形式をとらない限り、著作権が存続しないというものである。これは、著作権の保護が「著作物に含まれているアイデアや情報には適用され」ないことによる。

本件での「Xの技能と労働の盗用」の主張について、1996年のデータベースの法的保護に関する欧州議会及び理事会の指令[19]（以下、「EUデータベース指令」という。）での作成者の投資保護の観点からの独自権（sui generis right）付与に言及[20]した上で、オーストラリアでは同指令が導入されていないため、本件において、その盗用から著作権侵害の問題を解決することはできないとする。

そして、「実質的な部分」の再製の主張について、Xデータベースが「著作物」であり、週間スケジュール提供時に「最初に公表」されたが、両者の構成は同一ではないことを指摘する。そして、週間スケジュールの著作者及びそのオリ

---

[17] 法10条（1）「『有形的形式』は、著作物またはその翻案物に関連して、著作物またはその翻案物、もしくはそれらの実質的な部分の記録の全ての形式（可視的か否かを問わない）を含む（著作物またはその翻案物、もしくはそれらの実質的な部分が再製できるかを問わない）。」

[18] Laddie, Prescott and Vitoria, The Modern Law of Copyright, (1980) at 243 [6.6].

[19] 96/9/EC, 11 March 1996, OJ L 077, 27/03/1996 P. 20-28.

[20] データベースのコンテンツの取得等に実質的な投資をした作成者に、データベースの実質的な部分の抽出等の禁止の権利を付与する制度の導入を定める（7条）。この保護は、競争相手からの投資の保護と説明されている（前文39）。

ジナリティの判断に際して、その形成の方法及びそれを決定した者の立証が無いとする。

さらに、Monash大学のDavison教授の文献を引用[21]し、コンピュータ・プログラムにより自動化されたデータベースについて著作者の不存在の可能性と、その体系及び表示のための人間の思考または人間による結果の検討が著作者の不存在を否定しうるとする。しかし、本件ではそのような証拠はなく、1988年の英国著作権法9条に似た規定も存在しないため、週間スケジュールの著作者は本件において最終的に不明であるとした。

3．Telstra事件連邦裁判所合議部判決
（1）事案の概要
本件では、X（控訴人）が出版している個人別電話帳（WPD）と職業別電話帳（YPD）に著作権が存続するかが問題となっている。

Xの主張は、WPDとYPDがオリジナルの言語の著作物であるということであった。WPDとYPDには、一部不特定者を含む多数の個人がその編集の準備作業に貢献したが、編集自体は主にXが購入したシステムにより自動化・コンピュータ化されていた。

原審[22]で、第一審裁判官は、WPDとYPDへの貢献が十分でなく、「オリジナルの著作物」とみなすことはできず、また人間の著作者の成果ではなく、コンピュータが生成したのである、として、Xの請求を棄却した。

これに対して、控訴審で、Xは、WPDとYPDが、法32条（2）（c）のオリジナルの言語の著作物であるなどと主張した。

（2）Keane主席裁判官の意見
まず、対象作品が、個人の著作者に由来することが示される必要があるとする。そして、オリジナルの著作物の判断では、著作者の知的努力における著作物の起源（origin）に焦点が置かれ、先例[23]によれば、「単なる書記（scribe）」は、著作者はなく、特定の加入者の名前と住所の情報は、その性質上、事実であり、

---

[21] Davison, The Legal Protection of Databases, (2003) at 21-23.
[22] Telstra Corporation Limited v Phone Directories Company Pty Ltd [2010] FCA 44.
[23] Walter v Lane [1900] AC 539 at 554; Sands & McDougall Proprietary Limited v Robinson [1917] HCA 14; (1917) 23 CLR 49 at 54-55.

単なる記録者によって「作成」されず、編集物はそれを生成する機械的手順に関与する者に由来しないとする。

　本件の電話帳の編集は圧倒的にコンピュータ・システムが行ったものであり、そのシステムの運用から生まれた編集物は、個人から生じたものとはいえず、実際に、電話帳の作成に貢献したいずれの個人も、最終的に表れた実際の電話帳の形式を理解していなかったとする。

　なお、データベースにデータ入力をする個人の活動は、編集の活動の一部ではなく、最終的な表現の形式にデータを選択、配列及び提示するものではない。また、この個人の貢献は、電話帳の編集「前」の貢献であり、実際の編集の一部ではなく、共同著作物ともいえないとした。

（3）Perram裁判官の意見

　「著作者」の語は、「有形的形式に著作権ある著作物を移行する」[24]人間のことであり、本件では、電話帳は、最初に完全なリストを含む「ゲラファイル」が生成された時に有形的形式となったとする。また、これを人間が生成した場合、電話帳は、オリジナルの著作物であったことに疑いはなく、有形的形式に編集物を移行する者は、その著作者である可能性が高いとする。

　YPDの出版コーディネータらがソフトウェアを制御していたといえるが、電話帳を有形的形式にするのには関与しておらず、そのソフトウェアの使用は、小説家がワープロを使用するのとは異なっていたとする。また、出版コーディネータらは、主要なパラメータの指示及、電話帳の有形的形式を考案したが、その知的な努力は、ソフトウェアの動作に含まれるものであり、電話帳の有形的形式への移行には向けられていなかったとする。

　本法に1988年の英国著作権法9条（3）のような規定はないが、プログラム生成作品の著作者は、通常、そのプログラムを制御する人間になると考えるのは自然でるとする。一方で、その人間の努力が有形的形式への移行に向けられるように理解されなければならないともする。そして、プログラムを制御する（controlling）者は、作品を有形的形式に導く限り、著作物の著作者と見るのに特に問題はないが、プログラムを操作する（operating）者が、生成された有形的形式の性質を制御していない場合には、その作品の著作者となるのに十

---

[24] IceTV [2009] HCA 14 [98]（French CJ, Crennan and Kiefel JJ）.

分な独立した知的努力や文学的な性質の努力をしていないとする[25]。そして、この観察結果から、YPDの出版コーディネータらが、電話帳の著作者であった可能性を否定した。

（4）Yates裁判官の意見

著作者について、1988年の英国著作権法第9条（3）及び、その本法の著作物以外の保護客体（録音物、映画フィルム、放送及び著作物の発行版）の規定（同法第Ⅳ編）との類似性を挙げるが、本法に対応する規定が無いことも指摘する。

著作権保護の対象について、IceTV事件のGummow裁判官らの言う第2の原則[26]を挙げた上で、Xの従業員の活動は収集に向けられ、データベース内のデータの収集、入力及び操作をもたらしたが、電話帳は、データベースから抽出されるまで、有形的形式に移行されておらず、その有形的形式は、データベース内には存在しなかったとする。そのため、X従業員の活動は、本件の各作品の作成に貢献しているが、その有形的形式に編集するための情報の選択、順序及び配置は、コンピュータが行ったとする。

そして、Xの主張とは反対に、コンピュータ・システムは、Xの従業員が利用する単なるツールではなく、その活動が個人によって行われた場合、間違いなく著作者によるものであったが、本件では、本質的に著作権法上の著作者によるものではなかったとした。

4．Acohs事件連邦裁判所合議部判決
（1）事案の概要

X（控訴人）とのY（被控訴人）は、有害物質や危険物の製造業者等（MIS）に法律上提出が義務付けられている材料安全データシート（MSDS）をMIS等に対して作成し、提供する事業の競業者である。Xは、MSDSをユーザが作成するために、2つの市販のアプリケーションを提供している。

原審[27]でXは、Xによって作成された各MSDS及びそのソースコードの著作権者であり、Yが、各MSDS及びそのソースコードを再製し、頒布することで

---

[25] この点について、「自動運転の飛行機は自分自身で飛んでいる」との比喩を述べる。
[26] IceTV [2009] HCA 14 [102] (Gummow, Hayne and Heydon JJ).
[27] Acohs Pty Ltd v Ucorp Pty Ltd [2010] FCA 577.

Xの著作権を侵害したと主張した。

　Xは、MSDSを作成、提供等するためにInfosafeシステムを使用しており、同システム中のプログラムの機能は、ユーザからの特定のMSDSを生成する要求を受信し、Xの管理するMSDS生成用のデータベースからデータを呼び出し、HTMLソースコードをコンパイルし、ユーザのコンピュータにそれを送信し、そしてユーザの画面上にそれを表示するようMSDSを実施するというものである。画面表示の段階で、完成したHTMLソースコードはファイルに保存される。ソースコードには、画面に表示される文書のすべての内容（例えば「データ」）、MSDSの特定の配置、体裁及び外観を与えるために必要な「タグ」や他の命令が含まれている。

　原審では、Xの従業員が作成した特定のMSDSを除き、作成されたソースコードまたはMSDSに著作権は存続しないとされた。控訴審で、Xは、この原審の認定を争っている。

（2）Jacobson裁判官、Nicholas裁判官及びYates裁判官の意見

　まず、以下の第一審裁判官による判断を引用する。

　本件では、MSDS用のHTMLソースコードは、システムでの特定のMSDSを作成するプロセスの終わりにかけて有形的形式に移行された。各MSDSのHTMLソースコードの著作者は、単独ではなく、「HTMLの生成」のためのルーチンを書いたプログラマ、及び各MSDSのデータを作成した個人（ユーザ）、であり、本件は共同著作の事例である。

　また、第一審裁判官は、次の3つの理由から、著作権が各MSDSのHTMLソースコードに存続していることを前提としたXの請求を棄却した。

　第一に、システムにデータを入力した者（ユーザ）は、何らのソースコードも書かず、それを理解も認識もしておらず、MSDSのソースコードの著作者であったとはいえない。ソースコードに必要な要素を集め、「それを生成した」ルーチンとシステムが、著作者であったとした。

　第二に、ルーチンと命令タグを書いたプログラマが、いまだ有形的形式を取ってもいないMSDSの数千種類のソースコードを作成する作業に関与したと見なすのは、不自然であるとして、その著作者性を否定した。

　第三に、各MSDSのソースコードは、プログラマとユーザが、その作成に相互に協働したとはいえないとして、共同著作物[28]ではないとした。

控訴審裁判官は、さらに以下の判断を追加したうえでこのMSDSのHTMLソースコードについての原審の判断を是認した。

X主張のように、各MSDSのHTMLソースコードを編集する際に、プログラム中のルーチンが情報タグをソースコードの中に含むよう機能しているという事実も、HTMLソースコードが、ユーザの入力データを含む各々異なる表現であった事実を無視することになるため、プログラマが特定の各MSDSのHTMLソースコードの著作者になったことを意味しない。

本件では、入力データ等に基づきプログラムが作成したソースコードの各々の作成ごとに異なる性質から、ソースコードは人間の著作者から生じておらず、著作権法上のオリジナルの著作物であったとはいえない。

第3 我が国における検討のための示唆

以上の3つの判決の事案及び判決の理論を踏まえ、そこからコンピュータ生成作品の保護に関する解釈論及び立法論上の課題と示唆を抽出し、それらが我が国法においても妥当するか、またその問題の解決となりうるかを検討することにする。

1．コンピュータ生成作品と分類：編集物性

まず、事実関係に関する部分であるが、3事件共にコンピュータにより生成された作品が「編集物」であったかが問題となったという点は、共通点として指摘することができる。これは、各事件のコンピュータ生成作品が、準備されたデータからそれを選び取り、配列されることによって生成されていることによるが、広くコンピュータ生成作品一般が既に存在するデータから選択、生成されるという特徴を持つとも評価しうることを示唆する。もちろん、選択の対象が、最小単位の文字、色、または音まで細分化され、そこから選択及び配列がされた場合にも、それを編集物ということができるのか（またそのようなコンピュータ生成作品が技術上ありうるのか）は、さらに検討を要する。ここでは、コンピュータ生成作品の新たに作成された部分は、データの選択及び配列の結果であり、それ以外の部分はデータの複製に過ぎないとして、コンピュー

---

[28] 法10条 「『共同著作物』は、2人以上の著作者の協働により作成された著作物であり、各著作者の寄与が他の著作者の寄与から分離されないものをいう。」

タ生成作品の問題を「編集物」の著作物性の問題に還元できる可能性があることを指摘するにとどめる[29]。

2．コンピュータ生成作品と著作物性

次に、コンピュータ生成作品の著作物性について、前記のオーストラリアの判決は、著作物のオリジナリティの問題として捉えた上で、それを人間の著作者を起源とし、単に別の著作物の複製でないこととして、各コンピュータ生成作品のオリジナリティを否定していた。翻って我が国の著作権法も、著作物が「思想又は感情」の表現であること（著作権法2条1項1号）、すなわち「人間の精神活動」の結果であることを要求している[30]。そのため、人間の精神活動によらない表現は、著作物性が否定される。それでは、人間が機械をツールとして作成した著作物（Telstra事件判決で例として登場する小説家がワープロを使用して表現したもの）と著作物ではないコンピュータ生成作品（作品ではないが、Telstra事件判決での自動運転の飛行機）はどのように切り分けることができるのであろうか。この点については、Telstra事件判決では、最終的な形式（表現）の認識や、表現を形成する活動への貢献（Keane。前者につきAcohs事件の第一審意見も同。）、有形的形式化（表現）[31]への関与、すなわちその性質の制御（Perram）、によるとしている（一部著作者性についての判断を含む。）。表現活動への貢献については、その程度や貢献と表現との関係性が明

---

[29] なお、二次的著作物とする見解として、前掲註（3）田村399頁。その他に、複製物または単なる変形物、新たな著作物とも評価しうるとするものとして、前掲註（3）木谷81頁。
[30] 東京高判昭和62・2・19（昭61（ネ）833）判時1225号111頁〔当落予想表事件・控訴審〕等。同要件において、何らかの人間の活動を要求するものとして、前掲註（3）中山44頁（人の考えや気持ち）。前掲註（3）作花9頁（人間の知的活動の成果）等多数に上る。なお、同要件の積極的意義を明らかにするものは多くないが、現行法において採用された旧法下の学説・判例の見解について、「著作権法の根底には、精神的知的創作について保護を与えることが基本になっている」ことに求めるものがある（山本桂一『著作権法』（有斐閣，1969）34頁）。それを著作権法が「創作法の一環をなす」ことに求める見解（島並良他『著作権法入門』（有斐閣、2009年）16頁〔横山久芳〕）も同旨といえよう。この背後には自然権論による著作権法制度の理解があるように思われるが、この点についての更なる考察は別稿に譲ることとしたい。
[31] 有形的形式化はいわゆる「固定」のことであるが、IceTV事件のGummow裁判官らの意見にあるように、著作物とアイデアとの区別のために要求されるものであり、我が国において検討を行う上では著作物をアイデアと区別する「表現」と言い換えることができよう。なお、比較法の観点からIceTV事件判決が表現ではなく、固定を採用したことを批判するものとして、E. Adeney, "Authorship and Fixation in Copyright Law: A Comparative Comment" (2011) 35 Melb. U. L. Rev. 677.

確ではなく、判断基準としては分かりづらいものであるが、最終的な表現の認識は、それを認識しつつ表現することにより、人間の精神活動と「表現」とを結びつけるものであり[32]、作成者の具体的な表現への認識の有無をその能力（プログラムの能力）等から問うことによりある程度客観的に判断できるものといえよう[33]。なお、表現の性質の制御等観点は、最終的な表現を認識して初めてその制御が可能となるため最終的な表現の認識と異なるところはあまりない。

この結果、コンピュータ生成作品の全部または一部が著作権法上保護されないとする場合には、同作品の利用者がコンピュータ生成作品であるかを識別できないため、目の前の作品の著作権の有無を判断できず、その利用に混乱をきたすことが考えられうる[34]。オーストラリアの判決においても、最終的な出力物（例えばTelstra事件の電話帳）が、外見上著作権による保護の対象となるとしつつも、人間によるオリジナリティの欠如等からその保護を否定しており、この問題が生じうることを示している。しかし、これは、逆に前記の著作権保護の原則に基づき保護対象からそのような表現を排除するという目的を達成するためにも、その識別を可能とするよう新たな制度の構築が必要であるということを示すものともいえる（この点に関しては下記（4.）を参照。）。

3．コンピュータ生成作品と著作者性

さらに、著作物性（2.）と表裏の関係にある問題であるが、コンピュータ生成作品と著作者性についても、検討を要する点がある。まず、著作者について、オーストラリアの判決では、著作権ある著作物を有形的形式にする者として著作物性と関連付け、コンピュータ生成作品についてそれに関与する者（システム提供者やユーザ）の著作者性を、その者の貢献が有形的形式化（表現）に向けられていないことや最終的な表現への認識が欠如していること等から否定している。この点、我が国の著作権法でも異なるところはなく、「著作物を創作する者」であると定義される著作者（著作権法2条1項2号）は、著作物があってはじめて成り立つものであり、前記のようにコンピュータ生成作品が、

---

[32] なお、前掲註（5）〔ときめきメモリアル事件・上告審〕では、「改変」の判断において、ストーリーの「本来予定された範囲」という、著作者の表現への認識を基準としている。
[33] 分類方法は異なるが、文化庁『著作権審議会第9小委員会（コンピューター創作物関係）報告書（平成5年11月）』記載の判断手法と結論において類似する。
[34] 前掲註（3）田村400-401頁。

人間の精神活動とのつながりを持っていないのであれば、そもそも著作者も存在しえないのである。

このコンピュータ生成作品における著作者性の問題への対策としては、本稿（第1）及びオーストラリアの判決も言及するように、1988年の英国著作権法におけるみなし著作者の規定（9条（3））が知られている。しかし、前述（2.）のとおり、著作権による保護のためには著作物は著作者の精神活動の結果であることが必要であり、著作者を定めたとしても、コンピュータ生成作品の著作権保護の問題は解決できない。英国法においても、オリジナリティの要件が、コンピュータ生成作品についても適用されるかは明らかではないが、それをみなし著作者のオリジナリティ（技能と労働）であると示唆する見解もある[35][36]。しかし、そのように解する場合には、やはりみなし著作者は存在するが保護される著作物が存在しないという問題が生じうることになる。

なお、1988年の英国著作権法9条（3）と我が国著作権法15条の職務著作の規定との類似性を指摘する見解がある[37]。確かに、両規定ともに直接著作物を創作していない者が著作者となる点では類似しているといえなくはない。しかし、職務著作の場合においても実際に著作物を作成する者は、「法人等の業務に従事する者」である人間であって、その精神活動の結果として著作物が作成されるのであり、その結びつきが確保されている点で人間の精神活動と表現との関係性を欠く場合をも包含しうる英国著作権法の規定とは原理的に大きく異なる[38]。そのため、我が国の職務著作の規定の延長として、英国著作権法のコンピュータ生成作品についてのみなし著作者の規定を理解することは適切ではない。

---

[35] K.M. Garnett et al.（eds）, Copinger and Skone James on Copyright, 16th edn, Vol.1 (Sweet & Maxwell, 2011), Ch.3, p.159, para.3-149.
[36] [2006] RPC 379, 399 [106].では、ユーザに表示されるゲーム画像について、技能と労働の寄与が無いとして、ゲームのプレーヤの著作者性が否定されている。なお、ゲームのプログラマが9条（3）によりその著作者であるとされている（ibid, 398-399 [105].）。
[37] 前掲註（3）中山221頁。
[38] ただし、1988年法の立法過程において、このコンピュータ生成作品の議論が、当初機械の助力を得た著作物、すなわち著作物性についてそれほど疑念の生じない対象を念頭に行われていたということには留意する必要がある。Whitford Report, Cmnd 6732 (1977), prara 513. そのためか、White Paper (Cmnd 9712 (1985) para 9.7.) では、この問題のために特段の規定を要しないともされていた。

4．立法による保護の可能性

　以上のように、コンピュータ生成作品について著作権による保護を行うことは、人間の精神活動（知的活動）の成果としての表現を保護するオーストラリア法及び我が国法における理解からは困難である。このことは、著作物や著作者の解釈においてだけではなく、英国法のみなし著作者の規定の導入という立法論においても、コンピュータ生成作品と人間の精神活動との結びつきが無いため、同様のことがいえる。

　しかし、コンピュータ生成作品を生み出すシステムへの投資保護のため[39]、また著作権の保護対象からコンピュータ生成作品のような表現を排除することにより著作権による保護の理論的な純化を進めるためにも、同作品を立法により保護することでその立証を通じて識別を可能とすることが求められる。そこで、以下では、前記のオーストラリアの判決に登場した、コンピュータ生成作品の保護に関する立法論を検討することにしたい。

（1）独自権による保護（EUデータベース指令）

　まず、IceTV事件判決及びTelstra事件判決で登場した、EUデータベース指令のような独自権による保護が考えられる[40]。前述（1．）の通り、コンピュータ生成作品は、システムから出力された編集物と評価し得ると指摘しておいたが、その編集物を出力するシステムは、蓄積データから一定のパラメータを条件としてそれを出力するものであって、一種のデータベースと捉えることもできる[41]。EUデータベース指令7条1項[42]は、投資保護等の観点からデータベースのコンテンツの実質的な部分の抽出または再利用を禁止する権利を作成者に付与する。本稿で問題としている出力物たるコンピュータ生成作品に置き直せば、その再利用の禁止も含みうる。ただし、その対象である、「データベースの実質的な部分」は、抽出等されるデータの量並びにデータベース作成投資の

---

[39] Telstra [2010] FCAFC 149 [97] (Perram J). システム開発のインセンティブとして言及するものとして、前掲註（3）田村400頁。
[40] EUデータベース指令の内容の詳細については、蘆立順美『データベース保護制度論』（信山社出版、2004年）等参照。
[41] 我が国の著作権法2条1項10の2号参照。
[42] 「加盟国は、コンテンツの取得、検証及び表示のいずれかについて定性的及び／または定量的に実質的な投資があったことを示すデータベースの作成者に、定性的及び／または定量的に評価される、そのデータベースの内容の全体のまたは実質的な部分の抽出及び／または再利用を禁止する権利を与えなければならない。」

質的及び量的な規模を評価して行われる[43]。そのため、単純にEUデータベース指令の規定を引き写すだけでは、システム内のデータのごく一部によって生成される個別のコンピュータ生成作品の保護には対応できない可能性がある[44]。しかし、EUデータベース指令のように投資保護を目的として独自権を付与するという考え方からコンピュータ生成作品の保護の制度を構築することは、その客体を保護する目的であるシステムへの投資の適切な保護につながる可能性が高い。例えば、そのための権利の例外[45]や、適切な保護期間の設定（作成日または公表日から15年[46]）等が、それを担保しよう。この観点から、データベースの独自権による保護の議論は再度見直されるべきものであろう。ただし、保護対象の拡張に際しては、市場における競争の観点にも配慮したうえで投資保護が達成できるよう注意深く検討する必要がある[47]。

（2）著作権法での保護（著作隣接権）

　Telstra事件判決でのYates裁判官の意見にあったように、1988年の英国著作権法におけるコンピュータ生成作品の規定と、オーストラリア法での著作物以外の著作権保護[48]（著作隣接権）との規定上の類似性を指摘することができる[49]。理論上コンピュータ生成作品を生み出すシステム等が、その作品をユーザに伝達する媒体であるという著作隣接権の保護対象との類似性[50]をも認めた

---

[43]　EUデータベース指令前文42及びBritish Horseracing Board v William Hill, ECJ Case C-203/02参照。
[44]　McCutcheon, above n 8, 965.
[45]　EUデータベース指令9条。（ａ）非電子データベースの内容の私的目的での抽出、（ｂ）教育または科学研究の説明のための抽出（出典明示・非営利目的限定）、（ｃ）公益目的、もしくは行政または司法手続きのための抽出等。
[46]　EUデータベース指令10条。
[47]　蘆立順美「データベース権によって保護される『投資』の範囲」相澤英孝他編『知的財産法の理論と現代的課題』（弘文堂、2005年）494頁。また同論文は、EUデータベース指令が市場における競争の観点を解釈論上考慮する土台が非常に乏しいために、制度に理論上の歪みを生じさせているとも指摘する。
[48]　著作物以外の著作権保護の観点からの立法論として、McCutcheon, above n 8, 964-5.
[49]　なお、この点は、英国法においても指摘されている。Copinger and Skone James on Copyright (2011), Ch.4, p.234, para.4-13; W.R. Cornish et al, Intellectual Property: Patents, Copyright, Trade Marks & Allied Rights, 8th edn, (Sweet & Maxwell, 2013), Ch.20, para. 20-45.
[50]　加戸守行『著作権法逐条講義　六訂新版』（著作権情報センター、2013年）552頁。著作隣接権制度を「著作物を公衆に提示・提供する媒体…に知的価値を認め、…権利関係を定める」ものであると説明する。

上で、そのシステム提供者を著作隣接権者として保護する余地はあり得よう。隣接権による保護を行う場合、保護対象は、システムにより生成された作品に限定されることになろう[51]。その結果、隣接権者によるその立証のための活動[52]や独自創作の抗弁によって、対象の十分な明確化と第三者の独自創作の自由の確保を図ることが可能となる。ただし、その保護期間については、我が国著作権法101条に規定されている他の保護対象と同様に、システムの作成後50年を基本として設計されることが予想される[53]が、システム製作者の投資保護という観点からは、保護期間が長くなりすぎ、過度の保護による弊害が生じる恐れがある[54]。また、同様の保護を隣接権制度により導入している国は知られておらず[55]、著作権法(著作隣接権制度)の制度調和という観点からも慎重な検討を要しよう[56]。

第4 おわりに

コンピュータ生成作品について著作権による保護を行うことは、人間の知的努力の成果としての表現を前提とする著作物及び著作者の理解からは困難であることが、オーストラリアの判決で示されており、その点は我が国においても異なることはなかった。また、オーストラリアの判決に登場したコンピュータ生成作品の立法論的な方策を検討したが、その実現可能性や過度の保護、制度調和といった点から一長一短あるものではあった。ただし、それらの方策は、著作権による保護に比べれば理論上の問題を抱えるものではなく、一定の実現

---

[51] 我が国著作権法第4章(著作隣接権)参照。逆にその保護対象の狭さを懸念するものとして、McCutcheon, above n 8, 966.
[52] その方法として、システム提供者による出力物へのウォーターマークや権利管理情報の付与等が想定される。
[53] 例えば、多様な隣接権の保護対象を定めるドイツ著作権法においては、各々異なる保護期間が定められており(例えば、刊行物(70条。発行(製作)後25年)、データベース(87a条。公表(製作)後15年)、映画製作者(94条。発行(製作)後50年)等)、このような心配は杞憂であるかもしれない。
[54] EUデータベース指令10条による作成後15年の比較的短期の保護期間を参照。
[55] なお、英米法系諸国では隣接権保護対象を著作権により保護しており、1988年の英国著作権法9条(3)は、大陸法系諸国での著作隣接権の保護の主体を定めていると理解することもできる。Copinger and Skone James on Copyright (2011), Ch.4, p.234-5, para.4-13. も参照。
[56] ただし、EUでの投資に対する見返り等の観点からの著作隣接権概念の拡張の潮流については、アドルフ・ディーツ著・上野達弘訳「著作権法による著作者・実演家の保護: 現代ヨーロッパ大陸著作権法の5本の柱」高林龍他編『年報知的財産法2015-2016』(日本評論社、2015年) 44-45頁参照。

可能性を見出しうるものであった。

　コンピュータ生成作品を生み出す技術（システム）は、今後さらなる高度化が図られ、新たな市場そして新たな作品利用の潮流をも生み出しうるものである。そのための技能や労働そして、投資の保護を図ることにより、それらの技術を促進すべきかの判断は、議会の仕事[57]であるが、それが必要であるとした場合の適切な立法政策のために以下３点を再度指摘しておきたい。まず、コンピュータ生成作品の保護の手段として、英国型の著作者を定める方式を採用したとしても、結局のところ生成物が著作者の精神活動の結果といえないため、その保護を達成することができない。また、同作品の保護のための中心的な目的は、それを生み出すシステムへの投資保護であり、そのために過不足のない保護が必要である。このためには、同目的のために制定されたEUデータベース指令による独自権保護は重要な示唆を与えてくれよう。さらに、コンピュータ生成作品の著作権以外の保護の明確化は、その立証活動を通じて著作権の保護対象から同作品を識別可能にし、それを排除することで結果として著作権による保護の対象の純化を進めるのに資するものでもある。

---

[57] Telstra [2010] FCAFC 149 [97] (Perram J).

ドイツ著作権法における映画の著作物の保護
－著作者契約法を契機として－

三 浦 正 広

はじめに

　インターネットの普及によるデジタル・ネットワーク時代の到来により、コンピュータプログラムが著作物として保護されるようになったことに合わせて、著作権法上の著作物のなかでもっとも大きな影響を受けているのは映画の著作物であるといって過言ではない。映画の著作物もかつては劇場映画を対象として保護が図られてきたが、現在ではコンピュータプログラムを利用したコンピュータアニメ映画やコンピュータゲーム（ゲームソフト）、さらには音楽ビデオや音楽映像なども映画のカテゴリーに含まれるようになり、映画の著作物の概念は大きく拡大している。

　そのような状況のなかで、映画の著作物を著作権法において保護する趣旨は、その流通過程や利用の促進における権利保護に重点がおかれてきている。このような動向は、とりわけEUにおいて顕著であるが、わが国の映画業界においては対応が遅れている。近年のわが国の映画業界は、いわゆる製作委員会方式による映画製作の割合が増加している。映画に関する権利を共有化することで、経済的リスクを回避しようとする傾向が強くなっているといえる。このような製作委員会方式は、リスクを分散させ、資金調達の面で映画製作を容易にするという点では意味があるが、映画に関する権利が多数の者に帰属して権利関係が複雑となり、映画の利用、流通の促進という観点からすると、これはむしろ時代の流れに逆行的な側面をも有している。

　これに対して、EU指令を受けて国内法の整備をすすめているドイツ著作権法は、映画製作者への権利の集中、およびデジタル・ネットワークを利用したオンライン配信等によりもっとも影響を受けやすい実演家の保護の強化が図られている。著作者契約法の観点から、映画化契約あるいは映画製作契約等の契約関係のなかで、映画製作者および実演家の契約上の地位は大きく向上している。

このようにデジタル・ネットワーク時代を迎えて、映画を取り巻く環境が大きく変貌しているにもかかわらず、わが国の映画に関する著作権法制は旧態依然のままであり、映画製作の実態や契約慣行とは大きく乖離しているといえよう。もちろん欧州と日本とでは、映画に関する文化的、産業的な基盤が異なるために単純に比較することができないことはいうまでもないが、ドイツ法における映画の著作物の保護に関する立法の動向や判例、学説について分析し検討を加えることで、わが国の議論に示唆を見出すことができるものと考える。

1．ドイツ著作権法における映画の著作物

(1)「映画」概念と映画の著作物

ドイツ著作権法（Urheberrechtsgesetz 1965：UrhG）において著作物とは、文芸、学術および美術の領域に属する著作物であり（UrhG 1条）、人格的かつ精神的な創作物であるとされ（UrhG 2条2項）、映画の著作物は、保護される著作物のひとつとして例示されている（UrhG 2条1項6号）。

ドイツ著作権法は、わが国の著作権法と同様に、著作物性の要件を充たす映画を「映画の著作物（Filmwerke）」として保護しているが、そもそも「映画（Film）」とは何かについて定義規定をおいていない。ただ、映画と動画は区別され、著作物性を有する映画は「映画の著作物」、著作物性のない映画は「動画（Laufbilder）」として認識されている（UrhG 95条参照）。

映画は、フランスのルミエール兄弟によって発明され、1895年12月28日、パリのカフェにおいて、「ラ・シオタの駅における列車の到着」と題する映画が世界で初めて公に上映されたとされる[1]。その後、映画は技術革新と合わせて、さまざまなジャンルの映画が世界的に著しい発展を遂げることとなるが、とりわけ劇場映画は、その製作において先行著作物の著作者、音楽の作曲家、監督、カメラマン、編集者などその他多数の製作スタッフや実演家が関与する総合芸術としての地位を確立することとなる。また、劇場映画は製作のために多額の資金を必要とする一方で、巨額の興行収入を生み出す産業として発展する。いまや映画産業は、世界各国の産業全体からみても、きわめて大きな割合を占める文化芸術産業の1つとして成長していることは周知の事実である。このよう

---

[1] Wandtke/Bullinger, Praxiskommentar zum Urheberrecht, 4. Aufl., Vor §§ 88ff., Rdnr. 1.

に、映画はその製作に多数の者が関与し、多額の資金が投じられることから、著作物としての芸術的な側面に加えて、経済的、産業的側面も重視される。映画の経済的利用価値を高めるためには、複雑な権利関係を明確にしておく必要がある。

　このような映画の著作物の特殊性に対応するために、ドイツ著作権法は映画に関する特別規定を設けて（UrhG 88条〜95条）、他の著作物とは異なる趣旨で映画の著作物を保護している。その適用領域は、「映画」および「映画化（Verfilmen）」という概念によって包摂されている。法的には「映画」は「映画の著作物」および「動画」の上位概念ということになる。映画は、動く映像（連続動画）または音声を伴なう映像（音声映像）自体であって、記録媒体や視聴覚的な増幅技術などは考慮されることがないどころか、わが国の場合とは異なり、「映画」概念に有形的固定性は必要とされていない。したがって、映画はフィルム等に固定されている必要はなく、テレビの生放送やインターネット上の映画のストリーミングによる配信も「映画」として認識される。すなわち、映画概念には自動ウェブカメラや監視カメラによる映像も含まれることになる[2]。また、映画は映画フィルム等の記録媒体（録画物および録音録画物）とは区別される。このような録画物および録音録画物は、映像または音声の反復再生を可能にする記録媒体にすぎない。この記録媒体への最初の固定は、映画製作者の著作隣接権の成立要件となる。ネットサーバーにおける一時的蓄積にすぎないライブ・ストリーミングなどの場合は、永続的な固定とはいえず、映画の記録媒体とはいえない。

　ドイツ著作権法における支配的見解によると[3]、映画の著作物は独立した様式の総合芸術著作物であり、映画製作のために利用される著作物である原作や脚本、音楽、舞台装置などを統合して再生させるものである。たとえば、映画の脚本は独立した言語の著作物ではなく、統合された映画の著作物の部分を構成するといえるが、他方で、映画の基礎として利用される脚本は独立した著作物として保護される側面をも有しており、同時に先行著作物としての二重の性

---

[2] Wandtke/Bullinger, a.a.O., (Fn. 1), Vor §§ 88ff., Rdnr. 53.
[3] Rehbinder/Peukert, Urheberrecht, 17. Aufl., S. 98ff.; Wandtke, Urheberrecht, 4. Aufl., S. 88ff.; Schack, Urheber- und Urhebervertragsrecht, 7. Aufl., S.131 f ; Schricker/Loewenheim, Urheberrecht, 4. Aufl., Vor §§ 88ff., Rdnr. 20ff; Fromm/Nordemann, Urheberrecht, 11. Aufl., Vor §§ 88ff., Rdnr. 8 ff; Wandtke/Bullinger, a.a.O., (Fn. 1), Vor §§ 88ff., Rdnr. 55.

質をも併せもつことになる[4]。

　映画は、情報技術の発展にともない、その種類が増加するとともに、映画の概念自体も徐々に拡大している。著作権法の保護対象となる映画の範囲は、劇場映画をはじめとして、ビデオ映画、テレビ映画、音楽ビデオに加えて、いわゆるマルチメディ著作物に拡大している。また、古典的な意味における映画の著作物は、とりわけ娯楽映画およびドキュメンタリー映画であり、これにはアニメーション映画やコンピュータアニメ映画も含まれる。しかしながら、コンサートや演劇の上演について、静止カメラによる映像化の場合は、映画の著作物の要件を充たさないものとされ、さらに、スポーツ映像の著作物性については議論があるところである。スポーツ映像について、判例は著作物としての保護を認めていない[5]。

　コンピュータゲーム（ゲームソフト）の視聴覚的表現も、コンピュータアニメ映画と並んで、著作権法2条1項6号の意味における映画の著作物とみなされる。コンピュータゲームは、わが国の判例および学説における理解と同様に、結局のところディスプレイ上に表現される映像と音声により構成されており、通常は映画の著作物性の要件を充たしていると考えられている。映画が脚本にもとづいて製作されるように、コンピュータゲームは、プログラムに内蔵されたゲームコンセプトにしたがって進行し、それには音声効果や音楽が用いられ、日常を超越した創作的なゲーム映像や仮想のゲームの世界が作られている。ホームページ上に短い映画形式で表現されるインターネット効果も映画の著作物として保護される[6]。

　ドイツ著作権法において、著作物性のない映画は、単なる「動画」として区別されている。しかしながら、動画についても映画の著作物に関する特別規定（UrhG 88条以下）が準用されることになっており（UrhG 95条）、映画の著作物に準じた保護が与えられている。

　また、映画は連続する画像によって構成されているものと理解され、映画には常に同時に個々の画像が含まれている。したがって、映画はその映像を構成

---

[4] Wandtke/Bullinger, a.a.O., (Fn. 1), Vor §§ 88ff., Rdnr. 55.
[5] LG Berlin GRUR 1962, 207, 208 –Maifeiern; Wandtke/Bullinger, a.a.O., (Fn. 1), Vor §§ 88ff., Rdnr. 60;
[6] LG München ZUM-RD 2005, 81, 83; Wandtke/Bullinger, a.a.O., (Fn. 1), Vor §§ 88ff., Rdnr. 61.

するそれぞれの部分において、著作権法2条1項5号の意味における写真の著作物（Lichtbildwerke）としても、また、72条の意味における写真（Lichtbild）としても保護されうる。この場合の写真の著作物が、とりわけコンピュータゲームにおける個々の画像である場合、それは造形美術の著作物として把握することも可能であり、そうすると、その場合の画像には追及権が適用される余地が生じる[7]。

（2）デジタル社会の出現と映画の著作物の保護の強化

　ドイツ旧著作権法である1901年の「文学的および音楽的著作物の著作権に関する法律（LUG）[8]」および1907年の「造形美術および写真の著作物の著作権に関する法律（KUG）[9]」には、当初は映画の著作物に関する規定はみられなかったものの、それぞれ1910年の法改正により[10]、KUGには映画の著作物が著作権法上保護される旨の規定が設けられ（KUG 15a条）、またLUGには、言語の著作物の映画化が翻案に相当する場合には、当該著作物の著作者（Verfasser）の同意が必要であるとする規定が設けられた（LUG 12条2項6号）[11]。そして映画の著作物に関する特別規定が設けられたのは、1965年に制定されたドイツの現行著作権法（UrhG）においてである。

　現行ドイツ著作権法は、第3章として88条以下に「映画の著作物に関する特別規定」を設けて保護している。まず、映画化権（Recht zur Verfilmung）について規定するUrhG 88条は、原作小説や脚本などの先行著作物の著作者と、映画の製作に関する映画化契約を締結する映画製作者（Filmhersteller）との契約関係を定めており、続いて、映画の著作物の権利関係について規定するUrhG 89条は、製作される映画の著作物の著作者と映画製作者との契約関係について定めている。さらに、映画製作者の保護について規定するUrhG 94条は、映画製作者が、その製作した映画の著作物に対して有する権利について定めて

---

[7] Wandtke/Bullinger, a.a.O., (Fn. 1), Vor §§ 88ff., Rdnr. 64.
[8] LUG: Gesetz betreffend das Urheberrecht an Werken der Literatur und Tonkunst vom 19. Juni 1901（RGBl. S. 227）.
[9] KUG: Gesetz betreffend das Urheberrecht an Werken der bildenden Künste und der Photographie vom 9. Januar 1907（RGBl. S. 7）.
[10] Gesetz zur Ausführung der revidierten Berner Übereinkunft vom 22. 5. 1910.
[11] 1908年ベルヌ条約ベルリン改正条約において、すでに映画の保護に関する規定が設けられている。

いる。

　UrhG 88条および89条における契約規定は、いずれも契約において「疑いがあるとき（im Zweifel）」、すなわち契約内容が明確でない場合や契約上の文言から当事者の意思が明確とはならない場合等に適用される推定規定である。契約当事者間に紛争が生じた場合であっても、合理的な理由が示される場合には、当然のことながらその推定は覆されることになる。

　ただし、映画化契約ないし映画製作契約における映画製作者への権利の集中は、あくまで映画の円滑な利用を確保することが目的であるので、本来は著作者（または利用権者）に認められている利用権の譲渡（UrhG 34条）、利用権の承継的移転（UrhG 35条）および不行使による撤回権（UrhG 41条）または信条の変化による撤回権（UrhG 42条）は制限される。これらの権利は、UrhG 88条１項、UrhG 89条１項に規定されている権利には適用されないこととなっている（UrhG 90条）。

　これらの映画の著作物に関する特別規定は、デジタル・ネットワーク時代の到来に合わせてたびたび改正が行なわれている。まず1995年６月23日の著作権法改正は、EU保護期間指令および貸与権指令にもとづく改正であり、映画の著作物の保護期間について定めるUrhG 65条２項の規定について、主たる監督、脚本の著作者および音楽の作曲家のなかでもっとも長く生存した者の死後70年で消滅するとする改正などが行なわれている。また、実演家と映画製作者の間の映画参加契約に関するUrhG 92条の改正により、実演家の法的地位の改善が図られている。

　次に1998年５月８日の法改正は、EU衛星・ケーブル指令にもとづく改正であり、映画製作者の排他的権利について規定しているUrhG 94条の改正により、放送事業者に対する映画製作者の権利が強化された。

　そして、2002年３月22日の法改正は、著作者契約法[12]にもとづく法改正であり、著作権法88条における著作者から映画製作者への権利移転の推定について、UrhG 89条との関係において平準化が図られ、あらゆる既知の利用方法におけ

---

[12] 著作者契約法については、拙稿・三浦正広「著作者契約法の理論－契約法理論による著作者の保護－」コピライト622号22頁、623号48頁（著作権情報センター、2013年）および同「ドイツ実演家契約法における実演家の保護－著作者と実演家の権利の平準化に向けて－」日本芸能実演家団体協議会実演家著作隣接権センター『実演家概論－権利の発展と未来への道－』（223-261頁）所収（勁草書房、2013年）参照。

る権利移転の推定が拡大された。これにより映画製作者の法的地位が強化されたといえる。さらに、2003年9月10日の法改正は、EU情報社会指令にもとづく第1次著作権法改正（Erster Korb）[13]による改正であり、実演家について規定しているUrhG 92条における映画製作者との関係において、実演家の地位の平準化が行なわれた。それまで実演家の権利は「同意権（Einwilligungsrechte）」としての性質を有するにとどまっていたが、これにより純粋な排他的権利として構成されることとなった。

　最新の改正は、2007年10月26日の法改正であり、前回の改正に引き続き、EU情報社会指令にもとづく第2次著作権法改正（Zweiter Korb）[14]による改正である。ドイツ著作権法31条旧4項では、未知の利用方法に関する契約は無効であると規定されていたが、この改正により、一転して、未知の利用法に関する契約は、一定の要件を充たすことにより有効であるとされるに至り（UrhG 31 a 条）、映画製作者の契約上の地位が強化されることとなった（UrhG 88条1項、89条1項）。

2．映画の著作者・映画製作者

（1）映画の著作物の著作者

　ドイツ著作権法における「著作者」とは、わが国の著作権法と同様に「著作物の創作者」である（UrhG 7条、日本著作権法2条1項2号）。これは、著作物の創作者は自然人であるという創作者主義（Schöpferprinzip）に由来するものであり、ドイツ法ではこの創作者主義の考え方が貫徹されている。法人等を著作者であると擬制する日本著作権法15条、創作者主義の例外規定をおいているわが国の著作権法とは大きく異なる。

　ドイツ法における映画の著作物の著作者については、わが国の著作権法16条のような規定は設けられておらず、基本的には創作者主義が妥当すると考えられているが、映画の著作物の著作者が誰であるかを定めた具体的な規定は存在しない。したがって、映画の著作物の著作者は、創作者主義にもとづいて、個

---

[13] Gesetz zur Regelung des Urheberrechts in der Informationsgesellschaft vom 10. 9. 2003 (BGBl. I S. 1774).
[14] Zweites Gesetz zur Regelung des Urheberrechts in der Informationsgesellschaft vom 26. 10. 2007 (BGBl. I S. 2513).

別的に具体的に決定されるとするのが支配的な見解である[15]。ただ、映画の著作物の保護期間について規定しているドイツ著作権法65条2項は、共同著作物である映画の著作物の保護期間の算定の根拠を示す必要性から、主たる監督（Hauptregisseur）、脚本（Drehbuch）の著作者、台本（Dialoge）の著作者、映画音楽の作曲家を「著作者」として例示している[16]。もちろんこの規定は限定的な例示であると理解されているわけではなく、通常は監督、カメラマンおよび編集者（Schnitter）は、映画の著作者であると考えられている[17]。さらに、映画製作者も含まれるとする学説もある[18]。

　判例および学説で承認されている映画の著作者の例として、映画監督[19]（Filmregisseur）、録音主任[20]（Chef-Mischtonmeister）、照明主任（Chef-Beleuchter）および特殊効果責任者（Special-Effects-Verantwortliche）、アニメ映画の創作者、アニメ・デザイナー（Zeichner）、アニメ製作者（Trick-Animateure）、アニメ映画監督（Trickfirmregisseur）などがある[21]。映画の著作者に該当しない者の例として、舞台担当（Szenenbilder）、衣装担当（Kostümbilder）、メイクアップ担当（Maskenbilder）、および映像技師

---

[15] BGH 2002, 961 -Mischtonmeister; OLG Köln GRUR-RR 2005, 337, 338 -Dokumentarfilm Massaker; Wandtke, a.a.O., (Fn. 3), S. 90; Dreier/Schulze, Urheberrechtsgesetz, 5. Aufl., Vor § 88 Rdnr. 1 ; Fromm/Nordemann, a.a.O., (Fn. 3), Vor §§ 88ff., Rdnr. 20; Wandtke/Bullinger, a.a.O., (Fn. 1), Vor §§ 88, Rdnr. 70.

[16] 映画の著作物の保護期間について規定している著作権法65条2項は、主たる監督、脚本の著作者、台本の著作者および映画音楽の作曲家のうちでもっとも長く生存した者の死後70年で消滅すると規定している。従来は、これら特定の者を映画の共同著作者とする例示はみられなかったが、EU内における保護期間のハーモナイゼーションの必要性から、共同著作物である映画の保護期間の満了時を明確にするために、1993年のEC保護期間指令（93/98/EG）2条にもとづく著作権法改正により、著作者の例示として文言が追加された。Fromm/Nordemann, a.a.O., (Fn. 3), Vor §§ 88ff., Rdnr. 20; Wandtke/Bullinger, a.a.O., (Fn.1), Vor §§ 88ff., Rdnr. 72.

[17] EU域内における映画の流通を促進する意味から、映画の著作権に関するハーモナイゼーションが主張されている。EU指令における映画の著作者について、Poll, GRUR Int. 2003, 290, 292f.; Ulmer, Urheber- und Verlagsrecht, 3. Aufl., S.157; Fromm/Nordemann, a.a.O., (Fn. 3), Vor §§ 88ff., Rdnr. 20; Wandtke/Bullinger, a.a.O., (Fn. 1), Vor §§ 88ff., Rdnr. 65, 72.

[18] Wandtke/Bullinger, a.a.O., (Fn. 1), Vor §§ 88ff., Rdnr. 65.

[19] EuGH ZUM 2012, 313 Rdnr. 48 –Luksan/van der Let; BGH GRUR 1991, 133, 135 -Videozweitauswertung I ; BGH GRUR 1984, 730 –Filmregisseur; Dreier/Schulze, a.a.O., (Fn. 15), Vor § 88 Rdnr. 1.

[20] OLG Köln ZUM 2000, 320, 323 –Schlafes Bruder; BGH GRUR 2002, 961, 962 -Mischtonmeister; Wandtke/Bullinger, a.a.O., (Fn. 1), Vor §§ 88ff., Rdnr. 72.

[21] Dreier/Schulze, a.a.O., (Fn. 15), § 89 Rdnr. 20 f ; Wandtke/Bullinger, a.a.O., (Fn. 1), Vor §§ 88ff., Rdnr. 72.

(Filmarchitekten) が挙げられている[22]。

　映画製作に関与するすべての行為が、人格的、精神的な創作行為に寄与しているということではなく、また、映画製作に関する特定の職種や業務が創作行為にあたるというわけでもない。映画の著作者は、映画の著作物の製作に際し、各人の創作への寄与の範囲に応じて、創作的に寄与した者であるとされる（UrhG 7条、8条2項）[23]。その場合、創作的寄与の範囲が相当の範囲である必要はないと解されている[24]。著作者の認定のために重要なことは、創作的な寄与に関して著作者に最終的な決定権限が認められているかどうかであり、著作者は、他人の意思に従属することなく、自らの意思を決定しうる状況になければならない。したがって当然のことながら、与えられた仕事を熟すだけの者や準備作業をするにすぎない者は、著作者としては保護されない[25]。

　映画の著作者は、通常は共同著作者ということになる。映画の著作物の著作者が単独で請求権を行使する場合、著作者は、映画の著作物の製作に参加した者が、映画の著作物に創作的に寄与しなかったことについて説明責任および立証責任を負う[26]。

（2）映画製作者

　わが国の著作権法29条1項は、「映画の著作物…の著作権は、その著作者が映画製作者に対し当該映画の著作物の製作に参加することを約束しているときは、当該映画製作者に帰属する。」と規定し、さらに「映画製作者」とは、「映画の著作物の製作に発意と責任を有する者」をいうとする定義規定をおいている（2条1項10号）。その趣旨は、ドイツ法と同様に、映画の著作物の特性を踏まえて、市場における円滑な流通を図ることを目的とするものであるとされる[27]。しかし実務上は、定義規定があるからといって個々の映画について著作

---

[22] Dreier/Schulze, a.a.O., (Fn.14), Vor §88 Rdnr. 8 ff.; §89 Rdnr. 13; Schricker/Loewenheim, a.a.O., (Fn. 3), Vor §§88ff. Rdnr. 70; Wandtke/Bullinger, a.a.O., (Fn. 1), Vor §§88ff., Rdnr. 73.
[23] AmtlBegr. des 3. UrhGÄndG BT-Drucks. 13/781, 9; BT-Drucks. 13/115, 10; Wandtke/Bullinger, a.a.O., (Fn. 1), Vor §§88ff., Rdnr. 70.
[24] BGH GRUR 2009, 1046 -Kranhäuser; Wandtke/Bullinger, a.a.O., (Fn. 1), Vor §§88ff., Rdnr. 70.
[25] LG München I ZUM 1999, 332, 337; Wandtke/Bullinger, a.a.O., (Fn. 1), Vor §§88ff. Rdnr. 70.
[26] Wandtke/Bullinger, a.a.O., (Fn. 1), Vor §§88ff., Rdnr. 71.

権法上の映画製作者が具体的に特定されるわけではない。

映画の著作物に関しては、その権利主体となるべき著作者および映画製作者を特定することは困難を極める。前述したようにドイツ著作権法（UrhG）は、映画の著作者についてそうであるように、映画製作者についても具体的な定義規定をおいていない[28]。「映画製作者（Filmhersteller）」という概念は、UrhG 88条ないし95の「特別規定」のなかで権利主体としての属性を認識される概念であり、著作権契約上の概念であると解することができる。その趣旨は、やはりわが国の場合と同様に、映画製作のコストやリスクを考慮し、映画製作者が製作された映画の利用を容易になしうることができるように、組織的および経済的給付を目的として、レコード製作者および放送事業者の権利に類似する著作隣接権を映画製作者に帰属せしめるものである[29]。これにより、映画製作者は、映画製作のために必要な資金を調達し、映画製作に関する人的および物的な準備作業を行ない、映画の製作を統括する。そして、自己の名において、自己の責任において映画製作のために必要な契約を締結する。すなわち、映画製作者の特定については、映画の利用や劇場映画の場合の利用権の移転の問題は重要ではない。映画製作者の概念や資格は、経済的責任および組織的活動を請け負っているかが重要であり、映画製作に参加するすべての者による給付の成果として利用することを目的として映画を製作することが必要とされる。このような意味において、映画製作者は、事実的に定まるものであって当事者の主観的なイメージだけで定まるものではない[30]。「映画製作者」の概念は、映画製作者に映画の著作物の利用に関する給付保護権（Leistungscgutzrecht）を認めているUrhG 94条の規定との関係において重要な意味をもつ[31]。

これにより、映画の製作および利用に関する権利を映画製作者に集中させるために、先行著作物の著作者、製作される映画の著作物の著作者および映画に参加する実演家との契約関係において、契約内容が明確ではない場合、映画製作者は、映画の製作および利用のために必要な権利の移転の推定を受けることとなる。

---

[27] 加戸守行『著作権法逐条講義（六訂新版）』（著作権情報センター、2014年）220頁－223頁。
[28] BT-Drucks, IV/270, S.98, 100ff.
[29] Schricker/Loewenheim, a.a.O., (Fn. 3), Vor §§88ff. Rdnr. 5.
[30] OLG Bremen OLGR Bremen 2009, 105ff. Rdnr. 59 -Dokumentarfilm Die Stimme; Schricker/Loewenheim, a.a.O., (Fn. 3), Vor §§88ff. Rdnr. 31.

3．映画製作者への権利移転の推定

　前述したように、ドイツ著作権法は映画の著作物の特殊性を考慮し、第3章において「映画の著作物に関する特別規定」（UrhG 88条～95条）をおいて、他の著作物とは異なる趣旨で保護している。映画の製作には多数の製作スタッフや俳優等が関与し、その権利関係は複雑である。1つの映画の著作物に関する権利が、複数の著作権者の共有ということになると、その映画の著作物の経済的評価に大きな影響を与える結果を生じさせる。この経済的評価しだいで、映画製作者は大きな利益を得ることとなり、その場合、映画製作者は、映画の産業的な利用目的のために多大な支出とそれに伴なうリスクを負いながらも映画の著作物を製作する。したがって、これらの規定は、映画製作者がその投下費用の回収を妨げられることなく、経済的評価が確保されるべきであるという基本的な思想にもとづくものであるとされる[32]。このことは、映画製作に関する一切の権利を映画製作者に集中させることで実現される。

　これらの規定の趣旨は、映画の著作物について、映画製作者にその著作者その他の権利者の排他的権利より優位な地位を保障するによって、映画の経済的利用を容易にすることにある[33]。著作者や実演家との関係における契約上の地位を強化することによって、その優越的な地位を確保することを目的としてい

---

[31] UrhG 94条　映画製作者の保護
（1）映画製作者は、映画の著作物を収録した録画物または録画録音物を複製し、頒布し、公に上映し、放送し、または公に利用可能化して利用する排他的権利を有する。さらに、映画製作者は、録画物または録画録音物のいかなる改変または要約、これにより正当な利益を侵害する行為を禁止する権利を有する。
（2）この権利は、譲渡することができる。映画製作者は、留保されている個別の、またはすべての利用方法において録画物または録画録音物を利用する権利を他人に移転することができる。第31条、第33条および第38条が準用される。
（3）この権利は、録画物または録画録音物の発行後、公の再生のために許容される利用が以前に行なわれている場合は50年で消滅し、あるいは、録画物または録画録音物がこの期間内に発行されないか、公の再生のために許容される方法で利用された場合は、製作後50年で消滅する。
（4）第10条第1項、第20b条、第27条第2項、第3項および第1章第6節の規定が準用される。
[32] RegE UrhG -BT-Drucks, IV/270, S.98; Loewenheim UFITA 126[1994], 99, 110; Fromm/Nordemann, a.a.O., (Fn. 3), Vor §§88ff. Rdnr. 1 ; Poll GRUR Int. 2003, 290, 291; Dreier/Schulze, a.a.O., (Fn. 15), Vor §88, Rdnr. 1.
[33] AmtlBegr. BT-Drucks. , IV/270 S. 35f., 98ff; Ulmer, a.a.O., (Fn. 17), S. 203; Rehbinder/Peukert, a.a.O., (Fn. 3), S. 101; Schack, a.a.O., (Fn. 3), S. 362ff. ; Dreier/Schulze, a.a.O., (Fn. 15), Vor §88, Rdnr. 1.

る。とりわけUrhG 88条、89条および92条は、契約内容について紛争が生じた場合には、契約の解釈によってこれを回避することを目的とするものである[34]。これらの特別規定は、解釈規定として、映画製作者への契約による権利移転の範囲について定めるものであり、映画の著作物に対する関与の方法により分類されている。

映画の著作物の円滑な利用、流通の促進を目的として、映画の製作および利用に関する権利を映画製作者に集中させるために必要な契約を大きく3つの類型に分類して規定している。それぞれの契約規定には、契約内容に「疑いがあるときは」、映画製作者への権利移転の推定に関する規定が含まれている。まず、① 映画製作の前提となる原作や脚本などの先行著作物の著作者と映画製作者の間の映画化契約について、先行著作物の著作者は、疑いがあるときは、先行著作物に変更を加えることなく、または、映画の製作および利用に必要な方法および形式で先行著作物を利用する排他的権利を映画製作者に移転するものと推定される。それは、あくまで当該映画の製作を担保することを目的としており、再映画化に関する権利まで含むものではない（UrhG 88条[35]）。

次に、② 映画の著作物の著作者と映画製作者との間の契約について、監督、カメラマン、編集者など、映画製作に創作的に直接関与する者は、当該映画の著作物の著作者ということになるが、その場合の契約内容に疑いがあるときは、映画の著作物およびその翻訳、翻案等によりあらゆる利用方法で利用する排他的権利が映画製作者に移転するものと推定される。映画の著作物の著作者の権利は、映画製作のために利用される小説、脚本および映画音楽などの先行著作物には影響を与えない（UrhG 89条[36]）。

さらに、③ 映画に参加する実演家と映画製作者との間で締結される映画参加契約について、疑いがあるときは、映画の著作物の利用について、録音録画

---

[34] Schricker/Loewenheim, a.a.O., (Fn. 3), Vor §§ 88ff. Rdnr. 1.
[35] UrhG 88条 映画化権（Recht zur Verfilmung）
（1）著作者が他人にその著作物の映画化を許諾する場合、疑いがあるときは、映画の著作物の製作にあたり、変更を加えず、または翻案あるいは改変して著作物を利用し、そして、その映画の著作物およびその翻訳その他映画の翻案をあらゆる利用方法で利用する排他的権利の移転が含まれる。第31a条第1項第3文、第4文および第2項ないし第4項は適用されない。
（2）第1項による権利は、疑いがあるときは、著作物の再映画化を認めるものではない。著作者は、疑いがあるときは、契約締結の10年経過後にその著作物を映画として利用することが認められる。

(固定)、複製、頒布、公の再生および放送により実演を利用する権利が映画製作者に移転するものと推定される（UrhG 94条[37]）。

これらの契約はいずれも映画の製作および利用のために必要な種々の権利を映画製作者に移転させるものであり、基本的には契約自由の原則のもとで、それらの契約内容は当事者の合意によって定まるものであるが、契約内容に「疑いがあるとき（im Zweifel）」、すなわち契約内容が不明確であったり、当事者間の合意内容が合致していないような場合は、映画製作者に権利が移転したものと推定されることになっている。

むすびにかえて

著作権法において映画の著作物は、他の著作物と同様に、種々ある著作物のなかの1つとして例示されているにすぎないが、法律上の取り扱いは他の著作物と大きく異なっている。もちろん映画の著作物は著作物性の要件を充たし、著作権法による保護を受ける対象であり、また、芸術性を有し、文化の発展に大きく寄与するものである。しかしながら、映画は芸術的、文化的側面にとどまらず、商業的側面を併せもっている場合が多い。とりわけ劇場映画、娯楽映画、アニメ映画などは、経済的評価や価値を無視して法的保護の枠組みを考え

---

[36] UrhG 89条　映画の著作物に関する権利（Rechte am Filmwerke）
（1）映画の製作について参加する義務を負う者は、映画の著作物に関する著作者の権利を取得する場合、疑いがあるときは、映画の著作物およびその翻訳その他映画の翻案をあらゆる利用方法で利用する排他的権利を映画製作者に移転する。第31a条第1項第3文、第4文および第2項ないし第4項は適用されない。
（2）映画の著作物の著作者が、第1項による利用権を事前に第三者に移転した場合であっても、著作者は、その権利を制限付きで、または制限なしに映画製作者に移転する権限を常に留保する。
（3）著作者の権利は、映画の著作物の製作のために利用される小説、脚本および映画音楽などの著作物には影響を与えない。
（4）映画の著作物の製作の際に生じる写真の映画に関する利用について、第1項および第2項が準用される。
[37] UrhG 92条　実演家（Ausübende Künstler）
（1）実演家が、映画製作者との間で映画の著作物の製作への参加に関する契約を締結する場合、疑いがあるときは、映画の著作物の利用について、第77条第1項、第2項第1文、および第78条第1項第1号、第2号により留保されている利用方法による実演を利用する権利の移転を含むものとする。
（2）実演家が事前に第1項に規定されている権利を譲渡し、または利用権を第三者に移転した場合であっても、実演家は、映画の著作物の利用について、その権利を映画製作者に譲渡または移転する権限を留保する。
（3）第90条が準用される。

ることはできない。単に著作者の利益を考慮するだけではなく、映画製作に費やされたコスト回収のためのシステムが構築される必要がある。

　映画は製作段階における権利関係や資金調達だけを容易にするような手法だけではなく、利用の段階における流通を促進するようなしくみを整備することが肝要であると考える。EU加盟国であるドイツは、EU指令にもとづくハーモナイゼーションをすすめ、加盟国ごとの障壁を取り払うことで商業的利用の拡大を推し進めている。情報技術の発展にともなうデジタル・ネットワークの普及、拡大のなかで、著作権法の改正を積み重ね、試行錯誤を繰り返しながら、映画の著作物の保護のあり方が模索されている。

　国家の産業全体における映画産業の位置づけ、市場規模の違いなど、ドイツあるいは欧州とわが国では映画を取り巻く環境に大きな違いがあるものの、ドイツあるいはEUにおける映画の保護法制は、国際的なハーモナイゼーションの観点からも、大いに示唆を受けることができる。アニメ映画を中心とした、将来におけるわが国の映画産業の世界的な展開を見据えて、わが国も世界標準レベルの流通システムの導入が図られるべきではないかと考える。

フレームリンクと著作権

江 森 史麻子

1. 序 論

インターネット上のウェブサイトを構成するウェブページにおいて他のウェブページを参照する方法として、ハイパーリンク（Hyperlink、本稿では、以下、単に「リンク」という。）が用いられる。インターネット上で提供されるハイパーテキストシステムであるWWW（World Wide Web）において、参照先のURL（Uniform Resource Locator）を記述しておき（これを「リンクを張る[1]」と表現することがある。なお、当該ウェブページ上で参照先のURLが見られる場合もそうでない場合もある。）、閲覧者がそこをクリックすると、参照先のウェブページに飛ぶことができるというものである。

インターネットが普及する過程においては、自社ウェブページへのリンクを張ることを禁止する、あるいは許可制にするという例が多く見られて問題視されたが、リンクは当該ウェブページの存在位置を示す情報に過ぎないため、リンクを貼る行為が著作権法21条の複製権や23条1項の公衆送信権を侵害するものではないとの理解が一般化し、リンクは基本的に自由であるとのコンセンサスが構築された[2]。

現在では、基本的にリンクを自由としつつも、後述のように、リンクの仕方によっては20条1項の同一性保持権などの侵害になることがあるとの見解が一般的といえよう。

本稿では、リンクの仕方のうち、「クリックすることにより、他人のウェブページ上の情報が自分のウェブページのフレームの中に取り込まれる形式のもの」について、これにまつわる著作権法上の問題点について検討する。このような

---

[1] リンクを「貼る」という表記も良く見られるところであるが、ここでは「張る」を用いる。
[2] たとえば、日本弁護士連合会は、1996年9月にウェブサイトを開設した当初、リンクに許可条件を設けていたが、ネット上での批判を受けて、2002年6月に、リンクは原則自由であるとの方針に転換した。（http://ascii.jp/elem/000/000/331/331957/ などを参照。）

リンクの仕方は、「エンベッド」ないし「埋め込みリンク」などと呼ばれることもあるが、これをここでは「フレームリンク[3]」と呼ぶこととしたい。

2．フレームリンクに関するこれまでの議論
（1）経済産業省「電子商取引及び情報財取引等に関する準則」

　経済産業省「電子商取引及び情報財取引等に関する準則」（最終改訂平成27年4月）ii12～14頁は、「サーフェスリンク、ディープリンク、イメージリンク、フレームリンク、インラインリンクの個別の態様でのリンクを張る行為自体においては、原則として著作権侵害の問題は生じない」としつつ、「例えば、ユーザーのコンピュータでの表示態様が、リンク先のウェブページ又はその他著作物であるにもかかわらずリンク元のウェブページ又はその他著作物であるかのような態様であるような場合には、著作者人格権侵害等の著作権法上の問題が生じる可能性があるとも考えられる。さらに、そのようなリンク態様において著作者の名誉声望が害されるような場合には、著作者人格権の侵害（著作権法第113条第6項）となる可能性もあるであろう。」とし、フレームリンク固有の問題はないが、表示の態様によっては、著作者人格権（ここでは氏名表示権（19条1項）及び同一性保持権（20条1項）が問題となろう。）や著作者人格権のみなし侵害（113条6項）が問題になり得るとする。

（2）公益社団法人著作権情報センターの見解

　公益社団法人著作権情報センター（CRIC）では、ホームページ上に「著作権Q＆A」(http://www.cric.or.jp/qa/index.html)を設けている。その中の、「デジタルネットワーク社会と著作権」（半田正夫著）の「Q12　無断でリンクを張ることは著作権侵害となるでしょうか。」に対して、「A12」で、リンクの一般的な説明の後、「リンクを張ることは、単に別のホームページに行けること、そしてそのホームページの中にある情報にたどり着けることを指示するに止まり、その情報をみずから複製したり送信したりするわけではないので、著作権侵害とはならないというべきでしょう。」としつつ、「もっとも、クリックする

---

[3] 経済産業省「電子商取引及び情報財取引等に関する準則」（最終改訂平成27年4月）ii7頁は、「フレームリンク」を、「ウェブブラウザの表示部をいくつかのフレームに区切り、フレームごとに当該フレームと対応づけられたリンク先のウェブページを表示させる態様のリンクをいうものとする。」と定義している。

ことにより、他人のホームページ上の情報が自分のホームページのフレームの中に取り込まれるという形式のものであれば、話は別です。このような場合、自分のホームページの中に他人の情報を複製することになるので、複製権の処理が必要になってくるように思われますし、また取り込む情報が一部分であるならば不要な部分をカットしたということで同一性保持権（著作権法第20条）も働く可能性があるからです。」[4]という。

この「自分のホームページの中に他人の情報を複製することになるので、複製権の処理が必要になってくる」という記述は、複製権（21条）の侵害となりうるという意味であると解される。

（3）学説

中山信弘名誉教授は[5]、ディープリンクとともにフレームリンクに触れ、「フレームリンクは、リンク元のフレームを分割し、その中にリンク先のウェブサイトを表示するものであり、あたかも自分の著作物に他人の著作物を取り込んだかのような効果がある。そのような場合、リンク先としては不愉快であるし、場合によってはユーザーの誤認を招くおそれもあり、経済上の損失を伴う可能性もある。ただ著作権法的観点からすれば、複製等が行われていない以上、複製権侵害や公衆送信権侵害に問うことは難しいのではないかと考えられる。」と述べた上で、「一部を切り取って見せていると考えれば著作者人格権侵害の可能性はあろう。またリンク先の著作物の著作者の名誉声望を害する方法でリンクが張られていれば著作者人格権侵害となる可能性もあろう（113条6項）。」とする。

このように、フレームリンクにおける問題状況を認識しつつも、著作財産権侵害の問題は生じないとし、ただその具体的態様によっては著作者人格権侵害の問題が生じうるとするのが、学説や実務家による論説の大勢であるといえる[6,7]。

いっぽうで、作花教授は[8]、「例えば、bのコンテンツをaの一部として取り

---

[4] 2016年3月31日閲覧
[5] 中山信弘『著作権法　第2版』（有斐閣）252頁
[6] 佐野信「インターネットと著作権」牧野利秋・飯村敏明編『新・裁判実務体系4　著作権関係訴訟法』（青林書院）456～457頁
[7] 田島正広編集代表『インターネット新時代の法律実務Q＆A』（日本加除出版）157頁（田島編著、田村香代、藤本健一、森居秀彰執筆）
[8] 作花文雄『著作権法　制度と政策　第3版』（発明協会）457頁

込み、あたかも a 自体のコンテンツであるかのように b のコンテンツをユーザーに情報提供する場合において、b の権利者の利益が損なわれるおそれがある（著作者人格権としては同一性保持権、氏名表示権の問題があり、著作財産権としては、複製権、翻案権などの問題がある。）」とする。

3．単純な事案へのあてはめと検討
（1）想定事案
　それでは、上記のそれぞれの立場は、具体的事案においていかなる違いをもたらすか。ここではもっとも基本的なフレームリンクの態様、すなわち、フレームリンクにより、参照元のページが用意した枠の中に参照先の画像や動画等が取り込まれる形で再生されるが、参照先の画像等には一切の改変を加えない場合を考えてみる。

（2）複製権または翻案権侵害の有無
　前述のCRIC（半田名誉教授）及び作花教授の立場によれば、複製権の侵害となりうるようである。しかし、複製とは有形的再製をいうから（2条1項15号）、画面に表示されることがすなわち有形的再製である、または画面に表示する直前にデータが経由するRAMへの一時的蓄積が複製に当たるという解釈を取った場合に、この問題が生じよう（ただし後者については、現在は47条の8により問題とはならない。）。
　また、作花教授の立場では翻案権の問題ともなりうるようであるが、具体的な場面には言及されていない。想定事案のように、参照先の画像等には一切の改変を加えない場合でも、リンクされたことにより見え方が変わることを翻案といいうるかは不明である。
　それ以外の立場では、複製権及び翻案権については、問題とならない。これまでの伝統的な解釈論からは、複製権も翻案権も問題とならないという帰結とならざるを得ないであろう。

（3）氏名表示権侵害の有無
　場合によっては氏名表示権侵害の問題が生じることに異論はないようである。ただし、後述するロケットニュース24事件判決のように、リンクを張ることだけでは「公衆への提供若しくは提示」（19条1項）をしたとはいえないと

解すると、そもそも氏名表示権の問題が生じうるのかは疑問となる。これについては、フレームリンクの場合、見る人は参照元のページの中に参照先の画像等が存在する形で見るのであるから、参照元のページを使って「公衆への提示」をしたと解釈することができるのではないだろうか。

（4）同一性保持権侵害の有無

　元ページが用意した枠の中に入れられることが同一性保持権の侵害となりうるとする立場もあるようである。枠が太くて派手な色であるなど目立つものであり、閲覧者が中の画像等を見る上で何らかの影響があるときに、このような主張もなされうるだろう。

　この点、CRIC（半田名誉教授）は明確に、「取り込む情報が一部分であるならば」同一性保持権の問題がありうるとしているので、この立場では、枠の中に入れられるだけでは問題とならない。

　佐藤恵太教授は[9]、「リンク先の情報からみると、リンク先情報の外側に情報が追加されただけであり、いわば絵画に額装を施した例によく似ているともいい得よう。額縁を加えることが同一性保持権侵害になるとはいいにくい。」として、枠は同一性保持権の問題でないことを明示する。この見解に賛成したい。

4．ロケットニュース24事件（大阪地裁平成25年6月20日判決、平成23年（ワ）第15245号）

（1）事案の概要

　原告（男性）は、平成23年6月5日、カメラ等を持参し、自身が上半身に着衣をせず（頭に猫耳状の飾りと首に首輪状の飾りのみ。）、大阪市内のマクドナルド店に入店する模様や、原告自身が店員や警察官と対応する様子等を撮影し、これを動画として、訴外株式会社ニワンゴが運営する「ニコニコ生放送」にライブストリーミング配信した。このストリーミング配信は、「ニコニコ動画」の会員として登録した者のみが見ることができ、会員は、ライブ配信の終了後も一定期間内、タイムシフト機能によりストリーミング配信を見ることができた。この原告の動画を、会員と思われる何者か（特定されていない。）が録画し、そのうちの約15分間の部分（以下「本件動画」という。）を、動画共有サイト「ニ

---

[9] 「インターネット利用に特有の諸技術と知的財産法」『ジュリスト』（有斐閣）1182号47頁

コニコ動画」にアップロードした。これにより、同サイトへアクセスすれば、誰でもいつでも本件動画を視聴することができるようになった。

　被告は、「ロケットニュース24」というウェブサイト（以下「本件ウェブサイト」という。）を運営管理する株式会社である。本件ウェブサイトは、国内外の様々なニュースや話題を記事としてまとめたものであり、読者は、記事ごとにコメントを投稿することができる。被告は、同月9日、本件ウェブサイト内に本件動画に関する記事を掲載するとともに、「ニコニコ動画」上の本件動画に付されていた引用タグ又はURLを本件ウェブサイトの編集画面に入力して、本件記事の上部にある動画再生ボタンをクリックすると、本件ウェブサイト上で本件動画を視聴できる状態にし、本件記事の末尾に、「参照元：ニコニコ動画」と記載した。

　本件ウェブサイト上の本件動画に関する記事には、掲載日から同年8月1日までの間に複数のコメントが書き込まれた。

　同年6月27日、原告は、被告に対し、本件動画を本件ウェブサイト上で視聴できる状態にしたことは、原告の著作権及び肖像権を侵害するとして抗議したところ、被告は、同日、本件ウェブサイトの編集画面から本件動画に付されていた引用タグ又はURLを削除して、本件ウェブサイト上で本件動画を視聴できないようにしたが、動画に関する記事とコメントは、削除しなかった。

（2）請求

(i) 本件動画を本件ウェブサイトに無断で掲載（フレームリンク）したこと、(ii) これに原告を誹謗中傷する記事を掲載したこと、(iii) 記事下部のコメント欄に原告を誹謗中傷するコメントを記載させ、これを削除しなかったことが、原告の名誉を毀損し、原告の著作権（公衆送信権）及び著作者人格権（公表権、氏名表示権）を侵害するものであるとして、①名誉権に基づき本件記事及び本件コメント欄記載の削除を求め、②著作権及び著作者人格権侵害の不法行為に基づく名誉回復措置としての謝罪文と、③名誉毀損の不法行為に基づく名誉回復措置としての謝罪文を、本件ウェブサイトに掲載するよう求めた。

　また、④金60万円と遅延損害金を求めたが、その請求原因は、主位的に、著作権及び著作者人格権侵害の不法行為に基づく損害賠償の一部として30万円並びに名誉毀損の不法行為に基づく損害賠償の一部として30万円を、予備的に、肖像権侵害の不法行為に基づく損害賠償の一部として10万円並びに名誉毀損の

不法行為に基づく損害賠償の一部として50万円を請求したというものである。

（3）争点
争点は多岐にわたるが、判決に示された争点のうち、著作権法の関係では以下の7点である。
ア　本件動画は映画の著作物に該当するか
イ　公衆送信権侵害の有無
ウ　「引用」該当性
エ　報道の目的上正当な範囲内での利用といえるか
オ　著作者人格権（公表権、氏名表示権）侵害の有無
カ　原告の損害
キ　名誉回復措置の必要性

　裁判所は、このうち、「ア」については、一定の創作性があり、ライブ配信と同時にニワンゴのサーバに保存されたと認められ「固定」された（2条3項）として、映画の著作物であると認めた。次に、「イ」で公衆送信権の侵害はなく、その幇助もしていないと判断したため、「ウ」と「エ」については判断されなかった。また、「オ」については公表権侵害も氏名表示権侵害もないとし、「カ」と「キ」については判断されなかった。
　以下では、「イ」と「オ」について述べた部分を引用する。

（4）判旨
公衆送信権侵害の有無について
「(1)　被告は本件動画を送信可能化したか
　原告は、被告において、本件記事の上部にある動画再生ボタンをクリックすると、本件ウェブサイト上で本件動画を視聴できる状態にしたことが、本件動画の「送信可能化」（法2条1項9号の5）に当たり、公衆送信権侵害による不法行為が成立する旨主張する。
　しかし、前記判断の基礎となる事実記載のとおり、被告は、「ニコニコ動画」にアップロードされていた本件動画の引用タグ又はURLを本件ウェブサイトの編集画面に入力することで、本件動画へのリンクを貼ったにとどまる。
　この場合、本件動画のデータは、本件ウェブサイトのサーバに保存されたわけではなく、本件ウェブサイトの閲覧者が、本件記事の上部にある動画再生ボ

タンをクリックした場合も、本件ウェブサイトのサーバを経ずに、「ニコニコ動画」のサーバから、直接閲覧者へ送信されたものといえる。

　すなわち、閲覧者の端末上では、リンク元である本件ウェブサイト上で本件動画を視聴できる状態に置かれていたとはいえ、本件動画のデータを端末に送信する主体はあくまで「ニコニコ動画」の管理者であり、被告がこれを送信していたわけではない。したがって、本件ウェブサイトを運営管理する被告が、本件動画を「自動公衆送信」をした（法２条１項９号の４）、あるいはその準備段階の行為である「送信可能化」（法２条１項９号の５）をしたとは認められない。

(2)　幇助による不法行為の成否

　ところで、原告の主張は、被告の行為が「送信可能化」そのものに当たらないとしても、「ニコニコ動画」にアップロードされていた本件動画にリンクを貼ることで、公衆送信権侵害の幇助による不法行為が成立する旨の主張と見る余地もある。

　しかし、「ニコニコ動画」にアップロードされていた本件動画は、著作権者の明示又は黙示の許諾なしにアップロードされていることが、その内容や体裁上明らかではない著作物であり、少なくとも、このような著作物にリンクを貼ることが直ちに違法になるとは言い難い。そして、被告は、前記判断の基礎となる事実記載のとおり、本件ウェブサイト上で本件動画を視聴可能としたことにつき、原告から抗議を受けた時点、すなわち、「ニコニコ動画」への本件動画のアップロードが著作権者である原告の許諾なしに行われたことを認識し得た時点で直ちに本件動画へのリンクを削除している。

　このような事情に照らせば、被告が本件ウェブサイト上で本件動画へリンクを貼ったことは、原告の著作権を侵害するものとはいえないし、第三者による著作権侵害につき、これを違法に幇助したものでもなく、故意又は過失があったともいえないから、不法行為は成立しない。」

著作者人格権侵害の有無について

「(1)　公表権侵害について

　原告は、本件動画の公開が、人格権である公表権（法18条）の侵害に当たると主張する。

　しかし、原告は、被告による本件動画へのリンクに先立ち、本件生放送をライブストリーミング配信しており、しかも原告の配信動画の視聴者数について

は、「常時400人以上であり、特に企画番組は人気で、この日は数千人の視聴者を超え」(訴状)ていたとされる。そうすると、著作者である原告自身が、本件生放送を公衆送信(法2条1項7号の2)の方法で公衆に提示し、公表(法4条1項)したのであるから、本件生放送の一部にあたる本件動画について、公表権侵害は成立しない。

(2) 氏名表示権について

原告は、本件動画の「公衆への提供若しくは提示」に際し、原告の変名である「P2」を無断で使用し、原告の氏名表示権を侵害した不法行為が成立する旨主張する。

しかし、本件記事自体に原告の実名、変名の表示はなく、本件ウェブサイトに表示された本件動画のタイトル部分に被告の変名が含まれていたに過ぎない(甲1)が、前記2記載のとおり、被告は、本件動画へのリンクを貼ったにとどまり、自動公衆送信などの方法で「公衆への提供若しくは提示」(法19条)をしたとはいえないのであるから、氏名表示権侵害の前提を欠いている。

また、原告自身、本件生放送において、原告自身の容貌を中心に撮影した動画を配信し、原告の実名をも述べていることに加え、「ニコニコ生放送」で本件生放送やその他の動画を配信する際にも「P2」の変名を表示していたことがうかがわれる(甲1,3,4、乙1、弁論の全趣旨)のであるから、上記「公衆への提供若しくは提示」を欠くことを措いて考えたとしても、本件ウェブサイト上の上記表示が原告の氏名表示権の侵害になるとは認められない。」

(5) 検討

まず、本件訴訟提起前に、動画へのリンクは削除されている。したがって、動画配信(フレームリンク)の差止めは問題となっていない。原告は、過去に存在したフレームリンクが公衆送信権、公表権、氏名表示権を侵害するものであったとして損害賠償を請求しているが、原告が訴訟提起をした目的は、動画とともに掲載されていた記事やコメントの削除であると解される。その意味で、著作権が原告にとっての主戦場であったとは言い難い部分がある。

また、被告選択の場面では、原告は、「ニコニコ生放送」での自らのストリーミング配信の録画がアップロードされた「ニコニコ動画」を問題としていない。もちろん、「ニコニコ動画」にアップロードした人物は無許諾であろうから、この者が特定できれば被告とする、あるいは、この者による「ニコニコ動画」

へのアップロードを放置した運営者ニワンゴを被告とするという選択肢もあり得た。しかし、原告が「ニコニコ動画」へのアップロードを問題としていないということは、その枠組みの中での配信は許容できるが、これが「ロケットニュース24」に転載されて記事が書かれ、これにコメントが付されるという枠組みの中では、許容できないという意思の表れであろう。著作物の著作者が、このように、著作物の流通の在り方、扱われ方に不満を持つことは、十分に理解できることである。

　また、本件の原告には代理人が付かない本人訴訟であり、原告の主張の法律構成には整っていない部分があったといえる。まず、著作財産権としてはもっぱら公衆送信権侵害のみを主張しているが、本件ウェブサイトではなされていたのはフレームリンクであったことからすれば、この点に関して複製権や翻案権の侵害に当たる余地がないか、裁判所の判断を待ちたいところであった。また、著作者人格権としては、公表権と氏名表示権の侵害のみを主張しているが、フレームリンクであるところから、同一性保持権侵害を持ち出すことは不可能ではなかった。また、本件動画に関して書かれた記事が原告の名誉を毀損するものであるという主張であるから、このような名誉毀損的表現のあるウェブサイトの一部にフレームリンクされることは、名誉声望を害する態様での使用であるとして、みなし著作者人格権侵害を主張する余地もあった（もっとも、名誉毀損はあっさりと否定されており、みなし侵害について実質的な判断される可能性は少なかったといえるが。）。

　裁判所の判断に関しては、弁論主義の制約から致し方ないこととはいえ、フレームリンクの特殊性がまったく考慮されていない点が残念である。本判決の先例としての射程は広いものといえ、本判決にしたがえば、現在行われているフレームリンクはほぼ完全に問題のないものとなりそうである。

　ところで、被告は、動画のリンクについて引用の抗弁を提出している。現場の感覚からすれば、このようなリンクは引用として認められるように運用していたのではないか。そのために、被告会社ではたんにニュースや動画をリンクするだけではなくて記事を書き、また、コメント欄を設けて読者間での感想等のやりとりができるようにしたものであると考えられるのである。そうであるのに、その手前で著作権の問題が一切生じないとするのであれば、むしろ、このような記事やコメント欄のない、純粋なリンク集（リンク先が違法である場合にはリーチサイトといわれるようなもの）のほうが、法的に無難であるとい

うことになってしまいそうである。

5．リンク先が違法ファイルである場合

　これまで述べたフレームリンクの問題については、リンク先が適法にアップロードされたファイルである場合と違法ファイルである場合の双方について、妥当する。前述のロケットニュース24事件では、リンク先は著作者以外の者が許諾なくアップロードしたものであるから違法ファイルという余地もあり、著作者が権利行使していないということは黙示の許諾があると考えれば適法ファイルという余地もあるという事案であった。

　これに対して、リンク先が違法ファイルであるとき、それを知りつつリンクを張る行為は間接侵害の問題として論じられている。

　東京地裁平成26年1月17日判決（平成25年（ワ）第20542号）は、発信者情報開示請求事件において、原告の著作物を違法にアップロードしたサイトにリンク（フレームリンクではないようである。）を張る行為について著作権侵害を認めて、発信者情報の開示を命じた。すなわち「本件記事を投稿した発信者は、本件記事（甲4）やそれ以外の本件ブログの記載（甲7）からして、ダウンロードサーバに本件漫画の電子ファイルをアップロードした者と同一人であると認めるのが相当であり、仮にそうでないとしても、少なくともアップロード者と共同して主体的に原告の公衆送信権を侵害したものであることが明らかである。」と判示し、書込み等の間接事実から、リンクを張った者は、違法アップロードを自ら行ったか、あるいは違法アップロードした者と共同して著作権侵害を行ったものと認められたのである。

　このように、リンク先が違法アップロードされたファイルであることを認識していただけでは足りず、違法アップロードを自ら行った、または違法アップロードに共同正犯的に関与した場合に、リンクを張る行為が著作権侵害行為に当たるとするのが現在の裁判所の立場であり、それは、現行法の解釈としては、正当であろう。前述のロケットニュース24事件でも、著作権侵害の幇助に当たるか否かについても論じ、否定した。

　そうだとすると、リンク先が違法にアップロードされたファイルであることを知って自らのサイト上でこれにフレームリンクをしたとしても、現行法では何ら問題とならないこととなる。

6．検討

　以上見たように、画像や動画をリンク先に指定するフレームリンクを行うことについては、これを差し止める著作権法上の根拠は、ないに等しい。

　いっぽうで、著作権者から見れば、自己の著作物のネット上での流通をコントロールしたいという要求は当然のものと思われる。これについて、いったんネット上に公表した以上は、どこから参照されようが受忍すべきであるという考え方もあるだろう。しかし、誰が作ったかわからないサイトの中で、勝手な枠の中に入れられて再生されることについてまで、甘受しなければならないであろうか。書籍の著者に例えれば、自己の著作物たる書籍が「どこの書店でも売られている」ことは受忍しなければならないことは当然といえるが、「確認のしようがない装丁で売られている」ことまでも甘受しなければならないというのは、行き過ぎではないだろうか。（もっとも、名誉声望が害されるような態様であれば、みなし著作者人格権侵害が成立するが、そのハードルはきわめて高いといわなければならない。）

　これは、他者の著作物を複製を伴わないで利用できるというインターネットにおけるリンクの特徴から来る問題であるが、結局のところ、インターネットが普及することを想定していなかった著作権法の枠組みを根本から見直す必要がある時代に来ていると考えるべきだろう。何らかの対策を現行法の枠組みの中で考えるとすれば、公への伝達権（23条2項）を活用し、「受信装置を用いて公に伝達する」の中に、インターネット上で自ら自動公衆送信しているサイトの中にフレームリンクの形で他者の著作物を参照し再生することを含める旨の解釈ないし法改正をなすべきではないだろうか。もちろん、その上で引用の抗弁が成立する余地は認めるものである。

> 衛星リモートセンシング事業と国際法曹協会
> （IBA）のデジタル・アイデンティティ原則
> ―衛星画像の著作権・データベース権と被写体のプライバシー―
>
> 　　　　　　　　　　　　　　　　　小　塚　荘一郎

1．問題の所在

　衛星リモートセンシングとは、宇宙空間に打ち上げた衛星から地表を観測し、得られた観測データを処理、解析して利用する活動をいう。多くの宇宙活動がそうであるように、かつては国ないし宇宙機関によって行われてきた衛星リモートセンシングが、近年では民間の主体によって行われるようになり、さまざまな法律上の問題が顕在化しつつある。日本でも、第190回国会（平成28年通常国会）に「衛星リモートセンシング記録の適正な取扱いの確保に関する法律案」が提出され、民間主体による衛星リモートセンシング事業に対して、国の安全保障の観点から必要と考えられる機微情報の管理や移転に関する規制の枠組が提案されている。

　このような民間主体による衛星リモートセンシング事業が拡大すると、それによって得られた観測データにさまざまな形で付加価値を付して利用するデータ利用ビジネスの創出につながると期待されている[1]。その場合、一方では、データないしデータを加工して生み出された製品に対して事業者が排他的な権利を主張できなければ、フリーライド的な利用を排除できず、事業者が収益を挙げることは難しい。他方で、データの収集や加工についての十分な自由は、こうしたデータビジネスの拡大を保障する基盤をなす。この両者は、衛星リモートセンシングに限らず、データビジネスが成長するために一般的に問題となる条件であるが、取引客体に対する排他的な支配権と取引活動に対する制約の排除

---

[1] 衛星リモートセンシング記録の適正な取扱いの確保に関する法律案も、観測データを利用した新規産業を振興することを立法目的の一つとしている（宇宙政策委員会宇宙産業・科学技術基盤部会宇宙法制小委員会における配布資料参照。＜http://www8.cao.go.jp/space/comittee/27-housei/housei-dai 7 /siryou2.pdf ＞）。

は、ともすれば矛盾した要請をはらむ。その上に、取引の客体となる情報に対しては、その情報が関係する個人の自由や権利などの保障も要請される。こうした広い意味での「情報法」の問題は、民間主体による衛星リモートセンシングについても、その事業が拡大するとともに、クローズアップされるであろう。

　この問題は、データビジネス一般に共通する問題であるから、いわゆる宇宙法（宇宙ビジネス法）の関係者だけで閉じた議論を行うべきではなく、データビジネス全般に関する法的なルールと整合的に解決される必要がある。折しも、世界的な法律家の非政府団体（NGO）である国際法曹協会（以下では「IBA」と呼ぶ）のワーキング・グループにおいて、「デジタル・アイデンティティに関する情報収集・利用原則」（以下では「デジタル・アイデンティティ原則」と呼ぶ）[2]の検討が進められているので、本稿では、これを参照しつつ、衛星リモートセンシング事業を情報法の観点から分析するための視角をスケッチしたい。

2．IBAのデジタル・アイデンティティ原則
(1) デジタル・アイデンティティ

　まず、IBAのデジタル・アイデンティティ原則について、その背景と内容を概観しよう[3]。そこでの問題意識は、SNS（ソーシャルネットワーキング・サービス）を代表とするインターネット上のプラットフォーム事業者が、個人の属性や行動に関するさまざまな情報を収集、利用していることに発している。そうした情報から把握される対象者の特性を「デジタル・アイデンティティ」と呼ぶならば、デジタル・アイデンティティに関する情報の収集や利用は、対象者自身が知らないところで行われている場合もあり、対象者が自らコントロールできないことが少なくない。

　その一方で、デジタル・アイデンティティに関する情報は、プラットフォーム事業者（SNSサービス等の提供者）、サービス・プロバイダーやアプリケーション・プロバイダー、ユーザー側の第三者、そしてデジタル・アイデンティティに関する情報の仲介者といったさまざまな事業者が関与して収集、利用さ

---

[2] 最新の作業文書は、Report of IBA Legal Practice Division Working Group, Digital Identity: principles on collection and use of information (Draft – April 2016), <http://www.ibanet.org/LPD/Digital_Identity.aspx>である（以下では、"Digital Identity" として引用する）。
[3] 以下の3段落は、Digital Identity (supra note 3), pp.5-7の要約である。

れており、それぞれの事業者が、独自に規約や利用条件を定めている。そこでは、形式的には契約によって情報利用の枠組が作られているように見えるが、規定が複雑でわかりづらかったり、文言が不明確で事業者側に広い権限が留保されていたり、オプトアウト等の選択肢が用意されていても実質的には無意味であったりして、対象者（ユーザー）の側の期待に応えるものとはなっていない。

このような現状は、もはや個人情報や営業秘密に関する既存の法制によっては十分に規律できない段階にある。しかし、だからといって、インターネット上のサービスをいまさら規制したり、技術の発展を遅らせたりするわけにもいかないので、デジタル・アイデンティティに関する情報をめぐってバランスの取れた新たな規範が必要とされる、とIBAのワーキング・グループは考えるのである。2013年頃には、同じIBAで地理空間情報に関する条約草案を作成する構想もあったが[4]、現在のデジタル・アイデンティティに関する検討では、紛争解決メカニズムを伴った任意の「原則」（いわゆるソフトロー）が志向されている。

（２）衛星リモートセンシングの特性

ここでワーキング・グループが念頭に置いているインターネット上のサービスと、衛星リモートセンシングとでは、状況がまったく同じではない。最も大きな相違点は、インターネット上の情報収集の場合、対象者の行動が契機となり、情報収集者と対象者の間に契約関係が存在する（そうであればこそ、契約条件の明確性や同意の実質が問題となる）ことに対して、衛星リモートセンシングは、対象者の同意なく観測が行われるところにある。したがって、契約条件からのアプローチは、衛星リモートセンシングにおいては、有効性に乏しい。

他方で、衛星リモートセンシングによる観測データは、個人のデジタル・アイデンティティとは、やや距離があるようにも見える。そもそも、現在までに実用化されている解像度は、個人の外貌などの身体的特徴を識別できる程度には達していないと言われる。また、インターネット上の閲覧、購買等の履歴の

---

[4] Christopher Rees, How the IBA is facilitating the development of 'information law', <http://www.ibanet.org/Article/Detail.aspx?ArticleUid=6309C 6 E 9 -D561-4876-839A- 5 ECAACBA361E>. 小塚荘一郎＝佐藤雅彦編著『宇宙ビジネスのための宇宙法入門』（有斐閣、2015年）275～276頁〔小塚〕の記述は、その作業に言及したものである。

ように、直接に個人の行動を特定する情報が収集される可能性は小さい。しかし、たとえば保有する自動車や家屋の状況などを、インターネット・サービスを含む他の方法で収集された情報と統合すれば、たちまち、デジタル・アイデンティティの問題が出現する。従って、衛星リモートセンシング事業の特徴は、それをデジタル・アイデンティティ原則の枠外に置くことが現実的な選択肢になるほど独自のものではない。

（3）収集者の対人的な権利と対象者の対物的な権利

「デジタル・アイデンティティ原則」は、データ収集者と対象者の利害を、対人的な権利（in personam right）と対物的な権利（in rem right）という枠組みで整理しようとする（法律構成としての「債権」「物権」概念を持ち込む趣旨ではない）。ワーキング・グループによれば、実務上、データの生成者（aggregator）は収集・解析した個人情報の所有者であるかのごとく振る舞っているが、これは認識として誤っている。仮にその認識を受け入れてしまうと、オンライン上における個人のアイデンティティは検索エンジンが「所有」できるということになってしまうからである[5]。データ生成者の投資や労力に対して対価が保証されるべきだとしても、それは（取引上の契約条件にもとづいた）対人的な権利によって回収され得るにすぎず、データに対する対物的な権利は、データの除去や個人の特定不能化を求める権利などをも含め、対象者に帰属する。前者の対人的な権利は、あくまでも後者の対物的な権利を前提とする範囲でのみ成立するのである。

このような枠組は、衛星リモートセンシングに適用しようとするときわめて不十分なものであることが判明する。前述のとおり、衛星リモートセンシングにおいては、対象者の擬制的な同意すら観念しえないところで情報収集が行われるからである。言いかえれば、そこでは、ある範囲の個人情報はパブリック・ドメインに属するものとして収集されていると言える。そのとき、一方では、パブリック・ドメインに属する情報について、対象者の「対物的な権利」を観念することが可能かという疑問が生ずる。実際的に考えても、衛星が再び上空を通過する際には同じ観測データが取得できるとすれば、データの除去や特定不能化を求める権利を肯定しても、ほとんど意味がないであろう。他方で、パ

---

[5] Digital identity (supra note 3), p.7.

ブリック・ドメインで収集された情報について、対人的な権利とはいえ、特定の事業者が独占できるような事業者間の取引条件は有効と認められるのか、という点にも、問題があり得る[6]。これらの問題を考えるためには、衛星リモートセンシング活動が許容される条件や限界を検討する必要があろう。

3．衛星リモートセンシング活動の制度枠組
（1） リモートセンシング原則

衛星リモートセンシング活動を直接に規律する国際条約は存在しない。現在のところ、最も基本的な制度枠組は、国連総会決議によって1986年に採択された「宇宙からの地球のリモートセンシングに関する原則」（リモートセンシング原則）[7]である。これは、宇宙条約の精神を具体化する意図で国連総会が決議した原則の一つであり、広い意味でのソフトローに該当するが、各国、さらには民間事業者によるリモートセンシング活動に対して、どの程度の拘束力を有するものかについては、議論が分かれるであろう[8]。

リモートセンシング原則は、その第4原則において、リモートセンシング活動の自由を謳った。もっとも、その表現は直截ではなく、宇宙条約の「第1条に含まれる原則に従って」というやや回りくどい文言を用い、また他国や他国の管轄下にある主体の権利・利益への配慮と天然資源に対する主権の原則の尊重を制約として伴っている。これは、リモートセンシング原則の起草過程において、衛星リモートセンシング活動を行わない国から、そもそも被探査国の承諾がなければ衛星リモートセンシング活動は許されるべきではないという強い主張が提起され、それとの妥協によって規定が起草されたためである[9]。その結果、第4原則の趣旨が一読してわかりづらいものになっていることは否定しがたい。しかし、宇宙条約1条は宇宙活動の自由を定めた基本規定であり、また現実に衛星リモートセンシングに際して被探査国の承諾を受けるという実務

---

[6] いずれの場合にも、観測データそのものと、別に収集されたデータと統合した結果として生成されるデジタル・アイデンティティ関連情報とは別に論ずべきであろうが、すると今度は、両者をどのように区別して取り扱うかという問題に直面することになろう。

[7] Principles Relating to Remote Sensing of the Earth from Outer Space, General Assembly Resolution no.41/65 (3 December 1986).

[8] たとえば、小塚＝佐藤編著・前掲注（4）82頁〔青木節子〕は慎重に女権を限定しつつ議論している。より強く拘束力を肯定するように読める見解として、Fabio Tronchetti, Legal aspects of satellite remote sensing, in: Frans von der Dunk & Fabio Tronchetti (eds.), *Handbook of Space Law* (Edward Elgar, 2015), p.501, at pp.518-519.

（国家実行）は存在しないという事実に照らせば、第4原則が被探査国の同意権を否定し、衛星リモートセンシング活動の自由を保障しているという理解は揺るがないと考えられる[10]。

観測データについても、起草過程では、被探査国が優先的なアクセス権を持つべきであるという見解も示されたが受け入れられず、最終的には、無差別の原則が採択された[11]。すなわち、第12原則は、「一次データ」(primary data)、「処理されたデータ」(processed data) と「解析された情報」(analysed information) を区別し、前者については、「非差別的な基礎にもとづきかつ合理的な価格の条件で」被探査国に提供されると定める。原則の文言は被探査国を主語として書かれているが、アクセスの条件は非差別的であるから、被探査国にはなんら優先権がなく、観測データはすべての国に開放される結果となる。後者の「解析された情報」については、衛星リモートセンシング活動を実施する国の占有下にある場合に、「同様の基礎及び条件」すなわち非差別的かつ合理的な価格条件でのアクセスが認められている。

このように、リモートセンシング原則においては、データ収集活動の対象である被探査国には、拒絶権も優先権も与えられなかった。これは、衛星リモートセンシングによって得られる情報がパブリック・ドメインに属するという考え方と整合的である。他方で、パブリック・ドメインから収集された観測データに対する収集者の権利については、リモートセンシング原則の立場は、あまり明確ではない。非差別的な基礎かつ合理的な価格条件とはいわゆるRAND条件であるから、標準必須特許等においてしばしば問題になるとおり、それだけでは具体的な運用の指針としてほとんど機能しないであろう。また、「解析された情報」に対するアクセス権が、民間事業者による衛星リモートセンシン

---

[9] Hamilton DeSaussure, Remote Sensing Satellite Regulation by National and International Law, *Rutgers Computer & Technology Law Journal*, Vol.15, p.351, at pp.354-357 (1989); Francis Lyall & Paul B. Larsen, *Space Law: A Treatise* (Ashgate, 2009), p.422. Stephan Hobe et al. (eds.), *Cologne Commentary on Space Law*, Vol.III (Carl Hymanns, 2015), p.116, para.77 (Martin Reynders).

[10] Tronchetti, supra note 8, at pp.521-522.

[11] Hobe et al. supra note 9, p.164, para.206 (Lesley Jane Smith). 無差別原則にもとづく観測データへのアクセスは、衛星リモートセンシングにおいて世界で先行した米国が、初期のLandsat衛星の運用において採用した原則であった。Joanne Irene Gabrynowicz, The Perils of Landsat from Grassroots to Globalization: A Comprehensive Review of US Remote Sensing Law with a Few Thoughts for the Future, *Chicago Journal of International Law*, Vol.6, No.1, p.45, at p.52 (2005).

グ活動の成果に適用されるか否かについても、見解は分かれている。民間事業者が保有する情報は、「国の占有下」にはないという解釈も可能だからである[12]。

（2）リモートセンシング原則以降の実務

その後、衛星リモートセンシングに関する実務は、二つの方向に発展した[13]。一方では、高解像度データ以外のデータについて、無償で開放し、相互に自由利用を認めるという慣行である。これは、世界の60か国とEUの支持の下で各種の観測システムを統合した全地球観測システム（Global Earth Observation System of Systems: GEOSS）において典型的に見られる。2005年にはGEOSSの「10か年実施計画」が採択されたが、そこにおけるデータ共有原則は、「完全かつ自由（無制限）な（full and open）」データ、メタデータ及び製品の交換を実現するというものである[14]。これは、一定の場合におけるRAND条件の内容を具体化した国家実行と考えられる。地球環境課題や災害予防に衛星リモートセンシングの成果を活用する局面では、こうした無償のデータ共有が合意される例が多い。

（3）国内法による衛星リモートセンシング事業者の規制

他方で、高解像度の衛星リモートセンシングデータについては、安全保障上の理由で国外の事業者に対する移転を制限する制度が導入されつつある。民間事業者が衛星リモートセンシング活動への参入を進めるにつれて、そうした事業者の所在国では、衛星リモートセンシング法を整備するところが増えてきたが、それらの国内法制は、輸出管理規制と同様に国家の安全保障を確保しつつ、それと衛星リモートセンシング事業を産業として振興することを立法目的としている[15]。

具体的な規制の手法としては、リモートセンシングを実施する衛星の運用者

---

[12] Tronchetti, supra note 8, p.524.
[13] Joanne Irene Gabrynowicz, The UN Principles Relating to Remote Sensing of the Earth from Outer Space and Soft Law, in: Irmgard Marboe (ed.), *Soft Law in Outer Space* (Böhlau Verlag, 2012), p.183, at p.189.
[14] Giesela Süss, Geo-information from satellites: the legal framework, *Space Law Newsletter* (International Bar Association Legal Practice Division), Oct. 2010, p.20, at p.21. 小塚＝佐藤編著・前掲注（4）83頁〔青木〕。

を許可制ないし届出制によって管理する制度が多い[16]。ドイツでは、衛星運用者を認可制とした上で、画像頒布業者を許可制とし、さらに、個別的な画像頒布取引についても政府の承認を必要としている。前述の「衛星リモートセンシング記録の適正な取扱いの確保に関する法律案」は、衛星リモートセンシング装置使用者について許可制とした上で（同法案4条）、衛星リモートセンシング記録を取り扱う者としての認定を受けた者以外の相手方に対しては、衛星リモートセンシング記録を提供してはならない（同法案21条）と定めており、既存の立法例のいずれともやや異なるものの、同様の規制を課している[17]。これらの規制は、安全保障に対する国家の正当な利益を守るものであることに疑問の余地はないが、リモートセンシング原則との関係では、観測データに対するアクセスについて追加的な制約を導入したものと言わざるを得ないように思われる[18]。

---

[15] 衛星リモートセンシングに関する国内法の制定は米国が最も早く、1984年に陸域リモートセンシング商業化法（Land Remote Sensing Commercialization Act of 1984）が制定され、1992年の陸域リモートセンシング政策法（Land Remote Sensing Policy Act of 1992）により大きく改正された後、2010年の国家・商業宇宙政策法（National and Commercial Space Policy Act of 2010: NCSPA）が現在の規制枠組を形成している（51 USC §§60101-60506）。次いで、カナダが、リモートセンシング宇宙システムの運営に関する法律（Act governing the Operation of Remote Sensing Space Systems, S.C. 2005, c.45）を2005年に、またドイツは、高解像度リモートセンシングデータの配布によるドイツ連邦共和国に対する安全保障上の危険に対する保護のための法律（Gesetz zum Schutz vor Gefährdung der Sicherheit der Bundesrepublik Deutschland durch das Verbreiten von hochwertigen Erdfernerkundungsdaten: SatDSiG）を2007年に、それぞれ制定した。フランスは、2008年の宇宙活動法（loi no 2008-518 du 3 juin 2008 relative aux opérations spatiales）第7編の中に3か条を置いて衛星リモートセンシング活動を規律している。これらの概観として、Atsuyo Ito, *Legal Aspects of Satellite Remote Sensing* (Nijhoff, 2011), pp.74-98; 伊藤淳代「衛星リモートセンシング法の最新動向」空法52号（2011）1頁、小塚＝佐藤編著・前掲注（8）194～197頁〔竹内悠〕。

[16] 米国のNCSPAにつき、Glenn Tallia, NOAA's Licensing of CubeSats as Private Remote Sensing Space Systems under the national and Commercial Space Policy Act, <http://www.americanbar.org/content/dam/aba/administrative/science_technology/1_20_12_licensing.authcheckdam.pdf>、カナダ法については、Thomas Gillon, Regulating Remote Sensing Space Systems in Canada – New Legislation for a New Era, *Journal of Space Law* Vol.34, p.19 (2008)、ドイツ法について、Michael Gerhard & Matthias Creydt, Safeguarding National Security and Foreign Policy Interests – Aspects of Export Control of Space Material and Remote Sensing Activities in Outer Space, in: Frans G. von der Dunk (ed.), *National Space Legislation in Europe* (Brill, 2011), p.189.

（4）衛星リモートセンシングとデジタル・アイデンティティの規律

　このような衛星リモートセンシング活動の規制に照らすと、第一に、リモートセンシング原則が被探査国の事前同意権や優先権を否定していることから、それと重なる範囲では、対象者の同意なくしてデータの収集が許容されるパブリック・ドメインが認められると言えそうである。言いかえれば、対象者のデータに対する対物的な権利の承認には困難が大きい。第二に、事業者が収集した観測データや、それにもとづいて生成した情報に関して、事業者の排他的な権利を、対人的な権利として設定することが許されるか否かについては、少なくとも否定されてはいないが、正面から肯定した規範も存在しない。ただし、一部では無償でデータを公開する実務が慣行となりつつあり、民間事業者が収集ないし生成した情報も、同等の条件が満たされればこの慣行に服するのではないかと思われる。

4．まとめと将来の展望

　民間事業者によって実施される衛星リモートセンシングは、最先端のデータビジネスであるとも言える。そこで取り扱われる情報は、個人の行動を特定するデジタル・アイデンティティ情報となる潜在性を持っている。そのことは、解像度が十分に高くなればもとより、現状の解像度でも、他の方法で収集された情報と統合されれば、すでに現実の問題であるといえよう。従って、そこでは、デジタル・アイデンティティ情報に関して一般に論じられているところと同様に、一方では対象者の権利（プライバシー権、「忘れられる権利」など）、他方ではデータの収集、生成を行った事業者の権利が問題となる。しかし、リモートセンシング原則は、そもそもソフトローとしての拘束力が認められる範

---

[17] 形式的には、事業者の許可制のみを採用する米国法・カナダ法と、衛星リモートセンシングデータ取引をすべて審査の対象とするドイツ法の中間であると言える。もっとも、米国法の下でも、「重要な海外契約」（significant or substantial foreign agreement）については、事前に当局の審査を受けることとされており（15 CFR §960.11（b）（5））、その中には、「大量の未処理データを日常的に受領することとなる販売代理店契約」や「システム上の未処理データへの直接的なアクセスを可能にするシステム運用参加契約」が含まれるので（16 CFR §960.3）、個別のデータ頒布契約は許可の対象とならないが、頒布業者については、運用事業者に対する許可の条件を通じて間接的に規制する体制が取られていると言える。カナダ法においても、同様に、運用事業者に対する許可に対して付される条件の中で、未処理データ又はリモートセンシング製品の配布について制約をかけたり、個別取引の事前承認を義務づけたりすることができる（Remote Sensing Space Systems Act sec.8（6）,（7））。

[18] See Gabrynowicz, supra note 13, p.189.

囲も不明確である上に、商業的な衛星リモートセンシング活動が出現する前に採択されたという事情もあり、これらの問題に対して、十分な回答を用意しているとは言いがたい。

　すると、IBAが検討しているデジタル・アイデンティティ原則のような規範が一般原則として参照される可能性も、十分にあると予想される。しかし、デジタル・アイデンティティ原則は、インターネット上の各種サービスを念頭に置いているので、それと前提が相当に異なる衛星リモートセンシングにそのまま適用すると、適合しない部分が多い。そこで、衛星リモートセンシング活動に適用される各国の法制なども考慮しつつ、衛星リモートセンシングに固有の修正を施したデジタル・アイデンティティ関係規範を検討していく必要があるように思われる。日本でも、「衛星リモートセンシング記録の適正な取扱いの確保に関する法律案」が国会に提出されているといっても、その適用対象は、国際社会の平和の確保等の観点から問題となる水準の解像度を持つデータに限定される[19]。それに対して、デジタル・アイデンティティの問題は、より広範な衛星リモートセンシングデータについて生ずると思われるから、こうした検討を今後進めていく必要性はきわめて高いといえよう。

　なお、こうした検討の前提として、衛星リモートセンシング事業者によって収集、生成された情報が、知的財産権によって保護されるかという点も論じなければならない。仮に知的財産権の成立が肯定されれば、その範囲では、事業者の対人的な排他権についても、有効性が認められやすくなると考えられる。

---

[19] この法案では、「衛星リモートセンシング装置」を「地球を回る軌道に投入して使用する人工衛星（以下「地球周回人工衛星」という。）に搭載されて、地表若しくは水面（これらに近接する地中又は水中を含む。）又はこれらの上空に存在する物により放射され、又は反射された電磁波（以下「地上放射等電磁波」という。）を検出し、その強度、周波数及び位相に関する情報並びにその検出した時の当該地球周回人工衛星の位置その他の状態に関する情報（……）を電磁的記録（電磁的方式、磁気的方式その他人の知覚によっては認識することができない方式で作られる記録であって、電子計算機による情報処理の用に供される者をいう。以下同じ。）として記録し、並びにこれを地上に送信する機能を有する装置」のうち内閣府令で定める水準の解像度（法案の用語では「対象物判別精度」）を有するものとして定義し、規制の対象である「衛星リモートセンシング記録」を、政令で指定する国又は地方公共団体（「特定使用機関」）以外の者が、国内に所在する管制装置（法案の用語では「操作用無線設備」）を用いた衛星リモートセンシング装置の使用によって地上に送信した「検出情報電磁的記録」（衛星リモートセンシング装置の地上放射等電磁波を検出する機能を作動させる時間、検出情報が記録された電磁波）及びそれに加工を行った電磁的記録のうち、国際社会の平和の確保等の観点から内閣府令で定める基準に該当するものと定めている（衛星リモートセンシング記録の適正な取扱いの確保に関する法律案2条2号・6号）。

リモートセンシング原則には、知的財産権の成立をおよそ排除するような表現はなく、また、学説においても、著作権の成否などが論じられることは少なくない[20]。もっとも、著作権については、データの収集や解析にどのような作業が加えられていれば創作性が認められるかを、衛星リモートセンシングデータの解析過程に即して検討する必要がある。また、EU構成国では、著作権による保護が成立しないとしても、ディレクティブにもとづくデータベース権は成立する可能性があるが、その場合には、保護の及ぶ範囲を検討する必要があろう。いずれについても、いまだ議論は緒に就いたばかりである[21]。

---

[20] See Lyall & Larsen, supra note 9, p.428; Süss, supra note 14, p.22.
[21] 簡単な検討として、小塚＝佐藤編著・前掲注（4）272〜275頁〔小塚〕。

EUにおける公衆への伝達権とリンク

茶 園 成 樹

第1 はじめに

　リンクとは、ハイパーテキストにおいて他の文書や画像などを関連づけるものであり、ユーザはリンク元におけるリンクのある場所をクリックすると、関連づけられたリンク先にジャンプするようになっており、リンク先の情報を受信することができる。リンクを張ること（リンキング〔linking〕又はハイパーリンキング〔hyperlinking〕）により、インターネット上の情報が連結し、ユーザは多様な情報を容易に利用することができるようになる。

　このようにリンクは情報の流通にとって極めて有用な技術であるが、他人の著作物にリンクを張る行為が著作権侵害となるかどうかについては必ずしも明らかではない。特に問題となるのが、リンク先の情報は、リンク元に蓄積され、そこから送信されるのではなく、リンク先から送信されるのではあるが、リンクを張る行為が公衆送信権（著作権法23条1項）の侵害となるかどうかである。

　この問題は、近時、EUにおいて、リンクに関する3つの事件において欧州連合司法裁判所（CJEU：Court of Justice of the European Union）の先行判決が求められたことにより注目を集め[1]、活発な議論が行われている。そこで、本稿では、EUにおける公衆への伝達権とリンクとの関係について、ドイツでの議論[2]を中心に考察し、わが国法への示唆を得ることとしたい。なお、著作

---

[1] European Copyright Society, Opinion on The Reference to the CJEU in Case C-466/12 Svensson (15.2.2013). Tsoutsanis, Why copyright and linking can tango, JIPLP, Vol.9, No.6 (2014) 495は、このopinionに強く反対する。また、Association Littéraire et Artistique Internationale (ALAI), Report and Opinion on the Making Available and Communication to the Public in the Internet Environment : Focus on Linking Techniques on the Internet, [2014] EIPR 149. Ginsburg, Hyperlinking and "Making Available", [2014] EIPR 147も参照。
[2] ドイツを含むEU各加盟国の裁判例については、Arezzo, Copyright enforcement on the internet in the European Union : Hyperlinks and making available right, in Torremans (ed.), Research Handbook on Cross-border Enforcement of Intellectual Property (2014) 819, 837以下参照。

者人格権の問題は取り扱わない。

　この考察に入る前に、本稿に関係するリンクの種類及びEUにおける公衆への伝達権について、簡単に説明しておく。

　まず、リンクの種類について、単にリンク先のウェブサイトのトップページにジャンプするように設定されたリンクが、単純リンク（サーフェス・リンク）である。これに対して、ディープ・リンクとは、リンク先のウェブサイトのトップページではなく、下の階層のウェブページにジャンプするように設定されたリンクである。また、フレーム・リンクあるいは埋め込み（embedding）リンクとは、リンク元のウェブページにおける一部（フレーム）に、リンク先のウェブページを表示させる態様のリンクである。

　次に、EUにおける公衆への伝達権について、この権利は、2001年に策定された情報社会指令（「情報社会における著作権及び関連する権利の一定の側面の調和のための指令」）[3] 3条1項に、次のように規定されている。「加盟国は、著作者に、その著作物について、有線又は無線の方法による公衆への伝達（公衆のそれぞれが選択する場所及び時期において著作物の使用が可能となるような状態に当該著作物を置くことを含む。）を許諾し又は禁止する排他的権利を与えるものとする」。すなわち、同項は、一般的な公衆への伝達権（right of communication to the public）を定め、これに公衆への利用可能化権（right of making available to the public）が含まれるとしているのである[4]。この情報社会指令3条1項は、1996年に採択されたWCT（「著作権に関する世界知的所有権機関条約」）8条を受けたものであり、同条も、一般的な公衆への伝達権を定めるとともに、公衆への利用可能化が公衆への伝達に含まれると規定している[5]。

---

[3]　Directive 2001/29/EC of the European Parliament and of the Council of 22 May 2001 on the harmonisation of certain aspects of copyright and related rights in the information society, OJ L 167, 22.6.2001, p.10.
[4]　茶園成樹「EUにおける公衆への伝達権について」高林龍外2名編『年報知的財産法2013』（日本評論社、2013年）2頁参照。
[5]　WCT 8条は、「ベルヌ条約第11条（1）(ii)、第11条の2（1）(i) 及び (ii)、第11条の3（1）(ii)、第14条（1）(ii) 並びに第14条の2（1）の規定の適用を妨げることなく、文学的及び美術的著作物の著作者は、その著作物について、有線又は無線の方法による公衆への伝達（公衆のそれぞれが選択する場所及び時期において著作物の使用が可能となるような状態に当該著作物を置くことを含む。）を許諾する排他的権利を享有する」と規定する。

第2　ドイツ法の状況
1．ドイツ著作権法

　ドイツ著作権法15条2項は、「著作者は、さらに、その著作物を無形的に公衆に伝達する排他的権利（公衆への伝達権〔Recht der öffentlichen Wiedergabe〕）を有する。公衆への伝達権は、とりわけ、次の各号に掲げるものを含む。①口述権、上演・演奏権及び上映権（第19条）、②公衆への利用可能化権（第19a条）、③放送権（第20条）、④録画物又は録音物による伝達権（第21条）、⑤放送及び公衆への利用可能化の伝達権（第22条）」と規定している。そして、19a条は、「公衆への利用可能化権（Recht der öffentlichen Zugänglichmachung）とは、著作物を、有線又は無線の方法により、公衆のそれぞれが選択する場所及び時期において著作物の使用が可能となるように、公衆に利用可能とする権利である」としている。この権利の対象である「利用可能化」とは、蔵置者のアクセス領域に存在する保護著作物に、第三者がアクセスできるようにすることと解されている[6]。この点は、後述するDie Realität Ⅰ事件決定、Die Realität Ⅱ事件判決においても述べられている[7]。

　情報社会指令における公衆への伝達権は、その前文23項に、「伝達が開始する場所に存在しない公衆への伝達のすべてを対象とする広い意味に理解されるべきである」と定められていることから、公衆が著作物を上演・演奏する者と直接的な物理的接触を有する、直接的な上演・演奏を対象としないと解されている[8]。したがって、ドイツ法における公衆への伝達権という概念は、上記①の権利を含める点でより広いものである。また、①〜⑤の権利は例示であって、公衆への伝達権には、これらの名称の付いた権利以外の、無名の公衆への伝達権（unbenanntes Recht der öffentlichen Wiedergabe）も含まれるとされている[9]。

　以下においては、CJEUの判決以前のBGH（Bundesgerichtshof）の判例と

---

[6] 例えば、BGH, Urt. v. 29.4.2010, GRUR 2010, 628 Rdn 19 − Vorschaubilder.
[7] BGH・後掲注（16）Rdn 8 ; BGH・後掲注（29）Rdn 13.
[8] Football Association Premier League Ltd v QC Leisure (Joined Cases C-403/08 and C-429/08), 4.10.2011, [2011] E.C.R. Ⅰ-9083＝[2012] E.C.D.R. 8, para.201 ; Circul Globus Bucureşti (Circ & Variete Globus Bucureşti) v Uniunea Compozitorilor şi Muzicologilor din România − Asociaţia pentru Drepturi de Autor (UCMR − ADR) (Case C-283/10), 24.11.2011, [2011] E.C.R Ⅰ-12031, para.35.
[9] v. Ungern-Sternberg, in Schricker/Loewenheim, Urheberrecht (4.Aufl. 2010) §15 Rdn 22参照。

して、主として、リンクに関するリーディングケースである2003年のPaperboy事件と、CJEUに付託されたDie Realität I 事件を紹介する。

2．Paperboy事件判決

（1）Paperboy事件[10]は、新聞記事へのディープ・リンクが問題となったもので、BGHは、リンクを張る行為が複製にも公衆への利用可能化[11]にも当たらないと判断した。

事案は、新聞社であるXが新聞等を発行するとともに、そこで公表された記事を自己のウェブサイトに掲載していたところ、時事の情報に関する検索サービス"Paperboy"を提供するYが、自己のウェブサイトにおいて、Xのウェブサイトを含む他人のウェブサイトに掲載された情報にディープ・リンクを張ったことがXの著作権の侵害となるかどうか等が争われたというものであった。

（2）BGHは、次のように述べて、Xの請求を認めなかった。

「権利者によって公衆に利用可能とされた、著作権法上の保護著作物を含むウェブサイトにリンクを張る者は、それによって著作権法上の利用行為を行っておらず、ユーザに対して既に公開されたアクセスを容易にするという態様で当該著作物を指示するにすぎない……。その者は、自らが保護著作物をアクセスにより公にするようにしているわけではなく、自らがこれを第三者に送っているわけでもない。当該著作物を公衆に利用可能とし続けるかどうかを決定するのは、その者ではなく、当該著作物をインターネットに掲載した者である。保護著作物を含むウェブサイトが、リンクが張られた後に消滅すれば、それは無に帰す。インターネットにおけるウェブサイトの場所の正確な表示としてのURLを知らないユーザは、なるほど、リンクによって初めて著作物にアクセスすることができ、文字通り著作物を利用できるようになる。しかしながら、このことは、出版物の脚注における印刷物あるいはウェブサイトへの指示と変わらないものである」[12]。

（3）このように、BGHは、リンクが、ディープ・リンクの場合であっても、公衆への利用可能化に当たらないと解した。ただし、その後のSession-ID事

---

[10] BGH, Urt. v. 17.7.2003, GRUR 2003, 958 – Paperboy.
[11] なお、この事件は、公衆への利用可能化権を規定する2003年改正前のものであった。BGHは、公衆への利用可能化権を、無名の公衆への伝達権と捉えた。S.961.
[12] S.962.

件[13]では、次のように述べて、リンク先の情報へのアクセスが技術的保護手段によって制限されている場合には、技術的保護手段を回避するリンクを張る行為が公衆への利用可能化権の侵害となるとされた。「権利者が著作権法上の保護著作物を、技術的な保護手段なしにインターネットにおいて公衆に利用可能とする場合には、リンクを張る者は、間接行為者としても直接行為者としても責任を負わない。なぜなら、権利者は、既に自らユーザに対して、複製とアクセスを可能としており、リンクを張る者は、いずれにせよ可能とされた複製とアクセスを容易にしているにすぎないからである……。これに対して、権利者が保護著作物へのアクセスを、例えば、一定のユーザにのみ許すとか、一定の方法でのみ可能にするために、技術的な保護手段を用いる場合には、当該著作物をこのような制限された態様でのみ利用可能としていることになる。このような保護手段を回避するリンクを張る者は、このユーザに対して以外には又はこの方法による以外には存在しない、著作物へのアクセスを可能としている。権利者が、保護著作物への公衆のアクセスを、そのウェブサイトのトップページを経由する方法でのみ可能とするために、技術的な保護手段を用いる場合には、この技術的な保護手段を迂回して保護著作物に直接にアクセスできるようにリンクを張ることは、著作物の公衆への利用可能化権の侵害となる」[14]。

3．Die Realität I 事件決定

（1）フレーム・リンクないし埋込みリンクが著作権侵害となるかどうかについては、裁判例・学説において見解が分かれていた[15]。Die Realität I 事件[16]は、この点が問題となったもので、BGHは、CJEUに対して先行判決を求めた。

事案は、次のようなものであった。Xは、水濾過システムの製造業者であり、広告目的で水質汚濁に関する約２分間の"Die Realität"というタイトルの映画を作成した。当該映画はYouTubeに掲載された。Xは、この掲載を許諾して

---

[13] BGH, Urt. v. 29.4.2010, GRUR 2011, 56 – Session-ID.
[14] Rdn 27. なお、v. Ungern-Sternberg, Die Rechtsprechung des EuGH und des BGH zum Urheberrecht und zu den verwandten Schutzrechten im Jahre 2014, GRUR 2015, 205, 209 は、リンクを張る者は、19a条に必要となる、自己のアクセス領域に著作物を保持することをしていないため、同条は適用されず、リンクの設定が公衆への伝達となる場合には、無名の公衆への伝達権の侵害となると述べる。
[15] Rauer/Ettig, Zur urheberrechtlichen Zulässigkeit des Framing, K&R 2013, 429参照。
[16] BGH, Beschl. v. 16.5.2013, GRUR 2013, 818 – Die Realität.

いないと主張している。Yは、Xの競争事業者の販売代理人であり、そのウェブサイト（自らが販売する商品を広告している）において、当該映画にフレーム・リンクを張っている。そのリンクをクリックすると、当該映画がYのウェブサイトにおけるフレームに示され、それがYのウェブサイトから表示されているかのような印象を与える。XはYに対して著作権侵害に基づく損害賠償請求訴訟を提起した。原判決は、公衆への利用可能化権の侵害を否定し、Xの請求を棄却した[17]。

（2）BGHは、次のように述べた。「他のインターネットサイトに掲載されている著作物を『フレーミング』の方法で自己のインターネットに結びつけるだけでは、原則として公衆への利用可能化とはならない。なぜなら、他のインターネットサイトに掲載されている著作物が公衆に利用可能であり続けるかどうかは、当該他のインターネットサイトの保有者だけが決定するからである。上告理由に反して、Yがそのウェブサイトに埋め込むことによって、当該映画を自己のものとする（zu eigen machen）かどうかは、その限りにおいて問題とならない。公衆への利用可能化権は、インターネットの閲覧に責任のある者が、その者が自ら当該著作物をアクセスのために準備しているとの―実際には誤った―印象を喚起するだけの場合には、侵害されない。著作権法上の利用行為の構成要件は、利用行為を行うことによってのみ充足され、そのメルクマールが見せ掛けられることによっては充足されない」[18]。

しかしながら、「情報社会指令3条1項が著作権法15条2項において名称の付いた公衆への伝達権よりも広範な権利を要求する場合には、著作権法15条2項の指令適合的な解釈によれば、無名の公衆への伝達権が認められなければならない」、「本件のように、他のインターネットサイトにおいて公衆に利用可能とされた他人の著作物を、『フレーミング』の方法で自己のインターネットサイトの構成部分とする者は、そのインターネットサイトの利用者に対して、元のインターネットサイトに掲載された著作物へのアクセスを容易にするだけではない。むしろ、その者は他人の著作物を、そのように自己のインターネットサイトに埋め込むことによって、自己のものとしている（zu eigen macht）。その者は、これによって、著作者の許諾を要する、著作物を自ら準備すること

---

[17] OLG München, Urt. v. 16.2.2012, ZUM-RD 2013, 398.
[18] BGH・前掲注（16）Rdn 9.

をしないで済ませている。そのような行為は、本裁判所の考え方によると、価値的な観察によれば、情報社会指令3条1項の公衆への伝達と位置づけられ、著作者の別個の許諾を必要とするものである。そのような利用者には、単にリンクを張る者とは異なり、ディープ・リンクを張って、権利者によって施された技術的な保護措置を迂回する者と同様に、欧州司法裁判所によって強調される、著作物伝送における中心的な役割が認められる」[19]。

（3）このように、BGHは、フレーム・リンクの場合であっても、公衆への利用可能化権の侵害を否定した。その一方、権利者が施した技術的な保護手段を回避するリンクの場合（Session-ID事件判決参照）と同様に、フレーム・リンクによって他人の著作物を自己のものとする場合には、侵害が肯定されるとした。ただし、後者の場合に侵害される権利は、無名の公衆への伝達権である。

「自己のものとする」は、元来テレメディア法におけるサービスプロバイダの免責規定の解釈から生まれたものであるが、著作物の利用行為者の判断基準としても用いられ、BGHは、ウェブサイトの運営者がユーザによって投稿された他人のコンテンツを自己のものとしている場合には、当該コンテンツについて侵害責任を負うのであり、他人のコンテンツを自己のものとするかどうかは関連する総合的な考慮のもとに客観的に判断されるとしていた[20]。

なお、BGHは、後述するCJEUのBestWater事件決定を受けて、再び判決（Die Realität II 事件判決）を下したが、その判決はCJEUの判例を考察する中で紹介する。

第3　CJEUの判例

1．Svensson事件判決

（1）Svensson事件[21]は、新聞記事へのディープ・リンクに関するものである。事案は、次のようなものであった。ジャーナリストであるXらが執筆した記事

---

[19] Rdn 12, 26.
[20] BGH, Urt. v. 12.11.2009, GRUR 2010, 616 Rdn 22f – marions-kochbuch.de. 横山久芳「ドイツ著作権法における『間接侵害』の規律のあり方」高林龍外2名編『現代知的財産法講座III：知的財産法の国際的交錯』（日本評論社、2012年）135、158以下参照。なお、最近の不正競争防止法（UWG）に関する判決であるが、BGH, Urt. v. 18.6.2015, GRUR 2016, 209 Rdn 13 – Haftung für Hyperlinkも、「リンクを用いて指示する他人の情報を自己のものとする者は、当該情報について自己の情報の場合と同様に責任を負う」と述べている。
[21] Nils Svensson and Others v Retriever Sverige AB (C-466/12), 13.2.2014, [2014] E.C.D.R. 9.

は、スウェーデンの新聞社Aの新聞において出版され、また同社のウェブサイトに掲載された。このサイト上の記事には、誰もが自由にアクセスすることができた。Yは、ウェブサイトを運営しており、そのサイトでは他のウェブサイトに掲載されている記事へのリンクを顧客に提供していた。XらはYに対してスウェーデンの裁判所に損害賠償請求訴訟を提起した。1審はXらの請求を棄却し、Xらが控訴したところ、スベア控訴裁判所はCJEUに、情報社会指令3条1項の解釈に関する意見を求めた。

（2）CJEUは、結論として、「情報社会指令3条1項は、次のことを意味するものと解釈されなければならない。ウェブサイトにおいて、他のウェブサイトにおいて自由に利用することのできる著作物へのリンクを提供することは、同項の『公衆への伝達』に当たらない」、「情報社会指令3条1項は、加盟国が、公衆への伝達の概念が同項において規定される行為よりも広い範囲の行為を含むものとすることによって、著作権者に対してより広い保護を与えることを禁止するものと解釈されなければならない」と述べた。前者の「公衆への伝達」該当性については、次のように、リンクを張る行為は「公衆への伝達」となり得るが、リンク先の著作物が自由に利用することができるものである場合には、「新しい公衆」が存在しないために「公衆への伝達」とならず、著作権者の許諾を必要としない旨を述べた。

情報社会指令3条1項から、「公衆への伝達の概念が、2つの累積的な基準、すなわち、著作物の『伝達行為』と当該著作物の『公衆』への伝達を含むことは明らかである」、「これらの基準の1番目のもの、すなわち、『伝達行為』の存在に関しては、これは、同指令の前文4項・9項に合致して、著作権者に対する高度な保護レベルを確保するために、広く解釈されなければならない」、「本件の場合、ウェブサイトにおいて、他のウェブサイトにおいて何らのアクセス制限なしに公開されている保護著作物へのリンクを提供することは、最初のサイトのユーザに対して当該著作物への直接的なアクセスを与えるものであることが認識されなければならない」、「情報社会指令3条1項から明らかなように、『伝達行為』が存在するためには、とりわけ、著作物が、公衆を構成する者がこれにアクセスすることができるような方法で公衆に利用可能とされることで十分であり、公衆がその機会を利用するかどうかは関係ない」、「したがって、本件のような状況においては、保護著作物へのリンクの提供は、同項の『利用可能化』であり、それゆえ、『伝達行為』とみなされなければならない」、「上

述の基準の2番目のもの、つまり、保護著作物が実際に『公衆』に伝達されなければならないことに関しては、同項から、『公衆』という文言により、同項は不特定な数の潜在的受領者（recipient）を対象としており、さらに、相当多数の者を意味することになる」、「ウェブサイトの運営者がリンクの方法で行う伝達行為は、その者が運営するサイトのすべての潜在的ユーザ、すなわち、不特定で相当に多数の受領者に向けられている」、「このような状況においては、運営者は公衆への伝達を行っていると判断されなければならない」[22]。

「しかしながら、確立した判例法によると、伝達は、本件で問題となっているような、最初の伝達が対象とするのと同じ著作物に関し、最初の伝達の場合と同じく、インターネット上で、よって同じ技術的手段によって行われるものである場合には、情報社会指令3条1項の『公衆への伝達』概念によってカバーされるためには、新しい公衆（new public）、すなわち、著作権者が最初の公衆への伝達を許諾する際に考慮していなかった公衆に向けられるものでもある必要がある」、「本件の状況において、本件のような、リンクの方法で著作物を利用可能とすることは、当該著作物を新しい公衆に伝達することにはならない」、「最初の伝達が対象とした公衆は、当該サイトへのすべての潜在的な訪問者（visitor）からなる。なぜなら、当該サイト上の著作物へのアクセスには制限的な措置は講じられておらず、そのため、すべてのインターネット・ユーザが自由にアクセスすることができたからである」、「このような状況において、当該著作物がリンクの方法で伝達されている他のサイトのすべてのユーザが、最初に伝達されたサイトにおいて、他のサイトの運営者の関与なしに、当該著作物に直接にアクセスすることができた場合には、他のサイトのユーザは最初の伝達の潜在的受領者であり、それゆえ、著作権者が最初の伝達を許諾した際に考慮した公衆の一部であるとみなされなければならない」、「そのため、新しい公衆が存在しないから、本件のような公衆への伝達に対しては、著作権者の許諾は必要でない」[23]。

インターネット・ユーザがリンクをクリックする際に、著作物が、実際には他のサイトから来ているのに、リンク元のサイト上に表れているという印象を与えることは、「他のサイトにおいて公開され、自由にアクセスすることがで

---

[22] para.16-23.
[23] para.24-28.

きる保護著作物へのリンクを提供することが、当該著作物を最初のサイトのユーザに利用可能とする効果を有し、よって、公衆への伝達に当たるという結論を変えるものではない。しかしながら、新しい公衆が存在しないため、そのような公衆への伝達に対しては、著作権者の許諾は必要とされない」、「しかしながら、リンクが、保護著作物が掲載されているサイトによって当該著作物への公衆のアクセスをそのサイトの契約者だけに限定するために施されている制限を、リンク元のサイトのユーザが回避することを可能とするものであり、よって、リンクが、介入であって、それがなければそのユーザが送信される著作物にアクセスすることができなかったものである場合には、そのユーザは、著作権者が最初の伝達を許諾した際に考慮していなかった新しい公衆とみなされなければならず、したがって、そのような公衆への伝達に対しては、著作権者の許諾が必要である。とりわけ、著作物がもはや最初に伝達されたサイトにおいて公衆に利用可能とされておらず、又は今後は当該サイトにおいて限定された公衆だけに利用可能とされているが、他方で、他のインターネットサイトにおいて著作権者の許諾なしにアクセス可能とされている場合が、これに当たる」[24]。

2．BestWater事件決定

BestWater事件[25]は、BGHが先行判決を求めた前述のDie Realität事件である。BGHがCJEUの意見を求めた事項は、「他のインターネットサイトにおいて公衆に利用可能とされている他人の著作物を、自己のインターネットサイトに埋め込むことは、本件のように、その他人の著作物が新しい公衆に伝達されておらず、伝達が元の伝達とは異なる特別な技術的方法によって行われていない場合であっても、情報社会指令3条1項の公衆への伝達となるか」であった[26]。

CJEUは、Svensson事件判決の考え方を踏襲し、次のように述べて、公衆への伝達を否定する考え方を示した。

---

[24] para.29-31.
[25] BestWater International GmbH v Michael Mebes, Stefan Potsch (C-348/13), 21.10.2014, GRUR 2014, 1196.
[26] Svensson事件判決の後、CJEUは、BGHに対して、先行判決の請求を維持するかどうかの通知を求め、BGHはこれを維持する旨の決定をした。BGH, Beschl. v. 10.4.2014, ZUM 2014, 900.

「本裁判所の確立した判例によると、情報社会指令3条1項の『公衆への伝達』に当たるためには、保護著作物は、以前に用いられていたのとは異なる技術的方法を用いて伝達されるか、あるいは新しい公衆、すなわち、著作権者が最初の公衆への伝達を許諾した際に考慮していなかった公衆に対して伝達されることが必要である」、「とりわけ、第三者がウェブサイトにおいて、他のウェブサイトにおいて既に自由に公衆に伝達されている保護著作物を、リンクの方法で入れる場合については、本裁判所は、そのような伝達行為は、Svensson事件判決パラグラフ24において、他のウェブサイトにおいて著作物の伝達のために利用されているのと同じ技術的方法が用いられているため、新しい公衆に向けられている場合にのみ、情報社会指令3条1項の『公衆への伝達』に当たると判断した」、「そうではない場合、特に著作物が他のウェブサイトにおいて著作権者の許諾の下にすべてのインターネット・ユーザに対して自由に利用できるようになっていることを理由とする場合には、問題となる行為は情報社会指令3条1項の『公衆への伝達』に当たらない」、「本裁判所は、Svensson事件判決パラグラフ29・30において明示したように、この点は、著作物が、問題となるリンクのクリックによって、インターネット・ユーザにとって、実際には他のウェブサイトから来ているのに、リンク元のウェブサイト上に表れているかのような印象を与えるという状況によって変わるものではない。この状況は、本質的には、本件で問題となり、アクセスされるインターネットサイトがいくつかのフレームに区分され、1つのフレームに『埋め込み』リンク（インライン・リンク）の方法で他のウェブサイトから来ている部分が表され、それによってアクセスするユーザに当該部分の元の状態が隠されているという、フレーム技術の特徴である」、「この技術は、本裁判所が判断したように、著作物を複製する必要なしに、よって複製権に関する規定が適用されることなしに、著作物を公衆に利用可能とするために用いることができるものである。しかしながら、この点に関係なく、この技術を用いることは、当該著作物が新しい公衆に対して伝達されることに繋がるものではない。リンクが張られたウェブサイトにおいて当該著作物が自由に利用することができるものである場合には、著作権者が、この伝達を許諾する際に、公衆としてのすべてのインターネット・ユーザを考慮したことが前提となるからである」[27]。

---

[27] para.14-18.

3. C More Entertainment事件判決

　C More Entertainment事件[28]は、ペイTV局がインターネットサイトにおいてアイスホッケーの試合をライブ放送していたところ、そのTV局が設けていたpaywallを回避するリンクを張って、インターネット・ユーザが無料で当該放送にアクセスすることができるようにした行為が問題となったものである。スウェーデン最高裁は、CJEUに対して先行判決を求めた。当初の照会事項は5点あったが、Svensson事件においてリンクに関する問題が審理されていたことから、スウェーデン最高裁は照会事項を、本稿において考察する問題に直接的に関係しない、情報社会指令3条2項d号が規定する放送機関の公衆への利用可能権に関わるものに限った。

　そのため、結論だけを紹介すると、CJEUは、情報社会指令3条2項は、加盟国の国内法が情報社会指令3条2項d号の放送機関の排他的権利を拡張することを、その拡張が著作権保護を損なわない場合には、妨げないものと解釈されると述べた。

第4　CJEUの判例の考察
1．公衆への伝達

　CJEUのSvensson事件判決は、他のウェブサイトにおいて自由に利用することのできる著作物へのリンクを提供することが、情報社会指令3条1項の「公衆への伝達」に当たらないと判断した。この結論自体は、単純リンクやディープ・リンクに関しては、BGHの従前の考え方と同じである。もっとも、次のように根拠は異なる。

　BGHのPaperboy事件判決は、そのようなリンクを張る者が著作権法上の利用行為を行っていない、なぜなら、「その者は、自らが保護著作物をアクセスにより公にするようにしているわけではなく、自らがこれを第三者に送っているわけでもない。当該著作物を公衆に利用可能とし続けるかどうかを決定するのは、その者ではなく、当該著作物をインターネットに掲載した者である」と述べた。Die Realität I 事件決定も、同じ理由から公衆への利用可能化を否定した。BGHがBestWater事件決定を受けて下したDie Realität II 事件判決にお

---

[28] C More Entertainment AB v Linus Sandberg (C-279/13), 26.3.2015, [2015] E.C.D.R. 15. この事件については、作花文雄「リンキングに関する著作権問題の動向（CJEUにおける裁判例の形成と課題）」コピライト658号（2016年）26、31～33頁が詳しく紹介している。

いても、同旨が述べられている[29]。

　これに対して、Svensson事件判決は、リンクを張る行為が「伝達」であることを認めた。「『伝達行為』が存在するためには、とりわけ、著作物が、公衆を構成する者がこれにアクセスすることができるような方法で公衆に利用可能とされることで十分であり、公衆がその機会を利用するかどうかは関係ない」、「したがって、本件のような状況においては、保護著作物へのリンクの提供は、同項の『利用可能化』であり、それゆえ、『伝達行為』とみなされなければならない」というのである。したがって、CJEUによれば、「利用可能化」、「伝達」となるためには、発信することは必要なく、アクセスを提供することで足りることとなろう[30]。BGHは、CJEUの判例から、「伝達」は、利用者が、自己の行動の結果を十分に認識し、すなわち意図的に目的をもって、第三者に、自己の介入がなければ得られなかった保護著作物へのアクセスを取得させるために、介入することを前提とするものと捉えている[31]。

　そして、Svensson事件判決は、公衆とは不特定で相当多数の者であり、ウェブサイトの運営者がリンクの方法で行う伝達行為は公衆への伝達に当たり得るとした。その一方、伝達が新しい公衆に向けられたものではないことを理由に、公衆への伝達に該当することを否定した。

2．新しい公衆

　CJEUの判例では、伝達が「新しい公衆」、すなわち、著作権者が最初の公衆への伝達を許諾する際に考慮していなかった公衆に向けられている場合には、「公衆への伝達」となると解されてきた[32]。ただし、ITV事件判決では、最初の公衆への伝達とは異なる技術的方法を用いて伝達される場合には、新しい公衆が存在しているかどうかを検討する必要はないとされた[33]。

---

[29] BGH, Urt. v. 9.7.2015, GRUR 2016, 171 Rdn 14—Die Realität Ⅱ.
[30] Headdon, An epilogue to Svensson : the same old new public and the worms that didn't turn, JIPLP, Vol.9, No.8 (2014) 662, 665 ; Arezzo, Hyperlinks and Making Available Right in the European Union – What Future for the Internet After Svensson?, IIC 2014, 524, 539-540.
[31] BGH・前掲注（29）Rdn 22 ; BGH・前掲注（16）Rdn 16.
[32] 例えば、Football Association Premier League Ltd v QC Leisure (Joined Cases C-403/08 and C-429/08), 4.10.2011, [2011] E.C.R. Ⅰ-9083 = [2012] E.C.D.R. 8, para.197.
[33] ITV Broadcasting Ltd v TVCatchup Ltd (Case C-607/11), 7.3.2013, [2013] E.C.D.R. 9, para.39.

Svensson事件では、リンクによる伝達が最初の伝達と同じくインターネット上で行われることから異なる技術的方法が用いられるものではないことを前提として、新しい公衆の存否について検討された。そして、リンク先の著作物へのアクセスに制限的な措置が講じられず、すべてのインターネット・ユーザがアクセスすることができた場合には、新しい公衆は存在しないと述べられた。「当該著作物がリンクの方法で伝達されている他のサイトのすべてのユーザが、最初に伝達されたサイトにおいて、他のサイトの運営者の関与なしに、当該著作物に直接にアクセスすることができた場合には、他のサイトのユーザは最初の伝達の潜在的受領者であり、それゆえ、著作権者が最初の伝達を許諾した際に考慮した公衆の一部であるとみなされなければならない」からである。

　このように新しい公衆を問題とすること自体は、従前の判例と変わらないが、Svensson事件判決に特徴的であるのは、従前の判例が新しい公衆が存在することに基づいて公衆への伝達を肯定したものであるのに対して、新しい公衆が存在しないことを理由に公衆への伝達を否定したことである。

　新しい公衆とは著作権者が最初の公衆への伝達を許諾する際に考慮していなかった公衆であるから、その存否は著作権者の意思によることとなる。リンク先の著作物が自由に利用できるようになっている場合について、新しい公衆が存在しないとすることは、著作権者が最初の伝達を許諾する際にその伝達の対象としてすべてのインターネット・ユーザを考慮していたものと捉えることを意味する。これに対して、学説では、あるインターネットサイトに自己の著作物を掲載することを許諾した権利者は、当該サイトにアクセスする者を考慮するが、他のサイトにアクセスする者を考慮しないのであり、CJEUの捉え方はフィクションであるとの批判がある[34]。

　また、学説においては、新しい公衆を基準とすること自体が疑問視されている。新しい公衆を取り上げたのは、SGAE事件判決が最初であるが、同判決は、これがWIPOによって作成された解説文書であるベルヌ条約のガイド[35]に記載されていることを述べた[36]。しかしながら、同ガイドで説明されているベルヌ

---

[34] Dietrich, GRUR-Int 2014, 1162. Walter, MR-Int 2014, 124 ; Höfinger, ZUM 2014, 294 ; Lieckfeld/Stegmann, AfP 2014, 220 ; Hendel, Die urheberrechtliche Relevanz von Hyperlinks, ZUM 2014, 102, 105も参照。

[35] この判決では明示されていないが、マズイエ（黒川徳太郎・訳）『ベルヌ条約逐条解説』（著作権資料協会、1979年）77～78頁であると思われる。

条約11条の2（1）(ii)は新しい公衆を基準とするものではない[37]。こうした点から、新しい公衆の基準には十分な根拠がないとの主張がなされている[38]。

3．フレーム・リンク

CJEUは、BestWater事件において、フレーム・リンクの場合についても同様に解し、リンク先の著作物が著作権者の許諾の下にインターネット・ユーザにとって自由に利用できるようになっている場合には、新しい公衆が存在せず、公衆への伝達に当たらないと判断した。この判断は、Svensson事件判決から十分に予想されたことであった。同判決は、リンク先の著作物がリンク元のウェブサイト上に表れているという印象を与えることが公衆への伝達に当たるかどうかの問題に影響しないとしていた。

BGHのDie Realität I 事件決定では、フレーム・リンクによってリンク先の著作物を自己のものとする場合には、公衆への利用可能化権の侵害とはならないが、無名の公衆への伝達権の侵害となるとの考え方が述べられていた。これに対して、CJEUのBestWater事件決定は、フレーム技術が著作物を複製する必要なしに著作物を利用可能とするために用いることができるものであるが、この技術を用いることは、当該著作物が新しい公衆に対して伝達されることに繋がるものではないと述べた。この決定を受けて、BGHのDie Realität II 事件判決は、上記の考え方を採らないとした[39]。

4．公衆への伝達となる場合

（1）上述のように、CJEUは、他のウェブサイトにおいて自由に利用することのできる著作物へのリンクを提供することは、ディープ・リンクやフレー

---

[36] Sociedad General de Autores y Editores de España (SGAE) v Rafael Hoteles SA (Case C-306/05), 7.12.2006, [2006] E.C.R. I -11519 = [2007] E.C.D.R. 2, para.41.

[37] Makeen, The Controversy of Simultaneous Cable Retransmission to Hotel Rooms under International and European Copyright Law, 57 J. Copyright Soc'y U.S.A. 59 (2010) 参照。

[38] Dietrich, MMR 2014, 262 ; Dietrich, GRUR-Int 2014, 1162 ; Walter, MR-Int 2014, 123f ; Völtz, Das Kriterium der „neuen Öffentlichkeit" im Urheberrecht, CR 2014, 721, 723f ; ALAI, Report and Opinion on the criterion "New Public", developed by the Court of Justice of the European Union (CJEU), put in the context of making available and communication to the public (17.9.2014) ＜http://www.alai.org/en/assets/files/resolutions/2014-opinion-new-public.pdf＞.

[39] BGH・前掲注（29）Rdn 27.

ム・リンクの場合にも、公衆への伝達とならないとした。それでは、リンクを張る行為が公衆への伝達となるのは、どのような場合であろうか。この点について、Svensson事件判決は、リンク先のサイトにおいてアクセス制限が施されている場合を挙げているが、まず、学説上議論されている、リンク先のサイトに著作物が違法に掲載された場合について述べる。

（２）CJEUの判例では、リンク先の著作物が著作権者の許諾なしに掲載されたものである場合について述べられていない。Die Realität I 事件では、著作権者はその映画が無断でYouTubeに掲載されたと主張していたが、この点について、原審は判断を示さず、BGHはCJEUに対する照会事項において触れなかった。

学説においては、著作物が違法に掲載された場合にも公衆への伝達とはならないとする見解[40]もあるが、この場合には、伝達が新しい公衆に向けられていると解して、公衆への伝達を肯定する見解が多数である[41]。

BGHのDie Realität II 事件判決も、無名の公衆への伝達権の侵害となるとして、次のように述べた。「インターネットサイトにおいて、他のインターネットサイトにおいてすべてのインターネット・ユーザにとって自由に利用することができる著作物にリンクが張られているならば、CJEUの判例によれば、問題となる著作物が他のインターネットサイトにおいて著作権者の許諾の下にすべてのインターネット・ユーザにとって自由に利用することができるものである場合にだけ、当該著作物の新しい公衆に対する伝達とはならない……。本裁判所は、CJEUの判例を、著作権者の許諾がないような場合には、問題となる著作物が新しい公衆に対して伝達されるというものと理解する。この点は、『新

---

[40] Abrar, GRUR-Prax 2014, 506 ; Rauer/Ettig, WRP 2014, 1444 ; Schmid, JIPLP, Vo.10, No.2 (2015) 83（「CJEUの論理は、最初のウェブサイトに対する技術的制限のみが決定的なファクターとなることを示しているように思われる」）.

[41] Leistner, Urheberrecht an der Schnittstelle zwischen Unionsrecht und nationalem Recht, GRUR 2014, 1145, 1154 ; Jahn/Palzer, Embedded Content und das Recht der öffentlichen Wiedergabe − Svensson ist die (neue) Realität!, K&R 2015, 1, 4 ; Fuchs/Farkas, Kann der EUGH dem Paperboy das (Best)Water reichen?, ZUM 2015, 110, 117f ; Reinauer, Einbindung fremder Werke durch Framing, MDR 2015, 252, 254 ; Nordemann, Die öffentliche Wiedergabe im Urheberrecht, GRUR 2016, 245, 247 ; v. Ungern-Sternberg・前掲注（14）S.209 ; Jani/Leenen, GRUR 2014, 363 ; Höfinger, ZUM 2014, 295 ; Solmecke, MMR 2015, 48 ; Walter, MR-Int 2014, 124 ; Stevens, JIPLP, Vol.9, No.7 (2014) 549. Grünberger, Bedarf es einer Harmonisierung der Verwertungsrechte und Schranken?, ZUM 2015, 273, 280ffは、違法な利用可能化であることが明白であるかどうかによって区別すべきと主張する。

しい公衆』に関しては、CJEUの概念決定によれば、著作権者が最初の公衆への伝達を許諾する際に考慮していなかった公衆が問題となるという観点からも支持される。著作権者は、最初の公衆への伝達を許諾していなかった場合には、当然に、その伝達が向けられている公衆を考慮することができなかった。それゆえ、そのような場合には、第三者による著作物の伝達は、CJEUの判例の意味における新しい公衆に向けられたものとなる」[42]。

ところで、Svensson事件判決は、「著作物がもはや最初に伝達されたサイトにおいて公衆に利用可能とされておらず、又は今後は当該サイトにおいて限定された公衆だけに利用可能とされているが、他方で、他のインターネットサイトにおいて著作権者の許諾なしにアクセス可能とされている場合」、公衆への伝達となり、著作権者の許諾が必要となると述べている。これは、著作権者の許諾の下にインターネットサイトに掲載され、自由に利用することのできた著作物が、他のサイトに無断で掲載されており、後者のサイトにリンクが張られている場合に、その後に前者のサイトにおいて当該著作物が削除されたり、そのアクセスが制限されることになれば、それによってリンクを張る行為が公衆への伝達となることを意味するもののようである。そうであるならば、前者のサイトからの自由な利用が可能である段階では、後者のサイトにリンクを張る行為は侵害とならないことになると思われる[43]。このように理解する場合には、その結論の適切性とともに、著作権者がその意思を変えれば侵害が成立することとなって、リンクを張る者に継続的な監視負担を負わせることに対して批判がなされている[44]。

（3）Svensson事件判決は、公衆への伝達となる場合として、リンク先のサイトにおいて、著作物への公衆のアクセスをそのサイトの契約者に限定するための制限が施されており、リンクがその制限を回避することを可能とするもの

---

[42] BGH・前掲注（29）Rdn 34. 同判決においても言及されているが、現在、オランダ最高裁はCJEUに対して、この問題を含む情報社会指令3条1項の解釈に関する先行判決を求めている。GS Media BV v Sanoma Media Netherlands BV and Others (Case C-160/15). この事件については、作花・前掲注（28）33〜36頁が詳しく紹介している。また、Rechtbank Midden-Nederland, Urt. v. 30.9.2015, GRUR Int 2016, 180 − Filmspelerも参照。

[43] Abrar, GRUR-Prax, 2014, 506. v. Ungern-Sternberg・前掲注（14）S.210も参照。反対：Jahn/Palzer・前掲注（41）S.4 ; Headdon・前掲注（30）p.666（無断複製物は権利者が公衆に利用可能とした複製物とは同一ではないことに基づいて、無断複製物は新しい公衆に向けられていると主張する）. Dietrich, GRUR-Int 2014, 1163 ; Höfinger, ZUM 2014, 295も参照。

[44] Arezzo・前掲注（30）p.546-547.

である場合を挙げている。この場合には、リンク元のサイトのユーザは、著作権者が最初の伝達を許諾した際に考慮していなかった新しい公衆となるからである。これは、一見すると、BGHのSession-ID事件判決に類似したもののようである。ただし、Svensson事件判決が指摘するアクセス制限は、サイトの契約者への限定である。これに対して、Session-ID事件において問題となった制限は、ディープ・リンクを排除するためのものであった。そのような技術的制限を回避するリンクを張る行為が公衆への伝達となるかどうかについては、見解が分かれている[45]。

学説においては、フレーム・リンクを排除する技術的制限を回避するリンクの場合に侵害を肯定する見解がある[46]。また、BGHのDie Realität II事件判決は、著作物がインターネットサイトにおいてすべてのインターネット・ユーザに自由に利用され、公衆に伝達されることを認める著作権者が、相応の指示によってその同意を制限する場合、それによって他のインターネットサイトにおける公衆への伝達が新しい公衆に向けられたものとなり、著作権者の許諾を要することになるかどうかという問題を指摘したが、未決定のままとした[47]。

第5 わが国法の検討
1．現状

わが国著作権法23条1項は、「著作者は、その著作物について、公衆送信（自動公衆送信の場合にあつては、送信可能化を含む。）を行う権利を専有する」と規定している。同項はWCT 8条を受けたものであり、WCT 8条における公衆への利用可能化は、わが国法では送信可能化が対応していることになる。

学説においては、一般的に、リンクを張る行為は、リンク元のウェブサイトに複製が行われず、そこから送信されるわけではないことを理由に、公衆送信権侵害の問題を（複製権侵害の問題も）生じないと解されている[48]。大阪地判平成25・6・20（平23（ワ）15245）判時2218号112頁〔ロケットニュース24事

---

[45] Höfinger, ZUM 2014, 294は否定し．Dietrich, MMR 2014, 262は肯定する。
[46] Schmidt-Wudy, EuZW 2015, 30 ; Walter, MR-Int 2014, 124.
[47] BGH・前掲注（29）Rdn 35. Spindler, Das Ende der Links : Framing und Hyperlinks auf rechtswidrige Inhalte als eigenständige Veröffentlichung?, GRUR 2016, 157, 159f ; v. Ungern-Sternberg, Die Rechtsprechung des EuGH und des BGH zum Urheberrecht und zu den verwandten Schutzrechten im Jahre 2015, GRUR 2016, 312, 326は否定的であり、Nordemann・前掲注（41）S.248は肯定的である。

件〕も、著作権者に無断で動画共有サイトに掲載された映画の著作物にリンクを張る行為が問題となった事案において、リンクを張る者が著作物を自動公衆送信、送信可能化をしたとは認められないと述べた[49]。

確かに、送信可能化は、ネットワークに接続された自動公衆送信装置に情報を記録・入力等する行為又は情報が記録・入力された自動公衆送信装置をネットワークに接続する行為により自動公衆送信し得るようにすることであり（著作権法2条1項9号の5）、リンクを張る行為がこれに当たるとすることは無理であろう。また、公衆送信についても、「公衆によって直接受信されることを目的として無線通信又は有線電気通信の送信……を行うこと」と定義され（同項7号の2）、送信はリンク先のサイトから行われることから、リンクを張る者は、物理的に公衆送信を行っていないし、また、リンク先からの公衆送信を支配・管理しているともいえないと思われる。WCT 8条は、有線又は無線の方法によるあらゆる公衆への伝達（any communication to the public）に対する権利を定めるものであるが、公衆への伝達についても同様であろう[50]。

これに対して、CJEUは、リンクを張る行為が公衆への伝達となり得るとし

---

[48] 中山信弘『著作権法〔第2版〕』（有斐閣、2014年）252頁、岡村久道『著作権法〔第3版〕』（民事法研究会、2014年）170頁、福井健策編『インターネットビジネスの著作権とルール』（著作権情報センター、2014年）154頁〔増田雅史〕、田島正広監修・編集代表『インターネット新時代の法律実務Q&A〔第2版〕』（日本加除出版、2013年）164頁、青江秀司＝茶園成樹「インターネットと知的財産法」高橋和之外2名編『インターネットと法〔第4版〕』（有斐閣、2010年）265、279頁、作花文雄『著作権法〔第3版〕』（発明協会、2008年）456頁、大須賀寛之「インターネットをめぐる著作権侵害について」牧野利秋外4名編『知的財産法の理論と実務④』（新日本法規、2007年）289、293頁、佐野信「インターネットと著作権」牧野利秋＝飯村敏明編『新・裁判実務大系㉒：著作権関係訴訟法』（青林書院、2004年）445、456頁、田村善之「インターネット上の著作権侵害行為の成否と責任主体」同編『情報・秩序・ネットワーク』（北海道大学図書刊行会、1999年）189、244頁、田中昌行＝山内貴博＝平津慎副〔判批〕知財研フォーラム99号（2014年）26頁、山神清和〔判批〕新・判例解説Watch15号（2014年）271頁、村林隆一＝大江哲平〔判批〕知財ぷりずむ145号（2014年）36頁、経済産業省「電子商取引及び情報財取引等に関する準則」（2015年4月）ii.13頁。

[49] なお、東京地判平成26・1・17（平25（ワ）20542）裁判所HP〔「どーじんぐ娘。」事件〕は、プロバイダ責任制限法に基づく発信者情報の開示請求に関するもので、ブログに投稿された記事において、原告が著作権を有する漫画が無断でアップロードされたファイルにリンクを張る行為が公衆送信権侵害に当たると判断した。もっとも、当該記事の投稿者は「ダウンロードサーバに本件漫画の電子ファイルをアップロードした者と同一人であると認めるのが相当であり、仮にそうでないとしても、少なくともアップロード者と共同して主体的に原告の公衆送信権を侵害したものである」と述べており、リンクを張る行為自体を公衆送信権侵害と認めたものではないであろう。同旨：田中＝山内＝平津・前掲注（48）28頁。

[50] なお、Ricketson & Ginsburg, International Copyright and Neighbouring Rights : The Berne Convention and Beyond, Vol.1 (2006) 12.60.

ている。後述するように、この点に限っては、わが国法においても同様に解することができないではないが、他の点からCJEUのような考え方は採用することはできないと思われる。

ただし、以上のように解するとしても、リンクを張る行為が、リンク先の著作物をリンク元のサイトが独自に送信していると受信者に受け取られるような形態をとっている場合、リンク元から公衆送信が行われていると解すべきであると思われる。リンクを張る者がリンク先とは別個の送信主体であるかのように行動し、そのように認識されるにもかかわらず、リンクを張る行為が許されるとすると、排他権たる公衆送信権の意義が実際上失われてしまうことになるからである。このような場合には、リンクを張る行為は、単にリンク先の著作物へのアクセスを容易にしているにとどまらず、当該著作物を自己のサイトに取り込み、そこから送信しているのと同視し得るものと評価することができよう[51]。

上記の考え方は、BGHのDie Realität I事件決定が、公衆への利用可能化権の侵害を否定しつつ、他人の著作物を自己のサイトに埋め込むことによって自己のものとしている場合に、無名の公衆への伝達権の侵害を肯定する考え方に類似する[52]。他方、BGHは、Session-ID事件において、ディープ・リンクを排除する技術的な保護手段を回避するリンクが張られる場合に、公衆への利用可能化権の侵害を認めているが、わが国法においては、そのようなリンクを張る行為については、問題となる著作物の送信自体は、通常のリンクの場合と変わらないことから、リンク元のサイトから送信しているのと同視し得るものではなく、公衆送信権の侵害とすることができないと思われる。

2．CJEUの考え方について

以上のように、リンクを張る行為について、原則的に公衆送信権侵害の問題が生じないと解することは、著作物へのリンクをその著作権者の許諾を要せずに自由に張ることができる結果となり、リンクがインターネット上の情報流通

---

[51] 青江＝茶園・前掲注（48）280頁。田村・前掲注（48）244頁、田村善之『知的財産法〔第5版〕』（有斐閣、2010年）473頁、前田哲男「差止請求」ジュリ1455号（2013年）76、80頁注8も参照。
[52] ただし、BGHは、「インターネット上の情報の閲覧者が、閲覧するサイトの運営者が保護著作物を自ら保持しないことを認識するかどうかは問題とならない」と述べ、受信者の認識を決定的なものとはしなかった。BGH・前掲注（16）Rdn 27.

にとって有用な技術であり、広く用いられている状況に適合的である。しかしながら、このような解釈では、リンク先の著作物が違法に掲載されたものである場合には、リンクによって著作物の違法送信が増大するにもかかわらず、著作権者はリンクの削除を請求できないという問題を生じる[53]。この問題は、近時、違法複製物を掲載したサイトあるいはサイトに掲載された違法複製物へのリンクを集めたリーチサイトの規制に関して議論されている[54]。

この点に関して、CJEUの考え方によれば、リンクを張る行為は、「伝達」に当たるが、著作物が自由に利用することのできるものである場合には、公衆への伝達権の侵害とはならず、他方、CJEUは明示的に述べてはいないが、BGHのDie Realität II事件判決の理解では、著作物が違法に掲載されたものである場合には、侵害が成立することとなる。

では、わが国法において、同様の考え方を取り入れることができるであろうか。そのためには、まず、リンクを張る者が公衆送信を行うと解する必要があるが、この解釈はあり得ないではない。例えば、BGHの「伝達」の把握になぞらえて、送信の主体を、「利用者が、自己の行動の結果を十分に認識し、すなわち意図的に目的をもって、第三者に、自己の介入がなければ得られなかった保護著作物へのアクセスを取得させるために、介入すること」を行う者と広く解することは不可能ではないであろう[55]。その一方、リンク先の著作物が適法に掲載された場合と違法に掲載された場合を区別する概念となる「新しい公衆」は、わが国法にとってなじみのあるものでないだけでなく、ベルヌ条約と整合しない等の批判を受けているものである。この概念を導入することができ

---

[53] リンクを張る者は、リンク先からの違法送信を幇助するとして不法行為責任を負う場合はあろう。福井編・前掲注（48）154頁〔増田雅史〕、田村・前掲注（48）244頁、青江＝茶園・前掲注（48）279頁。前掲大阪地判平成25・6・20では、不法行為の成否が争われ、否定された。大渕哲也「著作権間接侵害の基本的枠組（後編）」著作権研究40号（2013年）229、299頁は、「故意過失等が肯定されて不法行為が成立するのは、（相当に）具体的なノーティス（notice）のあるケースに限定されることが多かろう」と述べる。

[54] 福井編・前掲注（48）234頁〔池村聡〕参照。

[55] このように解する場合、送信可能化の主体ではない者が自動公衆送信（著作権法2条1項9号の4）の主体となることになる。著作権法が送信可能化を規制の対象となる行為としたのは、「現に自動公衆送信が行われるに至る前の準備段階の行為を規制することにある」（最判平成23・1・18（平21（受）653）民集65巻1号121頁〔まねきTV事件〕）が、そのことから送信可能化の主体と自動公衆送信の主体が常に一致すべきことにはならないと思われる。茶園成樹「自動公衆送信・送信可能化概念とまねきTV事件最高裁判決」牧野利秋先生傘寿記念『知的財産権：法理と提言』（青林書院、2012年）1113、1127頁。

ないのであれば、リンクを張る者を公衆送信の主体と解することは、リンクを張る行為の自由を過度に制限することとなろう[56]。

他方、CJEUは、Die Realität II 事件判決の理解とは異なり、リンク先の著作物が自由に利用できるものである場合、当該著作物が違法に掲載されたものであっても、公衆への伝達権の侵害とはならないと判断するかもしれない。その考え方によるならば、仮にわが国法に「新しい公衆」の概念を導入することができるとしても、当然ながら、違法に掲載された著作物へのリンクの削除請求はできないこととなる。

したがって、わが国法にCJEUのような考え方を取り入れることは困難といわざるを得ない。そのため、リンクを張る行為は原則として公衆送信権侵害とはならないことを前提として、違法に掲載された著作物へのリンクに対する削除請求が必要であるならば、法改正を行うべきであろう。

ところで、新しい公衆という概念を導入しないとしても、Svensson事件判決が言及する、リンク先のサイトにおいて著作物へのアクセスをそのサイトの契約者に限定するために施されている制限を回避するリンクの場合については、そのようなリンクを張る者は、著作権者が許諾する範囲を超える公衆送信を可能とすることから、リンク元から公衆送信を行っているのと同視し得るものと評価することができるかもしれない。もっとも、著作権者の許諾範囲を超える公衆送信という点では、BGHのDie Realität II 事件判決が未決定とした、著作権者が同意を制限する指示をしている場合も同様である。そのため、前者の場合の判断に当たっては、後者の場合も考慮に入れる必要があろう。

【追記】本稿脱稿後に、GS Media事件（Case C-160/15。注42参照）における、Wathelet法務官（Advocate General）の意見に接した。同意見は、ウェブサイトにおいて、著作権者の許諾なしに公衆が自由にアクセスすることができる著作物が掲載された他のウェブサイトにリンクを張る行為は、情報社会指令3条1項の公衆への伝達行為とはならないと述べた。

---

[56] なお、ALAI, Report and Opinion on a Berne-compatible reconciliation of hyperlinking and the communication to the public right on the internet ＜http://www.alai.org/en/assets/files/resolutions/201503-hyperlinking-report-and-opinion-2.pdf＞．

引用についての判断基準
―特に引用の目的について―

富　岡　英　次

第1　はじめに

　本稿では、2013年2月に発行された故渋谷達紀先生のご労作「著作権法」(中央経済社　2013年　以下「渋谷「著作権法」」という。)における「引用」についての解説の検討を通じて、著作権法上、常に中心的な問題のひとつであり続けているこの問題について、若干の考察を試みるものである。

　著作権の制限について一般規定を設けるか否かについては、近年、盛んな議論が続けられてきたところであるが、そのような議論を行うためにも、現行法における著作権の制限規定中の代表的なものである32条1項の「引用」の適用範囲を少しでも明確化しておくことは、有用なことと思われ、その検討のために、最近の学説、判例を俯瞰した上で纏まった教科書として著述されている渋谷「著作権法」によることは、適切な方法と考えたものである。

　なお、各種の用語や整理方法については、なるべく渋谷「著作権法」に従うこととしたが、その点について、各別に本文中には注記していない。

第2　明瞭区別性、主従関係性の要件
1．最高裁判決とその影響

　著作権法32条1項は、「公表された著作物は、引用して利用することができる。この場合において、その引用は、公正な慣行に合致するものであり、かつ、報道、批評、研究その他の引用の目的上正当な範囲内で行われるものでなければならない。」となっており、「引用」として適法と認められる要件は、①公正な慣行に合致するものであること（公正慣行合致性の要件）、②報道、批評、研究その他の引用の目的上正当な範囲内で行われるものであること（引用目的の要件）、以上の二つであるとされている。（渋谷「著作権法」246頁）

　ところが、裁判も含め、実務上においては、32条1項の適法な引用が問題となった場合には、まず、（ⅰ）自他の著作物が明瞭に区別されること（明瞭区

別性)、(ⅱ) 自他の著作物の間に主従関係が認められること（主従関係性）、の2要件の充足の有無を検討しなければならないし、また、原則としてこれで足りるという傾向が認められ、実務慣行として定着していたといっても過言ではない（同旨、上野達弘「引用をめぐる要件論の再構成」（「著作権法と民法の現代的課題—半田正夫先生古稀記念論集」2003年法学書院所収）308頁等」。

これは、最高裁昭和55年3月28日判決民集34巻3号244頁（いわゆる「パロディーモンタージュ事件」）が、旧著作権法における「既ニ発行シタル著作物ヲ左ノ方法ニヨリ複製スルハ偽作ト看做サス　第一…（中略）…第二　自己ノ著作物中ニ正当ノ範囲内ニ於テ節録引用スルコト」（旧著作権法30条1項2号）という「節録引用」への該当性の判断にあたって、上記明瞭区別性及び主従関係性の2要件を充足すべきであるとしたことによるものであることは、周知のとおりである。同最高裁判決の該当判示部分は、以下のとおりである。

「法（筆者注：旧著作権法）三〇条一項第二は、すでに発行された他人の著作物を正当の範囲内において自由に自己の著作物中に節録引用することを容認しているが、ここにいう引用とは、紹介、参照、論評その他の目的で自己の著作物中に他人の著作物の原則として一部を採録することをいうと解するのが相当であるから、右引用にあたるというためには、引用を含む著作物の表現形式上、引用して利用する側の著作物と、引用されて利用される側の著作物とを明瞭に区別して認識することができ、かつ、右両著作物の間に前者が主、後者が従の関係があると認められる場合でなければならないというべきであり、更に、法一八条三項の規定によれば、引用される側の著作物の著作者人格権を侵害するような態様でする引用は許されないことが明らかである。」

そして、その後の裁判例は、現著作権法の適用にあたっても、例えば、東京高等裁判所判昭60年10月17日判決無体裁集17巻3号462頁（「藤田嗣治美術全集事件」）は、（著作権法32条1項にいう）「「引用」とは、報道、批評、研究等の目的で他人の著作物の全部又は一部を自己の著作物中に採録することであり、また「公正な慣行に合致し」、かつ、「引用の目的上正当な範囲内で行われる」ことという要件は、著作権の保護を全うしつつ、社会の文化的所産としての著作物の公正な利用を可能ならしめようとする同条の規定の趣旨に鑑みれば、全体としての著作物において、その表現形式上、引用して利用する側の著作物と引用されて利用される側の著作物とを明瞭に区別して認識することができること及び右両著作物の間に前者が主、後者が従の関係があると認められることを

要すると解すべきである。」と、現著作権法32条1項の「引用」についても、明瞭区別性、主従関係性を必要とする旨判示している。

なお、同高裁判決は、続けて、主従関係性の認定にあたっては、①引用の目的、②両著作物の性質・内容、③両著作物の分量、④被引用著作物の採録の方法・態様等の事実関係を総合的に考慮し、（ⅰ）引用著作物が全体の中で「主体性を保持」していること、（ⅱ）被引用著作物が、引用著作物の内容の（a）「補足説明」あるいは（b）「例証、参考資料」などであり、付随的な性質を有するに過ぎないこと、以上が認められるかどうかによるべきである、と説示している。

2．明瞭区別性、主従関係性の要件についての批判

ところが、この明瞭区別性、主従関係性の要件を、現著作権法の32条1項に規定されている要件との関係でどのように位置づけるのか、そもそも現行法において条文にも規定されていない上記2要件を基準として判断することが可能、または妥当なのか、という疑問が呈されるようになったことも周知のとおりである。

例えば、飯村敏明「裁判例における引用の基準について」（「著作権法研究」有斐閣第26巻91頁2000年）は上記高裁判決のような判断方法では、引用が正当であるか否かについて、実質的に判断するための基準は、「主従関係」のみということになるが、先行著作物の権利保護の範囲、公正な利用関係を調整する判断基準として「主従関係」のみで判断しようとすると、どうしても無理が生じ、実際の裁判例においても、具体的な転載行為が、引用として許されるか否かの判断について、いずれが主でいずれが従であるかというような形式的な判断ではなく、多様な要素を総合的に考慮して結論を導いているのであり、これを「主従関係」の判断に押し込めるのは無理がある旨述べており、前掲上野「引用をめぐる要件論の再構成」も、これらの2要件を著作権法32条1項のどの文言から導くかという点、あるいは2要件にさらなる要件を追加するかどうかという点について、学説の状況は、全く帰一するところがない、として、これらを紹介している。

裁判例においても、東京地方裁判所平成10年2月20日判決（平成6年（ワ）第18591号「バーンズコレクション事件」）その他、平成12年ころまでは、上記の2要件を実質的に判断して引用の抗弁の成否を判断する判決が多かった。

例えば、東京地方裁判所平成11年8月31日判決（平成9年（ワ）第27869号「脱ゴーマニズム宣言事件」）は、以下のように判示している。
　著作権法32条1項にいう「引用とは、報道、批評、研究等の目的で他人の著作物の全部又は一部を自己の著作物中に採録するものであって、引用を含む著作物の表現形式上、引用して利用する著作物（以下「引用著作物」という。）と、引用されて利用される著作物（被引用著作物」という。）を明瞭に区別して認識することができ（明瞭区別性）、かつ、両著作物の間に前者が主、後者が従の関係にあるもの（付従性）をいうと解するのが相当である。」
　この判決において、「付従性」、「明瞭区別性」が「引用」の要件となるようにも読めるが、「適法な引用」の要件となるとも読める。後者と解するのが一般的かも知れない。そうだとすると、「引用」、「利用」、公正慣行合致性、引用の目的上正当な範囲という32条1項の規定する各文言、要件との関係は、やはり、明らかでない。そして、同判決は、「引用の要件を充たす限りにおいて、引用著作物の著者が必要と考える範囲で行うことができるものであり、前記1の要件に加えて引用が必要最小限度のものであることまで要求されるものではない。」とも判示している。
　その後の、東京地方裁判所平成12年2月29日判決（平成10年（ワ）第5887号「中田選手肖像事件」）や、東京地方裁判所平成14年12月13日判決（平成12年（ワ）第17019号「国語学習用教材事件」）も、その位置付けは別として、同様に明瞭区別性及び主従関係性について判断している。
　ところが、特に平成14年ころ以降は、上記明瞭区別性及び主従関係性という概念を使用しない判断方法を示す判決が少なからず見受けられるようになってきた。
　たとえば、
　東京高等裁判所平成14年4月11日（平成13年（ネ）第3677号「絶対音感事件」）
「ア　著作権法32条1項は、「公表された著作物は、引用して利用することができる。この場合において、その引用は、公正な慣行に合致するものであり、かつ、報道、批評、研究その他の引用の目的上正当な範囲内で行われるものでなければ ばならない。」と規定している。著作権法32条1項がこのように規定している以上、これを根拠に、公表された著作物の全部又は一部を著作権者の許諾を得ること なく自己の著作物に含ませて利用するためには、当該利用が、①引用に当たること、②公正な慣行に合致するものであること、③報道、批評、

研究その他の引用の目的上正当な範囲内で行われるものであること、の３要件を満たすことが必要であると解するのが相当である。」「「引用」に当たるというためには、引用して利用する側の著作物（以下「引用著作物」という。）と引用して利用される側の著作物（以下「被引用著作物」という。）とが、明瞭に区別されていなければならないことは、事柄の性質上、当然である。被引用著作物が引用著作物と明瞭に区別されておらず、著作物に接した一般人において、引用著作物中にその著作者以外の者の著作に係る部分があることが判明しないような採録方法が採られている場合には、そもそも、同条にいう「引用」の要件を満たさないというべきである。」、「引用に際しては、上記のとおり、引用部分を、括弧でくくるなどして、引用著作物と明瞭に区別することに加え、引用部分が被引用著作物に由来することを明示するため、引用著作物中に、引用部分の出所を明示するという慣行があることは、当裁判所に顕著な事実である。そして、このような慣行が、著作権法３２条１項にいう「公正な」という評価に値するものであることは、著作権法の目的に照らして、明らかというべきである。」と判示している。

その後の、東京地方裁判所平成15年２月26日判決（平成13年（ワ）第12339号「創価学会写真ビラ事件」）においても、

「著作権法32条１項は、「公表された著作物は、引用して利用することができる。この場合において、その引用は、公正な慣行に合致するものであり、かつ、報道、批評、研究その他の引用の目的上正当な範囲内で行われるものでなければならない。」と規定している。すなわち、他人の著作物を引用して利用することが許されるためには、引用して利用する方法や態様が、報道、批判、研究など引用するための各目的との関係で、社会通念に照らして合理的な範囲内のものであり、かつ、引用して利用することが公正な慣行に合致することが必要である。」（下線は筆者が付した。以下同様。）という判断方法を採用している。

同様の判断方法は、その後も、東京地方裁判所平成24年９月28日判決（平成23年（ワ）第9722号「幸福の科学事件」）などにおいて使用されている。

同様に、東京地方裁判所平成25年12月20日判決（平成24年（ワ）第268号「オークションカタログ事件」）も前記「創価学会写真ビラ事件」と同様の一般論を説示した上で、「本件カタログにおいて美術作品を複製する目的は、本件オークションにおける売買であることは明らかである。他方、本件カタログには、美術作品の写真に合わせて、ロット番号、作家名、作品名、予想落札価格、作

品の情報等が掲載されるが、実際の本件カタログをみても、写真の大きさの方が上記情報等の記載の大きさを上回るものが多く、上記の情報等に眼目が置かれているとは解し難い。また、本件カタログの配布とは別に、出品された美術作品を確認できる下見会が行われていることなどに照らすと、上記の情報等と合わせて、美術作品の写真を掲載する必然性は見出せない。そうすると、本件カタログにおいて美術作品を複製するという利用の方法や態様が、本件オークションにおける売買という目的との関係で、社会通念に照らして合理的な範囲内のものであるとは認められない。また、公正な慣行に合致することを肯定できる事情も認められない」というように具体的に判示している。

　最近においても、東京地方裁判所平成28年１月18日判決（平成27年（ワ）第21642号「創価学会発信者情報開示請求事件」）は、「前記前提事実によれば、本件記事のうち本件掲載写真を説明する記述はなく、本件記事において本件掲載写真を掲載する必要性は明らかではない上、本件記事は、本件掲載写真を掲載するにあたってその出典を明示していないものと認められるから、本件掲載写真の掲載が著作権法32条１項にいう引用に当たる余地があるとはいえない。」とし、また、「証拠によれば、本件記事は、…（中略）…会長の言動等を批判することなどを目的としたものであり、本件掲載写真もそのような意図のもとに掲載されたものと認められるのであって、本件投稿者において、本件写真の著作者の制作意図が必ずしも明らかでなかったにせよ、その制作意図に沿うものでないことには容易に思い至るはずであって、正当な目的の引用として許容できるものでないことは明らかである。」として、「引用」及び「正当な目的の引用」と認められないことを理由として、32条１項の引用の抗弁を排斥している。

　ここでは、目的自体は言動等の「批判」ということで、正当であるが、この目的との関係で、写真の利用方法、態様が、社会通念に照らして合理的な範囲でないか、あるいは公正な慣行に合致したものでない、と判示しているようにも読めるし、「正当な目的」でないとも読むことができる。注目すべきは、利用された作品の「創作意図に沿う」かどうかを判断要素としている点であり、引用の要件の判断要素としては、疑問が残る。

　東京地方裁判所平成28年１月29日判決（平成27年（ワ）第21233号「風水甲スレッド事件」）も、同様に一般論を述べた上、「本件情報１ないし17は、本件各記事に依拠したうえで、同記事の内容を批判するか揶揄することを意図して、

本件記事1の「自然科学」を「妖怪学」に変更したり、本件記事2の「学術発表」を「詐欺発表」に変更したりしたものであり、引用元等を明示することもなく引用元の表現を直接改変した上、それをそのまま本件ウェブサイトに匿名で投稿したものであって、これが議論を目的としたものであるとはにわかにうかがわれないばかりか、公正な慣行に合致した正当な範囲内での引用であるともおよそうかがわれない。」と認定している。

この判示中、「議論を目的としたものであるか」が一応認定されているが、目的自体の正当性については、判断されていないように見える。「批判」が目的であった可能性を認定しているからである。

ちなみに、渋谷「著作権」は、まず、「引用」とは、「著作物または非著作物の一部に、他の著作物の全部または一部を複製または無形的に再製して、著作物を創作または非著作物を作成する行為」をいうものであるとし（244頁）、引用の要件を前記のとおり①公正慣行合致性の要件、②引用目的の要件とに分け、前記の明瞭区別性、主従関係性については、①の公正慣行合致性に含まれると解している。

そして、「主従関係の要件は、他人の著作物が有している財産的価値にただ乗りする行為を許さないための要件である。」とした上で、主従関係性の判断方法としては、上記の藤田嗣治美術全集事件東京高裁判決が挙げているのと同様の諸般の事情を考慮して、著作物の使用者の一般観念に照らして判断すると述べている。

このように、渋谷教授は、従来の「主従関係性」、「明瞭区別性」を現行著作権法32条1項の規定との関係でどのように位置付けるかを明確に示している。

ここで渋谷教授は更に、公正慣行合致性の要件は、明瞭区別性と主従関係の要件によって尽くされるわけではないとして、ほかに、「引用の必然性、不可欠性、必要最小限性」などもこれに含まれるとしている（247頁）。

他方、②引用目的の要件については、まず、「報道、批評、研究」の目的が例示されていることについては、「社会的に正当と認められるもの」であれば、その他の目的もこの要件を充たすとして、「報道、批評、研究」は、「社会的に正当と認められる」目的を示すための例示と解しているようである。「誹謗中傷文書を作成するためなどの不当または違法な目的」を除く、というように機能させるようである。（248頁）

また、②引用目的の要件中、「引用の目的上正当な範囲」で行わなければな

らないという要件については、「正当な範囲の引用とは、著作物の論旨を補強したり、論述の内容を説明したりする限度において行われる引用をいう。」とされ、「引用の量と質の両面から見て、論旨の補強や、論述内容の説明を超えると見られる複製は、この要件を充たさない。」とし、また、「過剰な引用は、単なる複製であって、許諾を必要とする。」としている（同上）。

ここでも、①公正慣行合致性における主従関係性の判断要素の一つとして挙げられている「引用の質と量」が判断要素となっているが、ここでの判断対象は、「著作物の論旨を補強したり、論述の内容を説明したりする限度において行われる引用」か否か、という点において、「公正慣行合致性」と区別されているようである。

しかしながら、両判断対象にどのような相違があるのか、また、同じ「引用の質と量」であっても判断方法に相違があるのかについては、必ずしも明らかとはいえない。

これに対して、著作権法32条1項の引用の要件について、上記の公正慣行合致性や引用目的の要件とは別に、「引用要件」を取り出し、この「引用」と認めるための判断において、上記の明瞭区別性、主従関係性を判断要素としようとする説もある（例えば、島並良、上野達弘、横山久芳「著作権法入門」2009年有斐閣168頁等）。

第3 「引用」、「公正慣行合致性」及び「引用目的の要件」の意義

上記の明瞭区別性、主従関係性については、著作権法32条1項に直接規定されておらず、同条文との関係が上記のとおり問題とされているが、他方、32条1項の文言に即して解釈をしようとしても、「公正な慣行に合致するもの」あるいは「報道、批評、研究その他の引用の目的上正当な範囲内で行われるもの」という要件の各意義は、それぞれの文言が抽象的であるため、その文言自体から定めることは困難である。

したがって、著作権法32条1項という著作権の制限規定が設けられた制度趣旨及びこれらが定められた経緯、背景を参照して探求せざるを得ない。

著作権法が著作権の制限規定として列挙している公正利用行為には、いくつかの類型があるが、半田正夫「著作権法概説第16版」2015年法学書院は、「著作物はそれを形成した著作者個人のものであると同時に国民共通の文化財産としての一面をも有するものであるから、一定の範囲内での自由利用を国民に認

めることはその国の文化の発展にぜひとも必要なことであるし、また著作者は著作物の作成にあたってなんらかの形で先人の文化遺産を摂取しているのがふつうであるから、新たに作成された著作物も一定の時期以後は国民すべてに解放され、後世の人々の利用に供さなければならぬ責務が当然に課せられているとみるべきであろう。」、「ただここで、問題となるのは、著作物による独占的利益の保障をあくまで貫徹したいと欲する著作者側の願望と、できるかぎり著作物の自由利用が認められたいと欲する国民一般の願望とをどこで調和させるかにある。これは立法政策の問題であり、わが現行法もこの点について最大の苦心を払っている。」と述べている（161頁）。このようなことから、32条1項のような著作権の制限は、著作権及びその制度に内在する制限である、といわれる。

さらに、渋谷「著作権法」は、上記の制限を受ける行為中、32条1項の類型の権利制限について、その趣旨をどのように見るかについて、引用行為は、「著作物の創作を可能にするための公正利用行為」に該当するとして、この公正利用行為は、「多彩な著作物の創作を可能にすることにより、著作権法が目的としている文化の発展（1条）に寄与するために、公正利用行為とされているものである。」と述べる（200頁）。

茶園成樹「『引用』の要件について」（「コピライト」著作権情報センター565号2頁2008年）も、「引用に関する著作権制限の正当化根拠とは何かということから考えますに、例えば、他人の著作物の批評であれば、その著作物を当該他人の著作物として提示して利用できないと批評を十分に行うことができません。そのため、著作権を制限することによって、批評による創作活動において自由利用を認め、文化の発達に寄与しようとしたものといえるでしょう。」（13頁）

すなわち、引用のような形態の公正利用行為を許すことにより、単に一般的に国民の表現の自由との調整を図ったり、行政その他公共の目的との調整を図るに止まるものではなく、社会におけるより高い文化的価値を生み出す創作活動を増進させることを期して、著作権を制限する制度と考えているもの、著作権法1条の「文化の発展」に積極的に寄与することを目的とするもの、ということもできよう。

したがって、引用の要件を吟味するにあたっても、この制度趣旨、保護すべき利益を十分考慮して解釈することが妥当である。

次に、「引用」に関する著作権の制限規定の変遷、背景については、概ね以下のような事情を指摘することができると考えている。なお、現行法の引用の規定ができるまでの変遷、特にベルヌ条約との関係については、茶園成樹「『引用』の要件について」（前掲コピライト565号2頁）に詳しいのでこれを参照されたい。

　まず、現行の引用規定が定められた昭和45年の著作権法全面改正は、ベルヌ条約への加盟とは切り離すことができない関係にあるので、同条約における引用についての規定の変遷等を見てみる。

　現在のベルヌ条約（パリ改正条約）においては、10条1項に「既に適法に公衆に提供された著作物からの引用（新聞雑誌の要約の形で行う新聞紙及び定期刊行物の記事からの引用を含む。）は、その引用が公正な慣行に合致し、かつ、その目的上正当な範囲内で行われることを条件として、適法とされる。」と規定され、特に日本法のような具体的な引用の目的は例示されていない。

　そもそも、ベルヌ条約創設規定（1886年9月9日）においては、8条に「<u>教育目的で行われ、学術的性格を有しもしくは名文集の発行を目的とする</u>文学的及び美術的著作物からの借用を適法とする権利に関して、同盟国の法律又は同盟国に現にあるもしくは今後締結される特別の取極は留保される。」等と規定されていたが、同条約のパリ改正に先立つストックホルム改正の準備作業において、引用の目的を「<u>学術、批評、報道等</u>」に限定して規定しようとするフランス、スイスの主張は、各国の支持を得られず（佐野文一郎「ベルヌ条約ストックホルム改正の概要」、「著作権研究」第1号1967年159頁）、その結果、ストックホルム改正（1967年）においては、このような目的による限定がなされず、現状のベルヌ条約（パリ改正、1971年作成、1972年日本国署名）の10条の上記規定と同様の「その引用が公正な慣行に合致し、かつ、その目的上正当な範囲内で行われること」という条件のみを要件とした規定が設けられた。

　これに対し、わが国においては、昭和45年（1970年）の著作権法改正（法律第48号）において、旧法の「第二　自己ノ著作物中ニ正当ノ範囲内ニ於テ節録引用スルコト」（旧著作権法30条1項2号）という規定が、「時代遅れの表現、内容を有し、又其限界の不明確さについても非難があった」ことから、現行法32条1項のように改正されたとのことであり（勝本正晃「著作権法の改正について（二）―著作権法案の要点と小評―」著作権研究第2号1969年22頁）、同改正が、上記ベルヌ条約（ストックホルム改正）を参照しつつ、①の公正慣行

合致性の要件及び②引用目的の要件という二つの要件を要することとし、かつ、上記ベルヌ条約においては、②の引用目的の要件は、単に「その目的上正当な範囲内で行われること」となっていたものを、その目的を具体的に「報道、批評、研究等」という具体例を示して規定した。

当時の文部省による昭和41年7月の「著作権制度審議会答申説明書」は、「報道、批評、学術研究の目的でする引用等公正な慣行に合致し、かつ、目的上正当な範囲内の著作物の引用は、短い著作物の全部を引用することおよび美術の著作物等の全体を利用することも含めて、適法なものとする。」という答申について、「自己の著作物中に他人の著作物の一部を引用することについては、その目的、態様が、引用しおよび引用される著作物の性質からみて社会的に妥当であると認められ、かつ、その範囲が目的上必要な限度にとどまる場合には、著作権が及ばないものとしてさしつかえなく、また、実際上もそのように取り扱われている。この場合、たとえば、その批評の対象となる著作部をある程度まで引用することは認められても、小説等に他の著作物を引用する場合は、その範囲は自ら小部分に限定されるものと解すべきである。」という解説を加えている。

なお、当時の文部省文化局による昭和41年10月の「著作権及び隣接権に関する法律草案（文部省文化局試案）」においては、著作物の引用（35条）の規定は、「公表された著作物は、他の著作物中に引用して利用することができる。この場合において、その引用は、報道、批評又は研究を目的とするものその他公正な慣行に合致するものであり、かつ、目的上正当な範囲にとどまるものでなければならない。」となっていたが、昭和43年1月の「著作権法の全部を改正する法律案（第三次案）」においては、上記下線部分について、現行法と同様に、「その引用は、公正な慣行に合致するものであり、かつ、報道、批評又は研究を目的とするものその他の引用の目的上正当な範囲にとどまるものでなければならない。」（33条）とされた。

以上を見てくると、現行の著作権法32条の引用の規定中の「公正な慣行に合致する」、「引用の目的上正当な範囲内」という要件は、すでに1967年のベルヌ条約ストックホルム改正の際に、現在の同条約（パリ改正）と同様に、「その引用が公正な慣行に合致し、かつ、その目的上正当な範囲内で行われること」と規定されていたものであり、日本の法改正に同条約の改正作業が影響を与えていたことは容易に推測できる。

そうであるとすると、この「公正な慣行に合致する」という抽象的な規定の意義は、ベルヌ条約下ではどのように考えられていたのかを参考とすることは誤りではないであろう。

この点については、前掲茶園「『引用』の要件について」においては、ベルヌ条約9条2項で定められたいわゆる「スリー・ステップ・テスト」は、同条約10条に定められた引用にも適用することが可能である、という見解が明らかにされていたことを紹介し（5頁）、ドイツ法においても同様に考えられ、「公正な慣行に合致」という引用の要件は、結局のところ、スリー・ステップ・テストとほぼ同内容と考えればよい、と述べられている。

なお、スリー・ステップ・テストとは、
 1．特別の場合であること
 2．著作物の通常の利用を妨げないこと
 3．著作権者の正当な利益を不当に害さないこと
からなり、上記の公正慣行合致性の要件よりは、具体的な基準となるし、引用について適用しても著しい問題はないと思われ、この解釈は、それなりに合理性を有するものといえる。

しかしながら、このスリー・ステップ・テストを挙げても、それ自体においては、やはり抽象的な内容であって、具体的な基準としては足りそうもない。

特に、前記のとおり、上記の日本における法改正において、当初、「公正な慣行に合致する」という文言は、「報道、批評又は研究を目的とするものその他公正な慣行に合致するものであり」というように「報道、批評又は研究」という目的と直接結びつく形で規定されていたのに、その後、昭和43年1月の「著作権法の全部を改正する法律案（第三次案）」においては、「公正な慣行に合致する」という要件は、目的とは切り離されて単独の要件となっている。したがって、同要件を上記に例示されている目的との関係で具体化して解釈することは困難となった。

他方、第三次案においては、「目的上正当な範囲内」の要件について、上記のとおり、「報道、批評又は研究」等の引用の目的と密接な形で規定し直され、これらとの関連で理解することが容易となっている。

この「目的上正当な範囲内」の要件について、前掲島並他「著作権法入門」は、「これは、引用される側の権利者の作品全体のうち、どの程度の量的・質的割合が引用に供されるかを問う基準であり、その割合が著作権者への経済的打撃

の程度を左右するために置かれた要件である。」とする(170頁)。この考え方は、前記した「主従関係性」の判断基準が、引用される側と引用する側の量的割合も含む相対関係を問題とするものであるのに対し、引用される側の内部における全体と引用される部分との割合、相対関係を問題とする点において、両者を峻別するものであり、それほど多様な要素を含まない要件とするものであるが、それだけにシンプルであり、明確ということができる。しかも、この中に、著作権者への経済的打撃の大小という重要な要素を含み得るものである。

渋谷「著作権法」は、この「引用目的の要件」について、「目的」において、社会的に正当と認められるものであればよいが、誹謗中傷文書を作詞するためなどの不当または違法な目的は除かれる、とする。また、「正当な範囲内の引用」とは、「著作物の論旨を補強したり、論述の内容を説明したりする限度において行われる引用をいう」とし、ここでは、例示であるとはいいながら、「社会的に正当と認められる」目的として、具体的に例示されている「報道、批評又は研究」を念頭においているように思われる。

以上のとおり、これら「公正慣行合致性」及び「引用目的の要件」中の「目的上正当な範囲内」は、上記の解釈により、多少、具体的なものとなったとはいえ、未だ非常に抽象的であって、しかも相互の関係も必ずしも明確ということはできない。

そこで、同条文中、比較的具体的な文言により記載されている「報道、批評、研究等」の目的について、更にその意義を明らかにすることができないかを検討することも必要なのではないかと考えた。

そこで、著作権法32条1項の「報道、批評、研究等」の意義について一度検討することも無意味なことではなかろうと考え、次項以下において、検討を進めることとする。

第4　報道、批評、研究等の目的

前記の「報道、批評、研究等の目的」の意義について、茶園茂樹「著作権法」(2014年有斐閣162頁)は、「32条1項が『報道、批評、研究』を例示していることを重視すれば、引用の目的は、その他のものであってもよいが、これらに準ずるものでなければならないこととなり、その目的に照らして正当な範囲内のものであることが必要となろう。」(同旨　茶園「『引用』の要件について」13頁)と述べている。

同様の趣旨は、「まず、引用の目的そのものについては、報道、批評、研究が例示されている。ここに例示されたものに準じたものに限られよう。」斉藤博「著作権法第3版」2007年有斐閣242頁にも述べられている。
　また、高林龍「標準著作権法第2版」2013年有斐閣171頁は、「引用の目的は『報道、批評、研究その他』と規定されているから、自己の表現の一助として引用することは、著作権法32条1項が規定する適法な引用の目的とはいえない。引用は、あくまで引用された著作物を対象として、報道、批評、研究などが行われることを必須としているというべきであろう。」として、小説の主人公の心情を描写するために他人の短詩を使用した行為は、短詩を批評したり研究するための引用ではないから、明瞭区分性に欠けるところはないとしても、適法な引用ではないとした東京地方裁判所平成16年5月31日判決判時1936号140頁（南国文学ノート事件）を引用している。
　このように、「報道、批評、研究等」は引用の目的の例示としながら、32条1項にいう引用の目的は、少なくとも「報道、批評、研究等」に準ずるものでなければならないと解する説が有力である。
　しかも、例えば、前記のベルヌ条約における引用に関する規定導入の経緯、特に、ストックホルム改正の準備作業において、引用の目的を「<u>学術、批評、報道等</u>」に限定して規定しようとするフランス、スイスの主張が各国の支持を得られず、同改正においてこのような目的による限定がなされなかった、というように、これらの目的による限定は、各国にとって重大な問題と考えられていたところ、我が国の現行著作権法は、ベルヌ条約において規定されていないこれらの目的の限定をしているものであるから、この限定を導入したことに重要な意義を見出すことは、決して誤りであるということはできないと考える。
　そして、その意義を考える場合には、これら「報道、批評、研究等」に共通する概念が何であるかを考慮することは当然である。なお、この点について、前掲茶園「『引用』の要件について」は、「32条1項は、引用の目的として「報道、批評、研究」を例示していますが、これはミスリーディングです。報道と批評、研究の三つは並列関係にありません。私が引用の目的と言っているのは、他人の著作物を採録する目的であって、批評はこれに含まれます。これに対して研究は、引用が行われる、あるいは引用された著作物が利用される領域、分野を指しています。これもその領域、分野で利用するために引用を行うという意味で、引用の目的ということができるのですが、批評と、報道・研究とでは

問題となるレベルが異なるということです。」と述べている。そして、茶園教授は前掲「引用の要件について」において、「引用に関する著作権制限の正当化根拠」に関し、「他人の著作物の批評」であれば、この正当化根拠に適合するという趣旨のことを述べられている。

　そのような見方も可能であるかもしれないが、引用の規定から率直にこの３つの行為の共通性を考えると、いずれも引用される著作物を、知的な創作活動、行為の「対象」、「目的物」と位置付けるものであるという点において共通するということができるのではないか。これについて、パロディに対する権利行使の可否の検討において米国著作権法上において使用される「targetとして著作物が使用される場合」という概念も参考となろう。また、前記の引用の正当化根拠について述べたところで記載した「多様な著作物の創作を可能にする」という趣旨（渋谷教授）に鑑みると、この引用目的は、更に「多彩な著作物の創作を可能とする」もの、すなわち「著作物の創作行為」でなければならない。このように使用される著作物を創作行為の「対象」、「目的」として利用する行為が、32条１項にいう引用の本来的、典型的な類型であると考え、まず第一に、この要件の充足性を判断すべきではないか。そうすると、主として使用される著作物を「手段」として利用して創作する行為、例えば、読者、鑑賞者に対する吸引力の高い他人の著作物を利用することによって、自己の著作物等の価値を高めようとするような行為については、この要件を充足しないこととなる。ただし、公正慣行合致性や目的の正当な範囲の判断において、必然性、必要最小限性、経済的利益獲得目的の有無、著作者に対して与える経済的損害、利用機会を喪失させる可能性の有無等をより厳しく吟味することによって、上記目的に準ずるものとして認めることができる場合もあろう。このように解することは、前述の引用という類型の権利制限規定を設けた制度趣旨からしても、理解しやすいのではないかと考える。

　以上のように、引用の目的を中心として、引用行為を類型化し、「引用」の認定あるいは「公正慣行合致性」の有無、目的上正当な範囲の使用方法・態様であるかの認定に、明瞭区別性、主従関係性の判断方法を、上記の必然性、必要最小限性等の判断とともに利用することは、当然できるし、有用な場合もあると思われる。

　このように解すると、例えば、パロディーについては、他人の著作物を対象とした「批評」を主目的とするものであることが明確な場合には、正当な「目

的」ということができようが、実際には「手段」として使用する面が強い例が多いと思われ、その保護については別途の規定が設けられることが望ましい。

　また、絵画鑑定書等に絵画の写真を印刷等する場合は、タッチや筆跡等を論評するために必要な部分を複写して利用する場合には、「批評、研修」に該当するであろうが、単に当該鑑定書の対象を特定するだけの目的のものであれば、正当な目的と認められないということもできよう。

　このように引用目的を制限的に解釈すると、近時のIT技術の発展に伴う著作物及びその利用方法の多様化に対応することが困難となるという場面もあり得ようが、それらの新しい多様な利用をカバーしようとして、著作権法32条1項の適用範囲を不明確なものとすることは、本末転倒というべきであり、別個の規定を設け対応すべきであると考える。

第5　結語

　以上、日常の実務において、引用についてのより明確な基準が欲しいという要求から、故渋谷教授のご論稿を拝見しながら従来から考えてきたことを試みにまとめてみた。ご批判、教示がいただければ幸いである。

障害者の情報へのアクセス保障[1]と著作権
―日本の著作権制限規定におけるマラケシュ条約の位置づけ―

佐　藤　　　豊

1．問題の所在

　著作物が権利者等から提供された状態のままでは、その内容へのアクセスが不可能な場合が少なからず存在する。たとえば、文字のみで書かれたものを視覚に障害のある者や識字障害等を有する者は読むことができず、音声のみで記録されたものを聴覚に障害があるものは聞くことができず、四肢に障害のある者は自ら本をめくることができない。このような事態は決して特別なことではなく、加齢等により誰もが直面しうるものである。

　そのような場合に対応すべく、著作物をはじめとするコンテンツへのアクセスのために必要な合理的な措置[2]を政府や放送事業者等に義務付ける立法例（例：アメリカにおける"Americans with Disabilities Act of 1990"[3][4]（ADA）（障害を持つアメリカ人法））や条約（例：障害者権利条約）が存在する。

　他方で、多くの国の著作権法において、権利者等から提供された状態の著作物に何らかの措置を講じその内容へのアクセスを可能とする行為が著作権侵害の外形を備えることがある。たとえば、文字のみで書かれたものを音声化したり、拡大したり、音声のみで記録されたものを文字化したりする行為は複製に該当しうる。すでに、著作権の制限規定により個別にそうした行為が著作権侵害に

---

[1] 「障害者の情報へのアクセス保障」について、従前の憲法学において正面から議論したものは多くはない。情報へのアクセスの保障に特化した議論ではないが、障害のある人の完全で平等な社会参加を保障するための「合理的措置」を国や地方公共団体が提供しないことは差別であり憲法上認められないとの法理を憲法14条から導くものとして、植木淳『障害のある人の権利と法』（2011年・日本評論社）173頁。障害者差別解消法の成立後の論考として、植木淳「日本国憲法と合理的配慮」法律時報87巻1号（2015年）74頁。
[2] アメリカでは、政府機関等が行う放送番組への字幕付与の義務付け（47 U.S.C. §611 (2008)）等が行われている。
[3] 45 U.S.C. §§12101-12213 (2008), 47 U.S.C. §225 (2008), 47 U.S.C. §611 (2008).
[4] ADAについて概観するものとして、植木・前掲障害28頁。

対する抗弁として確立している法域はそれなりの数にのぼるものの、その要件や範囲は多様であり、結果として著作物へのアクセスの確保のための措置と著作権との抵触が制度上十分に調整されているとは言いがたい状況にあった[5]。

このような状況に対応する初めての著作権に関連する条約として、「視覚障害者等の発行された著作物へのアクセスを促進するためのマラケシュ条約」(以下、「マラケシュ条約」という)があげられる。マラケシュ条約は、視覚障害や読字障害等により文字等による著作物の享受が困難な者（Print Disabled）の著作物へのアクセスを確保することを目的とするものであり、書籍その他の発行された著作物について、視覚障害や読字障害を持つ者が利用しやすい形式（Accessible Format）の複製物の作成や流通（国内外を問わない）を促進することを意図したものであり、20カ国の批准書または加入書のWIPO事務局長への寄託を以て発効となる（同条約18条）[6]。マラケシュ条約が複製物の作成行為にくわえ、流通の促進を目的とするのは、文字等により著作物を享受することが困難な者がアクセス可能な形式の複製物の価格は高止まりしており、また個々の複製物に対する需要が決して多いものとはいえない現状があるために、途上国において特に問題が深刻化していることを踏まえたものである。そのような形式の複製物を共有することができれば、途上国であるか先進国であるかを問わず、そうした者に多大な便益がもたらされることになる。

本稿では、まず現行の日本の著作権制限規定と障害者の情報へのアクセス保障との関係を概観した後、マラケシュ条約について検討を加え、最後に日本の著作権制限規定等におけるマラケシュ条約の位置づけと立法論に与える影響[7]について論ずることとする。

---

[5] 先進諸国をはじめとする50以上の国では、そうした形式で著作物を複製したり配布したりする行為を許容する著作権の制限規定が設けられている。一方、文字等により著作物を享受することが困難な者の多くが居住する130を超えるWIPO加盟国においては、そうした者に対応することを目的とする何らの制限規定も置かれておらず、他の制限規定の適用による対応も不十分である（Jonathan Band, *A User Guide to the Marrakesh Treaty,* Oct. 10, 2013, http://www.llrx.com/features/marrakeshtreaty.htm、(2015年10月15日閲覧)）。

[6] 2016年3月21日にイスラエルが批准書を寄託し、2016年4月18日現在では16カ国が批准書または加入書のWIPOへの寄託を行なっている（WIPO, *Marrakesh Treaty to Facilitate Access to Published Works for Persons Who Are Blind, Visually Impaired or Otherwise Print Disabled,*

　http://www.wipo.int/treaties/en/notifications/marrakesh/treaty_marrakesh_16.html、(2016年4月18日閲覧)）。日本は最終文書には署名を行ったものの、条約には署名を行っていない。

2．現行の著作権制限規定と障害者の情報へのアクセス保障

　現行の日本の著作権法は、権利制限規定を限定的に列挙するのみであるために、情報へのアクセスのために採られる積極的な措置のなかには、著作権侵害の外形を有するものが少なからず存在することとなり、結果として著作権が情報へのアクセスの障害となっている。たとえば、大学において聴覚障害を持つ者のために組織的に行われるノートテイクについては特段の制限規定が存在せず、著作権者の許諾を逐一要すると理解する余地が生じる[8]。

---

[7]　ヨーロッパにおけるマラケシュ条約への対応の試案として、マックス・プランク研究所によるポジション・ペーパーがある。See, Hilty, Reto and Köklü, Kaya and Kur, Annette and Nérisson, Sylvie and Drexl, Josef and von Lewinski, Silke, *Position Paper of the Max Planck Institute for Innovation and Competition Concerning the Implementation of the WIPO Marrakesh Treaty to Facilitate Access to Published Works for Persons Who are Blind, Visually Impaired or Otherwise Print Disabled*（May 1, 2015）, IIC - INTERNATIONAL REVIEW OF INTELLECTUAL PROPERTY AND COMPETITION LAW, pp. 707-716, 46 (6) 2015; MAX PLANCK INSTITUTE FOR INNOVATION & COMPETITION RESEARCH PAPER No. 15-05 . Available at SSRN: http://ssrn.com/abstract=2654610 (2016年3月14日閲覧)。

[8]　著作権法30条は、「使用する者」自身が複製を行うことを要件としているため、聴覚に障害を持つ者ではないアルバイト学生やボランティアが講義のノートをとった場合、文言上は30条の適用がされない余地が生じる。裁判例においても、複製物を「使用する者」以外の者による複製につき、30条の適用を否定したものがある（知財高判平成26・10・22平成25（ネ）10089［ドライバレッジジャパン控訴審］。同判決は、依頼者から預かった書籍等をスキャンし、依頼者にスキャンデータを提供するとともに当該書籍等は返却するサービス（いわゆる「自炊代行サービス」）の提供者につき、書籍等のスキャンが複製に該当することを前提に、当該複製を物理的に為す者がサービス提供者であること等を斟酌して、著作権法30条の適用を否定した。）。
　また、聴覚に障害を持つ受講者のために、著作権法38条の適用を受けて（授業料等を徴収する大学が徴収する授業料等が同条にいう「著作物の…提示に対する対価」にあたらないとする見解として、半田正夫＝松田正行（編）『著作権法コンメンタール2［23条～90条の3］』(2009年・勁草書房) 318頁［本山雅弘執筆部分］）。大学等の講義において上映される映像コンテンツの音声トラックの文字起こしを大学が組織的に行う場合にも問題が生じうる。著作権法35条は、教育を担任する者か授業を受ける者が複製等を行うことを要件とするために、この場合に35条の適用がされない余地が生じる。
　しかし、後者に関しては、大学の担当者が、教育を担任する者または授業を受ける者の手足として音声トラックの文字起こしを作成したと法的に評価すれば、35条の適用範囲、ということになる。「授業を受ける者」を厳格に解釈すれば、事実上聴覚障害者が授業をうける場合に35条の適用を受けられる場面を過度に狭めることになり（積極的理由）、聴覚障害学生のために本人に成り代わって音声トラックの文字起こしを作成することを制限規定の対象としても、即複製物の大量作成を引き起こすわけでもない（消極的理由）ことから、35条の適用により、音声トラックの文字起こしの作成は複製権侵害とはならないと解釈できると考える（2015年3月21日に開催された第1回一橋知的財産法研究会における筆者との意見交換における金子敏哉明治大学准教授の示唆による。同研究会の詳細につき、http://hitiplaw.blogspot.jp/2015/03/1_31.html（2016年3月14日閲覧）およびhttp://www.hit-u.ac.jp/function/outside/news/2015/0213.html（2016年3月14日閲覧））を参照。

現行の著作権制限規定のうち、情報へのアクセスを確保するための行為に関するものとしては、教科用拡大図書等の作成のための複製等に関する著作権法33条の2、視覚障害者等のための複製等のうち、点字、電子点字について37条1項と2項、録音図書やDAISYファイル等の作成等についての37条3項、それから、聴覚障害者等のための複製等に関する37条の2がある。しかし、これらの制限規定では、対象となる行為の主体に制約が課されている[9]、あるいは行為の対象が限定的である[10]ために、一個人が厚意で何かを行う場合、著作権法の権利制限規定の恩恵を受けられるのは相当限られた場合であると言えよう。そのような制約の中で、NPO等により私的セクターでの解決が模索されている[11]ものの、やはり措置の担い手が限定されるなど、課題は残存している。

---

[9] 著作権法37条3項および37条の2により無許諾で可能となる、視覚に障害を持つ者のみを対象とする録音図書の作成やDAISYファイルの作成等、あるいは聴覚に障害を持つ者のみを対象とする音声トラックの手話通訳、字幕データの作成及びウェブ配信等については、その行為主体が図書館や視覚や聴覚に障害を持つ者を対象とする福祉に関する事業を行う施設、文化庁長官が指定する団体に限定されていることにくわえ、権利者等からそうした措置が何ら提供されていない場合に限定されている。

[10] 著作権法33条の2や37条1項及び2項は行為主体を問わないものの、その対象が限定されている。すなわち、33条により無許諾で可能となる拡大図書の作成は教科書に限定され、37条1項及び2項により無許諾で可能となるのは点字及び電子点字の作成に限定されている。

[11] NPO等による私的セクターでの解決の例として、特定非営利活動法人メディア・サポート・センター（以下、「MASC」という）による取り組みがある。MASCは、著作権者および著作隣接権者、図書館、ボランティア等により作成された、映像コンテンツと同期することのできる字幕データや音声ガイドを集約してウェブ等で共有する仕組みの構築を提唱しており、権利者団体、障害者の団体、映像技術に関する企業などが賛助会員として名を連ねている。

MASCが提唱するモデルは、権利者側が作成したものにくわえ、制作ボランティアや図書館が作成したデータについても一元管理したうえで、映像の再生機器等が映像を再生する際などに、対応する字幕や音声ガイドのデータを提供するものである。制作ボランティアや図書館が作成するものをも対象とするのは、旧作である等の理由で権利者がデータ作成に消極的であったり、すでに現行の制限規定の適用を受けて作成されたデータがあったりする場合に、その情報を共有することで、データを広く活用するためとされる。くわえて、同一の作品について重複してデータを作成せず、作成の人員や時間、費用などをまだデータがない作品に振り向けてもらうことも念頭に置いている。

ただ、このMASCのモデルには、現行の著作権法による制約が課される部分が存在する。MASCが共有の対象とするデータのうち、権利者以外の者から提供され共有されるものの取り扱いが問題となる。MASCは、著作権法37条や37条の2にある「文化庁長官が指定する団体」として指定を受けている。従って、MASC自身、また、同じく37条や37条の2で認められる図書館などが作成したデータを、専ら聞こえない方や見えない方の間でのみインターネット上で共有することについては権利制限の適用がある。他方で、共有されるデータがMASCとは関係のない有志により作成された場合には著作権の制限規定が及ばないと理解する余地がある。

3．視覚障害者等の発行された著作物へのアクセスを促進するためのマラケシュ条約
3.1 マラケシュ条約の概要[12]

　著作物へのアクセスを可能とするための何らかの措置は著作権法が権利範囲と位置づける行為と抵触する場合が少なくないために、一定の著作権を制限するための規定[13]が必要となることは既に述べた。

　これに対し、金子敏哉明治大学准教授より、MASCのケースに前掲・知財高判[ドライバレッジジャパン控訴審]の説示の射程が及ぶと考える必要はないのではないか、との指摘を受けた（2015年3月21日に開催された第1回一橋知的財産法研究会における筆者との意見交換による）。すなわち、37条や37条の2が行為主体に制約を課しているのは、複製や公衆送信が当該制限規定の目的以外になされることや、制限規定によって生成されたものが無限定に拡布されないことを慮っているのであって、制作ボランティアにより作成されてMASCで共有されたとしても、そうした配慮に悖ることはなく、それをMASCの手足により作成されたものと評価することに障害はないのではないか、という。

　また、平成27年8月31日に開催された内閣府障害者政策委員会において、文化庁著作権課課長補佐秋山氏からは、「著作権法37条3項ですが、同項の権利制限規定の適用のある主体については政令で定めることとなっています。…著作権法施行令第2条第1項第1号ロにおいて、この37条3項の適用が受けられる主体として、大学等の図書館およびこれに類する施設と定められています。ここにいう『これに類する施設』といいますのは、大学図書館のように図書等の資料を備え置いて学生に資料の貸出等の情報提供を行う機能、こういった機能を担う施設が想定されているものと解されるところでございまして、必ずしも名称が大学図書館となっていなくても当然その他のものが含まれるということが念頭に置かれているものと理解してございます。従いまして、行政、私どもと致しましては、個々の事例への法令の適用関係について、個別に判断を申し上げる立場ではございませんけれども、ご質問のありましたような障害学生支援室といった名称を冠する組織につきましても、通常上記の大学図書館のような趣旨に合致するものも多いと考えられますので、そうしたものにつきましては、基本的にこれに類する施設に該当する、というふうに解釈することもできるのではないかというふうに考えてございます。」との発言がある（内閣府障害者政策委員会「障害者政策委員会（第25回）議事録」35頁（2015年8月31日）、http://www8.cao.go.jp/shougai/suishin/seisaku_iinkai/k_25/pdf/gijiroku.pdf（2016年4月11日閲覧））。

　しかし、37条や37条の2により行為が認められる主体は、図書館等にくわえて文化庁長官が指定する団体とされており、当該指定に際して詳細なガイドラインが作成され公表されていることからすれば、少なくとも条文上は37条や37条の2の適用をうけられる主体を厳格に解釈すべきことが前提とされているように思われる。したがって、これらの条文による権利制限の適用を受けられる主体について解釈で拡張可能であると即断することはできないのではなかろうか。

[12] マラケシュ条約を概観するものとして、Mihály J. Ficsor, *Commentary To The Marrakesh Treaty On Accessible Format Copies For The Visually Impaired*, http://www.copyrightseesaw.net/archive/?sw_10_item=50（2013）（2016年4月7日閲覧）、茶園成樹（編）『知的財産関係条約』（2015年・有斐閣）306-308頁[勝久晴夫執筆部分]。

[13] たとえば、アメリカ著作権法では、121条（17 U.S.C. §121（2004））には非営利団体による字幕や点字の作成についての権利制限が存在し、121条の要件を充足しない態様についても107条（17 U.S.C. §107（1992））のフェアユースに該当するとされるものについては権利制限がされることになる。

マラケシュ条約は、WIPOにより2005年から開始された著作権の制限及び例外に関する議論の結果の一つであり、2013年6月に採択された[14][15]。

3.1.1 締約国の義務

マラケシュ条約4条は締約国に対し、国内法において3条に規定する受益者が、対象となる著作物（2条(a)）の「利用しやすい形式（Accessible format）」（2条(b)）の複製物の利用可能性を促進するために、WIPO著作権条約に規定される複製権、譲渡権、利用可能化権についての制限や例外の規定を整備すべき旨規定している（4条1(a)）。

くわえて、締約国の国内法の権利制限規定により作成された利用しやすい形式の複製物について、マラケシュ条約2条(c)の「Authorized Entity」が他の加盟国における同様の組織または個人の障害者のための輸出入を許容する制限や例外を導入することを義務付けている（輸出につき5条、輸入につき6条）。

さらに、既存の技術的手段の迂回に対する規制により本条約による著作権の制限や例外の享受が妨げられる場合について、迂回規制に対する例外を導入することを義務付けている（7条）。

3.1.2 受益者

マラケシュ条約の受益者については、他の障害の有無にかかわらず、視覚障害者（3条(a)）、知覚若しくは読字に関する障害を持つ者（3条(b)）[16]、身体障害により、書籍を保持すること、操作すること、眼の焦点を合わせること、または目を動かすことの出来ない者（3条(c)）とされている。

3条が「他の障害の有無にかかわらず」との文言につき、そもそも3条(a)

---

[14] 文化庁国際課「視覚障害者等の発行された著作物へのアクセスを促進するためのマラケシュ条約（仮称）（概要）」（平成26年10月。文化審議会著作権分科会法制・基本問題小委員会（第2回）資料1)

[15] マラケシュ条約の制定過程における議論につき、Silke von Lewinski（矢野敏樹訳）「WIPOにおける著作権保護の例外と制限に関する議論(1)(2・完)」知的財産法政策学研究34号（2011年）219頁および同35号（2011年）195頁を参照。

[16] 3条(b)の「…障害をもたない人と実質的に同等の視覚機能をもつように改善することができないために」との文言が、受益者となるために医学的な診断の手続や治療がなされていることを要件とすることを示唆する根拠はなく、受益者となるために診断や治療の対象となっていることは要件とならない（Fiscor・前掲19頁）。

乃至（c）のいずれかに該当するか否かの判断に際して他の障害の有無を問題とする必要性に乏しく、不要な文言であるとの指摘がなされている[17]。

3.1.3　対象となる著作物

マラケシュ条約は、著作権の制限又は例外の対象とすべき著作物につき、「発行されているか又は他のいかなる媒体により公に利用可能なものとされているかを問わず、…ベルヌ条約の第2条（1）に規定する文字または美術の著作物であって、テキスト、注釈または関連の図解の形式」のものと規定する（2条（a））。ただし、第2条（a）に関する合意声明[18]により、この定義にはオーディオブック等の聴覚の形式の著作物が含まれることが了解されている[19]。

3.1.4　利用しやすい形式

マラケシュ条約によれば、「利用しやすい形式（Accessible format copy）」とは、受益者に本条約の対象となる著作物へのアクセスを与えるような態様又は形式とされる。すなわち、視覚障害その他の読字障害等を持たない者と同等程度に便宜にアクセスが可能となる形式を意味するとされる[20]。

2条（b）は、障害等の有無にかかわらずそもそもアクセス可能な形式と、視覚障害等をもつ者がアクセスできるようにするための代替的な形式とを明確に区別しており、後者のみを「利用しやすい形式（Accessible Format）」としている[21]。

3.1.5　対象となる行為主体

マラケシュ条約2条（c）は、著作権の制限や例外の対象とすべき行為の主体（「Authorized Entity」）として、教育、教育訓練、アダプティブ・リーディ

---

[17] Fiscor・前掲19頁。
[18] See, Agreed Statements concerning the Marrakesh Treaty to Facilitate Access to Published Works for Persons Who Are Blind, Visually Impaired, or Otherwise Print Disabled adopted by the Diplomatic Conference to Conclude a Treaty to Facilitate Access to Published Works by Visually Impaired Persons and Persons with Print Disabilities in Marrakesh, on June 27, 2013.
[19] ただし、映像と音声の双方を含む形式については、当然にこの定義に含まれるとすることは困難である旨が指摘されている（Fiscor・前掲13頁）。
[20] Jonathan Band・前掲。
[21] Fiscor・前掲14-15頁。

ング又は情報アクセス手段を、受益者に非営利で提供することを政府によって許諾されている、又は認定されている機関とする。また、2条（c）に関する合意声明により、主要活動又は制度上の義務の1つとして受益者に同様のサービスを提供する政府機関又は非営利組織をも含むとされる[22]。

3.2 マラケシュ条約とスリーステップテスト

マラケシュ条約は、著作権の制限や例外の最低水準を定めることで、受益者に制限や例外の庇護のもとで著作物等を享受させることを目しており、いわば著作権保護の水準に上限を設けるものと位置づけることができる[23][24]。

他方で、著作権保護の最低水準を定める多国間条約は、ベルヌ条約をその端緒とすれば既に120年あまりの歴史がある。これらの多国間条約において、著作権の制限や例外に関する規定がおかれている。スリーステップテストは、1967年のベルヌ条約ストックホルム改正会議において初めて登場し[25]、1971年のパリ改正条約9条（2）において明文化された。

ベルヌ条約パリ改正条約におけるスリーステップテストは、「一定の特別の場合において（以下、説明の便宜上「第一ステップ」という）」、「著作物の通常の利用と抵触せず（以下、説明の便宜上「第二ステップ」という）」、「著作者の利益を不当に害さない（以下、説明の便宜上「第三ステップ」という）」複製について、権利制限規定を国内法において認めるものである。

以降、スリーステップテストは若干の文言の変更を伴いつつ、その射程は複製のみならず公の貸与や送信可能化に対する禁止権等、新たに条約上の義務と

---

[22] この条約の適用上、「政府によって認定されている機関」には、政府から財務支援を得て受益者に非営利で教育、教育訓練、アダプティブ・リーディング又は情報アクセス手段を提供する機関が含まれていてもよいことが了解されている（*supra* note 16）。
[23] Paul Harpur & Nicolas Suzor, *Copyright Protections and Disability Rights: Turning the Page to a New International Paradigm*, 36 UNIVERSITY OF NEW SOUTH WALES LAW JOURNAL 745 (2013)、小嶋崇弘「著作権法における権利制限規定の解釈と 3 step test（6・完）—厳格解釈から柔軟な解釈へ—」知的財産法政策学研究45号（2014年）177頁。
[24] Annette Kur, & Henning Grosse Ruse-Khan, *Enough is Enough - The Notion of Binding Ceilings in International Intellectual Property Protection*, in INTELLECTUAL PROPERTY RIGHTS IN A FAIR WORLD TRADE SYSTEM: PROPOSALS FOR REFORM OF TRIPS 359 (Annette Kur ed., 2011)、小嶋・前掲173頁。
[25] Martin Senftleben, COPYRIGHT, LIMITATIONS AND THE THREE-STEP TEST:AN ANALYSIS OF THE THREE-STEP TEST IN INTERNATIONAL AND EC COPYRIGHT LAW p47 (2005).

して付加された禁止権に対する制限規定を認めるものに拡大されてきた（TRIPS協定13条、WIPO著作権条約10条）[26][27]。このような文言の変更については、ベルヌ条約で示された3つのステップの解釈の変更を伴うものではないことがWIPO著作権条約第10条に関する合意声明において明確に指摘され[28]、TRIPS協定についても同様の理である旨が指摘されている[29]。

　ここで問題となるのは、従前の条約におけるスリーステップテストとマラケシュ条約との関係である。

　マラケシュ条約では、11条（a）乃至（d）において、ベルヌ条約やTRIPS協定、WIPO著作権条約で規定されるスリーステップテストを遵守すべき旨が規定されており、マラケシュ条約は従前の諸条約におけるスリーステップテストに反しない範囲で同条約の履行を加盟国に義務付けている。したがって、マラケシュ条約のもとでは従前の条約が要求する保護の最低水準から、同条約が要求する保護の最高水準の間で同条約の拘束を受ける法域の立法がそれぞれ同条約に適合する制度を選択すべきことになる。

　他方で、同条約は12条において「締約国は、自国の経済状況及び社会的、文化的なニーズを考慮し、自国の国際的な権利と義務と適合し、また後発発展途上国の場合には自国の特別なニーズ及び固有の国際的な権利、義務及び柔軟性を勘案して、受益者の利益のためにこの条約によって定められているのとは別の著作権上の制限及び例外を自国の国内法において実施することができることを認識する。」[30]としている。この12条は、マラケシュ条約により義務付けられる権利制限規定以上の権利制限を積極的に行うべき旨を規定するものであり、マラケシュ条約が想定する以上に、視覚に障害を持つ者の利益を確保するための例外や制限を設けることを正当化するものである[31]。換言すれば、マラケシュ

---

[26] Christophe Geiger, Daniel J. Gervais & Martin Senftleben, *The Three-Step-Test Revisited: How to Use the Test's Flexibility in National Copyright Law*, 29:3 AMER. UNIV. INT'L L. REV. 588（2014）

[27] なお、TRIPS協定においては特許権および意匠権についてのスリーステップテスト（TRIPS協定26条、30条）も存在する。

[28] See, Agreed Statements concerning the WIPO Copyright Treaty adopted by the Diplomatic Conference on December 20, 1996の10条に関連する部分の第二文を参照。

[29] *Id.,*

[30] 文化庁参考訳（平成26年度文化審議会著作権分科会法制・基本問題小委員会（第2回）（平成26年10月20日）参考資料）による。

[31] Ficsor・前掲55頁。

条約における権利制限規定は11条により一応スリーステップテストに服することを前提とはするものの、事実上、マラケシュ条約の要請に基づく権利制限規定は第一ステップを充足することを前提として、マラケシュ条約の目的の達成のために権利制限規定を付すことを積極的に勧奨するものといえるのではなかろうか。

4．日本の著作権制限規定等におけるマラケシュ条約の位置づけ

日本の権利制限規定は、個別列挙主義を採用しているため、権利制限規定の適用の対象や要件が詳細に規定され、情報へのアクセスのための措置のニーズの変化や技術の進歩により新たに登場する著作物の利用形態にタイムリーに対応できているとは言い難い。

既に述べたように、現行法のもとでも、点字や電子点字の形態での複製や電子点字データの公衆送信については行為主体やその目的を問わず自由に行えることとされている。また、教科用拡大図書等の作成や、録音図書やDAISYファイル等の作成(複製)や送信可能化については行為主体が限定されているものの、権利者の許諾を得ずに行うことは認められている。

他方で、点訳本や電子点字データが記録された媒体、教科用拡大図書等、録音図書、DAISYファイル等が記録された媒体の公の譲渡に関する権利制限規定や、私人が既存のコンテンツからDAISYファイル等の形式で複製を行う際に既存のコンテンツに付されている技術的保護手段の回避を伴う場合の権利制限規定は設けられていない。

したがって、マラケシュ条約に日本の法を適合させるには、少なくともこれらの規律を改める何らかの立法による対応が必要となろう。立法府においても、マラケシュ条約への加入には法改正が必要であると認識されており[32]、著作権法の改正について文化審議会著作権委員会において検討が行われている。

また、マラケシュ条約では、権利制限規定の適用を受けられる行為主体を限定することは妨げていないものの、この条約が視覚障害や読字障害等により文字等による著作物の享受が困難な者に対する積極的な権利制限を奨励するものである以上、可能な限り行為主体を限定することなく権利制限規定の適用を受

---

[32] 衆議院における中根康浩衆議院議員の質問に対する政府の答弁である「『マラケシュ条約』に関する質問に対する答弁書」（2015年7月3日提出。内閣衆質189第294号）を参照。

けられる内容での立法が促されているということもできよう。

5．結語

　マラケシュ条約は、個別の政策目的を対象として権利制限の最低水準を定めようとするものであるため、著作権等に関する権利制限規定について個別列挙主義を採用する法域に対しても比較的無理なく対応可能な内容といえる。WIPOにおいて、個別の政策目的ごとにそれぞれ権利制限の最低水準を定めようとする議論が展開されており、今後個別の政策目的を達成するための権利制限の最低水準を定める条約が多数生じることが予想される。

　マラケシュ条約は障害者の情報へのアクセス保障のうち、視覚障害や読字障害への対応に対象が限定されており、聴覚障害などの他の類型の障害による情報へのアクセス保障への対応を目的とするものではない。したがって、逐一条約の制定作業や国内法への反映といった作業が必要になる。

　他方で、マラケシュ条約への国内法による対応に際し、同条約が具体的な権利制限の最低水準を定めたうえで、さらに積極的な権利制限を奨励する内容であることは、少なくとも日本の内閣法制局が立法に際して要求する「具体的な立法事実」の存在を強力にサポートするものといえよう。

障がい者のアクセシビリティと著作権
―著作権法の権利制限規定の比較法的研究―

得重貴史

第1 はじめに

著作権に含まれる権利には複製権や翻案権など様々なものが存在するが、一方で、それらの権利を制限する規定も存在する(著作権法30条以下)。その中に、同37条の「視覚障害者等のための複製等」と同37条の2の「聴覚障害者等のための複製等」が存在する。障がい者のための権利制限規定については、先進各国だけでなく、いわゆる途上国においても整備が進んでおり、また2013年に「盲人、視覚障害者及び読字障害者の出版物へのアクセス促進のためのマラケシュ条約」(以下「マラケシュ条約」という。)が世界知的所有権機関(WIPO)の国際会議にて採択されるなど、注目が集まっている。日本では平成21年著作権法改正時に上記の規定が強化された。

本稿では、日本及び諸外国(アメリカ、イギリス、フランス及びドイツ)の障がい者のための権利制限規定を比較検討したうえで、日本法についての課題を検討する。

第2 日本の著作権法37条、37条の2及び関連規定について
1．趣旨

一般に、障がい者の福祉を増進する観点からの規定といわれている[1]。視覚障害のある者のための点字複製は日本でも早い段階から取り入れていた。その後さまざまな方式による使用が可能となり、そのニーズも多様化したことから、最終的には、平成21年改正により、自由利用の範囲、利用対象施設及び利用ができる主体が拡大された[2]。ここでは変遷の細かい経緯については割愛し、現行の法制度を述べる。

---

[1] 加戸守行著「著作権法逐条講義五訂新版」(一般社団法人著作権情報センター発行 2006年)264頁、小倉秀夫＝金井重彦編著「著作権法コンメンタール」(LexisNexis、2013年)〔古田利雄〕680頁。

2．対象となる障がい者

「第1」でも述べた通り「視覚障害者等」と「聴覚障害者等」である。より具体的にいえば、「視覚障害者等」とは、「視覚障害者その他視覚による表現の認識に障害のある者」であり（著作権法37条3項）、「『視覚障害者』のほかにも、発達障害や色覚障害など、視覚による表現の認識に障害がある者であれば、障害の種類によらず広く対象となる。」[3]。「聴覚障害者等」とは、「聴覚障害者その他聴覚による表現の認識に障害のある者」であり（同37条の2第1項）、「『聴覚障害者』の他にも難聴や発達障害などを有する者も広く対象となりうる」[4]。

3．利用可能な形態

まず私的使用の複製（補助者も含む[5]）が可能である（同30条）。

視覚障害者等の関係では、公表された著作物の点字による複製（同37条1項）、電子計算機を用いて点字を処理する方式による、記録媒体に記録し、又は公衆送信及び自動公衆送信の場合は送信可能化（放送又は有線放送を除く。）が認められている（同37条2項）。さらに、「視覚著作物」[6]については、当該視覚著作物に係る文字を音声にすることその他当該視覚障害者等が利用するために必要な方式により、複製し、又は自動公衆送信（送信可能化を含む。）を行うことができる。もっとも、専ら視覚障害者等で当該方式によっては当該視覚著作物を利用することが困難な者の用に供するために必要と認められる限度での利用とされている（以上同条3項本文）[7,8]。ただし、権利者または許諾を受けた者がこれと同じ方式で利用している場合には、これをすることができない（同条3項ただし書き）。

---

[2] 文化庁「著作権法の一部を改正する法律（平成21年改正）について（解説）」コピ585号21頁以下。
[3] 脚注2と同様。
[4] 脚注2と同様。
[5] 脚注2によれば、「第30条第1項の規定によって、障害者本人の行う私的使用目的の複製について、ボランティアがその手足として複製を行うことも可能である。」
[6] 公表された著作物であって、視覚によりその表現が認識される方式（視覚及び他の知覚により認識される方式を含む。）により公衆に提供され、又は提示されているもの（当該著作物以外の著作物で、当該著作物において複製されているものその他当該著作物と一体として公衆に提供され、又は提示されているものも含む。）。
[7] 37条1項・2項では「翻訳」が（同43条2号）、同条3項では「翻案・翻訳・変形」での利用も認められている（同条4号）。また、複製したものについての譲渡権も認められている（同47条の10）。

聴覚障害者等の関係では、「聴覚著作物」[9]について、専ら聴覚障害者等で当該方式によっては当該聴覚著作物を利用することが困難な者の用に供するために必要と認められる限度において、①当該聴覚著作物に係る音声について、これを文字にすることその他当該聴覚障害者等が利用するために必要な方式により、複製し、又は自動公衆送信（送信可能化を含む。）を行うこと[10]、及び②専ら当該聴覚障害者等向けの貸出しの用に供するため、複製すること（当該聴覚著作物に係る音声を文字にすることその他当該聴覚障害者等が利用するために必要な方式による当該音声の複製と併せて行うものに限る。）ができる（同37条の2）。この②の方式とは、①とは異なり、たとえば、映画の音声（セリフや効果音等）を字幕にして、これを映像に付加して複製することが可能とされており、この形態の場合非営利かつ無償[11]で貸与することのみが可能である（38条4項、5項）。この形態による頒布（貸出し）を行った場合、相当額の補償金を支払わなければならない（同条5項）[12]。なお、上記①②とも、当該聴覚著作物について、権利者により、当該聴覚障害者等が利用するために必要な方式による公衆への提供又は提示が行われている場合は、この限りでない（同条ただし書）。

---

[8] 映画の著作物について、脚注2の文化庁解説によれば、「対象となる著作物の範囲には映画の著作物も該当することとはなるが、例えば、映画の著作物の視覚的な情景を音声で描写した「解説音声」を作成する際に、音声の複製のみにとどまらず映像部分もともに複製するような場合は、視覚障害者等が対象であることを踏まえれば「必要と認められる限度」を超え、認められないものと解される。これに関しては、①第47条の9（筆者注：現47条の10）の譲渡権制限の対象から映画の著作物の複製物を除外する部分について、本項（筆者注：第37条第3項）の適用を受けて作成された複製物を対象としていないこと、及び、②第37条の2第2号の字幕入り映画の作成の場合は貸出による利用しか認めていない一方、本項では譲渡、自動公衆送信等広範な利用を認めていることは、本項のこの考え方を前提としている。」。

[9] 「公表された著作物であつて、聴覚によりその表現が認識される方式（聴覚及び他の知覚により公衆に提示する方式を含む。）により公衆に提供され、又は提示されているもの（当該著作物以外の著作物で、当該著作物において複製されているものその他当該著作物と一体として公衆に提供され、又は提示されているものを含む。）」（同37条の2柱書）。

[10] ①の形態について、「音声」のみを切り離して利用することが想定されていることに注意されたい。たとえば映画の著作物の場合、その「音声」の部分のみを切り離して利用ができるにとどまる。聴覚障害者等が映画の著作物に触れる場合は、流通している映画の著作物を取得したうえ、本条により文字化した媒体と併せて鑑賞するということになろう。

[11] 非営利ではなく、無償であり、一切の費用を収受してはならない。

[12] 「第9節　補償金等」（法71条から74条）の適用除外となっているため、無許諾で行った頒布が著作権侵害となるわけではない（小倉秀夫・金井重彦編著『著作権法コンメンタール』LexisNexis708頁〔古田利雄〕）。

4．利用可能な主体

　視覚障害者等については、点字又は電子計算機を用いた点字による複製等については主体が特定されていない[13]。37条3項の形式については、視覚障害者等の福祉に関する事業を行う者で政令で定めるもののみが行うことができる。具体的には、障害児入所施設や、大学等の図書館、国立国会図書館、学校図書館などと、その他文化庁長官が指定する法人等である（著作権法施行令2条1項）。実際には、記載した施設のほか、公益財団法人日本障害者リハビリテーション協会などが、DAISY図書[14]の提供を行っている。

　聴覚障害者等については、聴覚障害者等の福祉に関する事業を行う者で上記①②の利用の区分に応じて政令で定めるもののみが行うことができる（37条の2）。①の形態については、国・地方公共団体、一般社団法人等及び文化庁長官が指定するもので、②の形態については視覚障害者等と同様の法人が指定されている（著作権法施行令3条）[15]。

第3　各国の法制度

　ここでは、イギリス、アメリカ、フランス及びドイツを紹介する。アメリカを除いて、障がいのために著作物を使用できないすべての障がい者に対してその使用を可能にするかたちでの複製については著作権の権利が制限されるという枠組みになっている。アメリカは視覚障害のみを対象とした規定があるが、その他の場合はいわゆるフェアユースの規定（著作権法107条）でカバーされるかたちになる。

1．イギリス（2014年改正法[16]）

（1）対象となる障がい者

　2014年改正により、全ての障がい者（ただし、その障がいにより著作権を使

---

[13] また、他と異なり、権利者または権利者から許諾を得た者が点字版を作成したとしても、引き続き流通させることができる。
[14] DAISYとは、視覚障害者や普通の印刷物を読むことが困難な人々のためにカセットに代わるディジタル録音図書の国際標準規格として、約50か国の会員団体で構成するデイジーコンソーシアムにより開発と維持が行なわれているアクセシブルな情報システムのことである（公益財団法人日本障害者リハビリテーション協会ホームページ）。
http://www.dinf.ne.jp/doc/daisy/index.html
[15] 厳密にいうと視覚障害者等と異なるところがあるので、詳しくは政令を確認されたい。
[16] Amendments to Chapter 3 of Part 1 of the 1988 Act
http://www.legislation.gov.uk/uksi/2014/1384/regulation/ 2 /made

用することができない者に限る。また眼鏡やコンタクトレンズを着用して使用可能な者は除く）を対象とした。

(2) 利用可能な形態・主体
① 主体＝障がい者本人またはその代理人
　利用形態＝ある障害者が当該著作物の複製をできる地位にある状態で、障害者が私的に使用する場合で、ある著作物が公表されてから合理的期間が経過しても当該障害者が使用可能な形態の複製物が流通していない場合に、使用可能な状態に複製すること。代理の者がこれを行う場合、対価は使用可能な状態にするために要した費用を上回ってはいけない。
② 主体＝非営利団体及び学校施設
　利用形態＝障害者が使用可能な状態にする複製または公衆送信及び送信可能化。ただし、これらの団体が当該著作物の複製権または公衆送信権を保持していて、当該著作物が公表されてから合理的期間が経過しても障害者が使用可能な形態の複製物が流通していない場合に限る。この場合、対価は使用可能な状態にするために要した費用を上回ってはいけない。また、提供するものは該当する障害者が私的に使用する場合に限る。

2．アメリカ
(1) 視覚障害のある者について（アメリカ著作権法121条）
① 対象者
　視覚障害その他視覚的な障害のために著作物を使用できない者[17]（以下「視覚障害者等」と記載する。）
② 権利主体
　視覚障害者等のために読む練習や読む機会を提供している非営利団体及び政府機関
③ 利用形態
　点字・音声・その他視覚障害者等が利用できる形態で複製または音声化すること。もっとも、著作権者と元の著作物の発行日を記載すること必要がある。

---

[17] アメリカ著作権法121条が準用する Act of March 3, 1931 To provide books for the adult blind より。

対象となる著作物は、映像作品でないもの（non-dramatic）に限定されている。

（2）視覚障害者等以外の障がい者及び上記（1）要件に該当しない利用形態の場合、いわゆるフェアユースの規定（107条）が用いられることとなる。
　これについてまだ裁判例は多くないが、ある共同研究においてひとりの研究者が出資者であった視覚障害のある者のために学術論文のリポジトリを音声化して提供した事案について、その研究者は上記「非営利団体及び政府機関」に該当しないために著作権法121条には該当しないが、フェアユースの規定により著作権法違反とはならないとした連邦高裁判例がある[18]。

3．フランス[19]（著作権法125の5条7項）
（1）対象となる障がい
　相当程度の障がい[20]のある者及び障害年金を受領している者、その他著作物が使用できない旨の医師の診断がなされた者

（2）利用形態
　これらの者自身による私的利用（ただし視覚障害のある者は電子ファイルを使用しての私的使用はできない）。または認可された非営利団体の電子ファイルを使用する方法以外の方法による提供（点字など）。
電子ファイルを利用する方法は、フランス国立図書館のみ認められる。

4．ドイツ[21]（2013年改正）
　障がいのために当該著作物を使用することができないすべての者に対し、いずれの機関も当該障がい者のみに対し、それを使用するための複製物を提供することができる。もっとも、営利は求めてはいけない。
　また、当該複製物を提供した場合、提供者は著作権者に対し、補償金を支払わなければならない（私的使用目的の複製を除く）。

---

[18]　Authors Guild, Inc. v. Hathi Trust 755 F.3d 87（2 d Cir. 2014）
[19]　フランス文化庁ホームページ　http://www.exception.handicap.culture.gouv.fr/
[20]　法律上の基準がある（l'annexe 2 - 4 du code de l'actionsociale et des familles）
[21]　ドイツ著作権法45a条。JURISホームページ
https://www.gesetze-im-internet.de/englisch_urhg/englisch_urhg.html

5. 総括

アメリカを除いては障がいのため著作物を使用できないすべての者が対象者となっている（アメリカもフェアユースの規定によりカバー可能である）。利用形態についてもさまざまであるが、基本的には私的使用のためもしくは、私的使用のために他非営利機関が障がい者が利用できるかたちでの複製物を提供することは著作権法違反とならないとされている。ドイツでは団体が提供する場合には補償金を支払わなければならないとしているが、他国には補償金の規定はない。

第4　日本と上記諸外国の法制度の比較

1．対象となる障害のある者の範囲

日本は必ずしもすべての障がい者を保護しているわけではない。たとえば、四肢麻痺等によりページをめくることができない障がい者に関しての規定は存在しない。また、「視覚障害等」や「聴覚障害者等」といった規定も不明確であり、どこまでの障がい者がこれらの規定によって保護されるのかも判然としない。たとえば知的障害のある者や精神障害のある者が「視覚」や「聴覚」による表現の認識に障害があると解釈できるか否か、不明確である。

「障害者の福祉の増進」という趣旨からすれば、諸外国のようにその障がいによって著作物を使用できない全ての障がい者を対象とするよう検討する必要があろう。

2．利用形態について

著作権が及ばない利用形態については、日本も諸外国と遜色ないか、もしくはそれ以上といえる。日本では「障害のある者の使用のために」「必要な限度であれば」複製や送信可能化のみならず、翻訳や翻案も可能である[22]。映画の著作物についても、聴覚障害のある者のために字幕付きの映画を一定の条件で貸与することも可能である[23]。

ところで、日本の場合、知的障害のある者等のために漢字などに「るび」をふるという日本語特有の対応が存在する。知的障害のある者が対象となるかの

---

[22] たとえば、聴覚障害のある者のために、海外映画の音声部分を翻訳したうえで文字におこし、その文字におこしたものを譲渡しても、日本の著作権法違反とはならない。

検討に加え、これについての著作権との関係を整理する必要があるだろう。

3．利用主体について

　諸外国に比べて、障害のある者が使用可能なかたちにして提供することが許される機関が著しく制限されている。文化庁長官の指定（施行令2条）を柔軟にすることで、障害のある者がより著作物に触れることができよう。

4．小括

　以上のとおり、日本の規定は諸外国に比して、障がい者の範囲及び提供機関は制限されているが、著作権法違反とならない利用形態は幅広いといえる。「視覚障害者等」や「聴覚障害者等」に対する保護はもっとも先進的ともいえるかもしれない。一方で、知的障害のある者が対象となっているか否か不明確であるなど、あいまいな部分も残している。アメリカ型のようにフェアユースの規定を制定するか、イギリスやドイツのように著作物を使用できない全ての障がい者とするか、今後検討が必要と思われる。

第5　マラケシュ条約と日本法との関係
1．マラケシュ条約について

　2013年6月27日、世界知的所有権機関（WIPO）の全加盟国の同意の下、マラケシュ条約が採択された。署名国はアメリカ、EU、イギリス、フランス、ドイツ、フィンランド、デンマーク、ノルウェー、中国、インド、ブラジルなど74か国と1つの地域である（2016年2月時点。日本やスペイン、スウェーデンは署名していない）。20か国の批准により条約は発効されるが、2016年5月時点では署名国の中から韓国やインド、ブラジルなどを含む14か国が批准し（Ratification）、それ以外に4か国が加盟している（Accession）[24]。

　マラケシュ条約の主な内容としては、以下のとおりである。

---

[23] 無料で提供しなければならないうえに補償金を支払わなければならない（37条の2第2号、38条5項）。一方で、37条の2第1号の形態（音声部分のみを切り離してそれをスクリプト等にして提供すること）については、有償で提供することも可能である。たとえば、字幕のみが表示される小型のデバイスを聴覚障害のある者に提供し、それを映画館に持ち込むことで、聴覚障害のある者がない者と同じ劇場で映画を鑑賞することができる。

[24] WIPOホームページより。
http://www.wipo.int/treaties/en/ShowResults.jsp?treaty_id=843

まず、対象となる障がい者は、視覚障害者、知覚的又は読字に関する障害のある者及び身体障害により、書籍を保持する、操作する、目の焦点を合わせる、又は目を動かすことができない者である（3条）。対象となる著作物はベルヌ条約の第2条（1）の著作物のうち、テキスト、注釈もしくは関連の図解の形式になってるものである（2条（a））[25]。この著作物を、許可された機関が対象となる障がい者に交付する場合の複製、譲渡、送信可能化及び貸与について著作権の行使が制限される（4条）[26]。

　マラケシュ条約を批准した国どうしでは、他国の対象となる障がい者に対して、使用可能なかたちで許可された機関が自国の著作物を直接提供することが許容される（5条）。これにより、たとえば仮にアメリカがマラケシュ条約を批准した場合、アメリカの文学作品を他国の対象となる障がい者に点字や音声等の形にして提供することが可能となる[27]。一方、批准していない国がこれを行った場合は、当該条約の保護の対象外となる。

　批准した国は、スリーステップテストを含む既存の条約（ベルヌ条約、TRIPs協定、WCT）の義務に従う（11条）。

2．日本法への影響

　現状、日本はマラケシュ条約を批准していないため、効力が及ばない。たとえば、ある著作物について韓国で許可された機関が日本の視覚障害のある者向けに音声ファイルを作成したとしても、当該著作物の著作権者の許可がない限り、これを日本において交付することは著作権法違反となる[28]。逆に、日本で許可された機関が海外の視覚障害のある者向けに音声ファイルを作成したとしても、これを海外に提供することはできない。

　日本が当該条約を批准した場合、本国で許諾された機関が他国の障がい者に対し使用可能著作物を提供することが可能となる。また、マラケシュ条約は四肢障害のある者も対象としているため、批准する際にはこの対応も求められよう。

---

[25] 音声や映像の著作物は含まれていない。
[26] 貸与及び送信可能化については非商用利用の場合にのみ許容される。
[27] 視覚障害のある者等は特に発展途上国に多く、ヨーロッパやアメリカなどの文学作品がこれらの国の障がい者も読めるようにすることが本条約の一つの目的である。
[28] ただし、韓国で創作された著作物を日本の機関が翻訳して点字化しても、日本の著作権法には反しない（著作権法37条1項、同43条2号）。

なお、平成27年7月時点の国会答弁において、日本政府は「現時点で具体的な締結時期について言及することは困難」としている[29]。

第6　結びにかえて

以上障がい者に対する情報アクセシビリティと著作権について述べてきたが、これに関連して最近注目されている事項等について述べる。

現在、主要な動画投稿サイトが注目しているのは、聴覚障害のある者等に対する「自動キャプショニング（字幕）」である。アメリカであればフェアユースの規定により許容される可能性があるが、他の国ではこの動画投稿サイトを管理運営する会社が「許諾された機関」にならなければならないし、この会社が非営利で行う必要もある。日本やドイツの場合には、さらに補償金を支払わなければならない。現行法では、著作権者から予め自動キャプショニングについて同意を得ておくなどの工夫が必要であろう[30]。

次に、日本では平成28年4月から障害を理由とする差別の解消の推進に関する法律が施行された。この法律は行政機関等や事業者に対して障がい者への合理的配慮を求めるものである（法7条2項、8条2項）[31]。これにより、行政機関が動画を配信する際、たとえば聴覚障害のある者に対し、「合理的配慮」としてその動画に字幕を付することなどが求められる可能性がある。仮に行政機関等が他者が作成した動画に字幕を付して配信する場合には、その点も含めて当該他者の許諾を得るか、著作権の譲渡を受けておく必要があろう[32]。

最後に、これら障がいのある者のためにある著作物を使用可能な状態にすることが同一性保持権の侵害にならないのか、という問題がある。これは、改変

---

[29] 衆議院中根康浩君提出「マラケシュ条約」に関する質問に対する答弁書
http://www.shugiin.go.jp/internet/itdb_shitsumon_pdf_t.nsf/html/shitsumon/pdfT/b189294.pdf/ $File/b189294.pdf
[30] 「教育のため」というアプローチも検討可能と思われるが、本稿での詳述は避けることとする。
[31] たとえば法7条2項では「行政機関等は、その事務又は事業を行うに当たり、障害者から現に社会的障壁の除去を必要としている旨の意思の表明があった場合において、その実施に伴う負担が過重でないときは、障害者の権利利益を侵害することとならないよう、当該障害者の性別、年齢及び障害の状態に応じて、社会的障壁の除去の実施について必要かつ合理的な配慮をしなければならない。」と規定している。なお、事業者は雇用の場面を除いて努力義務である。
[32] 国や地方公共団体そのものは施行令上これを行うことが許される者（2条の2第1項）に該当しないためである。

の形態に応じて総合的に判断されることになると思われるが、基本的には著作者の人格的利益を損ねる改変とまではいえないであろう（私見）。

参考文献
脚注に記載したもののほか、
LiorZemerand Aviv Gaon「Copyright, disability and social inclusion: the Marrakesh Treaty and the role of non-signatories」(Journal of Intellectual Property Law & Practice, 2015, Vol. 10, No. 11　2015年　Oxford University Press発行) 836頁以下

著作権事件に見る日本の宗教と宗教団体の動き

大 家 重 夫

はじめに

　渋谷達紀先生が平成26年8月29日、突然お亡くなったという報に接し、私は本当に驚いた。その前の月の判例研究会まで、毎月、ご出席になり、先生の隣の席を占めることが多かった私は、研究会の始まる前に、よく雑談をした。「渋谷先生、古書店の案内を見ると先生の『商標法の理論』が高額になっていますよ」と私が申し上げたことがある。先生からは、判決の前提とする事実、あるいはそれ以前の生な事実に興味をもつ私に、「あなたは、法学界の（「田中角栄研究」や「日本共産党の研究」を著した）立花隆を目指したらいいよ」というお言葉を頂いたこともある。

　先生に、「最近、こういうことに関心を持っています」と申し上げるつもりで、著作権判例を通して見た「日本の宗教と宗教団体の動き」についての一文を進呈する。

　すべての世界各国において、それぞれの国柄に応じた特徴のある宗教があり、宗教団体が存在していると思う。

　日本人に、貴方の宗教は、と聞けば、相当多数の人が、「無宗教」と答える。ただ、あの平成23年3月11日の東日本大震災の被災地で、略奪や暴動が起こらなかった事実を見て、世界の多くの人は、日本人は宗教心がある、少なくとも、「無宗教」の国民とは思わず、全日本人の根底には、日本人独特の「宗教」を持っている、と思ったことと想像する。無神論者であるとは思わないと思う。

　少なくない日本人は、キリスト教牧師の前で、結婚式を挙げ、あるいは、参列し、クリスマスを祝い、一方、仏教による葬儀を行い、春秋、先祖の墓参をし、正月や子供のために、「七五三」といった11月の神社詣でを行う。こういう行動に矛盾を感じていない。

　多数の人は、キリスト教の教会、神社にも、寺院にも、深く、宗教としてひ

と筋に、身を委ねず、しかし、一応の敬意を払う。靖国神社についても、多くの人々は、内心、謝意、敬意の念はもち、そうかといって年に一度も参拝しない人が殆どである。

　勿論、相当数の日本人は、キリスト教、カトリック、仏教のうちの浄土真宗、真言宗、日蓮宗、創価学会、立正佼成会…のうち、その１つを信じている。しかし、多くの人々は、１つの宗教を信じるのでなく、多くの宗教に敬意又は好意を持っている。

　毎年、日本の文部科学省の文化庁宗務課は、宗教団体にそれぞれの信者数を申告させている。2014年、その総数は、１億9021万9862人（2013年は、１億9017万人、2012年、１億9710万0835人）と、前年より少ないものの、日本の総人口より多い数字が出された。

　これは全くの虚偽とはいえず、非常におおざっぱな傾向は分かる。島田裕巳「宗教消滅」（SB新書・2016年）は、これを引用し、天理教が平成２年版では、181万人だが、平成26年版では117万人に、立正佼成会は、同期間、634万人から309万人に、霊友会が317万人から137万人へ信者数が減少した等と述べている（22頁）。

　21世紀の現代社会にあって、科学技術の発達は驚くべき現象であり、これに応じて、法律学の分野においても、知的財産権に関する事件が頻発し、知的財産法学は隆盛を迎えている。1970年当時、東京地裁で民事の知的財産権を扱う裁判官は民事29部に所属し、数人であったが、2016年現在、人数も数倍に増え、知的財産高等裁判所も設置された。

　本稿では、知的財産権のうちの１つ、著作権に関する事件について、そのうち宗教、宗教団体に関する事件をとりあげ、日本の宗教団体の動きの一端を示したい。

　なお、裁判官は、著作権事件において、著作者、著作権者と著作物の使用者の利益が対立し、微妙で、判断が困難な場合でも、どちらかに有利な判決を下さざるを得ない。宗教に関わる事件においては、宗教の特性を重視するか、その特性を軽視ないし無視する判決に分かれる。アメリカでは最高裁判事の選任にあたり、その候補者が公然と保守系あるいはリベラルといった報道がなされている。

　日本では、裁判が合議制であり、必ずしも１人の裁判官の個性が、直接現れないが、今後、訴訟を提起する者にとって、参考になると考え、できるだけ裁

判官の氏名を掲載した。
　また、宗教指導者の行状について、最高裁昭和56年4月16日判決（昭和55年（あ）第273号）は、刑法230条の2第1項の「公共の利害に関する事実」に当たるとしており、いわば「公共性」を有すると解され、その氏名の公表は正当化されると解し、その氏名を示した。

第1章　宗教、宗教団体と裁判
（1）宗教法人法（昭和26年4月3日法律第126号）は、宗教団体に法律上の能力を与えることを目的とする法律である。「宗教」について定義していないが、「宗教団体」について、第2条で次のように定義している。
　「第2条　宗教の教義をひろめ、儀式行事を行い、及び信者を教化育成することを主たる目的とする左に掲げる団体をいう
　　一、礼拝の施設を備える神社、寺院、教会、修道院その他これらに類する団体
　　二、前号に掲げる団体を包括する教派、宗派、教団、教会、修道会、司教区その他これらに類する団体」
　社会学的に見て、外部の者が、宗教団体と考えても、当該団体が宗教団体と思わず、宗教法人格でなく、一般社団法人を選ぶ事例もある。[1]
　また、日本では、戦前は、「神道、神社」は、宗教ではなかった。
　戦後、昭和21年1月25日、占領下、「神宮、神社はこれを宗教とし、事務は文部省において管掌する」と閣議決定で決め、「神道」は、非宗教から宗教に入った。
　すなわち、第2次世界大戦敗北後、日本では、「宗教」の内実に、「神道、神社」を含むことになった。戦前は、日本では、法律上、「宗教」に「神道」は、含まれず、戦後は、宗教に神道も包含されることになった。[2]

---

[1]　宗教法人になることができると思われる団体が、宗教法人にならず一般社団法人になっている事例もある。実践倫理宏正会は一般社団法人で、モラロジー研究所は公益財団法人である。

[2]　明治維新直後、教部省をおき、神道を中心にし、廃仏毀釈を行った。明治10年1月、教部省を廃止し、神社行政と宗教行政を内務省社寺局の所管とした。
　大日本帝国憲法（明治22年2月11日公布）には、次の規定をおいた。「第28条　日本国民ハ安寧秩序ヲ妨ゲズ及臣民タルノ義務ニ背カサル限ニ於テ信教ノ自由ヲ有ス」
　明治憲法下で、政府は、「神社、神道は、宗教に非ず」という建前をとったものの、内務省

日本国憲法が昭和21年（1956年）11月3日公布され、翌1957年5月3日から施行された。20条は、信教の自由、政教分離を定め、89条は、公金などを宗教上の組織などへ支出することを禁止している。

の社寺局が、神道、仏教、キリスト教などを所管した。明治33年4月、内務省の社寺局を2分し、神社局と宗教局とした。大正2年4月、宗教局を文部省に移管し、内務省は（宗教でない）神社局を所管した。昭和14年、文部省宗教局は、「宗教団体法」（法律第77号）をつくり、宗教法規を整備統一し、宗教団体に対し、保護・監督を強化した。
昭和15年11月、内務省は神社局を廃止し、外局である神祇院に移管した。
　1945年（昭和20年）、日本は、連合国軍の「ポツダム宣言」を受諾し、大東亜戦争と名付けた戦争（1941年12月12日閣議決定）に敗北した。
　ポツダム宣言第10項は「吾等は、日本人を民族として奴隷化せんとし又は国民として滅亡せしめんとするの意図を有するものに非ざるも、吾等の俘虜を虐待せる者を含む一切の戦争犯罪人に対しては厳重なる処罰を加えらるべし。日本国政府は、日本国民の間に於ける民主主義的傾向の復活強化に対する一切の障礙を除去すべし。言論、宗教及び思想の自由並びに基本的人権の尊重は、確立せらるべし。」
　1945年10月4日、連合国軍最高司令部は、日本政府あて、覚書「政治的、社会的及び宗教的自由ニ対スル制限除去ノ件」を発出した。これは、政治的、社会的及び宗教的自由の束縛を解放するため、治安維持法その他の法令と共に、宗教団体法（昭和14年4月8日、法律第77号）とその関連法規の廃止を指令した。
　同年12月15日、連合国軍最高司令部は、「国家神道、神社神道に対する政府の保証、支援、保全、監督並びに弘布の廃止」（ABOLITION OF GOVERNMENTAL SPONSORSHIP,SUPPORT,PERPETUATION,CONTROL,AND DISSEMINATION OF STATE SHINTO (KOKKA SHINTO,JINJYA SHINTO)）、いわゆる「神道指令」を発した（大東亜戦争、八紘一宇の使用の禁止を含む）。
　昭和20年12月15日の神道指令から、約1か月、占領軍と神社関係者の折衝が続き、占領軍は、神道が国家と関係を持たない「宗教」になるのであれば、これを認めるとした。
　一方、宗教団体法を廃止するに当たって、宗教法人の財産保全等のため、「宗教法人令」（昭和20年12月28日勅令第719号）が制定された。　昭和21年1月25日閣議決定「神宮及神社ハ之ヲ宗教トシテ取扱ヒ之ニ関スル事務ハ宗教法人令改正施行ノ日ヨリ文部省ニ於テ管掌スル」が出された。
　政府は、昭和21年2月2日勅令第70号をもって、「宗教法人令」を改正、公布即施行した。文部省令第1号をもって、「宗教法人令」改正施行規則を、司法省令第4号をもって「宗教法人登記及寺院教会財産登記取扱手続」を、大蔵省令第8号をもって「宗教法人令第16条第1項及第2項ノ規定ニ依ル所得税、法人税及地租ノ免除等ニ関スル件」を改正し、昭和21年2月2日勅令第71号及び内務省第5号をもって従来の神社関係の諸法令を廃止又は改正した。この宗教法人令の改正により宗教法人になりうるものは、包括団体である「神道諸派」「仏教宗派」「基督教其ノ他ノ宗教ノ教団」と単位団体である「神社」「寺院」「教会」である。宗教団体法では、宗教と認められてなく、対象でなかった「神社」が入った。連合国軍最高司令部は、「神社、神道」が宗教であることを認めるめるならば、その存続を認めることにしたのであった。

- 664 -

（2）裁判所法3条1項は、「裁判所は、日本国憲法に特別の定めある場合を除いて一切の法律上の争訟を裁判し、その他法律において特に定める権限を有する。」と規定する。

　しかし、裁判所は宗教に対してはその権限の行使を抑制する。「板まんだら」を安置すべき正本堂への寄付を行った原告が重要な要素に錯誤があったとして被告宗教法人に返還請求した板まんだら事件（最高裁昭和56年4月7日判決民集35巻3号443頁）、かって日蓮正宗に所属し、「正信会事件」により住職罷免、擯斥処分を受けた僧侶などが新たに寺院や布教所を開設し、日蓮正宗の名称を看板等に使用したため、被告僧侶に対し、名称使用の差し止めを求めた日蓮正宗正信会事件（東京地裁平成21年12月18日判決　判タ1322号259頁、東京高裁平成22年8月4日判決　宗教法30号265頁、最高裁平成23年11月10日判決）は、これらの裁判において審理すれば、宗教上の問題に立ち入って審理、判断することになるとして不適法であるとして、却下した。

第2章　教義、説教は、著作権法上の著作物か

　ベルヌ条約ローマ改正条約第2条1項、ベルヌ条約ブラッセル改正条約第2条1項は、

「『文学的及び美術的著作物』なる用語は表現の方法又は形式の如何を問わず書籍、小冊子及びその他の文書、講演、演説、説教及びその他同性質の著作物…」「の如き文藝、学術及び美術の範囲に属する一切の制作物を包含す。」とある。

　説教とは、聖職者が宗教の教義や趣旨を説き聞かせるものである。ここから、日本の著作権法においても、教義やその趣旨を述べたり、説教された話、その録音物は、「著作物」と解される。ただ余程、簡単であるとか、ありふれた表現であれば、裁判で否定される可能性もある。

　2006年から2013年までローマ教皇の地位にあられたベネデイクト16世（ドイツ出身）が就任されたとき、教皇の言葉や著作について、価格の3％から5％の印税をバチカン出版局が一元管理するという方針が報道された（産経新聞2006年1月28日）。

　次の判例がある。

(1)「生命の実相」事件(東京地裁平成27年3月12日判決、平成25年(ワ)第28342号)

　谷口雅春(1893-1985)(以下、初代)は、1930年、宗教団体「生長の家」を創始した。

　神道、仏教、キリスト教など諸宗教は根本において一致していると説き、保守的ないし右翼的色彩の宗教法人とみられていた。敗戦後、宗教法人令(昭和20年12月28日勅令第719号)により、宗教法人になった。1985年、初代が死去すると、1人娘恵美子と結婚した谷口清超が2代目総裁についた。

　2008年10月28日、谷口清超が死去し、長男の谷口雅宣が第3代総裁に就任した。

　初代は、多くの論文を書いたが、これらを整理して、「生命の実相」という「聖典」にまとめた。初代は、1946年、社会厚生事業及び社会文化事業の発展強化を図る目的で、財団法人「生長の家社会事業団」を設立した。そこに、「生命の実相」の著作権を譲渡した。2013年(平成25年)には、「生命の実相」は85版を出版した。

　「生長の家」は、関連団体をもち、それら団体も、著作権使用料〔印税〕を「生長の家　社会事業団」へ支払った。

　生長の家の2代目、3代目の総裁になると、初代総裁と違い、環境問題に力を入れ、右翼的色彩が薄れてきた。初代とその教えの「強調する箇所」が異なってきた。(島田裕巳「宗教消滅」(SB新書・2016年)166頁以下)。

　原告「公益財団法人社会事業団」や原告「株式会社光明思想社」(株式会社日本教文社に当たる出版部門)は、初代を信奉する(「谷口雅春先生を学ぶ会」)。一方、生長の家の「本部」の方針に日本教文社、一般財団法人世界聖典普及協会は従う。

　この事件で原告社会事業団は、「生命の実相」の著作権をもつこと、従って、被告生長の家、被告日本教文社に対し、無断で、「生命の実相」や初代の論文を複製しないこと、未払いの著作権使用料を支払うこと、などを請求し、原告が勝訴した(この事件は、被告(株)日本教文社及び被告生長の家が控訴し、知的財産高等裁判所第4部(高部眞規子裁判長)によって、平成28年2月24日に判決(平成27年(ネ)第10062号、平成27年(ネ)第10089号)が出されている。また、原告公益財団法人生長の家社会事業団、被告財団法人世界聖典普及協会の間のコンパクトデスクの表示をめぐり、東京地裁民事第47部高野輝久裁

判長により、平成25年11月7日判決、平成23年（ワ）第37319号がある。いずれも紙幅の都合で省略する。）。

（2）「幸福の科学」祈願経文事件（東京地裁平成25年12月13日判決、平成24年（ワ）第24933号、平成25年（ワ）第16293号）
　宗教法人幸福の科学は、1991年（平成3年）宗教法人法により、宗教法人になった宗教団体で、文化庁の「宗教年鑑」によれば、単立法人で、代表役員大川隆法、事務所は東京都品川区東五反田にある。
　原告は、宗教法人幸福の科学である。
　被告は、除名処分を受けたA、B、Cの3名である。BとCは夫婦である。
　原告は、次の請求を行った。
1）被告Bは、祈願経文のうち、（1）（2）を引き渡せ。
2）被告Bは、被告B宅で、不特定又は多数の者に祈願経文（1）ないし（3）を直接　伝達する目的での口述の禁止。
3）被告Bは、祈願経文（1）ないし（3）の複製物を廃棄せよ。
4）被告Aは、原告に対し、祈願経文のうち、（4）ないし（6）を引き渡せ。
5）被告Aは、祈願経文のうち、（4）ないし（6）のものの複製、頒布の禁止。
6）被告Aは、祈願経文のうち、（4）ないし（6）の複製物の廃棄。
7）被告らは、原告に対して、連帯して、3300万円及びそれぞれ遅延利息を支払え。
　被告は、原告は、被告B、C、Dそれぞれ1000万円支払うよう反訴の請求をした。
　争点を、1、被告らに対する本件経文原本返還請求の成否、2、著作権（口述権、複製権）侵害の成否、3、被告らによる共同不法行為の成否とした。
　［判決］東京地裁民事29部大須賀滋裁判長は、法具等の占有について、被告B及び被告Cに所有権侵害の共同不法行為を認め、B及びCは、原告に対し、「連帯して7万円及びうち6万3000円に対する平成24年9月21日から、うち7000円に対する平成25年4月10日から各支払済みまで年5分の割合による金員を支払え。」との判決を下した。
　［私見］この判決は、本件経文について、「原告代表役員の個性が表現されている」「その思想又は感情を言語によって創作的に表現したものである」とし

て著作物であるとした。
　賛成する。被告BまたはCは、自宅で、経文を読み上げたが、人数が少なく、「公に」なされてないとして、口述権の侵害を認めなかった。被告Bの祈願をした人数は、「5、6名」で「多数人でない」とした。「不特定」の者に読み上げた証拠はない。[3]

（3）ジー・エル・エー総合本部事件（知財高裁平成18年3月24日判決、平成18年（ネ）第10006号、東京地裁平成17年（ワ）第11855号）

　原告は、釈迦及びイエス・キリストの根本原理を源流として、B（高橋信次、1927-1976）、C（高橋佳子）の教えに学ぶこと等を主たる目的とする宗教法人ジー・エル・エーである。Bは、昭和51年6月25日死亡し、相続人は、妻であるD、子であるC及びEの3名である。DCEの3名は、相続したBの著作権を全て、原告に信託した。

　被告Aは、Bの講演記録は、世界の宝であり、1宗教法人が独断で封印すべきでないとし、Bの講演の録音又は録画をCD・ROMに複製し、Bの論文を電子ブックに複製し、これら複製物をインターネット上で販売した。

　原告は、被告に対し、（1）Bの講演の録音又は録画をCD・ROMに複製し、Bの論文を電子ブック、その他の記録媒体に複製し、その複製物を譲渡し、又は譲渡のための広告・展示の禁止、（2）被告は、被告所有の前項の複製物の廃棄、（3）131万7708円の損害賠償を求めて訴えた。

　一審東京地裁民事29部の清水節裁判長は、原告請求の（1）（2）を認め、（3）損害賠償として金10万9809円及びこれに対する平成17年6月24日から支払済みにいたるまで年5分の割合による金員を支払え、（4）原告のその余の請求を棄却する。」（5、6省略）、とした。被告Aは控訴した。

　控訴審である知財高裁第3部佐藤久夫裁判長は、一審判決の主文「第3項及び第4項を次のとおり変更する。」とした。

　「3　控訴人は、被控訴人に対し、金2万6744円及びこれに対する平成17年6月24日から支払済みまで年5分の割合による金員を支払え。4　原告のその余の請求を棄却する。」

---

[3]　平澤卓人「著作権法における「公に」及び「公衆」概念の限界―幸福の科学祈願経文事件」知的財産法政策学研究第46号（2015年5月）345頁。

(4) 世界真光文明教団事件（横浜地裁小田原支部平成3年7月9日判決、昭和63年（ワ）第306号、平成2年（ワ）第257号）

　世界真光文明教団（以下、教団という）は昭和38年11月19日、初代教え主岡田良一(1901-1974)が代表役員となって設立した宗教法人である。初代は、「聖凰」あるいは岡田光玉と呼ばれ、初代が神から受けた「お告げ（神示）」を一般人に理解しうるようにした「教義」は、教団の宗教活動の原点ないし中核をなし、教団では、教義を中心に初代及び2代教え主である関口栄がこれを敷衍・展開し、教義・教理を個別具体的な事案に即して信者（組み手）に伝達していた。初代岡田良一は、昭和49年（1974年）6月23日、死去した。

　2代目関口泰によれば、初代は、同年6月13日、教団の教え主である地位を、関口泰に承継させると指名した。昭和62年3月30日、教団の幹部であった田中清英、工藤岑碩らは、教団から脱退し、教団は、翌31日、彼らの職務を解任した。

　田中清英らは、宗教団体を設立し、同年8月、「権利能力なき社団　宗教団体　陽光子友乃会」に改組し、理事長田中清英、理事、工藤岑碩、平澤秀二、阿部敏子、針本龍男となり、宗教活動を行った。

　田中清英は、3代目教え主を名乗り、すべて教団の初代の教えに依拠し、初代の著作物を使用した。

　そこで、昭和63年、関口泰及び宗教法人世界真光文明教団が原告となり、田中清英、工藤岑碩、平澤秀二、阿部敏子、針本龍男を被告とし、著作権等侵害差止を求めて、訴訟を提起した。(甲事件)

　また、平成2年原告関口泰及び宗教法人世界真光文明教団が原告となり、「権利能力なき社団　宗教団体　陽光子友乃会」を訴えた。(乙事件)
原告らは、

1、別紙著作物目録記載の著作物（本件著作物）について、原告関口が著作権を有することの確認。2、別紙テープ目録記載の各テープに収録された初代教え主岡田良一の口述の言語著作物につき、原告関口が著作権を有することの確認。原告関口は、3、別紙雑誌目録記載の雑誌（本件雑誌）を販売・頒布の禁止。4、被告らへ、本件雑誌の廃棄。5、被告らへ、本件著作物につき、その全部又は一部の複製または頒布の禁止。6、被告らへ、本件著作物の公の口述の禁止。7、被告らへ、本件著作物の変形、翻案の禁止。8、被告らへ、本件テープに収録されている初代教え主岡田良一の口述による言語著作物につ

き、その全部または一部の複製または頒布の禁止。9、被告らへ、右言語著作物の変形、翻訳の禁止。10、被告らへ、右言語著作物の公の口述の禁止。11、被告らへ、右言語著作物を録音しているカセットテープの廃棄。原告教団は、12、被告らへ「陽光乃友」の標章を付した雑誌目録11ないし15記載の雑誌の廃棄。13、甲事件被告らは、その発行する刊行物に「陽光乃友」という標章を付し、これを付した刊行物を販売、頒布することの禁止。14、甲事件被告らは原告教団に対し、それぞれ別紙紋章目録記載の紋章を刻したバッジの返還などを求めた。

横浜地裁小田原支部(元吉麗子裁判長、池本壽美子、東原清彦裁判官)の判決。

『主文』
1、甲事件被告らは原告教団に対し、それぞれ別紙紋章目録記載の紋章を刻したバッジを返還せよ。
2、原告教団のその余の請求及び原告関口の請求をいずれも棄却する。
3、訴訟費用は、これを10分し、その1を甲事件被告らの負担とし、その余は原告らの負担とする。
4、この判決第1項は仮に執行することができる。

「私見」この判決は、宗教者の教義、宗教の教え、説教は、人類一般の利益のため、教義が周知されることを目的としており、著作物には含まれない、という考え方に立っている[4]。私は、教義などの著作物性を認めた上で、(著作権者である初代教え主が生きていたならば)被告らに対しても、暗黙の使用許諾をあたえるであろう、といった理論構成で、解決すべきであったと思う。

第3章、創価学会関係ー肖像写真の著作物性
(1) 写真記事投稿者情報開示請求事件(東京地裁平成28年1月18日判決、平成27年(ワ)第21642号)

原告は、創価学会である。被告は、KDDI株式会社である。

---

[4] 大家重夫「宗教団体の『教義』と著作権」(「民法と著作権法の諸問題-半田正夫教授還暦記念論集」(法学書院・1993年)524頁」)

氏名不詳の投稿者が、被告の提供するインターネット接続サービスを経由してインターネット上のウエブサイト（LINE株式会社開設運営）に、原告が著作権者である写真を無断で使用し、A名誉会長の言動等批判の記事を掲載した。

　原告は、本件記事に係る発信者情報を被告が保有しているとして、（1）原告の著作権（公衆送信権）が侵害されたことが明らかである、（2）原告が、損害賠償請求権行使のため発信者情報が必要であるとして、被告へ、本件発信者情報の開示を請求した。根拠は、「特定電気通信役務提供者の損害賠償責任の制限及び発信者情報の開示に関する法律」第4条第1項である。

　東京地裁民事29部の嶋末和秀裁判長は、1）、本件掲載写真は、原告が著作権者である写真を複製し、引用の要件に当たらず、原告の有する本件写真の著作権（公衆送信権）が侵害されたことが明らかであるとし、2）、原告が氏名不詳者に対して、損害賠償請求権を行使するためには、発信者の氏名又は名称及び住所のほかに電子メールアドレスの情報も必要であるとし、電子メールアドレスの情報開示が必要ないとする被告の主張は採用しないとし、「被告は、原告に対し、別紙発信者情報目録記載の情報を開示せよ」と命じた。

（2）肖像写真投稿者情報開示請求事件（東京地裁平成27年4月27日判決、平成26年（ワ）第26974号）

　氏名不詳の者が、インターネット上の電子掲示板「Yahoo！知恵袋」に、池田大作創価学会名誉会長の肖像写真を掲載し、「創価学会は永遠に不滅です。2014年も素晴らしく大活躍することは魔違い（筆者注、魔である。）ないでしょう。」など、揶揄し、冷やかしす文章を掲載した。

　宗教法人創価学会は、写真は、創価学会の1部門の聖教新聞社所属の訴外Aが撮影し、著作権法15条により、著作権を有していること、写真が無断で複製ないし翻案され、記事投稿行為は、原告の公衆送信権侵害であるとし、損害賠償請求をするため、発信者情報を知りたいとして、経由プロバイダであるNTTに対し、開示を求めて訴えた。

　東京地裁民事29部嶋末和秀裁判長は、本件記事の投稿で、原告創価学会が権利を侵害されたことは、明白であるとし、NTTに対し、発信者情報目録記載の情報を開示するよう命じた。

(3)「呪われしモザイク」事件（東京地裁平成26年3月14日判決、平成25年（ワ）第26251号）

　原告は、(株)シナノ企画である。映画の著作物を制作したが、映画の著作権は、創価学会に譲渡した。その著作者人格権は、原告が保有している。
　被告は、ソフトバンク(株)である。
　「takuya」と称する氏名不詳の者が、(株)ニワンゴが開設、運営する動画投稿サイトにおいて、原告制作の映像の一部にモザイクをかけ、「『チキ本さん』呪われしモザイク」と題し、改変して無断掲載した。その後、サイトから削除された。
　原告は、この動画は、無断複製で、原告が著作者であるとの表示がないこと、無断でモザイクをかけ、改変し、内容も登場人物、創価学会の信仰を揶揄嘲笑するもので、原告の意に反する同一性保持権侵害であるとして、ソフトバンクへ、発信者情報の開示を請求した。
　東京地裁民事29部の大須賀滋裁判長は、原告の請求は、理由があるとし、発信者情報を開示するよう被告ソフトバンクへ命じた。

(4) 創価学会動画発信者情報請求事件（東京地裁平成25年10月22日判決、平成25年（ワ）第10365号）

　原告は、宗教法人創価学会で、問題になった動画の著作権者である。
　被告は、電気通信事業を営むGMOインターネット株式会社である。
　平成24年11月29日、被告GMOインターネットの提供する接続サービスを利用し、被告のサーバーを経由して、氏名不詳の者が、原告が著作権者である動画を投稿し、不特定多数の者が閲覧できる状態においた。この動画は、原告の信者で、芸能人タレントの久本雅美らに対するインタビューを中心とするものである。
　原告は、被告に対し、氏名不詳の者についてなど、発信者情報の開示を請求した。
　東京地裁民事46部の長谷川浩二裁判長は、原告の請求は、理由があるとし、発信者情報を開示するよう被告ソフトバンクへ命じた。

（5）創価学会写真無断使用事件（東京地裁平成19年4月12日判決平成18（ワ）15024号）

原告は、創価学会である。

被告Aは、もと創価学会の会員で、その後脱会し、平成11年頃、「創価学会からの脱会を考える会」と題するホームページを立ち上げた者である。

原告は、聖教新聞社カメラマンBが撮影し原告が著作権者である「式帽をかぶって直立しているC（名誉会長）の全身を撮影した」本件写真を、被告が複製の上、一部切除するなどして別紙2の被告写真を作成し、これを自らの開設するホームページに掲載した行為は、原告の著作権侵害（複製権侵害、公衆送信権侵害、同一性保持権侵害）に当たるとして侵害賠償440万円の支払を求めて訴えた。

東京地裁民事46部設楽隆一裁判長は、次のように判断した。

1、本件写真は、著作物である。2、被告写真は、本件写真の複製物である。3、被告写真を被告ホームページに掲載した行為は、同一性保持権に当たる、4、（1）被告は、複製権侵害、公衆送信権侵害について過失がある、（2）、Cが自らの意思で撮影を許した写真を、Cないし原告に批判的な者がこれを無断でコピーしている使用形態の場合、改変があるかなど、確認することがなかったことは、本件同一性保持権侵害について、過失がある、5、被告のホームページ掲載行為は、「引用」に当たらない。

設楽裁判長は、被告の著作権侵害行為について、30万円、同一性保持権侵害の慰謝料5万円、弁護士費用5万円、合計40万円の損害賠償を被告は原告に支払うよう命じた。

（6）肖像写真ビラ事件（東京地裁平成15年2月26日判決、平成13年（ワ）第12339号、判夕1140号259頁）

原告Xは、創価学会である。被告Y1は、宗教法人日蓮正宗。被告Y2は、Y1の信者組織の講頭（代表者）である。被告Y3は、平成11年に設立された政治団体「信教と思想の自由を守る会」の代表者である。

原告は、原告が著作権をもつ創価学会名誉会長の肖像写真を、被告らがモノクロにして背景をカットした写真をビラに掲載して、これを配布したとして、1、別紙ビラ目録1及び2の各ビラを、被告ら又は第三者をして配布したり、掲示その他不特定多数の目にふれるような行為をしてはならない、2、被告ら

は、別紙ビラ目録1及び2の各ビラを回収して廃棄せよ、3、被告らは、原告に対し、連帯して金3000万円の損害賠償を払えとの請求の訴えを起こした。

東京地裁民事29部は、1、原告写真1は、撮影者の個性が表現されており、著作物であるとし、2、本件ビラ写真は、原告写真の複製であるとし、3、被告の行為は、原告写真を「引用」したものとはいえない、とし、4、原告写真2は、著作物であるとしたが、5、写真2をトレースして作成した絵をビラに掲載して、これを配布した行為については、絵ビラが原告写真2の翻案物とは言えない、との判断をした。

判決は、1、被告Y3は、別紙ビラ目録1のビラを、自ら又は第三者をして配布してはならない。2、被告Y3は、別紙ビラ目録1のビラを廃棄せよ。3、被告らは、原告に対し、連帯して100万円（ビラ1の複製権侵害50万円、著作者人格権侵害50万円）を支払え、との判決を下した。

「私見」

このように、創価学会については、同じ宗教ないしは、互いに極めて近い宗教を信じている者同士であるが、感情的な争いになり、いくつか創価学会宗教指導者の肖像写真の取り扱いをめぐって、著作権侵害事件となっている。

第4章　観音像の首のすげ替え―著作権事件

光源寺事件（東京地裁平成21年5月28日判決平成19（ワ）第23883号、知財高裁平成22年3月25日判決判時2086号114頁）

1．法然（1133-1212）によって開創された浄土宗の信者は、602万1900人、宗教法人格のある寺院、布教所等の6999を、宗教法人浄土宗が包括している。[5]

天正17年（1589年）に本誉道公上人により、光源寺が、浄土宗の寺院として、当初、東京、神田美土代町付近に創建され、慶安元年（1648年）、現在地の東京都文京区駒込に移転した。元禄10年（1697年）、光源寺の境内に、観音堂と一一面観世音立像が造立された。豪商丸屋吉兵衛が長谷寺（真言宗豊山派総本山）の本尊十一面観音菩薩像を拝し、江戸にも分霊を頂きたいとして、寄進し

---

[5] 文化庁「宗教年鑑-平成27年版」11頁、70頁。
　浄土宗の信者数は、「宗教年鑑」平成21年版から平成27年版までのいずれも、6,021,900人である。

た。元禄10年当時の浄土宗の住職は、異なる宗派のものだが快よく受入れた。観音立像は、2丈6尺（約7.9メートル）の高さで、観音堂は、高さ3丈9尺（約12メートル）瓦葺き土蔵作りである。遠方から観世音菩薩の顔が見えるように窓があった。[6] 江戸時代末期発行の「江戸名所図絵」に光源寺の大菩薩像は、「駒込大観音」として掲載され、広く江戸の人々、明治、大正、昭和の人々に親しまれた。

　第二次世界戦争末期の昭和20年（1945年）5月25日から26日にかけて、東京は米軍の大空襲を受け、このとき、光源寺の十一面観音菩薩立像も焼失した。

2．十一面観音像の再建

　昭和62年（1987年）、光源寺住職（先代住職、島田俊匡）は、駒込大観音の復興、すなわち十一面観音像を建立した。すなわち、先代住職は、仏像彫刻を業とする仏師のA一家に、新たな十一面観音像の制作を依頼し、再建した。

　仏師のA（1901－1988）（西山如拙）には、長男（1926－1999、西山如雲）、次男（1930－1986）、三男（1934－、西山三郎）がいた。三男は、東京芸大を卒業し、フランス政府給費生としてボザール校アダンに学んだ現代彫刻家、行動美術協会会員、日本美術家連盟会員である。

　新たな十一面観音像は、長男（平成11年死亡）とその弟子B（ブログによれば、岩淵俊享）が中心となった。長男とBに、時に、A、次男、三男が意見やアドバイスをし、手伝った。Bは、昭和56年頃から平成元年9月頃まで、長男の弟子で平成元年に独立した。

　平成2年（1990年）、観音像が光源寺境内に移された。平成5年5月、約3.5メートルの観音像が観音堂に安置され、先代住職は、「駒込大観音開眼落慶法要」を執り行ない、参拝者の閲覧に供された。観音像—以下、原観音像という—の内部、体内には、「大仏師　監修　A」「制作者　長男、次男、三男、弟子B」の墨書がある。平成6年12月26日、先代住職は死亡した。その後、現住職[7]が光源寺住職に就任した。

---

[6] 本郷仏教会寺院誌編纂委員会編「本郷の寺院―街と寺誌」（本郷仏教会発行・1984年10月1日）206頁、208頁参照。光源寺の項の執筆は、先代住職島田俊匡。本書は、12寺院の編集によるもので、奥付けに「編集協力　島田昭博、島田富士子（光源寺）」とある。

[7] インターネットにより光源寺などを検索すれば、現住職は、島田昭博氏で、関谷滋・阪元良江編「となりに脱走兵がいた時代」（思想の科学社・1998年）に執筆されており、その筆者紹介によれば1948年生まれである。

3．観音像の首のすげ替え

現住職は、原観音像は、「目を見開いた状態で参拝場所から本件原観音像を見上げると、驚いたように又は睨みつけるような表情であって、その表情にかねてから強い違和感を感じていたところ、檀家や一般の参拝者からも、本件原観音像の表情に違和感を覚える旨の苦情や慈悲深い表情とするよう善処を求める旨の要望を受けていた」[8]

平成15年頃、現住職は、仏頭部の作り直しを決意し、Bに相談した。現住職は、仏頭部の作り直しをBに依頼する考えである旨を三男に伝えた。三男は、仏頭部の作り直し自体を拒絶した。現住職は、三男に知らせずに、新たな仏頭部の制作をBに依頼した。Bは、平成17年頃、新仏頭部を作成し、本件原観音像の仏頭部とすげ替えた。

4．三男が原告として、訴訟を提起する

この事件は、1）三男が原観音像の共同著作者であるとし、現住職がその仏頭部を無断ですげ替えた行為に対し、自己の著作権侵害であるとして、原告として、被告光源寺と被告Bを訴えたものである。2）また、すげ替え行為は、著作権法60条が規定する死者の人格的利益侵害であるとし、亡長男が生存しているとしたならば、その著作者人格権の侵害である、同法20条の同一性保持権及び113条6項著作者人格権のみなし侵害（名誉声望保持権の侵害）であるとして、著作権法116条1項、112条1項及び115条に基づいて、本件仏頭部を元に戻すまでは、本件観音像の一般公衆へ観覧させることの差止及び本件仏頭部を元の観音像に戻し、現状回復をすることを求めた。

5．一審判決（東京地裁平成21年5月28日判決平成19年（ワ）第23883号）

東京地裁地裁民事46部（大鷹一郎裁判長、関根澄子、杉浦正典裁判官）は、原告による観音像の仏頭部をすげ替え前の仏頭部に原状回復することの請求を認容した。

6．二審判決（知財高裁平成22年3月25日判決判時2086号114頁）[9]

知財高裁（飯村敏明裁判長、大須賀滋、青木教朗裁判官）は、原判決を変更

---

[8] 一審判決の「第4 当裁判所の判断」にこう書いている。

した。
　二審判決は、著作者亡長男の名誉声望を回復するためには、被告らが、仏頭部のすげ替えを行った事実経緯を説明した広告措置を採れば十分であるとして、原状回復を認めなかった。その理由を次のように言う。
「原状回復が適当でない理由」
「本来本件原観音像は、その性質上、被告光源寺が信仰の対象とする目的で、長男に制作依頼したもので」「仏頭部のすげ替え行為は、その本来の目的に即した補修行為の一環であると評価することもできること、交換行為を実施した被告Bは、長男の下で、本件原観音像の制作に終始関与していた者であること」「仏像は信仰の対象となるものであること等を考慮するならば本件において、原状回復措置を命ずることは、適当でない。」
　著作権法20条2項4号の「やむを得ないと認められる改変」の該当性について判決文は、観音像は、信仰の対象として重要な意義を有するところ、信者や拝観者において、その表情に違和感を覚えるなどの感想を述べる、その他の経緯を述べて、「被告らによる本件原観音像の仏頭部を新たに制作して、交換した行為には、相応の事情が存在する」とした。

7．最高裁第三小法廷平成22年12月7日決定
　最高裁第三小法廷（岡部喜代子裁判長）は、上告人原告・三男の上告を退ける決定をした。知財高裁判決が確定した。
　［私見］この事件原告は、観音像という美術品の制作を行った西山如拙氏という仏師の一門の三男1934年生れの西山三郎氏である。
　一方、光源寺住職島田昭博氏は、インターネットによれば、1948年生まれで、関谷滋・坂元良江編「となりに脱走兵がいた時代」（思想の科学社・1998年）に文章を執筆された方で、ベトナム戦争当時、米兵を匿った経験があり、のち宗教界に入られている。

9　判例批評として次のものがある。
　［二審判決］三浦正広・コピライト2011年2月号31頁。
　島並良・「L＆T」2010年7月号63頁。
　岡　邦俊・JCAジャーナル2010年5月号62頁。
　大家重夫・マーチャンダイジングライツレポート2012年9月号56頁。
　［一審判決］本山雅弘・速報判例解説（法学セミナー増刊）6号255頁（2009年）。
　岡　邦俊・JCAジャーナル2009年7月号70頁。

この裁判は、著作権侵害事件として、争われたが、宗教や宗教法人法の観点からすれば、論ぜられべき論点が多い。
　1）、判決文の最初に、「原告Ａ１」、「被告　光源寺」「被告Ｃ１」とあるが、「被告　宗教法人　光源寺」と「宗教法人」が抜けていることが残念である。
　○○寺とあっても、宗教法人と法人格がある場合と法人格がない場合もある。私は、宗教法人の場合、更に包括されている宗教法人か、単立法人かも表示して欲しいと希望する。
　2）、光源寺は、宗教法人登記簿によれば、「目的」として「阿弥陀仏を本尊とし、浄土三部経を所依の経典として、浄土宗祖法然上人の立経開宗の精神を体し、浄土宗宗綱に掲げる教旨をひろめ、儀式行事を行い、信者を教化育成することを目的とし、その他この法人の目的を達成するための業務を行う。」とあり、「宗教法人　浄土宗」に包括されている。「境内建物、境内地、宝物の処分等に関する定め」として、「責任役員の議決を経て、総代の同意を得、浄土宗の代表役員の承認を受ける」とある。
　包括された宗教法人光源寺は、すべて、単独で、物事は決められず、単独で決定できても報告義務があると宗教法人法が定める。
　3）、観音像の設置、観音像の仏頭部の首のすげ替えは、「境内建物、境内地、宝物の処分等」に該当し、「責任役員の議決を経て、総代の同意を得、浄土宗の代表役員の承認を受ける」必要があるのでないか。浄土宗の本山、京都の知恩院で、浄土宗代表役員の承認を受けるべきでなかったか。
　4）、宗教法人法23条（財産処分等の公告）、24条（行為の無効）という条文がある。
　観音像の頭部の首のすげ替えは、23条3号「主要な境内建物の新築、増築、移築、除却又は著しい模様替えをすること。」あるいは、同条4号「境内地の著しい模様替えをすること。」に当たるのではないだろうか。光源寺の登記簿は、これを受けた規定であろう。
光源寺の責任役員会の議決、総代の同意、包括法人浄土宗の代表役員の承認を執っているか、宗教法人法に関心のある者として知りたい。
　5）、光源寺の住職は、観音像について「驚いたように又は睨みつけるような表情であって、その表情にかねてから強い違和感を感じていた」「檀家や一般の参拝者からも、本件原観音像の表情に違和感を覚える旨の苦情」があったというが、何故、責任役員会、総代という宗教法人法の定める機関に諮ること

をしなかったか。責任役員や檀家総代はいたのか、名前だけなのであろうか。

6)、先代住職は、江戸時代から約250年間親しまれた観音像の復元を願い、実現させた。おそらく、仏師へは、同じか、同じような表情の仏像を制作するよう注文したと思われる。すげ替え前、とすげ替え後のいずれが、浄土宗の寺院としてふさわしいか、あるいは、真言宗豊山派の観音像に似た方がいい、という主張が原告被告の双方から出ていない。

7)、この光源寺の場合、一部の信者、参拝者の意見により、現住職は、首のすげ替えを行い、にこやかな、慈悲深い表情にした。参拝者までの声を聞き取り、現住職は、民主的な方のようである。これは、浄土宗のすべてのお寺の最近の方針なのか、光源寺のみなのか。包括法人浄土宗は、この光源寺だけに限らず、こういうことは、傘下の各寺院に委せ、許容しているのだろうか。浄土宗における包括、被包括の関係についてはどういうものか。

8)判決は、浄土宗に包括される寺院の住職は、「観音像」の「顔」のすげ替えを自由になし得るという結論になったが、これは、観音像が、真言宗豊山派に由来するものであるから、浄土宗本山は、住職に一任したのか。そうでなくても、一切こういう事柄は、末寺に一任する方針か。その他の仏教寺院の方針はどうか、知りたい。

結び

多くの宗教にはタブーがある。イスラムは、偶像を認めず、ムハマンドの肖像も描いてはならない。

2005年、デンマークで、預言者ムハマンドをからかった風刺画がユランズ・ポステンという新聞に掲載され、ムスリムの怒りを買い、のちに漫画家が暗殺の危険にさらされた。

2015年1月7日、イスラム教の預言者ムハマンドの風刺画を掲載した週刊誌「シャルリエブド」本社が3人の実行犯により襲撃され、5人の漫画家、警官2人、編集者など12人が死亡した。

デンマークもフランスも、表現の自由のある民主主義国である。フランスは、政教分離（ライシテ）という訳より、もっと広い、自由、平等、連帯の大原則があるという。

日本では、創価学会の中興の祖というべき宗教指導者の肖像写真をめぐって、その団体の脱退者や反対者が、貶めるような無断利用を行って国家の司法の事

件になっている。
　光源寺の「観音像」事件はどうか。
　「観音像」の顔の表情が、「恐ろしい」よりも「穏やかな」方がいいという参詣者の声を重視して、寺院の住職が一存で、「穏やかな」ものにした行為を、仏像製作の著作者からの立場でのみ裁判した。住職という宗教者の行為を観音像制作者より優越させた判決ではあるが、この寺院を包括する、上位団体である浄土宗本山の意思が見えない。
　神道は、冒頭に述べたように、戦前は非宗教であった。「宗教年鑑　平成27年版」によれば、神道系の宗教に帰依する信者は、約9217万人という。ここに含まれている信者は、信者であると自覚しているだろうか。信者とされていても構わないという人が大多数であろう。
　キリスト教の信者は、信者と自覚し、仏教信者は、先祖の墓地が結びついている。神道の信者が信者を止めると表明し、あと宗教団体の悪口を述べることもない。
　本稿は、「思想そのもの」でなく「思想の表現」を保護する「著作権法」の事件を通して、「宗教と宗教団体の動き」を示そうとしたが、キリスト教、神道については、掲載すべき判例を見出し得なかった。

アメリカにおける連邦法と州法の交錯に関する一考察
―カリフォルニア追及権法は生き残れるか―

安　藤　和　宏

1．はじめに

　アメリカのロースクールに留学する日本人学生が最初に戸惑うのが、連邦法と州法の抵触問題だろう。筆者は2005年から3年間、フランクリンピアース・ローセンターとワシントン大学ロースクールに留学したが、ご多分に洩れず、この問題を理解するためにかなり苦労した記憶がある。連邦法と州法の抵触は、著作権法の分野においても重要な問題として位置づけられており、ロースクールの授業では一定の時間を割いて、専占法理や重要裁判例についての講義が行われている。

　本稿で取り上げるカリフォルニア追及権法は、1976年にカリフォルニア州議会が追及権制度を導入するために、州法として制定した法律である。したがって、この法律は連邦法に抵触すると裁判所によって判断されると、無効になってしまう運命にある。そして、この法律はこれまで幾度か連邦法の挑戦を受けながらも、辛うじて生き延びてきた。本稿は、カリフォルニア追及権法と連邦法の抵触関係について分析・考察するものである。

2．追及権（droit de suite）とは

　追及権とは、著作者（著作者の死後はその相続人）が、公開競売やディーラーの仲介による販売において、美術著作物の原作品の対価として支払われる取引額の一部を徴収することができる譲渡不能かつ放棄不能な権利のことをいう。

　追及権を法制度として最初に採用したのはフランスである。著作権法の保護を受ける著作者の中でも、小説家や作曲家、脚本家と比べて、画家は生活が困窮することが少なくなかった。というのも、小説家や作曲家は本や楽譜が出版されると印税が入るし、脚本家は作品が上映されると使用料が入ってくる。しかしながら、画家は安い値段で作品を売り渡してしまうと、その後、その作品が高騰しようとも、一銭も入ってこないからである[1]。

このような経済的な窮状から画家を救い出そうと、追及権の創設を政府に要求するキャンペーンが大々的に行われた。その中でも強く人々の心に訴える絵画があった。それは、フランスの風刺画家、フォランが1912年に描いたデッサンである。この絵は、パリの中心部にある世界最古の競売場ドルオーで行われたオークションの様子であるとされている[2]。こうしたキャンペーンが功を奏した結果、追及権制度は1920年5月20日法としてフランスに導入された。

　この法律では、権利主体を著作者、著作者の相続人と継承者とし、保護対象を公開のオークションで販売された原作品のうち、絵画、彫刻、描画とされた。ロイヤリティーは、1,000フランから10,000フランの販売額に対しては1％、20,000フランまでが1.5％、50,000フランまでが2％、50,000フランを超えると3％に設定された。なお、追及権の保護期間は、著作権と同一期間とされた[3]。

　フランスは追及権制度を全世界に広めようとし、1928年のベルヌ条約ローマ改正会議において、条約加盟国が追及権制度の導入を検討することを提案した。その後もフランスは追及権制度を世界に拡大すべく、活発な活動を続けた結果、1948年のブラッセル修正会議において追及権がベルヌ条約に規定された（14条の3）。但し、追及権の保護対象、ロイヤリティーの料率と徴収方法、相続等については、ベルヌ条約加盟国の法令に委ねられた。

　ベルヌ条約が規定する他の権利と異なり、追及権の享受は相互主義に依存している。日本は未だ追及権制度を導入していないため、日本の美術家はフランスで追及権を行使することができない[4]。EUでは2002年10月13日に追及権に関する欧州指令2001/84/EC（追及権指令と呼ばれている）が発効され、2012年1月までにすべてのEU加盟国が追及権制度を導入することとなった[5]。

　ベルヌ条約では、この権利を定めるか否かは各国に委ねられたため、追及権制度を著作権法に導入していない国が多数存在する。追及権制度は、2016年3月現在、EU加盟国を含めて80か国以上の国で採用されているが、アメリカの連邦著作権法は追及権制度を採用していない。しかしながら、カリフォルニア

---

[1] 宮澤溥明『著作権の誕生』（太田出版、1998年）270-271頁。
[2] 宮澤・前掲注（1）271頁。2人のみすぼらしい格好をした兄妹がオークションで、10万フランという高値でまさに落札されようとしている父親の絵を見ている場面である。
[3] 小川明子「追及権による美術の著作物保護について」『第5回著作権・著作隣接権論文集』（社団法人著作権情報センター、2005年）82頁。
[4] 但し、フランスに常居所を有し、5年以上の間、フランスで芸術生活に参加している外国人は、追及権の保護を要求することができる（フランス著作権法122の8条6号）。

州では州法として追及権制度が導入されている[6]。次章では、カリフォルニア州法について詳しく解説することにしよう。

3．カリフォルニア追及権法（California Resale Royalty Act）[7]

作品の販売後、価格が高騰するにもかかわらず、一銭も入らない画家たちの切実な訴えを聞き、追及権制度の導入の必要性を痛感したカリフォルニア州の上院議員 Alan Sieroty は、1975年に州議会に追及権制度の法案を提出するが、あえなく否決されてしまう。しかし、翌年に再度法案を提出したところ、意外にも賛成派・反対派からさしたる意見が出されることなく、法案は可決される[8]。そして、1977年1月1日、アメリカで唯一の追及権制度であるカリフォルニア追及権法が施行される[9]。なお、この法律は1982年に修正されている。

この法律では、権利主体を純粋美術の著作者で、再販時にアメリカ市民または2年以上州内に居住している者（著作者の死後、追及権は遺族、受遺者、個人的代理人に継承される）とし、保護対象を純粋美術の原作品（絵画、彫刻、描画、ガラスのアート作品）としている。ロイヤリティーは1,000ドルを超える取引について一律5％で、作品の販売者が著作者に直接支払う。但し、売却額が購入額を下回っている場合には適用されない。なお、著作者の居所が不明の場合、ロイヤリティーはカリフォルニア・アート・カウンシル（CAC）に

---

[5] EUの追及権制度については、安藤和宏「わが国著作権法における契約法規定の可能性」上野達弘＝西口元編『出版をめぐる法的課題』（日本評論社、2015年）406-408頁参照。なお、イギリスが追及権制度を導入した結果、ロンドンのアート市場はニューヨーク（及びスイス）に移転するという河島伸子教授の興味深い指摘がある。河島伸子「追及権をめぐる論争の再検討－論争の背景、EC指令の効果と現代美術品市場－（2・完）」知的財産法政策学研究22号（2009年）148-149頁。一方、小川明子「日本における追及権保護の可能性」企業と法創造第6号（2005年）231頁は、「追及権の施行によって、英国におけるアート市場が縮小して、取引が追及権を持たないスイスやアメリカへと移ってしまうのではないかという懸念があった。しかし、豪奢品である美術品取引における価格弾力性は低く、そのような現象はそう簡単には起こるものではないといえる」と指摘する。

[6] アメリカで作品価値が後に上昇したことに対する著作者の権利を最初に主張したのは、グランド・ウッドといわれている。アメリカにおける追及権制度導入の背景については、小川明子「アメリカ連邦法としての追及権導入の可能性」比較法学48巻2号（2014年）37-38頁参照。

[7] California Civil Code 986.

[8] Michael B. Reddy, *The Droit De Suite: Why America Fine Artists Should Have The Right To A Resale Royalty*, 15 LOY. L.A. ENT. L.J. 509, 521 (1995).

[9] カリフォルニア追及権法の背景と概要、その意義については、小川明子「アメリカにおける追及権保護の可能性」企業と法創造第8号（2006年）176-181頁を参照。

預けられ、CACが著作者の所在を探究する。著作者の所在が不明なまま取引後7年が経過すると、ロイヤリティーはカリフォルニア州のアートビル基金に収納される。

対象取引は、オークションによる販売または販売エージェントを介した取引で、販売者（またはそのエージェント）がカリフォルニア州の居住者であるか、取引が州内で行われた場合とされた。但し、ディーラーが純粋美術を著作者から買い取ってから10年以内になされた転売については適用外となる。追及権の保護期間は、著作者の死後20年までとされた。救済については、追及権者は再販が行われてから3年、または販売の事実を知ってから1年以内に訴訟を提起することができる（刑法536条は、著作者からの請求にもかかわらず、販売金額を開示しないことに対する罰金または懲役刑を科している）。

4．連邦著作権法との関係

アメリカ連邦憲法6編2項は、「この憲法、これに従って制定された合衆国の法律、および合衆国の権限のもとで締結され、また将来締結されるすべての条約は、国の最高法規である。そして各州の裁判官は、州の憲法または法律に反対の定めがあったとしても、それによって拘束される。」と規定している。この最高法規条項により、連邦法と州法が抵触する場合には、連邦法の効力が優越することになる。これを連邦法が州法を専占するという。そして、専占問題を考察する際には、明示の専占（express preemption）と黙示の専占（implied preemption）とに分けて分析するのが一般的である。

明示の専占とは、連邦議会が制定法の中で、当該規制については連邦政府機関が独占し、それと異なる州法を認めないと明示的に宣言する場合に生じる専占のことをいう[10]。すなわち、連邦法が州の権限や介入を排除するという連邦議会の意図を法律の条文の中で明示的に述べている場合、その条文の規定と抵触する州法は、連邦法によって専占される。このような条項は、専占条項と呼ばれている。但し、連邦最高裁は、連邦法に専占条項が明示されていれば、直ちに州法が連邦法に専占されると判断せず、専占条項が対象とする範囲について審理をするため、明示の専占が認められない場合もありうる[11]。

黙示の専占とは、連邦法に明示的な規定がないため、直接的には抵触しない

---

[10] 樋口範雄『アメリカ憲法』（弘文堂、2011年）175頁。

が、黙示的に連邦法が州法に専占することをいい、講学上、分野の専占（field preemption）と抵触による専占（conflict preemption）とに分けられる。分野の専占とは、連邦法だけが特定の分野を支配すると合理的に推察できる場合に生じる専占をいう。一方、抵触による専占とは、連邦法の規制と州法の規制が抵触する場合で、連邦法と州法の両方を遵守することが不可能であるか、あるいは不可能とまではいえないまでも、連邦議会の達成しようとする目的に対して、州法が障害となるときに生じる専占をいう[12]。

いずれの専占も、連邦法を制定した連邦議会の意図を探究することによって判断される。これは、Malone v. White Motor Corp.[13]で最高裁判決が「連邦議会の目的こそが究極の試金石である」と述べていることに端的に表れているといえよう。

カリフォルニア追及権法は州法であるため、連邦著作権法によって専占されるかという問題が生じる[14]。連邦著作権法301条は、102条と103条の対象物の範囲内にあるものを保護客体とし、106条に規定する権利と等価な権利を付与するという法律であれば、すべて専占されると明示的に規定している。したがって、301条の要件を満たすような州法は、明示の専占が生じることになる。また、301条の要件を満たさない場合でも、州法の適用によって、著作権法の条項に反映されている連邦議会の政策の達成に困難が生じるときは、黙示の専占が生じることになる。

では、カリフォルニア追及権法は、連邦著作権法による専占を受けるのであろうか。この問題が争点となった裁判例を紹介しよう。

---

[11] Altria Group v. Good, 555 U.S. 70 (2008) は、たばこ愛好家がフィリップ・モリスとその親会社に対してたばこの宣伝文句である「軽い」、「タールやニコチンが少ない」といった表示がメイン州の消費者保護法に規定する詐欺にあたるとして、訴訟を提起した事件である。被告は連邦たばこ表示および宣伝規制法によって専占されると主張したが、最高裁は「連邦法は詐欺を許す趣旨ではない」と判示して、明示の専占を否定した。
[12] 樋口・前掲注（10）175頁。
[13] Malone v. White Motor Corp., 435 U.S. 497, 504 (1978).
[14] アメリカ連邦著作権法と州法との関係、特に専占の問題については、会沢恒「アメリカ著作権法と連邦制の交錯」『新世代知的財産法政策学の創成』（有斐閣、2008年）391頁を参照のこと。

Morseburg v. Baylon, 621 F.2d 972 (9th Cir. 1980)
＜事案の概要＞
　アートディーラーである原告のMorseburgは、1977年3月24日に絵画2点を販売した。カリフォルニア追及権法の下では、Morseburgは販売額の5％を著作者に支払わなければならなかった。Morseburgは、同法は1909年連邦著作権法によって専占されると主張して、カリフォルニア州中部地区連邦地方裁判所に訴訟を提起した。地裁は、同法は連邦著作権法によって専占されないとして、原告の請求を棄却したため、原告は第9巡回区連邦控訴裁判所に控訴したが、裁判所は控訴を棄却した。
＜判旨＞
　当裁判所は、Goldstein判決（筆者注：Goldstein v. California, 412 u.s. 546 (1973)）がこの事件を判断する際の基準になると考える。連邦憲法の著作権条項は、カリフォルニア追及権法の制定を妨げない。1909年連邦著作権法も州によるそのような法の制定を明確には禁止していない。追及権は、Goldstein判決で支持されたカリフォルニア反海賊版法が付与する追加的保護と類似する追加的権利なのである。確かに、カリフォルニア州の下で付与されるこの権利は、放棄することも移転することもできない。このような法的性質は、州法が作り出す追及権という権利を制限するものであるが、著作権法が作り出すいかなる権利をも制限するものではないのである。
　当裁判所は、1909年著作権法27条（筆者注：ファースト・セール・ドクトリンの規定）[15]が州による追及権法の制定を黙示的に妨げていると結論づけることはできない。技術的にいうと、そのような州法は芸術作品の移転を何ら制限するものでない。芸術作品は、何の制約なしに移転することができるのである。転売が芸術家または州の機関に対する法的責任を作り出しうること、そして同時に、転売が著作権法によって保証されている権利行使を構成しうるという事実は、前者が後者に対する法的な制限になることを意味するものではないのである。
　もちろん、ロイヤリティーの支払義務を転売者に課すことによって、購入者が芸術作品を保有する期間に影響を与えうることは確かである。ロイヤリ

---

[15] 著作権法27条は「本編のいかなる規定も、適法に取得した著作物のコピーの移転を禁止したり、妨げたり、制限しない」と規定する。

ティーをまかなうために、芸術作品の保有者は作品の価値がかなり上がるまで販売を遅らせるかもしれない。関連する芸術市場によって行われるビジネスの総取引量はいくらか減少するかもしれない。このような状況下において、専占に関する議論がどのようになされるかに関係なく、当裁判所はこれらの問題に直面するものではない。当裁判所は、本判示を本事案に明確に限定するものである。

　このように第9巡回区連邦控訴裁判所は、カリフォルニア追及権法が1909年法によって専占されないという結論を下した。しかしながら、この事件は1976年法の施行日前に起きたため、1976年法とカリフォルニア追及権法との抵触関係は争点となっていない。すなわち、この問題の判断は今後の訴訟に委ねられたのである。そこで本稿では、1976年法がカリフォルニア追及権法を専占するかという問題について考察してみたい。

　1976年法301条によれば、有形的表現媒体に固定された著作物性のある作品に対して、106条に規定する著作権と等価な権利を付与することができるのは、連邦著作権法だけである。言い換えれば、州法の保護対象が連邦著作権法の権利の客体以外であるか、あるいは連邦著作権法の権利の客体と同一であっても、付与する権利が著作権と等価でなければ、その州法は専占から逃れることができる[16]。

　まず、301条（a）は、102条と103条に規定されている著作物であって、固定されたものであることを要求する[17]。カリフォルニア追及権法の保護対象は、純粋美術の原作品、具体的には絵画、彫刻、描画、ガラス・アートのオリジナル作品である。これらの作品は、連邦著作権法において著作権の対象として規定する絵画、図形、彫刻の著作物であるため、この対象要件は満たされることになる（102条（a）（5））。

---

[16] Mark Lemley, *Beyond Preemption: The Law and Policy of Intellectual Property Licensing*, 87 CALIF. L. REV. 111, 139-140 (1999).

[17] 301条（a）は「著作者が作成した著作物であって、有形的表現媒体に固定され、かつ、102条および103条に定めるもの（その日前に創作されたかその日後に創作されたかを問わず、また、発行されているか発行されていないかを問わない）に対する、106条に定める著作権の一般的範囲内の排他的権利に相当するコモン・ローまたはエクイティに基づくすべての権利は、1978年1月1日以降は、本編の排他的支配を受ける。その後は、いかなる者も、コモン・ローまたは州の制定法に基づく上記著作物に対する上記の権利またはこれに相当する権利を受けることができない。」と規定する。

次に301条は、州法によって作り出される権利が「106条に定める著作権の一般的範囲内の排他的権利に相当するコモン・ローまたはエクイティに基づくすべての権利」であることを専占の要件としている。すなわち、カリフォルニア追及権法が連邦著作権法の明示による専占を受けるかどうかは、州法が著作者に付与する追及権が著作権法106条に規定する排他的権利と等価な権利かということになる。

追及権は、公開競売やディーラーの仲介による販売において、美術著作物の原作品の対価として支払われる取引額の一部を徴収することができる権利である。換言すると、追及権は、美術品の頒布をコントロールする排他権ではなく、美術品の売買から生じる取引額の一部を請求できるという報酬請求権である。したがって、追及権は著作権法106条に規定するいかなる排他的権利とも等価ではないという見方もできるだろう。しかしながら、このような見解に対しては、反対意見が多い。

著作権法の権威であるNimmer教授は、「州法が著作権法の下で等価な権利を作り出しているかどうかを判断する際に、州法によって付与された権利が連邦法によって作り出された権利と同一の広がりを持つことは必要とされていない。連邦法による州法の専占は、たとえ連邦著作権法の下で付与された排他権の範囲が州法の下での権利範囲よりも狭いときでも、起きるのである。もし州法が著作物の複製、実演、頒布、展示を妨げるような権利を作り出したら、それは著作権と等価な権利であり、専占されるのである。それは、州によって作り出された権利が連邦著作権法において比較される権利より広いものでも、あるいは狭いものであっても結論は変わらない」と指摘する[18]。その上で、カリフォルニア追及権法は、まさに著作物を頒布する権利と衝突するものであり、連邦法によって専占されるという。また、ファースト・セール・ドクトリンに込められている連邦政策の観点からも、この法理は第一次販売の後は何の制約を受けずに転売が行われることを認めるものであり、これに反するような州法は、それが差止めではなくロイヤリティーを手段としたものであるとしても、連邦法によって専占されるとする[19]。

著名な知的財産法の学者であるMarshall Leaffer教授は、「カリフォルニア

---

[18] 3 Melville B. Nimmer & David Nimmer, Nimmer on Copyright §8C.04 [C][1] (2009). *See also* Paul Goldstein, Goldstein on Copyright §17.2.1 (2005).

[19] *Id.*

安藤和宏

　追及権法によって与えられる権利は、連邦著作権法106条（3）に規定する頒布権よりも権利範囲が狭いものであるが、これに類似するものである。加えて、この州法は109条（a）のファースト・セール・ドクトリンの効果を変更してしまう。カリフォルニア追及権法は、109条（a）と106条（3）が持つ、著作物を具現化している有体物の自由な譲渡可能性を促進するという基本的な著作権政策を過度に妨害するものである」と指摘する[20]。

　アメリカ著作権局（Copyright Office）は、明示の専占を基礎にして、追及権が301条の規定する要件を充足するかを分析する。そして、106条に規定する排他的権利はどれも追及権を侵害するものではないので、追及権はこれらの権利と等価ではないとする。しかしながら、追及権は芸術作品の転売を妨害するものであると指摘する。つまり、ファースト・セール・ドクトリンの下では、芸術作品の所有者はその著作権を取得したか否かにかかわらず、自由に保有する芸術作品を転売する権利を持っており、追及権が持つそのような妨害の性格は、これを著作権と等価な権利にするものであり、連邦法による専占は正当化されるというのである[21]。

　このようにカリフォルニア追及権法は連邦著作権法に専占されるとする論者の見解は、主に次の2点に集約されよう。第一に、追及権は106条に規定する排他的権利と完全に同一ではないが、その法的性質を鑑みると、頒布権と等価な権利であること。これは明示の専占となる。第二に、追及権は109条（a）に規定するファースト・セール・ドクトリンに込められた連邦の政策に反するものであること。これは抵触による専占といえよう。

　確かに上記に紹介した見解が指摘するように、追及権は芸術作品を適法に入手した者の転売を一定程度、制約する性格を持つものである。追及権が持つこの法的性質を重視すると、著作物が具現化している有体物の自由な流通というファースト・セール・ドクトリンに内在する連邦政策に反するという帰結になるだろう。追及権が報酬請求権ではなく排他権であれば、まさにこの連邦政策に反するものであり、頒布権と等価な権利とみなされよう。

　しかしながら、追及権は売却額が購入額を上回った場合にのみ、転売者に取

---

[20] MARSHALL LEAFFER, UNDERSTANDING COPYRIGHT LAW 571 (6th ed. 2014).
[21] U.S. Copyright Off., *Library of Cong., Droit de Suite: The Artist's Resale Royalty, Copyright Office Report Executive Summary* (1992), reprinted in 16 COLUM. – VLA J.L. & ARTS 381 (1991 - 1992).

引額の5％の支払いを課すものであり、いわば、転売者に取引税を課すようなものである。このような追及権の報酬請求権としての法的性質を重視すると、頒布権との等価性も薄れ、有体物の自由な流通という連邦の政策に反する権利とまではいえないという見解、すなわち追及権は連邦著作権法に専占されないという結論も導き出しうるところだろう。

　この点については、第9巡回区連邦控訴裁判所が前述のMoseburg判決で検討を行っている。すなわち、裁判所は「技術的にいうと、そのような州法は芸術作品の移転をまったく制限するものでない。芸術作品は、何の制約なしに移転することができるのである」と述べているのである。これは、追及権の報酬請求権としての法的性質を重視した結果といえるかもしれない。但し、カリフォルニア追及権法は美術品の販売者に対して、著作者へのロイヤリティーの支払いを義務づけており、イギリスやフランスのように販売者が徴収団体にロイヤリティーを支払う制度を持つ国と比べて、手続がかなり煩雑である[22]。第9巡回区連邦控訴裁判所は、この手続の煩雑さについては配慮しなかったようであるが、裁判所がこの点に着目した場合には結論が左右される可能性があることを付言しておきたい[23]。

　上記のように、第9巡回区連邦控訴裁判所は、1909年法の下での判断のみを行い、1976年法での判断を避けたため、カリフォルニア追及権法が1976年法によって専占されるかは、依然、不確定なままである。その後、1991年にジョージア州で[24]、1998年にプエルトリコで追及権制度が州法によって導入されたが[25]、これらの州法が連邦著作権法によって専占されるかについても訴訟で争われていないため、追及権の専占問題に関する議論は依然、継続している状態である[26]。

---

[22] フランスではADAGPという非営利組織がロイヤリティーの徴収を行っている（但し、ピカソ財団やマチス財団は独自に徴収を行っている）。イギリスでは、Design Artists Copyright Society (DACS) と Artists Collecting Society (ACS) という著作権団体がロイヤリティーの徴収団体として活動を行うことになっている。

[23] 著作権局の報告書によると、連邦議会が連邦著作権法に追及権制度を導入するとしたら、ASCAPやBMIのような私的な著作者の権利徴収団体に追及権行使によるロイヤリティーの管理業務を任せるべきであると提言している。See U.S. Copyright Off., *supra* note 21.

[24] Ga. Code Ann. § 8-7-5 (1991). ジョージア州の追及権は、公的資金で購入した芸術作品のみが対象である点でカリフォルニア州法やプエルトリコ法とは異なるものである。

[25] 31 P.R. Laws Ann § 1401 (h) (1991).

5．連邦憲法の州際通商条項との関係

　次にカリフォルニア追及権法を待ち受けていたのは、連邦憲法1編8節3項（いわゆる州際通商条項）に抵触するかという問題であった。というのも、カリフォルニア追及権法の下では、商取引が州内で行われた場合だけでなく、州外で行われた場合でも、販売者（またはそのエージェント）がカリフォルニア州の居住者であれば、適用されるからである。

　連邦憲法1編8節3項は、「連邦議会は、諸外国との通商、および各州間ならびにインディアン部族との通商を規定する権限を有する」と規定している。州際通商条項の解釈を巡っては、連邦議会の権限がどこまで及び、また州が州際通商にどこまで規制権限を行使できるかという二つの側面について、最高裁判所において争われてきた。現在では、州際通商に影響を及ぼすとする連邦議会の認定に合理的な根拠があり、規制の目的と規制手段との間に合理的な関係がある限り、本条項に基づく規制は認められるとして、この条項に相当広い意味を持たせている[27]。

　そして、連邦議会が州際通商に沈黙している場合、明文の規定はなくとも、1編8節からの構造的推論によって、州による州際通商規制には限界があると考えられている[28]。この場合、裁判所によって、州の規制が休眠州際通商条項に違反しているかが問われることになる。休眠州際通商条項といっても、連邦憲法の中に特別な条項があるわけではなく、州際通商条項が持つ一機能のことをいう。つまり、連邦議会が法を制定しないで休眠した状態のときに、州法が州際通商条項に違反している可能性がある場合、連邦の利益と州の利益の衝突を調整する役割を裁判所が担うのである[29]。

　それでは、カリフォルニア追及権法と連邦憲法の州際通商条項との関係、とりわけ休眠州際通商条項に違反しているかが問題となった裁判例をここで紹介しよう。

---

[26] Channah Farber, *Advancing the Arts Community in New Mexico through Moral Rights and Droit de Suite: The International Impetus and Implications of Preemption Analysis*, 36 N.M.L. REV. 713, 731 (2006).
[27] Hodel v. Indiana, 452 U.S. 314 (1981).
[28] 松井茂記『アメリカ憲法入門（第5版）』（有斐閣、2004年）43頁。
[29] 辻雄一郎「最近の州際通商条項についての憲法学的考察」筑波法政60号（2015年）111頁。

Estate of Graham v. Sotheby's Inc., 860 F. Supp. 2d 1117（C.D.Cal. 2012）
＜事案の概要＞
　2011年10月18日、ロバート・グラハム財団等がニューヨーク州に本社を有するサザビーズに対して、サム・フランシス財団等が同じくニューヨーク州に本社を有するクリスティーズに対して、被告らはオークションで芸術作品を販売しているにもかかわらず、カリフォルニア追及権法に規定されている追及権に基づくロイヤリティーを支払っていないとして、カリフォルニア州中部地区連邦地方裁判所に訴訟を提起した。同裁判所は、カリフォルニア追及権法が連邦憲法の州際通商条項に違反しているとして、原告の請求を棄却した。
＜判旨＞
　主な問題として、原告らは第9巡回区連邦控訴裁判所のMorseburg判決を重視し、同裁判所はカリフォルニア追及権法に対する憲法上の挑戦を退けていると主張しているが、当裁判所はMorseburg判決の射程が本件には及ばないと考えている。というのは、Morseburg判決は休眠州際通商条項がカリフォルニア追及権法に抵触するかという問題に関するものではなく、むしろ専占や連邦憲法の契約条項[30]、デュープロセスに抵触するかが問題となった事件だからである。さらに、同裁判所はこの判決が1909年法の専占効果のみに関わるものであると明言しているのである。
　州法が規制している活動が連邦議会によっても同様に規制されうる場合、その州法は休眠州際通商条項と関わることになる。したがって、当裁判所は最初にカリフォルニア追及権法が連邦法の規制を受けている活動を規制しているかを判断しなければならない。連邦最高裁判所は、連邦議会がその通商権限の下で規制できる活動を3つの広いカテゴリーに特定している。すなわち、（1）州際通商のチャンネルの使用、（2）州際通商の仲介もしくは州際通商における人または物、（3）州際通商に重要な影響を与える活動である。
　まず、当裁判所はある州から他の州に芸術作品が販売された場合、その作品自体が州際通商における物を構成すると考える。したがって、連邦議会は通商条項に基づいて、このような取引を規制することができる。次に、当裁判所は

---

[30] 「州は、条約を締結し、同盟もしくは連合を形成し、船舶捕獲免許状を付与し、貨幣を鋳造し、信用証券を発行し、金貨および銀貨以外のものを債務弁済の法定手段とし、私権剥奪法、事後法もしくは 契約上の債権債務関係を害する法律を制定し、または貴族の称号を授与してはならない。」連邦憲法1条10節1項。

カリフォルニア追及権法が州際通商に重要な影響をもたらすと考える。というのも、州法が営利企業の通商に関係するかがこの要件の決め手になるからである。実際、第9巡回区連邦控訴裁判所もカリフォルニア追及権法が一般的には芸術活動を促進するための経済的な規制であると述べているのである。したがって、当裁判所は休眠州際通商条項がカリフォルニア追及権法に適用されると考える。

最高裁判所は、完全に州外で行われる通商を直接的に規制する州法は、法律を制定する州の権限が有する固有の限界を超えるものであり、議会が州法の域外での活動を規制しようとしたか否かにかかわらず、無効となると判示している。第9巡回区連邦控訴裁判所は、「そのような州法は州際通商を妨げようとしたかにかかわらず、それ自体無効である」と判示している。当裁判所は、カリフォルニア州の州外で完全に行われる芸術作品の適用できる売買について、明白に規制していると考える。その明確な条文の下で、カリフォルニア追及権法はカリフォルニア州に売り手が住んでいる限り、いかなる場所であっても、アメリカで行われる取引であれば規制の対象となるのである。

原告らは第9巡回区連邦控訴裁判所に控訴し、同裁判所は大法廷（en banc）を開いて、本件訴訟を審理した。

Sam Francis Found. v. Christies, Inc., 784 F.3d 1320 (9th Cir. 2015)
＜判旨＞
カリフォルニア追及権法は、「販売者がカリフォルニア州に居住しているか、カリフォルニア州内で売買が行われるとき」は、いかなる場合であっても、純粋美術の販売後、芸術家に対してロイヤリティーを支払わなければならないと規定している。被告らは、「販売者がカリフォルニア州に居住している」という条項が違憲であると主張している。というのも、この条項はカリフォルニア州外で行われる売買を規制しているからである。このような売買は、販売者の居住以外にカリフォルニア州と必要な関係性はまったくないのである。

連邦最高裁判所は、「州による経済規制の域外適用の効果に関する判例は、次のように最小限度にその射程を留めている。すなわち、州際通商条項は通商が州内で効果を持つかにかかわらず、州境を超えた場所で完全に行われる通商に対する州法の適用を除外する」と述べている。本件においては、州法は、カ

リフォルニア州外で完全に行われる商取引を表面上、規制する。したがって、カリフォルニア追及権法は休眠州際通商条項に違反する。

　カリフォルニア州法986条は、州外および州内における純粋美術の販売を規制するものである。当裁判所は、州外の売買を規制する条項は休眠州際通商条項に違反するものであるが、この条項はカリフォルニア追及権法の残りの部分と切り離すことができると考える。地方裁判所はこの法律全体が無効になると考えたので、被告らのほかの主張について審理していない。したがって、当裁判所は残っている問題の審理のために3人の裁判官で構成されるパネルに本件を差し戻す。パネルが残りの問題を審理するか、あるいは地方裁判所に差し戻すかは、パネルの判断に委ねることとする。

　両判決が指摘しているように、カリフォルニア追及権法は、追及権の対象を取引が州内で行われる場合だけでなく、州外で行われる場合を含めている。つまり、一審判決が例示するように、カリフォルニア州の居住者が販売者の場合、ニューヨーク州に居住する芸術家の絵画がニューヨーク州に本社を有するサザビーズのオークションにおいて、ニューヨーク州の住民が100万ドルで購入するときは、取引がすべてニューヨーク州内で行われているにもかかわらず、カリフォルニア追及権法の対象となり、サザビーズは芸術家に対してロイヤリティーを支払わなければならないことになる。したがって、カリフォルニア州外で最初から最後まで完全に完結する商取引にまで追及権の対象とすることは、連邦憲法の州際通商条項に抵触すると言わざるを得ないだろう。
　しかしながら、第9巡回区連邦控訴裁判所は、違憲部分を切り離すことができるとして、残りの条文を無効としなかった。すなわち、純粋美術の売買がカリフォルニア州内で行われる場合は、同法は通商条項に違反しないと判示した。したがって、今後、州議会はカリフォルニア追及権法を改正して、違憲部分を切り離すことになるだろう。芸術家から見れば、法律全体が無効となるという最悪の事態だけは免れたといえよう。こうしてカリフォルニア追及権法は辛うじて生き残ることができたのである。
　但し、一審で審理しなかった被告の主張、すなわち、（1）カリフォルニア追及権法は合衆国憲法および州憲法に反し、私有財産を奪い取る効果があること、（2）1976年連邦著作権法によって専占されることという2つの論点については、3人の裁判官で構成されるパネルまたは地裁が審理することとなった。

したがって、カリフォルニア追及権法が受ける試練はまだまだ終わりそうもない状況である。

6．結びに代えて

　アメリカでは、これまで連邦法として追及権制度を導入するという試みがなされてきたが、ことごとく失敗している。しかしながら、2011年12月、下院に追及権法案が提出されたことを契機として、連邦議会は著作権局に対して、追及権制度に関する調査依頼を行った。その結果、2013年12月13日、著作権局は「Resale Royalties: an updated analysis」という報告書を公表した。この報告書を受けて、2014年2月26日、A.R.T.法案（American Royalties Too Act of 2014）が第113回連邦議会に提出された。

　将来、アメリカが連邦法として追及権制度を導入すれば、本稿で論じてきたような連邦法と州法の抵触問題は生じないことになる。その時までにカリフォルニア追及権法が生き残れるか、美術業界関係者は裁判所の判断に一喜一憂する日が続くことになるだろう。日本にはまだ追及権制度を導入する機運があまり見られないが、アメリカが追及権制度を導入するとなると、状況が一気に変わる可能性がある。したがって、今後もカリフォルニア追及権法をめぐる動向を注目する必要があるだろう。

著作権等管理事業者の分別管理義務

諏訪野　　大

1．はじめに

　著作権等管理事業法（以下、「管理事業法」という。）は、信託法（平成18年法律108号）の特別法という一面を有する[1]。

　著作権等管理事業者（著作管理2条3項。以下、「管理事業者」という。）が、管理委託契約として信託契約（著作管理2条1項1号）を選択した場合、管理事業法が信託に関する実体規定を有しない以上、著作権又は著作隣接権（以下、「著作権等」という。）の委託者と受託者である管理事業者との関係や信託財産である著作権等については信託の一般法である信託法が適用される。

---

[1] 管理事業法は、信託業法（平成16年法律154号）の特別法でもある。
　「信託業」とは、信託の引受けを行う営業をいい（信託業2条1項）、信託業は、内閣総理大臣の免許を受けた者でなければ、営むことができない（信託業3条）。免許の基準は詳細に定められており（信託業5条）、最低資本金額は1億円とされている（信託業令3条）。「著作権等管理事業」とは、管理委託契約に基づき著作物等の利用の許諾その他の著作権等の管理を行う行為であって、業として行うものをいうため（著作管理2条2項）、管理委託契約を信託契約とした場合、「信託業」に該当し、内閣総理大臣の免許を受ける必要があることとなる。しかし、管理事業者につき登録制（著作管理3条以下）を採用した管理事業法は、信託業法3条の規定は、管理委託契約としての信託契約に基づき著作権等のみの信託の引受けを業として行う者については、適用しないと定めている（著作管理26条）。
　管理事業法の前身である「著作権ニ関スル仲介業務ニ関スル法律」（昭和14年法律67号。以下「仲介業務法」という。）も信託業法の特別法であった。仲介業務法は、信託という名称を法文中に用いなかったが、「著作権ノ移転ヲ受ケ他人ノ為ニ一定ノ目的ニ従ヒ著作物ヲ管理スルノ行為ヲ業トシテ為スハ之ヲ著作権ニ関スル仲介業務ト看做ス」とする同法1条2項が信託を念頭に置いた規定であることは明らかである。当時の信託業法（大正11年法律65号。以下、「旧信託業法」という。）が、受託財産の制限を定めており（同法4条）、著作権等の知的財産権は含まれていなかった。つまり、著作権信託を業として行うことは、旧信託業法違反となる行為であった。そこで、仲介業務法制定の際には、当事の内務省関係者と大蔵省関係者との間に協議が行われ、受託財産の制限規定があった旧信託業法が将来著作権を引き受けることを認めるよう改正される場合には仲介業務法も改正を行うことを条件として覚書が交換され、仲介業務法は特別規定として取扱うことに両者の意見が一致した（国塩耕一郎「著作権仲介業法が意図したもの」日本音楽著作権協会『国塩耕一郎著作権論文集』（日本音楽著作権協会、1987年）127頁）。

その結果、委託者は信託法上の「委託者」(信託2条4項) となり、また、管理事業者は「受託者」(信託2条5項) であって、種々の信託法上の義務を負う (信託29条以下)。「受益者」(信託2条6項) は、ほとんどの場合、委託者と同じ者であると思われ、自益信託の割合が非常に高いと推測される。

信託制度の起源は英国に求められるが[2]、英国には信託法という法典はなく、2000年受託者法 (Trustee Act 2000) という法典が信託に関する中心的法規である。信託における受託者がいかに重要であるかが示されていると言えよう。

管理委託契約が信託契約である場合、その中心となるのは受託者である管理事業者であり、信託法上の受託者である管理事業者の受託者義務は、管理委託契約において非常に重要な事項のはずであるが、具体的に論じられることがほとんどなく、問題が生じているのかどうかも明らかであるとは言えないのが現状である。

本稿では、管理事業者の受託者義務のうち分別管理義務に着目する。分別管理義務とは、受託者が信託財産に属する財産と固有財産及び他の信託の信託財産に属する財産とを、財産の区分に応じて定められた方法により、分別して管理しなければならない義務をいう (信託34条1項)。分別管理義務は、信託財産に属する財産の対抗要件 (信託14条) や倒産隔離機能 (信託25条) と密接に関連し、重要な受託者義務の1つである。

そこで、著作権等管理事業 (以下、「管理事業」という。) の現状を把握した上で、そこから管理事業者の分別管理義務につきどのような問題が生じているか、どのように解決すべきかを論じ、管理事業法と信託法との関係の一面を明らかにすることを目的とする。

2．分別管理義務と著作権信託
(1) 管理委託契約と信託法

「信託」とは、特定の者が一定の目的 (専らその者の利益を図る目的を除く。) に従い財産の管理又は処分及びその他の当該目的の達成のために必要な行為をすべきものとすることをいう(信託2条1項)。その設定方法には、遺言信託(信託3条2号)、自己信託 (同条3号) もあるが、最も用いられるのは、特定の者との間で、当該特定の者に対し財産の譲渡、担保権の設定その他の財産の処

---

[2] 三淵忠彦『信託法通釋』(大岡山書店、1926年) 1頁以下。

分をする旨並びに当該特定の者が一定の目的に従い財産の管理又は処分及びその他の当該目的の達成のために必要な行為をすべき旨の契約、つまり信託契約を締結する方法（信託3条1号）である。

信託契約や遺言、自己信託における書面又は電磁的記録によってする意思表示を信託行為という（信託2条2項）。

一方、管理委託契約としての信託契約は、委託者が受託者に著作権等を移転し、著作物等の利用の許諾その他の当該著作権等の管理を行わせることを目的とする信託契約であって、受託者による著作物等の利用の許諾に際して委託者が使用料の額を決定することとされているもの以外のものである（著作管理2条1項1号）。

管理委託契約としての信託契約は、信託法上の信託契約の特別類型ということになる。

委託者となるべき者と受託者となるべき者との間の信託契約の締結によって信託の効力を生じるが（信託4条1項）、管理事業法には管理委託契約の効力発生時に関する規定はないため、信託法4条1項が適用され、管理委託契約の締結時に信託の効力が生じる。

したがって、管理委託契約締結時より管理事業者の分別管理義務は発生する。

ただし、信託行為に停止条件又は始期が付されているときは、当該停止条件の成就又は当該始期の到来によってその信託の効力が生ずる（信託4条4項）。

（2） 分別管理義務

信託法は、財産の区分に応じて定められた方法により、分別して管理しなければならない義務を受託者に課す。

財産の区分とは、信託の登記又は登録をすることができる財産、信託の登記又は登録をすることができない財産、法務省令で定める財産の3つである（信託34条1項1号ないし3号）[3]。

信託の登記又は登録が可能な財産とは、登記又は登録をしなければ権利の得喪及び変更を第三者に対抗することができない財産をいう（信託14条）。

分別して管理する方法について、信託行為に別段の定めがあるときは、その定めるところによるが（信託34条1項但書）、登記又は登録をしなければ権利の得喪及び変更を第三者に対抗することができない財産について、信託の登記又は登録をする義務を免除することはできない（信託34条2項）。

もっとも、信託の登記又は登録をする義務を当面は免除するものの、受託者が経済的な窮境に陥ったときには遅滞なくこれをする義務が課せられているような場合、すなわち、信託行為の定めをもってこのような義務を一時的に猶予することについては、信託法34条2項によって禁止されるものではない。このような一時的な猶予については、受託者の倒産からの信託財産の隔離機能は維持されていると評価することができるし、信託財産の効率的な運用を可能にして受益者の利益にも資する場合があるといえるからである[4]。また、例えば、信託財産の出入りが著しい等の事情がある場合において、その都度、信託の登記または登録をしていては、取引の効率性を害し、費用もかかるため、信託行為の定めによりこれを猶予する必要がある場合等が考えられる[5]。

　分別管理義務に違反して信託財産に属する財産を管理した場合において、信託財産に損失又は変更を生じたときは、受託者は、受益者に対し、分別管理をしたとしても損失又は変更が生じたことを証明しなければ、信託財産に損失が生じた場合には当該損失の塡補の、信託財産に変更が生じた場合には原状の回復の責任を免れることができない（信託40条1項・4項）。

　信託の登記又は登録は、信託の基本的な機能の1つである倒産隔離機能と密接な関係がある。受託者が破産又は再生手続開始の決定を受けた場合であっても、信託財産に属する財産は、破産又は再生債務者財団に属しないが（信託25条1項・4項）、登記又は登録をしなければ権利の得喪及び変更を第三者に対抗することができない財産については、信託の登記又は登録をしなければ、当該財産が信託財産に属することを第三者に対抗することができない（信託14条）からである。

---

[3]　信託の登記又は登録をすることができない財産は、動産と金銭その他の動産以外の財産との2つに分けられる。分別管理方法については、動産は、信託財産に属する財産と固有財産及び他の信託財産に属する財産とを外形上区別することができる状態で保管する方法に、金銭その他の動産以外の財産は、その計算を明らかにする方法によることが定められている（信託34条1項2号イ・ロ）。
　法務省令で定める財産とは、受益権原簿に記載し、又は記録しなければ、当該受益権が信託財産に属することを受益証券発行信託の受託者その他の第三者に対抗することができない受益証券を発行しない特定内容の受益権（信託185条2項、206条1項）等を指す（信託規4条1項）。その分別管理方法は、受益権原簿に信託財産に属する旨の記載又は記録をするとともに、その計算を明らかにする方法等である（信託規4条2項）。
[4]　寺本昌広『新しい信託法〔補訂版〕』（商事法務、2008年）138頁。
[5]　寺本・前掲注(4)139頁。

(3) 著作権等の信託登録

著作権等の信託による変更は、登録しなければ、第三者に対抗することができない（著作77条1号、104条）[6]。

信託の登録の申請は、当該信託に係る著作権等の移転、変更又は設定の登録の申請と同時にしなければならない（著作令35条1項）。

著作権等の登録は、原則として、登録権利者及び登録義務者が申請しなければならず（著作令16条）、申請書に登録義務者の承諾書を添付したときには、登録権利者だけで申請することができることとなっているが（著作令17条）、信託の登録は、受託者だけで申請することができる（著作令35条2項）。さらに、受益者又は委託者は、受託者を代位して信託登録の申請が可能である（著作令37条）。

信託登録申請書に記載しなければならない事項として、信託財産の管理方法が挙げられている（著作令36条1項9号）。

信託登録申請には、著作権1件につき、3000円の登録免許税の納付が必要である（登録免許税法別表第1）。

信託登録は、文化庁長官が著作権登録原簿・著作隣接権登録原簿（以下、「著作権登録原簿等」という。）に記載し、又は記録して行う（著作78条1項、104条）。

何人も、文化庁長官に対し、著作権登録原簿等の謄本若しくは抄本若しくはその附属書類の写しの交付、著作権登録原簿等若しくはその附属書類の閲覧又は著作権登録原簿等のうち磁気ディスクをもって調製した部分に記録されている事項を記載した書類の交付を請求することができるが（著作78条4項）、交付又は閲覧の請求をする者は、手数料を納付しなければならない（同条5項）[7]。

---

[6] なお、「著作権等」（著作管理2条1項1号）に含まれていない出版権については、「信託による変更」の第三者対抗要件が登録であるという条文がない（著作88条参照）。出版権の信託は当然認められているものであり（著作令20条4号・35条）、登録免許税も定められている（登録免許税法別表第1）。
　この点、著作権法77条に「信託による変更」という文言が記されたのは、信託法において自己信託（信託3条3号）が認められたことを受けて、平成21年の著作権法改正（平成21年法律53号）により設けられたものである。それまでは、信託が必ず権利の移転を伴うことから、「著作権の移転」に含まれるとされてきた。出版権の信託が信託契約（信託3条1号）又は遺言信託（信託3条2号）によりなされた場合は、信託登録が第三者対抗要件であることに疑問はない。このことからすると、出版権の自己信託の登録制度が整備されていても（著作令35条3号）、出版権の自己信託は権利の移転を生じないことから、第三者対抗要件は登録ではないこととなる。著作権法88条と信託法14条との関係については検討が必要であろう。

3．管理事業の現状
（1） 管理事業者

2016年3月1日現在、管理事業者の登録数は29となっている[8]。

管理事業者は、管理委託契約約款を定め、あらかじめ、文化庁長官に届け出なければならず（著作管理11条1項柱書）、その筆頭項目として管理委託契約の種別が挙げられている（同項1号）。また、管理事業者は、管理委託契約約款を公示しなければならず（著作管理15条）、その公示は、継続して、事業所における掲示、インターネットによる公開、その他公衆が容易に了知しうる手段による公開のいずれかの方法により行わなければならない（著作管理規18条）。

信託契約を管理委託契約として採用しているのは、8つの事業者である（信託契約と委任契約の両方を管理委託契約としているものを含む。)[9]。

この8つの事業者のうち、信託された著作権等の分別管理方法を管理委託契約約款に定めているのは1つのみである[10]。

管理事業者が受託している著作権等の数に関する詳細なデータはないが、日

---

[7] その金額は、プログラムの著作物に係る著作権登録原簿以外の著作権登録原簿等に記録されている事項を記載した書類の交付については、1通につき1600円、プログラムの著作物に係る著作権登録原簿に記録されている事項を記載した書類の交付については、1通につき2400円、著作権登録原簿等の附属書類の写しの交付については、1通につき1100円、著作権登録原簿等の附属書類の閲覧については、1件につき1050円である（著作令14条）。

[8] 文化庁Webサイト「著作権等管理事業者登録状況一覧（平成28年3月1日現在）（全29事業者)」(http://www.bunka.go.jp/seisaku/chosakuken/seidokaisetsu/kanrijigyoho/toroku_jokyo/pdf/h28_3_toroku_jokyo.pdf)。

なお、そのうち1事業者（日本ケーブルテレビ連盟）が、管理委託契約約款及び使用料規程を文化庁へ届出ておらず、事業を開始していない。

[9] 管理委託契約を信託契約のみとするのが日本音楽著作権協会（JASRAC）とリブラ・エージェンシー、管理委託契約を信託契約と委任契約のどちらでも締結できるとするのが、日本脚本家連盟、日本シナリオ作家協会、コーベット・フォトエージェンシー、International Copyright Association、日本テレビジョン放送著作権協会、映像コンテンツ権利処理機構である。

なお、リブラ・エージェンシーの管理委託契約約款では、「信託」という文字が記されていないが、同約款2条が「複製権、公衆送信権、伝達権、譲渡権で管理委託契約において指定したものを受託者に移転し、」としているため、信託契約であると解した。

また、管理委託契約約款を文化庁へ届け出ておらず、事業を開始していない日本ケーブルテレビ連盟は、信託契約を管理委託契約とする方向である（日本ケーブルテレビ連盟Webサイト「平成27年度事業計画」https://www.catv-jcta.jp/data/assets/pdf/ H27_Business_plan.pdf)。

[10] 日本音楽著作権協会Webサイト「著作権信託契約約款（2015年7月3日届出)」(http://www.jasrac.or.jp/profile/covenant/pdf/1.pdf) 4頁・5頁。

本音楽著作権協会は、2015年3月31日現在、国内作品を約140万作品、外国作品を約186万作品、管理している[11]。他の管理事業者が管理しているものを加えれば、非常に多くの著作権について管理事業者による信託の引き受けがなされているということが言えるであろう。

（2）著作権等信託登録

著作権等信託の登録件数の具体的なデータは見当たらない。

文化庁は、著作権等登録状況検索システムを提供している[12]。同検索システムは、1971年以降の登録が検索できるが、現在に至るまでの著作権と著作隣接権を合わせた登録数は、2万8415件である。

しかし、既述の通り、著作権登録原簿等の閲覧等には手数料がかかることが著作権法により定められており、同検索システムでは著作者の氏名、著作物の題号、登録年月日、登録されている権利の種類（著作権、著作隣接権）等、限定された情報のみが掲載されているにすぎない。信託登録がなされているかどうかなどの登録内容については見られないと明記されている[13]。

2万8415件の登録のうち、信託登録の割合はどの程度であるかは全く明らかではないが、既述した管理事業者が受託している著作権等の数と比較すれば、信託登録はほとんどなされていないという推測が導かれよう。

4．管理事業者の分別管理義務
（1）管理事業者の分別管理義務

これまで述べてきたことから、管理事業者の分別管理義務については、次のようにまとめることができる。

管理委託契約に停止条件又は始期が付されている場合を除き、委託者と管理事業者との間で管理委託契約（信託契約）の締結によって著作権信託の効力が生じ、その時点から、管理事業者には分別管理義務が課せられる。信託登録は、管理事業者だけで申請することができる。

---

[11] 日本音楽著作権協会Webサイト「JASRACの概要」(http://www.jasrac.or.jp/profile/outline/index.html)。
[12] 文化庁Webサイト「著作権等登録状況検索システム」(http://chosakuken.bunka.go.jp/egenbo4/)。
[13] 文化庁Webサイト「著作権に関する登録制度についてよくある質問」(http://www.bunka.go.jp/seisaku/chosakuken/seidokaisetsu/toroku_seido/faq.html#faq04)。

著作権等は、登録をしなければ権利の得喪及び変更を第三者に対抗することができない財産に該当するため、その分別方法は、信託の登録である。管理委託契約の定めをもってこのような義務を一時的に猶予することは禁止されないが、管理事業者の信託登録義務は免除することはできない。

　分別管理をせずに著作権等を管理した場合に、著作権等に損失又は変更を生じたときは、受益者（多くの場合は委託者であると思われる。）は、管理事業者に対し損失の塡補又は原状回復の措置を請求することができる。

　信託の登録をしなければ、当該著作権等が信託財産に属することを第三者に対抗することができず、倒産隔離機能が働かない。この場合、管理事業者が破産又は再生手続の開始の決定を受けたとき、著作権等は破産又は再生債務者財団に属することになる。

（２）　分別管理義務と管理事業の現状

　既述の通り、管理委託契約締結に基づいた信託登録がなされている数は非常に少ないと思われる。

　管理事業者の信託登録義務を一時的に猶予することについては、信託法34条２項によって禁止されるものではないが、それは信託行為の定めをもってなされることが必要である。ここにいう信託行為に該当するのは、信託契約である管理委託契約である。したがって、その管理委託契約に管理事業者の信託登録義務の一時的猶予が定められていなければ、契約締結後、合理的な時間内に管理事業者は信託登録を行わなければならない。信託登録は管理事業者だけで申請可能であり、分別管理義務を果たすこと自体は困難なことではない。

　加えて、管理委託契約については委託者と管理事業者との相対契約ではなく、約款を用いている点も重要である。

　民法の債権法改正が進められているが、定型約款に関する規定が新設される予定となっている[14]。定型約款とは、ある特定の者が不特定多数の者を相手方として行う取引であって、その内容の全部又は一部が画一的であることがその双方にとって合理的なもの（定型取引）において、契約の内容とすることを目的としてその特定の者により準備された条項の総体をいう（民法改正案548条

---

[14] 法務省Webサイト「民法の一部を改正する法律案新旧対照条文」(http://www.moj.go.jp/content/001142671.pdf) 109頁。

の2第1項)。定型取引を行うことの合意をした者は、定型約款を準備した者があらかじめその定型約款を契約の内容とする旨を相手方に表示していた場合、定型約款の個別の条項についても合意をしたものとみなされる(同項2号)。

　管理事業は、管理事業者が不特定多数の委託者となるべき者を相手方として行う取引であって、その内容が画一的であることが双方にとって合理的なもの、つまり定型取引と解される。また、管理委託契約約款は公示されているから、委託者となるべき者に対する表示もなされている。管理委託契約約款準備者である管理事業者と委託者となるべき者との間で定型取引を行うことの合意がなされれば、管理委託契約約款の個別の条項についても合意をしたものとみなされる。管理委託契約約款に管理事業者の信託登録義務の一時的猶予が記されていなければ、契約締結後、合理的な時間内に管理事業者が信託登録を行い、分別管理義務を果たさなければならないこととなる。

　信託契約を管理委託契約として採用している8つの事業者のうち、分別管理方法を管理委託契約約款に定めていないのは7つあるが、既述した信託登録数の少なさから、これらの事業者が分別管理義務を果している可能性は低いと推測される。

　一方で、管理委託契約約款、つまり信託行為に分別管理方法を定めている事業者が1つあり、次のような規定が置かれている(同約款の規定につき、以下「約款13条4項」などという。)[15]。

(信託著作権及び著作物使用料等の管理方法)
第13条（1項省略）
　2　受託者は、信託著作権に係る著作物の関係権利者に関する情報を記録して保管する方法により、信託著作権を分別して管理する。
　3　受託者は、信託著作権に関する登録（著作権法施行令（昭和45年政令第335号）第35条第1項に定める信託の登録及び信託による移転の登録をいう。次項及び第17条において単に「登録」という。）を省略することができる。
　4　前項の規定にかかわらず、次の各号のいずれかに該当するときは、受託者は、登録を行わなければならない。
　(1)　委託者又は受益者から請求を受けたとき。

---

[15] 日本音楽著作権協会著作権信託契約約款・前掲注(10)4頁・5頁。

(2) 信託著作権について第三者が権利を主張することにより、受託者の著作権管理事業の適正な遂行に支障が生ずるおそれが明確になったとき。
(3) 信託著作権が信託財産に属することを第三者に対抗する具体的な必要が生じたとき。

約款13条4項については、信託行為に管理事業者の信託登録義務の一時的猶予が定められているものであると解され、信託法34条2項に反するものではない。しかしながら、信託登録を省略することができるとする約款13条3項は検討が必要である。別段の定めを設けることができるのは、「分別して管理する方法」についてであり、分別管理義務自体を免除するような定めを設けることはできないからである[16]。

信託登録が省略できるとすると、著作権等が存続期間の満了により消滅（著作51条以下、101条2項）するまでに約款13条4項に該当する場合が生じなければ、信託登録がなされないこととなる。この場合、管理事業者は一度も信託登録を行っていないのであるから、分別管理義務を果たしたと言えるかについては疑問がある。

以上から、現在においては、管理委託契約約款に管理事業者による信託登録の一時的猶予規定の有無にかかわらず、管理事業者の分別管理義務が十分果たされているということは言いがたい状況である。信託登録がなされていなくとも、管理事業者に損失塡補責任が問われた事例はこれまでなかったもしれないが、今後も同様の状況が継続するとは限らない。また、信託登録をせずに、著作権等が存続期間満了を迎えるような場合、管理事業者は信託事務遂行義務（信託29条1項）や善管注意義務（同条2項）についても果たしたと言えるか疑問である。

一方、委託者にとっても、信託登録がなされないことは、倒産隔離機能が働かず、万が一、管理事業者の破産又は再生手続開始の決定があった場合、委託した著作権等が非常に不安定な位置にさらされるおそれがある。信託会社又は管理型信託会社の最低資本金が、それぞれ1億円又は5000万円となっているのに対して（信託業令3条・8条）、管理事業者は債務超過又は支払不能に陥っていなければよく（著作管理規5条）、財政的基盤が信託会社等に比較して弱

---

[16] 寺本・前掲注(4) 139頁。

いという点も考慮されるべきである。
　加えて、第三者に対する信託の対抗が問題となる場面としては、他に、固有財産に属する債務に係る債権によって信託財産に対し強制執行がされた場合において、受託者又は受益者が異議を主張する場合や、受託者が信託財産のためにした行為がその権限に属しない場合において、受益者が当該行為を取り消す場合（信託27条1項・2項）等が挙げられる[17]。これらの場合、信託登録がなされていないことの影響は大きいものである。
　このような状況を改善するためには、管理事業者、委託者ともに信託登録を積極的に行おうとする意識の向上が必要であることはもちろんであるが、信託登録における費用が大きな問題であろう。
　信託登録には、著作権1件につき3000円の登録免許税が必要である。特に音楽著作権については、非常に数が多いため、すべてを信託登録するとした場合、莫大な費用を準備する必要がある。また、申請書類作成等にも大きな労力が必要とされるであろう。しかし、現行の関係する法律から費用の減額を導く解釈を行うことは難しく、残念ながら、立法論による解決方法を提示する以外にはない。
　まず、立法による解決方法として考えられるのは、登録免許税の減額である。大幅な減額をすることにより、登録費用の負担を減らし[18]、信託登録を推進させる効果を期待するものである。通常の信託登録との区別についても、管理事業者は登録がされており、申請人の判別に困難は伴わないと思われる。もっとも、管理事業者のみが減額される根拠については、慎重な検討が必要になろう。
　また、現状と円滑に合致させるならば、管理事業者の分別管理義務に関する特別規定を管理事業法に新設することである。例えば、既述の約款13条2項のような形式で分別管理を行えば足り、信託登録を求めないとする条文を設けることである。この場合、財務諸表等（著作管理18条1項）として文部科学省令で定める書類（著作管理規19条）に、受託している著作権の目録を追加すること、あるいは、受託している著作権等をインターネット上で公表する又は検索できるようにすることを義務付けることなどを考慮するべきであろう。

---

[17] 寺本・前掲注(4) 70頁。
[18] 信託登録等に関する費用を委託者の負担と定める管理委託契約約款もある（日本音楽著作権協会著作権信託契約約款・前掲注(10) 5頁）。

5．終わりに

　管理事業者の分別管理義務について、関係する法令の規定や公表されているデータに基づいて考察を加えた結果、信託法が許容する範囲を超えた形でその履行が十分になされていないことを明らかにした上で、登録免許税法又は管理事業法につき立法による解決が必要であることを述べた。

　管理委託契約として信託契約を選択した以上、管理事業者の受託者義務が果たされることが管理事業遂行の前提であり、どのように制度を整えるべきかを考察することは継続して行うべきであろう。

　また、信託登録を分別管理とする現行の方式を維持する場合、登録情報の取得をより容易にする必要がある。無料で利用できる特許情報プラットフォームの充実ぶりと比較すると、著作権等登録状況検索システムは非常に貧弱であると言わざるをえない。登録内容の閲覧等に手数料を納付しなければならないとする著作権法78条5項を廃止し、著作権等登録状況検索システムが充実されることに期待をしたい。

著作権侵害に対する法定損害賠償制度の韓米比較

張　睿暎

1. はじめに

　2015年10月5日、環太平洋パートナーシップ協定（Trans-Pacific Partnership：TPP）が大筋合意に至り[1]、日本は、知的財産に関するTPP協定文第18章の内容を国内法制に反映するための法改正をすることになる。著作権等の保護期間延長、一部侵害様態の非親告罪化などの争点が並ぶなか、日本の法制に馴染まない法定損害賠償制度（Pre-established damages）の導入を巡って、TPP締結前から議論されてきた。2016年3月8日にはTPP関連法案が閣議決定[2]され、法定損害賠償に関しては、損害額の推定に関する第114条に、著作権等管理事業者の使用料規程における使用料額を損害の額とすることができるという内容の第4項を盛込む案が公開された。

　韓国は、TPP合意内容と類似するレベルの知財保護義務を規定する韓米FTA[3]第18.10条6項の合意内容を履行するために、2011年の著作権法改正（法律第11117号2011.12.2.一部改正2012.3.15.施行）で同法第125条の2に法定損害賠償を、同年の商標法改正（法律第11113号2011.12.2.一部改正2012.3.15.施行）で同法第67条の2に法定損害賠償制度を導入した。

　法定損害賠償制度に対しては、導入前から賛否両論があり、導入後においては既存の損害額算定規定とのすみ分けの観点で議論が続いている。さらには、FTAの合意内容を履行するために法定損害賠償制度を導入せざるをえなかっ

---

[1] TPP協定暫定案文（2015年11月5日公表英文テキスト）（http://www.cas.go.jp/jp/tpp/naiyou/tpp_zanteian_en.html 最終訪問日2016.2.29.）、「TPP協定の暫定仮訳」（内閣官房TPP政府対策本部、平成28年1月7日）（http://www.cas.go.jp/jp/tpp/naiyou/tpp_zanteikariyaku.html 最終訪問日2016.3.15.）

[2] 内閣官房ホームページ＞国会提出法案（第190回通常国会）中、環太平洋パートナーシップ協定の締結に伴う関係法律の整備に関する法律案（TPP政府対策本部H28.03.08）「法律案・理由（PDF）」（http://www.cas.go.jp/jp/houan/160308/siryou3.pdf 最終訪問日2016.3.15.）

[3] KorUS FTA（韓米FTA）最終協定文（英語／韓国語）（http://www.fta.go.kr/us/doc/1/ 最終訪問日2016.3.15.）

た著作権法や商標法とは別に、国内の事情に合わせた立法判断により法定損害賠償制度を導入する事例が出ており、同制度が拡大している。
　このような状況を受けて本稿では、韓国法がモデルとした米国法上の法定損害賠償制度を概観し、法定損害賠償制度を導入する際の韓国国内における議論と近時の動きを紹介することで、法定損害賠償制度の意義を考察してみたい。

2．米国における著作権侵害に対する法定損害賠償制度

（1）法定損害賠償の概要
　米国著作権法上の法定損害賠償制度は、損害額に対する著作者の立証責任を大幅に緩和し、裁判所の裁量を拡大することで、著作権者が被った損害への適切な賠償とともに、将来の侵害行為を抑止することを目的としている。
　米国著作権法504条(c)[4](1)では、「著作権者は、終局的判決が言い渡される前はいつでも、現実損害および利益に代えて、一の著作物に関して当該訴訟の対象となるすべての侵害（一人の侵害者は単独で責任を負い、二人以上の侵害者は連帯して責任を負う）につき、750ドル以上30,000ドル未満で裁判所が正当と考える金額の法定損害賠償の支払を選択することができる。本項において、編集著作物または二次的著作物の部分は、すべて単一の著作物を構成するものとする」としている。法定賠償の選択権は原告にあるが、具体的な賠償額の決定は裁判所の裁量による。
　法定損害賠償を受けるためには、侵害行為の発生前に、著作物を米国著作権局（U.S.Copyright Office）に登録しなければならない。発行された著作物の場合は、発行後3ヶ月以内に登録すれば、侵害行為が登録前に行われたとしても法定損害賠償を請求することができる（412条(2)）。

（2）故意または善意による侵害の場合
　504条(c)(2)では、「侵害が故意に行われたものであることにつき、著作権者が立証責任を果たしかつ裁判所がこれを認定した場合、裁判所は、その裁量により法定損害賠償の額を150,000ドルを限度として増額することができる」とし

---

[4]　17 U.S.C. §504(c).和訳は、著作権情報センター外国著作権法＞アメリカ編を参照。(http://www.cric.or.jp/db/world/america/america_c5.html#504 最終訪問日2016.3.15.)

ている[5]。一方、「侵害者の行為が著作権の侵害にあたることを侵害者が知らずかつそう信じる理由がなかったことにつき、侵害者が立証責任を果たしかつ裁判所がこれを認定した場合、裁判所は、その裁量により法定損害賠償の額を200ドルを限度として減額することができる」としており、故意による増額と善意による減額をともに認めている。

　米国著作権法は法定損害賠償額の算定における「故意」の意味を定義していないが、被告が自分の行為が著作権侵害であることを知っていたか、知るべき理由があった場合、あるいは著作権侵害中止の警告を受けたにもかかわらず侵害行為を続けた場合は、故意であると認められる。また被告が反復的に著作権を侵害している場合にも故意が認定される。

　504条(c)(2)後段は、「著作権のある著作物の利用が同法第107条に定めるフェア・ユース（Fair Use）であると侵害者が信じ、かつそう信じるにつき合理的な根拠があった場合において、侵害者が (i) 非営利の教育機関、図書館もしくは文書資料館の職員もしくは代理人としてその雇用の範囲内で行動している者、または非営利の教育機関、図書館もしくは文書資料館であって、著作物をコピーまたはレコードに複製することにより著作権を侵害したとき、または (ii) 公共放送事業者または個人であって、公共放送事業者の非営利的活動の一部（第118条(g)に規定する）として、既発行の非演劇的な音楽著作物を実演し、またはかかる著作物の実演を収録した送信番組を複製することによって著作権を侵害したときには、裁判所は、法定損害賠償の額を減免しなければならない」としている。

（3）複数著作物と複数侵害者の場合

　法定損害賠償は、複製された数ではなく、侵害された著作物の数を基準にして、侵害された著作物毎に法定損害賠償を認める。米国裁判所は、各々の侵害された著作物が独立した経済的価値を有するか否かを基準として判断している[6]。

　504条(c)(1)は、「本項において、編集著作物または二次的著作物の部分は、すべて単一の著作物を構成するものとする」としている。著作物の各部分が別個

---

[5] 故意による増額が争われた事案として、Capitol Records, Inc., et al., v. Thomas-Rasset, Case Nos.11-2820（8 th Cir.,Sept.11,2012）
[6] Columbia Pictures Television, Inc. v. Krypton Broadcasting of Birmingham, Inc., 259 F.3 d 1186, 1192-93（9 th Cir.2001）

の著作物に基づいている場合、各々の部分に対する権利者が異なる場合も一つの著作物と見るので、法定損害賠償額も一つの著作物に対するものになる[7]。UMG Recordings v. MP3.com 判決で裁判所は、CD アルバムの各々の曲が独立の経済的価値を有するという原告の主張にもかかわらす、曲ごとの法定損害賠償は認めなかった[8]。

　侵害行為としての複製が複数回に渡って別々に行われた場合も同様である。504(c)(1)は、「一の著作物に関して当該訴訟の対象となるすべての侵害（一人の侵害者は単独で責任を負い、二人以上の侵害者は連帯して責任を負う）」につき法定損害賠償を請求できるしているので、一人が一つの著作物に対して複数回の侵害行為をした場合でも、一つの法定損害賠償の責任を負うのみである。複数人が一つの著作物に対して侵害行為をした場合には、連帯して一つの法定損害賠償責任を負う。

3．韓国における著作権侵害に対する法定損害賠償制度

（1）韓米FTAを履行するための法定損害賠償制度の導入

> 著作権法[9]　第125条の2（法定損害倍賞の請求）
> ① 著作財産権者等は故意または過失により権利を侵害した者に対して事実審弁論が終結する前には、実際損害額、第125条または第126条により定められる損害額に代えて、侵害された著作物等ごとに1千万ウォン（営利を目的に故意に権利を侵害した場合には5千万ウォン）以下の範囲で相当な金額の倍賞を請求できる。
> ② 2以上の著作物を素材とする編集著作物と二次的著作物は、第1項を適用する場合には一つの著作物とみなす。
> ③著作財産権者等が第1項による請求をするためには、侵害行為が生じる前に第53条から第55条までの規定（第90条および第98条により準用

---

[7] Melville B. Nimmer & David Nimmer, Nimmer On Copyright, LexisNexis, 2006, Vol.4, §14.04[E][1]14-96.1～14-96.2.
[8] UMG Recordings, Inc. v. MP3.com, Inc., 92 F. Supp. 2 d 349 (S.D.N.Y. 2000)
[9] 本稿で紹介する韓国法の条文は、韓国国家法令情報センター（http://www.law.go.kr/）に公開されている現行法を筆者が抜粋し仮訳したものである。

> される場合を含む）により、その著作物等が登録されていなければならない。
> ④ 法院は第1項の請求がある場合に、弁論の趣旨と証拠調査の結果を考慮して、第1項の範囲で相当な損害額を認定することができる。
> ［本条新設2011.12.2.］

　制度導入の趣旨は、①著作権侵害により損害が発生した場合、その損害額算定とそれに関連する証拠確保の困難を補完し、侵害を抑止または予防できるのに十分な損害賠償額を保障することで、著作権を効果的に保護できること、②著作権侵害による損害賠償の実効性を確保し、著作権侵害に対して、刑事的解決ではなく、民事的解決の活用が増大すると期待されること、③侵害に対する損害額を算定する基準を提示することで法院業務の効率性を増大し、当事者の間の和解の可能性を高めることであるとされる[10]。

　125条の2による法定損害賠償請求の要件として、①故意または過失による権利侵害があること、②事実審弁論終結前に請求すること、③法に定める損害賠償額の範囲内であること、④侵害行為前に著作物等が登録されていることが挙げられる。

　③の「法に定める損害賠償額」に関しては、韓国では条文の中に法定損害賠償の上限額のみ規定しており、下限額は規定しておらず、米国法上の法定損害賠償と異なる規定ぶりになっている。④の著作物登録は、デジタル時代の著作物流通の円滑化や登録制度利用の活性化の必要性を考慮して、法定損害賠償の要件としたとされる。

（2）法定損害賠償の上限と下限

1）法定損害賠償の上限額を決めた基準

　立法者が法定損害賠償額の上限を決める際に、米韓両国の為替レートおよび一人あたり国内総生産（GDP）の比率を反映したという。2007年の韓米FTA締結当時の韓国ウォンの平均為替レートは1ドルあたり約930ウォン、同年の両国の一人あたりの名目GDPの比率は約1：2.4であった。これを米国著作権

---
[10] 文化体育観光部／韓国著作権委員会「韓米FTA履行のための改正著作権法説明資料」（2011.12.14.）42頁

法の法定損害賠償額にあてはめると、上限額30,000ドルに対しておよそ1,100万ウォン、故意侵害の場合の増額限度150,000ドルに対しておよそ5,800万ウォンになる。それを踏まえて、韓国著作権法では、法定損害賠償額の上限を著作物ごとに1,000万ウォン、営利目的の故意侵害の場合は5,000万円に規定したという[11]。

2）法定損害賠償の下限額を規定しなかった理由

韓米FTAにおける法定損害賠償（Pre-established damages）は、米国著作権法504条(c)の法定損害賠償（statutory damages）規定をモデルとしており、韓国の法定損害賠償制度も、米国法をモデルとしている。ところで米国著作権法504条(c)(1)が上限額と下限額を共に法定（750〜30,000ドル、故意侵害の増額150,000ドル）していることに対して、韓国法は、著作物ごとに1,000万ウォン（営利目的の故意侵害の場合は5,000万円）と上限額のみを規定している[12]。

法定損害賠償額の下限を設けなかった理由として、「制度を早期に定着させるため」[13]や、「法定損害賠償額は、侵害件数ではなく、侵害された著作物の数を基準とするが、一般的にオンライン上での侵害は多ければ数万件の著作物が関わるので、下限を定めた場合、合理的な損害賠償額との乖離があまりにも大きく、かえって不合理になる場合があり、侵害行為と損害の間の比例性が揺らぐ可能性がある[14]」ことを挙げている。

しかし、法定損害賠償額の範囲に下限を設けなかったことに対しては、批判がある[15]。法定損害賠償の額は、将来の侵害を抑制し、侵害による被害を権利者に完全に賠償するに十分な額であるべきところ、下限がないと権利者救済の実効性がなく、「Pre-established damages」という韓米FTAの規定における語意にも合わないというものである。また、下限額のない法定損害賠償においては、侵害者が複数である場合の処理が難しく、裁判所が損害賠償額を0にすることもありうること、「1ウォン」の損害賠償を求む訴訟を提起するなど訴

---

[11] オ・スンジョン『著作権法（第3版）』（博英社、2013）1446-1447頁
[12] 商標法では、5000万ウォンが上限額になっており、営利目的の故意侵害の場合の増額は規定されていない（67条の2）
[13] 前掲注10）42頁
[14] 前掲注10）43頁
[15] パク・ソンス「韓米自由貿易協定と知的財産権執行-著作権を中心に」2007年秋季韓国デジタル財産法学会・韓国産業財産法学会共同学術大会発表論文（2007年10月4日）60頁

権が乱用される可能性があり、訴訟費用の節減と司法制度の効率性を高めるという法定賠償賠償制度のメリットがなくなることを理由に、下限額がないことを批判する意見もある。

一方、下限を設けなかったことに対する賛成意見[16]は、法定損害賠償制度の核心は実損害を立証することが難しい場合に実損害額の立証負担を減らすことであり、下限の有無に関係なく、本制度は権利者に実益がある制度であること、下限を設けていない場合、裁判所の業務が増える可能性があるが、それが権利者に不利ではないこと、韓米FTAでいう「Pre-established」とは、法律に予め損害額を定めておけばよく、上限と下限の両方を求めているのではないことを理由として挙げている。また、著作物の一部のみを無断利用している場合に、法定損害額の下限があると、侵害に過剰対応することになる。例えば、法定損害額の下限を10万ウォン、上限を1,000万ウォンと仮定してみよう。著作物1個あたり20万ウォンの法定損害賠償を請求した場合、被告の侵害寄与率が30%であれば、既存の裁判例によると、著作物1個あたりの実損害額は寄与率を反映して6万ウォンになるが、法定損害賠償ではその金額が下限額の10万ウォンになり、既存の裁判例による算定額より高くなる。著作物の一部のみを無断利用する場合に、その損害額の算定は裁判所の役割として論じられるべきであり、法定損害賠償に下限額を設けるべき論拠として主張することは適切ではないというのである。

（3）損害額算定と法定損害賠償制度の運用〜126条と125条の2の関係

韓国民事法上の賠償原則は実損填補である。つまり、損害賠償の基本的な目的は、他人に与えた損害を填補して損害が発生していないのと同じ状態に原状回復させることにある。このため、損害の範囲は、損害賠償責任を発生させる原因事実と相当な因果関係にあるものに限る。しかし、損害の発生は認められるものの、その額の算定が難しい場合がありうる。

民事事件における損害額の算定に関して、日本民事訴訟法248条[17]のような

---

[16] イ・ギュホ「米国連邦著作権法上の法定損害賠償制度に対する研究」情報法学第11巻第1号（2007）138-139頁

[17] 日本民事訴訟法第248条（損害額の認定）損害が生じたことが認められる場合において、損害の性質上その額を立証することが極めて困難であるときは、裁判所は、口頭弁論の全趣旨および証拠調べの結果に基づき、相当な損害額を認定することができる。

特例条項は韓国民事訴訟法に存在しない。しかし、韓国大法院は2005年に、不法行為による損害賠償請求事件において、「財産的損害の発生事実が認定され、その最大限度額は出たものの…具体的な損害の額を立証することが事案の性質上困難な場合、法院は証拠調査の結果と弁論の全趣旨により明かされた…すべての間接事実を総合して、相当因果関係のある損害の範囲である額を判断することができる」と判示[18]し、日本民事訴訟法248条のような規定が韓国民事訴訟法に存在するかのように解釈をしている。韓国においても、一般不法行為や知的財産侵害の事案において損害額の立証が困難な場合、裁判官が相当な損害額を認定することが可能になり、これにより民事訴訟法上要求される原告の立証責任が緩和されることになる。

韓国著作権法125条2項（日本著作権法114条3項に相当）では、使用料相当額を損害額と推定する規定を設けており、126条（日本著作権法114条の5に相当）では、「法院は、損害が発生した事実は認定されるが、前条の規定による損害額を算定することが困難なときは、弁論の趣旨および証拠調査の結果を斟酌して、相当な損害額を認定することができる」としている。法定損害賠償を規定している125条の2第4項では、「法院は第1項の請求がある場合に弁論の趣旨と証拠調査の結果を考慮して、第1項の範囲で相当な損害額を認定することができる。」としている。126条および125条の2第4項はともに、上記大法院の態度を確認しているといえる。

すでに126条で裁判官の裁量による損害額算定が認められる韓国において、法定損害賠償制度の意義は何であろうか。125条の2は実損の立証を免除する制度であり、126条は実損の立証を補完する制度であるともいえる。判例および126条の場合、損害額を立証することが困難であるときのみ、このような補充的な算定方法を使えることに対して、125条の2は、実損害に代えて法定の額を請求できる制度であり、実損の立証などの客観的要件を求めず、権利者の主観的な選択に委ねている。すなわち前者は補充的に適用される損害額算定方法であることに対して、後者は、権利者（被害者）の選択により適用され、判例や他規定が求める例外的な事由がない場合にも原告の立証責任を軽減する機能をするものである[19]。

---

[18] 大法院2005.11.24.宣告2004ダ48508判決。不法行為による財産的損害賠償に関するこの判決は、債務不履行による損害賠償請求に関する大法院2004.6.24.宣告2002ダ6951,6968判決の判示をそのまま援用したものである。

126条(損害額の認定)と125条の2(法定損害賠償)の両規定でいう「相当な損害額」が同じものであるかについては議論がありうる。米国においては、法定損害賠償を、実損填補と懲罰を同時に追求する制度であると判断したものがある[20]が、韓国においては、125条の2(法定損害賠償)の目的ないし範囲に関する裁判例は見当たらない[21]。法定損害賠償は、立証責任を緩和するものではあるが、やはり損害賠償の大原則である実損填補の範囲内で裁判所が「相当な損害額」を認めるべきであるという意見もありうるし、法定損害賠償は、実損填補だけでなく、違反行為の予防ないし懲罰も目的とするので、実損以上の賠償も認めるべきであるという意見もありうる。

前述した改正理由では、制度導入の趣旨として、侵害を抑止または予防できるに十分な損害賠償額を保障することを挙げており、実損填補を原則とする既存の民事的救済が著作権侵害を抑止する効果がなかったがために、著作権者が刑事告訴などの刑事的的救済手段に頼ってきた現状[22]を考えると、法定損害賠償制度の意味を生かすためには、侵害行為の非難可能性を考慮しつつ、適切な損害額を算定することが必要であろう。

(4) 法定損害賠償制度の拡大

近時は、著作権法や商標法以外の分野へ法定損害賠償制度が拡大している。2014年改正された「情報通信網利用促進および情報保護に関する法律(情報通信網法、法律第12681号2014.5.28.一部改正・施行)」は、第32条の2[23]を新設し、法定損害賠償制度を導入した。また、2015年改正された「信用情報の利用および保護に関する法律(信用情報法、法律第13216号2015.3.11.一部改正2015.9.12.施行)」も第43条の2[24]を新設し、法定損害賠償制度を導入した。

---

[19] 同旨として、パク・ジュンソク「知的財産権侵害の損害額立証困難時の『相当な損害額』の認定に関して」人権と正義2013年12月号81頁
[20] 代表的にCass County Music Co. v. C.H.L.R. Inc., 88 F.3 d 635, 643 (8 th Cir. 1996).
[21] 大韓民国法院総合法律情報サイト (http://glaw.scourt.go.kr/) の判例検索にて2016.3.15.現在の検索結果である。なお、すべての判決が本サイトに掲載されるものではない。
[22] 韓国においては、著作権者が著作権侵害者(利用者)を刑事告訴し、告訴の取下げと引き換えに「合意金」を受け取ることが広く行われており、「合意金」を目的に告訴を乱発する著作権者やその代理人、そして無権利者が告訴をすると脅す詐欺問題も生じている。韓国における「合意金商売」問題に関しては、張睿暎「デジタルネットワーク社会における著作物の保護と利用・流通~第7回日韓著作権フォーラムを終えて~」月刊コピライト659号(2016年3月)28頁を参照。

これは、韓国における3番目と4番目の法定損害賠償制度の導入事例である。著作権法および商標法の法定損害賠償制度が、韓米FTAという外部要因により導入されたものであることに対して、情報通信網法や信用情報法の法定損害賠償制度は、国内の必要性により知的財産法の領域外で導入したところに特徴がある。

　改正情報通信網法32条の2および信用情報法43条の2は、著作権法125条の2や商標法67条の2と同様に、法定損害賠償の上限額のみを定めており、下限額は規定していない。両規定はともに法定損害賠償請求の上限額を300万ウォンとしており、著作権法や商標法に比べると低い金額になっている。上限額である300万ウォン以内の金額を請求する限り、損害および損害額の証明が困難であるか否かを具体的に判断せず立証責任を緩和し、上限額を超える損害を主張するときには、原則に戻って個別具体的に損害額の証明が困難である場合に限って立証責任を緩和することになる。

　両規定ともに、両法の損害額算定に関する規定（情報通信網法32条および信用情報法43条）に代えて、違反行為を知った日から3年以内、行為日から10年以内に請求することができ、裁判所が弁論の趣旨と証拠調査の結果を考慮して、

---

[23] 第32条の2　①利用者は、次の各号のすべてに該当する場合には、大統領令で定める期間内に、情報通信サービス提供者等に、第32条の規定による損害賠償を請求する代わりに、300万ウォン以下の範囲で相当な金額を損害額にして賠償を請求することができる。この場合、情報通信サービス提供者等は、故意または過失がないことを立証しなければ、責任を免れることができない。
　1．情報通信サービス提供者等が故意または過失により、この章の規定を違反した場合
　2．個人情報が紛失・盗難・漏洩された場合
②法院は、第1項の規定による請求がある場合、弁論全体の趣旨と証拠調査の結果を考慮して、第1項の範囲で相当な損害額を認定することができる。[本条新設2014.5.28.]

[24] 第43条の2　①信用情報主体は、次の各号のすべてに該当する場合には、大統領令で定める期間内に、信用情報会社等やその他の信用情報の利用者（受託者を含む。以下この条において同じ。）に第43条の規定による損害賠償を請求する代わりに、300万ウォン以下の範囲で相当な金額を損害額として賠償を請求することができる。この場合、信用情報会社等やその他の信用情報の利用者は、故意または過失がないことを立証しなければ、責任を免れることができない。
　1．信用情報会社等やその他の信用情報の利用者が故意または過失で、本法の規定を違反した場合
　2．個人信用情報が紛失・盗難・漏洩・変造または毀損された場合
②法院は、第1項の規定による請求がある場合に、弁論全体の趣旨と証拠調査の結果を考慮して、第1項の範囲で相当な損害額を認定することができる。
③第43条の規定による請求をした者は、法院が弁論を終了するまで、その請求を第1項の規定による請求に変更することができる。[本条新設2015.3.11.]

法定上限額の範囲内で相当な損害額を認定することになる。

　情報通信網法の改正理由として、「利用者の権利救済手段を補完」することが挙げられており、情報通信サービス提供者等の違反行為の抑止や制裁の側面は言及されていない。そのため、情報通信網法および信用情報法における法定損害賠償は、実損填補を追及する制度であり、懲罰的な目的のものではないと思われる[25]。

4．おわりに

　無体の財産というその本質上、損害額の立証が難しい場合が生じる知的財産の侵害事案において、立証責任の転換や軽減の必要性はあると思われる。しかし、具体的な制度設計には慎重な議論を要し、制度導入後にも運用による経験の蓄積が必要である。

　韓米FTAにより導入された韓国の法定損害賠償制度は、米国法上の法定損害賠償をモデルとしているが、その性格は、既存の相当な損害額型の損害賠償と米国型の法定損害賠償の間に位置するものであるといえる。法定損害賠償額の下限がないことに対しては批判があるが、その是非を論ずるためには実際の運用事例がさらに蓄積されるべきであろう。また、立証責任の転換や消滅時効などをより明確にする方向での議論が必要である。

　韓国では、韓米FTAの交渉過程や締結後の議論において、多くの制度を新設する全面的な法改正が既定事実となり、国内事情に合わせた最小限の法改正や現行法の解釈論によるFTA合意内容の履行可能性はあまり議論されなかったように思われる。その結果、著作権法は特に大幅な改正をすることになり、例えば法定損害賠償を既存の実損賠償原則の中でどのように位置付けるべきかなど、既存の法体系との整合性が議論される部分も出てきた。また、韓米FTAの合意内容に対して、韓国のみがより強く規制する方向で法改正をしており、米国は対応していない部分があるなど、両国の対応状況に不均衡がある部分も出てきた[26]。

---

[25] なお、営業秘密侵害行為に対しては、懲罰的損害賠償制度が導入される見通しである。2016年4月6日に開催された「第16回国家知識財産委員会」では、中小企業の技術を保護するための対策として、悪質な営業秘密侵害行為があった場合、中小企業が被った損害の最大3倍を賠償させる「懲罰的損害賠償制度」を今年中に導入するとした。営業秘密侵害時の罰金も10倍に増える。大統領所属国家知識財産委員会ウェブサイト＞2016.4.6付プレスリリース（http://www.ipkorea.go.kr/notification/press_view.do最終訪問日2016.4.6.）

このような韓国の経験から、今後日本がTPP合意内容を履行するための知財関連法の改正をする際には、以下を考慮しなければならない。まず、①現行法の解釈論によりTPP合意内容を反映する可能性がないかを検討し、法改正が必要であれば、②国内事情に合わせた最小限の法改正を検討する。また、法改正の議論と並行して、③他加盟国のTPP合意内容の履行状況をモニタリングすることも求められる。さらには、④外部要因による国内法の改正に伴い生じうる不均衡を解消するために、国民の利益のための追加的手当てなども検討すべきであろう[27]。

2016年3月8日に閣議決定された著作権法改正法案は、法定損害賠償に関して、損害額の推定に関する第114条に、著作権等管理事業者の使用料規程における使用料額を損害の額とすることができるという内容の第4項[28]を盛込むとしており、法定損害賠償に関しては、TPP合意からすぐに改正法案にその内容が反映されることになった。

第114条（損害の額の推定等）
4　著作権者又は著作隣接権者は、前項の規定によりその著作権又は著作隣接権を侵害した者に対し損害の賠償を請求する場合において、その著作権又は著作隣接権が著作権等管理事業法（平成十二年法律第百三十一号）第二条第一項に規定する管理委託契約に基づき同条第三項に規定する著作権等管理事業者が管理するものであるときは、当該著作権等管理事業者が定める同法第十三条第一項に規定する使用料規程のうちその侵害の行為に係る著作物等の利用の態様について適用されるべき規定により算出したその著作権又は著作隣接権に係る著作物等の使用料の額（当該額の算出方法が複数あるときは、当該複数の算出方法によりそれぞれ算出した額のうち

---

[26] 例えば、一時的複製や技術的措置迂回の対象行為において、両国の著作権法上の規定に違いが生じている。張睿暎「経済連携協定（EPA）が知的財産権法制に及ぼす影響に関する比較法的研究」平成24年度TEPIA知的財産学術研究助成成果報告書（一般社団法人高度技術社会推進協会、2014年3月）4～5頁
[27] 張睿暎「TPP合意内容反映のための知財関連法改正—韓米FTAの経験からの示唆—」早稲田大学知的財産法制研究所第42回RCLIP研究会（2016.1.28.於早稲田大学）
[28] 内閣官房ホームページ＞国会提出法案（第190回通常国会）環太平洋パートナーシップ協定の締結に伴う関係法律の整備に関する法律案（TPP政府対策本部H28.03.08）「新旧対照表」（PDF）27-28頁（http://www.cas.go.jp/jp/houan/160308/siryou4.pdf）

> 最も高い額）をもつて、前項に規定する金銭の額とすることができる。

　韓国のように法定損害賠償の規定を別途新設するのではなく、最小限の法改正で対応しようとする姿勢であると思われる。改正案では、米韓の法定損害賠償規定に見られる選択の時期や登録の要件、故意侵害の場合の増額などは見られない。また、具体的な賠償金額は著作権等管理事業者が定める使用料規定に委ねられており、法律の中に上限額と下限額をともに法定している米国や上限額のみを法定している韓国とは異なる形式になっている[29]。この改正案が成立すれば、米国および韓国の法定損害賠償規定とは異なる本項が、今後「法定損害賠償」としてどのように機能していくかが注目されるだろう。

---

[29] なお、商標法においては、商標権者への補償を確実にし、将来的な商標侵害を抑止するために、商標の取得手数料の相当額を最低限の損害として認める方針が特許庁の有識者会議で示された。「商標不正使用：特許庁、最低賠償額を設ける方針」（毎日新聞2016年2月12日付記事）（http://mainichi.jp/articles/20160213/k00/00m/020/035000c　2016.3.15.最終訪問）

> 漫画「ハイスコアガール」をめぐって
>
> 　　　　　　　　　　　　　　　小　泉　直　樹

1．漫画「ハイスコアガール」とはどういう作品か。なぜ1990年代ゲームなのか。

　著者である押切蓮介氏は、「第５回輝け！ブロスコミックアワード2012」大賞受賞者インタビューの中で、次のように本作の意図を語っている（下線は筆者、以下同じ）。

－しゃべらない晶が、『ファイナルファイト』を通して突き放す気持ちをハルオに伝えるくだりは凄くイイですね
（押切）「あれは上手いこと出来ました。ゲームキャラの動きで上手く感情を表現出来たと思います。」
－ストーリーはどのように？
「まずストーリーを考えてから、それに合うゲームを決める感じです。例えば、晶が隠し必殺技の出し方を知っていて、それを知りたくて仕方がないハルオが何とかして聞き出そうとするストーリーならば、隠し超必殺技がある『龍虎の拳』にしようとかですね。（略）」
－最後にこれから『ハイスコアガール』でやりたいことがありましたら。
「この作品を読んでもらったことで、ゲームを作った人たちが、"ああこのゲームを作って良かった"と涙してもらえるようにしたいですね。」
　　　　　　　　　　　　　　　　（TV Bros 2012年11月24日号5頁）

　本作品は、「マンガ大賞2013」のノミネート作品である。選考員のお一人であり、裁判官として多くの著作権事件を担当されたご経験を有し、現在では知財分野において我が国を代表する実務家としてご活躍される三村量一弁護士は、次のように本作を激賞されている。

「ゲームセンターで小銭を筐体に積んでいた思い出のある方には是非読んでいただきたい作品。恋愛よりもゲームのことしか頭にない男子が、いつしか恋に気付いていく過程の描き方は秀逸。恋を後押しするゲーム上のキャラクター達の台詞回しが、とにかく懐かしい。1990年代のゲームセンターにタイムスリップした感覚を得られる、かつてのゲーマーにとっては興奮の一作である」（弁護士　長島・大野・常松法律事務所／三村量一）（「マンガ大賞2013」1次選考員コメント）

「ゲームセンターで小銭を筐体に積んでいた思い出のある方、恋愛に無頓着な学生時代を過ごしていた方には是非読んでいただきたい作品。恋愛よりもゲームのことしか頭にない男子が、いつしか恋に気付いていく過程の描き方は秀逸。恋を後押しするゲーム上のキャラクター達、とにかく懐かしい。90年代にタイムスリップした感覚を得られる、ゲーマーにとってはノスタルジー溢れる良作である」（弁護士　長島・大野・常松法律事務所／三村量一）（「マンガ大賞2013」2次選考員コメント）

ちなみに、両氏の言は、「Wikipedia」における「ハイスコアガール」の項の以下のような記述ともおおむね符合する。
「本作では登場人物たちの心情が、実際に発売されたゲームのプレイ画面やキャラクター、そのゲームにまつわるエピソードなどを通じて表現されている点が大きな特徴となっている。ゲームキャラクターたちにも本作独自の性格付けが行われており、不安・葛藤に直面した主人公を励ますなどユーモラスにアレンジされて描かれているほか、特にヒロインの1人は「ゲームプレイの内容から心情が読み取れる」ことを意図した人物像・描写がなされている。過去発表作『ピコピコ少年http://ja.wikipedia.org/wiki/%E3%83%94%E3%82%B3%E3%83%94%E3%82%B3%E5%B0%91%E5%B9%B4』、『ピコピコ少年TURBO』などで語られた作者自身のゲームにまつわる体験や蘊蓄がふんだんに盛り込まれており、当時の熱狂を知る世代の読者には一種の回想録としても楽しむことができる作風となっている。」

上記の押切、三村両氏の発言内容等から読み取れるのは、1990年代ゲームキャラを通じて登場人物の感情を表現するという作者の意図が、読者にもよく伝わっていることであろう。

作者によると、「ハイスコアガール」は、「まずストーリーありき」の作品である。そして、読者の認識としても、作品中に登場するゲーム映像、キャラクターは、著者による90年代の時代背景及び登場人物の感情の表現の中に違和感なく溶け込んでいると受け取られている。

「ハイスコアガール」全巻を通読した印象として、単にゲームの映像をコピーしてゲームの作者の経済的利益を侵奪しようとか（そもそも、ゲームの一場面がマンガに利用された程度のことで、ゲームの作者が失うものがあるだろうか？ 2010年代に、1990年代の過去のゲーム映像にフリーライドして漫画家が得られるものがあるのだろうか？）、自らがゲームの著者であると僭称しようなどという意図はまったく窺うことができない（1979年生まれの押切氏が、1990年代ゲームの著者であるはずはないではないか！）。上記インタビューにおいても語られているとおり、著者押切氏には、ゲーム作者に対するリスペクトがある。

著作権法1条は、「文化的所産の公正な利用に留意しつつ、著作者等の権利の保護を図り、もっと文化の発展に寄与することを目的とする。」と規定する。ゲームも漫画も日本の誇る「文化」である。著作権は適切に守られなければならないが、同時に、正当な表現活動が著作権の名のもとに封殺されることもあってはならない。著作権法にとっても幸いなことに、過去の裁判例および通説に照らし、本作について著作権侵害の問題は生じていない。以下詳論する。

2．画面の再現が不鮮明・部分的であり、そもそも「複製」にあたらない箇所（①および②）

（1）著作物の複製

ア　著作物の複製とは、既存の著作物に依拠し、その内容及び形式を覚知させるに足りるものを再製することである（最判昭和53年9月7日民集32巻6号1145頁〔ワン・レイニー・ナイト・イン・トーキョー事件〕）。そして、美術の著作物の複製に当たるといえるためには、一般人の通常の注意力を基準とした上、美的要素を直接感得することができる程度に再現がされていることを要する（東京高判平成14年2月18日判時1786号136頁〔雪月花事件〕）。

イ　複製というためには、第三者の作品が漫画の特定の画面に描かれた登場人物の絵と細部まで一致することを要するものではなく、その特徴から当該登

場人物を描いたものであることを知り得るものであれば足りる（最判平成9年7月17日民集51巻6号2714頁〔ポパイネクタイ事件〕）。

（2）本件へのあてはめ
①第2巻18頁3コマ目（第10話16頁3コマ目）

本コマには、ゲーム「NAM－1975」「リーグボーリング」「ザ・スーパースパイ」「竜虎の拳」のタイトル画面らしきものが描かれていることがかろうじて見てとれる。駄菓子屋「戸塚商店」にあるネオジオ筐体ゲームが「少し古い」ことを主人公が語る場面の背景である。

まず、「NAM－1975」「リーグボーリング」「ザ・スーパースパイ」「竜虎の拳」のタイトル画面について美的要素が認められる余地があるのは、配色、ゲームキャラクターの容貌等であろう（なお、タイトル字体については、文字が情報伝達手段であることを考慮すると、美的要素が認められるとまではいえない）。一方、コマ①は白黒であり、あくまで背景としてぼかしたように描かれているため、一般人の通常の注意力を基準とした上、配色、容貌についての美的要素を直接感得することができる程度に再現がされているとはいえない。

②第2巻140頁1コマ目（第15話8頁1コマ目）

本コマには、ゲームセンター「マルミヤ」のウィンドーに、ゲーム「餓狼伝説２」または「餓狼伝説スペシャル」のタイトル画面らしきものが描かれていることがかろうじて見てとれる。
　まず、「餓狼伝説２」または「餓狼伝説スペシャル」のようなタイトル画面について美的要素が認められる余地があるのは、配色、ゲームキャラクターの容貌等の表現部分であろう（なお、タイトル字体については、文字が情報伝達手段であることを考慮すると、美的要素が認められるとまではいえない）。また、コマ②は白黒であり、あくまで背景としてぼかしたように描かれているため、一般人の通常の注意力を基準とした上、配色、容貌についての美的要素を直接感得することができる程度に再現がされているとはいえない。

　一方、③第２巻20頁１コマ目（第10話18頁１コマ目）、④第２巻20頁５コマ目（第10話18頁５コマ目）、⑤第２巻24頁１コマ目（第10話22頁１コマ目）、⑥第２巻77頁５コマ目（第12話23頁５コマ目）、⑦第２巻31頁３コマ目、32頁３コマ目、５コマ目、33頁２コマ目、５コマ目（第11話３頁３コマ目、４頁３コマ目、５コマ目、５頁２コマ目、５コマ目）については、いずれも、美的要素を直接感得することができる程度に再現がされており、細部において一致しない点はあるものの、優に、その特徴から当該ゲームキャラを描いたものであることを知り得るということでき、複製に該当する。

③第２巻20頁１コマ目（第10話18頁１コマ目）

④第2巻20頁5コマ目（第10話18頁5コマ目）

⑤第2巻24頁1コマ目（第10話22頁1コマ目）

⑥第2巻77頁5コマ目（第12話23頁5コマ目）

⑦第2巻31頁3コマ目(第11話3頁3コマ目)

第2巻32頁3コマ目(第11話4頁3コマ目)

第2巻32頁5コマ目(第11話4頁5コマ目)

第2巻33頁2コマ目(第11話5頁2コマ目)

第2巻33頁5コマ目(第11話5頁5コマ目)

　ただし、後述するとおり、③ないし⑦は、いずれも適法引用にあたり、結論的には著作権侵害の問題は生じない。

3．適法引用にあたる箇所（③ないし⑦）
(1) 引用
ア　文化は先人の文化的所産を利用しながら発展してきたものであり、既存の著作物をそのまま利用して新たな著作物を作成することも実際に社会的に広く行われていて、文化の発展に寄与していることに鑑み、社会の利益と著作権者の権利との調整を図るために、所定の要件を満たす引用には、著作権が及ばないこととしたのが著作権法32条の趣旨である。その趣旨からすれば、ここにいう引用とは、報道、批評、研究等の目的で自己の著作物中に他人の

著作物の全部又は一部を採録するものであって、引用を含む著作物の表現形式上、引用して利用する側の著作物と、引用されて利用される側の著作物を明瞭に区別して認識することができ、かつ、両著作物の間に前者が主、後者が従の関係があるものをいうと解するのが相当である（東京地判平成10年10月30日判時1674号132頁〔血液型と性格の社会史事件〕）。

イ　より具体的には、「両著作物の間に前者が主、後者が従の関係がある」（以下「主従関係」）の有無は、両著作物の関係を、引用の目的、両著作物のそれぞれの性質、内容及び分量並びに被引用著作物の採録の方法、態様などの諸点に亙って確定した事実関係に基づき、かつ、当該著作物が想定する読者の一般的観念に照らし、引用著作物が全体の中で主体性を保持し、被引用著作物が引用著作物の内容を補足説明し、あるいはその例証、参考資料を提供するなど引用著作物に対し付従的な性質を有しているにすぎないと認められるかどうかを判断して決すべきものである（東京高判昭和60年10月17日無体裁集17巻3号462頁〔藤田嗣治事件〕）。なお、被引用部分に鑑賞性が認められるとの事実は、上記の諸要因の一つにすぎず、引用の成否は、他の要因との総合判断によって行われる（東京高判平成12年4月25日判時1724号124頁〔脱ゴーマニズム事件〕）。

ウ　引用して利用する側の著作物において、被引用著作物を例証又は資料とする場面が、当該コマだけでなく、前後の頁にわたって書かれていることが認められる場合には、当該コマにおける文章と控訴人カットとの占める面積割合をもって主従関係を判断すべきものではなく、当該場面全体との関係で主従性を判断すべきである（東京高判平成12年4月25日判時1724号124頁〔脱ゴーマニズム事件〕）。

上記アないしウに示された32条解釈は、「引用の目的上正当な範囲」の要件を、実質的に「主従関係」に読み込もうとしたものと位置づけられる（小泉直樹＝末吉亙編『実務に効く知的財産判例精選』208頁〔城山康文〕）。

エ　「公正な慣行に合致するもの」とは、世の中で著作物の利用行為として実態的に行われており、かつ、社会通念として妥当なケースと認められるものをいい、たとえば、引用に名を借りて、自己の著作物中に登場する必然性のない他人の著作物を借用することは許されない（加戸守行『著作権法逐条講義〔6訂新版〕』265頁〔公益社団法人著作権情報センター、2013年〕）。慣行等も総合考慮した結果として、「引用方法ないし引用態様が公正である」

といえる程度であれば本要件の充足が認められる（飯村敏明「裁判例における引用の基準について」著作権研究26号96頁〔1999年〕）。
オ　著作物を引用する場合には、被引用著作物の出所を、その複製又は利用の態様に応じ合理的と認められる方法及び程度により、明示しなければならない（48条1項1号）。もっとも、出所明示の法律的な性質は、32条による著作物利用の条件ではなく、出所の明示をしなかったからといって著作権侵害になるわけではない（加戸・前掲書379頁）。

(2) 本件へのあてはめ
③第2巻20頁1コマ目（第10話18頁1コマ目）
④第2巻20頁5コマ目（第10話18頁5コマ目）
⑤第2巻24頁1コマ目（第10話22頁1コマ目）
⑥第2巻77頁5コマ目（第12話23頁5コマ目）
⑦第2巻31頁3コマ目、32頁3コマ目、5コマ目、33頁2コマ目、5コマ目（第11話3頁3コマ目、4頁3コマ目、5コマ目、5頁2コマ目、5コマ目）

a　明瞭区別性
「ハイスコアガール」登場するゲームは、90年代にヒットした有名作品であり、読者が、引用されるゲームの著者を押切氏と誤認する余地は存しない。
「ハイスコアガール」が想定する読者は、「恋を後押しするゲーム上のキャラクター達の台詞回しが.とにかく懐かしい。90年代のゲームセンターにタイムスリップした感覚を得られる、かつてのゲーマーにとっては興奮の一作である」（弁護士　長島・大野・常松法律事務所／三村量一）（「漫画大賞2013」1次選考員コメント）との感想を抱いている。
具体的には、
③第2巻20頁1コマ目（第10話18頁1コマ目）、④第2巻20頁5コマ目（第10話18頁5コマ目）は、ゲーム初心者である日高小春がおぼつかない手つきで「竜虎の拳」をプレイする場面である。③④はゲームの一場面、キャラクターが「竜虎の拳」からの「引用」であることは一目瞭然である。
⑤第2巻24頁1コマ目（第10話22頁1コマ目）は、矢口春雄が「竜虎の拳」をクリアーした場面であり、ゲーム画面の余白が塗りつぶされ、「やめて！お兄ちゃん」との字幕が付されていることにより、引用する側の表現とは明瞭に区

別されている。

⑥第2巻77頁5コマ目（第12話23頁5コマ目）における画面は、矢口春雄が「餓狼伝説スペシャル」をクリアした場面の描写として、矢口、日高のやり取りとは明瞭に区別できる。

⑦第2巻31頁3コマ目、32頁3コマ目、5コマ目、33頁2コマ目、5コマ目（第11話3頁3コマ目、4頁3コマ目、5コマ目、5頁2コマ目、5コマ目）は、日高の夢の中に「キング・オブ・ザ・モンスターズ」のビートルマニアが登場する場面であり、第11話3頁4コマ目における矢口の台詞において出典が明確に説明されていることから、矢口、日高のやり取りとは明瞭に区別できる。

b　主従性

（ⅰ）引用の目的

　ゲームキャラの動きで上手く感情を表現すること、時代背景を描くことにある（前掲押切参照）。各場面におけるゲームの選択は、作者による、当該ゲーム、キャラクターの性格付けを反映している。本作において、ゲームは重要な役割を果たしてはいるが、あくまで脇役、小道具にすぎない。主役は矢口ら登場人物の感情表現である。

（ⅱ）両著作物のそれぞれの性質

　漫画の中にゲームのごく一部が引用されているにすぎない。引用されている③から⑦までのゲーム映像自体に、独立した鑑賞可能性は認められない。

（ⅲ）当該著作物が想定する読者の一般的観念

　ゲームキャラを独立して鑑賞するのではなく、あくまで時代背景、登場人物の心理描写のツールとして感得している（前掲三村参照）。

（ⅳ）引用著作物に対する付従的な性質

　③第2巻20頁1コマ目（第10話18頁1コマ目）、④第2巻20頁5コマ目（第10話18頁5コマ目）は、ゲーム初心者である日高小春がおぼつかない手つきで「竜虎の拳」をプレイする場面である。本場面は、17頁5コマから18頁5コマまで6コマにわたって続いている。③④はそのうちの2コマにすぎない。

　⑤第2巻24頁1コマ目（第10話22頁1コマ目）は、矢口春雄が「竜虎の拳」

をクリアーした場面である。本場面は、22頁1コマから24頁3コマまで11コマにわたって続いている。⑤はそのうちの1コマにすぎない。

　⑥第2巻77頁5コマ目（第12話23頁5コマ目）は、矢口が日高にクリア画面を見せる場面である。本場面は74頁1コマから78頁4コマまで22コマにわたって続いている。⑥はそのうちの1コマにすぎない。

　⑦第2巻31頁3コマ目、32頁3コマ目、5コマ目、33頁2コマ目、5コマ目（第11話3頁3コマ目、4頁3コマ目、5コマ目、5頁2コマ目、5コマ目）は、日高の夢の中にゲームキャラクターが登場する場面である。第10話で矢口と共に初めてゲームセンターに行き、同話の最終コマにおいて日高が「…あれ？なんで私…ちょっと浮かれてんだろ…」とつぶやき、ゲーム（と矢口）が日高の心に強く印象づけられた心理描写を承けている。

　本場面は、30頁1コマ目から34頁4コマ目まで22コマにわたって続いている。そのうち、ビートルマニアは10コマに登場するにすぎない。この場面のメインは、あくまで矢口であり、（実は夢の中であるのだが）ゲーム画面から飛び出したゲームキャラクターと戦うという場面が描かれている。

c. 公正な慣行

　上記のとおり、作者押切氏によるゲームの引用行為は、すでにゲーム画面、キャラクターの一部を利用した漫画作品が多数存在すること、漫画作品という性格上各コマにおいて出典表示を行うことは作品の一体性を損ないかねないものであること、そもそも、本作において登場するゲームの著者が押切氏でないことは読者にとって自明であることを考慮すると、健全な社会通念に反するものとはいえない。

　なお、巻末に一括して出典を表示する方法については、書籍における引用文献の記載方法としても見られるところであり、それ自体、とくに公正な慣行に反するとはいえない。

　慣行等も総合考慮した結果として、「引用方法ないし引用態様が公正である」といえる。

　以上総合すると、③から⑦についてはいずれも適法引用にあたる。

著作権関連条約と国内法における用語の齟齬

斉 藤 　 博

1．問題の所在

　本稿は著作権関連条約と国内法における用語の齟齬について考える。それも、比較的近時の条約、すなわち、1996年12月20日のWIPO著作権条約（WIPO Copyright Treaty = WCT）、WIPO実演・レコード条約（WIPO Performances and Phonograms Treaty = WPPT）とわが国著作権法の用語の間に生じている紛らわしさ、用語の齟齬につき述べよう。

　もちろん、用語の齟齬は古くより存してきた。その最たるものは1886年のベルヌ条約（Berne Convention for the Protection of Literary and Artistic Works）の名称である。この条約にわが国は1899年（明治32）年4月18日に加入し、その効力はわが国において同年7月15日に発生している。同条約は「文学的及美術的著作物保護ニ関スルベルヌ条約」と称されている。このベルヌ条約に合わせて立法されたわが国著作権法1条1項には「文書演述図画建築彫刻模型写真其ノ他文芸学術若ハ美術ノ範囲ニ属スル著作物ノ著作者ハ其ノ著作物ヲ複製スルノ権利ヲ専有ス。」と定めているが、後に、その一部が「美術（音楽ヲ含ム以下之ニ同ジ）ノ範囲ニ属スル著作物」なる文言となった。日常用語としては美術に音楽が含まれようとは誰しも思い付かないところだが、著作権法の上では「美術」に「音楽」を含ましめたのである。何とも奇妙なことだが、そもそもそれはベルヌ条約の名称にあるartistic worksを「美術的著作物」と訳した結果であり、artisticを「芸術的」と訳しておく余地もあったのであろうが、それは今だから言えることかもしれない。同様のことはベルヌ条約の名称にあるliteraryの語についてもいえる。literary worksが「文学的著作物」に限らないことは誰しも考えることで、現に、著作権法の領域においては様々な文書、テキストが著作物と認められている。文献の中には、「リテラリー・ワーク」と、カタカナ書きのものにも接する。そのようなことで、今や、ベルヌ条約の保護対象は文学的・美術的著作物に特化された条約と認識する者はいない。それは

国際次元でも同様で、今や、国際会議等においても、literaryとは何か、artistic とは何か、と厳密な吟味をすることなく、ベルヌ条約上保護する著作物全般を指して"literary and artistic works"の語を用いている。「著作物」の総称として"literary and artistic works"を用い、その際、literary works, artistic worksと分けずに、"literary and artistic works"と、一口で呼んでいる。国際次元においても、今さらベルヌ条約の名称を変えることを積極的に考える様子はない。

このように、用語の齟齬は何も今に始まったことではないが、インターネット関連の権利につき、条約と国内法の間で顕著に見られる用語上の齟齬は、現に動きの激しい事象に直接関わるだけに、それに、国内においても権利の名称、加えて、権利の内包外延をめぐっても混同が生じてくる面もあるので、本稿で改めて考え、述べることにした。

その際、三つの例を挙げよう。すなわち、頒布権と譲渡権、伝達権と送信権、それに、利用可能化権と送信可能化権である。これらの齟齬は、WCT, WPPT両条約に至るジュネーブでの討議の過程から生じてきたものであるだけに、そのメカニズムにも思いを致すとき、格別の関心を覚える。[1]

2．頒布権と譲渡権

頒布権の語はどうか。頒布権はすでにベルヌ条約14条1項において映画の著作物につき定め、このベルヌ条約の規定を受けて、わが国著作権法26条1項が、著作者は、その映画の著作物を、その映画の著作物を、その複製物によって頒布することにつき、排他的権利を有する旨定めてきた。頒布権は「映画の著作物」の利用との関連でのみ、限定的に認められているにすぎなかった。ところが、WCTもその6条において頒布権を定め、「頒布権」を著作物一般に広く認めるに至った。それはどうしてか。そこにはかなり曲折した経緯を見る。頒布権そのものについては国際次元で古くよりくすぶっていた見解が改めて浮上したという面もあるが、問題は更に奥にあった。

まずは、頒布権が国際次元で再び論議されるようになった経緯を概観しよう。

---

[1] WIPO専門家委員会に出席し、ささやかながら討議にも関わってきた筆者にとっては、国際規範が策定されるメカニズムのほうに、すなわち、法理論にとどまらず、様々な要因が絡む動きのほうに、より大きな関心を抱いている。用語上の齟齬はその結果であり後始末である。

斉藤　博

すでに諸国の立法例の中には、著作物一般につき、その複製及び頒布 (reproduction and distribution) の権利と、頒布を複製に関連付けて定めるものもあり、1967年のストックホルム外交会議においても、ベルヌ条約の定める「複製」を「複製及び頒布」に改正し、頒布権の射程範囲を広げ、一般的頒布権 (general right of distribution) を導入する提案がなされている。しかし、それは大差で否決されていた。それが、1993年6月のWIPO専門家委員会、すなわち、ベルヌ条約のプロトコル（議定書）に関する専門家委員会 (Committee on Experts on a possible Protocol to the Berne Convention) において頒布権をめぐる論議が再び始められることになった。その背景には、著作物を収めたソフトの国際的な流通の促進を視野に「輸入権」を創設しようとする見解があり、この輸入権を「頒布権」の延長上に認めようとしたのである。しかし、WIPOにおいてその論議に入ると、輸入権の創設に消極的な意見が強く、結局、頒布権と輸入権の両権利を認める案と輸入権を切り離して頒布権のみを認める案が並立することになり、1996年12月のWIPO新条約、すなわち、WCT, WPPTに関する外交会議では頒布権のみを認める案のほうが採択されるに至った。それは、頒布権を広く認めることに積極的に賛成したわけではなく、「輸入権」創設の論議の中でやむを得ず選択したものに過ぎなかった。そのような経緯はどうであれ、結論としては、かつて一度は否決された一般的頒布権が認められることになってしまった。WCT6条1項によると、その頒布権 (right of distribution) は「販売又はその他の所有権の移転により、著作物の原作品又は複製物を公衆に利用可能にすることを許諾する排他的権利」である。この規定は、複製及び頒布 (reproduction and distribution) と、立法上二つの行為を密接に関連させてきた国にとっては当たり前のことであり、わが国のように、頒布権を広く認める途を採ってこなかった国においては、どちらかといえば、余分な作業を強いられることになった。わが国の契約実務では複製を許諾する合意の中に具体的な「頒布」の形態をも含めてきただけに、改めてそのような頒布権を国内法に設ける必要は乏しかった。[2]それに、わが国においては、すでに映画の著作物につき頒布権が設けられていた。それはベルヌ条約が特に

---

[2] 岡本薫：「著作権に関する条約と日本著作権法」『著作権白書—著作権に関する条約の面からみて—』2007年著作権情報センター附属著作権研究所211頁で「WCT・WPPTにおける頒布権の規定は、極端に言えば『誰も望んでいなかった規定になった』とも言えよう。」と述べる。

映画の著作物につき頒布権を定めた規定（14条1項及び14条の2第1項）を受けた制度である。

奇妙なことに、ベルヌ条約の定める「頒布権」と、ベルヌ条約20条の特別取極め（special agreement）に当たるWCTの定める「頒布権」、すなわち、同一の用語が併存することになり、これらの「頒布権」を国内法に書くには、WCTの頒布権のほうは複製物を市場に置いた段階で消尽する性格のものであるだけに、映画の著作物に関する頒布権と同列に扱うことはできず、用語の整理が必要であった。そして、わが国は、WCTの「頒布権」を「譲渡権」とすることによって何とか切り抜けている。しかし、国内で、映画の著作物又はそれに類する著作物の「頒布」が争われる際、WCTの定める頒布権と誤認される紛らわしさは依然として残る。

3．伝達権と送信権

著作権法制は、著作物等を「公衆」に送信する行為には関与する一方、送信先が「公衆」でない場合、これを「通信」として著作権法の関与しない行為と位置付けてきた。したがって、放送や有線放送は送信先が「公衆」である点で著作権法の関与する行為となり、「公衆」にではなく、単に「拠点」から「拠点」に送信するに過ぎない行為には著作権法は関与せず、その「拠点」からさらに一般家庭等の「公衆」に送信する際に初めて著作権法が関わるものとしてきた。しかし、送信の形態に大きな変革をもたらすインターネットが視野に入るようになり、WIPO専門家委員会は、1995年9月より、それに対応する法的枠組みを考え始めるようになる。その結果、1996年12月に採択されたWCT8条には、インターネットに代表される新たな送信につき、公衆への伝達権（right of communication to the public）が定められるに至った。この権利も、条約の採択までにWIPO専門家委員会において大いに議論された。この伝達権は、「有線又は無線により著作物を公衆に伝達すること（communication）を許諾する排他的権利」であり、求めに応じた（interactive）送信を前提に「著作物を利用可能な状態」にする権利をも含むものであった。そこには、著作物のまったく新たな送信形態が念頭にあったはずだが、そのように画期的な送信を前提とした権利に対して、これまでベルヌ条約で用いられてきた伝統的な「伝達権」の用語を充てざるを得なかったのはどうしてか。

まず、そのベルヌ条約で定められてきた伝統的な権利とは、放送された番組

をホテルのロビーや飲食店などで公衆にさらに伝達する権利等であり、インターネット送信からはかなりかけ離れたものが含まれていた。それにもかかわらず、WIPOの新条約が「新たな送信」に既存の「伝達」の語を充てた理由は、そこに至る経緯をたどることによって明らかとなる。

　WIPO専門家委員会において、その「新たな送信」に関する権利をどのように認識し、これを新条約にどのように位置付けるかをめぐっては意見が分かれた。欧州連合（EU）は当初は「新たな送信」を「貸与権」の枠内で認識し、米国は、この「新たな送信」も既存の「頒布権」で間に合う旨主張した。[3]わが国は、インターネット時代の「新たな送信」であってみれば、新たに「送信権（transmission right）」を創設すべきと主張した。WIPOの会議において先進国の間の見解がこれほどかけ離れる例は珍しいことであった。それはインターネット時代を迎えるに際してどのような将来予測を立てるかの違いを反映していたように思える。当時にあっては、インターネットが送信の形態に大きな変革をもたらすであろうことは想定できたとしても、これを「新たな送信」ととらえ、それに対応する「新たな権利」を創設することまでは思いを致さなかった面があろう。当時においては、今日見られるようなネット上の画期的な送信形態についての認識がなかったからであろう。確かに当時の情報の蓄積・送信媒体の容量は限られていた。それはいまだ静止画の活用に期待する段階であった。静止画といえば絵画もあるが、何といっても、写真への期待が大きかった時代である。加えて、将来の予測をある程度立てていたとしても、新たな権利の創設には著作物利用者からの反対を懸念する面もあったであろう。

　議論の結果、最終的には、EU勢の意見に沿って作成されたと思われる条約案には「伝達権」の語が用いられていた。その案が採択され、現在、WCT 8条の規定を見ることになる。

　「新たな送信」は既存の「頒布権」で間に合うと考えた米国にしても、「新たな権利」の創設には消極的であった。そこで、既存の権利である「伝達権」を用いることで妥協点を見出したのであろう。

　新送信の重大性を認識していた者は、WIPO専門家委員会においても数少なかった旨の論述も見る。[4]今顧みても、わが国の主張には先見性があったといえ

---

[3] 奥邨弘司:「公衆への送信及び送信（利用）可能化に関する権利を巡る米国の状況」高林龍・三村量一・竹中俊子編『年報知的財産法2013』日本評論社2013　15頁では、米国の対応として、頒布権のほかに、複製権、実演権、展示権が考えられている。

よう。「新しい酒は新しい革袋に」である。

　残念ながら、「伝達権」の用語を充てられた新たな送信権はベルヌ条約に定められている伝統的な「伝達権」と区別するために、「ベルヌ条約第11条(1)(ii)，第11条の2(1)(i) 及び、第11条の3(1)(ii)、…の規定を妨げることなく、」と前置きが書かれざるを得なくなった。

　この国際次元での結論をわが国著作権法に導入する際には、わが国なりの「筋を通す」ことがなされた。すなわち、WCTの定める新たな伝達権は、わが国においては公衆送信権の内容に組み入れられ、さすがに「伝達権」の語は用いられなかった。わが国における伝達権は「放送、有線送信される著作物を受信装置を用いて公衆に伝達する権利」であり（改正前23条2項）、放送され、有線送信される著作物を、ホテルや飲食店、喫茶店等に設けられた大型の受信装置を介して公衆に「伝達」する行為に関する権利であった。それは、どちらかといえば、補助的、副次的な行為に関する権利であり、インターネット送信のような先端的な権利、求めに応じた（interactive）送信に関わる権利とはおよそ異なるものであった。

　ということで、わが国がジュネーブで主張した送信権（transmission right）なる用語は国内法で採用されることになった。ところが、わが国において、この「新たな送信権」をWCTとの関連で論ずるとき、「伝達権」の語が用いられることもなされ、更には、その「伝達権」が、いわゆる伝統的な伝達権と混同されるきらいもあり、用語の紛らわしさは、ここでも、払拭されることはない。

4．利用可能化権と送信可能化権

　WCT 8条の定める伝達権には著作物の「利用可能化権（right of making available to the public）」も含まれる。"making available"すなわち、「利用可能化」の語が用いられているが、わが国著作権法はそれに対応する語として「送信可能化（making transmittable）」の語が用いられている（23条1項）。ここにも、用語の齟齬を見る。これは先に述べたように、WIPOにおける伝達権（送信権）の討議とも関連してくるだけに調整に難しい面があるが、送信可能化権

4　岡本薫：前掲（注3）論文186頁。岡本氏はWIPO専門家委員会において中心的な役割を果たした。

はインターネット時代における極めて重要な権利であるだけに、ここでの用語の齟齬は極めて深刻である。もっとも、WIPO専門家委員会でその深刻さがどこまで認識されていたかは甚だ疑問である。この送信可能化権の重要性が広く認識されるようになるのは相当後になってからのことで、WIPO専門家委員会で討議していた段階では、先進国の間でもさほどの重要性は認識されていなかった。

　そうであれば、果たして送信可能化権はどのように認識されていたのか。この辺りは、1996年12月20日、すなわち、WCTと同じ日に採択されたWPPT案が討議される中で一つの示唆を見ることができる。同条約案は、WCT案の検討と並行して、別途、実演家及びレコード製作者の権利の保護のための新文書に関する専門家委員会（Committee of Experts on a possible Instrument for the Protection of the Rights of Performers and Producers of Phonorams）で、検討が続けられていたが、[5]そこでは、送信可能化状態の段階と、実際に送信する段階と二つの段階に分けて検討され、実演家やレコード製作者がどの段階まで関与できるのかにつき検討された。そして、実演家やレコード製作者に実際の送信についてまで権利を与えることには懸念が示された。それは、実演家等に送信権をも認めてしまうと、著作権者が送信に賛成する一方、実演家等がこれに反対するという事態になった際、著作物の十分な利用が妨げられてしまうというものであった。そこで、実演家等には送信権は認めず、送信可能化権どまりとし、実際の送信に関しては報酬請求権を認めるにとどめた。会議に出席していた筆者も、実際の送信権に比べ、送信可能化権は一段弱い権利と認識し、その弱い権利が与えられるに過ぎない実演家等は、著作権者との関係では差別されている旨考えていた。

　しかし、その後、インターネット環境が深化するにつれて、その考えが誤りであることを知った。インターネット送信の現状は、著作物や実演等を「送信可能化状態」に置くことのほうが、実際の「送信」よりはるかに重要であることが明らかになった。今や、情報の蓄積容量が飛躍的な拡大する中で、さまざまな著作物や実演等を求めに応じていつでもどこへでも送信できる状態が容易に作出できることになった。そのようになると、「送信可能化状態の作出」に

---

[5] デジタル・アジェンダが討議の焦点になり、1995年9月からは、プロトコル（著作権）に関する委員会と新文書（著作隣接権）に関する委員会が合同で開かれるようになる。

関する権利のほうが、実際に「送信」する権利よりもはるかに重要となった。実演家等が著作者（著作権者）に比べ差別されている旨の筆者のかつての認識は全くの杞憂であった。

　送信可能化状態よりも実際の送信のほうに重きを置いてきた考えは変換を迫られることになる。例えば、かつてWIPO専門家委員会において、アメリカは、新たな権利を創設せずともdistribution right（頒布権）で十分だと主張していたが、それは、送信する前段階でディスクに収まっていたものが送信され、それが受ける者のディスクの中に収まるとすれば、物理的にも経済的にも送信前と同じものが受信者の手元にあり、それは頒布だと考えた。送信を介して実演又は展示するという考えも同様である。そこには、実際の送信と受信に重きが置かれ、大規模な発展を遂げた「送信可能化状態」への配慮が欠けていたといえよう。同じくWIPO専門家委員会でEUが新たな送信につきレンタル権を主張したことがあるが、これも、「送信可能化状態の作出」に思いが及んでいなかったからであろう。

　このように、送信可能化権の重要性の高まりを考えると、WCT 8条やWPPT10条、14条で用いられている利用可能化権（right of making available）と、わが国著作権法23条1項、92の2第1項、96条の2、99条の2第1項、104条の4で用いられている送信可能化権との間の用語の違いをどのように解するのか。「利用可能化」の語そのものを抜き出してみると、著作物の利用を、その利用形態を問わず、広く認める一方、わが国の定める「送信可能化」は、著作物の「送信」に限られる。果たしてWCT 8条等の定める「利用可能化」とわが国内法23条1項等の定める「送信可能化」とは別個の行為なのか。わが国著作権法がWCTの規定を受けて「新たな権利」を導入したことを考え、それに、この「新たな送信」をめぐるWIPO専門家委員会での討議を思い起こすとき、条約と国内法がそれぞれ別個の「行為」を想定していたとは考え難い。たしかに筆者自身も、WIPO専門家委員会での討議の段階では、送信可能化権がさほど重要な権利だとは考えていなかったが、来るべきインターネット環境の下での求めに応じた新たな送信に注目し、これに伝達権でなく、送信権の語を充てる考えを抱いていたことは確かである。WIPO専門家委員会が送信可能化をも含む「新たな送信」への認識に濃淡があったとしても、おぼろげながらも来るべきインターネット環境を想定して公衆への伝達権、利用可能化権を定めたのであれば、その伝達権は、わが国の定める送信権と変わらないのではな

かろうか。利用可能化権にしても、わが国で用いている送信可能化権と変わらないように思う。

利用可能化の語が用いられていても、インターネット環境下でのインターラクティブ送信をも含むとする文脈から推して、他の「利用」一般を考えることは難しいように思う。

そのようなことで、条約の利用可能化権をめぐっても、わが国の送信可能化権との間で用語上の齟齬があり、両概念の解釈に際しては慎重な配慮が求められる。

5．齟齬の解消は可能か

以上、頒布権と譲渡権、伝達権と送信権、それに、利用可能化権と送信可能化権を例に、用語上の齟齬につき述べてきたが、果たして齟齬の解消はできるのか。

頒布権と譲渡権は、わが国の中では、WCTの頒布権を譲渡権と解するより仕方がない。せいぜい、映画に関する頒布権と混同しないように注意するだけである。伝達権と送信権の関係については、さほど容易なことではない。そもそもWCTが新たな権利を避けて既存の伝達権の語を用いたわけであるから、条約次元では、伝統的な伝達権と新たな意味での伝達権の違いを常に心しなければならないであろうし、国内にあっては、伝達権の語を用いず、送信権の語を用いたことはわが国の大いなる誇りといえよう。欧米の先進諸国はWIPO専門家委員会での論議から抜け出すのに時間を要するであろうから、伝達権の語を離れ、わが国のような送信権に直ちに倣うとは思えない。その間に、わが国のほうで欧米の制度が先進的と思い込み、欧米における伝達権をめぐる論議をわが国に持ち込む懸念もないわけではない。注意を要する点である。

そして、もう一つの、利用可能化権と送信可能化権の関係は最も重要である。送信可能化権の重要性はますます高まるであろう。[6]しかし、今なお複製権などと混同する考えも存する現在、諸国がわが国の立法に揃えるにはなお時間を要しよう。かといって、WCTおよびWPPTに関する討議を見る限り、わが国が諸国の動きに倣う必要はない。

---

[6] Hiroshi Saito: "Significance of the Making Available Right" Gunner Karnell・Anenette Kur・Per Jonas Nordell・Daniel Westman・Johan Axhamn・Stephan Carlsson: "Liber Amicorum Jan Rosén" 2016, p.709

本稿を閉じるに際して、渋谷教授のお姿が目に浮かぶ。あの背筋を伸ばし顎を引いた静かで上品なただずまいはたぐいまれであった。それに、強く記憶に残るのは、1983年9月26日から30日にかけてシュトットガルトにほど近いルードヴィッヒスブルクで行われたアレキサンダー・フォン・フンボルト財団主催のシンポジウムである。それは国際私法、国際経済法の課題についてフンボルト留学生のOBとドイツの学者が討議をする場で、ミュンヘンの外国・国際特許・著作権・競争法研究所、ハンブルクの外国・国際私法研究所両マックス・プランク研究所からもEugn Ulmer,[7] Friedrich-Karl Beier,[8] Ernst-Joachim Mestmäcker[9]という大御所も加わり、知的財産権と国際私法をめぐるテーマについて活発な議論があった。当時は、ミュンヘン、ハンブルクの両研究所の間で大きな論争がなされていたときだけに[10]、報告者の一人である私は大いに緊張したが、出席されていた渋谷教授が発言して下さり心強い思いをした。今でも懐かしく想い出される一齣である。

---

[7] オイゲン・ウルマー教授は、ドイツはもちろん、国際的にも著作権法の分野で先導的な役割を果たした学者で、"Urheber- und Verlagsrecht 2.Aufl., 3.Aufl" 1960. 1980という名著をはじめ、"Der Rechtsschutz der ausübenden Künstler, der Hersteller von Tonträgern und der Sendegesellschaften in internationaler und rechtsvergleichender Sicht" 1957、黒川德太郎訳"著作物のコンピュータ蓄積と検索から生ずる著作権問題"1973年（著作権資料協会）など、多くの書を著わし、外交会議等の国際会議でも活躍し、ミュンヘンの研究所を「世界の無体財産権のメッカ」にした。

[8] フリードリッヒ-カール・バイヤー教授は、特許、商標等、工業所有権法の分野で、研究のみならず人材養成の面でも大きな貢献をした学者であり、わが国研究者の世話にも尽力した。染野義信・染野啓子編訳"工業所有権法理論の展開"1986年（発明協会）、バイオ研究会訳"バイオテクノロジーと特許保護・国際的レビュー"1987年（発明協会）という日本語に訳された書をはじめ、特許、商標等を中心に多くの書を著わし、ウルマー教授の後をついで、シュリッカー教授とともにミュンヘンの研究所の発展に貢献した。

[9] エルンスト-ヨアヒム・メストメッカー教授は、ドイツ、ヨーロッパをはじめ、国際次元での経済法の分野でドイツを代表する学者で、"Recht in der offenen Gesellschaft: Hamburger Beiträge zum deutschen, europäischen und internationalen Wirtschafts- und Medienrecht" 1993、"Kommunikationohne Monopole II" 1995、早川勝訳"EUの法秩序と経済秩序—法と経済の関係についての基本問題"2011年（法律文化社）など、多くの書を著わし、ハンブルクの研究所の存在意義を高めることに貢献した。

[10] ドイツの南北にあるマックス・プランク研究所の間の論争は激しいものであった。一方は著作権法の視点で、他方は国際私法の視点で論ずる中にはなかなか接点が見いだせなかったが、その論争の中にドイツの学問的風土の豊かさを感じ取ることができる。

第6章　パブリシティ権

パブリシティ権侵害と損害賠償

堀 江 亜以子

1．はじめに

　最判平成24・2・2［ピンク・レディー事件上告審］[1]は、最高裁が初めて「パブリシティ権」の存在を認めた判例として、重要な画期となった判決といえよう。わが国におけるパブリシティ権侵害事案の歴史において、当初は差止請求が認められるか否か、次いで差止請求の根拠が最大の問題であった。最高裁は、パブリシティ権を「人格権に由来する権利の一内容を構成する」権利であると定義したことにより、差止請求の根拠を現行法上どこに求め得るかという問題について、一定の回答を示したともいえる。さらに、最高裁は、パブリシティ権侵害となる行為類型を提示し、それが「専ら肖像等の有する顧客吸引力の利用を目的とするといえる場合」を侵害要件とする、「専ら」説を採用した。

　しかしながら、「人格権に由来する権利の一内容を構成する」権利とはいかなるものであるのか、判決文からは、その意味するところは判然としない。この点について、渋谷先生も、生前、厳しく批判されている[2]。先生は、「専ら」要件に関しても批判的であり、最高裁がこのような解釈を採らざるを得なかったのは、研究者の怠慢によるものと指摘する。そのはしくれとして、実に耳の痛いご指摘であった。

　その点は措くとしても、ピンク・レディー事件判決は、結論として権利侵害を否定しているため、その解釈が、実際に権利侵害が認められる場合にどのような影響を与えることとなるかは、それ自体では判然としなかった。

　これに対し、最高裁判決後、パブリシティ権侵害について争われた3件の判決は、侵害に対する救済の態様において相互に対照的であり、またピンク・レディー事件判決とも対照をなすものであるといえる。本稿は、これら3件の事

---

[1] 民集66巻2号89頁
[2] 渋谷達紀「ピンク・レディー最高裁判決について」知財ぷりずむ2012年12月号22頁

例において下された判断内容を、侵害内容とそれに対する損害賠償という観点から検証しようと試みるものである。

以下では、まず、ピンク・レディー事件最高裁判決に至るまでのパブリシティ権関連事案のうち、損害賠償請求が認容されたものを中心として概観し、続いて、最高裁判決後の事案3件の内容について紹介する。その上で、これらの内容を分析することによって、パブリシティ権事件における判断手法の妥当性について論じたいと思う。

2．ピンクレディー事件最高裁判決以前の損害認定について
（1）ピンク・レディー事件最高裁判決の概要

女性週刊誌が、昭和50年代にアイドルデュオとして人気を博したピンク・レディーの振り付けを利用したダイエットに関する記事に、歌手として活動していた頃のピンク・レディーの写真を掲載した行為がパブリシティ権侵害になるか否かが争われた事案である。

最高裁は、「人の氏名、肖像等（以下、併せて「肖像等」という。）は、個人の人格の象徴であるから、当該個人は、人格権に由来するものとして、これをみだりに利用されない権利を有すると解される…。そして、肖像等は、商品の販売等を促進する顧客吸引力を有する場合があり、このような顧客吸引力を排他的に利用する権利（以下「パブリシティ権」という。）は、肖像等それ自体の商業的価値に基づくものであるから、上記の人格権に由来する権利の一内容を構成するものということができる」と述べた。そして、「肖像等を無断で使用する行為は、①肖像等それ自体を独立して鑑賞の対象となる商品等として使用し、②商品等の差別化を図る目的で肖像等を商品等に付し、③肖像等を商品等の広告として使用するなど、専ら肖像等の有する顧客吸引力の利用を目的とするといえる場合に、パブリシティ権を侵害するものとして、不法行為法上違法となる」と、侵害行為を3つに類型化し、侵害要件を提示した。もっとも、第一審から一貫して、パブリシティ権侵害は否定されている。

なお、最高裁判決には金築判事の補足意見が付されており、そこでは、パブリシティ権は①人格権に由来する権利であること、②氏名・肖像等の使用行為が名誉毀損やプライバシー権侵害に該当する場合には別個の救済がなされ得ることなどから、侵害行為を構成する範囲は出来るだけ明確に限定されなければならないとしている。また、商業的利用説を採用した原審に対し、最高裁判決

が採用した「専ら」要件を妥当なものとしている。

（2）初期のパブリシティ権事案における損害賠償認容判例

　パブリシティ権侵害に損害賠償請求が初めて認められた東京地判昭和51・6・29［マーク・レスター事件］[3]は、ピンク・レディー最高裁判決にいう侵害の第3類型に当たる事案であるが、この判決では、芸能人の肖像無断使用による損害を人格的利益侵害による損害と財産的利益侵害による損害とに分け、財産的損害を報酬相当額とし、同業他社との専属出演契約に違反し、二重契約によって利を図ったとの誤った印象を与え、俳優としての評価・名声を毀損するおそれが生じたことによる精神的苦痛をもって人格的損害に該当すると判示している。

　東京地判平成2・12・21［おニャン子クラブ事件］[4]およびその控訴審である東京高判平成3・9・26[5]は、女性アイドルの肖像を無断でカレンダーに使用した行為に対し、販売の差止め・侵害物件廃棄並びに損害賠償が請求された事案である。差止め・廃棄請求については、原審では人格的利益侵害を理由に、控訴審では財産的権利の侵害を理由としてこれを認容した。損害賠償につき、原審は、自己の氏名・肖像を自己の意思に反してみだりに使用されない人格的利益の存在を前提に、顧客吸引力を持つに至った原告らの氏名・肖像自体に経済的利益を生じさせる財産的な価値を認め、現実の販売数量×定価額×被再許諾者から支払いを受ける際の料率（1％）を財産的利益侵害による得べかりし利益額と算定する一方、人格的利益侵害による慰謝料を各自10万円とし、高額となる後者を各自の損害賠償額として認定している。

　これに対し、控訴審では、「芸能人の氏名・肖像がもつかかる顧客吸引力は、当該芸能人の獲得した名声、社会的評価、知名度等から生ずる独立した経済的な利益ないし価値として把握することが可能であ」り、「当該芸能人は、かかる顧客吸引力のもつ経済的な利益ないし価値を排他的に支配する財産的権利を有する」ことを前提に「（被告商品）の顧客吸引力は専ら被控訴人らの氏名・肖像のもつ顧客吸引力に依存している」として差止請求を認容するとともに、

---

[3]　判時817号23頁
[4]　判時1400号10頁
[5]　判時1400号3頁

財産的利益侵害に対する損害賠償を通常の使用料算式方法によって各自15万円と算定したのに対し、人格的利益侵害については、問題となったカレンダーに人格を毀損するおそれはないとして、これを否定した。

（3）書籍・雑誌における肖像写真の無断利用行為

　書籍への写真の無断掲載につきパブリシティ権侵害であるとして、損害賠償請求を認容した最初の判決は、東京地判平成10・1・21［キング・クリムゾン事件］[6]である。氏名・肖像に限らず、著名なロックバンドのレコード・ジャケット写真を書籍に掲載する行為についてもパブリシティ権侵害を認め、損害賠償並びに書籍販売の差止め・廃棄を認容した。その損害額は、書籍の定価×複製数×印税額（10％）によって算定される使用料から、諸般の事情の考慮による減額がなされた。これに対し、控訴審は、「専ら」要件に基づいてパブリシティ権侵害自体を否定している。

　なお、「物」のパブリシティ権について、名古屋地判平成12・1・19［ギャロップ・レーサー事件］[7]およびその控訴審である名古屋高判平成13・3・8[8]は、競走馬の馬名をゲームソフトに無断で使用する行為をパブリシティ権侵害としたが、上告審である最判平成16・2・13[9]は、「物のパブリシティ権」自体を否定している。もっとも、「物」の無体物としての面の利用に関し、法令等の根拠のない排他的使用権を否定したにとどまる[10]。

　その後、東京地判平成16・7・14［ブブカ・スペシャル7事件］[11]およびその控訴審である東京高判平成18・4・26[12]では、女性アイドルが、芸能人として活動している際の写真、通学途中等プライベート時の写真、芸能人になる前の写真、過去の芸能活動時の写真など、読者の投稿写真を中心に掲載した雑誌に対し、プライバシー権及びパブリシティ権の侵害について争われた。

---

[6] 判時1644号141頁
[7] 民集58巻2号353頁
[8] 民集58巻2号330頁
[9] 民集58巻2号311頁
[10] 瀬戸口壮夫・最高裁判所判例解説民事編平成16年度（上）119頁も、「立法や慣習法において、その保護の範囲や態様が明確になっていない限り、物のパブリシティ権という財産的権利を認めることは、本判決によって実質的に否定されたというべきであ」ると述べつつも、「本判決は、いわゆる著名人のパブリシティ権については何らの判断もしていない」とする。
[11] 判時1879号71頁
[12] 判時1954号47頁

原審は、「固有の名声、社会的評価、知名度等を獲得した著名人の肖像等を商品に付した場合には、当該商品の販売促進に有益な効果、すなわち顧客吸引力があることは、一般によく知られているところであり、著名人は、顧客吸引力を経済的利益ないし価値として把握し、かかる経済的価値を独占的に享受することのできるパブリシティ権と称される財産的利益を有」し、「上記使用が当該芸能人等の顧客吸引力に着目し、専らその利用を目的とするものである」場合に権利侵害であるとする。芸能人になる前の写真及び通学途上の写真にプライバシー権侵害を認め、また、これらも含めて、写真の使用の態様が、モデル料等が通常支払われるべき週刊誌等におけるグラビア写真としての利用に比肩すべき程度に達していると判断された写真は、パブリシティ権を侵害すると認めたが、被告らにパブリシティ権侵害に関する違法性の認識可能性がなかったとして、パブリシティ権侵害については責任を阻却した。

これに対し、控訴審は、「パブリシティ権侵害を主張する者が著名人であって、第三者が当該著名人のパブリシティ価値を無断で商業的に使用した場合にパブリシティ権侵害が成立すると解すべきであり、パブリシティ権侵害の要件としては、当該著名人の氏名、肖像等の使用が商業的使用に当たるというためには、収支相償うことが予定されていること、すなわち、直接ないし間接に利益を出すつもりで行っていたことがあれば足りる」として、訴訟の対象となった写真のいずれにもパブリシティ権侵害を認めた。その損害額は、「少なくとも、相応の掲載料額を下回ることのない損害額を考慮せざるを得ず、結局は、掲載された写真の大きさ、著名な芸能人としてのイメージを損なうおそれがある点の有無、そのおそれの内容等、一審被告会社が得た利益の価額等を考慮の上、決するのが相当である」としている。

東京地判平成22・10・21［ペ・ヨンジュン事件］[13]は、「著名人の氏名、肖像は、顧客誘引力を有し、経済的利益、価値を生み出すものであるということができるのであり、著名人は、人格権に由来する権利として、このような経済的利益、価値を排他的に支配する権利を有する」とパブリシティ権を定義し、「その使用行為が当該著名人の顧客吸引力に着目し、専らその利用を目的とするものである」場合を権利侵害であるとする。そして、「原告一人を被写体とし、または、原告を被写体の中心として、原告の顔や上半身、全身をクローズ・アップで撮

---

[13] 裁判所HP

影したものであり、原告の肖像を独立して鑑賞の対象とすることができる」写真はパブリシティ権を侵害するが、写真よりも記事部分が相当程度を占めている頁や、原告の姿がごく小さくしか写ってないものなど、「原告の肖像を独立して鑑賞の対象とすることができるものとはいえない写真」には侵害を否定する。損害額は使用料相当額とするが、その算定に当たっては、雑誌の単価、販売部数、他の商品にあける許諾料のほか、原告の氏名・肖像の有する顧客吸引力の強さ、当該雑誌における原告の氏名・肖像の使用態様、当該雑誌中でパブリシティ権を侵害する部分の割合等を総合的に考慮するものとしている。

（4）広告への無断利用行為

東京地判平成16・10・21［山本寛斎事件］[14]では、TVの通販番組において、商品購入者への景品の時計について、これをデザインした著名なデザイナーの顔写真を使用する行為につき、原告の肖像の有する経済的利益の侵害があったということはできない、としてパブリシティ権侵害を否定する一方、同意を得ない使用について肖像権侵害が生じるとし、慰謝料が認められている。

東京地判平成17・3・31［長島一茂[15]事件[16]］は、元プロ野球選手であるタレント・長島一茂の肖像を広告で使用した被告に対し、長島の所属事務所が損害賠償を請求した事案である[17]。使用許諾の範囲を超えた使用であるとして、パブリシティ権侵害に基づく損害賠償を認め、長島の肖像等を新聞や雑誌等の紙媒体の広告宣伝に用いる場合の許諾料を基準として損害額を算定している。しかしながら、原告事務所による無形損害の主張に関しては、長島のイメージや社会的な信用に賠償を要するような影響があったとも認め難いとして、これを否定している。

---

[14] 判例集未登載
[15] 正式な表記は「長嶋一茂」であるが、判決文中「長島」と表記されているため、ここでは判決文の通りとする。
[16] 判タ1189号267頁
[17] この判決については、パブリシティ権の譲渡を受けたとする所属事務所が訴訟を提起し、その当事者適格を争うことなく、裁判所がパブリシティ権侵害に基づく損害賠償を認容したことにより、パブリシティ権の譲渡可能性を認めた事例ではないかとして採り上げられることが多い。しかしながら、その点については当事者間に争いがなく、また、少なくとも事務所は独占的ライセンシーとして損害賠償請求をし得る立場にあると解することができるから、殊更に当事者適格がないことを理由として請求を棄却する必要はなかったという事情を念頭に置く必要があろう。販売の差止め等についても請求し、所属事務所の当事者適格が争われたブブカ・スペシャル7事件とは異なる。

東京地判平成20・12・24［コムロ美容外科事件］[18]およびその控訴審である知財高判平成21・6・29[19]は、美容整形外科との広告出演契約が終了した後も、女優・タレントである原告の氏名・顔写真等が当該医院のサイトに掲載されていたことについて、パブリシティ権侵害が肯定された事例である。原審では、期間終了前の年間契約料を基準に、広告内容、広告媒体、広告地域等を元に損害額を算定し、無断で広告が掲載された期間を掛け合せた金額を損害額としている。また、「芸能人が、どのような企業のどのような商品・サービス等の広告に出演するかや、いったん広告に出演することを許諾したとしても、当該広告に出演することを継続するかどうかは、自己の芸能人としてのイメージや、広告の主体である企業や広告の対象である商品・サービス等に対する社会的評価等の諸般の事情を考慮し、当該芸能人において、自己の意思に基づいて判断・決定をすることができるものであ」って「無断でその氏名、肖像等を広告に使用された場合には、自らの自由な意思に基づいてこのような判断・決定をすることができるという主観的利益が侵害されたものであり、これによる精神的な苦痛は、財産的損害が賠償されたからといって回復されるものではなく、慰謝料によって慰謝されるべきものと認められる」とし、芸能人としての評価の低下の有無に関わらず慰謝料が認められると判示した。控訴審も、損害額を増額するものの、判断方法自体は変わらない。

(5) パブリシティ権と「人格権」

パブリシティ権を「人格権」に根拠づけた最初の事例は、東京地判平成17・6・14［矢沢永吉事件］[20]である。謝罪広告及び使用差止請求を棄却した判決であるが、ここでは、①氏名・肖像などの自己同一性に関する情報が無断で商業目的において使用された場合に人格的利益が害される、②有名人など自己同一性に関する情報に特別の顧客吸引力がある場合には経済的利益の侵害も受ける、③①②の無断使用の態様如何によっては人格権を根拠として使用の差止め、慰謝料、財産的損害の賠償請求、信用回復措置などを求めることができ、人格権に含まれる上記の顧客吸引力という経済的利益の利用をコントロールし得る法的地位がパブリシティ権であると述べている。氏名・肖像権、パブリシティ

---

[18] 判タ1298号204頁
[19] 裁判所HP
[20] 判時1917号135頁

権のいずれも人格権に基づくものとする。

　また、東京地判平成20・7・14［ピンク・レディー事件第一審］[21]は、すべての人は人格権の一部として氏名・肖像を冒用されない権利を有し、氏名・肖像が顧客吸引力を有し財産的価値を有する場合に、これを冒用されない権利としてパブリシティ権を定義する。

　その控訴審である知財高判平成21・8・27［ピンク・レディー事件控訴審］[22]は、人の氏名・肖像は「人格権の一内容を構成するもの」であって、その無断使用行為は人格権侵害に該当する一方、著名人については氏名・肖像に生じた顧客吸引力による経済的利益・価値も「人格権に由来する権利として」排他的に支配する権利を有し、これをパブリシティ権と定義する。なお、控訴審は、パブリシティ権侵害の成否については、総合考慮説を採用した上で、侵害を否定している。

　前掲ペ・ヨンジュン事件は、ピンク・レディー事件控訴審判決の定義と「専ら」説に基づき、最高裁判決以前に唯一「人格権に由来する」権利としてのパブリシティ権侵害を肯定した判決であるといえる。

　そして、前述のとおり、最高裁平成24年2月2日判決では、人一般について、個人の人格の象徴である肖像等をみだりに利用されない権利を「人格権に由来するもの」とし、さらに肖像等が顧客吸引力を有する場合に、これを排他的に利用する権利（パブリシティ権）を「人格権に由来する権利の一内容を構成するもの」と定義している。控訴審判決は、人格権の中に、人格権としての氏名・肖像権と財産権としてのパブリシティ権が並立しているようにも解し得るのに対し、上告審では、パブリシティ権は人格権たる氏名・肖像権に包含される存在と解されているかのようである。パブリシティ権の性質に関していわんとしているところはさらに不明確である。

3．ピンクレディー事件最高裁判決後の損害賠償請求事件

　ピンクレディー事件最高裁判決後に出された下級審判決として、知財高判平成25・10・16［嵐お宝フォトブック事件］[23]、東京地判平成25・4・26［ENJOY MAX事件］[24]、知財高判平成27・8・5［週刊実話事件］[25]が挙げられる。この

---

[21]　民集66巻2号116頁、判時2023号152頁
[22]　民集66巻2号131頁、判時2060号137頁

堀　江　亜以子

3件は、いずれも、書籍・雑誌に無断で写真が掲載された場合のパブリシティ権侵害が争われた事案であるが、いずれも損害賠償が認められている点で、ピンク・レディー事件と異なる。また、損害賠償が認められた理由はそれぞれ異なる。

（1）嵐お宝フォトブック事件（知財高判平成25・10・16、原審：東京地判平成25・4・26[26]）

　原告であるアイドルグループ「嵐」および「KAT-TUN」のメンバーを、公の場において被告側カメラマンが無断で撮影した写真を編集し、各グループ及びそのメンバー各々について、写真を中心とした書籍を無断で出版した行為が、原告らのパブリシティ権侵害にあたるとして、書籍の販売差止め・廃棄及び損害賠償が請求された事案である。

　問題とされた各書籍は、表紙のほか、全頁にわたって原告らを被写体とするカラー写真を掲載し、各頁の大部分は、写真だけか写真の脇に短い記述を添えただけのものである。コラムとして比較的まとまった文章も掲載されているが、写真の枚数やその取り扱われ方等に照らすと、当該コラムは写真の添え物であって独立した意義が認められず、各書籍は、掲載された各写真を鑑賞の対象とすることを目的とするものであるから、被告の行為はパブリシティ権侵害に該当し、不法行為法上違法とした。そして、「パブリシティ権が人格権に由来する権利の一内容を構成するものあることに鑑み」て、差止請求等が認容されており、「人格権」を理由に差止めが認められた最初の事例といえる。

　原告らの損害額は、原告らの所属する事務所が写真集の出版等を許諾した場合の使用料に基づき、各書籍の本体価格の10％相当額に発行部数を乗じた金額として算定されている。

　もっとも、被告による写真撮影及び書籍への掲載が、みだりに自己の容貌等を撮影されず、また、撮影された写真をみだりに公表されない人格的利益を侵害し、その結果、肖像写真等の使用許諾によって得ることができる利益相当額等の損害を受けたとの原告らの主張に対し、原審は、仮にそのような利益を侵

---

[23] 裁判所HP
[24] 判タ1416号276頁
[25] 裁判所HP
[26] 判時2195号45頁、判タ1415号303頁

害するものであるとしても、直ちに、原告の主張するような損害を受けることにはならないなどとして、これを否定している。
　その後、控訴審も原審判決を肯定したため、被告が上告及び上告受理申立を行ったが棄却・不受理とされた。

（2）ENJOY MAX事件（東京地判平成25・4・26）
　複数の女性芸能人のカラー写真を無断で掲載した雑誌5冊につき、パブリシティ権及びプライバシー権侵害に基づく販売差止め・廃棄及び損害賠償が請求された事案である。芸能人として活動中の写真にコメントを付したもののほか、芸能活動開始前の写真や、私生活における写真についても、パブリシティ権侵害該当性が争われた。
　裁判所は、原告らの肖像等が商品の販売等を促進する顧客吸引力を有し、パブリシティ権が成立すると認めるが、肖像等それ自体を独立して鑑賞の対象となる商品等として使用したか否かについては、写真とそれに付されたコメントとの間に関連性がない場合または関連があったとしても実質的にはコメントに独立した意義が認められない場合に限り、パブリシティ権を侵害するものであるとした。
　他方、プライバシー権侵害との関係については、「芸能活動に基づいてその肖像等についてパブリシティ権を有する者について、その芸能活動を開始する前あるいは芸能活動を開始した後の私生活における肖像等が公表された場合においても、当該芸能人が私生活上の肖像等を顧客吸引力を有するものとして使用しこれについてパブリシティ権が成立するような場合は格別、そうでない限りは、プライバシーの侵害の有無の問題として、その事実を公表されない法的利益とこれを公表する理由とを比較衡量して不法行為の成否を検討すべきことは、一般人の場合と異ならないというべきである」として、パブリシティ権侵害に該当する場合と、プライバシー権侵害に該当する場合との間に線引きする。これにより、芸能活動開始前の写真及び私生活における写真にはプライバシー権侵害に基づき、その掲載頁数や雑誌の販売部数、対象となっている原告らの心情を考慮するものとして損害（慰謝料）を認めたが、パブリシティ権侵害は否定された。
　パブリシティ権侵害については、プライバシー権侵害が認められた写真を除くすべての写真に対し、①写真に独立した鑑賞の対象性があるか否か、②コメントに独立した意義があるか否かを個別に検討し、①に関しては「サイズが小

さくても明瞭に認識できる」、②に関しては「写真の内容に即して筆者の願望、推測を述べるにすぎない」等の理由により、パブリシティ権侵害を認めている。その損害は使用料相当額とし、肖像等の使用方法、雑誌の販売価格・販売部数、写真集における対価の支払状況等から使用料率を20％（表紙に使用した場合は30％）であるとして、各人1冊当たりの損害額を（販売価格×販売部数×掲載頁数／全体頁数）×使用料率として算定している。

　また、この判決の大きな特徴は、使用料相当額の損害の他、「パブリシティ価値毀損の損害」を認定していることである。その内容は、写真に付されたコメントのほとんどが読者の性的な関心を喚起する内容となっている上、独立した意義が認められないものであること、他方、原告らはいずれも女性芸能人であってそのキャラクターイメージが重要であることから、パブリシティ権侵害が認められる写真であって顧客吸引力を毀損する要素のあるコメントが付されているものについて、損害が認められるとする。もっとも、現時点においてパブリシティ権の価値を算定する手法がなく、パブリシティ権毀損にかかる損害額を算定する手法もないため、当該額を立証することは極めて困難であるとして、民法248条により、毀損されたキャラクターイメージの性質、毀損の態様、使用料相当損害額との関係、掲載頁数等を考慮して認定するのが相当であるとしているが、具体的な算定基準は明らかではない。

　さらに、パブリシティ権侵害が肯定された写真に関しては、「パブリシティ権は、人格権に由来する権利の一内容であっても、肖像等それ自体の商業的価値に基づくものであるから、精神的損害を認めることは困難である」として、精神的損害（慰謝料）は認められないものとしている。

（3）週刊実話事件（知財高判平成27・8・5、原審：東京地判平成27・1・29[27]）

　男性向け週刊誌が、原告らを含む女性芸能人の主に上半身のみの肖像写真に裸の胸部（乳房）のイラストを合成し、各芸能人の氏名と記事執筆者による短いコメント、胸の推定サイズ並びに「感度」「母性本能」などを評価項目とする五角形のレーダーチャートを付したものを並べて、モノクロ印刷によるグラビアページに掲載した記事につき、パブリシティ権侵害に該当するか否かが争

---

[27] 裁判所HP

われた事案である。

　当該記事に掲載された写真の大きさは縦6cm×横4cmのものから縦12.2cm×横10.7cmのものまであったが、①「裸の胸部のイラストを合成し、性的な表現を含むコメント等を付したものであり、肖像等そのものを鑑賞させることではなく、原告らを含む女性芸能人の乳房ないしヌードを読者に想像させる（妄想させる）ことを目的とするとみることができる」こと、②「本件記事は、全248頁の本件雑誌中の巻末に近いモノクログラビア部分に掲載されたもので、表紙には取り上げられていない上、各原告の肖像等は1頁当たり9名又は10名のうち1名として掲載されるにとどまっている」ことから、③「原告らのファン等が本件記事中の肖像写真を入手するために本件雑誌を購入することがあるとはおよそ考え難い」として、原告らの肖像等を無断で使用する行為であっても肖像等それ自体を独立して鑑賞の対象となる商品等として使用するものとはいえず、また、ほかの態様によって専ら原告らの肖像等の有する顧客吸引力の利用を目的とするものと認めることもできないとして、パブリシティ権侵害を否定した。

　しかしながら、①当該記事は第一印象として原告ら女性芸能人が自らの乳房を露出しているかのような誤解や印象を読者に生じさせる可能性があるものであって、このような表現行為が肖像を無断で利用された女性に強い羞恥心や不快感を抱かせ、その自尊心を傷付けるものであること、②しかも、上記のような加工がされた肖像に、原告ら女性芸能人の芸能活動に関係する性的な表現を含むコメント等を複数羅列したものであって、原告ら及びその芸能活動を揶揄することをも目的とするものということができることから、当該記事は、「社会通念上受忍すべき限度を超えた侮辱行為により原告らの名誉感情を不当に侵害するものであり、かつ、受忍限度を超えた氏名及び肖像の使用に当たるというべきである」として、人格権及び人格的利益の侵害を肯定する。そして、雑誌の発行部数や掲載の態様等を基に、各75万円を損害額としている。

　原審判決に対して、原告・被告の双方が控訴したが、いずれも棄却されている。控訴審において、一審原告らは、肖像部分を除いた部分は本件記事の添え物で独立した意義を認めることはできないと主張したが、「本件記事は、肖像写真に乳房のイラストを加えることによって新たに創作されたものを、読者による鑑賞の対象とするものであり、本件記事における乳房のイラスト部分は、それ自体としては肖像写真を離れて独立の意義があるとは必ずしもいい難いも

堀 江 亜以子

のの、本件記事における不可欠の要素となっているから、これらを単なる添え物と評価することは相当ではない」として、当該記事が専ら肖像等の有する顧客吸引力の利用を目的とする場合に当たるということはできないと判示している。

4．被侵害利益とピンクレディー最高裁判決の影響
（1）パブリシティ権侵害と人格的利益侵害は両立しないのか

　嵐お宝フォトブック事件は、書籍全体が原告である芸能人らの写真を鑑賞することを主目的とする、いわば写真集であり、掲載されている写真はいずれも芸能活動中の姿もしくはそれに準ずる公の場所での姿を撮影したものであるから、ピンク・レディー事件と比較して、第1侵害類型の典型として「専ら」要件を充たす事例といってよい。もっとも、無断で写真を撮影されたことについての精神的損害が否定されているのは、同意なしに顔写真を使用したことのみに基づいて慰謝料を認めた山本寛斎事件と比較すると、慰謝料請求のハードルが高くなったといえよう。

　これに対し、ENJOY MAX事件と週刊実話事件は、財産権的側面における侵害のみならず、人格権侵害の成否も重要な問題となっている。写真の無断掲載に際し、当人を性的に揶揄するようなコメント・表現が付されている場合について争われている点においても共通する。しかしながら、「写真の独立観賞性」と「コメントの独立存在意義の有無」に関する判断を異にする。

　裁判所における判断は、パブリシティ権侵害が成立するか否かを第一のメルクマールとしている。特にENJOY MAX事件では、パブリシティ権侵害とプライバシー権侵害とは両立しないものとされ、プライバシー権侵害が認められた写真にはパブリシティ権侵害を認めない。プライバシー権については争っていない週刊実話事件では、パブリシティ権侵害が否定された写真に、コメントの内容による人格権侵害・人格的利益の毀損が認められる場合には精神的損害（慰謝料）を認めている。

　他方、ENJOY MAX事件では、パブリシティ権侵害が肯定された写真について、原則として使用料相当額が損害額として認められ、さらに、侵害行為による「パブリシティ価値の毀損」がある場合、それについても損害賠償を認容する。しかし、コメントの内容による精神的損害＝人格権侵害・人格的利益毀損は認めない。

財産的利益の侵害であるパブリシティ権侵害により、①得べかりし利益としての使用料相当額、②パブリシティ価値の毀損によって生じた損害額について賠償請求が可能となり、人格的利益が害された場合には③精神的損害に対する慰謝料請求が可能であるという判断自体は正当である。しかしながら、その適用のあり方には、疑問を持たざるを得ない。
　第一に、パブリシティ権侵害が肯定された場合であっても、人格権侵害・人格的利益の毀損は十分起こり得るはずである。ENJOY MAX事件と週刊実話事件とで、写真を無断掲載された女性芸能人にとっては、写真掲載のみならず、性的な関心を惹起し、当該芸能人を揶揄するようなコメントが付されていることに変わりはない。性的な視点から論評されることに対して、一般の人々に比べて著名人は受忍すべき範囲を広く解されるであろうが、パブリシティ権侵害が成立するか否かによって、精神的苦痛の有無が変わるわけではない。人格的利益侵害の有無をパブリシティ権侵害の成否に係らせるのは誤りである。
　第二に、パブリシティ価値の毀損の立証困難性は裁判所も認めているが、具体的に立証し得るとすれば、肖像等の無断使用により、他企業との契約が解除されたり、あるいは契約締結に向けて交渉段階にあったものが白紙に帰したりするような場合が挙げられる。また、具体的な損害額の算定は困難であろうが、マーク・レスター事件で人格的利益の侵害として認められた、二重契約を締結しているとの誤解を生ずる懸念がある場合、氏名・肖像等が無断使用された商品が欠陥商品であり、それによって消費者に被害が及んでいるような場合も、当該著名人のイメージが一定程度低下する可能性が考えられる。
　これに対し、ENJOY MAX事件は、「写真に付されたコメントが読者の性的な関心を喚起する内容となっている上、独立した意義が認められないものであること」によりキャラクターイメージが毀損されたとしか述べていない。しかし、当該雑誌の性質として、このような内容の雑誌であることを読者は承知し、あるいはそれを目的として購入していると考えられ、読者にとって殊更キャラクターイメージが毀損されるということは考え難い。当該芸能人と広告等の契約関係にある企業にとっても、一般誌において不倫等のスキャンダルが報じられることに比較すれば、この類いの雑誌で、勝手な憶測に基づき性的に揶揄されていることが問題となることはほぼないのではないか。もちろん、「パブリシティ価値の毀損」によって精神的損害が生ずる可能性は否定しないが、経済的価値の低減自体に対して生ずる精神的苦痛や、コムロ美容外科事件のように、

自己の意思に基づく判断・決定が阻害されたことによる精神的苦痛といったものに限られるのではないか。

　ENJOY MAX事件では、無理にパブリシティ権侵害と人格的利益の侵害とを二者択一的に捉えようとしたがために、「パブリシティ価値の毀損」名目の元に、人格的利益の毀損による精神的損害を認めているようにもみえる。このような混同をするべきではない。

　週刊実話事件においても、事案と同様のイラストを付された写真が、冒頭のカラーグラビアページに、1頁あたり1名が掲載され、表紙にも当該記事について記載されていた場合には、パブリシティ権侵害が否定されることは考え難い。その場合、パブリシティ権侵害が認められることを理由に、人格権・人格的利益に対する侵害の判断が否定されるとすれば不当である。むしろ、このような写真掲載によって、よりいっそう深く精神的に傷つけられる可能性があるのではないだろうか。

　また、仮に、本人の承諾のもとに撮影されたヌード写真等を非公開としたものの、本人および事務所の意に反して、当該写真が流出したような場合にも、使用料相当額の他、「パブリシティ価値毀損」という無形損害、さらに人格権侵害も生じ得るのではないだろうか。

　しかし、パブリシティ権侵害が生じる場合と、人格権侵害が生じる場合とが両立しないものと解してしてしまうと、このような事例に対処できなくなってしまう。肖像等に関する人格権侵害と財産権侵害とは、いずれか一方のみが成立しうるような性質のものと解釈するべきではないであろう。

　もっとも、このような解釈が、ピンク・レディー事件最高裁判決そのものから、当然に導き出されるものとも思われない。この点に関し、調査官解説[28]では、「現実的には、『心』を痛めて肖像権侵害を主張するものは、肖像等を公開して『金』とすることを望まないと思われる一方、『金』を求めてパブリシティ権侵害を主張するものは、顧客吸引力を有する肖像等を公開しても『心』を痛めるとは思われない。実際には、肖像等の利用が人格から生ずる財産的利益と人格的利益の両者を侵害したとして、パブリシティ権侵害と肖像権侵害をいずれも主張し得る場合は限られると思われる」と述べるが、これはあくまでも「肖像等の公開」そのものが人格権侵害を構成するような場合、すなわちプライバシー

---

[28] 中島基至・最高裁判所判例解説65巻5号183頁

権侵害に該当する場合であろう。写真の内容そのものではなく、その利用態様が問題とされている場合には、パブリシティ権侵害と人格的利益の侵害は十分に両立し得る。

(2) パブリシティ権侵害の要件

他方、週刊実話事件では、問題となった記事のためにファンがこの雑誌を購入することは考えられないということも、パブリシティ権侵害否定の根拠のひとつとなっている。その理由として、①肖像等自体の鑑賞ではなく女性芸能人の乳房ないしヌードを読者に想像させる目的、②雑誌巻末に近いモノクログラビア部分への掲載、③表紙記載なし、④1頁あたり9～10名の写真掲載といった点が挙げられている。

しかし、ENJOY MAX事件においてパブリシティ権侵害が肯定された写真と比較して、上記③④について差異があるとはいえないものもある。また、③に関しては、表紙への記載の有無によって、パブリシティ権侵害の成否に影響を与えるかのごとくに解するのは妥当とはいえない。

②は、いわゆる「写真の独立観賞性」に関するものであるが、週刊実話事件のように相当な大きさでありながら白黒の写真と、ENJOY MAX事件で侵害が認められた一辺が2cm前後でありながらカラーの写真とのいずれを価値あるものとするかは読者個人の価値判断によるものといわざるを得ない。

①の理由は、「コメント等の独立存在意義」と「写真の独立観賞性」との関係についてであるが、写真に直接乳房のイラストを描き加えたら「専ら」鑑賞の目的ではなくなり、ENJOY MAX事件のように文字によるコメントが付されているだけであれば「専ら」鑑賞する目的が失われないというのは説得力に乏しい[29]。本人を特定できないような加筆や加工が施されている場合や、大きさや画質によって特定が不能な場合を除いて、鑑賞の目的たり得るのではないか。

また、これらはいずれも相対的要因にすぎず、これらの要因によって、ファンによる購入のインセンティヴは減少していくものの、被写体を特定し得ないものにならない限り、それがゼロになることはおそらくない。そのグラデーショ

---

[29] 内藤篤「パブリシティ権とグラビア的使用」ジュリスト1483号9頁は、週刊実話事件の判示を穏当としつつも、妄想目的だから鑑賞目的にならないという点について異論を呈している。

ンのどこかに境界線を明確に引くことは不可能である。
　そして、その損害を権利者ベースで考えた場合、許諾した場合の使用料が得べかりし利益となる一方、そもそも許諾を与えないようなものについてどう考えるかという問題が生ずる。そこで考慮されるべきものが「パブリシティ価値の毀損」による損害及び人格権侵害・人格的利益毀損による損害であろう。
　他方、侵害者ベースで考えれば、ゼロか百かではなく、侵害者が不当に得た利益には、先に挙げたような「侵害の係数」ともいうべきものが掛け合わさっている。あくまでも、侵害の程度が低減していくにつれて、不当な利益＝損害が減少するのみであって、完全に損害が生じないわけではない。ただ、「侵害の係数」が低くなるほど、実質的には、算定が不可能になっていくのみである。
　このように考えると、「専ら」要件によってパブリシティ権侵害の有無を判断することは、本来不可能なはずである。また、ピンク・レディー最高裁判決の第2類型・第3類型においては、「専ら」要件を充たすことはそもそも不可能である[30]。「専ら」要件はおニャン子クラブ事件控訴審判決において提示されたことを出発点としているが、仮に、無断で製造されたカレンダーと正規品とが全く同じ写真を同程度の品質で印刷していた場合、購入者はカレンダー部分の仕様と価格による比較をするであろう。すなわち、第2類型においては常に商品自体の顧客吸引力と肖像等の有する顧客吸引力とを併せて、全体の商品価値となるのであるから、「専ら」要件を充たすことはできない。さらに、広告に肖像等が利用される場合である第3類型については尚更、たとえ、商品の広告に肖像等が利用されたことによって一時的に購買力が上がることがあっても、商品自体の価値が低ければその購買力は維持できない。パブリシティ権侵害の有無の判断ということを考えるに当たっては、商業的利用説を採用するのが妥当であり、差止めの必要性判断や損害額の算定によって結果の妥当性を探っていくべきではないだろうか。

5．おわりに

　ピンク・レディー事件最高裁判決以後に出された判決例はまだ数少なく、これらのみをもって、パブリシティ権侵害事例における侵害と損害の解釈基準が

---

[30] 渋谷説も、第2・第3類型については「専ら」要件を充たすことはないと指摘する。前掲（1）24頁。もっとも、カレンダーについて第1類型とし、「専ら」要件充足性を認める点において、私見とは異なる。

パブリシティ権侵害と損害賠償

確立したというには足りないかもしれない。しかしながら、少なくとも ENJOY MAX 事件判決におけるような、パブリシティ権侵害が肯定される場合には財産的損害のみが認められ、否定される場合についてのみ人格権侵害・人格的利益の毀損が認められるという解釈は不当である。上述の通り、パブリシティ権侵害の成否にかかわらず、人格権侵害・人格的利益の毀損の有無が判断されるべきである。また、パブリシティ権侵害によって生じる財産的損害についても、パブリシティ価値の毀損について損害が認められる場合と人格権侵害とを混同するような判断は許されるべきではない。

もちろん、国民の「知る権利」に関わるような、政治家等のいわゆる公人の写真や、事件報道における利用、著作権法32条の引用に該当する利用行為などについては、そもそもパブリシティ権侵害の範囲外として排除するべきであろう。「写真の独立観賞性」「コメント等の独立存在意義の有無」といった要素は、本来は、これらの場合にパブリシティ権を及ぼさないようにするためのものであったが、実際の解釈はその目的ともずれているのではないだろうか。

ピンク・レディー事件では結果的にパブリシティ権侵害が否定されているため、最高裁判決に提示されたパブリシティ権に関する解釈の妥当性が大きく問題となることはなかった。しかし、最高裁判決後の3件のように、ほぼ同じ侵害類型の事案であっても、その結論は必ずしも妥当なものとは言い切れない。今後、異なる侵害類型に最高裁判決の解釈を適用した場合、妥当な結論を導くことができるかについては疑問を禁じ得ない。加えていえば、「人格権に由来する権利の一内容を構成するもの」という定義と上記3件の結論とに明らかな連関を見出すのは困難であり、結局のところ、ピンク・レディー最高裁判決は、少なくともパブリシティ権の本質については、ほとんど何も言っていないに等しい。

「物のパブリシティ権」を否定する以上、パブリシティ権侵害が肯定されるためには、そこに少なくとも「人的属性」の無断利用行為は存在するであろう。しかし、「人的属性」が無断で利用された場合には、その態様によって「財産権」的側面が害されることも、「人格権」的側面が害されることもあり、一方のみが害されることも、両方ともが害されることもある。逆に、「財産権」的側面のみが害された場合に「人格権」と把握しようとすることは、無用な混乱を引き起こす。やはり、パブリシティ権の本質を人格権と捉えることには無理があるのではないだろうか。

もちろん、パブリシティ権を人格権と捉える立場にとっては、それによって差止請求権の根拠とすることができるという利点はある。しかし、従来の判例が必ずしも差止請求権とは結びついていないとの指摘[31]もある。なによりも裁判所は現行法の範囲内において判決を下さなければならないという制約を課されているのに対し、権利の本質を探る議論は必ずしも現行法の枠内に止まらなければならないわけではないはずである。

　渋谷先生は、現行法の限界を十分認識しつつも、本来このように解するべきである、とご自身の見解を表明されることが多かったように思う。その姿勢に見習いつつ、さらにパブリシティ権の本質について検討を続けていきたい。

---

[31] 本山雅弘「パブリシティ権の権利構成の展開とその意味に関する覚書」国士舘法学45号57頁

第7章　随　　想

渋谷先生との思い出

今 村 哲 也

　渋谷先生が、私の母校である早稲田大学で教鞭を執られるようになったのは、平成15年（2003年）であった。私が法学研究科の博士後期課程に入学した年であり、よく覚えている。私の指導教授である高林龍先生（以下、高林先生とする）から、新しい知財の先生を採用したという話を聞いてはいたが、高林先生はこうしたことには口の堅い方だったと思うので、実際に分かるまでは、いったい誰が赴任されるのか知らなかったように記憶している。

　私は平成21年（2006年）まで早稲田大学に籍を置いていたが、実は、渋谷先生の授業に出席したことは一度しかない。大学院の授業で、初回の授業を聴講し、次からは行かなくなってしまった。今から思うと、大変後悔している。その後も、大学院にいる間には、あまり直接的な接点を持つことはなかった。もっとも、全く関わりがなかったわけではない。当時、法学研究科では、上村達男先生をリーダーとして21世紀COEプログラム「企業社会の変容と法システムの創造」という大型のプロジェクトが採択された。高林先生は、その企画の1つとして、知的財産法制研究センター（RCLIP）を立ち上げた。主たる企画は、アジア諸国の知的財産権の判例の英訳データベースを構築するというものであった。

　渋谷先生も、その研究グループにメンバーとして参加していた。初めての会議が平成15年10月3日にあり、当時の議事録によると、その会議には、渋谷先生もいらっしゃっていた。それが最初にお会いした機会ではなかったかと思われる。ちなみに、その日の会議には、当時早稲田大学教授であった木棚照一先生（現・名古屋学院大学教授）のほか、成城大学専任講師であった上野達弘先生（現・早稲田大学教授）、内閣官房知的財産戦略推進事務局に所属していた中山一郎先生（現・國學院大學教授）なども参加されていた。博士課程学生の仲間では、青柳由香先生（現・横浜国立大学准教授）、安藤和宏先生（現・東洋大学准教授）なども同席していた。

渋谷先生との思い出

　当時、RCLIPでは「企画会議」と称して、企画の進捗状況や進め方を検討する会議を月1回程度開催していた。実のところ、私の主観的な記憶には、さまざまな斬新なアイデアを生み出し、意欲的に議事を進行していく高林先生の姿しか残っていなかった。ところが、今回、平成18年（2005年）4月に私が明治大学に就職するまでの2年半の間に行われた22回分の企画会議の議事録をざっくりと見返してみると、そのほぼすべてに、渋谷先生は出席をされていたという記録が残っていることが分かった。人間の記憶とは面白いもので、このように記録を見返すと、さまざまな断片的な記憶が蘇ってきた。10年以上前の議事録をきっかけに、高林先生の近くに座り、話をじっくり聞きながら静かに座っている渋谷先生の姿が、徐々に脳裏に蘇ってきた。
　この21世紀COEプログラムにかかわっていたとき、私は法学研究科の客員研究助手を担当していたため、高林先生だけでなく、他の先生のお手伝いをすることもあった。特に、木棚先生については、先生の研究室が、私が当時住んでいたアパートの眼と鼻の先であったため、ときには「うな重」につられて、真夜中まで21世紀COEプログラムに関する仕事をお手伝いしたことがあった。それはそれで思い出となっているのだが、これに対して、渋谷先生は決して、何か私に事務的な作業を依頼するということはなかった。会議でもご自身から何か積極的に提案するということはなく、高林先生に何か意見を求められたときだけ、答えるという感じであったように思う。しかし、それでも、ほとんど欠席せず毎回いらしていたということは、何か多少なりとも興味を覚えることがあったか、あるいは高林先生の率いるRCLIPという集まりに親しみを覚えていたのではないかと推察される。そうした知性のある静かな人物の記憶が、えも言われぬ感覚として私の心に残っている。
　私は、渋谷先生の研究室に一度だけ訪問したことがある。渋谷先生は連絡にメールを使われなかったので、FAXを送信したり、プリントアウトをしたものを研究室のドアの前の封筒に入れたりした何度かの記憶はあるのだが、実際に研究室に入ったのは一回だけである。当時、渋谷先生の研究室は、早稲田キャンパス9号館にあった。前述の21世紀COEプログラムの企画の一つであった判例データベースについて、私はタイの担当をしていた。あるときタイから、データベースに搭載するかどうかを判断するために現地の裁判例をそれぞれ「一行」に要約したリストが届いたため、タイ語のできる方に翻訳をしてもらったものの、法律的な内容も含んでおり、要約を翻訳するのは困難だったようで、

訳として不完全の部分があった。そこで、タイの裁判官に来日してもらい、渋谷先生とタイ語通訳者の三浦由美子さんと私とで集まり、一行リストの内容について、渋谷先生にチェックをするためのミーティングを開いた。それが研究室を訪問した最初で最後の機会であった。

　そのミーティングでは謎めいたタイ語からの日本語訳を渋谷先生は特に訝ることもなくチェックしていった。そのことよりも、私が印象として記憶していることは、渋谷先生の研究室が、まるで宇宙船の操縦室のようになっていたということである。私の記憶も少しあやふやであるが、椅子を囲む三方が机に囲まれているという状況であったと思う。当時、それを拝見してかなりの違和感というか、カルチャーショックを覚えたように記憶している。しかし、最近、私自身、論文の執筆をしているときに、机の下に本や書類が散乱することが多く、その都度、あの渋谷先生の研究室の机のことを思い出している。適度な高さに、たくさんの書籍を開いたまま置いて、一覧することができるあの机の配置には、実は考え抜かれた機能性があったのだと、今にして得心するのである。

　渋谷先生とは、平成22年（2010年）文化庁委託事業の「諸外国の著作権法等における出版者の権利及び出版契約に関連した契約規定に関する調査研究」における調査研究委員会おいて、委員会に委員として参加させていただいたことがある。座長が渋谷先生で、副座長が東京大学教授の大渕哲也先生、私と国士舘大学教授の三浦正広先生が委員であった。最初の委員会は平成22年（2010年）のクリスマスイブであったので、よく覚えている。調査するべき国の数に比して、調査期間が短く、報告書の執筆は大変であったが、渋谷先生との関係では、あたたかな声をかけていただいた記憶だけが残っている。

　渋谷先生に対して忘れてはならない学恩のひとつとして、博士論文の審査委員をご担当いただいたことがある。早稲田大学を退職後、東京都立大学名誉教授の立場で、4名の審査員の1人として審査をして頂いた。聞くところによれば、厳しいご意見も含めて、しっかりと審査していただいたそうで、大変感謝している。博士論文を提出した当時、私はロンドンに在住していたため、審査の初めから終わりまで、審査員である先生にご挨拶する機会は全くなかった。平成24年（2012年）9月に博士号を授与されたときも、更に1年ほどロンドンにおり、お会いすることはできなかった。平成25年（2013年）9月に帰国したが、その後、最後にお会いしたのは、平成26年5月に学習院大学で行われた工業所有権法学会の研究大会の際であった。ロンドンでは、都立大学時の先生の

教え子の方ともロンドン大学クインメアリ校の授業の教室でご一緒することがあったので、そのようなご報告も含めてきちんとご挨拶しようと思ったが、あわただしいなかで、廊下で軽く会釈することしかできなかったのは、心残りであった。

　渋谷先生がお亡くなりになる直前の平成26年（2014年）6月18日、農林水産省の提出による、地理的表示保護制度を創設することを内容とした「特定農林水産物等の名称の保護に関する法律」（平成26年法律第84号）が成立し、同年6月25日に公布された（地理的表示法）。そして、同法は平成27年（2015年）6月1日に施行され、同日、申請の受付が開始し、平成28年（2016年）3月31日現在、12件の登録がなされている。渋谷先生は、10年以上前から、農林水産省において、食品等の地理的表示の保護に関する専門家会合の座長として議論にかかわっていたので、きっとかなり関心をお持ちであったであろうと思う。渋谷先生に審査員の一人としてご審査いただいた私の博士論文も地理的表示に関するものであった。渋谷先生には、この新しい制度について、いろいろと意見を伺いたかったにもかかわらず、最早それがかなわないことは、残念というよりほかない。鬼籍に入られた渋谷先生の御冥福をいのりつつ、この分野の発展に尽力された先生に対して恥ずかしくないように、また学恩を返すためにも、しっかりとした研究を深めていきたいと思う。

あとがき

　2014年8月28日、渋谷達紀教授は74歳で逝去されました。常に知的財産法学の進展を牽引し続け、大学教員の職を退かれた後、さらに旺盛に執筆活動に邁進されていた、そのさなかのことであり、渋谷先生急逝の報は、知財関係者の間に驚愕と深い悲しみをもたらすものでした。

　渋谷先生は、東京大学法学部を卒業後、いったんは企業に就職されたものの、1年後に東大の大学院に転じ、その後は一筋に学究生活を送られました。英・独・仏の3カ国語に通じ、その研究成果として最初に結実した『商標法の理論』は、未だ、その重要性を失っていません。

　40年あまりの長きにわたり、東京都立大学、早稲田大学にて教員生活を送る傍ら、日本工業所有権法学会をはじめとする諸学会や、政府の審議会においても活躍され、数多くの論文を発表され続けました。その成果が大きく結実したものが、全3巻からなる『知的財産法講義』であるといえるでしょう。1人の研究者が知的財産法のすべての分野にわたり、詳細な教科書を執筆するというのは偉業というべきことであり、それは、初版の帯文にあるとおり、まさに「知的財産法学の金字塔」と呼ぶべきものでした。

　その『知的財産法講義』のはしがきの最後に、「講義や演習の準備にかまけて、大事な会合にも稀にしか出席すること」がなかったと書かれていますが、渋谷先生は、まさに、御自身の研究のみならず、教育にも熱心でいらっしゃいました。都立大学では着任時より商法の担当として講義やゼミを担当されていたところ、1990年からは、特別講義として「知的財産法（当初は「無体財産法」）」も開講され、その丁寧かつ明晰な授業は多くの学生を惹きつけるものでした。渋谷先生は、研究者としてのみならず、教育者としても一流でした。

　早稲田大学を定年退官された後は、文化審議会著作権分科会の委員として著作権法の改正作業に携われながら、基本的には御自宅での執筆作業に専念されていました。その中から、『著作権法』、『特許法』、『不正競争防止法』、『種苗法の概要』といった御著書を立て続けに発表されていました。しかし、『種苗法の概要』が刊行された矢先、次の著作が待たれている中で急逝されてしまい

あとがき

ました。

　知財関係者の誰もが、渋谷先生の死を悼む中でも、ひときわ深く悲しまれていたのは、東大大学院の頃からともに学究生活を歩まれてきた、紋谷暢男先生であったといって間違いないでしょう。同じ知的財産法の研究者として、互いに敬意をもって、深く交流されていました。また、渋谷先生は、紋谷先生が発明推進協会（開始当初は発明協会）において毎月開催されていた判例研究会に、1981年の第1回から参加され、会の発展に重要な役割を果たされていました。

　本書の刊行もまた、紋谷先生の発案によるものです。渋谷先生の急な御逝去に、その思い出と感謝を形あるものにしたい、という要望に応えるべく、渋谷先生の三回忌に合わせて本書を刊行することが企画されました。本書の編集に当たっては、常に紋谷先生が牽引役となって引っ張って下さっていたのですが、残念なことに、初校校正の作業を進めていた途中で、紋谷先生もまた鬼籍に入られてしまいました。追悼論文集としては異例のことかもしれませんが、本書の巻頭言として、紋谷先生の遺筆を掲載しているのは、ひとえに本書の刊行を心より願っていらした紋谷先生のお心を、広く読者にお伝えしたいとの思いからのことです。

　本書の企画が動き出してから、刊行予定日までの期間があまりにも短く、全体の日程が非常に厳しいことも与って、途中で執筆を断念される先生もいらっしゃったことは、誠に残念ではありますが、それでもなお50名近くの方々が論文・随想を御寄稿下さったのは、ひとえに渋谷先生の御功績と人柄によるものでしょう。

　執筆者の先生方に心より感謝を申し上げるとともに、本書の題名の通り、渋谷先生を中心とした『知的財産法研究の輪』が、これからさらに大きく広がっていくことを願ってやみません。

　また、渋谷先生の御令嬢である渋谷珠紀氏の御快諾・御協力なくして、本書の刊行はできませんでした。心より感謝申し上げるとともに、改めてお悔やみ申し上げます。

渋谷達紀教授追悼論文集事務局

大橋　麻也
堀江　亜以子

渋谷達紀教授　御経歴

御略歴　（東京都立大学法学会雑誌より）

1940年5月　出生
1964年3月　東京大学法学部卒業
1965年4月　東京大学法学政治学研究科民刑事法専門課程修士課程入学
1967年3月　同課程修了
1967年4月　東京大学法学部助手
1970年11月　東京都立大学法学部助教授
1975年2月～1977年4月　フンボルト財団給費留学生として、マックス・プランク知的財産法研究所（ミュンヘン）に滞在
1979年4月　東京都立大学法学部教授
1983年9月～1983年10月　フンボルト財団の招待により、マックス・プランク知的財産法研究所（ミュンヘン）に滞在
2003年9月　東京都立大学　退職
2003年10月　早稲田大学法学部特任教授
2004年4月　東京都立大学名誉教授
2011年3月　早稲田大学　退職
2014年8月　逝去

委員等

　著作権審議会専門委員、文化審議会著作権分科会総括小委員会委員、文化審議会著作権分科会契約・流通小委員会委員、文化審議会著作権分科会過去の著作物等の保護と利用に関する小委員会委員、文化審議会著作権分科会出版関連小委員会委員、工業所有権法学会常務理事、著作権法学会理事等を歴任

所属学会

　日本工業所有権法学会、著作権法学会、日本私法学会、日本経済法学会

渋谷達紀教授主要著作目録

編著書

新技術開発と法（現代経済法講座七巻）〔紋谷暢男、満田重昭との共著〕、1993年7月、三省堂
国際取引法講義〔津田寿夫、松下満雄ほかとの共著〕、1982年11月、有斐閣
特別法コンメンタール不正競争防止法〔豊崎光衛、松尾和子との共著〕、1982年9月、第一法規出版
香港の工業所有権法、1981年1月、アジア経済研究所
特許と経済社会、1979年4月、日本経済新聞社
商標法の理論、1973年1月、東京大学出版会
知的財産法講義Ⅰ（特許法・実用新案法・種苗法）、初版2004年10月、第2版2006年7月、有斐閣
知的財産法講義Ⅱ（著作権法・意匠法）、初版2004年10月、第2版2007年6月、有斐閣
知的財産法講義Ⅲ（不正競争防止法・独占禁止法上の私人による差止請求制度・商標法・半導体集積回路配置法）、初版2005年1月、第2版2008年12月、有斐閣
知財年報2005（別冊NBL No. 106）〔竹中俊子、高林龍との共編〕、2005年11月、商事法務
知財年報2006（別冊NBL No. 116）〔竹中俊子、高林龍との共編〕、2006年11月、商事法務
知財年報2007（別冊NBL No. 120）〔竹中俊子、高林龍との共編〕、2007年11月、商事法務
知財年報2008（別冊NBL No. 123）〔竹中俊子、高林龍との共編〕、2008年12月、商事法務
知財年報2009（別冊NBL No. 130）〔竹中俊子、高林龍との共編〕、2009年12月、商事法務
知財年報2010（別冊NBL No. 136）〔竹中俊子、高林龍との共編〕、2010年12月、商事法務
著作権侵害をめぐる喫緊の検討課題〔高林龍、三村量一ほかとの共著〕、2011年3月、成文堂
著作権ビジネスの理論と実践Ⅱ〔高林龍、竹中俊子ほかとの共著〕、2011年12月、成文堂
特許法、2013年2月、発明推進協会
著作権法、2013年2月、中央経済社
特許法の概要、2013年6月、経済産業調査会
著作権法の概要、2013年9月、経済産業調査会
不正競争防止法、2014年5月、発明推進協会
種苗法の概要、2014年8月、経済産業調査会

論文

「著作物の私的使用のための複製」2013年6月、経済産業調査会知的財産情報センター、知財ぷりずむ129号

渋谷達紀教授主要著作目録

「職務発明の対価」2013年2月、経済産業調査会知的財産情報センター、知財ぷりずむ125号
「出版者の権利」2013年1月、経済産業調査会知的財産情報センター、知財ぷりずむ124号
「ピンク・レディー最高裁判決について」2012年12月、経済産業調査会知的財産情報センター、知財ぷりずむ123号
「発明の実質的同一性の判断」2012年11月、経済産業調査会知的財産情報センター、知財ぷりずむ122号
「出版権と専用実施権」2012年10月、経済産業調査会知的財産情報センター、知財ぷりずむ121号
「著作権の侵害主体：判例の整理と立法への提言」2012年9月、経済産業調査会知的財産情報センター、知財ぷりずむ120号
「知的財産法の現在」2012年3月、経済産業調査会知的財産情報センター、知財ぷりずむ114号
「冒認による特許出願」2011年12月、有斐閣、民商法雑誌145巻3号
「著作権の制限」2011年11月、経済産業調査会知的財産情報センター、知財ぷりずむ110号
「発明により使用者が受けるべき利益の額」　前田庸喜寿記念論文集・企業法の変遷所収、2009年5月、有斐閣
「取引先に対する知的財産権侵害の警告」2008年7月、首都大学東京法学会、法学会雑誌49巻1号
「標識法が果たす役割　商標保護の思想」　高林龍編・知的財産法制の再構築所収、2008年3月、日本評論社
「翻案の概念」2007年10月、有斐閣、民商法雑誌137巻1号
「知的財産権保護の交錯・専属・欠如」2007年6月、日本工業所有権法学会、日本工業所有権法学会年報30号
「東アジアにおける産業財産権紛争の裁判上の処理に関する国際セミナー（台湾編）講演録」〔高林龍、竹中俊子ほかとの共著〕、2006年9月、早稲田大学21世紀COE《企業法制と法創造》総合研究所、企業と法創造3巻2号
「講演録／著作物の概念」2005年5月、著作権情報センター、コピライト529号
「商標法による地理的表示の保護」2004年12月、経済産業調査会知的財産情報センター、知財ぷりずむ27号
「特許法における金額の算定」2004年6月、法曹会、法曹時報56巻6号
「不正競争防止法の歴史」小野昌延古稀記念論文集・知的財産法の歴史所収、2002年8月、発明協会
「ドメイン名の不正取得防止立法にいたる法解釈の系譜(1)(2)」2001年11月、経済産業調査会、特許ニュース10678号、同10679号
「種苗法から見た農産物の輸入(1)(2)」2001年10月、経済産業調査会、特許ニュース10665号、同10666号
「著作権法上の諸概念に関する一考察」2001年10月、特許庁、特許研究32号
「法的側面から見た登録イチゴの違法輸入対策」2001年10月、化学工業日報社、今月の農業45

巻10号
「知的財産法への招待」2001年8月、有斐閣、法学教室252号
「被害者による民事差止請求制度」2001年5月、公正取引協会、公正取引607号
「デジタル方式による音楽CDのリピート放送」2001年3月、知的財産協会、知財管理600号
「登録イチゴ品種収穫物の輸入について」2001年1月、日本いちごセミナー、日本いちごセミナー紀要9号
「悪意の出願」2000年12月、日本商標協会、日本商標協会誌39号
「不正競争の概念(1)(2)」2000年10月、同11月、有斐閣、民商法雑誌123巻1号、同2号
「富士通半導体上告審判決について」2000年9月、経済産業調査会、特許ニュース10391号
「ソフトウエア関連発明に関する一考察」2000年8月、経済産業調査会、特許ニュース10382号
「改正種苗法の概要」1999年5月、日本工業所有権法学会、日本工業所有権法学会年報22号
「知的財産法関係の最高裁判例」牧野利秋退官記念論文集・知的財産法と現代社会所収、1999年3月、信山社
「混同招来行為の防止に関する諸問題」1998年5月、日本工業所有権法学会、日本工業所有権法学会年報21号
「商品形態の商標登録」紋谷暢男還暦記念論文集・知的財産権法の現代的課題所収、1998年3月、発明協会
「特許プールと独占禁止法――ぱちんこ機製造者事件を中心に」1997年12月、公正取引協会、公正取引566号
「ＢＢＳアルミホイール事件最高裁判決」1997年9月、有斐閣、ジュリスト1119号
「商品等表示の周知性と著名性の異同」牧野利秋編・知的財産権関係訴訟（裁判実務大系28巻）所収、1997年6月、青林書院
「商品形態の模倣禁止」F・K・バイヤー古稀記念論文集・知的財産と競争法の理論所収、1996年4月、第一法規出版
「特許品の並行輸入」1995年12月、日本工業所有権法学会、日本工業所有権法学会年報19号
「著名表示冒用行為に対する不正競争防止法上の規制」鴻常夫古稀記念論文集・九〇年代企業立法の動向所収、1995年6月、有斐閣
「Das Japanische im japanischen Warenzeichenrecht」Das Japanische im japanischen Recht所収、1994年12月、ドイツ日本研究所
「特許品の並行輸入について（上）（下）」1994年11月、通商産業調査会、特許ニュース8963号、同8967号
「特許と独占禁止法」正田彬還暦記念論文集・国際化時代の独占禁止法の課題所収、1993年10月、日本評論社
「営業秘密の保護――不正競争防止法の解釈を中心として」1993年2月、法曹会、法曹時報45巻2号
「財産的成果の模倣盗用行為と判例理論」1992年11月、判例時報社、判例時報1430号
「周知性の地域的範囲」小野昌延還暦記念論文集・判例不正競業法所収、1992年6月、発明協

渋谷達紀教授主要著作目録

会
「登録商標の類似範囲」1992年3月、特許庁、特許研究13号
「特許と独占禁止法」1991年8月、弁理士会、パテント44巻8号
「商品の小分けと商標権の侵害」村林隆一還暦記念論文集・判例商標法所収、1991年1月、発明協会
「共同研究開発と独占禁止法上の問題点」1990年7月、公正取引協会、公正取引477号
「登録商標のサービス・マーク的使用」1990年5月、日本工業所有権法学会、日本工業所有権法学会年報13号
「商業登記」田村諄之輔＝平出慶道編・現代法講義（商法総則・商行為法）所収、1990年4月、青林書院
「商業帳簿」田村諄之輔＝平出慶道編・現代法講義（商法総則・商行為法）所収、1990年4月、青林書院
「技術取引契約に関する運用基準について」1989年10月、経済法学会、経済法学会年報10号
「技術取引と独占禁止法」1989年6月、有斐閣、ジュリスト936号
「西ドイツ法における企業秘密の保護」1989年6月、日本工業所有権法学会、日本工業所有権法学会年報12号
「技術取引契約に関する新運用基準について(1)－(6)」1989年4月～6月、通商産業調査会、特許ニュース7589号、同7599号、同7609号、同7616号、同7631号、同7648号
「ブランドの保護と並行輸入」紋谷暢男編・知的所有権とは何か所収、1989年4月、有斐閣
「企業秘密侵害行為の諸類型と判例の対応」1989年3月、特許庁、特許研究7号
「米国関税法と並行輸入の限界――Ｋマート社事件米国連邦最高裁判所判決の意義」1988年10月、公正取引協会、公正取引456号
「技術取引等研究会中間報告書における独占禁止法23条の解釈等について」1988年11月、発明協会、発明85巻11号
「技術取引に対する公正取引委員会規制の動向（上）（下）」1988年9月、通商産業調査会、特許ニュース7457号、同7458号
「登録商標の出所表示機能――並行輸入との関連において」1988年6月、日本工業所有権法学会、日本工業所有権法学会年報11号
「広告・表示の規制」加藤一郎＝竹内昭夫編・消費者法講座4巻所収、1988年4月、日本評論社
「技術導入契約認定基準に関する一考察(1)(2)」1987年12月、1988年1月、公正取引協会、公正取引446号、同447号
「商標品の並行輸入に対する警告行為について」1987年9月、AIPPI日本部会、AIPPI Bulletin 15号
「商標品の並行輸入に関する米国・西ドイツ・ECの判例(1)(2)」1987年10月、同11月、有斐閣、民商法雑誌97巻1号、同2号
「特許およびノウ・ハウに対する西ドイツ競争制限禁止法上の規制(1)(2)」1986年8月、同9月、

有斐閣、民商法雑誌94巻5号、同6号
「不正競争防止法――一般不法行為法による補完」1986年3月、有斐閣、民商法雑誌創刊五〇周年記念論集
「商標ライセンスと独占禁止法」1986年1月、特許庁、特許研究創刊号
「医薬特許の期間回復問題」1985年4月、有斐閣、ジュリスト834号
「ラコステ商標事件の意義と問題点」1985年2月、公正取引協会、公正取引412号
「藤田画伯事件の意義と問題点」1985年1月、有斐閣、ジュリスト828号
「隠れた取立委任裏書」鴻常夫＝北沢正啓編・演習商法（手形・小切手）所収、1984年7月、青林書院新社
「広告契約」遠藤浩＝林良平＝水本浩編・現代契約法大系7巻所収、1984年3月、有斐閣
「企業の譲渡と担保化」竹内昭夫＝龍田節編・現代企業法講座1巻所収、1984年11月、東京大学出版会
「EC委員会の特許ライセンス適用除外規則について」1984年12月、公正取引協会、公正取引410号
「米国特許期間回復法」1984年10月、通商産業調査会、特許ニュース6504号
「比較広告(1)(2)」1983年4月、同5月、有斐閣、民商法雑誌88巻1号、同2号
「不正競争防止訴訟の当事者」1983年6月、日本工業所有権法学会、日本工業所有権法学会年報6号
「特許と独占禁止法――藤沢薬品工業（株）等に対する警告事件を中心に」1982年9月、公正取引協会、公正取引383号
「企業秘密漏示罪について――ノウ・ハウの刑事的保護」1982年4月、通商産業調査会、特許ニュース5878号
The Administrative Regulation on International Transfer of Technology in Japan, European Intellectual Property Review 1982, No.1　1982年1月
「重複登録商標間の権利調整」1981年6月、日本工業所有権法学会、日本工業所有権法学会年報4号
「工業所有権と取引制限」丹宗暁信＝厚谷襄児編・現代経済法入門所収、1981年4月、法律文化社
「登録商標の保護範囲――豊崎説を中心として」豊崎光衛追悼論文集・無体財産法と商事法の諸問題所収、1981年11月、有斐閣
「特許と独占禁止法――ヤクルト本社事件を中心に」1980年10月、公正取引協会、公正取引360号
「特許ライセンス契約に対するEC独禁法の一括適用除外規則草案について」1980年3月、公正取引協会、公正取引353号
「特許法学と基礎理論」1980年1月、通商産業調査会、特許ニュース5315号
「西ドイツにおける不正競争防止法の改正問題」1979年6月、日本工業所有権法学会、日本工業所有権法学会年報2号

「発起人の資本充実責任と設立の無効」ジュリスト増刊商法の争点所収、1978年12月、有斐閣
「不当表示に関する法規制(1)(2)」1978年10月、同11月、日本法務士会、経営法務昭和53年10月号、同11月号
「西ドイツ不正競争防止法改正案について(1)-(3)」1978年8月、同9月、同10月、通商産業調査会、特許ニュース4982号、同4992号、同5010号
「EC市場における内国工業所有権の行使」1978年2月、東京都立大学法学部、東京都立大学法学会雑誌18巻1・2号合併号
「ローマ条約85条と排他的パテント・ライセンス(1)-(4)」1978年1月、同2月、同3月、通商産業調査会、特許ニュース4834号、同4844号、同4854号、同4864号
「ヨーロッパ共同体における不正競争防止法の統一作業(1)(2)」1977年11月、通商産業調査会、特許ニュース4792号、同4796号
「EC市場における内国工業所有権の行使(1)-(9)」1977年10月~1978年2月、通商産業調査会、特許ニュース4760号、同4769号、同4779号、同4788号、同4802号、同4812号、同4826号、同4836号、同4849号
「技術集中と法」正田彬編著・法と経済社会所収、1975年12月、日本放送協会
「アメリカ法の潮流（無体財産）」1975年8月、日米法学会、アメリカ法1975-1
「発明の未完成を理由とする出願拒絶」1975年2月、通商産業調査会、特許ニュース4110号
「資本参加」長浜洋一＝平出慶道編・会社法を学ぶ所収、1975年5月、有斐閣
「独占禁止法23条の解釈に関する一考察」1975年5月、通商産業調査会、特許ニュース4175号
「特許制度と競争政策」鈴木竹雄古希記念論文集・現代商法学の課題（上）所収、1975年4月、有斐閣
「非顕名でなされた商事代理」別冊ジュリスト法学教室〈第二期〉4巻所収、1974年3月、有斐閣
「悪意の抗弁」鈴木竹雄＝大隅健一郎ほか編・新商法演習3（手形・小切手）所収、1974年10月、有斐閣
「グラント・バック条項(1)-(6)」1974年9月~10月、通商産業調査会、特許ニュース4006号、同4011号、同4016号、同4022号、同4026号、同4031号
「特許制度の経済的機能」石井照久追悼論文集・商事法の諸問題所収、1974年7月、有斐閣
「特許権と独占禁止法」1974年1月、通商産業調査会、特許ニュース3806号
「商業登記の存在意義と具体的効果」谷川久＝龍田節編・商法を学ぶ所収、1973年12月、有斐閣
「先使用権の保護」1973年10月、日本私法学会、私法35号
「国際経済と競争政策に関する東京国際会議」1973年10月、商事法務研究会、商事法務646号
「企業間の自由競争の限界」乾昭三＝平井宜雄編・企業責任所収、1973年7月、有斐閣
「商標保護法制における使用と登録(1)-(6)」1971年1月~1972年6月、東京大学法学部、法学協会雑誌88巻1号、同3号、同9・10合併号、同11・12合併号、同89巻5号、同6号
「特許実施許諾契約における実施権者の実施義務と契約の法律的性質」1968年2月、東京大学

法学部、法学協会雑誌85巻2号

判例評釈

「プロダクト・バイ・プロセス・クレームの解釈：プラバスタチンナトリウム大合議判決について」2012年6月、経済産業調査会知的財産情報センター、知財ぷりずむ117号

「本願商標と引用商標の類否は、本願商標の実際の使用態様および使用される可能性が極めて低いという引用商標の取引の実情を考慮することにより判断すべきだとして、これらの実情を考慮することなく本願商標は商標法4条1項11号所定の不登録商標に該当するとした拒絶査定不服審判請求不成立の審決を取り消した事例」2011年12月、判例時報社、判例時報2127号

「『不正の目的』を認めることはできないとして、会社法8条に基づく商号の使用差止等の請求が斥けられた事例」2009年12月、判例時報社、判例時報2054号

「インクタンク特許権侵害事件」2008年8月、公正取引協会、公正取引694号

「テレビショッピング番組で販売された商品の表示が品質誤認的であるとして、同一番組で同種商品を販売したことのある者による不正競争防止法に基づく表示差止請求を認め、その者には商品の混同による信用毀損の損害が生じたとして、不法行為を理由とする損害賠償請求を認めた事例」2007年10月、判例時報社、判例時報1974号

「商標登録出願拒絶審決の取消訴訟の係属中にした分割出願と指定商品の減縮補正の結果、本願商標は指定商品役務が引用商標と類似しなくなったとして審決を取り消した事例」2004年7月、判例時報社、判例時報1855号

「並行輸入の商標権侵害としての違法性（消極）」2004年1月、有斐閣、民商法雑誌129巻4・5合併号

「言語の著作物における翻案の意義」2002年3月、判例時報社、判例時報1770号

「勤務規則に基づき支払われた職務発明の対価につき不足額の支払いが命じられた事例」2002年2月、発明協会、発明99巻2号

「商標法4条1項15号にいう『混同を生ずるおそれがある商標』の意義」2001年5月、判例時報社、判例時報1740号

「フランチャイズチェーンの名称と商標法26条1項1号にいう自己の名称」1998年4月、有斐閣、民商法雑誌118巻1号

「商標法上の商品概念」東京大学商法研究会編・昭和62年度商事判例研究所収、1997年4月、有斐閣

「化粧クリーム用容器の形態の周知性を否定した事例」1997年3月、特許庁、特許研究23号

「家電のシリーズ商品に統一的に使用されている濃紺色の保護適格性と出所表示機能」1996年6月、判例時報社、判例時報1561号

「類似意匠の登録出願に係る意匠が先願の他人の意匠と類似する場合における出願の許否」1996年4月、有斐閣、民商法雑誌114巻1号

「柿の葉茶の商標の類否判断において、『柿茶』は商品の普通名称等を意味するから要部ではな

「いとして、商標の全体構成を比較することにより類似性を否定した事例」1995年9月、判例時報社、判例時報1534号
「泥砂防止用マットの機能的形態につき混同防止のために適切な手段がとられていたとして、その模倣を許した事例」1995年9月、発明協会、発明92巻9号
「地域的な周知表示と全国的な周知表示との右地域内における優劣」1995年6月、有斐閣、ジュリスト1069号
「一体構造の保持器を採用した無限摺動用ボールスプライン軸受の特許発明と保持器を分割構造とした製品との間に均等性を認め特許権の侵害を肯定した事例」1995年5月、判例時報社、判例時報1521号
「不正競争防止法上周知表示として保護される商品の形態」1994年10月、判例時報社、判例時報1500号
「英語教科書の補助教材用録音テープの無断製作販売」1994年9月、有斐閣、ジュリスト1502号
「商標法51条1項に基づく商標登録取消審判請求と信義則」東京大学商法研究会編・昭和61年度商事判例研究所収、1994年6月、有斐閣
「『純』の文字が『宝焼酎』の文字等と一体として使用され、『純』のみで独立に使用されたことがないことを理由に、指定商品を『焼酎』とする文字商標『純』に関して商標法3条2項所定の使用による識別性の取得が否定された事例」1994年5月、判例時報社、判例時報1485号
「『ワールド』を構成要素とする表示の類否と営業混同のおそれ」1993年10月、判例時報社、判例時報1467号
「化粧品の登録商標『大森林』と育毛剤等に使用されている商標『大林森』との類否」1993年9月、有斐閣、民商法雑誌108巻6号
「商標法4条1項10号所定の周知商標には、主として外国で商標として使用され、それがわが国において報道、引用された結果、わが国において周知となった商標を含む」1993年4月、判例時報社、判例時報1445号
「輸入総代理店による商標品の輸入販売行為が輸出元である外国会社の先使用権の範囲に属するとされた事例」1992年9月、判例時報社、判例時報1424号
「商標登録により生じた権利の承継人が被承継人に対してなしうる請求」1992年7月、有斐閣、ジュリスト1004号
「著作権者の許諾を得て漫画の主人公ポパイの名称の英文表示を商標として使用する者に対して、ポパイの人物像の著名性を無償で利用するものと認められる構成の商標に基づき登録商標権を行使することは、権利の濫用に当たる」1991年10月、東京大学法学部、法学協会雑誌108巻10号
「商標法上の商品概念」1991年8月、有斐閣、ジュリスト984号
「タイル用エキスパンジョンジョイント金具に関する標章『クリン・エキスパンカナグ』の使用をもって、指定商品『金属製建築または構築専用材料』に関する登録商標『クリン』の使用と認め、商標登録の不使用取消請求を認めなかった事例」1991年7月、判例時報社、判例時報

1382号
「商号『株式会社アール・エフ・ラジオ日本』およびその略称『ラジオ日本』が商号『株式会社ニッポン放送』およびその略称『ニッポン放送』と類似しないことなどを理由に、不正競争防止法１条１項２号に基づく請求が棄却された事例」1991年３月、判例時報社、判例時報1373号
「商標登録出願時に存在しなかった会社に商標登録無効審判請求の利益を認めた事例」1990年10月、判例時報社、判例時報1355号
「発明の公開特許公報への掲載と特許法30条１項にいう刊行物への発表」1990号８月、有斐閣、民商法雑誌102巻５号
「著作権法47条所定の小冊子の意義」1990年４月、判例時報社、判例時報1337号
「飲食店の看板に他人の登録商標を表示する行為は商標権を侵害するか」1990年４月、有斐閣、ジュリスト953号
「差止対象標章の特定方法」1989年12月、日本特許協会、特許管理39巻12号
「写植用文字書体の著作物性」1989年12月、判例時報社、判例時報1324号
「ぬいぐるみ人形劇の公演のためのポスター、パンフレット、プログラムおよび劇場入場券は、商標法上の商品とはいえない」1989年９月、判例時報社、判例時報1315号
「商標登録出願人名義変更の請求の内容」ジュリスト昭和63年度重要判例解説所収、有斐閣、1989年６月
「商品表示が不正競争防止法１条１項１号の周知性を具備すべき時点」1989年５月、判例時報社、判例時報1303号
「商標登録出願により生じた権利の移転を特許庁長官に届け出る前に、権利の承継人が被承継人に対してなしうる請求の内容」1989年１月、判例時報社、判例時報1291号
「事業協同組合の営業者性──組合員の製造にかかる商品を組合名義で販売する事業協同組合の場合」1988年11月、有斐閣、ジュリスト921号
「写植植字機の文字盤について形態周知の主張を認め、同一形態の文字盤の製造販売を不正競争防止法１条１項１号に基づき禁止した事例」1988年８月、判例時報社、判例時報1276号
「楽器の販売促進用に無償交付されるＴシャツ等に、被服等を指定商品とする他人の登録商標と類似する楽器の登録商標を使用する行為は、被服等の登録商標権を侵害しないとした事例」1988年６月、判例時報社、判例時報1269号
「特許権侵害を理由として、農薬登録申請のためにする除草剤の適性試験委託研究行為等の差止等を命じた事例」1988年３月、発明協会、発明85巻３号
「不正競争防止法１条１項１号に基づき、かに料理専門店の店頭に掲げられた大きな動くかにを模した看板の使用の差止および撤去を命じた事例」1988年１月、判例時報社、判例時報1253号
「内外の商標権者間に資本関係がある場合におけるライセンス商標品の輸入」1987年12月、有斐閣、ジュリスト898号
「石油小売業者が再販売価格維持契約に違反した場合において、石油供給契約の履行を拒絶し

た卸売業者は債務不履行責任を負わないとした事例」東京大学商法研究会編・昭和42年度商事判例研究所収、1987年4月、有斐閣
「商標法51条1項に基づく商標登録取消審判請求と信義則」1987年9月、特許庁、特許研究4号
「商標法51条1項に基づく商標登録取消審判請求と信義則」1987年8月、有斐閣、民商法雑誌96巻5号
「商標法4条1項10号にいう『需要者の間に広く認識されている商標』の意義」1987年2月、有斐閣、ジュリスト878号
「キャラクターの名称表示等については登録商標権の侵害を肯定したが、キャラクターの画像と名称表示を組み合わせた標章については、先行著作物の複製に当たるとして商標権の効力が及ばないと解した商標法29条の適用事例」1986年9月、判例時報社、判例時報1198号
「不使用取消審判と商品の区分」ジュリスト昭和60年度重要判例解説所収、1986年5月、有斐閣
「行為の客観的不当性に基づく広義の混同のおそれの認定」1986年2月、有斐閣、ジュリスト853号
「雑誌広告を美術の著作物と認めた事例」1985年11月、判例時報社、判例時報1163号
「商標登録出願について手続の補正ができない時期に至ってなされたいわゆる指定商品の一部放棄の効力の有無」1985年10月、有斐閣、民商法雑誌93巻1号
「『ジョージア』は紅茶、コーヒー、ココア、コーヒー飲料、ココア飲料の地理的出所表示にすぎないか」1985年10月、発明協会、発明82巻10号
「類似意匠登録出願に係る類似意匠が本意匠に類似すると同時に本意匠登録出願後類似意匠登録出願前に出願された引用意匠にも類似する場合において、引用意匠が本意匠に類似するときには、意匠法10条1項により類似意匠登録を受けることができる」1985年7月、判例時報社、判例時報1151号
「請求者の商品表示としての周知性」1985年5月、有斐閣、ジュリスト836号
「商品表示としての単位図柄と全面柄模様との類似性」1985年2月、判例時報社、判例時報1136号
「表示として素朴な統一的把握を可能とする表現能力を具えているときは、商品の形態自体も不正競争防止法1条1項1号にいう『他人ノ営業タルコトヲ示ス表示』と認められる」1984年11月、判例時報社、判例時報1126号
「不正競争防止法上の営業表示の類似性」1984年11月、有斐閣、民商法雑誌91巻1号
「ゴルフクラブの頭部の構造に関する減縮的補正がクレームを実質上変更するものとされた事例」1984年5月、発明協会、発明81巻5号
「いわゆる子会社でなくなった会社に対する商号使用差止請求が認められた事例」1984年8月、日本特許協会、特許管理34巻8号
「無効審判の除斥期間経過後における無効理由の追加」ジュリスト昭和58年度重要判例解説所収、1984年6月、有斐閣

渋谷達紀教授主要著作目録

「不正競争防止法上の営業表示の類似性についての判断基準」1984年5月、判例時報社、判例時報1108号
「限定条件の付加補正による実用新案登録請求範囲の実質上の変更」1984年5月、有斐閣、ジュリスト814号
「異議申立人の地位の承継の可否」1983年7月、発明協会、発明80巻7号
「『株式会社内外タイムス』の営業を引き継いだ『内外タイムス株式会社』につき商法26条の商号続用にもとづく営業譲受人の責任を認めた事例」1983年8月、有斐閣、ジュリスト796号
「熱せられた砂の流動層中に塵挨を投入して行う都市ごみの焼却・分別処理に関する発明につき進歩性を認めた事例」1983年6月、判例時報社、判例時報1073号
「指定商品中の『他類に属せざる家畜及び家禽の合成飼料』が引用商標の指定商品の一部である『薬剤』と抵触もしくは類似するとされた事例」1983年4月、判例時報社、判例時報1067号
「考案の技術的範囲に属するか否かの判断に当たり製造方法の相違を考慮することの可否」1982年9月、東京大学法学部、法学協会雑誌99巻9号
「日本舞踊花柳流から独立して新派を創立した者がその事業表示として『花柳』姓を使用することは、不正競争防止法2条1項3号前段の『自己ノ氏名ヲ善意ニ使用スル行為』に当たるとして、同人から『花柳』姓を冠した芸名を許諾された門弟の右芸名の使用が適法であるとされた事例」1982年9月、判例時報社、判例時報1046号
「龍渓書舎復刻事件」1982年9月、通商産業調査会、特許ニュース5972号
「商品に関する誤報につきメーカーに対する新聞社の不法行為責任が認められた事例」1982年10月、有斐閣、ジュリスト775号
「無効な取締役会決議により選任された代表取締役と商法262条」判例タイムズ昭和56年度主要判例解説所収、1982年9月、判例タイムズ社
「異議申立人の地位の承継の可否」ジュリスト昭和56年度重要判例解説所収、1982年6月、有斐閣
「商標登録査定後においては商標登録異議手続受継申立不受理処分の取消を求める訴の利益は失われる」1982年5月、判例時報社、判例時報1034号
「周知商標の譲渡と差止請求権の帰属」1982年4月、日本特許協会、特許管理32巻4号
「不正競争防止法違反の嫌疑により執行された捜索差押後に被疑者が不起訴となった場合における国家賠償法1条にもとづく損害賠償請求」1982年3月、有斐閣、ジュリスト762号
「モンタージュ写真の作成と著作者人格権侵害の要件——引用の意義」1981年11月、東京大学法学部、法学協会雑誌98巻11号
「真実に反する実用新案権侵害の警告行為につき過失が否定され、営業誹謗が成立しないとされた事例」1981年10月、有斐閣、ジュリスト751号
「商標権侵害と損害額の推定」1981年4月、日本特許協会、特許管理31巻4号
「使用態様において自他商品識別機能を営まない標章に対しては商標権の効力は及ばない——事業の正当承継人間の表示使用に関する争いと不正競争防止法」1981年3月、有斐閣、ジュリスト735号

- 787 -

「知らない間に取締役就任登記をなされた者と商法266条ノ3の責任」判例タイムズ昭和55年度主要判例解説所収、1981年6月、判例タイムズ社

「登録商標と同一または類似の商標が使用されていても自他商品の識別標識としての機能を果たす態様で使用されていると認められないときは、商標権者は当該商標の使用を禁止することはできないとした事例」1981年4月、判例時報社、判例時報992号

「抗拒不能の状態でなした手形行為の不成立ないし無効——営業的金銭無尽の商行為性」1980年11月、有斐閣、ジュリスト728号

「株券返還債務の履行不能後の価格騰貴——新株引受権喪失と損害賠償額」判例タイムズ昭和54年度主要判例解説所収、1980年6月、判例タイムズ社

「称呼および観念において類似する商標とされた事例」1980年5月、有斐閣、ジュリスト716号

「連帯保証契約につき無権代理行為の追認が認められた事例」1979年11月、有斐閣、ジュリスト697号

「遺言寄付行為と抵触する生前の財団法人設立行為によって遺言が撤回されるための要件」東京大学商法研究会編・昭和40年度商事判例研究所収、1979年3月、有斐閣

「商標権侵害を構成する商標の使用」1979年1月、日本特許協会、特許管理29巻1号

「不渡届に買戻印を押捺することを失念したため手形振出人を倒産させた持出銀行の不法行為責任を肯定した事例」1978年12月、有斐閣、ジュリスト680号

「『雷おこし』の特別顧著性」1978年4月、有斐閣、ジュリスト661号

「特許権を侵害するなどと広告したことが不正競争防止法1条1項6号にいう虚偽の事実を陳述したものとされた事例」1977年10月、有斐閣、ジュリスト649号

「乗用旅客自動車協会が定めた運転者異動防止に関する業者間協定と会員会社所属運転者の職業選択の自由」1975年3月、有斐閣、ジュリスト583号

「フランチャイズ・システムにおいて使用されている表示の不正競争防止法による保護」1974年8月、判例時報社、判例時報743号

「不正競争防止法上営業誹謗行為の成立を認めた事例」1974年7月、有斐閣、ジュリスト564号

「レコード会社と歌手との間の準専属契約中500万円の違約金支払条項を公序良俗違反を理由として無効とした事例」1973年12月、有斐閣、ジュリスト549号

「所得税法64条2項にいう『求償権を行使することができないこととなったとき』に該当すると認めた事例」1973年11月、有斐閣、ジュリスト547号

「岐阜商工信用組合事件」1973年7月、公正取引協会、公正取引273号

「旅館の営業権の譲渡があったものとして譲渡代金に課税した事例」1973年6月、帝国地方行政学会、税理16巻6号

「繊維国際協定——東洋紡他四社事件」ジュリスト昭和47年度重要判例解説所収、1973年6月、有斐閣

「有限会社の取締役の対第三者責任——業務を一任された被用者が手形・小切手を乱発した事例」1973年4月、有斐閣、ジュリスト529号

「両建預金方式による新規貸付契約が成立した旨の事実認定に経験則違背・理由不備の違法が

あるとされた事例」1972年8月、有斐閣、ジュリスト512号
「旧法人税法施行規則（昭和22年勅令111号）10条の3第1項の規定は、租税法律主義に反しない」1972年7月、有斐閣、ジュリスト510号
「基本商標権の移転登録前に譲渡人が登録した連合商標の帰属」東京大学商法研究会編・昭和37年度商事判例研究所収、1972年6月、有斐閣
「商法504条但書と本人・代理人側からする時効中断」1972年4月、有斐閣、ジュリスト502号
「熊本魚市場事件」1971年9月、公正取引協会、公正取引251号
「乗用自動車の割賦購入代価のうち利子相当額の必要経費性が否定された事例」1971年6月、有斐閣、ジュリスト481号
「観念において類似する商標の事例」1971年1月、有斐閣、ジュリスト469号
「従業員の学資に充てるために給付された金員が所得税法9条1項19号所定の非課税所得に該当しないとされた事例」1970年11月、有斐閣、ジュリスト464号
「学校債券が無記名証券にあたるとされた事例」1970年10月、東京大学法学部、法学協会雑誌87巻9・10合併号
「徳島県毛糸小売組合連合会事件」1970年7月、公正取引協会、公正取引273号
「旧商標法2条1項10号にいう『類似ノ商品』の判定」1970年1月、東京大学法学部、法学協会雑誌87巻1号
「商法21条にもとづく差止請求──会社商号の登記抹消請求を認めず変更登記手続を命じた事例」1969年10月、有斐閣、ジュリスト435号
「問屋の破産と取戻権」1969年10月、東京大学法学部、法学協会雑誌86巻10号
「実用新案登録無効審判の審決取消訴訟における裁判所の審理権の範囲──新たな刊行物にもとづく登録無効の主張の許否」1969年7月、東京大学法学部、法学協会雑誌86巻7号
「不正競争防止法にもとづく差止請求──いわゆる広義の混同を認めた事例」1969年6月、有斐閣、ジュリスト424号
「浜中村主畜農協事件」1969年5月、公正取引協会、公正取引223号
「商標不使用による商標登録の取消」1969年3月、東京大学法学部、法学協会雑誌86巻3号
「他人の登記商号につき自己に使用権があると信じていた場合と不正競争の目的」1969年3月、有斐閣、ジュリスト419号
「不正競争防止法による差止請求と不正競争の目的──差止請求として特定商号の変更登記手続その他侵害行為の予防措置を請求することができるか」1968年4月、東京大学法学部、法学協会雑誌85巻4号
「第一次大正製薬事件」1968年4月、公正取引協会、公正取引210号
「約束手形の裏書断絶部分におけるいわゆる実質関係として誤記の事実を主張することが許されるか」1967年9月、有斐閣、ジュリスト377号
「商標権の譲受人が連合商標の登録をした後に当該譲渡契約が解除された場合における譲受人の原状回復の範囲」1967年7月、有斐閣、ジュリスト374号
「下津井電鉄バス路線譲渡契約事件」1967年3月、公正取引協会、公正取引198号

「裏書の連続を整える目的でなされた裏書抹消の効果——呈示期間経過後支払場所になされた呈示と付遅滞の効果」1966年7月、有斐閣、ジュリスト350号

判例解説

「輸入業者による並行輸入妨害」別冊ジュリスト独禁法審決・判例百選〈第六版〉所収、2002年3月、有斐閣

「辞典——アメリカ語要語集事件」別冊ジュリスト著作権判例百選〈第三版〉所収、2001年5月、有斐閣

「偶然の暗合——ワン・レイニー・ナイト・イン・トーキョー事件」別冊ジュリスト著作権判例百選〈第三版〉所収、2001年5月、有斐閣

「国際的技術ライセンス契約終了後における製品の供給制限」別冊ジュリスト独禁法審決・判例百選〈第五版〉所収、1997年3月、有斐閣

「輸入業者による並行輸入の妨害」別冊ジュリスト独禁法審決・判例百選〈第五版〉所収、1997年3月、有斐閣

「登記官の審査権限」別冊ジュリスト商法(総則・商行為)判例百選所収、1994年7月、有斐閣

「原産国の不当表示」別冊ジュリスト独禁法審決・判例百選〈第四版〉所収、1991年2月、有斐閣

「取引の内容、販売価格の不当表示」別冊ジュリスト独禁法審決・判例百選〈第四版〉所収、1991年2月、有斐閣

「公正競争規約の認定に対する消費者の不服申立適格」別冊ジュリスト独禁法審決・判例百選〈第四版〉所収、1991年2月、有斐閣

「署名後流通前の紛失手形と除権判決」別冊ジュリスト手形小切手判例百選〈第四版〉所収、1990年5月、有斐閣

「アメリカ語要語集事件」別冊ジュリスト著作権判例百選〈第二版〉所収、1987年2月、有斐閣

「発光ダイオード論文事件」別冊ジュリスト著作権判例百選〈第二版〉所収、1987年2月、有斐閣

「ジョージア商標上告審判決」1986年8月、有斐閣、法学教室71号

「職務発明とノウ・ハウ」別冊ジュリスト特許判例百選〈第二版〉所収、1985年2月、有斐閣

「実施許諾者の権利侵害差止義務」別冊ジュリスト特許判例百選〈第二版〉所収、1985年2月、有斐閣

「タイポス書体事件控訴審判決」別冊ジュリスト・マスコミ判例百選〈第二版〉所収、1985年6月、有斐閣

「受取人欄白地の手形による手形金請求の許否」別冊ジュリスト手形小切手判例百選〈第三版〉所収、1981年4月、有斐閣

「重複保険の告知」別冊ジュリスト損害保険判例百選所収、1980年7月、有斐閣
「共同代表と代表権行使の委任」別冊ジュリスト会社判例百選〈第三版〉所収、1979年4月、有斐閣
「問屋の破産」ジュリスト増刊商法の判例〈第三版〉所収、1977年4月、有斐閣
「商標権侵害排除事件」1977年10月、経済法学会、経済法20号
「商標権侵害差止請求事件」1974年10月、経済法学会、経済法17号
「商標登録無効審決の審決取消請求事件」1973年10月、経済法学会、経済法16号
「不渡処分の取止請求の許否」別冊ジュリスト銀行取引判例百選〈新版〉所収、1972年12月、有斐閣
「商標法違反被告事件」1972年10月、経済法学会、経済法15号
「公営電車企業の旅客運送」別冊ジュリスト運輸判例百選所収、1971年11月、有斐閣
「航空機破壊未遂事件」別冊ジュリスト運輸判例百選所収、1971年11月、有斐閣
「共同代表と表見代表取締役」別冊ジュリスト会社判例百選〈新版〉所収、1970年11月、有斐閣
「意匠権侵害排除・損害賠償請求事件」1970年10月、経済法学会、経済法13号
「商標登録取消審判の審決取消請求事件」1969年10月、経済法学会、経済法12号
「不正競争行為差止請求事件」1968年10月、経済法学会、経済法11号
「商標法違反被告事件」1967年10月、経済法学会、経済法10号
「外国文字による表示」別冊ジュリスト商標・商号・不正競争判例百選所収、1967年8月、有斐閣
「社団法人セメント協会事件」1966年10月、経済法学会、経済法9号

判例紹介

「知的財産法判例の動き」ジュリスト平成13年度重要判例解説所収、2002年6月、有斐閣
「知的財産法判例の動き」ジュリスト平成12年度重要判例解説所収、2001年6月、有斐閣
「知的財産権法判例の動き」ジュリスト平成11年度重要判例解説所収、2000年6月、有斐閣
「知的財産権法判例の動き」ジュリスト平成10年度重要判例解説所収、1999年6月、有斐閣
「知的財産権法判例の動き」ジュリスト平成9年度重要判例解説所収、1998年6月、有斐閣
「無体財産権法判例の動き」ジュリスト平成8年度重要判例解説所収、1997年6月、有斐閣
「無体財産権法判例の動き」ジュリスト平成7年度重要判例解説所収、1996年6月、有斐閣
「無体財産権法判例の動き」ジュリスト平成6年度重要判例解説所収、1995年6月、有斐閣
「K Mart Corp. v. Cartier, Inc., et al.; 47th Street Photo, Inc. v. COPIAT et al.; United States, et al. v. COPIAT et al.」1990年2月、日米法学会、アメリカ法1982-2
「リシー対アリタリア航空会社事件」1968年10月、空法学会、空法12号
「ワルソー条約第29条の責任に関する訴の提起期間の意義」1967年10月、空法学会、空法11号
「ワルソー条約と運行の遅延に関する免責約款の効力」1967年10月、空法学会、空法11号

書評

高柳賢三著・司法権の優位――理論と実際、2000年12月、有斐閣、書斎の窓500号
小原喜雄著・国際的技術移転と法規制、1995年7月、公正取引協会、公正取引537号
中山信弘編・特許法（Ⅰ）（Ⅱ）、1990年1月、有斐閣、ジュリスト948号
中山信弘著・発明者権の研究、1987年8月、有斐閣、ジュリスト891号
W・フィケンチャー著（丹宗昭信監訳)・競争と産業上の権利保護、1981年7月、有斐閣、民商法雑誌84巻4号
H・シュトゥンプ著（布井要太郎訳)・ノーハウ契約の法律実務、1977年10月、有斐閣、民商法雑誌77巻1号
三宅正雄著・商標法雑感、1973年9月、有斐閣、民商法雑誌68巻6号
L. J. Harris (ed.), Nurturing New Ideas: Legal Right and Economic Roles　1972年2月、日米法学会、アメリカ法1971－2

辞典

新法律学辞典〈第三版〉（商標法・不正競争防止法に関する項目)、1989年10月、有斐閣
経営学小辞典（商法・工業所有権法に関する項目)、1981年1月、有斐閣
体系商法事典（「特許法」「実用新案法」「意匠法」「商標法」の項目)、1974年10月、青林書院新社
権利の事典（「商標権」「先使用権」「意匠権」「実用新案権」などの項目)、1974年4月、有斐閣
現代法学事典（「無体財産権と独占禁止法」の項目)、1973年11月、日本評論社

◆◆◆ **執筆者紹介（五十音順）** ◆◆◆

・資格及び現職は平成28年4月1日を基準としています。

氏　名	資格及び現職又は職歴及び経歴（所属）
麻　生　　　典	九州大学芸術工学研究院　助教　博士（法学）
足　立　　　勝	米国ニューヨーク州弁護士 博士（法学）　早稲田大学知的財産法制研究所招聘研究員
安　藤　和　宏	東洋大学法学部准教授
泉　　　克　幸	京都女子大学法学部教授
今　村　哲　也	明治大学情報コミュニケーション学部准教授 博士（法学・早稲田大学）
内　田　　　剛	知的財産研究所研究員
江　森　史麻子	弁護士　弁理士 駒澤大学大学院法曹養成研究科教授
大　家　重　夫	久留米大学名誉教授
大瀬戸　豪　志	弁護士 元立命館大学法学部　甲南大学法科大学院教授
大　西　育　子	弁理士 博士（経営法）
大　西　達　夫	弁護士　弁理士
大　野　聖　二	弁護士　ニューヨーク州弁護士　弁理士
大　橋　麻　也	早稲田大学法学学術院准教授
小　野　昌　延	小野法律事務所　弁護士　法学博士（京都大学）
岡　本　　　岳	甲府地方家庭裁判所長　判事
加　藤　志麻子	阿部・井窪・片山法律事務所　パートナー　弁理士

執筆者紹介（五十音順）

川　瀬　幹　夫　弁理士

工　藤　莞　司　弁理士　首都大学東京法科大学院講師

小　泉　直　樹　慶応義塾大学大学院法務研究科教授

小　島　喜一郎　東京経済大学経営学部准教授

小　塚　荘一郎　学習院大学法学部教授

斉　藤　　　博　新潟大学名誉教授　弁護士

佐　藤　　　豊　山形大学准教授
　　　　　　　　一橋大学大学院法学研究科博士後期課程

塩　月　秀　平　元知的財産高等裁判所部総括判事
　　　　　　　　TMI総合法律事務所顧問弁護士

末　吉　　　亙　弁護士

角　田　政　芳　東海大学法科大学院教授

諏　訪　野　大　近畿大学法学部教授

高　林　　　龍　早稲田大学法学部　大学院法学研究科教授

髙　部　眞規子　知的財産高等裁判所　部総括判事

辰　巳　直　彦　関西大学法学部（大学院法学研究科）教授
　　　　　　　　日本知的財産仲裁センター仲裁人　WIPO調停仲裁センター調
　　　　　　　　停人　仲裁人　日本弁理士会審査委員会外部委員

茶　園　成　樹　大阪大学大学院高等司法研究科教授

張　　　睿　暎　獨協大学法学部准教授

帖　佐　　　隆　久留米大学法学部教授

土　肥　一　史　一橋大学名誉教授

得　重　貴　史　弁護士

執筆者紹介（五十音順）

富 岡 英 次　　弁護士
　　　　　　　　早稲田大学法学学術院（法務研究科）客員教授

長 塚 真 琴　　一橋大学大学院法学研究科教授

西 村 雅 子　　特許業務法人大島・西村・宮永商標特許事務所　パートナー
　　　　　　　　弁理士　東京理科大学大学院（知的財産戦略専攻）教授

野一色　　勲　　元阪南大学教授

長谷川 芳 樹　　弁理士

平 山 太 郎　　オレンジ国際特許事務所主査
　　　　　　　　早稲田大学知的財産法制研究所リサーチコラボレーター

堀 江 亜以子　　中央大学法学部准教授

松 尾 和 子　　弁護士　弁理士　中村合同特許法律事務所

三 浦 正 広　　国士舘大学法学部教授

紋 谷 崇 俊　　弁護士　弁理士　ニューヨーク州弁護士　KIT客員教授
　　　　　　　　成蹊及び立教大学法科大学院講師

紋 谷 暢 男　　成蹊大学名誉教授　法学博士（東京大学）

安 原 正 義　　弁理士

柳　　誠一郎　　弁護士

結 城 哲 彦　　早稲田大学知的財産法制研究所　招聘研究員
　　　　　　　　博士（法学）

渡 邉　　修　　新潟大学法学部准教授

知的財産法研究の輪

渋谷達紀教授追悼論文集

2016年(平成28年)9月15日　初版発行

編　　集　　渋谷達紀教授追悼論文集編集委員会編

発　　行　　一般社団法人発明推進協会

発 行 所　　一般社団法人発明推進協会
　　　　　　〒105-0001
　　　　　　東京都港区虎ノ門2-9-14
　　　　　　電　話　03（3502）5433（編集）
　　　　　　　　　　03（3502）5491（販売）
　　　　　　ＦＡＸ　03（5512）7567（販売）

ISBN978-4-8271-1273-3　C3032　　　　　　　印刷　株式会社丸井工文社
乱丁・落丁本はお取替えいたします。　　　　　　Printed in Japan

本書の全部または一部の無断複写複製
を禁じます（著作権法上の例外を除く）。

発明推進協会HP　　http://www.jiii.or.jp